Rüdiger A. Glässer
König der Schlangen

LEDA

Rüdiger A. Glässer
König der Schlangen
Harzkrimi
1. Auflage 2010
2. Auflage 2011

ISBN 978-3-939689-54-6
© Leda-Verlag. Alle Rechte vorbehalten
Leda-Verlag, Kolonistenweg 24, D-26789 Leer
info@leda-verlag.de
www.leda-verlag.de

Lektorat: Maeve Carels
Satz: Heike Gerdes
Titelillustration: Andreas Herrmann
Gesamtherstellung: Bercker Graphischer Betrieb GmbH & Co. KG
Printed in Germany

Rüdiger A. Glässer

König der Schlangen

Harzkrimi

Südharz, Montag, 23. Juni

Der Sommer 2003 sollte für die Menschen im Südharz in zweierlei Hinsicht außerordentlich werden. Da war zunächst die Bruthitze, die nur durch wenige kurze Regenperioden unterbrochen wurde. Ihre Auswirkungen ließen zwei Lager entstehen. Das eine, das litt, und das andere, das genoss und profitierte.

Zu den Leidenden gehörten die Bauarbeiter der Eisenbahnstrecke von Walkenried nach Herzberg, die – wenn auch in Acht-Stunden-Schichten – von Sonnenaufgang bis Sonnenuntergang in der Hitze schuften mussten. Da die Trasse über weite Strecken durch Graslandschaften des Harzrandes führt, fehlten Schatten spendende Bäume. Glücklich konnten sich jene schätzen, die der Nachtschicht zugeteilt wurden.

Oder allgemein die arbeitende Bevölkerung in den Geschäften, in den Fabriken, in den Schulen, in den Büros. Sie stöhnten, fluchten und wünschten sich sehnsüchtig den kühlen und verregneten, eben normalen Harzsommer zurück.

Zu den Profiteuren und Genießern dieses ungewöhnlichen Sommers dagegen gehörten die Elektrogeschäfte. Der Nachfrageboom bei Ventilatoren suchte seinesgleichen – lediglich Engpässe in der Zulieferung verminderten das ausgezeichnete Ergebnis um einige Prozentpunkte.

Alle, die etwas mit dem Verkauf von Erfrischungsgetränken zu tun hatten, konnten ihre maroden Kassen sanieren. Die Freibäder des Südharzes, wenn es sie überhaupt noch gab, meldeten Rekordzahlen. So konnte man an einem einzigen Julisonntag im Zorger Bad zweitausend Gäste begrüßen, so viel wie in anderen Jahren in zwei Monaten. Für das *Komitee zur Erhaltung der Freibäder des Südharzes* war alles sonnenklar: Das Klima hatte mit ihm paktiert. Und die Klimatologen versprachen, dass es in den nächsten Jahren so weiterginge. Anstieg der Temperaturen, der Sonneneinstrahlung, Rückgang der Niederschläge ... Klimaverhältnisse wie in Norditalien. Kurzum, alle Bedingungen, die dem Harztourismus gewaltigen Aufschwung geben würden.

Eine Frage aber nagte doch in den Köpfen der Menschen: Was würde aus dem Wintertourismus? Was aus den gut ausgebauten Skipisten und dem dichten Loipennetz des Harzes, wenn kein Schnee mehr fiele? Die Tourismusmanager hatten eine ebenso einfache wie einleuchtende Antwort parat: Aus den kapitalen Gewinnen des Sommers würden Schneekanonen gekauft, und der Harz werde über einen längeren Zeitraum schneesicherer sein als früher.

Eine kleine, unbedeutende Gruppe vertrat allerdings die Überzeugung, die Wetteranomalien hätten eine natürliche Ursache und so etwas sei schon vor tausenden von Jahren vorgekommen – das Wetter würde sich wieder zum Kälteren ändern. Manchmal ginge das sehr schnell, in wenigen Jahrzehnten. Natürlich fanden diese den Aufschwung kaputt redenden Besserwisser kaum Beachtung, oder wurden lächerlich gemacht.

Etwas anderes aber sollte auf die Menschen des Südharzes zukommen, das sich stärker in ihr Gedächtnis einbrennen würde als die außergewöhnlichen Wetterereignisse. Und ein Teil dessen, wahrscheinlich der Hauptteil, bewegte sich in der Nacht vom 22. auf den 23. Juni dieses Sommers in einem Waldstück in der Nähe des Klosterorts Walkenried. Jeder seiner Schritte und Griffe lief mit einer Geschmeidigkeit und einer Präzision ab, die Ergebnis einer lebenslangen harten Ausbildung war. Seine dunkle Kleidung verschmolz mit der Schwärze der Nacht.

Der Himmel war sternenklar, aber die Wärme hatte sich nicht in den Weltraum verzogen, der Wald hatte sie zurückgehalten.

Er arbeitete mit dem Spaten, dessen Blatt er für den heutigen Zweck noch einmal geschärft hatte. Obwohl er bestens durchtrainiert war, geriet er ins Schwitzen, setzte sich auf einen Baumstumpf, wischte sich den Schweiß von der Stirn und schaute auf sein digitales Thermometer. Es zeigte immer noch einen für die Nacht tropischen Wert von dreiundzwanzig Grad an. War das der Grund für die Ruhe des Waldes, dafür, dass er von den nachtaktiven Tieren seit Stunden nichts mehr gehört und gesehen hatte?

Erneut fokussierte er die Gläser seiner Infrarotnachtsichtbrille, blickte prüfend nach rechts und nach links. Der Wald erschien in einem hellen, grünen Licht. Dann ergriff er wieder den Spaten und setzte seine Arbeit fort.

Nach einer halben Stunde schweißtreibenden Grabens war der letzte Spatenstrich getan, die geräumige Schützenmulde fertiggestellt. Die anfallende Erde hatte er, wie auch in den vergangenen drei Nächten, über eine große Fläche verteilt und unter das Laub gemischt, die Mulde den Tag über mit einem Gestell aus Holz, Zweigen und Laub getarnt. So blieb sein Bauwerk unsichtbar, und kein zufällig vorbeikommender Waldspaziergänger konnte sein Vorhaben gefährden.

Er lehnte den Spaten an einen Baum und öffnete seinen großen Trekkingrucksack, um ihm eine Isolierdecke zu entnehmen, die er auf dem Muldenboden ausbreitete. Sie würde die Kühle des Bodens abhalten und ihm damit während seines Aufenthaltes seine Geschmeidigkeit erhalten.

Dann hörte er ein Motorengeräusch von der über dreihundert Meter entfernten Straße. Das erste Auto seit über einer Stunde. Für einen Augenblick würden die Scheinwerfer seinen Standort ausleuchten. Er legte sich auf den Boden, wurde ein Teil des Waldes.

Nachdem die Rücklichter des PKW in der Dunkelheit verschwunden waren, holte er die Einzelteile seines Heckler-und-Koch-PSG-1-Scharfschützengewehres aus dem

Rucksack. In dreißig Sekunden baute er es zusammen. Selbst ein geübter Waffenspezialist hätte dafür mehrere Minuten gebraucht.

Er spürte, wie die erste Metamorphose begann. Wie er langsam in eine andere, längst vergessene Zeit überging. In sein anderes Ich driftete. Wie sich Doktor Jekyll in Mister Hyde verwandelte.

Das PSG 1, das beste Scharfschützengewehr der Welt. Und das beste Gewehr, das er jemals besessen hatte. Ein halbes Leben lang. Eine fast schon eheliche Beziehung. Es gab Zeiten, da wurden sie eins, wie ein zusammengeschweißter Körper.

Der Hersteller hatte es mit einer Reichweite von sechshundert Metern ausgestattet, doch er hatte sie auf über tausend Meter erweitert. Er montierte den Dreifuß an das Gewehr und postierte es in der Mulde. Warf noch einen Blick darauf. In seiner makellosen Schönheit hätte es fast mit einem reizvollen Frauenkörper konkurrieren können.

Er legte den Laptop, die beiden Handys und die Satellitenempfangsanlage neben das Gewehr. Damit der Empfang ungestört verlief, installierte er eine Antenne in einem Abstand von zwei Metern zur Schützenmulde. Er hatte sie so präpariert, dass sie von einem Waldstrauch nicht mehr unterschieden werden konnte. Für alle Geräte hatte er Ersatz-Akkus, auf die er im Notfall zurückgreifen konnte. Nichts durfte er dem Zufall überlassen.

Dann bezog er Stellung in der Schützenmulde, entfernte die beiden Stützen der präparierten Muldendecke, die er zwischendurch über der Mulde befestigt hatte, und senkte sie ab. Der Waldboden schien ihn verschluckt zu haben.

Auf dem Bildschirm seines Laptops sah er den Standort seines Zielobjekts. Noch hatte es sich nicht in Bewegung gesetzt, aber in etwa dreizehn Stunden würde er es im Visier haben. Er hatte schon unzählige Male über Stunden in einer Schützenmulde auf sein Opfer gewartet, manchmal hatte er tagelang so gelauert. Hätte er sich erst tagsüber in die Schützenmulde begeben, dann er hätte er beobachtet werden und den Erfolg seines Vorhabens gefährden können.

Er blickte durch die Schießscharte. Die alles verbergende Dunkelheit der Nacht gähnte ihm entgegen, aber einen halbe Stunde später berührten die ersten Sonnenstrahlen den Boden, warfen lange Schatten zugleich. In den Wald kehrte das Leben zurück. Auf einer Lichtung lief eine Gruppe Rehe elegant um ein Hindernis, Vögel trällerten ihr Morgenlied, um sich später auf die Jagd nach Nahrung zu begeben.

Wurden Jäger wie er.

Sie machten Jagd auf Nahrung. Er auf ein Monster.

Unter normalen Umständen und in einem anderen Zustand hätte er der im Erwachen begriffenen Natur stärkeren Respekt gezollt. An diesem Morgen aber nahm er nur das wahr, was für das Gelingen seines Vorhabens notwendig war. Er ging über in einen meditativen Zustand, in die geduldig abwartende Haltung des erfolgreichen Jägers. Wurde eine Maschine, die nur auf eins ausgerichtet war: auf die Vernichtung des ersten Basilisken.

Mit zunehmender Sonnenkraft begann der Nebel über der vor ihm liegenden Weide dünner zu werden, aufzusteigen. Der auffrischende Wind fegte die letzten Fetzen hinweg. Der Blick auf sein Zielgebiet war freigegeben.

Wie im Zeitraffer rannen die Stunden dahin. Die Schatten der Bäume wurden kleiner, drehten sich wie die Zeiger einer Uhr. Symbolisierten die Zeit. Die allmächtige und nicht aufzuhaltende Zeit.

Aber ihre Allmacht hatte versagt, hatte seine Wunden nicht heilen können, hatte seinen Schmerz nicht einmal lindern können.

Es wurde fünfzehn Uhr, als er die Meditation auflöste und in die letzte Phase seines Vorhabens überging. Er begutachtete noch einmal das Gelände. Ein idealer Standort. Von hier aus konnte er die Straße auf einer Länge von vierhundert Metern kontrollieren. Und die vor ihm liegende Weide bot ein ausgezeichnetes Schussfeld. Er schaute durch das hochauflösende Zielfernrohr seines Präzisionsgewehrs, mit dem er selbst auf achthundert Meter noch nie ein Ziel verfehlt hatte.

Es gab Experten, die ihm einen todsicheren Ein-Kilometer-Schuss zutrauten, und wenige Eingeweihte, die wussten, dass ihm das schon vor vielen Jahren gelungen war.

Die heutige Distanz von dreihundert Metern ließ dem zukünftigen Opfer keine Überlebenschance.

Er führte einen letzten Probedurchgang durch, überprüfte alle Faktoren. Die Wettersensoren, die er in der Nähe der Straße installiert hatte und die er nach Erledigung seiner Aufgabe zerstören würde, meldeten ihre Werte an den Laptop. Windgeschwindigkeit, Temperatur und Luftfeuchtigkeit lagen genau in dem Bereich, den er erwartet hatte.

Im Fadenkreuz des Zielfernrohrs verfolgte er einen Opel Corsa. Hätte er Ernst gemacht und den Abzug betätigt, der bemitleidenswerte Insasse des Kleinwagens wäre Sekundenbruchteile später Geschichte gewesen.

Und wäre in diesem Moment ein Wanderer an seinem Versteck vorbeigekommen, er hätte den Schützen nicht bemerkt. Das durch den modernsten Schalldämpfer auf ein leises Plopp reduzierte Geräusch hätte er einem Waldtier zugeordnet.

Der Schütze klickte eine andere Bildschirmoberfläche an. Der Punkt auf seiner Landkarte hatte sich bis auf sechsundzwanzig Kilometer seinem Standort genähert. Das bedeutete eine Wartezeit von einer Dreiviertelstunde.

Er würde sie bewegungslos und geräuschlos verbringen, mit der Geduld und der Ausdauer des erbarmungslosen und unfehlbaren Jägers.

In fünfundvierzig Minuten würde er dem ersten Basilisken den Spiegel vorhalten.

Südharz, Montag, 23. Juni, 15-16 Uhr

Drei Dinge liebte Balthasar Fritz ganz besonders: Geld, schöne Frauen und schnelle Autos.

Wenn seine Freunde gefragt worden wären, ob er dabei eine Rangfolge habe, dann hätten sie geantwortet: »Schöne Frauen und schnelle Autos bekommt man nur, wenn man Geld hat.«

Und Geld hatte Fritz. Wie viel, das wusste wahrscheinlich nur er selbst. Genau genommen hätte es sein Steuerberater ja wissen müssen. Aber der kannte nur seine zu versteuernden Einnahmen. Und es gab einige Menschen, die zu wissen glaubten, dass sein zu versteuerndes Einkommen nur ein Bruchteil dessen betrug, was er wirklich verdiente.

Natürlich schenkte man ihnen kein Gehör. Wollten sie doch den in der Oberschicht Freiburgs angekommenen, beliebten und geachteten Bürger, der auch noch fleißig Geld für die sozial Schwachen dieser Gesellschaft spendete, in Misskredit bringen! Gönnten ihm seine beruflichen Erfolge nicht!

Mit siebenunddreißig Jahren war er der jüngste Geschäftsführer in der Geschichte der *Deutsche Kurhäuser GmbH* geworden. Ein grauenvoller Name – könnte direkt aus der Nachkriegszeit stammen, monierte Fritz. Seine erste Amtshandlung war die Änderung dieses Namens gewesen.

DHC – Dynamic Health Company – das war der neue, würdige Name. *DHC* zerging auf der Zunge. *DHC* repräsentierte neue, junge, dynamische und anspruchsvolle Betriebsstrukturen, die nicht nur an den Markt angepasst sein würden: Sie würden dem Markt vorauseilen. Wie er immer vollmundig versprach.

DHC – seine Schöpfung.

Zwei Hauptleitlinien gab er für die Neuorganisation der Gesellschaft heraus. Eine, die nach außen gerichtet war: Sie befasste sich mit den Anforderungen der globalisierten Welt. Was genau er darunter verstand, gab er nicht preis. Und die nach innen gerichtete Leitlinie bezeichnete er als »Neue Notwendigkeit«: sein Begriff für neue Betriebsstrukturen in den einzelnen Kurhäusern.

Die Belegschaft verstand zunächst nicht, wie die neuen Strukturen denn wohl aussehen könnten. Auch die Nachfragen der Betriebsräte wurden nicht konkret beantwortet. In der nächsten Hauptversammlung werde man alle umfassend informieren, versprach die Geschäftsleitung. Böse Vorahnungen überfielen die Beschäftigten.

Auf der außerordentlichen Hauptversammlung, die einen Monat nach seinem Amtsantritt stattfand, ließ Fritz die Katze aus dem Sack. Die »Neue Notwendigkeit« bedeutete eine Reduzierung der Belegschaft um fünfzig Prozent in den nächsten zwei Jahren. Für die andere Hälfte würde es neue Verträge geben. Und eine notwendige Reduzierung der Gehälter.

Natürlich galt das (noch?) nicht für die Mitarbeiter im Ausland. Denn die hatten ja vernünftige Gehaltsvorstellungen, gehörten keiner Gewerkschaft an, und auf die Bildung von Betriebsräten hatten sie von Anfang an verzichtet. Ein kluge, arbeitsplatzerhaltende Verhaltensweise, wenn man zunächst einmal die folgenden drei, vier Jahre in Erwägung zog. Danach, und das offenbarte er während der Hauptversammlung nicht, würde er über die Anwendung der »Neuen Notwendigkeit« auch dort nachdenken.

Seit vier Jahren war er nun Geschäftsführer der *DHC*. Und seine Bilanzen konnten sich sehen lassen. Sie hatten seinen Vorgänger Hauerholz schnell vergessen lassen.

Hauerholz, der alte, senile Mann mit dem übergroßen Hut ... Der sich mit der Belegschaft noch verstand, der Weihnachtsfeiern für die in der Zentrale Beschäftigten in seinem eigenen Haus abhielt. Und alles auf Geschäftskosten. Noch schlimmer waren die hoch dotierten Arbeitsverträge, die er abgeschlossen hatte. Was für eine Geldverschwendung. Eine Umverteilung nach oben wäre sinnvoller gewesen.

Jedenfalls hatte Balthasar Fritz im ersten Jahr nach Hauerholz die Gesellschaft aus den roten Zahlen herausgeholt, er schloss mit einem Plus von fünf Millionen Euro ab. In den folgenden drei Jahren hatte er den Gewinn auf über dreißig Millionen vergrößert. Der Vorstand applaudierte, lag ihm zu Füßen. In der Geschichte der Gesellschaft galt er fortan als der erfolgreichste Geschäftsführer aller Zeiten.

Inzwischen war er fester Bestandteil der mächtigen und einflussreichen Schicht Freiburgs. Ein beliebter Gast auf all ihren Partys. Und sie hatten eine Menge zu bieten. Er grinste mit jener Zweideutigkeit in den Rückspiegel seines BMW-Sportwagens, die seine Freunde immer so bewunderten.

Eher verlegen machte ihn sein wachsender Bauch. Vierzig Kilo in vier Jahren, das war eine nicht so angenehme Seite. Aber er liebte nun einmal exzellente Weine und vorzügliche Speisen. Und vor allem schöne Frauen, die bei gesellschaftlichen Anlässen ebenso üppig vertreten waren.

Seine Frau Susanne hatte es ihm leicht gemacht. Hatte schon bei der ersten Party begriffen, dass diese Veranstaltungen nicht ihre Welt waren, und ihn nie wieder dorthin begleitet. Die einzig kluge Entscheidung, die sie jemals getroffen hatte.

Fritz steuerte seinen BMW auf die Schnellstraße in Herzberg. Über vierhundert Pferdestärken hatte dieses wunderbare Gefährt unter der Haube. In unter vier Sekunden beschleunigte es von null auf hundert. Konkurrenzlos, wenn man von den stärksten Porsches oder Ferraris absah, denen er aber noch nie begegnet war.

Er schaute in den Rückspiegel, trat das Gaspedal bis zum Anschlag durch. Genoss es, wie sich die Fahrzeuge hinter ihm in Sekundenschnelle in Spielzeugautos verwandelten. Und wenig später, auf der fast einen Kilometer langen Geraden der Schnellstraße, brachte er es auf zweihundertsiebzig Stundenkilometer. Mit Sicherheit Streckenrekord.

Vielleicht hätte er ja Rennfahrer werden sollen. Oder Testfahrer bei einem großen Autokonzern. Diese Überlegung schob er schnell wieder beiseite. Seine Methode der Geldgewinnung war erheblich einträglicher. Und schnelle Autos konnte er auch so fahren.

Ein Hinweisschild zeigte an, dass die Abfahrt Barbis in dreihundert Metern folgen würde. Er bremste auf einhundert Stundenkilometer ab. Die angenehme weibliche Stimme des Navigationsgeräts riet ihm, links abzubiegen. Noch sechsundzwanzig Kilometer und er würde seinen Zielort Zorge erreichen haben.

Grund seiner Fahrt war die Belegschaft des Zorger Wellnesscenters. Dieses widerborstige Harzer Bergvolk. Hatte sich geweigert, seine »Neue Notwendigkeit« umzusetzen. An seinem Freund Wilfried Wölfer hatte es nicht gelegen. Ihn hatte er als Klinikleiter von Norderney nach Zorge versetzt, um den Mitarbeitern ihre Grenzen aufzuzeigen, aber leider gab es Situationen, in denen am Betriebsrat kein Weg vorbeiführte. Aber der Betriebsratvorsitzende hatte schmählich versagt. Besondere Zuwendungen würden eben in Zukunft ausbleiben und ein Kündigungsschutz nicht ewig dauern.

Eigentlich waren diese Angelegenheiten Peanuts für ihn, den Herrn über hunderte von Kurunternehmungen im In- und Ausland! Darum hätten sich andere kümmern müssen, aber er hasste es, wenn seine Direktiven nicht umgesetzt wurden. Noch heute würde er die Belegschaft vor die Wahl stellen, entweder am Nachmittag die neuen Verträge zu unterschreiben, oder … er würde das Unternehmen schließen und nach Sankt Andreasberg verlagern. Auf solch ein Angebot warteten dort viele arbeitslose Fachkräfte.

Eine derartige Drohung hatte bisher überall gewirkt. Sein Spiel, das er immer gewann. Er betrachtete sein Grinsen selbstgefällig im Rückspiegel. Die Belegschaft würde zittern vor Angst. Ein Arbeitsplatz war schnell verloren, wenn er, Balthasar Fritz, es wollte.

Er ließ die Kleinstadt Bad Sachsa hinter sich und fuhr auf der Landstraße 604 in Richtung Walkenried. Nach etwa drei Kilometern Fahrt, vorbei an Weiden und durch einen dichten Buchenwald, bog er, wie von der Stimme des Navigationsgeräts empfohlen, rechts ab. Eine lange, fast gerade Strecke folgte, auf der er noch einmal richtig Gas gab. In wenigen Sekunden erreichte er hundertfünfzig Stundenkilometer. Er lächelte zufrieden. Was für ein Auto. Vierhundertfünfzig PS. Und alles auf Geschäftskosten.

Er übersah das Ortseingangsschild von Walkenried. Und auch die Geschwindigkeitskontrolle der Polizei, bemerkte aber den roten Blitz der Radarfalle. Und wenn schon, dachte er, schließlich hatte er einflussreiche Freunde, die die Konsequenzen locker verhindern würden.

In Walkenried bog er auf die Zorger Straße ab und blickte auf die sechshundert Meter hohen Berge des Südharzes. Über den fichtenbedeckten Gipfeln flimmerte die Luft. Das Navigationsgerät zeigte eine verbleibende Fahrtzeit von fünf Minuten an. Er ließ das letzte Haus des Klosterortes Walkenried, die Försterei, hinter sich und fuhr in den Walkenrieder Wald ein. Die hohen Eichen an der rechten Fahrbahnseite wirkten wie Riesen, die Spalier für ihn standen, ihm den Weg zu weisen schienen. Den Weg wohin … ?

Wenn Balthasar Fritz gewusst hätte, dass er in weniger als einer Minute das erste Opfer eines Mörders werden würde, dann hätte er am heutigen Morgen die Vorzüge von Camillas wohlgeformtem Körper ein zweites Mal genossen. Wäre er dazu nicht gleich in der Lage gewesen, dann hätte er mit einer allgemein bekannten blauen Pille nachhelfen können. Oder sich von Camilla ein zweites Frühstück kredenzen lassen.

Natürlich hätte er auch eine andere Route wählen können. Und damit vielleicht eine Stunde Leben gewonnen. Aber dann hätte der Mörder ihn an anderer Stelle erwartet.

Eine reelle Überlebenschance hätte Balthasar Fritz durchaus gehabt. Wenn er in den letzten Jahren ein gänzlich anderes Leben geführt hätte. Aber wäre er dazu in der Lage gewesen?

Der Mörder hätte mit einem entschiedenen Nein geantwortet.

Fritz steuerte auf die lang gezogene, schwach ausgeprägte Kurve zu, in der er noch einmal kräftig auf das Gaspedal trat. Zu seinem Ärger musste er sich mit hundert Stundenkilometern zufrieden geben, weil sein Handy klingelte. Er nahm ab. Zuerst hörte er ein lang gezogenes, erschreckendes, ja fast dämonisches Atmen. Und dann sagte sein Gesprächspartner am anderen Ende der Leitung nur einen Satz. Balthasar Fritz erkannte die Stimme, erfasste den Zusammenhang und eine bittere Erkenntnis machte sich breit. Die Erkenntnis, dass sein

Leben in wenigen Augenblicken zu Ende gehen würde.

Sekundenbruchteile später schoss sein Vierhundert-Pferdestärken-Gefährt über die linke Fahrbahnseite hinaus, über eine Weide und wurde wie das Geschoss einer Kanone gegen eine kolossale Eiche katapultiert. Einen Wimpernschlag später folgte der Detonation die Eruption des Feuers.

Balthasar Fritz hörte seine Knochen brechen. Unerträgliche Schmerzen fluteten in kurz aufeinander folgenden Sturzwellen durch seinen Körper.

Und der Schmerz erfuhr eine weitere, kaum für möglich gehaltene Steigerung. Die Flammen umspülten seinen Körper, um wenig später auf ihn über zu springen und ihn wie ein Mantel einzuhüllen. Seine letzten Sinneswahrnehmungen waren der beißende Geruch seiner versengten Haare und verbrannten Haut.

Und dann glaubte er wie ein Eiskunstläufer auf heißer Lava eine Pirouette zu drehen, deren Geschwindigkeit rasend zunahm. Bis er sich durch die brodelnde Naturgewalt in die Dunkelheit bohrte. Eine Dunkelheit, die ihn nicht mehr loslassen würde.

Balthasar Fritz, allmächtiger Chef der Dynamic Health Company, war irdische Geschichte geworden.

Südharz, 23. Juni, Nacht bis Nachmittag

Dominic Oberländer glaubte nicht an Vorzeichen. Er machte sich sogar lustig über Menschen, für die es keine Zufälle gab, die eine übergeordnete Macht für alle Geschehnisse verantwortlich machten. Nach den Ereignissen des 23. Juni 2003 aber, das musste er sich später eingestehen, geriet seine Weltanschauung ein wenig ins Wanken.

Er hatte sich fast die ganze Nacht schwitzend im Bett

umhergewälzt, und die kurze Zeit, in der er Schlaf gefunden hatte, war von einem schrecklichen Alptraum erfüllt. Im Traum stand er vor einer riesigen Feuerwand, mit seinem Feuerwehrschlauch versuchte er verzweifelt zu löschen. Plötzlich versiegte der Wasserstrom und an seiner Stelle schoss mit hohem Druck Luft aus dem Schlauch. Explosionsartig vergrößerte sich das Feuer, schien eine Höhe von mehreren hundert Metern zu erreichen. Fragend drehte er sich zu seinen Kameraden um. Sie hatten das Löschfahrzeug verlassen, hatten sich an einen Tisch gesetzt, spielten Karten und tranken in aller Seelenruhe Bier. Und der Brandmeister grillte Würstchen! Oberländer warf den Schlauch auf den Boden und rannte um sein Leben. Aber es war zu spät. Die riesige Feuerwalze schoss mit der Geschwindigkeit eines Jets auf ihn zu und begrub ihn unter sich.

Dann wechselte die Szenerie. Er fand sich in einem Bett mit einem Nachthemd bekleidet wieder. Nein, das war etwas anderes ... Er lag in einem Sarg, dessen Deckel entfernt worden war und der langsam in eine Grube gesenkt wurde. Er trug kein Nachthemd, es war ein Totenhemd. Und oben schauten seine Feuerwehrkameraden auf ihn herab. Hielten in der einen Hand eine Bierflasche und in der anderen die Seile. Prosteten ihm entspannt zu, lachten ausgelassen. Qualm von einem Grill zog über sein zukünftiges Grab. Der Brandmeister grillte an seinem Grab! Er geriet in Panik. Er versuchte zu schreien, sich aufzurichten, ihnen klarzumachen, dass er noch lebte. Aber er blieb eine stumme und starre Masse.

Ein letztes Mal prosteten seine Kameraden ihm zu und befreiten sich von den Seilen, mit denen sie ihn in die Grube herablassen wollten. Krachend stürzte sein Sarg zu Boden.

Schweißdurchtränkt war er aufgewacht. Schüttelte sich, so, als könnte er den Alptraum einfach wegfegen. Aber die Eindrücke waren zu intensiv gewesen. Er schaltete die Nachttischlampe an und eilte unter die Dusche. Nach zehn Minuten mit abwechselnd kaltem und warmem Wasser kam er dann endlich in der Realität an.

Nachdem er sich abgetrocknet hatte, schaute er in den Spiegel, beruhigte sich. Es war alles in Ordnung. Er lebte. Putzte sich die Zähne und rasierte sich vorsichtig, damit kein unkontrollierter Schnitt zustande kam. Kochte starken Kaffee, toastete sich zwei Brote und belegte sie mit Käse. Nach dem Frühstück packte er seine Arbeitsklamotten und fuhr zu seiner Arbeitsstelle, wo der Albtraum allmählich in Vergessenheit geriet.

Wenige Minuten nach halb vier hatte Oberländer seine Arbeit beendet und machte sich gleich auf den Weg. Er hatte sich mit Janine verabredet und wollte pünktlich sein. Schließlich waren sie erst seit drei Wochen ein Paar.

Er schaltete den CD-Player seines roten Audi-Sportwagens ein und hörte Songs von Bob Dylan. Worüber sich seine Freunde immer lustig machten. Die Musik eines Opas, einer längst vergangenen Zeit. Lebte Dylan überhaupt noch, fragten sie ihn oft. Natürlich gefiel ihm auch Hip-Hop, Rap ... aber sie konnten reden, wie sie wollten, er blieb dabei: Ihm gefiel auch die Musik dieses ›scheintoten Opas‹.

Mama take this badge from me ...
Knock, knock knocking at heaven's door ...
Mama put my guns in the ground ...
Knock, knock, knocking at heaven's door ...

War das nur der Song von Dylan, oder wollte der Alptraum mit aller Macht in sein Bewusstsein zurückkehren? Wieder tauchten die Bilder vor seinem inneren Auge auf. Wie er von der Feuerwalze überrollt wurde. Wie ihn die Kameraden in die Grube senkten, den Sarg fallen ließen und dabei lachten ... Schweißtropfen rannen ihm von der Stirn, aber die Hitze des Tages war nicht die Ursache dafür. Die Klimaanlage hatte die Temperatur im Fahrzeug auf neunzehn Grad abgesenkt.

Er hielt am Auekopfparkplatz an und setzte sich auf eine Stelle einer Steinmauer, auf die eine Eiche einen großen Schatten warf. Ein zusätzlich auffrischender Südwestwind machte den Standort halbwegs erträglich. Er zündete sich eine Zigarette an und sog einige Male den Rauch tief ein. Seine Form der Beruhigung, der Entspannung.

Seine Eltern hatten ihm einmal erzählt, dass sich die Grenzanlage bis zur Steinmauer erstreckt hatte, auf der er saß. Und dass man sie hautnah hatte begutachten können. Den verminten Todesstreifen, die Selbstschussapparate, die hohen, schier unüberwindbaren Zaunreihen. Der Parkplatz hatte sich deshalb zu einem beliebten Aussichtspunkt für Touristen entwickelt. Bis zur Wiedervereinigung und dem Abbau der Anlagen hatten hier täglich Busse, vollgepackt mit Städtern, gehalten, die dieses Monster besichtigen wollten. Nach 1989 waren die Schautafeln abgerissen worden und der Parkplatz verwaist.

Er rauchte eine zweite Zigarette. Als er fertig war, stieg er ins Auto und setzte seine Fahrt fort. Nach hundert Metern wurden die Weiden der Aue durch die mächtigen Eichen des Walkenrieder Waldes abgelöst. Wie väterliche Vertraute wirkten sie auf ihn, schienen ihn zu warnen. Wovor?

Die etwa einhundertfünfzig Meter lange Gerade der Landesstraße wurde abgelöst durch eine Rechts-Links-Kurve. Als er sie passiert hatte, glaubte er an einen Drehort für Actionfilme geraten zu sein. Ein Fahrzeug schien an einem Baum zu kleben, Flammen schossen in die Höhe. Das Feuer hatte nicht nur die Krone des Baumes, sondern auch schon Teile des Waldes erfasst. Der Albtraum! Wurde er hier Realität?

An der Fahrertür machte sich eine Person zu schaffen. Oberländer stoppte seinen Sportwagen. Zwei Sekunden verharrte er in einer Starre, dann ging eine professionelle Wandlung durch seinen Körper. Er wurde ganz Feuerwehrmann. Zog das Handy aus der Konsole, stürzte zum Kofferraum, entnahm ihm zwei Feuerlöscher, die er immer mit sich führte, und rannte zum Unfallauto. Als er durch die Scheibe der Fahrertür blickte, schien ihn ein menschlicher Kopf, auf dem die Haare brannten oder schon qualmten, mit einem Nicken zu begrüßen. Aus den fast leeren Augenhöhlen rann ein Rest gallertartiger Flüssigkeit über die durch das Feuer geplatzte Haut der Wangen. Aus dem Ärmel der Anzugsjacke ragten spitze Knochenteile heraus. Hier konnte kein Arzt der Welt mehr etwas tun.

Er wandte den Blick ab, sank auf die Knie und übergab sich. Als er sich etwas gefangen hatte, alarmierte er mit seinem Handy die Feuerleitstelle in Osterode. Setzte den ersten Feuerlöscher in Gang und begann mit den Löscharbeiten am Fahrzeug. Aus den Augenwinkeln sah er, wie die Person, die er von seinem Fahrzeug aus gesehen hatte, den Unfallort verlassen wollte.

Oberländer drehte den Kopf zu ihm hin, ohne seine Löschvorgang zu unterbrechen. »Moment! Sie müssen hier warten, bis die Polizei eintrifft. Sie braucht sie als Zeugen für den Unfallhergang.«

»Bin auch nur dazugekommen wie Sie. Habe nichts als das brennende Fahrzeug gesehen. Dem kann sowieso keiner mehr helfen.« Der Mann wollte sich schon abwenden, hielt aber inne und sagte: »Wenn die Bullen Fragen haben ... Mein Name ist Sascha Machlitt, ich wohne in Zorge.«

Er sagte das alles mit einer Ruhe und Gelassenheit, als wäre er auf einer Veranstaltung des Kaninchenzuchtvereins.

Der Radfahrer war gerade hinter einer Kurve verschwunden, als der erste Polizeiwagen eintraf. Die

Beamten lösten Feuergroßalarm aus, organisierten die Sperrung der Strecke von Zorge nach Walkenried. Nachrückende Polizeikräfte leiteten den Verkehr über eine Parallelstrecke um. Als der erste Löschzug am Unfallort eintraf, brannten schon mehr als zehn Hektar Wald.

Im Drei-Minuten-Takt rückten die Feuerwehren der umliegenden Südharzgemeinden an. Angesichts des Ausmaßes des Feuers beschlossen die Brandmeister, weitere Wehren des Landkreises und der angrenzenden thüringischen Gemeinden anzufordern. Nach einer Stunde waren achtzehn Löschzüge am Einsatzort. Dennoch breitete sich das Feuer rasend schnell aus. Der Einsatzstab entschied nach kurzer Beratung, Löschhelikopter kommen zu lassen. Südwestwind der Stärke drei bis vier und vor allem die seit Wochen anhaltende Hitze und Trockenheit hatte sich als Brandbeschleuniger erwiesen. Das, was die Menschen seit Jahrzehnten befürchtet hatten, war eingetreten: Der Südharz hatte seinen ersten verheerenden Waldbrand. Es sollte vier Tage dauern, bis die tapferen Feuerwehrleute den Kampf gegen das Feuer endgültig gewannen.

Das Unfallkommando der Polizei konnte mit seiner Arbeit erst beginnen, als der letzte Feuerwehrwagen die Unfallstraße passiert hatte, um zum Einsatzort zu kommen.

Harry Herbst, sportlicher achtundfünfzigjähriger Leiter der Gruppe, der in seinem Alter immer noch in einer Seniorenmannschaft Fußball spielte, fragte seine Kollegen: »Warum gibt es keine Bremsspur?« Er wischte sich mit einem Taschentuch über die Stirn. Die heiße Witterung und die starke Hitzeentwicklung durch den Waldbrand machten das Gebiet zum Treibhaus.

Lautes Knistern des Feuers und das Krachen umstürzender Bäume hallten durch den sterbenden Wald. Die verkohlten, aber stehen gebliebenen Stämme schienen traurig auf das Unfallkommando zu blicken, als wollten sie um Verzeihung bitten, weil sie dem Feuer nicht widerstanden hatten.

»Hat Oberländer etwas beobachtet?«

»Fehlanzeige«, sagte sein Kollege Sachsenberg, mit zwei Metern Körpergröße seit dreißig Jahren der größte Polizist der Polizeistation Bad Sachsa. »Er ist erst eingetroffen, als der Wagen schon in Flammen stand. Verrückter Kerl, hat sich nach der Befragung sofort seinen Kameraden angeschlossen. – Der Fahrer könnte einen Schwächeanfall erlitten haben. Oder einen Herzinfarkt.«

»Hm. Wäre möglich. Und die Airbags? Der BMW war erst zwei Monate alt. Muss über einhunderttausend Euro gekostet haben. – Warum haben sie sich nicht aufgeblasen?«

Sachsenberg zuckte mit den Schultern. »Die Spezialisten von der Kriminaltechnik werden das schon herausfinden.«

»Balthasar Fritz ... komischer Name ... in der heutigen Zeit. Geschäftsführer einer Freiburger Gesellschaft. Die Sekretärin in der Zentrale hat gesagt, dass er heute ohne Chauffeur gefahren ist. Vielleicht könnte er noch leben, wenn er den Profi hätte fahren lassen?«

Sachsenberg antwortete nicht, weil in diesem Moment der Abschleppwagen kam. Er winkte ihn zum Unfallwagen, obwohl dieser nicht zu übersehen war, und beobachtete das Hebemanöver. »Die Leiche haben wir im Auto gelassen«, informierte er den Fahrer. »Unsere Techniker werden sie herausschneiden und dann zur Gerichtsmedizin nach Göttingen bringen.«

Der Mann verzog das Gesicht. »Für Horrorfahrten werde ich aber nicht bezahlt«, sagte er kleinlaut.

Sachsenberg klopfte auf das Dach des Abschleppwagens. Das Zeichen zur Abfahrt.

Dann drehte der Wind kurzfristig auf Nordwest und blies Ascheteilchen des Waldbrandes auf die Polizisten.

»Es wird Zeit, dass wir uns hier verabschieden«, sagte Herbst. »Ich habe das Gefühl, diese Sache hier wird ein Fall für die Mordkommission.«

Dominic Oberländer kämpfte bis zum nächsten Morgen gegen die Flammen, ehe er sich entkräftet ablösen ließ. Eine besonders brenzlige Situation hatte er eine Stunde vor Einbruch der Dunkelheit zu überstehen. Ein zentnerschwerer Ast war von einer Eiche abgebrochen und stürzte genau dort zu Boden, wo Oberländer im Einsatz war. Einer der Feuerwehrkameraden, der im Alptraum lachend auf seinen Sarg herabgeschaut hatte, riss ihn reflexartig von dem Baum weg. Sie stürzten beide. Der Ast verfehlte sie um wenige Zentimeter. Als sich Oberländer von diesem Schock erholt hatte, fing er lauthals an zu lachen. Und dann erzählte er seinem verdutzten Kollegen von dem nächtlichen Alptraum.

Südharz, 30. Juni, Montagmorgen

Es gab sie überall, diese notorischen Nörgler. Auch heute, im Nahverkehrszug von Bad Sachsa nach Osterode, standen ihre Münder nicht still. Aber heute neigten die übrigen Fahrgäste des Zuges dazu, ihnen recht zu geben. Der Triebwagen hatte schon zum dritten Mal außerplanmäßig gehalten und nicht einmal den Bahnhof Scharzfeld, die nächste Station, erreicht.

Die Arbeiten an der Bahnstrecke von Walkenried nach Herzberg ... seit Monaten dauerten sie an. Und keiner glaubte an ein schnelles Ende. Den Bauarbeitern gab keiner eine Schuld. Sie hatten am stärksten unter der Hitze zu leiden. Konnte man überhaupt jemandem die Schuld geben? Eher nicht, denn einen solchen Wüstensommer hätte kein Mensch dieser Welt vorausahnen können.

Nur eine Spur der Strecke war befahrbar, der zweite Schienenstrang völlig abgebaut. Entgegenkommende Züge mussten in einer provisorisch gebauten Haltebucht warten und den Gegenzug vorbeilassen, was zu erheblichen Verspätungen führte. Erst ein Drittel der Strecke hatten die Arbeiter mit neuem Schotter aufgefüllt. Und die jetzt befahrbare Trasse musste ja auch noch umgebaut werden …

Spötter unter den Fahrgästen, die täglich die Strecke nutzten, gingen davon aus, dass man vor Wintereinbruch nicht fertig werden würde. Sie hofften, dass dann wenigstens die Heizungen funktionieren würden. Was man von den Klimaanlagen nicht behaupten konnte. An diesem Montagmorgen des letzten Junitages war die Temperatur schon auf dreißig Grad angestiegen. Einige der Fahrgäste unterbrachen die Lektüre ihrer Morgenzeitungen und wedelten mit ihnen, um sich Abkühlung zu verschaffen.

Andere begannen unruhig zu werden und ihren Unmut über den erneuten Stopp zum Ausdruck zu bringen. Ein etwa fünfundzwanzigjähriger übergewichtiger Mann mit einer Vollglatze verlor die Nerven, sprang von seinem Sitz auf und rannte zum Cockpit des Lokführers. Forderte ihn auf, die Fahrt unverzüglich fortzusetzen.

Der gescholtene Bahnbeamte ignorierte ihn völlig. Was hätte er auch schon tun können? Und genau dieses Verhalten brachte den unbeherrschten Mann noch stärker auf. Die Situation wäre eskaliert, wäre nicht in diesem Moment das Signal zur Weiterfahrt gekommen.

Die Fenster der Abteile wurden sofort bis zum Anschlag geöffnet und der Fahrtwind sorgte für die Abkühlung der Körper und Gemüter, vor allem in den schattigen Talfahrten.

Einen Fahrgast schien dieses ganze Theater überhaupt

nichts anzugehen. Es hatte den Anschein, als habe er sich vollständig nach innen gewandt und die Hitze von seinem Körper abprallen lassen. Diese Hitzeresistenz, so mutmaßten seine Kollegen immer, müsse daran liegen, dass er über eine unsichtbare Kühlschicht verfüge, die ihm sein zweijähriger Aufenthalt in der algerischen Wüste beschert habe. Weiß der Teufel, was er dort angestellt hatte.

Hitze machte ihm nie viel aus, aber heute lag das auch an seiner Lektüre – einem Reiseführer über Radtouren durch Südfrankreich. Er schloss die Lider und ließ die Bilder der Camargue, der Provence, der Pyrenäen vor seinem inneren Auge ablaufen. Seine seit Jahren ersehnten Urlaubsziele. In sechs Tagen würden sie Realität werden. Und sein Rennrad würde ihn genau wie heute begleiten. Col des Peyresourde, Col d'Aspin, Col du Tourmalet ... Auf den Spuren der Tour de France. Aber er würde die Landschaften nicht an sich vorbeifliegen lassen. Er würde sie genießen.

Pierre Rexilius, fünfundvierzigjähriger Hauptkommissar der Polizeiinspektion Osterode, hatte seinen verrosteten Opel vor sieben Jahren vom Schrotthändler abholen lassen und sich kein neues Auto mehr gekauft. Es war überflüssig geworden. Eigentlich hätte er es schon vorher abschaffen sollen, aber Jasmin, seine Exfrau, hätte ohne einen motorbetriebenen fahrbaren Untersatz nicht leben können. Oft hatte sie ihn aufgefordert, einen neuen anzuschaffen. Ein Hauptkommissar der Kriminalpolizei, der mit einer Rostbeule durch die Gegend fuhr, das fand sie als Ehefrau unerträglich. Da er zu einem Neukauf nicht zu bewegen war, griff sie zur Selbstjustiz. Kaufte sich ein gerade aus der Fabrik ausgeliefertes Fahrzeug. Und es war keines der preiswerten Sorte, versteht sich. Wie sie das finanziert hatte, war ihm zu diesem Zeitpunkt noch schleierhaft gewesen, hatten sie doch erst zwei Jahre zuvor ein Einfamilienhaus gekauft ...

Der Kauf des roten Sportwagens bedeutete für sie eine Befreiung aus dem tristen Leben an der Seite eines ohnehin nur abwesenden Mannes und läutete das Ende der über fünfjährigen Ehe zwischen Pierre und Jasmin Rexilius ein.

Ein Auto hatte er im Grunde genommen nie gebraucht. Er lebte in der kleinen Südharzstadt Bad Sachsa und den Weg zu seinem Dienstort legte er teils mit dem Fahrrad, teils mit der Bahn zurück. Es gab Tage, da verzichtete er ganz auf die Bahnfahrt, radelte einfach die dreiunddreißig Kilometer lange Strecke. Was die Sympathisanten seines Vorgesetzten, Polizeidirektor Fischer, mit einem Kopfschütteln quittierten, die anderen aber, die sich keinem Lager angeschlossen hatten, als beachtliche sportliche Leistung anerkannten. Eine Handvoll Kollegen war seinem Beispiel gefolgt und ebenfalls auf das Fahrrad umgestiegen. Sie galten in der Inspektion fortan als Anhänger des Hauptkommissars und wurden von der Koalition der Fischer-Gefolgsleute misstrauisch beäugt.

In seiner Jugend hatte Rexilius eine Zeitlang geboxt, es aber nach dem zweiten Nasenbeinbruch innerhalb eines Jahres auf Drängen seines Vaters aufgeben müssen. Die Spuren waren geblieben. Trotz schiefer Nase und mittlerweile zurückgehender Haarpracht hatte er Erfolg bei Frauen. Was die Playboys in der Inspektion mit Unverständnis quittierten. Das müsse an seiner Körperhaltung oder seinem Gang liegen, die denen einer Raubkatze auf der Jagd ähnelten. Frauen würden ihm deshalb eingeschüchtert zu Füßen liegen. Oder an seinem hypnotischen Blick, der die visuelle Wahrnehmung der Frauen ausschaltete und sie geblendet in seine Arme trieb, mutmaßten sie.

Einige neutrale Kollegen waren der Überzeugung, dass Rexilius das ewig unerklärbare ›gewisse Etwas‹ besäße, das Frauen in seinen Bann zog.

Die Stimmung im Zug hatte sich dank der Abkühlung verbessert. Der Glatzkopf saß zwar mit gerötetem Kopf, aber dennoch ruhig auf seinem Sitz. Rexilius dachte immer noch an seine bevorstehende Südfrankreichtour. In der Nacht von Freitag auf Samstag dieser Woche würde er in Göttingen in den Ein-Uhr-Zug steigen und in Richtung Lyon starten. Und am Nachmittag dort aussteigen … Frankreich wartete auf ihn.

Der Lautsprecher kündete als nächsten Halt Osterode an. Hauptkommissar Rexilius steckte den Reiseführer in seinen Rucksack und ging zu seinem Fahrrad, das er in der Fahrradzone des Zuges abgestellt hatte.

Auf dem Bahnsteig setzte er seinen Fahrradhelm auf, den er immer trug, selbst bei einer Hitze von vierzig Grad. Er blickte in den Himmel. Bis auf wenige Kondensstreifen von Flugzeugen war er wolkenlos. Es hätte auch der Himmel über Lyon sein können.

Noch eine Woche langweiliger Papierkrieg, dachte er, und dann würde er durch Frankreich kurven.

Entspannt stieg er auf sein Fahrrad und verließ den Bahnhof.

Er löste den Blick von der Akte, die auf seinem Schreibtisch lag. Las wieder die Zusammenfassung. Wollte es nicht glauben.

Warum nur war er sich so sicher gewesen, am Samstag in Frankreich zu sein? Warum hatte seine berühmte Intuition so schmählich versagt?

Der schwere Verkehrsunfall in einem Waldstück zwischen den Südharzgemeinden Walkenried und Zorge war von einer außenstehenden Person herbeigeführt worden. Daran gab es nach den kriminaltechnischen Untersuchungen keinen Zweifel. Der Geschäftsführer einer Freiburger Gesellschaft war ermordet worden.

Die Bilder von Camargue, Provence und Pyrenäen zerplatzten wie Seifenblasen. Mit einem tiefen Seufzer holte er sich trotz der Wärme einen heißen Kaffee aus dem Automaten, setzte sich an den Schreibtisch und zündete sich eine Pfeife an. Vertiefte sich in die Berichte der Forensiker.

Eine Stunde später schlug er den letzten Bericht zu, beschaffte sich noch einige Informationen, griff zum Telefon und trommelte die Kollegen zusammen.

»Balthasar Fritz«, sagte Sandra Koch, die einzige Frau in der eilig einberufenen Mordkommission, zweifelnd. »Kenne keinen in meinem Bekanntenkreis, der einen solchen Vornamen hat.«

»Ich auch nicht«, antwortete Rexilius, »denke dabei immer an die heiligen drei Könige ... Jedenfalls war er einundvierzig Jahre alt. Und Geschäftsführer der *DHC*.«

»*DHC*?«, fragte Junge, der Verhörspezialist.

Rexilius kramte in den Akten herum. »*DHC* bedeutet ›*Dynamic Health Company*‹ ... Eine Gesellschaft, die mit Kuren für Mütter angefangen hat. Später hat man das Angebot auf Mutter-Kind-Kuren ausgeweitet. Heute ist die *DHC* ein Riesenkonzern für ...«, er schaute noch einmal in den Unterlagen nach, »für alles, was mit Gesundheit, Erholung, Wellness, Tourismus und so weiter zu tun hat.«

»Unser Balthasar muss gut verdient haben, wenn er sich den stärksten BMW-Sportwagen leisten konnte«, sagte Junge.

»Das hat er bestimmt, aber der Sportwagen war ein Dienstwagen«, sagte Rexilius.

Junge pfiff. »Kannst du nicht mal einen Antrag auf einen Dienstsportwagen stellen, Pierre? Ein Porsche würde mir schon reichen.«

»Du solltest dich als sein Nachfolger bewerben. Und wenn sie dich zum Geschäftsführer machen, dann kannst du dir den Bugatti Veyron kaufen. Der hat noch über fünfhundert PS mehr.«

Junge verdrehte die Augen und wunderte sich über das Fachwissen seines nur Rad fahrenden Kollegen. Rexilius zog genüsslich an seiner Pfeife, an die Anti-Raucherkampagne des Polizeidirektors dachte er nicht. Zweifelsohne eine grobe Fahrlässigkeit. Im günstigsten Fall.

Fischer hatte die Kampagne als sein wichtigstes Inspektionsanliegen für das Jahres 2003 proklamiert. Ein offizielles Rauchverbot, betonte er immer, sei es natürlich nicht – eher ein Gebot –, aber schließlich seien ja Polizisten vernünftige Menschen, die obendrein noch eine Vorbildfunktion für die Jugend haben sollten. Deshalb würden sie freiwillig auf den blauen Dunst verzichten. Und wer die besondere Achtung des Polizeidirektors gewinnen wollte, der gab das Rauchen nicht nur in der Inspektion, sondern sofort und für immer auf.

Schwachen und Verantwortungslosen räumte er eine gewisse Übergangszeit ein. Entwickelte einen Mehrstufenplan, der sich über einen Zeitraum von vier Wochen erstreckte.

Zur Überraschung aller waren zuerst die Toiletten mit einem Verbot belegt worden, das klassische Rückzugsgebiet der heimlichen Raucher. In der zweiten Woche waren alle Gänge und Konferenzräume an der Reihe gewesen. Und in der dritten Woche die übrigen Räume der Inspektion. Auf Anraten seines ihm nahezu völlig ergebenen Stellvertreters hatte sich Fischer bereit erklärt, in dieser Woche des endgültigen Abschieds vom blauen Dunst die Gebotsbrecher noch nicht mit seinem giftig-bösen Blick zu konfrontieren. Was ihn nicht davon abhielt, heimliche Erfolgskontrollen durchzuführen. Hochzufrieden kehrte er jedes Mal in sein Dienstzimmer zurück. Keinen einzigen Verstoß hatte er feststellen können. Einigen Polizeibeamten war allerdings aufgefallen, dass der Polizeidirektor das Dienstzimmer des Leiters der Mordkommission ausnahmslos großräumig umgangen hatte.

Am 31. Mai 2003 war es dann soweit: Die Polizeiinspektion Osterode war rauchfrei geworden, ohne Zwang, ohne Druck. Osterode war allen Inspektionen und Direktionen Niedersachsens um Jahre voraus. Natürlich wurde noch am gleichen Tag eine Presseerklärung herausgegeben, die die Fähigkeiten des Inspektionschefs ins rechte Licht setzte.

Das lag nun vier Wochen zurück.

»Die Gesellschaft hat einen Jahresumsatz in dreistelliger Millionenhöhe. Den genauen Wert habe ich noch nicht ermitteln können. Die Nummer eins ihrer Branche in Deutschland«, sagte der Hauptkommissar.

»Warum lässt sich ein hoch bezahlter Geschäftsführer einer marktführenden Gesellschaft nicht von einem Chauffeur kutschieren?«, fragte Sandra Koch, »der hätte sich eine Handvoll Fahrer leisten können.«

»Normalerweise reist er mit Chauffeur, haben die Leute in der Zentrale der Gesellschaft gesagt«, antwortete Rexilius. »Fritz war ein Autonarr und der Sportwagen relativ neu. Er wollte auf der langen Fahrt von Freiburg nach Zorge einmal richtig Gas geben.«

Sandra war die attraktivste Polizistin der Inspektion. Als sie vor sechs Jahren ihren Dienst in Osterode angetreten hatte, glaubten die unverbesserlichen Playboys der Inspektion oder solche, die es noch werden wollten, im Handumdrehen bei ihr landen zu können. Keiner hatte Erfolg. Sie müsse eine knallharte Lesbe sein, meinte einer der Abgewiesenen. Sie gäbe sich mit einfachen Polizisten nicht ab, glaubten andere. Sie bilde sich ein, zu Höherem berufen zu sein. Staatsanwälte, Richter, das müsse ihr passendes Kaliber sein. Und eine dritte Gruppe sah sie längst dem hypnotischen Blick, oder was immer es auch war, ihres Chefs Rexilius anheimgefallen.

Nichts von alledem war Realität. Wenn Pierre Rexilius ihr näher stand alle anderen Kollegen, dann lag das daran, dass sie ihm einmal das Geheimnis ihrer Zurückhaltung anvertraut hatte.

»Der Tod trat durch Verbrennung ein«, sagte Rexilius. »Über zwanzig Knochenbrüche an Beinen, Armen, Rippen und Hüften haben die Gerichtsmediziner gezählt. Spunkes glaubt, dass Fritz ein bis drei Minuten nach dem Aufprall noch bei Bewusstsein war. Die Schmerzen müssen unerträglich gewesen sein.«

»Was ist mit dem Sicherheitsgurt? Und den Airbags?«, fragte Eckert, der Technik- und Computerexperte.

»Mit dem Sicherheitsgurt ist zwar alles in Ordnung. Allerdings meint Spunkes, dass Fritz kurz nach dem Aufprall aus dem Sicherheitsgurt herausgerutscht ist, weil alle Rippen des rechten Brustkorbs gebrochen waren.«

»Unser Professorchen scheint zur Hochform aufgelaufen sein«, sagte Eckert.

»So kennen wir ihn ja, aber die Airbags haben sich nicht mit Luft gefüllt«, sagte Rexilius.

»Das verstehe ich nicht«, sagte Eckert. »Wenn die Airbags nicht intakt sind, wird sofort ein Alarmsignal gegeben. Jeder normale Mensch fährt dann vorsichtig in die nächste Werkstatt. Fritz ist viel zu schnell gefahren. In Walkenried ist er mit einhundertfünfzig Stundenkilometern geblitzt worden. Und außerdem war das Fahrzeug gerade mal zwei Monate alt. Da fällt nicht einfach die Airbaganlage aus.«

In der letzten Woche war Eckert achtunddreißig Jahre alt geworden. Mit seiner Körpergröße von einem Meter fünfundachtzig, seinem muskulösem Körperbau und kantigem Kopf sah er aus wie ein Modellathlet, was er bei den Frauen gelegentlich ausnutzte. Vor einigen Monaten hatte er eine Affäre mit einer Reporterin angefangen, die für ein Wochenmagazin an einer Reportage über Mordermittler in der Inspektion recherchierte, und war für seinen Fehltritt doppelt bestraft worden. Als seine Frau

Natascha von seinem Verhältnis erfuhr, verließ sie ihn mit den beiden gemeinsamen Kindern. Und die Reporterin war nach Abschluss ihrer Recherchen zurück nach Hamburg gegangen, ohne ihm auch nur ihre Adresse zu hinterlassen.

Berufliches Glück hatte er auch nicht gehabt. Seit über zehn Jahren wartete er auf seine Beförderung zum Oberkommissar. Immer häufiger trieb er sich in den Nächten in Kneipen herum und trank übermäßig viel Alkohol.

»Ja«, sagte Rexilius, »die Untersuchungen der Techniker sind in diesem Fall auch noch nicht abgeschlossen. In dieser Woche brauchen wir mit Ergebnissen nicht zu rechnen. Allerdings, Lothar leitet die Ermittlungen. Vielleicht kannst du, Jürgen …«

Eckerts Augen leuchteten. Natürlich würde er Lothar Faulborn überzeugen, wenn möglich noch heute den aktuellen Stand preiszugeben. Schließlich hatte er noch eine Menge gut bei ihm. Und jeder aus der Mordkommission wusste, um was es sich dabei handelte.

Bis vor drei Jahren hatte Faulborn noch in Osterode gearbeitet. Zu diesem Zeitpunkt hatte er geglaubt, dass seine Frau ihn betrüge, und sich seinem Freund Jürgen anvertraut. Seine Frau hatte eine E-Mailadresse, zu der er keinen Zugang hatte, weil er das Passwort nicht kannte. Für Eckert stellte das kein Problem dar. Innerhalb von zwei Stunden hatte er sämtliche E-Mails der letzten sechs Monate ausgedruckt. Sie waren an Eindeutigkeit nicht zu überbieten. Faulborn trennte sich, bewarb sich in der kriminaltechnischen Untersuchungsstelle des Landeskriminalamtes, wurde aus zwanzig Bewerbern ausgewählt. Und war inzwischen Leiter der Abteilung. Neues privates Glück hatte er auch gefunden. Lebte mit einer Polizistin zusammen. Natürlich war er Eckert dankbar.

»Die Kugel, die den linken Vorderreifen getroffen hat, ist leider wieder ausgetreten«, sagte Rexilius. »Wir werden das Projektil auch nicht finden. Ich werde nach der Stelle suchen, von der aus der Mörder geschossen hat. Sandra, du wirst mich begleiten. Und Marc und Stefan, ihr befragt den Zeugen Dominic Oberländer.«

Südharz, 30. Juni, Montagnachmittag

Sandra stellte den alten VW auf dem Parkplatz ab, der nur zwanzig Meter von dem Unglücksbaum entfernt war, an dem Fritz zu Tode gekommen war. Als sie mit Pierre ausstieg und auf die nach Norden anschließenden Berghänge schaute, sah sie zum ersten Mal das Ausmaß des Waldbrandes. Wo sich noch eine Woche zuvor dichter Mischwald erstreckt hatte, standen nur noch vereinzelte verkohlte Stämme. Der Blick reichte hunderte von Metern weit. Am Boden ließ eine dicke Ascheschicht die Konturen der umgestürzten Baumriesen verschwimmen. Sie hatte zwar die Bilder im Fernsehen und in der Zeitung gesehen, aber so düster und katastrophal hatte sie es sich nicht vorgestellt.

Pierre und Sandra sahen sich an. »Ich habe das Desaster schon letzte Woche gesehen, als ich hier mit dem Fahrrad entlang gefahren bin«, sagte Pierre. »Es wird Jahrzehnte dauern, bis der Wald wiederhergestellt sein wird.«

Sie nahmen zwei Pylonen aus dem Kofferraum und gingen zu der Stelle, an der der BMW von Fritz von der Straße abgekommen war. Von hier aus führte eine nahezu gerade Spur über eine Weide bis zum Unfallbaum, von dem nur ein verkohlter Stamm übrig war. Auch hier gab es keinerlei Anzeichen eines Bremsvorganges.

Rexilius stellte die erste Pylone ab. »Der Tacho ist bei einhundert Stundenkilometer stehen geblieben. Die Techniker vermuten, dass die Kugel den Reifen etwa dreißig Meter vorher getroffen hat.« Er ging dreißig große

Schritte die Straße entlang und setzte die zweite Pylone ab. Blickte über die etwa dreihundert Meter breite Weide zum angrenzenden Wald und wies mit dem Finger auf einen Waldabschnitt. »Irgendwo dort hat er gelauert ... und geschossen. Wir müssen den Wald absuchen.«

Die beiden Polizisten marschierten über die Weide. Als sie den Waldrand erreichten, drehten sie sich zur dreihundert Meter entfernten Straße um und visierten die abgestellten Pylonen an. »Sandra, du bist unser bester Schütze. Welchen Standort hättest du ausgewählt?«

Sandra Koch war nicht nur der beste Schütze der Mordkommission, sondern auch der gesamten Inspektion. Bei den jährlichen Wettschießen gewann sie immer mit großem Abstand vor ihren männlichen Kollegen, was die abgeblitzten Machos der Inspektion noch weiter gegen sie aufbrachte. Sandra war in ihrer Jugend eine talentierte Sportschützin gewesen, die es bis zur deutschen Vizemeisterschaft im Kleinkalibergewehr gebracht hatte.

Sie schaute durch das Fernglas, das Pierre ihr gegeben hatte. Schritt den Waldrand mehrere Male nach links und rechts ab und blieb dann an einer Stelle stehen. »Hier ist der Schusswinkel am günstigsten. In dem Waldstück hinter uns hätte ich mein Gewehr in Stellung gebracht.«

»Gut, dann sehen wir uns jetzt das Waldstück an.«

Sie schritten vorsichtig über den Waldboden, um keine möglichen Spuren zu verwischen. Bemerkten dann eine Stelle, die irgendwie nicht zum Boden passte, und ein Kantholz, das wahrscheinlich der Wind freigelegt hatte. Es war Teil eines großen Lattengerüsts, das – da war Sandra sicher – der Mörder zusammengenagelt, ein Drahtgewebe darüber gespannt und darauf Zweige und Laub gelegt hatte. »Damit hat er seine Schützenmulde abgedeckt«, sagte Pierre.

Sie entfernten die Abdeckung und legten einen Erdaushub frei. Seine Ausmaße waren beachtlich: etwa zwei

Meter breit und ebenso lang, mit einer Tiefe von achtzig Zentimetern. »Eine geräumige Schützenstellung«, sagte Sandra, »dafür hat unser Mörder lange geschuftet. Und das bei solchen Temperaturen ... Warum hat er sich nicht einfach auf eine passende Bodenstelle gelegt und sich eine militärische Tarndecke übergestreift?«

Pierre schüttelte den Kopf. »Zu auffällig. Stell dir vor, er wäre kurz vor dem Schuss von irgendjemandem gestört worden. Von einem Pilzsammler zum Beispiel. Nein, dieses Risiko hat er ausgeschlossen. Für einen solchen Schuss brauchte er volle Konzentration.«

Natürlich. Sie ärgerte sich über ihre voreilige Frage. Dabei wusste sie doch am besten, wie wichtig Konzentration während des Schießens war. Sandra rieb sich die Schläfen. Das Schicksal ihres Vaters lähmte ihre Gedanken doch mehr, als sie sich selbst und anderen eingestehen wollte. Manchmal war ihr zum Weinen zumute. Wie in diesem Moment. Vielleicht wäre es doch besser, wenn sie sich für eine Zeit beurlauben ließe ... Aber dann wäre ihr wahrscheinlich die Decke auf den Kopf gefallen. Sie riss sich wieder zusammen.

»Du hast recht. Und der Mörder ist ein Meisterschütze. Ich hätte das nicht geschafft. Ein mit hundert Stundenkilometer fahrendes Auto und eine Distanz von über dreihundert Metern, und eine solch kleine Schussfläche! Es gibt nur wenige, denen ein derartiger Schuss gelingt. Das muss ein Profikiller sein.«

»Ja, das glaube ich auch«, antwortete Pierre.

Sie musterten den Boden der Schützenstellung genauer. Im vorderen Bereich entdeckte Sandra drei runde Vertiefungen. »Hier stand der Dreifuß seines Gewehres.«

»Ja, wir brauchen die Spurensicherung.«

Sandra griff zum Handy und informierte Wagner, den Chef der Spurensicherung. »In einer knappen Stunde wird er hier sein«, sagte sie.

Vorsichtig bewegten sie sich weiter durch das Gelände. Sandra Koch fand die kaum sichtbaren Stofffasern, die an einem Zweig hängen geblieben waren. »Die sind von ihm. Ein kräftig blauer Stoff. Von welchem Kleidungsstück könnten sie stammen?«

»Vielleicht Sportbekleidung, Radfahrkleidung wäre möglich. Wagner wird das schon herausfinden.«

In den Augenwinkeln nahm Pierre etwas wahr, das in diesem Teil des Waldes störend wirkte. Es befand sich in Augenhöhe. Damit man es nicht übersehen konnte? War das eine Botschaft an ihn, den Mordermittler? Aus der Entfernung sah es fast wie eine Schützenscheibe aus.

Der Hauptkommissar und seine Oberkommissarin näherten sich bis auf einen Meter. Es war eine gut zwei Zentimeter dicke Holzscheibe mit einem Durchmesser von dreißig Zentimetern. Ihre Oberfläche war gehobelt oder geschliffen worden, sie war mit einem Nagel an einer Buche befestigt. Die Zeichnung auf dem Holz war in einem kräftigen Rot gehalten.

Rot. Die Farbe des Blutes. Rot, die Farbe der Liebe, der Leidenschaft und der Lebensenergie.

Rot ist aber auch das Symbol für das Feuer, den Kampf, die Wut und den Tod, dachte Rexilius. »Hast du so etwas schon einmal gesehen?« Sandra schüttelte den Kopf.

Rexilius holte sein Notizbuch aus der Gesäßtasche seiner Jeanshose und zeichnete das Gebilde auf der Holzscheibe ab, während Sandra Koch ihre Suche nach anderen Spuren fortsetzte. Dann starrte er minutenlang schweigend auf die Skizze. Schließlich löste er den Blick von der Scheibe und sagte zu Sandra: »Er hat uns eine Botschaft hinterlassen.«

Sie hatte es in den Jahren ihrer Zusammenarbeit oft erlebt, dass er lange auf Gegenstände am Tatort blickte. Es war schon vorgekommen, dass er Stunden am Tatort verbracht hatte. Schweigend. Bewegungslos. Als habe er sich in die Zeit zurückversetzt, in der die Tat geschehen war. Als sähe er Fragmente der Ereignisse wie Bilder auf einer Leinwand vor sich ablaufen. Und immer hatte er mit seiner ersten Einschätzung der Tatabläufe recht behalten.

»Wir sollten jetzt zum Waldweg gehen und dort auf Wagner warten«, sagte Rexilius, und sie gingen auf den Waldweg zu, der etwa hundert Meter vom Tatort Wald einwärts verlief. Dort setzten sie sich auf einen Holzstoß, den Waldarbeiter zur Abholung gestapelt hatten.

Leichter Wind kam auf. Ließ die Blätter der Bäume hin und her wiegen. Die Hitze wurde etwas erträglicher. Einige Minuten schwiegen sie. Das Brummen einer Handvoll Hornissen, die an dieser Stelle eine Flugschneise zu unterhalten schienen, unterbrach die Stille.

»Er hat das alles bis ins kleinste Detail geplant«, sagte Sandra. »Woher hat er gewusst, welchen Weg Fritz benutzt und wann genau er auf dieser Straße ankommt? Er muss einen Komplizen haben, eine Art Kundschafter, der ihm die Ankunft des Geschäftsführers gemeldet hat.«

»Möglich, aber ein Gefühl sagt mir, dass er allein arbeitet«, antwortete Rexilius. Weiter kam er nicht, weil in diesem Moment die beiden Kleinbusse der Spurensicherung eintrafen.

Rexilius führte die Spurensicherer zum Tatort, den sie sofort weiträumig absperrten. Dann zeigte er ihnen ihre Funde und verabschiedete sich für eine Stunde, weil er und Sandra den Leiter des Wellnesscenters in Zorge befragen wollten.

Schweigend gingen sie den Waldweg entlang, der zur Landstraße führte. Sandra sah ihren Chef von der Seite an. Er war tief in Gedanken versunken. Sie störte ihn nicht. Das tat sie nie in solchen Situationen. In seiner momentanen Abgeschlossenheit würde er sie auch nicht wahrnehmen.

Sie trafen auf die Landstraße. Rexilius trottete hinter

Sandra hinterher. Dachte über die Zeichnung nach. Was verbarg sich hinter dem Kreis im äußeren Teil der Zeichnung? Was steckte hinter dem gedrehten Kreuz? Und was stellten die merkwürdigen Figuren im Zentrum dar?

Südharz, 30. Juni, später Nachmittag

»Dieses Bild hatten alle Tageszeitungen auf ihren Titelseiten. Ein Reporter des *Harzkuriers* aus Herzberg war damals in Bad Sachsa, um einen Bericht über das neue Kurorchester zu schreiben. War von seinem Chefredakteur dazu verknackt worden, weil er irgendetwas verbockt hatte«, sagte Dominic Oberländer.

Die Kommissare Henkelmann und Junge von der Mordkommission hatte ihren einzigen Augenzeugen des Unfalls aufgesucht, weil er vielleicht noch nebensächliche Beobachtungen gemacht haben könnte, die er im Protokoll der Kollegen aus Bad Sachsa nicht angegeben hatte.

»Das war Böhme«, sagte Junge schmunzelnd, »er hatte sich in einem Bericht über Fischer, unseren Polizeidirektor, lustig gemacht.«

»Als er die vielen Feuerwehrfahrzeuge mit Blaulicht und Sirene am Kurpark vorbeifahren sah, hat er da gleich seine Arbeit abgebrochen und ist hinterhergefahren«, sagte Oberländer. »Später sagte ein Kollege von Böhme, dass es sich nicht lohnt, ihn mit einer Reportage über ein langweiliges Thema zu bestrafen, weil dann da mit großer Wahrscheinlichkeit auch sofort etwas Außergewöhnliches passiert. Soll schon öfter vorgekommen sein. Für ihn und seine Zeitung stellte sich sein Aufenthalt in Bad Sachsa als Glücksfall raus.«

Junge und Henkelmann fühlten sich in Oberländers Wohnzimmer wie in der Zentrale einer freiwilligen Feuerwehr. Er musste wohl Feuerwehrmann mit Leidenschaft und Hingabe sein. Junge bemerkte in einer Regalwand unzählige Miniaturmodelle von Feuerwehrautos, in einem geöffneten Schrank hingen Feuerwehruniformen aus verschiedenen Epochen. An einer Wand waren Feuerwehrgerätschaften befestigt, mit einem Helm aus den zwanziger Jahren des letzten Jahrhunderts als Blickfang.

Oberländer bemerkte die erstaunten Blicke. »Ich sammle schon seit fünfzehn Jahren, vieles hat mir mein Großvater geschenkt«, sagte er schmunzelnd, »Feuerwehr ist neben meinem Beruf meine zweite Leidenschaft.« Dann fuhr er mit seinem Bericht fort: »Jedenfalls war in einem Altenheim ein Großbrand entstanden. Zwei Senioren konnten nicht mehr in Sicherheit gebracht werden. Und der Einsatzleiter war der Meinung, es wäre Selbstmord, die beiden noch retten zu wollen. Ich habe nicht auf ihn geachtet, bin losgerannt und habe zuerst die Frau in einen Rollstuhl gesetzt und sie dann zu dem Balkon gebracht, den sie auf dem Bild erkennen können. Die Kollegen im Rettungskorb haben sie sofort übernommen. Ich drehte mich um, um den Mann zu retten ...«

»Und der Einsatzleiter hat nicht versucht, Sie zurückzuhalten?« unterbrach Junge Oberländer verwundert. »Es bestand doch akute Lebensgefahr für Sie!«

»Doch, hat er, aber ich habe ihn gar nicht wahrgenommen. Ich war nur auf die Rettung des Mannes fixiert ... Das gestaltete sich schwieriger, weil er noch auf seinem Zimmer war. Als ich sein Zimmer betrat, hörte ich ihn husten. Ein gutes Zeichen, er lebte noch. Die Schranktüren fielen aus ihren Verankerungen, die Gardinen waren schon vollständig abgebrannt. Der alte Mann war am Bett mit einem Gurt befestigt, damit er in der Nacht nicht herausfallen konnte, weil er gerade einen Oberschenkelhalsbruch überstanden hatte. Mir lief der Schweiß unter der Sauerstoffmaske nur so herunter. Ich weiß nicht wie, aber ich schaffte es, ihn loszuschneiden, in den Rollstuhl zu setzen und zum Balkon zu verfrachten. Inzwischen war er bewusstlos. Ich riss mir die Maske vom Kopf, übergab ihn den Kameraden im Rettungskorb und sprang in den zweiten, den meine Kameraden kurz vorher mit der Rettungsleiter hochgefahren hatten. Sekundenbruchteile später schoss eine zehn Meter hohe Flamme aus dem Balkon heraus, rechts und links von ihr hingen die Rettungskörbe in der Luft. Das war der Moment, in dem der Reporter dieses Foto schoss. Böhme erhielt später einen bedeutenden Journalistenpreis dafür.«

»Sie waren also dieser Feuerwehrmann«, sagte Junge, »ich habe die Berichte damals in der Zeitung verfolgt. Alle Achtung … Was ist eigentlich aus dem alten Mann geworden, den sie aus dem Feuer geholt haben?«

»Hat überlebt und erfreut sich bester Gesundheit. Die Senioren laden mich noch heute zum Kaffee ein.«

»Böhme hatte damals ein Dankesschreiben an Fischer geschickt, hat er Rexilius einmal erzählt. Fischer soll vor Wut gekocht haben«, sagte Junge lachend.

Oberländers Freundin servierte Kaffee. Junge verzichtete auf die angebotenen Kekse und zündete sich eine Zigarette an. Rauchen war in der Wohnung des Feuerwehrmannes erstaunlicherweise erlaubt. Henkelmann goss sich Sahne in den Kaffee und genoss sein Lieblingsgebäck – Butterkekse.

»Aber Sie sind sicherlich nicht gekommen, um irgendwelche Heldengeschichten von mir zu hören«, sagte Oberländer.

Junge nickte. »Was haben Sie von dem Unfall im Walkenrieder Wald mitbekommen?«

»Vom Unfallablauf selbst nichts. Das Auto war schon an den Baum geprallt und brannte, als ich kam. Es befand sich nur eine Person im Auto, und die war tot. Ich bin ja vieles gewohnt, fahre immer zu den Unfällen mit, zu

denen wir gerufen werden, aber ... mir ist übel geworden.
– Wissen Sie inzwischen, wie der Unfall abgelaufen ist?«

»Die Untersuchungen laufen noch«, sagte Junge. »Aber eins sollten Sie wissen: Es war Mord.«

Oberländer stutzte. »Mord?«

»Ja. Jemand, wahrscheinlich ein Scharfschütze, hat den linken Vorderreifen des Fahrzeugs zerschossen. Und dadurch ist es über die linke Fahrbahnseite geschossen und schließlich an den Baum geprallt. Es ist wichtig, dass Sie sich an jedes Detail erinnern. Auch wenn es noch so unbedeutend erscheint.«

»Der Radfahrer. ... Das hatte ich vergessen, den Kollegen, die mich am Unfallort verhört haben, zu erzählen: Als ich am Unfallort ankam, versuchte ein Radfahrer, die Fahrertür zu öffnen.«

Junge und Henkelmann sahen sich überrascht an. »Können Sie ihn beschreiben?«, fragte Henkelmann.

»War ziemlich groß. Einen Meter neunzig, würde ich schätzen. Muskulös. Wie ein Bodybuilder. Und der Kopf war kahl geschoren.«

»Wie war er gekleidet?«

»Mit dieser Radfahrkleidung, die heute jeder Hobbyfahrer benutzt. Kurze, enge Hose und hautenges Shirt.«

»Können Sie sich an die Farben erinnern?«

Oberländer ließ die Szene vor seinem inneren Auge ablaufen. »Das Shirt war rot ... und die Hose blau.«

Henkelmann schrieb alles in sein Notizbuch.

»Und ... das war schon eigenartig. Ich bat ihn zu bleiben, um der Polizei zu berichten, was er beobachtet habe. Schließlich war er vor mir am Unfallort angekommen. Aber er sagte nur, er wisse nicht mehr als ich ... Er sagte das alles mit einer Kaltschnäuzigkeit und Ruhe ... Da war ein Mensch verbrannt, und er tat so, als wäre das etwas Normales. Als er wegfuhr, sagte er, wenn die Bullen Fragen hätten, könnten sie ihn ja aufsuchen.«

»Und kennen Sie überhaupt seinen Namen oder die Adresse?«

»Er hat mir seinen Namen gesagt. In Zorge wohne er.« Oberländer überlegte. »Sascha Mach... Machlitt. Ja, Sascha Machlitt.«

Henkelmann notierte den Namen, dann verabschiedeten sie sich.

Als Oberländer sie zur Wohnungstür brachte, fiel ihm noch etwas ein. »Ich hätte es fast vergessen. Bevor er sich aufs Fahrrad setzte, schnallte er seinen Trekkingrucksack auf den Rücken. Der muss ziemlich schwer gewesen sein, denn er hatte einige Mühe ihn hochzuheben, und das, obwohl er ziemlich kräftig war.«

Südharz, 30. Juni, später Nachmittag

Rexilius schaute auf seine Uhr. Seit dreißig Minuten saß er nun schon mit Sandra Koch im Foyer des Wellnesscenters in Zorge. Und der Leiter dieser Einrichtung, Wilfried Wölfer, war immer noch nicht in Sicht. Dabei hatte die Empfangsdame am Tresen, die sich mit Renée Glenner vorgestellt hatte, schon vor einer halben Stunde versprochen, dass ihr Chef sie in Kürze empfangen werde, weil er heute Nachmittag keine Termine habe. Sie begann hinter dem Tresen nervös hin und her zu laufen. Mit einem entschuldigenden Schulterzucken versuchte sie dem Hauptkommissar zu vermitteln, dass sie die Verzögerung nicht erklären könne.

Weitere zehn Minuten vergingen, ehe ihr Telefon klingelte. Sie nahm den Hörer ab. Mit einem »Ja« beendete sie das kurze Gespräch. »Herr Direktor Wölfer wird sie jetzt empfangen«, sagte sie mit einem Lächeln, das um Entschuldigung bat.

Dann führte sie die beiden Polizisten ins Dienstzimmer des Klinikleiters und verabschiedete sich.

Am Fenster des Direktorenzimmers stand ein etwa ein Meter fünfundsechzig großer Mann. Rexilius schätzte ihn auf fünfzig, aber genauso gut hätte er auch sechzig Jahre alt sein können. Der kantige Kopf, den eine volle graue Mähne zierte und dessen Haare zerzaust abstanden, schien ohne Hals auf den Schultern zu ruhen. Bekleidet war er mit einem hellblauen Nadelstreifenanzug. Die markanten Knitterfalten an Jacke und Hose zeugten davon, dass der Kontakt mit einem Bügeleisen schon länger zurückliegen musste.

Sandra äußerte Pierre gegenüber später, dass Wölfer auf den ersten Blick auf sie den Eindruck eines zerstreuten, aber sympathischen Professors gemacht hatte. Selten hätte sie erlebt, dass dieser positive Eindruck mit dem allerersten Satz, den jemand sagte, in sich zusammen stürzte.

Wölfer bat sie ans Fenster. »Schauen Sie sich dieses Panorama an. Freier Blick ins Harzvorland nach Ellrich, und wenn die Luft klar ist, können sie die Hainleite in vierzig Kilometer Entfernung erkennen. Das sind die Vorzüge eines Chefzimmers.«

Sandra Koch fand das arrogant, und Rexilius, dessen Pokerface nichts von dem verriet, was er dachte, war peinlich berührt.

Er stellte sich und seine Begleiterin vor.

»Was will denn die Kriminalpolizei von mir?«

»Wir untersuchen den Mord an Balthasar Fritz«, sagte Rexilius.

»Wie bitte ... Mord? Das war doch ein Unfall«, wandte Direktor Wölfer ein.

»Nein, es war Mord«, wiederholte Rexilius, ohne weitere Erklärungen abzugeben. »Hatte Fritz Feinde, die zu einem solchen Mord fähig sein könnten?«

»Wissen Sie ... Fritz war ein äußerst erfolgreicher

Geschäftsmann. Vier Jahre lang hat er die Geschicke der *DHC* geleitet. Und in diesen vier Jahren hat er die Gesellschaft zu einem unvergleichlichen wirtschaftlichen Höhenflug aufsteigen lassen. Gewinne in zweistelliger Millionenhöhe hat er erwirtschaftet. Und vor seinem Antritt als Geschäftsführer schrieb die Gesellschaft rote Zahlen …! So etwas kann nur gelingen, wenn man die Zeichen der Zeit erkennt und notwendige Maßnahmen durchführt. Die ›Neue Notwendigkeit‹ nannten wir das. Aber, nein, deshalb mordet keiner.«

»Und was ist die ›Neue Notwendigkeit‹?«, fragte Rexilius.

Wölfer lehnte sich in seinem Chefsessel zurück, hielt die Hände so vor der Brust, dass sich die Fingerkuppen berührten und ein imaginäres Dach bildeten. Schaute auf irgendeinen Punkt an der Zimmerdecke. »Umstrukturierungen.«

»Verstehe nicht ganz.«

»Nun, das ist nicht leicht zu erklären.«

»Versuchen Sie es einfach«, sagte Rexilius gelassen.

»Eigentlich stammen viele Ideen von mir. Ich war sozusagen sein Berater. Sein wissenschaftlicher Berater. Habe vor kurzem meine Dissertation in Volkswirtschaft geschrieben, die inzwischen als Buch veröffentlicht worden ist. Ich arbeite nicht nur für die *DHC*, sondern bin auch Geschäftsführer des Instituts für Mittelstandsforschung … bin Lehrbeauftragter der Universität Bremen … Mitarbeiter der Roland Berger …«

Sandra Koch wunderte sich, dass Wölfer in diesem kleinen Wellnesscenter versauerte und immer noch nicht zum Rat der Fünf Wirtschaftsweisen gehörte. Und Rexilius hatte keine Lust, sich die Litanei anzuhören. Er unterbrach ihn abrupt. »Welche Maßnahmen hat Fritz nun durchgeführt – ich erwarte endlich konkrete Aussagen.«

Wölfer antwortete nicht gleich. Schien aus dem Konzept gebracht. Hatte eine bessere Zuhörerschaft erwartet. »Eh ... Für alle Einrichtungen der *DHC* wurden Marktanalysen – in meiner Abhandlung nenne ich sie Effizienzanalysen – angefertigt. Nach deren Auswertung setzte Balthasar neue, notwendige Maßnahmen durch. Und die bestanden in einem Abbau des Personals.«

»Na also, es geht doch, Herr Wölfer«, sagte Rexilius zynisch.

Allerdings erreichte sein Zynismus den Direktor nicht. Voller Bewunderung für den ermordeten Geschäftsführer fuhr Wölfer fort: »Vierzig bis fünfzig Prozent der Belegschaft kündigte Fritz, für den Rest wurden neue Verträge ausgehandelt.«

Verärgert mischte Sandra Koch sich ein. »Und wie sahen die aus?«

»Zum Wohle der Gesellschaft mussten Stunden reduziert oder für die gleiche Stundenzahl weniger bezahlt werden. *Lean administration* nennt man so etwas. Auf deutsch ›Schlank durch Abspecken‹.«

Rexilius bemerkte, dass Sandra kurz vor der Explosion stand.

»Wer sich weigerte, wurde entlassen. Die Schlaumeier, die geklagt haben, haben alle Prozesse verloren. Die Arbeitsrichter haben eben die Zeichen der Zeit erkannt«, sagte Wölfer mit einem triumphalen Grinsen.

In diesem Moment fehlte nur noch der berühmte Tropfen, der bei Sandra Koch das Fass zum Überlaufen bringen würde. Ihr Vater hatte dreißig Jahre lang in einer Eisengießerei in Herzberg gearbeitet. Er war als Ingenieur maßgeblich an vielen Verbesserungen und Entwicklungen beteiligt gewesen. Seine Ideen hatten dem Industriewerk eine Menge Geld erspart und es konkurrenzfähig erhalten, so dass auch in Zeiten der Rezession dort nur selten Arbeitskräfte entlassen wurden. Natürlich wusste sie, dass die neunziger Jahre eine andere Zeit waren. Aber hier ging es um die Einstellung ihres Vaters zu seinen

Arbeitern. Für ihn waren sie sein fester Bestandteil des Erfolges. Für ihre Nöte hatte er immer Verständnis gehabt und geholfen, wo er konnte. Die heutige gesellschaftliche Realität ließ solche Charaktere in einem verklärten, naiven Licht erscheinen. Ein Neuer hatte die Chefetage der Herzberger Fabrik betreten: Peter Schmidt, achtzehn Jahre jünger als Sandras Vater. Mit einer beispiellosen Kampagne hatte er ihn aus dem Betrieb geekelt. Erhard Koch war daran zerbrochen.

»Im Zeitalter der Globalisierung muss man konkurrenzfähig bleiben. Und das geht nur über eine Einsparung bei den Personalkosten«, sagte Wölfer kalt.

»Haben Sie sich jemals Gedanken darüber gemacht, was aus all diesen Menschen wird?«, fragte Sandra.

»Das ist nicht meine Aufgabe. ... Eh, aber ... der Fähige wird sich durchsetzen. Und außerdem hungert heutzutage kein Arbeitsloser. Haben oft mehr Geld zur Verfügung als die, die jeden Tag zur Arbeit gehen. Hier müsste der Staat endlich einmal was tun. Ließe sich eine Menge Geld einsparen, um den maroden Staatshaushalt zu sanieren. Der Staat müsste die Prinzipien der *lean administration* zum Wohle der Steuerzahler übernehmen«, dozierte Wölfer.

Sandra sprang auf, lief um den Schreibtisch und drückte die Lehne des Chefsessels samt Wölfer nach hinten. »Waren Sie schon einmal arbeitslos?«

Ihr Angriff hatte den Direktor überrumpelt. Die Röte stieg ihm ins Gesicht, bildete zu seinen grauen, wirren Haaren einen reizvollen Kontrast. Mehr als ein undeutliches Stammeln brachte er nicht zustande, aber Sandra wartete auch gar nicht auf Antwort. »Natürlich nicht. Leute wie Sie purzeln immer hoch. Sie sind nicht fähig, sich in Menschen hineinzuversetzen, die ihre Existenz verloren haben. Für die eine Welt zerbricht. Sie herzloser Ignorant ... Stattdessen brüsten Sie sich mit ihrer Pseudowissenschaftlichkeit und sitzen selbstgefällig in ihrem Zweitausend-Euro-Chefsessel. Sie borniertes ...«

Rexilius war froh, dass sie den Satz nicht vollendet hatte. Er hätte ihr am liebsten Beifall geklatscht, aber sie war zu weit gegangen. Wölfer gehörte zu dem Menschenschlag, der sich für eine Niederlage rächen würde.

Wölfers Versuch, die Oberkommissarin des Raumes zu verweisen, scheiterte kläglich, seine Stimme versagte. Um eine weitere Eskalation zu verhindern, schnappte Rexilius sie an der Hand und verließ mit ihr das Zimmer. Eine weitere Befragung hätte ohnehin nichts ergeben. Aber Rexilius würde wiederkommen, und sich dieses bornierte Arschloch noch einmal vorknöpfen. Und das nicht zu knapp.

Rexilius führte seine immer noch aufgebrachte Kollegin am Empfangstresen vorbei zum Hauptportal. Aus den Augenwinkeln sah er, dass die Empfangsdame ihn eigenartig anblickte. So, als wollte sie ihm etwas Wichtiges sagen. Aber er verabschiedete sich nur von ihr durch Heben der linken Hand.

»Geht es dir wieder etwas besser?«, fragte er Sandra, als sie zum Tatort zurückfuhren.

»Es ist mir nie besser gegangen. Einem Arschloch muss auch mal gezeigt werden, dass es eins ist.«

Rexilius nickte. Aber plötzlich, auf halber Strecke zum Tatort, kam ihm das eigenartige Verhalten der Empfangsdame erst richtig zu Bewusstsein. »Verdammter Mist ... diese Frau Glenner, die weiß irgendetwas.« Er trat abrupt auf die Bremse, wendete den Wagen und kehrte nach Zorge zurück. Er stellte seinen Dienstwagen direkt vor das Eingangsportal und eilte zur Rezeption. Aber dort stand eine andere Frau.

»Frau Glenner? Ist vor fünf Minuten nach Hause gefahren. Morgen früh, ab acht Uhr, ist sie wieder im Dienst.«

Südharz, 30. Juni, Montagabend

Wagner hatte nicht nur das Waldstück, in dem die Schützenstellung lag, sondern auch die Weide in einer Breite von hundert Metern vom Wald bis zur Landstraße, und den Unfallbaum mit Absperrbändern umgeben. Er musste mehrere Kilometer Band mitgebracht haben.

Seine Leute waren über das gesamte Gelände verteilt. Mit ihren Tyrecksanzügen sahen sie wie Astronauten aus, die einen neu entdeckten Planeten unter die Lupe nahmen.

»Was will er denn hier noch alles finden?«, fragte Sandra schmunzelnd.

Rexilius zuckte die Schultern. »Vielleicht hat er irgendetwas entdeckt. Du kennst ihn ja.«

In der Nähe des Unfallbaumes standen etwa zwanzig Personen mit Fotoapparaten.

»Und wie kommen die so schnell hierher?«, fragte Sandra.

»Irgendeiner in der Inspektion steckt ihnen das ... Wir fahren einfach an ihnen vorbei. Wir nähern uns dem Tatort vom Waldweg aus.«

Einer von ihnen hatte in das Fahrzeug geblickt und die beiden erkannt. Böhme, der Riecher. Hatte sich nicht täuschen lassen. Er eilte hinterher. Die restliche Meute überlegte kurz, wie man die Reaktion des Kollegen vom *Harzkurier* werten sollte, und folgte ihm dann.

Sandra Koch bog in den Waldweg ein, kam aber keine fünfzig Meter weit, weil der Motor des alten Dienstwagens aussetzte. »Mist, das ist schon das dritte Mal in diesem Monat. Wir lassen ihn stehen und gehen zu Fuß weiter.«

Ehe die Polizisten den Holzstoß erreichten, auf dem sie vor zwei Stunden gesessen hatten, holte die Presse sie ein.

»Wenn der Herr Hauptkommissar und seine schöne Kommissarin in einem Waldstück auftauchen, in dem die Spurensicherung herumturnt, dann ist doch bestimmt eine Leiche im Busch«, sagte Böhme, der als Erster Rexilius erreichte. Ein süffisantes Grinsen folgte. War Böhme etwa schon wieder im Bilde, fragte sich der Hauptkommissar.

Auch die anderen waren inzwischen heran und überschütteten Rexilius mit einem Schwall von Fragen.

»Hat die Leiche einen Namen?« Holt vom *Thüringer Express*.

»Gibt es einen neuen Südharzmörder?« Böttcher vom *Göttinger Tageblatt*.

»Gibt es schon eine heiße Spur?« Völkel von der *Neuen Wernigeröder Zeitung*.

»Sind Drogen im Spiel?«

Rexilius kannte sie alle. Seit Jahren waren sie seine Begleiter während der Mordermittlungen. Ihre Fragen zeigten, dass sie nichts über den Mord an Fritz wussten. Der letzte Fragesteller allerdings war Rexilius unbekannt.

»Willkommen im Club«, sagte Pierre Rexilius, »darf ich Ihren und den Namen ihrer Zeitung erfahren?«

»Rabe. Von der *Bildzeitung*.«

»Was treibt denn die *Bildzeitung* an diesen abgelegenen Ort?«

»Betriebsgeheimnis, Herr Hauptkommissar.«

»Aha.«

Wieder setzte sich Böhme als Erster durch. »Wonach suchen Sie hier? In diesem abgelegenen Waldstück?«

»Los, raus damit«, fügte Rabe hinzu.

Rexilius beachtete ihn nicht, wandte sich an Böhme. »In diesem Gelände gibt es keine Leiche«, sagte er. Was ja objektiv der Wahrheit entsprach. »Ihr könnt eure Fotoapparate wieder einstecken. Wir suchen nach Beweisen, die in Verbindung mit einem ganz frischen Fall stehen könnten.«

Ein noch stärkerer Wortschwall als beim ersten Mal brach über ihn herein. Zwei Minuten brauchte er, um wieder Ruhe herzustellen. »Leute«, sagte er, »wir sind erst am Anfang. Am Donnerstag, um sechzehn Uhr, wird eine Pressekonferenz stattfinden. Geht jetzt nach Hause.«

Dann dreht er sich um, stieg über die Absperrung und ging auf den Chef der Spurensicherung zu. Sandra Koch folgte ihm.

Wagner stand der Schweiß auf der Stirn. An der Wange, der Nase und am Kinn klebten Reste des Waldbodens, als habe er im Erdloch herumgeschnüffelt. Sandra musste ein Schmunzeln unterdrücken. Mit einem Taschentuch wischte Wagner sich erst über die Stirn, dann über die anderen Gesichtsteile und kehrte zur Stirn zurück. Nun hatte er die Bodenreste so verschmiert, dass sie sich wie eine Schicht über das ganze Gesicht zogen. Er sah aus wie ein mit perfekter Gesichtstarnung ausgestatteter Nahkämpfer.

Herbert Wagner. Oberkommissar. Seit zehn Jahren Leiter der Spurensicherung. Rexilius kannte ihn seit zwanzig Jahren. Herbert hatte seine eigene Art. Seine Aussagen waren kurz und bündig. Seine Untersuchungen gründlich und umfassend. Wenn er nichts fand, dann gab es auch keine Spuren.

»Wir haben noch Stofffasern gefunden. Einige von den blauen, aber auch rote. Zu welcher Kleidung sie passen, werden wir morgen im Labor untersuchen. Außerdem gibt es einen Fußabdruck – Schuhgröße dreiundvierzig, vermutlich von einem Sportschuh. Die Scheibe mit der Zeichnung habe ich fotografiert und schon für euch fertig.« Wagner hatte die Fotos von der Digitalkamera in seinen Laptop eingelesen und über den Akkudrucker gleich ausgedruckt. Er übergab dem verblüfften Rexilius ein scharfes Foto der bemalten Holzscheibe. Der Botschaft des Mörders. »Schließlich brauchst du Arbeit für den Abend.«

Sollte das etwa ein Witz sein? Wagner scherzte im Durchschnitt etwa alle zwei Jahre einmal. Aber sein Gesichtsausdruck, seine Körperhaltung waren anders als sonst, das bemerkte Rexilius in diesem Moment. Irgendetwas Gravierendes musste bei ihm vorgefallen sein – so wie er aussah, etwas Positives.
»Bin interessiert, was du dem Gekritzel entnehmen kannst. Wenn einer, dann schaffst du das. Mehr kann ich im Moment nicht bieten. Hoffe, dass ich den Bericht bis morgen Nachmittag fertig habe. Vorsichtshalber suchen wir einen Großteil des Geländes ab.«
Dann verabschiedete er sich und marschierte über die Weide. Koch und Rexilius sahen ihm nach. Auch noch, als er drei Viertel überquert hatte. Dann wurden seine Konturen unscharf, er tauchte in die Luftspiegelung über dem Gras ein und verschwand vor ihren Augen. Wie ein Zauberer, der in eine andere Dimension gelangt war.
»Wonach sucht er dort?«, fragte Sandra.
Rexilius zuckte mit den Schultern.
Sie beschlossen, noch einmal mit Wagner zu sprechen und verließen die erträglichen Temperaturen des Waldes. Die plötzliche Hitze traf sie wie ein Schlag. Sandra schätzte, dass es über der Weidefläche gut fünfzehn Grad wärmer war als unter den Bäumen. Nach wenigen Sekunden fing sie an zu schwitzen. Blickte auf Rexilius und schüttelte ungläubig den Kopf. Er zeigte nicht die geringste Spur irgendeines Hitzeeinflusses.
Inzwischen hatten sie die Hälfte der Strecke zurückgelegt. Wagner war wieder aus der Fata Morgana aufgetaucht. Er hatte sie noch nicht bemerkt, schaute konzentriert auf einen kleinen Gegenstand, den er in der Hand hielt. Das Sonnenlicht verstärkte den Gegensatz zwischen seinem durch die Bodenreste gebräunten Gesicht und dem weißen Tyrecksanzug. Und mit seiner Körpergröße von einem Meter neunzig wirkte er wie

ein mächtiger Wüstennomade. Es fehlte nur ein Kamel.

Ein triumphierendes Lächeln überzog sein Gesicht. Er drehte sich zu seinen beiden Kollegen um. »Ich habe es gewusst! Dieser Schweinehund ... er hat hier Wettersensoren aufgebaut. Und hat sie nach dem Mord zerstört. Zumindest hat er das geglaubt. Hier habe ich die Reste«, sagte Wagner und zeigte sie seinen beiden Kollegen.

Südharz, 30. Juni, Montagabend

Rexilius legte das Foto, das Wagner ihm noch im Wald ausgedruckt hatte, auf seinen Computertisch. Diese Nachricht des Mörders ... war sie als eine Warnung an andere zu verstehen? Aber wer war dann gemeint? Oder verbarg sich dahinter etwas ganz anderes, von dessen Verstehen er weit entfernt war? Er betrachtete sie noch einige Minuten und schaltete den Computer ein.

Ein Kreis bildete den äußeren Rahmen der Zeichnung. »Welche Bedeutung hat er«, murmelte der Hauptkommissar. Er gab den Begriff in die Suchmaschine ein. In weniger als einer Sekunde spuckte sie über eine Million Dateien aus. Er begann zu lesen und zu systematisieren. Nach drei Stunden fasste er die wesentlichen Informationen zusammen.

Der Kreis ... eines der am häufigsten verwendeten Symbole. Der Kreis als unendliche Linie. Ein Symbol der Zeit. Der Unendlichkeit. Veranschaulicht durch die Schlange, die sich in den Schwanz beißt. In der Magie galt er als das Symbol des Schutzes gegen böse Geister und Dämonen, und im Zen-Buddhismus symbolisierten konzentrische Kreise die höchste Stufe der Erleuchtung, die Harmonie aller geistigen Kräfte.

Wie stark der Kreis im Alltag verwurzelt war, kam

Rexilius jetzt wieder ins Bewusstsein. Der Gesprächskreis, der Kreis der Familie. Der Freundeskreis. Kreis bedeutete, dabei zu sein. Umgeben, geschützt zu sein, wenn man sich in ihm als Mittelpunkt befand.

Der Kreis. Ein Zeichen für Bindung, Verlobungsringe, Eheringe. Ein Symbol für Ganzheit, für Gleichheit und Harmonie. Kein Anfang und kein Ende. Wie die wahre Liebe?

Der Kreis wurde als Sinnbild des weiblichen Bauches oder des Uterus gesehen. Aus seiner Mitte entsprang neues Leben.

Sonne und Mond erschienen als Kreisscheibe am Himmel. Der Kreis als Symbol für Gottheit, für Vollkommenheit.

Aber was von alledem ließ sich in Zusammenhang mit dem Mord bringen? Er zündete sich eine Pfeife an, trank einen Schluck Cappuccino und lehnte sich auf seinem Schreibtischstuhl nach hinten. Zog mehrere Male an seiner Pfeife und hüllte den Computer in Nebel. Ein Symbol seiner Ahnungslosigkeit?

Mit dem Kreuz fuhr er fort. Vielleicht ließe sich aus der Kombination der Symbole mehr entnehmen ... Aber, handelte es sich überhaupt um ein Kreuz? Oder stellte es nur ein Mittel dar, um die Zeichnung in vier Sektoren einzuteilen?

Nein, das glaubte er nicht. Ein Gefühl sagte ihm, dass es ein Andreaskreuz darstellte und dass es eine fundamentale Bedeutung hatte. Er beugte sich wieder über den Schreibtisch und tippte das Wort »Andreaskreuz« in die Suchmaschine ein.

Das Andreaskreuz ging auf den heiligen Andreas zurück, konnte er erfahren. Andreas war einer der zwölf Apostel. Nach der Kreuzigung Jesu reiste er als Missionar nach Skythien, durch Georgien, Kurdistan und schließlich nach Griechenland, wo Patros seine letzte Lebensstation wurde. Zahlreiche Wunder sollte er dort vollbracht haben. Tote sollte er auferstehen lassen haben, Feinde mit Blindheit geschlagen ... Der Statthalter von Patros, Aegeas, der ihn als ernste Gefahr für seine Macht sah, ließ ihn – im November sechzig oder zweiundsechzig, hier waren sich die Experten nicht einig – an einem schiefen Kreuz, dem Andreaskreuz, hinrichten.

Das Andreaskreuz galt seit langer Zeit als Warnsignal an Bahnübergängen. In der Chemie symbolisierte es als Gefahrensymbol reizende oder gesundheitsschädliche Stoffe. Beinhaltete das Kreuz eine solche Warnung an Verbündete des ermordeten Geschäftsführers? Denen es so ergehen könnte wie Fritz? Oder war dieser Gedanke zu einfach? Zu banal?

Er recherchierte weiter. Das Andreaskreuz war ein Ort von Sexspielen. Der unterwürfige Partner, der Bottom, wurde an das Andreaskreuz gefesselt und war dem Top, dem dominanten Partner, wehrlos ausgeliefert. Hatte der Mord einen sexuellen Hintergrund?

Schließlich zierte das Andreaskreuz viele Wappen. Am bekanntesten war die schottische Nationalflagge.

Wieder lehnte er sich in seinem Schreibtischstuhl zurück, schloss die Augen und dachte nach. Aber er fand keine Verbindung, so sehr er sich auch bemühte. Es war einfach zu früh. Die Symbolzeichnung musste mit Informationen über die beteiligten Menschen und Ereignisse gefüllt werden. Bislang hatten sie nur eine Person, und das war der tote Geschäftsführer. Und was wussten sie über ihn? So gut wie nichts. Sie standen erst ganz am Anfang. Morgen würde er mit seinem Freund Rainer Wetzel, der das Kommissariat für Gewaltverbrechen in Freiburg leitet, Verbindung aufnehmen. Er würde Informationen über Balthasar Fritz und sein Umfeld beschaffen. Vielleicht würde aber auch eine Dienstreise nach Freiburg notwendig werden.

Trotz aller Unklarheiten in dem Fall beschlich ihn ein Gefühl, dass es bald eine weitere Symbolzeichnung geben würde. Die Konturen und Figuren würden dann schärfer sein. Ein zweiter Mord würde geschehen. Würde er ihn verhindern können? Nein, das glaubte er nicht.

Angetrieben durch den Wind segelte er geräuschlos und unsichtbar durch die Nacht. Der Wind erstarb. Der Ballon schien in der Luft stehen zu bleiben. Zum ersten Mal nahm er das Gebäude aus der Vogelperspektive wahr. Eine Tankstelle, deren Lichter erloschen und deren Türen geschlossen wurden. Und dann entfernte sich ein klappriges Auto von dem Gebäude. Augenblicke später hielt es vor einem schwach erleuchteten Doppelhaus. Der Insasse öffnete die Autotür und verschloss sie wieder. Und bewegte sich auf sein Haus zu. Um Erholung nach der Anstrengung des Tages in seinem behaglichen Heim zu finden. Der Blick des Ballonfahrers war gebannt nach unten auf den Mann gerichtet. Aber plötzlich verbarg eine Wolke, die Wolke des Verschleierns, die Verbündete des Mörders, das Geschehen unter sich. Mit der Kraft des Willens versuchte er sie zu verscheuchen. Hatte keinen Erfolg. Fand sich plötzlich neben dem Mann wieder, der zwischen Auto und Doppelhaus lag. Er erschauderte. Blut, überall Blut, das aus dem Kopf des Mannes scheinbar unstillbar rann. Sein Atem bestand nur noch aus einem schwachen Röcheln.

Rexilius wurde abgelenkt von einem Schatten. Einem großen, breitschultrigen Schatten, der über den Horizont floh. Rexilius verfolgte ihn. Beschleunigte seinen Lauf. Der Schatten tat es ihm nach. Rexilius erhöhte seine Geschwindigkeit immer weiter, aber der Schatten blieb unerreichbar. Dann schien es, als liefe er über eine unsichtbare Brücke, um Augenblicke später von einem Tunnel verschluckt zu werden.

Rexilius tat es ihm nach. Erreichte die Mitte des Tunnels. Sah, wie der Schatten am Ende des Tunnels in das Lichtermeer einer Stadt eintauchte. Am Rand des Tunnels tat sich ein Abgrund auf. Du musst springen, so wie der Schatten vor dir gesprungen ist, sagte er sich. Und tauchte in das Lichtermeer.

Es schien, als erwache er aus seinem Traum und versinke trotzdem noch tiefer in ihn. Er fand sich wieder im Flur eines Mehrfamilienhauses. Ein durch das Flurfenster einfallender schwacher Lichtstrahl endete auf einer nicht zu erkennenden, auf dem Boden liegenden Masse.

Rexilius schaltete das dämmrige Licht in dem kalten Treppenhaus ein. Vor ihm lag ein gekrümmter Körper, um den sich ein Blutmeer ausgebreitet hatte. Der Zustrom war versiegt. Er erkannte den Toten wieder, löste den Blick und sah den Schatten vorbeihuschen. Versuchte ihn zu ergreifen, aber der war schon an einer Wohnungstür, die sich wie auf Befehl öffnete. Rexilius stürzte hinterher, aber eine unsichtbare Kraft hielt ihn an der Tür zurück. Er wurde zum Voyeur, zum bloßen Statisten. Sah einen großen Raum, in bläuliches Licht getaucht. In seiner Mitte lag ein makelloser nackter Frauenkörper, auf dem sich das Licht spiegelte. Der Schatten verwandelte sich in einen dickbäuchigen, unansehnlichen Mann, der mit einem langen Gegenstand auf den Kopf der Frau einschlug. Rexilius musste zusehen, wie die Frau verblutete, wie Fontänen von Blut aus ihrem Kopf schossen. Dann versiegte das Blut. Die Frau verwandelte sich in den Männerkörper, den er vor der Wohnungstür gefunden hatte. Der Mörder nahm wieder Schattengestalt an, verschmolz mit der Dunkelheit. Der Raum begann sich wie ein Karussell zu drehen, um dann in sich zusammenzustürzen.

Schweißgebadet erwachte Rexilius in seinem Bett. Es war fünf Uhr.

1988. Der 26. Januar. Fünfzehn Jahre waren seitdem

vergangen. Seit dem Mord an Günter Lange, dem sympathischen und beliebten Tankstellenbesitzer aus Herzberg. Dem einzigen Mord, den Rexilius nicht hatte aufklären können. Die Geschehnisse jenes Januars verfolgten ihn in seinen Träumen.

Immer dann, wenn eine neue schwierige Mordermittlung begann.

Südharz, 1. Juli, Dienstagmorgen

Zusammenhang zwischen dem schweren Verkehrsunfall im Walkenrieder Wald und den Ermittlungen der Mordkommission an gleicher Stelle?, lautete die Schlagzeile auf der Titelseite des *Harzkuriers*. Darunter war ein Bild, das die Polizisten mit ihren weißen Tyrecksanzügen in der Nähe des Unfallbaums zeigten.

Was hat es zu bedeuten, fragte sich Böhme in seinem Bericht, *wenn sich ein Großaufgebot der Spurensicherung und der Leiter der Mordkommission in einem Waldstück zwischen Walkenried und Zorge befinden, dort aber nicht nach einer Leiche suchen?* Aus ermittlungstaktischen Gründen könne der Leiter der Mordkommission, Hauptkommissar Rexilius, noch keine Auskünfte geben, fuhr Böhme fort. In einer Pressekonferenz am kommenden Donnerstag wolle man die Presse umfassend informieren.

Böhme aber wollte nicht bis zu diesem Termin warten, das machte er in seinen folgenden Ausführungen deutlich. Er stellte Vermutungen an.

Die einzige Leiche, die es in den letzten Jahren dort gegeben habe, sei der bei dem Unfall getötete Geschäftsführer Balthasar F. aus Freiburg. Was liege also näher als davon auszugehen, dass es sich nicht um einen Unfall, sondern um Mord handele. Die Kriminaltechniker hätten den Wagen des Toten – in Klammern stand, mit Fragezeichen versehen, *Ermordeten* – sehr lange untersucht. Und der Abschlussbericht läge immer noch nicht vor, obwohl bereits eine Woche vergangen sei.

Woher wusste Böhme das? Nur wenige hatten Kenntnis davon. Rexilius, hatte erst am gestrigen Vormittag davon erfahren. Böhme musste einen Informanten in der Inspektion haben. In den letzten Monaten war er auffällig gut unterrichtet gewesen. Besser und schneller als seine Kollegen von den anderen Tagesblättern. Rexilius würde der Sache nachgehen.

Er verstaute seine Zeitung im Rucksack. Der Zug hatte vor wenigen Augenblicken die Station Herzberg-Schloss verlassen. Und das ohne Verspätung! In fünf Minuten würde der Zug zum ersten Mal seit langem pünktlich in Osterode einlaufen.

Zehn Minuten später öffnete er die Tür seines Dienstzimmers. Als er am Schreibtisch Platz genommen hatte, griff er gleich zum Telefon und wählte die Nummer seines Freundes.

»Wetzel, Kriminalpolizei Freiburg.«

»Rexilius, Kriminalpolizei Osterode.«

»Weilt der Herr Hauptkommissar noch unter den Lebenden? Eigentlich wollte er doch schon im letzten Monat nach Freiburg kommen und die Fortschritte meiner Kinder Yannick und Michelle, von denen er auch noch der Patenonkel ist, begutachten? Und was ist mit meiner armen Valerie? Seit einem Monat wartet sie mit ihrem speziellen französischen Menü auf dich. Inzwischen ist es kalt geworden.«

Valerie war Wetzels schöne französische Frau. Ihretwegen hatte er Osterode verlassen und war nach Freiburg gezogen. Dort leitete er die Mordkommission.

»Yannick hat im Fußball gewaltige Fortschritte gemacht. Er spielt inzwischen in der Landesauswahl«, sagte der stolze Vater. »Wahrscheinlich wirst du gleich entgegnen, dass du seit Absolvierung der Polizeischule keinen Urlaub mehr bekommen hast, der länger als eine Woche gedauert hat. Aber Spaß beiseite. Gibt es etwas Dienstliches?«

»Ja.« Rexilius erzählte ihm alles, was sie über den Mordfall Fritz bislang in Erfahrung gebracht hatten. Was zugegebenermaßen nicht viel war.

»Fritz … Fritz … irgendwie kommt der Name mir bekannt vor«, sagte Wetzel.

»Er war der Geschäftsführer eines großen Konzerns in Freiburg. Vielleicht hast du von ihm in der Zeitung gelesen.«

»Nein, nein … irgendwie im Rahmen von Ermittlungen. Es fällt mir aber nicht ein. Es muss länger her sein. Ich werde dem nachgehen.«

»Ja, ich brauche möglichst viele Informationen über ihn. Kannst du …«

»Ja, ich habe heute den ganzen Tag Luft. Werde mich darum kümmern.« Und dann folgte ein kräftiges Niesen.

»Hat dich die Sommergrippe wieder heimgesucht?«, fragte Pierre.

»Wie üblich.« Wie eine Bestätigung ertönte ein weiteres Niesen. »Pierre, sobald ich etwas weiß, melde ich mich bei dir. Und wann holst du Valeries Menü nach?«

»Vielleicht schon sehr bald. So, wie sie kocht, schmeckt es auch aufgewärmt.«

Rexilius hatte gerade aufgelegt, als Wagner sein Dienstzimmer betrat. Er war übernächtigt, wie die dunklen Ringe unter den Augen zeigten. Die wenigen Haare klebten auf der Kopfhaut. Die durch den Waldboden hervorgerufene Gesichtsbräune hatte er allerdings abgewaschen. Wahrscheinlich war er erst vor kurzem in die Inspektion zurückgekehrt.

Was dann geschah, verblüffte Rexilius. Wagner holte sich einen Stuhl, stellte ihn vor seinem Schreibtisch ab und setzte sich hin! Das hatte er in zwanzig Jahren nicht einmal gemacht. Und dann fasste er in seine Hosentasche, entnahm ihr eine Schachtel Zigaretten und zündete sich eine an. Pierre hatte seinen langjährigen Kollegen noch nie rauchen sehen. Hatte er etwas verschlafen? Er stellte ihm einen Aschenbecher hin.

»Hier ist der einzige Ort in der Fischer-Inspektion, in der noch geraucht werden darf«, sagte Wagner grimmig und nahm einen tiefen Lungenzug. »Du hast ihm wenigstens die Stirn geboten.« Ohne auf Pierres Überraschung zu achten, fuhr er fort. »Pierre, wir haben, obwohl wir bis vor einer Stunde im Walkenrieder Wald waren, nichts Wesentliches mehr gefunden. Gestern Abend habe ich einen Kollegen mit unseren Funden in die Inspektion zurückgeschickt. Er hat die Fasern und den Schuhabdruck untersucht. ... Die Fasern gehören zu einer Radfahrbekleidung. Genauer gesagt: die roten Fasern zu einem Trikot, das zu hundert Prozent aus Polyester besteht, und die blauen zu Shorts. Neunzig Prozent Polyester und zehn Prozent Elasthan. Der Stoff stammt aus China. Unser Mörder hat den Tatort als Radsportler getarnt verlassen.«

»Kannst du die Bekleidung einem Händler zuordnen?«

Er schüttelte den Kopf und zog wieder an seiner Zigarette. »Die Discounter haben sie zu tausenden verkauft. Die haben alle den gleichen chinesischen Zulieferer. Im Harzgebiet gibt es hunderte von diesen Märkten. Unmöglich zurückzuverfolgen.«

Rexilius nickte. »Kaffee, Herbert?«

»Könnt ich gut gebrauchen«, antwortete Wagner.

Rexilius verließ den Raum und kehrte einige Minuten später mit zwei dampfenden Pötten Kaffee zurück. Er reichte seinem Kollegen eine Tasse und stellte seine auf den Schreibtisch. Wagner trank den heißen Kaffee genüsslich und setzte die Tasse ab.

»Bei dem Schuhabdruck bin ich mir sicher, dass es

sich um einen Radfahrschuh mit einem Klickverschluss handelt«, sagte er und holte aus dem Karton, den er mitgebracht hatte, den Gipsabdruck einer Sohle. Dann ging er um den Schreibtisch herum und legte ihn auf die Tischplatte. »Hier, im vorderen Teil der Sohle, befinden sich drei Schlitze, einer vorn und zwei dahinter.« Er wies auf die schwach erkennbaren Einkerbungen.

Rexilius fuhr im Training selbst mit solchen Schuhen. »Ja. Und die Schuhgröße?«

»Dreiundvierzig. Hoffe, das Fabrikat ermitteln zu können ... Die Reste des Wettersensors helfen uns leider nicht weiter. Sensoren diesen Typs gibt es millionenfach in Deutschland.«

Wagner steckte sich eine zweite Zigarette an, stand von seinem Stuhl auf und ging zum Fenster. »Pierre, ich habe eine wunderbare Frau gefunden. Ich glaube, zum ersten Mal in meinem Leben. Die Ehe mit Vera ... das war ein einziger Alptraum. Sie litt unter Oniomanie – Kaufsucht –, was ich erst sehr spät bemerkt habe. Jedenfalls standen irgendwann vierzigtausend Mark Schulden an. Sie verlor sie ihren Job im Kaufhaus, weil sie zur Befriedigung ihrer Sucht gestohlen hatte. Danach entschloss sie sich dann endlich zu einer Therapie. Aber sie hat danach nur ganze drei Monate durchgehalten. Da sie keinen Zugang zu meinem Konto mehr hatte und auch kein Arbeitslosengeld mehr bekam, musste sie auf eine andere Erwerbsquelle zurückgreifen. Immer wenn ich im Dienst war, ist sie nach Göttingen gefahren und hat ihren Körper als Prostituierte angeboten. Das ging sechs Monate so. Und ich verdammter Trottel habe nichts davon bemerkt. Wir haben zwar einen Spürsinn für Kriminelle, aber: Was in unseren Familien abläuft ... da sind wir blind.«

Rexilius dachte an seine Ehejahre mit Jasmin. Er war genauso blind wie Wagner gewesen.

»Schließlich hat Vera sich abgesetzt, und ich bin auf den

Schulden sitzen geblieben«, fügte Wagner hinzu. »Vor zwei Monaten habe ich Charlotte kennengelernt. Wir machen vieles gemeinsam. Fahren Fahrrad, gehen ins Kino oder ins Theater und reisen, wenn es mein Dienstplan ermöglicht. Sie hat mir meine Lockerheit, meine Lebenslust wiedergegeben, die ich als Zwanzigjähriger verloren habe. Klammert nicht und lässt mir meine Freiheiten. ... Ich bin glücklich, Pierre.«

»Das freut mich für dich, Herbert ...«

Weiter kam er nicht, weil Eckert in diesem Moment sein Zimmer betrat. »Pierre, wir warten schon seit fünfzehn Minuten auf dich. Hast du den Konferenztermin vergessen?«

»Ich komme sofort«, antwortete Rexilius.

Um zehn Uhr begann endlich die Konferenz der Mordkommission. Die Polizisten hatten die Vorhänge des Konferenzraumes zugezogen, was die Ausbreitung der Hitze aber nicht mehr hatte verhindern können.

»Die Fasern gehören zu einer Radfahrkleidung. Jersey und Shorts«, berichtete Rexilius. »Aber damit können wir im Moment nicht viel anfangen, weil es allein im Harzgebiet tausende davon gibt, meint Wagner. Aus dem Schuhabdruck lässt sich eine Größe von dreiundvierzig ableiten, die allerdings häufigste männliche Schuhgröße in Deutschland. Eine Besonderheit hat Herbert festgestellt: Der Schuh, den der Mörder getragen hat, ist ein spezieller Radfahrschuh mit Klickverschluss. Das grenzt die Anzahl etwas ein. Vermutlich ein paar tausend«, sagte Rexilius. »Wenn sich die Marke ermitteln lässt, vielleicht einige hundert. Das bringt uns im Moment aber nicht weiter ... Hast du was von Lothar erfahren können?«, fragte er Eckert.

»Die Kollegen haben in dem verbrannten Fahrzeug ein Handy gefunden. Die SIM-Karte ist intakt geblieben. Lothar schickt sie uns zu, damit wir die Gespräche von Fritz zurückverfolgen können. Vielleicht finden wir dort noch andere Informationen«, antwortete Eckert und nahm einen Schluck aus seiner Wasserflasche. Er litt besonders unter der Hitze. »Heute kommt ein Ingenieur von BMW nach Hannover, der noch mal das zentrale Steuergerät der Airbags untersuchen wird, bevor Faulborn uns umfassende Informationen darüber zukommen lassen will. Und ... die Techniker haben einen Draht am Fahrzeug entdeckt, der aufgrund der Materialbeschaffenheit nicht zu dem BMW passt. Was er genau darstellt, wissen sie noch nicht.«

»Gut, du bleibst dran, Jürgen. Sandra und Stefan, ihr fahrt nach Zorge und sprecht mit Machlitt. Marc, gehe zur Spurensicherung – mach eine Kopie des Schuhabdruckes und finde die Marke heraus«, sagte Pierre abschließend und beendete die Konferenz.

Südharz, 1. Juli, Dienstagvormittag

Stefan Henkelmann genoss die Fahrt nach Zorge, dem kleinen, in einem Tal gelegenen Südharzort. Sandra Koch hatte sich gewohnheitsmäßig ans Steuer gesetzt und er, der Neuling der Mordkommission, konnte sie in aller Ruhe vom Beifahrersitz aus betrachten. Ihr schön geschnittenes Profil und ihre glänzenden schwarzen Haare kamen im Gegenlicht außerordentlich gut zur Geltung. Sandra war schon eine Klassefrau.

Als sie sich zu ihm drehte, wandte Henkelmann den Blick von ihr ab und schaute verlegen aus dem Fenster.

»Stefan, hier irgendwo muss es sein. Achte auf die Hausnummer achtundzwanzig«, sagte sie. Sie waren in Zorge in der Schlesierstraße angekommen.

»Hier«, sagte Henkelmann einige Häuser weiter, »da rechts ist es.« Die frische gelbe Fassadenfarbe, die glänzenden Dachziegel und weiße Kunststofffenster zeugten davon, dass das Einfamilienhaus erst vor kurzem renoviert worden sein musste. Wahrscheinlich waren neue Besitzer eingezogen.

Sie parkten, und Henkelmann hielt die eiserne Grundstückstür, die einen Selbstschließmechanismus hatte, für seine Kollegin auf. Auf das Klingeln an der Haustür bekam er auch beim zweiten Mal keine Reaktion. Er zuckte mit den Schultern.

»Wir fragen im Nachbarhaus nach.« Sandra wollte zum Ausgang zurückkehren, aber sie entdeckten eine Lücke in der Hecke, die als Durchgang zum Nachbargrundstück diente. Sie benutzten sie und standen wenig später vor der Nachbarhaustür. Henkelmann läutete. Eine etwa sechzig Jahre alte Frau öffnete.

»Sascha Machlitt ist mein Schwiegersohn«, antwortete sie auf seine Frage, wie Machlitt erreichbar sei, »er musste heute Morgen in der Mittelschicht arbeiten. Ein Kollege ist krank geworden.«

»Wo arbeitet er denn?«

»In der Eisengießerei in der Walkenrieder Straße. Direkt am Ortseingang – können Sie nicht verfehlen. Äh, hat er etwas angestellt?«

»Nein, wir brauchen nur seine Zeugenaussage«, sagte Henkelmann und verabschiedete sich.

Fünf Minuten später standen sie vor dem Pförtner des Industriebetriebes. Nachdem sie sich ausgewiesen hatten, mussten sie eine Sicherheitskleidung anlegen, die aus einem feuerfesten Kittel, einem Schutzhelm und einer Sicherheitsbrille bestand.

»Das ist Vorschrift«, sagte der Pförtner und führte sie durch eine große Fabrikhalle, vorbei an knatternden und zischenden Maschinen, hinter denen fleißig gearbeitet wurde. Überall stank es nach verbranntem Sand. »Hier werden Eisenteile für viele Autotypen hergestellt. In Ihrem Dienstwagen ist bestimmt auch ein Gussteil von uns enthalten ... Dort ist Sascha.« Er zeigte auf eine Maschinenanlage und wies auf einen etwa ein Meter achtzig großen Mann, der so gekleidet war wie die beiden Polizisten.

Die Rüttelmaschinen sorgten für lautes Geklapper; ein schriller Heulton ertönte, um auf einen Gießvorgang hinzuweisen. Nur zehn Meter von den Polizisten entfernt wurde mit glutflüssigem Eisen hantiert. Spritzer überschüssigen Metalls flogen über die Gießgefäße bedrohlich in ihre Nähe.

Der Pförtner gab seinem Kollegen ein Zeichen und wenig später stand Machlitt neben ihnen. »Lassen Sie uns ins Abteilungszimmer gehen. Da haben wir Ruhe«, sagte er.

»Wie kann ich Ihnen weiterhelfen?«, fragte Machlitt, nachdem sie sich an einen ovalen Tisch gesetzt hatten.

»Sie waren in der letzte Woche, genauer gesagt am letzten Montagnachmittag, Zeuge des schweren Verkehrsunfalls im Walkenrieder Wald. Wir haben einige Fragen an Sie«, sagte Sandra Koch.

Machlitt blickte die beiden Polizisten sichtlich verwirrt an. »Verstehe nicht.«

Sandra warf Henkelmann einen zweifelnden Blick zu. »Ein Zeuge hat sie dort am Unfallort beobachtet, als Sie versucht haben, den Insassen aus dem Auto zu befreien. Weil die Tür verklemmt und der Mann schon tot war, haben Sie den Ort wenig später mit Ihrem Sportfahrrad verlassen.«

Machlitt schüttelte mit dem Kopf. »Ein Sportrad besitze ich, ja, und ich betreibe auch regelmäßig Radsport, aber ich kann letzten Montag vor keinem Autowrack gestanden haben. Zumindest nicht in Deutschland.«

»Und warum nicht?«

»Weil ich in Marokko im Urlaub war. Vierzehn Tage lang. Erst gestern sind wir zurückgekommen. Und schon heute musste ich für einen kranken Kollegen einspringen ... Meine Frau hat die Tickets noch, sie sammelt sie. Wenn Sie ...«

Der Pförtner unterbrach seinen Freund. »Wir sind zusammen nach Marokko gefahren. Mit unseren Frauen. Das kann ich versichern.«

Koch und Henkelmann waren überrascht. Aber nur einen Moment. »Jemand hat Ihren Namen missbraucht«, sagte Sandra, »wer könnte das sein?«

Machlitt überlegte. Schüttelte den Kopf. »Vielleicht gibt es ein oder zwei, die mich nicht sonderlich mögen, aber ... die sind völlig unsportlich und besitzen auch kein Sportfahrrad.« Wieder dachte Machlitt angestrengt nach. Dann fiel ihm etwas ein. »Ich hatte das glatt vergessen – eine Woche, bevor wir nach Marokko geflogen sind, wurde in unserem Haus eingebrochen. An dem Wochenende hatten wir meinen Bruder in Würzburg besucht. Neben einigen elektronischen Geräten wurde auch mein Reisepass gestohlen.«

»Haben Sie den Verlust des Passes der Polizei gemeldet?«

»Ja, natürlich, ich brauchte den doch für Marokko. Jedenfalls habe ich für die Reise einen provisorischen bekommen.«

Sandra holte ihr Handy aus der Tasche, die sie am Gürtel ihrer Jeanshose befestigt hatte und informierte Rexilius.

»Ich werde Oberländer sofort nach Osterode kommen lassen«, sagte er. »Wir brauchen dringend ein Phantombild von dem Radfahrer. Und dann geben wir eine Fahndung heraus. Ihr kommt jetzt wieder zurück.«

Freiburg, Dienstagmittag, 1. Juli

Die Zentrale der *Dynamic Health Company* in Freiburg war ein schmuckloser Bau. Die Fassade war weiß gestrichen, hier und da war die Farbe schon ausgeblichen oder abgeblättert. Die Anordnung der Fenster und die geringe Höhe des Bauwerkes erinnerten Wetzel an eine Bundeswehrkaserne der sechziger Jahre. Über der Glastür in der Mitte stand in dunkelblauer Farbe *DHC* und dahinter der vollständige Name der Gesellschaft. Fantasie und Kreativität mussten bei der Planung dieses Gebäudes Hausverbot erhalten haben. Ein weltweit operierender Konzern und dann solch eine Zentrale ... Der Architekt hätte für diesen Entwurf Schadensersatz zahlen müssen, und zwar in doppelter Höhe seines Honorars, dachte Wetzel.

Die Glastür musste er von Hand öffnen. Hinter dem Empfangstresen stand eine Frau in weißer Bluse und marineblauer Jacke, die gerade einem Handwerker einen Schlüsselbund reichte. Kurze blonde Haare, dezente Schminke und eine stilvolle schwarze Brille rundeten ihre gepflegte Erscheinung ab.

»Hauptkommissar...«, weiter kam Wetzel nicht. Musste dreimal niesen. Dann putzte er sich die Nase.

»Eindeutig eine Sommergrippe«, sagte die Frau fachmännisch und stellte sich mit Larsch vor. »Dagegen gibt es ein gutes Mittel. Versuchen Sie es mit einem Grog. Fünfzig Prozent Rum, vierzig Prozent Wasser, zehn Prozent Zitronensaft und drei Löffel Zucker. Das Wichtigste fehlt aber noch: Setzen sie dem Getränk einen Sud aus drei Pfefferminzblättern, Kamilleblüten und Blättern des Bärenklau zu. Das Rezept stammt von meiner Großmutter, und sie hat es von ihrer Großmutter. Bei mir hat es immer gewirkt.«

»Danke, ich werde es noch heute Abend ausprobieren.«
Er schnäuzte noch einmal in sein Taschentuch. Holte sein Notizbuch aus seiner Jackentasche und schrieb sich die Zusammensetzung des Zaubertranks auf. »Wetzel, Kommissariat für Gewaltverbrechen, Freiburg. Möchte die Sekretärin des getöteten Geschäftsführers Herrn Fritz sprechen.«

»Das muss ein schrecklicher Unfall gewesen sein. Im Auto zu verbrennen.... Das stelle ich mir furchtbar vor.«

»Ein Unfall war es nicht, es war Mord«, korrigierte Wetzel sie, »aber ich muss jetzt mit seiner Sekretärin sprechen.«

»Entschuldigen Sie ... Ich bin seine Sekretärin – das heißt, ich war es. Nach seinem Tod hat mich sein Nachfolger Kappe degradiert.«

»Und warum?«

Unwillkürlich zog sie den Kopf zurück. Bevor Frau Larsch antwortete, schaute sie sich nach allen Seiten um. Dann sagte sie im Flüsterton: »Hier etwas gegen die Geschäftsleitung zu sagen, kann den Verlust des Arbeitsplatzes bedeuten. Wir, mein Mann und ich, haben uns ein Haus gebaut, wir brauchen dringend das Geld, das ich verdiene ... Und die, die kriegen alles mit. Manchmal habe ich das Gefühl, die hören uns ab ... Ich nehme jetzt meine Mittagspause. Wir gehen besser in ein Cafè, direkt um die Ecke.«

Sie bat eine Kollegin, sie für eine Stunde zu vertreten, und dann verließen sie die Zentrale.

Trotz der Hitze im Café – da änderte auch der auf Hochtouren laufende Ventilator nichts –, bestellte die abgesetzte Chefsekretärin einen heißen Tee und ein Stück Nusstorte. Wetzel nahm lieber eine kalte Apfelschorle.

Er wiederholte seine Frage. »Warum hat der Nachfolger von Fritz Sie abgesetzt?«

Bevor sie antwortete, schaute sie sich wieder nach allen

Seiten um. Dann trank sie von ihrem Tee und nahm mit ihrer Gabel elegant ein Stück von ihrer Torte. »Er hat nur gesagt, dass meine Zeit als Chefsekretärin vorbei sei, und wenn ich damit nicht einverstanden sei, könne ich mir woanders einen Job suchen.« Ihr Gesicht nahm einen grimmigen Ausdruck an. »Herr Hauptkommissar, diese Personalpolitik war unter Fritz schon so üblich. Er hat sie eingeführt.«

»Wann wurde Fritz Geschäftsführer?«

»Vor vier Jahren. Er folgte Hauerholz, unserem langjährigen Geschäftsführer. Unter Hauerholz ... – was ich jetzt sagen werde, das mag vielleicht für die heutige Zeit, in der nur noch Profit und Kaltschnäuzigkeit zählen, blauäugig oder sentimental klingen, aber da herrschte noch ein gutes Arbeitsklima. Er nannte uns alle immer seine große Familie, auf die er genauso angewiesen sei wie wir auf ihn. Wir alle sind gern zur Arbeit gegangen.« Ihre Gesichtszüge waren weich geworden, bei der Erwähnung des Namens Hauerholz hatte sich ein Lächeln in ihrem Gesicht ausgebreitet. »Einmal im Jahr hat er uns mit den Familien zu einer Feier eingeladen. Hatte für unsere Nöte immer ein offenes Ohr. Entlassungen hat es bei ihm nicht gegeben. Er hat immer gesagt, eine Familie kann man nicht entlassen.«

Wetzel schrieb etwas in sein Notizbuch, setzte den Stift ab und fragte: »Und die letzten vier Jahre?«

»Wie ich später erfahren habe, hat Hauerholz mit dem Vorstand der Gesellschaft eine Abmachung getroffen. Er muss wohl geahnt haben, was auf mich zukommen würde. Ich sollte Sekretärin der Geschäftsleitung bleiben. Nun, Fritz hat mich dann auch übernommen, aber meine Tätigkeiten stark eingeschränkt. Fotokopien und nebensächliche Schreibarbeiten, die nichts mit den Belangen der Geschäftsleitung zu tun hatten, durfte ich durchführen. Aus dem Vorzimmer bin ich verbannt worden und durfte damit keine Telefongespräche mehr annehmen. In ein kleines Zimmer einen Stockwerk tiefer musste ich umziehen. Und wenn ich etwas von der Geschäftsleitung wollte, musste ich mich telefonisch anmelden, wie übrigens auch alle anderen Mitarbeiter, die nicht zur Chefetage gehörten. Die Führungsetage ist sozusagen zum Sperrgebiet der untertänigen Belegschaft geworden. Die neuen Leute, die haben alles übernommen.«

»Neue Leute?«

»Wir kannten sie damals nicht. Fritz hatte sie mitgebracht. Kappe gehörte dazu, Gonzelmann und Wölfer, der ›Außendienstmann‹. Leitet zurzeit die Klinik in Zorge, ist aber zwei Tage in der Woche hier in Freiburg. – Und zwei aufgedonnerte Frauen, mit Ausschnitten bis zum Bauchnabel, übernahmen die eigentliche Sekretärinnenarbeit. Irgendwie hatte ich das Gefühl, als ob sie vorher im horizontalen Gewerbe gearbeitet haben.«

Sie aß das letzte Stück Nusstorte und nippte an ihren Tee, wirkte angespannt.

»Mit der neuen Geschäftsleitung setzte die Eiszeit ein. Mitarbeiter wurden gegeneinander ausgespielt, die Hälfte der Belegschaft hier und in den meisten Einrichtungen der Gesellschaft entlassen. Wenn es in einer der Einrichtungen Probleme gab, wurde der dortige Leiter entlassen, der ›Terminator‹ Wölfer übernahm dort die Amtsgeschäfte und setzte brutal die Interessen der Geschäftsführung durch. Nach vier Wochen war er meist fertig und setzte dann einen ihm hörigen Leiter ein – mit deutlich geringeren Bezügen, als der Vorgänger hatte. Im Moment wütet er in Zorge, wie mir meine Kollegin Renée Glenner berichtet hat.«

»Kann einer der Entlassenen einen derartigen Hass entwickelt haben, dass er zum Mörder geworden ist?«

»Ehrlich gesagt, verstehen könnte ich es schon, aber ... nein, das kann ich mir nicht vorstellen. Seit Jahren kenne ich alle aus der Zentrale. In den einzelnen Häusern ... das kann ich natürlich nicht beurteilen.«

»Hm.« Wetzel dachte einen Moment nach. Hatte es geschafft, eine Zeit lang nicht zu niesen. »Welche Funktion hatte Fritz inne, bevor er Geschäftsführer wurde?«

»Er ist erst zwei Jahre vorher in die Zentrale gekommen. Davor war er so was Ähnliches wie der Assistent des Vorstandsvorsitzenden. Genau haben wir das nicht herausbekommen. Bei uns wurde er ›Manager zur besonderen Verfügung‹, was so viel bedeutete wie stellvertretender Geschäftsführer. Schon damals war er arrogant. Kaltschnäuzig. Aalglatt. Hat nie gegrüßt, wenn er morgens an Mitarbeitern vorbeigegangen ist. Das Einzige, was wir über ihn in Erfahrung bringen konnten, war, dass er zwanzig Semester Psychologie studiert hat, ehe er sein Studium mit der Note vier abgeschlossen hat. Mit Management hat er nichts am Hut gehabt. Ein Praktikant hat uns das mal gesteckt. Sein Vater hatte mit Fritz zusammen studiert.«

»Wie heißt der Praktikant?«

»Mit Vornamen Clemens. Den Nachnamen habe ich vergessen. Ich werde die Kolleginnen danach fragen, und wenn das wichtig für sie ist, rufe ich Sie an.«

»Ich glaube schon«, sagte er und gab ihr seine Visitenkarte. »Wissen Sie, wo er studiert hat?«

Sie schüttelte den Kopf.

»Sie sagten vorhin, Hauerholz habe etwas geahnt. Was könnte das gewesen sein?«

»Fritz war nicht seine erste Wahl. Es hat einen anderen Bewerber gegeben. Frank Röster. Fachlich und menschlich war er der viel bessere Kandidat.«

Wetzel schrieb den Namen in sein Notizbuch.

»Er hat Wirtschaftslehre und Informatik studiert und als Jahrgangsbester abgeschlossen. In beiden Fächern mit *summa cum laude*. Sehr sympathisch. Hat immer gegrüßt und mit einem ein kleines Schwätzchen gehalten. Wir alle haben damit gerechnet, dass er Nachfolger von Hauerholz wird.« Sie fasste in ihre Handtasche, entnahm ihr eine Schachtel Zigaretten und bot Wetzel eine an.

Er schüttelte den Kopf. »Im Moment nicht.«

»Ich hatte es aufgegeben. Und nach meiner Degradierung wieder angefangen«, sagte sie und zündete sich eine an. Nahm einige Züge und sprach weiter. »Und dann kam der Tag der Verkündung. Der Vorstand der Gesellschaft war zur Abschiedsfeier von Hauerholz angereist und hat am Ende den neuen Geschäftsführer vorgestellt. Fritz und nicht Röster. Das hat uns alle umgehauen.«

»Wie hat Röster darauf reagiert?«

»Er hat sich von Hauerholz verabschiedet, den Vorstand nicht beachtet und die Versammlung verlassen. Seitdem haben wir ihn nicht mehr gesehen.«

»Verstehe nicht ganz.«

»Fritz hat bei einer kurzen Betriebsversammlung am nächsten Tag Rösters fristlose Entlassung bekanntgegeben. Es habe massive Verfehlungen gegeben.«

»Um was für Verfehlungen könnte es sich gehandelt haben?«

»Keiner von uns in der Zentrale hatte eine Ahnung. Ich kann mir auch nicht vorstellen, dass Herr Röster sich irgendetwas zuschulden hatte kommen lassen.« Sie machte ein ratloses Gesicht und zuckte mit der Schulter.

»Und der alte Geschäftsführer, Hauerholz, hat der sich einmal dazu geäußert?«

»Hauerholz hat die Zentrale nie wieder betreten und auch zu uns den Kontakt völlig abgebrochen.«

»Hat ihn trotzdem irgendjemand noch einmal getroffen?«

»Versucht haben wir es. Über Telefon war er nicht erreichbar. Die Nummer existierte plötzlich nicht mehr. Deshalb sind zwei meiner Kolleginnen und ich zu seinem Haus gefahren. Drei Wochen nach der Abschiedsfeier.

Wir wollten uns bei ihm ausweinen. Eine Überraschung erwartete uns dort: Das Haus war zum Verkauf angeboten. Und Hauerholz ... verzogen. Wohin, konnten wir nicht in Erfahrung bringen.«

»Haben Sie eine Erklärung für sein Verhalten?«

Sie schüttelte den Kopf. Und dann standen ihr Tränen in den Augen.

Südharz, 1. Juli, Dienstagabend

Rexilius saß an seinem Computer, hatte Songs von Simon and Garfunkel aus den siebziger Jahren aufgelegt und die Symbolzeichnung aufgerufen, die er in der Nähe des Tatorts gefunden hatte. Er dachte über die Ereignisse des heutigen Tages nach.

Um fünfzehn Uhr war Oberländer endlich gekommen. Und eineinhalb Stunden später hatte Frank Boden, der Phantomzeichner der Inspektion, den letzten Strich gemacht und eine Fotoausgabe angefertigt. Zwanzig Minuten später hatte Oberländer Bodens Arbeit begutachtet. Der Feuerwehrmann aus Bad Sachsa war der festen Überzeugung, dass das Bild dem geheimnisvollen Radfahrer, den Sandra Koch inzwischen ›Jan Ullrich‹ getauft hatte, sehr ähnlich sah. Wenn er hier in der Gegend lebte, dann würden ihn viele erkennen, hatte er versichert.

Sandra und Stefan hatten ›Jan Ullrich‹ dann zur Fahndung ausgeschrieben und die Medien gebeten, das Fahndungsfoto so schnell wie möglich zu veröffentlichen. Allerdings wurde er in dem Aufruf nicht als Tatverdächtiger, sondern als möglicher Zeuge gesucht.

Pierre hatte lange überlegt, ob eine derartig groß angelegte Fahndung in diesem frühen Stadium sinnvoll sei. Aber die Erfahrungen der letzten Jahre hatten gezeigt, dass Presseaufrufe und Fernsehfahndungen oft zu spät kamen und Zeugen sich dann an wichtige Einzelheiten nicht mehr erinnern konnten, die den Täter hätten überführen können. Oder Täter hatten sich längst ins Ausland abgesetzt und waren nicht mehr greifbar.

Aber war ihr ›Jan Ullrich‹ überhaupt der Täter?

Rexilius schweifte ab, dachte wieder an den Nachmittag im Seniorenheim. Der hatte sich so abgespielt, wie er immer ablief, wenn Rexilius seine Schwiegermutter und Walter Vieth im Seniorenheim besuchte. Pierre hatte im zweiten Fenster im linken Teil des zweiten Stockwerks für den Bruchteil einer Sekunde Vieths Kopf erkennen können. Und dann verschwand Walter, was bedeutete, dass Pierre das Rennen wieder verlieren würde.

Pierre war durch das gläserne Tor geeilt, dessen Flügel sich zu langsam öffneten. War sechs Stiegen hinaufgesprintet und hatte den Flur des zweiten Stocks erreicht. Von Walter Vieth keine Spur. Die restlichen zehn Meter zum Gemeinschaftsraum hatte Rexilius gehen müssen, da ihm Bewohner des Seniorenheims entgegenkamen.

Durch die geöffnete Tür hatte Pierre Vieth gesehen, der in aller Seelenruhe an seinem Stammplatz neben seiner Schwiegermutter saß und mit den Fingern gelangweilt auf den Tisch trommelte. Pierres Schwiegermutter, die mit einem für sie erstaunlich klaren Blick und in einer stolzen Haltung am Tisch gesessen hatte, hatte schelmisch gelacht. »Manchmal ist ein Rollstuhlfahrer ohne Beine eben schneller als ein Gesunder mit zwei trainierten.«

Rexilius hatte Enttäuschung vorgespielt. »Walter ist eben nicht zu besiegen.«

»Nur gut, dass du es endlich begriffen hast«, hatte seine Schwiegermutter geantwortet.

Vieth war seit drei Jahren im Seniorenheim der Tischpartner von Pierres Schwiegermutter. Ein typischer Berliner, der vor seiner Pensionierung in den letzten dreißig Jahren in jedem Jahr ein oder zwei Mal Urlaub in Bad Sachsa gemacht hatte. Die kleine Harzstadt war seine zweite Heimat geworden. Seinen Lebensabend hatte er zusammen mit seiner Frau dort verbringen wollen und eine Apartmentwohnung gekauft. Nach drei glücklichen Jahren war Walters Frau bei einem Verkehrsunfall gestorben und er hatte beide Beine verloren, kam ins Seniorenheim und fiel in eine tiefe Depression. Pierre und die Gemeinsamkeiten, die die beiden Männer hatten, holten ihn langsam aus seinem seelischen Tief heraus. Vieth war in Berlin ein renommierter Kriminalreporter mit dem Spezialgebiet Mord gewesen. Die Fachgespräche mit dem Kripobeamten holten ihn ins Leben zurück.

Das Ritual bei den Besuchen von Rexilius ging auf eine Wette zurück, die Vieth mit ihm einmal abgeschlossen hatte: Dass er eine bestimmte Strecke, von einem Aussichtspunkt des Gebäudes bis zum Aufenthaltsraum des zweiten Stocks, schneller zurücklegen könne als der Ausdauersportler Rexilius seinen Weg vom Eingangstor zum selben Zielort. Das Problem war weniger das Zurücklegen der Strecke, als vielmehr den Zeitpunkt von Rexilius' Besuchen zu kennen ... Bislang hatte Vieth immer gewonnen, wie, das blieb Rexilius bis heute ein Rätsel. Allerdings wollte er Walter auch nicht auf die Spur kommen. Er wollte lieber ein guter Verlierer sein.

Auf Vieths Tisch hatte die Dienstagsausgabe des Harzkuriers gelegen, aufgeschlagen war natürlich Böhmes Bericht. »Böhme ist ein cleverer Journalist. Ich wette, er hat recht«, hatte Vieth verschmitzt gesagt.

Der Hauptkommissar hatte eine weitere Niederlage eingestehen müssen. »Ja, der Freiburger Geschäftsführer ist ermordet worden.«

»Dann wird es Zeit, dass du mich umfassend informierst«, hatte Vieth ihn aufgefordert.

Hinterher hatte Vieth ihm wie immer eine vergleichbare

Geschichte aus seiner Berliner Zeit als Kriminalreporter erzählt. Sie hatten noch eine Weile gefachsimpelt und dann hatte sich Pierre von den beiden Senioren verabschiedet. Seine Schwiegermutter hatte die ganze Zeit zugehört, zum ersten Mal seit langem hatte sie sich nicht in ihre Nebelwelt zurückgezogen.

Der Hauptkommissar dachte wieder an ›Jan Ullrich‹. Konnte er der Mörder sein? Möglich. Er hätte sich von seinem Versteck aus zum Unfallauto begeben können, um sich vom Tod des Geschäftsführers zu überzeugen. Als zufällig vorbeikommender Radfahrer ...

Nein, das ist Unsinn, sagte sich Pierre. Das Fahrzeug brannte lichterloh und von seinem Standort im Wald hätte der Mörder in aller Seelenruhe in seinem Zielfernrohr beobachten können, dass Oberländer Fritz nicht mehr retten konnte

Aber es gab eine andere Möglichkeit. Und die hatte den Südharzmörder überführt, der im Sommer 1996 vier Rentner aus Walkenried, Neuhof und Steina ermordet hatte: Es war die Befriedigung, sich an der Degradierung des Ermordeten zu einer hilflosen, toten Masse zu weiden. Die Macht zu zerstören auszukosten – größer als alle Macht, mit der der Tote zu Lebzeiten ausgestattet gewesen war. Der Südharzmörder hatte damals den Toten die Köpfe abgeschnitten und ausgestopft.

Rexilius hatte dank seiner einzigartigen Intuition und seines Spürsinns einen scheinbar perfekten Mörder überführt und war zu einer Legende geworden. Die Lösung dieses Falles übernahmen die Polizeischulen als Vorbild polizeilicher Ermittlungsarbeit in ihre Lehrpläne. Stefan Henkelmann, der Neuling in der Mordkommission, kannte diesen Fall bis ins kleinste Detail. Auch deshalb war er so stolz gewesen, dass er als junger Kommissar seinem großen Vorbild zugeteilt worden war.

Was befand sich in dem schweren Rucksack, den Oberländer auf dem Rücken des Mannes gesehen hatte? Die Utensilien, die der Mörder für die Durchführung seiner Tat benötigt hatte? Natürlich waren das Spekulationen, aber Rexilius musste den Mann sehen, seine Persönlichkeit einschätzen können und die Radfahrkleidung finden.

Aber er musste auch mehr aus dem Umfeld des ermordeten Geschäftsführers erfahren. Das würde eine Reise nach Freiburg erfordern. Wenn es nach ihm ginge, würde er sie schon am nächsten Tag antreten.

Südharz, 2. Juli, Vormittag bis Nachmittag

Die Reaktionen auf den Fahndungsaufruf liefen sehr schleppend an. Innerhalb von zwei Stunden hatte es zwei Anrufe gegeben. In Wernigerode und Clausthal-Zellerfeld sollte der unbekannte Radfahrer gesehen worden sein, aber es stellte sich heraus, dass man den Fahndungsaufruf nicht richtig gelesen hatte – in Wernigerode war der Gesuchte auf einen Meter siebzig geschrumpft, und in Clausthal-Zellerfeld sah er zwar dem Bild ähnlich, litt aber an einem Schienbeinbruch, den er sich drei Wochen zuvor zugezogen hatte. In den letzten dreißig Minuten war kein Anruf mehr gekommen.

Pierre hatte sich den Bericht von Henkelmann angehört und war wieder in sein Dienstzimmer zurückgegangen. Stellte sich ans Fenster. Über die Dächer Osterodes hatten sich, wie immer in den letzten Tagen, Teppiche des Hitzeflimmerns gelegt. Die Wetterdienste hatten prognostiziert, dass heute der wärmste Tag des Jahres werden würde, weil subtropische Luft Mitteleuropa erreicht habe.

Rexilius sah in den Himmel. Ein Düsenjet flog in Richtung Süden. Seine Kondensstreifen wirkten wie mit dem Lineal gezogene Striche, die mit größer werdender

Entfernung zum Flugzeug immer stärker verfaserten, bis sie schließlich in breite, aneinander gereihte Federn verschwammen.

Der Hauptkommissar dachte über das Gespräch nach, das sein Freiburger Freund Wetzel, der Leiter des dortigen Kommissariats für Gewaltverbrechen, mit Larsch, der Sekretärin von Fritz, geführt hatte.

Wie sich das Arbeitsklima in den Betrieben immer weiter verschlechterte ... Wie dem Arbeitnehmer vermittelt wurde, dass nur noch seine Produktivkraft zählte ... Die war das Maß aller Dinge. Gewinne. Gewinne. Und trotz Gewinnen in Milliardenhöhe wurden tausende von Arbeitskräften entlassen. Wo lag eigentlich die Grenze? Würde es jemals eine Grenze geben? Wo war die soziale Verantwortung der Unternehmer geblieben, die es in Deutschland einmal gegeben hatte?

Er dachte wieder an Erhard Koch, Sandras Vater. Jenen bescheidenen und fähigen Ingenieur, der immer gesagt hatte, dass Betriebserfolge und damit auch Gewinne nur mit einer motivierten und zufriedenen Belegschaft erreicht werden könnten. Und dass diese am Betriebserfolg genauso beteiligt war wie die Manager aus den Führungsetagen. Sie mit einer Kündigung zu bestrafen, sei unmenschlich. Diese Einstellung war ihm letztendlich zum Verhängnis geworden.

Er verscheuchte diese Gedanken und konzentrierte sich wieder auf das, was Larsch über Hauerholz gesagt hatte, den langjährigen Geschäftsführer der Gesellschaft. Dass er spurlos verschwunden war. Dass er alle Brücken zu seiner ›Familie‹, seiner ehemaligen Belegschaft, abgebrochen hatte. Warum?

Es bestand sicher die Möglichkeit eines Gewaltverbrechens. Aber irgendwo gab es eine Familie, die nach ihm gesucht hätte, und eine Vermisstenanzeige war in den letzten vier Jahren nicht aufgegeben worden. Er hatte es im Polizeicomputer überprüft. Warum also war Hauerholz verschwunden? So kurz nach seiner Verabschiedung? Die Mordkommission würde dem nachgehen müssen. Daraus ergab sich die nächste Frage: Wo war Frank Röster abgeblieben, der von Hauerholz favorisierte potentielle Nachfolger? Auch von ihm gab es keinerlei Spuren. Keine Vermisstenmeldung. Keine Verwandten in Freiburg und Umgebung. Vielleicht hätte seine Verlobte weiterhelfen können. Aber die war ein Jahr nach Rösters Verschwinden aus Freiburg weggezogen, wie Wetzel ihm berichtet hatte. Außerdem hatten sie sich ein Jahr vorher getrennt. Niemand kannte ihren neuen Wohnort.

Leider stand Wetzel seit dem Morgen nur noch eingeschränkt zur Verfügung, weil er einen neuen Fall bekommen hatte. Ein Raubüberfall ... Das bedeutete für Rexilius, dass wohl eine Dienstreise nach Freiburg notwendig würde.

Sein Diensttelefon klingelte. Es war Sandra. Eine Hausfrau, die am Morgen in der Innenstadt von Nordhausen eingekauft hatte, behauptete, den gesuchten Radfahrer in Begleitung dreier Männer dort gesehen zu haben. Als die Kollegen aus Nordhausen in der Innenstadt auftauchten, waren die vier Männer schon verschwunden, aber sie schwor, dass es der Mann auf dem Fahndungsfoto gewesen sei. Daraufhin hatten die Kollegen Verstärkung angefordert und die City durchsucht. Ergebnislos.

»Übergib den Telefondienst der Bereitschaft. Dann fährst du mit Stefan nach Nordhausen zu dieser Frau. Versucht bis fünfzehn Uhr zur Konferenz zurück zu sein«, sagte Rexilius.

Rexilius hatte Kaffee für eine ganze Kompanie besorgt. Die Kuchenplatten hatte Dralle, der Bäcker, der die Inspektion mit Frühstücksbrötchen versorgte, als Dankeschön persönlich in den Konferenzraum gebracht und aufgebaut. Und Rexilius hatte einen Ventilator organisiert, der schon seit einer halben Stunde lief und die Raumtemperaturen auf angenehme Werte abgekühlt hatte.

»Habe ich deinen Geburtstag vergessen, Pierre?«, fragte Eckert, als er die drei Kuchenbleche sah.

»Keineswegs, aber Dralle hat sein Versprechen eingelöst.«

Sie hatten dem Bäckermeister bei der Überführung eines Brötchendiebes geholfen. Immerhin waren durch die Diebstähle zwei Wochen lang am Tag hundert Brötchen verschwunden. Und Dralle hatte versprochen, Kuchen zu spendieren, wenn sie den Täter fassen würden.

Rexilius holte sich als Letzter ein Stück Marzipanstrudel und setzte sich auf seinen Platz. Nahm genüsslich ein, zwei Gabelfüllungen seines Lieblingskuchens, trank von seinem Kaffee und gab Sandra ein Zeichen, mit ihrem Bericht anzufangen.

»Die Frau aus Nordhausen ist sich ziemlich sicher, dass der Mann, den sie gesehen hat, der Gesuchte ist. Groß und muskulös. Er habe sie kurz angeblickt. Sie fand ihn bedrohlich und war eingeschüchtert. Erst als er schon an ihr vorbei war, kam ihr zu Bewusstsein, wo sie sein Gesicht gesehen hatte. Auf einem Fahndungsfoto ihrer Tageszeitung!«

Rexilius stellte fest, dass Sandra entgegen ihre sonstigen Gewohnheiten ausgesprochen viel Kuchen gegessen hatte. Mittlerweile lag schon das dritte Stück auf ihrem Teller. Hatte das etwas zu bedeuten?

»Trotzdem hat sie ihn noch weiter beobachtet«, sagte Sandra. »Drei Männer waren in seiner Begleitung. Sahen osteuropäisch aus, meint sie. Relativ ungepflegt. In der Nähe des Bahnhofs sind sie auf einen elegant gekleideten Mann gestoßen. Wie ein Geschäftsmann habe er ausgesehen. Die haben sich etwa fünf Minuten unterhalten, wild gestikuliert und danach getrennt. Sind in alle Himmelsrichtungen verschwunden. Sie hat dann über ihr Handy in der Inspektion Nordhausen angerufen.«

»Hm. Der elegant gekleidete Mann hat ›Jan Ullrich‹ über die Fahndung informiert«, vermutete Rexilius. »Haben die Kollegen noch etwas gesagt?«

»Die haben zwar die komplette Innenstadt durchkämmt, aber keine Spur mehr von ihnen gefunden. Inzwischen fahren zehn Streifenwagen systematisch durch ganz Nordhausen und die nähere Umgebung. Sie befürchten aber, dass sie ihn nicht mehr kriegen. Er ist gerade noch rechtzeitig gewarnt worden.«

»Hm. Wir müssen abwarten ... Jürgen, was ist mit den Airbags des BMW?«, fragte der Hauptkommissar.

Jürgen setzte seine Tasse ab und ging mit einem eingerollten Blatt zum Flipchart. Er zog ein Gummi von der Papierrolle ab und befestigte das DIN-A2-Blatt mit vier Magneten an der Tafel. Der vordere Innenraum eines Automobils mit bunten Leitungen und Schaltkästen war darauf abgebildet.

»Auf dem Bild könnt ihr das komplette Airbagsystem erkennen. Vorne, am Lenkrad, ist das Fahrer-Airbag-Modul, rechts, oberhalb des Handschuhfachs, befindet sich das Beifahrer-Airbag-Modul.« Jürgen Eckert leuchtete mit dem Laserpointer auf die entsprechenden Bereiche der Zeichnung. »Die Seiten-Airbags spielen bei einem Frontalaufprall keine Rolle. Sie öffnen sich nicht. Entscheidend waren die Front-Airbags. Ihre Funktionsweise ist vom Prinzip her einfach. Die Module sind mit Aufprallsensoren ausgestattet, die eine Verzögerung des Fahrzeugs erkennen und ein Signal über Kabel an das zentrale Steuerungsgerät senden.« Er zeigte auf das Steuergerät. »Es ist in der Mittelkonsole untergebracht. Wenn die Verzögerungswerte einem schweren Frontalaufprall entsprechen, veranlasst das Steuergerät die Zündung eines festen Treibstoffs. Dadurch wird der Airbag aufgeblasen. Das dauert zwischen zehn und vierzig Millisekunden. Weniger als ein Wimpernschlag.«

Eckert ging zu seinem Platz, nahm seinen Kaffee und kehrte zum Flipchart zurück. Nahm einen Schluck aus der Tasse und fuhr fort.

»Dem Steuergerät kommt somit die entscheidende Bedeutung zu. Wenn es ausfällt, funktioniert das ganze System nicht. Aber in solch einem Fall wird der Ausfall gemeldet, die Aufforderung, sofort in die Werkstatt zu fahren, erscheint im Display. Theoretisch könnte sich der Airbag durch eine mögliche Fehlfunktion unkontrolliert aufblasen und einen Unfall verursachen. In dem Unfallauto aber war das Steuerungsgerät defekt. Ich glaube, er hat es kurz vor dem Unfall zerstört.«

»Wie hat er das gemacht, Jürgen?«, fragte Sandra.

»Lothar ist ihm auf die Schliche gekommen. Und ich teile seine Meinung«, sagte Eckert, ging zum Tisch zurück und entnahm seiner Tasche einen dünnen Draht, etwa eineinhalb Meter lang. »Das war sein Gehilfe. Die Techniker haben am BMW Reste so eines Drahtes gefunden, aber dazu später. Gestern hat ein Ingenieur von BMW das Steuergerät begutachtet, und die Theorie der Techniker bestätigt.«

Er trank ein weiteres Mal, ging zum Tisch zurück und biss mehrere Male in seinen Kuchen. Machte es spannend.

»Ohne Mitwirkung des Herstellers kann die Airbag-Steuerung nicht interpretiert werden. Der Ingenieur hat gesagt, dass jemand das Steuergerät kurz vor dem Unfall lahmgelegt hat. Durch elektromagnetische Impulse. Was genau dabei abläuft, erläutert er nur dann, wenn es zur Aufklärung des Mordes unbedingt notwendig ist. Schließlich ist die genaue Funktionsweise des Steuergerätes Betriebsgeheimnis ... Jedenfalls hat jemand, wahrscheinlich der Mörder, einen Draht im Steuergerät und das andere Ende am Radkasten befestigt. Ein kurzes Stück hat nach draußen übergestanden. Ein Auto ist schließlich ein Faradayscher Käfig, der Funksignale nicht nach innen ins Fahrzeug lässt.«

»Der Mörder, oder ein Komplize, hat den Draht als Antenne für sein Zerstörungssignal angebracht, weil er das Steuergerät nur so von außerhalb ausschalten konnte«, sagte Sandra.

Jürgen Eckert nickte. »Wenn das unser Mörder höchstpersönlich war, dann ist er ein Elektronikexperte.«

»Und ein exzellenter Scharfschütze«, fügte Henkelmann hinzu.

»Wie hat er das Signal ausgelöst?«, fragte Rexilius.

»Das funktioniert mit einem einfachen Funkgerät oder mit einem Handy.«

»Dann hat er das Signal von seiner Schützenstellung kurz vor dem Unfall gesendet, damit Fritz nicht mehr gewarnt wird. Und vor allem keinen Crashschutz mehr hat«, sagte Sandra.

Eckert nickte. »Ja, davon müssen wir ausgehen.«

»Wo hat er das Steuergerät manipuliert?«, fragte Junge.

»In Freiburg«, antwortete Rexilius. »Gut, theoretisch hätte er es auch während der Fahrt von Freiburg nach Zorge machen können. Vielleicht hatte Fritz unterwegs irgendwo einen längeren Aufenthalt, aber das glaube ich nicht. Der Täter hätte einen Komplizen gebraucht. Und der hätte unterwegs auch kaum die Zeit und Verborgenheit gehabt.« Er erzählte seinen Kollegen das, was Wetzel in Freiburg herausgefunden hatte.

»Da Wetzel kaum Zeit für uns hat, werde ich selbst nach Freiburg fahren. Wer fährt mit?«, fragte Rexilius. Eckert und Junge sahen auffällig nach unten, Henkelmann machte ein unentschiedenes Gesicht und Sandra Koch sah ihn zustimmend an. »Gut, dann fährst du mit, Sandra. Wir werden schon morgen starten.«

Henkelmann kratzte sich unwillkürlich an der Wange, eine Sache war ihm die ganze Zeit durch den Kopf gegangen und jetzt sprach er es aus. »Eins verstehe ich nicht. Warum macht der Mörder es sich so schwer? Er ist ein exzellenter Schütze, hätte Fritz einfach durch das Fenster in den Kopf schießen können. Stattdessen schießt er in den schmalen Reifen, der viel schwerer zu treffen ist, setzt das Steuergerät außer Funktion und muss im Grunde genommen hoffen, dass der BMW vor die Eiche prallt und explodiert. Das Risiko, dass der Anschlag scheitert, ist größer als durch einen einfachen Kopfschuss.« Er schaute Rexilius an, als könne der ihm sofort eine Antwort geben.

Der Hauptkommissar nickte. »Darüber habe ich mir auch schon den Kopf zerbrochen.« Und dann murmelte er mehr zu sich selbst: »Es scheint so, als halte er die Abläufe wie ein Marionettenspieler in der Hand, als könne er selbst ein Feuer entfachen. Feuer hat zentrale Bedeutung für den Mord.«

Freiburg, Donnerstagvormittag, 3. Juli

Schon um fünf Uhr waren Sandra und Pierre aufgebrochen. Nach sechsstündiger Fahrt erreichten sie die Freiburger Polizeidirektion.

Rainer Wetzel hatte gute Vorarbeit geleistet und mit der Witwe des Geschäftsführers für Donnerstagmittag einen Gesprächstermin vereinbart. Am späten Nachmittag stand dann der Nachfolger von Fritz auf dem Programm.

Als die Witwe des ermordeten Geschäftsführer Rexilius an der Eingangstür ihrer gelb angestrichenen kleinen Jugendstilvilla die Hand gab und ihm in die Augen sah, da weiteten sich ihre Pupillen und die Mundwinkel verzogen sich. Nur für den Bruchteil einer Sekunde, aber er hatte es bemerkt. Es war ein Reflex der Überraschung. Pierre fühlte es, er hatte einen Sinn für die Sprache des Körpers. Was aber konnte dahinterstecken? Lange dachte er darüber nach, kam aber zu keinem Ergebnis. Erst sehr viel später sollte er begreifen.

Frau Fritz war eine attraktive Erscheinung. Ihre tiefblauen Augen bildeten zu den schulterlangen, schwarzen und glänzenden Haaren einen reizvollen Kontrast. Die engen Jeans und eine weiße Bluse betonten ihre wohlgeformte Figur. Sie gehörte zu den Frauen – da spielte die Art der Kleidung keine Rolle –, die immer gepflegt aussahen.

Sie führte die Beamten in das Wohnzimmer, wo sie den Tisch mit Kleingebäck und Kaffeegeschirr gedeckt hatte. Die Dekoration war ausgesprochen stilvoll. Trockenblumen, Kerzen und andere Accessoires schmückten den Tisch. Für den Besuch zweier Kriminalpolizisten ungewöhnlich. Er fragte sich, ob sie damit die Polizisten einwickeln wollte oder ob das der Normalfall war.

Er sprach ihr sein Beileid aus. Sie nickte. Aber es war nicht das Nicken einer trauernden Witwe.

»Haben Sie eine Vorstellung, wer Ihren Mann ermordet haben könnte?«, fragte Sandra Koch, nachdem sie sich gesetzt und vom servierten Kaffee getrunken hatten.

Die Witwe drehte sich überrascht zur Oberkommissarin um. Hatte gedacht, dass der Ältere, Diensthöhere und Mann die Fragen stellen würde. Rexilius nahm wie so oft die Position des Beobachters ein. Neben den gesprochenen Antworten waren für ihn die Antworten des Körpers wichtig. Vielleicht noch wichtiger. Irgendeine Reaktion, ein Reflex – und sei es nur kurzes Muskelzucken oder ein unkontrollierter Wimpernschlag – verriet die meisten Lügner.

»Feinde hatte er sich bestimmt viele gemacht. In der Gesellschaft, meine ich … Er hat selten über seine Arbeit gesprochen, aber ich weiß, dass er viele Menschen entlassen hat. Ich kann mir nicht vorstellen, dass es einer von ihnen war.«

»Was macht Sie da so sicher?«, fragte Sandra.

»Jedenfalls kenne ich keinen Fall. Oder liege ich da falsch?«

»Nein«, antwortete Sandra Koch. Die Kriminalstatistik wies in der Tat wenige solcher Fälle auf. »Hat er sich in letzter Zeit anders verhalten als sonst?«.

Die Witwe schüttelte den Kopf. Schaute erst Koch, dann Rexilius an. Schien zu überlegen. Und fasste einen Entschluss. »Nun ... Die Ehe existierte nur noch auf dem Papier.«

»Können Sie genauer werden?«

»Na, ja ... Er hat mich jahrelang betrogen und irgendwann schliefen wir in getrennten Schlafzimmern. Vor vier Jahren, an einem Samstag im Mai, kam er angetrunken nach Hause. Verschaffte sich Zugang zu meinem Schlafzimmer und vergewaltigte mich.« Ihr Gesicht verfinsterte sich. Die Vergangenheit schien sie eingeholt zu haben. »Dabei hat er herumgeschrien. Wenn Ilona nicht zur Verfügung stünde, dann müsse ich eben herhalten. Schließlich hätte ich eheliche Pflichten. Ilona war seine damalige Geliebte. Er wechselte sie oft.«

Sie machte eine Pause. Schaute auf eine freie Fläche an der weiß gestrichenen Wand so, als liefe dort auf einer imaginären Leinwand ein Film über die Ereignisse jener Nacht.

»Wie lange waren Sie verheiratet?«

»Elf Jahre. Wir haben uns während des Studiums kennengelernt. Er studierte Psychologie. Ich Innenarchitektur.«

Rexilius, der im Verlaufe des Gesprächs die geschmackvolle Inneneinrichtung des großen Wohnzimmers bewundert hatte, wusste jetzt, wer die Urheberin war.

»Er ließ sich mit seinem Studium sehr viel Zeit. Ich glaube, er brauchte vierundzwanzig Semester, ehe er das Diplom mit Ach und Krach ablegte. Mit der Note vier.«

»Warum so lange?«, fragte Sandra. »Die meisten sind doch nach zehn bis zwölf Semestern fertig?«

»Ich habe ihn erst am Ende des Studiums kennengelernt. Aus der Zeit davor weiß ich nicht viel. Aber für einen Studenten besaß er eine erstaunlich luxuriöse Wohnung. Die hätten Sie einmal sehen müssen. Hundertzwanzig Quadratmeter. Über zwei Stockwerke. Von einer Empore aus konnte man in das Wohnzimmer sehen. Und ein Bad mit Whirlpool ... Die Monatsmiete lag weit über zweitausend Mark.«

»Wie kann sich ein Student das leisten? Hatte er reiche Eltern?«

»Der Vater war beim Finanzamt und die Mutter Verwaltungsangestellte. Und drei Geschwister ... Nein, von den Eltern konnte das Geld mit Sicherheit nicht kommen.«

»Wo also hatte er es her?«

»Ich weiß es nicht. Bei der Wohnung blieb es ja nicht. Er hatte einen Sportwagen. Und wenn wir ausgingen, hat er immer alles bezahlt. Und seine Kumpane. Auch sie litten nicht unter Geldmangel. Zwei von ihnen arbeiten ebenfalls bei der Gesellschaft. Kappe und Gonzelmann. Beide in der Geschäftsführung.«

Wie auf Befehl schauten sich Koch und Rexilius an.

»Haben Sie ihn einmal gefragt, wie er sich das alles leisten konnte?«, fragte Sandra.

»Ja. Er ist mir immer ausgewichen. Hat gesagt, dass er neben dem Studium geschickt zu wirtschaften versteht, einem Nebenjob nachgeht. Weiter bin ich nie gekommen. Auch als wir schon verheiratet waren, hat er geschwiegen. Ich glaube mittlerweile, dass er in dunkle Geschäfte verwickelt war. Irgendetwas im Rotlichtmilieu. Oder Drogenhandel.«

»Hm. Wie ging es weiter mit Ihnen?«

»Zwei Monate, nachdem er sein Studium abgeschlossen hatte, machte auch ich mein Diplom. Und dann ging alles sehr schnell. Er bekam sofort eine Stelle als Psychologe bei der Gesellschaft. Durch ihn bekam ich eine Anstellung als Innenarchitektin in Freiburg. Offensichtlich verfügte er über gute Beziehungen. Wir zogen zusammen. Zwei Monate später heirateten wir. Viel zu schnell, wie ich im Nachherein gestehen muss. Ich wurde schwanger, und nach der Geburt von Doreen änderte er sich schlagartig. Seine Stelle als Psychologe gab er auf. Sagte, er könne sich den Beziehungsscheiß der Frauen in der Klinik nicht mehr anhören. Er sei zu etwas anderem berufen. Was bedeutete, dass er Assistent des Vorstandes der Gesellschaft wurde und für wirtschaftliche Angelegenheiten zuständig war. Das bedeutete aber auch, dass er nur noch selten zu Hause war. In der Woche wohnte er in einer Dreizimmerwohnung in Stuttgart. Wie er an diesen Job gekommen ist, weiß ich nicht. – Die Erziehung von Doreen hat er vollständig mir überlassen. Wenn er am Wochenende nach Hause kam, dann roch er nach dem Parfüm anderer Frauen.«

»Wie haben Sie darauf reagiert?«, fragte Koch.

»Ich habe ihn zur Rede gestellt. Er hat das immer abgestritten. Unser Verhältnis wurde immer frostiger, er immer gewalttätiger, wenn er mal wieder vorbeikam. Bis ich aus dem gemeinsamen Schlafzimmer auszog. Und den Rest kennen Sie ja.«

Mit dieser Geschichte hatte Sandra Koch nicht gerechnet. Sie konnte auch nicht verstehen, wie ein Mann eine solch attraktive und intelligente Frau über Jahre hintergehen, ja demütigen konnte. Eigentlich ein erstklassiges Mordmotiv ...

Frau Fritz sah Sandra an, schien ihre Gedanken erraten zu haben. »Ja, ich habe ihn am Ende gehasst, aber nicht umgebracht. An ihm hätte ich mir meine Hände nicht schmutzig gemacht.«

»Wie übersteht man so viele Jahre der Demütigung?«

»Doreen. Ich habe ihr all meine Liebe und Aufmerksamkeit geschenkt.«

»Und Sie hatten keine Vertrauensperson? Einen Menschen, bei dem Sie sich aussprechen konnten? Eine Freundin, einen Bekannten? Also, ich hätte jemanden gebraucht«, sagte Sandra und schaute unwillkürlich auf Pierre.

Frau Fritz antwortete nicht gleich. Rexilius glaubte, dass sie darüber nachdachte, ob sie sich den Polizisten anvertrauen sollte oder nicht. Sie schien sich dagegen zu entscheiden. »Nein. Nur Doreen.«

Rexilius hatte ihre Reaktionen, ihre Körpersprache die ganze Zeit aufmerksam verfolgt. Die Reaktion auf Kochs letzte Frage wich von den anderen ab. Wie bei seiner Ankunft weiteten sich ihre Augen und zuckten ihre Lippen … Sie log. Er war sich sicher. Warum eine Lüge auf eine relativ unbedeutende Frage?

Die weitere Befragung brachte keine neuen Erkenntnisse. Mehr schien sie nicht zu wissen.

»Frau Fritz, wir haben keinen Durchsuchungsbeschluss, aber könnte ich einen Blick in das Arbeitszimmer Ihres Mannes werfen?«, fragte Rexilius.

»Natürlich«, antwortete sie, »ich führe Sie hin.«

Es war im Stil der Gründerzeit eingerichtet. Ein prachtvoller Schreibtisch mit geschnitztem Aufsatz stand in der einen Ecke des Raumes. Die restlichen Wände waren mit Bücherregalen ausgestattet. Die Bücher hatten überwiegend alte Ledereinbände, zeigten aber keinerlei Gebrauchsspuren. Sie waren nie gelesen worden. Die beiden Polizisten begannen mit der Durchsuchung des Schreibtisches. In den Schubfächern befanden sich Wirtschaftsjournale. Sie waren über fünf Jahre alt.

»Hier oben war er seit Jahren nicht mehr«, sagte Frau Fritz, »gearbeitet hat er entweder in der Zentrale oder früher in der Dreizimmerwohnung in Stuttgart. Das Arbeitszimmer war nur Dekoration.«

Die weitere Durchsuchung dauerte noch zwanzig Minuten. Bis auf die Zeitungen konnten sie nichts Brauchbares finden. »Kann ich die Wirtschaftsmagazine mitnehmen?«, fragte Rexilius.

»Sie können sie behalten. Ich brauche sie nicht.«

Rexilius blätterte die Zeitschriften noch einmal durch. Und fand in einigen von ihnen Randbemerkungen und Kreuze. Im Hotelzimmer heute Abend würde er sie gründlich untersuchen.

Freiburg, Donnerstagnachmittag, 3. Juli

Nachdem sie in der Altstadt von Freiburg chinesisch gegessen hatten, machten sich die beiden Polizisten auf den Weg in das Zentralgebäude der *DHC*. Ausnahmsweise saß Pierre einmal am Steuer. Sandra vermutete, dass es an der kurzen Strecke von zwei Kilometern lag. Jedenfalls erreichten sie nach knapp fünf Minuten Fahrt den Parkplatz des Gebäudes, das sich als schmuckloser Betonklotz erwies.

Am Empfangstresen wartete schon ein etwa dreißig Jahre alter Mann. Er stellte sich den beiden Polizisten als Marc Becker vor. Sagte, er sei der Assistent des Direktors. Mit ihm habe Herr Wetzel den Termin vereinbart. Sie zeigten ihre Dienstausweise, die Becker genau betrachtete. »Direktor Kappe hat nicht viel Zeit. Gehen wir also unverzüglich in sein Dienstzimmer.«

Seine Haltung erinnerte Rexilius an einen Stockfisch ... die Ähnlichkeit mit dem Polizeidirektor Fischer war unübersehbar.

Keine dreißig Sekunden später standen sie vor dem Direktorenzimmer. Becker klopfte an die Tür und Koch glaubte die Andeutung eines Dieners bei ihm zu erkennen, obwohl ihn sein Boss noch gar nicht sehen konnte.

Nach dem »Ja« des Direktors führte er sie in Kappes Büro. Und mit einer kurzen Handbewegung deutete sein Chef an, dass er gehen könne.

Zu den Polizisten sagte er knapp: »Setzen Sie sich!« Er blieb hinter seinem Schreibtisch sitzen und dachte nicht daran, sie per Handschlag zu begrüßen.

Rexilius betrachtete Manfred Kappe. Dunkelblonde Haare, so frisiert, als sei er erst vor einer halben Stunde aus dem Salon gekommen. Seine Brille musste aus einer anderen, längst vergangenen Zeit stammen. Riesengroß, schwarzes Gestell, die ausdruckslosen Augen unnatürlich vergrößert. Im Gegensatz zu Wölfer, dem Leiter des Zorger Unternehmens, hatte er einen überproportional langen Hals, auf dem ein relativ kleiner Kopf saß. Rexilius dachte unwillkürlich an einen Straußenvogel.

»Nun, was wollen Sie? Machen Sie es kurz, ich habe nicht viel Zeit.« Dabei sah er demonstrativ erst auf die Uhr, dann den Hauptkommissar an. Koch beachtete er nicht.

»Ihr Vorgänger, Herr Fritz, ist ermordet worden. Wir ermitteln in diesem Fall. Hatte er Feinde?«, fragte die Oberkommissarin.

Erst weiteten sich seine Augen – vor Überraschung? Weil eine Frau die Befragung übernommen hatte? –, dann nahm sein Gesicht zuerst einen selbstgefälligen und schließlich einen arroganten Ausdruck an. »Ich weiß weniger als Sie«, sagte Kappe gelangweilt, ohne Sandra anzuschauen.

»Hatte Herr Fritz Feinde?«, wiederholte sie unbeeindruckt.

»Er setzte sich mit aller Kraft für das Wohl der Gesellschaft ein. Das erfordert Maßnahmen, die unpopulär, aber notwendig sind. Balthasar hat einen neuen Begriff geprägt, mit dem der wirtschaftliche Aufstieg der *DHC* verknüpft ist: Die ›Neue Notwendigkeit‹. Sie erforderte notwendige Entlassungen, um die Gesellschaft wieder auf einen vernünftigen Kurs zu bringen.«

Das hatten die beiden Polizisten schon einmal an ähnlicher Stelle gehört. Und auch das folgende.

»Wenn ein Geschäftsführer überfällige Entlassungen durchführt, dann schafft er sich natürlich Feinde«, sagte Kappe.

»Könnte einer der Entlassenen als Täter infrage kommen?«

»Die sind doch viel zu feige. Außerdem wird doch jeder Hinz und Kunz heute vom Staat unterstützt. Und wenn sie arbeitslos sind, haben sie doch trotzdem ein gutes Einkommen. Umschulungen werden vom Staat bezahlt ... Verhungern muss in Deutschland nun wirklich keiner.« Es klang fast, als wäre es auswendig gelernt oder mit Wölfer vorher abgesprochen.

Dieses Mal reagierte Sandra nicht darauf. »Und sonst?«

»Bitte?«

»Hatte er noch andere Feinde ... zum Beispiel in Freiburg, die zu einem Mord fähig wären?«

»Nein, er war ein angesehener Bürger unserer Stadt. Nahm an Wohltätigkeitsveranstaltungen teil, sammelte regelmäßig Spenden für Straßenkinder in der Dritten Welt. Nein. Es bringt doch keiner die goldene Gans um.«

Die Version vom barmherzigen Samariter hatten sie bislang allerdings noch nicht gekannt.

Kappe nahm die gleiche arrogante Pose wie Wölfer im Wellnesscenter in Zorge ein. Drückte die Fingerkuppen vor der Brust zusammen und sah an Sandra Koch vorbei. Sie war in einer Sackgasse. So kam sie nicht weiter. In diesem Moment stand Rexilius von seinem Stuhl auf, ging zum Fenster und schaute in den angrenzenden Park.

Kappe drehte sich zu ihm um. »Setzen Sie ...«

Weiter kam er nicht. Sandra Koch holte zu einem überraschenden Schlag aus. »Warum ist Röster vor vier Jahren nicht Geschäftsführer geworden, Herr Direktor Kappe?«

»Äh ...«, stotterte er, »welcher Röster?« Er hatte das letzte Wort kaum ausgesprochen, da merkte er, dass er einen Fehler gemacht hatte.

»Frank Röster, Herr Kappe. Sie kennen ihn.« Sandra Kochs Blicke bohrten sich in Kappes Augen.

Wie auf ein Stichwort hin bewegte sich der Hauptkommissar auf ein Regal zu, entnahm ihm einen Ordner und begann zu lesen.

»Äh, das geht nicht. Gehen Sie von ...«

»Also ...!« Ihr Ton wurde schärfer. Er wandte sich ihr wieder zu. »Sie kennen Röster, das wissen wir beide ganz genau«, sagte Sandra. »Er ist seit vier Jahren verschwunden. Haben Sie etwas damit zu tun? Beantworten Sie jetzt endlich meine Frage! Ansonsten treffen wir uns morgen früh im Präsidium wieder. Vielleicht erfährt ja die Presse zufällig davon.«

Eine leichte Röte stieg in sein Gesicht.

»Ich höre ...?« Sie hatte an Lautstärke noch zugelegt. Und Rexilius blätterte seelenruhig in den Akten. Inzwischen hatte er dem Regal einen neuen Ordner entnommen.

»Der Name war mir entfallen. Im ersten Moment ... Fritz war einfach der bessere Kandidat. Das hat er auch sehr schnell bewiesen.«

»Warum sind die Mitarbeiter der Zentrale da anderer Meinung?«

»Die Mitarbeiter ...?« Er lachte. »Die Mitarbeiter haben keinen Einblick in die Entscheidungen, die wir hier oben fällen müssen.« Eine abwertende Geste folgte. »Außerdem wahrte Röster nicht die nötige Distanz zur Belegschaft, die ein Geschäftsführer nun einmal haben muss«, sagte Kappe und rümpfte die Nase. »Nehmen Sie die Hände von den Akten weg, Herr Kommissar.«

»Hauptkommissar, bitte«, stellte Rexilius richtig.

»Lassen Sie jetzt ...«

»Wie lange kannten Sie Fritz?«, ließ Sandra Koch ihre Frage schnell folgen.
»Ziemlich lange. Wir sind im gleichen Ort aufgewachsen. Sind zusammen zur Schule gegangen:« Sein Blick flog zwischen Koch und Rexilius hin und her. »Was hat das mit dem Mord zu tun?«
»Das wissen wir noch nicht.«
»Was soll das heißen?«
»Ich stelle hier die Fragen«, sagte Sandra.
»Haben Sie einen Durchsuchungsbefehl?«, fragte Kappe den Hauptkommissar.
»Nein, haben Sie etwas zu verbergen?«
»Legen Sie die Akten jetzt zurück. Ansonsten rufe ich bei der Staatsanwaltschaft an. Sie begehen Hausfriedensbruch.« Kappe hatte sich wieder etwas gefangen.
Mit einer übertriebenen Geste stellte Rexilius die Akte in das Regal zurück.
»Ich werde jetzt auch nichts mehr zur Sache sagen. Verlassen Sie sofort die Zentrale.«
Rexilius schien die Aufforderung zu überhören. »Nur der Vollständigkeit halber, Herr Direktor Kappe, wo waren Sie Montag, den 23. Juni?«
»Das ist ja ungeheuerlich. Ich werde eine Dienstaufsichtsbeschwerde über sie einreichen«, brachte er mit überschnappender Stimme heraus.
Rexilius wartete. Keine Antwort. Kappe griff zum Telefon. Aber er kam nicht zum Telefonieren. Rexilius presste seine Hände auf die von Kappe. »Herr Direktor«, sagte er, »Sie können sich ruhig über mich beschweren. Wenn Sie jetzt aber nicht antworten, muss ich glauben, dass Sie etwas zu verbergen haben. Und dann werde ich Sie als Mordverdächtigen verhaften und in eine Untersuchungszelle bringen. Also?« Rexilius verstärkte den Druck auf Kappes Hände.
»Ich war den ganzen Tag in der Zentrale. Von acht

bis sechzehn Uhr. Das kann die komplette Belegschaft bezeugen.«

»Mehr wollte ich nicht wissen, Herr Kappe. Hast du noch eine Frage, Sandra?«

»Nein«, antwortete sie lächelnd.

»Gut. Wir bedanken uns für Ihre Mitarbeit«, sagte der Hauptkommissar und dann verließen die beiden Polizisten ohne Gruß das Direktorenzimmer.

»Glaubst du, dass er irgendetwas mit dem Tod von Fritz zu tun hat?«, fragte Sandra, als sie auf dem Parkplatz ins Auto stiegen.

»Keine Ahnung, aber einem kleinen Licht muss einmal gezeigt werden, dass es ein kleines Licht ist.«

Als der Rechtsanwalt der *DHC*, Doktor Rambo, eine halbe Stunde später das Chefzimmer der Zentrale betrat, traf er auf einen immer noch sehr aufgebrachten Manfred Kappe.

Eine weitere Stunde später hatte Doktor Rambo eine fünfseitige Beschwerde gegen einen »völlig entgleisten Kriminalbeamten Rexilius, der Straftatbestände erfüllt« ausformuliert und damit den neuen Direktor der Gesellschaft vorläufig besänftigt.

»Hauptkommissar Rexilius wird hier in Freiburg ab morgen früh mit Sicherheit nicht mehr weiterermitteln dürfen. Dafür werde ich mit diesem Brief sorgen. Außerdem kennst du Schwinzer, den Polizeipräsidenten, doch sehr gut.«

Daraufhin stießen die beiden mit einem Glas Sekt an.

Am nächsten Morgen, exakt um neun Uhr, überbrachte Kappes Assistent Marc Becker dem Direktor der Polizeidirektion den Beschwerdebrief.

»Bestellen Sie Manfred einen schönen Gruß von mir. Und sagen Sie ihm, dass ich mich auf das morgige

Tennisspiel freue ... Ich werde mich umgehend um die Angelegenheit kümmern«, versprach Direktor Schwinzer.

Am späten Nachmittag trafen Sandra und Pierre bei Familie Wetzel ein. Endlich wurde das nachgeholt, was man sich eigentlich schon ein Jahr vorher vorgenommen hatte. Pierre überzeugte sich im Garten davon, dass Yannick in seinem Fußballspiel gewaltige Fortschritte gemacht hatte. Und ebenso talentiert schien, soweit Pierre das beurteilen konnte, Michelle im Balletttanz zu sein. Wenig später stellte das dritte Mitglied der Familie ein außerordentliches Talent unter Beweis: Valerie Wetzel hatte ein französisches Gericht gekocht, das an diesem Abend nicht eingefroren werden musste, weil Pierre endlich sein Versprechen eingehalten und einen Besuch nicht abgesagt hatte. Nach dem Genuss der Speise unterhielt man sich noch lange. Über den Mordfall, über vergangenen Zeiten. Natürlich ließ Valerie es sich nicht nehmen, Pierre zu fragen, ob er endlich wieder eine feste Beziehung habe, was dieser aber verneinte.

Kurz vor Mitternacht verließen Sandra und Pierre die Familie und kehrten in ihr Hotel zurück. Valerie erklärte ihrem Mann, dass sie der festen Überzeugung sei, zwischen Pierre und der hübschen Sandra liefe etwas Besonderes. Entweder seien sie schon ein Paar oder würden noch eins werden. Wie sie sich angeschaut hätten, ihre Körpersprache ... Rainer Wetzel konnte sich das nicht vorstellen. Es handele sich ausschließlich um gegenseitige fachliche Achtung, sagte er. Aber wenn er so darüber nachdachte, war er nicht mehr recht davon überzeugt, hatte doch die Intuition seiner Frau in solchen Dingen noch nie falsch gelegen.

Freiburg, Freitagnacht, 4. Juli

Pierre war nicht zur Ruhe gekommen. Um ein Uhr zog er sich noch einmal an und verließ das Hotel lautlos wie ein Schatten. An den Straßen leuchtete nur jede zweite oder dritte Laterne. Wie ein Muster aus hell und dunkel, schwarz und weiß wirkten die Straßenzüge der Altstadt. Er forcierte seine Schritte. Schatten im Schatten. Schatten im Licht.

Ein zweiter Schatten folgte.

Er näherte sich den Bächles. Hörte ein Rauschen, ein Plätschern, ein Gurgeln, ein Glucksen. Wie unterschiedliche Stimmen. Hier vermischten sie sich, dort trennten sie sich wieder. Sie waren Teile eines schier unübersichtlichen, weit verzweigten Systems. Und er befand sich mitten in ihm.

Gab es einen Endpunkt? Oder war es wie ein Spinnennetz, in dem sich unzählige Fäden vom Zentrum in die Peripherie spannten? Nein. Die Wasserläufe würden alle in einen Hauptlauf münden. So wie die Spuren des Mörders in einem Ziel enden würden. In der Aufklärung. Er konzentrierte sich auf die Geräusche des Wassers, so als könnten sie ihm die Lösung des Mordfalls verraten.

Der Tag war heiß gewesen, die Pflastersteine hielten die warme Luft wie ein Magnet in der Stadt zurück. Kein noch so schwacher Luftzug war zu spüren. Rexilius bereute es, seine Lederjacke mitgenommen zu haben. Zog sie aus und schwang sie über den Rücken.

Er gelangte auf den Rathausplatz. Setzte sich auf eine der Bänke, die einen gotischen Brunnen säumten. Entferntes Murmeln drang in sein Ohr. Er drehte sich um. Eins der vielen Weinlokale der Altstadt hatte noch nicht geschlossen. Studenten saßen an den Tischen im Freien, scherzend, lachend, die Nacht genießend.

Er drehte sich wieder um, zündete sich eine Pfeife an. Paffte drei, vier schnelle Züge, damit sie nicht erlosch. Dachte nach. Der Ermittlungsstand war mager. Welche Rolle spielte die Witwe von Fritz? Welche Bedeutung hatte ihre merkwürdige Reaktion, als sie sie an der Haustür empfing ... Und später, während der Befragung durch Sandra? War sie wirklich so harmlos?

Vielleicht würde der morgige Tag mehr erbringen. Hier, irgendwo in Freiburg, musste der Mörder das Airbagsystem manipuliert haben. Der Chauffeur musste etwas wissen. Er war schließlich für das Fahrzeug verantwortlich.

Was aber, wenn der oder die Mörder aus der Organisierten Kriminalität kamen? Aus seiner langjährigen Erfahrung wusste er, dass sich gekaufte Killer nach Erledigung eines Mordauftrags für einige Zeit ins Ausland absetzten. Meist in ein osteuropäisches Land. Die Zusammenarbeit mit der Polizei in diesen Staaten war problematisch. Für ein großzügiges Bestechungsgeld verschwanden die Gewaltverbrecher unauffindbar. Und die Polizei zuckte nur mit den Schultern.

Vor acht Jahren hatte ein Rumäne in Wieda ein Rentnerehepaar ausgeraubt, erschlagen und war dann nach Rumänien geflüchtet. Pierre hatte das sympathische Ehepaar gekannt. Er hatte den Namen und die Adresse des Mörders ermitteln können. Stellte ein Auslieferungsersuchen. Eine vorschnelle Antwort der Behörden sagte, dass der Aufenthaltsort des Gesuchten nicht ermittelt werden konnte.

Damit hatte er sich nicht zufriedengegeben. Er fuhr mit Eckert nach Craiova, entführte den Mörder nach Deutschland und ließ ihn vor Gericht stellen. Der Mann wurde zu lebenslanger Haft verurteilt. Rexilius und Eckert bekamen ein Disziplinarverfahren an den Hals, ihnen drohte die Entlassung aus dem Polizeidienst. Das

Verfahren wurde zum Glück der beiden Polizisten am Ende eingestellt. Weil irgendwo ein einflussreicher Politiker interveniert hatte. Bis zum heutigen Tag wussten sie nicht, wer.

Er klopfte seine Pfeife in einem Aschenbecher aus, der an einem Abfalleimer angebracht war, und schlenderte über den Münsterplatz. Auch hier war nächtliches Leben zu spüren. Aber Rexilius nahm es kaum wahr. Getrieben davon, dass eine tief versteckte Information oder etwas Unstimmiges während des Spazierganges in seinem Kopf frei werden könnte, drang er weiter in die Dunkelheit Freiburgs ein.

Im Martinsgässle meldete sich zum ersten Mal sein Instinkt. Irgendetwas stimmte nicht. Er blieb stehen und lauschte. Entfernte Schritte verstummten. Rexilius setzte sich wieder in Bewegung, bog um eine Hausecke. Verharrte. Wieder zwei, drei Schritte und dann Stille.

Er wurde verfolgt.

Zweimal wiederholte sich dieses Spiel. Rexilius beschloss, den Verfolger zu stellen.

Er ging nach rechts in die nächste Gasse. Mit lockeren Schritten legte er das erste Drittel zurück, dann sprintete er sechs Häuser weiter und versteckte sich in einem Hauseingang. Und wartete. Nichts. Zwanzig Sekunden vergingen. Plötzlich erklangen schnelle Schritte seines Verfolgers, schließlich gingen sie in ein verzweifeltes Stakkato über. Der Verfolger wollte sein Opfer nicht verlieren. Er war nur noch wenige Meter entfernt

Rexilius wartete den richtigen Zeitpunkt ab. Er sprang aus dem Hauseingang hervor, schob die linke Schulter nach vorn und rammte sie ihm in den Brustkorb. Der Schatten stürzte zu Boden. Für eine kurze Zeit blieb ihm die Luft weg. Und diesen Moment nutzte Rexilius. Er drückte sein linkes Knie auf den rechten Oberarm des Mannes, sein rechtes Knie lag auf dem Brustkorb, der sich inzwischen wieder hob und senkte. Mit der linken Hand packte er ihn am Kragen und die rechte Hand war zur Faust geballte, die jederzeit zuschlagen konnte. Sein Gegner hatte keine Chance, sich zur Wehr zu setzen.

»Warum verfolgen Sie mich«, brüllte der Hauptkommissar ihn an.

»Ich … ich … bin dir … Ihnen nicht gefolgt.«

»Ich weiß, dass du mich seit zwanzig Minuten beschattest. Sag es! Oder ich schlage zu.« Sein Griff um den Hals wurde fester, er schnürte dem Mann fast die Luft ab. Ein hektisches Keuchen folgte.

»Ich brauchte dringend … Geld und wollte Sie fragen, ob Sie mir was für ein Essen leihen … äh, schenken könnten. Ich habe den ganzen Tag nichts zu essen gehabt.« Eine stinkende Alkoholfahne hüllte Rexilius ein.

»Du wolltest mich überfallen und ausrauben«, brüllte er.

»Nein, nein … Bitte, tun Sie mir nichts … Ich wollte Sie nicht überfallen … hatte nur Hunger«, flehte er lallend Rexilius an und setzte einen weiteren Schwall Alkoholgestank frei.

Der Hauptkommissar überlegte einen Moment. »Verschwinde. Wenn ich dich noch einmal erblicke, schlage ich dir sämtliche Zähne aus«, drohte er und ließ von ihm ab.

Der Unbekannte rappelte sich hoch und verschwand torkelnd in der Dunkelheit.

Der Hauptkommissar kehrte in sein Hotelzimmer zurück, zog sich aus und legte sich ins Bett. Schloss die Augen.

Und setzte sich auf. Etwas stimmte nicht. Dieser Obdachlose. Irgendetwas stimmte nicht mit ihm.

Rexilius schloss die Augen und ließ den nächtlichen Zwischenfall vor seinem inneren Auge ablaufen. Was war da faul? Immer wieder liefen die Bilder von Anfang bis zum Ende ab. Wie in einem Kinofilm. Und dann: So, als habe er den Film an einer bestimmten Stelle angehalten und die Bilder vergrößert, sah er es.

Die Zähne des Stadtstreichers! Einen Moment lang hatte er sie im Dämmerlicht der Straßenlaterne gesehen. Sie waren völlig intakt, sahen gepflegt aus. Leuchteten in hellem Weiß.

Der Bursche hatte ihn getäuscht. Wer war er wirklich? Und warum hatte er Rexilius verfolgt?

Warum gerade ihn?

Freiburg, wenig später

Dafür würde er eine satte Belohnung erhalten. Er hatte die richtige Nase gehabt. Wie so oft. Gerade wegen dieser Fähigkeit hatte Lasse ihn nach Deutschland geholt.

Den ganzen Tag hatte er scheinbar in der Altstadt herumgelungert. Als Obdachloser. Er hatte sogar einige Spenden erhalten. Am Nachmittag hatte er ihn dann entdeckt. Und bis vor fünf Minuten verfolgt. Er kannte sein Fahrzeug, sein Hotel, ja sogar die Nummer seines Hotelzimmers.

Mit seinem neuen Handy durfte er Lasse, den Gruppenführer, nicht anrufen. Das hatte der ihm immer wieder eingebläut. Sie konnten abgehört oder die Anrufe zurückverfolgt, ja gar lokalisiert werden. Und dann könnte alles auffliegen. Und auch er seinen lukrativen Job verlieren. Zurück in die Heimat … Nein. Niemals. Also würde er eine Telefonzelle aufsuchen. In der Altstadt gab es genug. Er würde bald eine finden.

So clever, wie der hingestellt wurde, war der nun doch nicht. Hatte ihm die Geschichte des betrunkenen Obdachlosen abgenommen. Sein Gesicht verzog sich zu einem Grinsen.

Aber er hatte einen Fehler gemacht, hatte ihn unterschätzt. Der Schnüffler hatte ihn doch glatt überwältigt.

Das war bislang noch keinem gelungen. Er musste vorsichtig sein. Lasse durfte das unter keinen Umständen erfahren.

Lasse. Das hörte sich so schwedisch an. Jedenfalls skandinavisch. Dabei hatte Lasse mit diesem Menschenschlag nichts am Hut. Er musste bei diesem Gedanken erneut grinsen. Lasse war der unumschränkte Führer ihres Dienstleistungsunternehmens. Souverän. Erfahren. Brutal. Er hatte gewaltigen Respekt vor Lasse. Manchmal Angst. Aber er war ihm auch dankbar. Schließlich hatte Lasse ihn nach Deutschland geholt und damit ein angenehmes, im Vergleich zu seinem Heimatland luxuriöses Leben ermöglicht.

Er sah eine Telefonzelle, betrat sie und ergriff den Hörer. Meldete sich mit seinem Decknamen. Pablo. Passte überhaupt nicht zu ihm. Mit den Spaniern konnte er noch weniger anfangen als mit Skandinaviern. Er wusste noch nicht einmal, wo Spanien lag. Aber Lasse wollte es so.

»Lasse. Was gibt's?«

»Ich habe Adlers Freund«, sagte Pablo stolz.

»Das wurde auch Zeit«, antwortete sein Chef, »komm zurück in den Bau.«

»Du hast gesoffen, Pablo. Und damit gegen ein Firmengebot verstoßen«, sagte Lasse, als er die Unterkunft betrat.

Das war ein gefährlicher Augenblick, er musste seinen Chef sofort aufklären, sonst passierte etwas. »Nein, ich habe keinen Alkohol getrunken, das mache ich nie im Dienst. Es war meine Tarnung. Wenn ich als Obdachloser umherschweife, dann muss ich nicht nur so aussehen. Ich muss auch so stinken. Deshalb habe ich mir Schnaps über die Kleidung gekippt und den Mund damit gespült.«

Pablo glaubte, einen anerkennenden Blick in Lasses Gesicht zu bemerken. Jedenfalls wechselte der Chef das Thema. Das Zeichen, dass die Angelegenheit erledigt war.

Lasse hatte inzwischen mit Adler gesprochen. Der war

erfreut über die gute Nachricht gewesen und hatte eine Sonderprämie in Aussicht gestellt. Und ein Teil davon würde für Pablo abfallen. Natürlich hätte Pablo genau wie seine Kollegen gern gewusst, wer Adler in Wirklichkeit war, aber er würde das nie erfahren. Ob Lasse überhaupt dessen Identität kannte?

Lasse ging noch einmal alles mit ihnen durch. Nichts durfte schiefgehen. Schließlich hatten sie bis jetzt jeden Auftrag hundertprozentig erledigt. Sie hatten einen ausgezeichneten Ruf. Den besten.

Der Schnüffler war jetzt schon ein toter Mann.

Wieder hetzte er dem unerreichbaren Schatten hinterher, bis er sich im kalten Flur des Mehrfamilienhauses befand. Kniete vor dem Sterbenden. Überall Blut. Es schien, als würde der Blutstrom nie versiegen.

Der Schatten stellte sich vor ihm auf. Wie ein Zauberer versetzte er seinen Verfolger in den Zustand der Bewegungslosigkeit. Um ihm zum ersten Mal sein Gesicht zu zeigen.

Wechselnde Gesichter.

Als erstes Gesicht erschien das Symbol des Geschäftsführermörders. Wie ein Scherenschnitt, durch dessen offene Stellen kaltes Licht schimmerte. Er starrte auf das Symbol, versuchte Schärfe in das Abbild zu bringen. Aber je länger er es fixierte, umso verschwommener wurde es. Und dann löste das Gebiss des vermeintlichen Obdachlosen das Symbol ab. Zahn um Zahn löste sich aus den Kiefern und fiel krachend zu Boden. Mit dem Fall des letzten Zahns trat an Stelle eines Gesichts Leere.

Der Schatten huschte weiter und Pierres Starre löste sich auf, als habe ein Hypnotiseur mit den Fingern geschnippt. Wieder eilte er ihm hinterher, und wieder wurde er an der Eingangstür zur Wohnung zum starren, nutzlosen Beobachter.

Irgendetwas war anders. Er spürte es. Gab der Schatten sein Geheimnis preis?

Nein.

Dann glaubte er es zu wissen. Das Licht. Es hatte eine andere Farbe. Der große Raum war in rotes Licht getaucht. Der Schatten kniete vor einem nackten Frauenkörper, dessen Haut rötlich leuchtete. Das Gesicht war ohne Konturen.

Der Schatten verwandelte sich nicht in einen Körper. Blieb Schatten. Er richtete sich auf. Ein langes und scharfes Schwert blitzte in seiner Hand. Er wartete. Wartete darauf, dass der Frauenkörper ein Gesicht bekam, um ihn dann zu töten.

Rexilius starrte gebannt auf den Kopf des Frauenkörpers. Wie in einem Trickfilm begannen sich Konturen abzuzeichnen.

Der Schatten holte aus.

Rexilius geriet in Panik. Musste den Mord verhindern. Aber der Schatten hatte ihn zur Marionette gemacht, deren Fäden schlaff herunterhingen. Die Panik wich der Verzweiflung. Die Frau ... war Sandra ... seine Sandra.

Er schrie lauter und lauter, um den Schatten aufzuhalten ...

Und plötzlich fand er sich in seinem schweißnassen Hotelbett wieder. Seine eigenen Schreie hatten ihn geweckt.

Pierre musste unter die Dusche, um den Alptraum wegzuspülen. In diesem Moment klingelte sein Handy.

»Pierre«, sagte Sandra verschlafen, »hast du die Schreie gehört?« Sie bewohnte das Zimmer direkt neben seinem.

»Schreie? Nein«, log er.

»Entschuldige, ich muss wohl geträumt haben ... Also dann, bis zum Frühstück.«

Sie hätte schwören können, dass die Schreie keine Traumerscheinung gewesen waren, ließ den Gedanken aber wieder fallen, drehte sich im Bett um und schlief wenige Augenblicke später wieder ein.

Freiburg, Freitagvormittag, 4.Juli

Um acht Uhr hatten sie sich zum Frühstücksbuffet getroffen. Rexilius hatte wenig Appetit gehabt, aber entgegen seinen Gewohnheiten drei große Tassen Kaffee getrunken.

Der Albtraum war ihm nicht aus dem Kopf gegangen. Nicht, weil er ihn als eine unheilvolle Vorahnung oder böses Omen sah. Von diesen Dingen hielt er nicht viel. Es war die Vorstellung, dass Sandra einmal im Dienst verletzt oder gar getötet werden könnte. Darüber hatte er sich noch nie Gedanken gemacht, musste er sich zu seiner Schande eingestehen.

Passieren konnte das allen. Einkalkuliertes Berufsrisiko. Sein junger Kollege Marc konnte ein Lied davon singen. Seine Verlobte hatte ihn deshalb einige Male verlassen. War aber immer wieder zurückgekehrt. Ungewöhnlich für eine Beziehung zwischen einem Polizisten und einer ›normalen Person‹.

Würde Pierre an die Stelle von Sandras Vater rücken und väterliche Gefühle entwickeln? Oder war es etwas anderes? Er wusste es nicht.

Realität war, dass er verfolgt worden war. Wer war dieser angebliche Obdachlose? Der Kundschafter. In diesem Schachspiel sicher nur der Bauer. Wer steckte dahinter, war der König? Oder die Dame? Und warum wurde er observiert? Wie in der Nacht fand er keine Antwort.

Die nächtlichen Erlebnisse hatten ihn nachdenklich werden lassen. Der Grund für sein Schweigen. Was noch nie vorgekommen war, wenn sie auf Dienstreise waren. Sandra schien zu ahnen, dass in ihm etwas vorging. Zwang ihm aber kein Gespräch auf. Eines jener Attribute, die er an seiner Kollegin schätzte. Einfühlsam, obwohl sie genug eigene Probleme hatte. Den nächtlichen Vorfall und den Alptraum behielt er für sich.

Sandra riss ihn aus seinen Gedanken. »Pierre, wir müssen langsam los, wir brauchen eine Dreiviertelstunde und um neun sind wir verabredet.« Längst hatte sie ihr Frühstück beendet und nur noch eine Tasse Kaffee vor sich stehen, die sie schon vor Minuten leer getrunken hatte. Er hatte es nicht bemerkt.

Rexilius nahm seine Tasche, in die er die vier Wirtschaftsmagazine gelegt hatte, und stand auf.

Nachdem er um fünf Uhr aus dem Alptraum aufgewacht war, hatte er ausgiebig geduscht. Dann hatte er seinen Wasserkocher aus seinem Koffer geholt, den er auf solchen Fahrten immer dabeihatte, wie auch seinen Pulverkaffee, und sich einen Kaffee gekocht. Hatte sich eine Pfeife angesteckt – er hatte ein Raucherzimmer buchen müssen – und begonnen, die Wirtschaftsmagazine durchzusehen, die ihm Frau Fritz gegeben hatte. Es waren Wochenmagazine, in denen die Aktienkurse der deutschen und amerikanischen Börse dokumentiert und diskutiert wurden. Ein zweiter Teil enthielt alle möglichen Angebote von Immobilien aus Urlaubsgebieten der Mittelmeerländer. Rexilius studierte die Preise und pfiff vor sich hin. Für einen Normalsterblichen wie ihn waren sie unerschwinglich. Industrielle und Unternehmer konnten sich so etwas leisten ...

In den ersten drei Zeitschriften war nichts Besonderes festzustellen, aber in der vierten waren mehrere Angebote markiert. Es handelte sich um Immobilien in Spanien. Hotels und Gästehäuser sowie eine Villa in den Siedlungen El Palo und Punta Palomas, nur wenige Kilometer von Malaga entfernt.

Hatte Fritz sie für die Gesellschaft kaufen wollen? Um das Angebot auf Spanien auszuweiten? Vielleicht plante er aber auch einen privaten Kauf. Oder hatte Fritz Möglichkeiten der Geldwäsche erkundet ... Es handelte sich um Millionenobjekte ...

Rexilius würde mit den spanischen Behörden Verbindung aufnehmen, sobald er wieder in der Inspektion in Osterode war.

Sandra setzte sich wieder hinters Steuer. Um acht Uhr dreißig verließen sie Freiburg über Günterstal in Richtung Schauinslandstraße. Am Horizont zeichneten sich die Gipfel des Schwarzwaldes ab. Das helle Blau des Himmels ließ ihre Konturen noch markanter und mächtiger erscheinen. An den Talhängen weideten Gruppen von braun-weiß gefleckten Rindern.

Auch während der Fahrt schwieg Rexilius. Sandra betrachtete ihn von der Seite. Die Augen waren geschlossen. Es schien, als schliefe er. Aber sie wusste, dass er hellwach war. Sie hätte einiges gegeben, wenn sie seine Gedanken in diesem Moment hätte lesen können. Sie blickte wieder geradeaus.

Sandra hatte geglaubt, dass die Schreie aus Pierres Zimmer gekommen seien ... Sie war schon ein wenig enttäuscht, dass sie sich gestern Abend nicht, wie sonst, wenn sie auf Dienstreise gingen, in ein Weinlokal gesetzt und bis in die Nacht zusammen gewesen waren. An diesen Abenden waren sie sich sonst näher gekommen. Auf einer geistigen Ebene. Sie hatte ihn damit von einer ganz anderen Seite kennengelernt. Ausgelassen. Witzig. Charmant.

Und der Sportler Rexilius, dessen einziges Laster das Pfeiferauchen war, konnte sogar Wein genießen. Stolz war sie gewesen, als er ihr verraten hatte, dass er nur an diesen Abenden so war. Bis heute hatte sie nicht verstanden, wie er das gemeint hatte.

Und einmal hatte er ihr erzählt, wie die Geschichte mit der Scheidung von seiner Frau abgelaufen war. Wie sie ihn monatelang mit einem Zirkusartisten betrogen hatte und er, der große Mordspezialist mit der unglaublichen Intuition und dem Spürsinn einer Raubkatze, hatte es nicht bemerkt. Was ihn am meisten geärgert hatte. Eines Tages lag ein Zettel auf dem Küchentisch, auf dem stand, dass sie ihn verlassen habe und nicht zurückkomme werde.

Die Nachbarn hatten Rexilius später berichtet, dass am Tag des Auszugs seiner Frau ein Zirkuswagen vor dem gemeinsamen Haus gestanden habe und Zirkusleute Möbel eingepackt hatten.

Jasmin hatte all ihre Sachen mitgenommen. Nur eins hatte sie vergessen: ihre Mutter. Ein halbes Jahr später bekam die alte Dame einen Schlaganfall und musste in ein Pflegeheim in Bad Sachsa umziehen. Rexilius kümmerte sich um sie, soweit es sein Dienst zuließ. Einen Monat später verkaufte er das gemeinsame Einfamilienhaus. Das war jetzt sechseinhalb Jahre her. Nur noch einmal hatte er etwas von seiner Exfrau gehört, und das war während des Scheidungsprozesses gewesen, ein Jahr danach. Ihren Anteil am Verkauf des Hauses forderte sie ohne persönlichen Kontakt über einen Anwalt ein.

Für Sandra waren diese Stunden mit Pierre besser als jede Therapiesitzung bei ihrem Psychiater. Er linderte ihren Schmerz, den das Schicksal ihres Vaters ihr bereitet hatte. Nur eine menschliche Hülle war von ihrem geliebten Vater übrig geblieben. Sie spürte eine warme Träne über ihre linke Wange rinnen.

Wetzel hatte ihnen die alte Schauinslandstraße empfohlen. Sie sei zwar kurvenreicher als die längere Strecke über die Bundesstraße, aber landschaftlich reizvoller und verkehrsärmer. Muggenbrunn hieß das Ziel. Ein kleiner Ort, der etwa fünfundzwanzig Kilometer von Freiburg entfernt im Hochschwarzwald lag.

Erika Schäfer, die dreißig Jahre bei der Gesellschaft als Putzfrau gearbeitet hatte, hatte von dem Mord an dem Geschäftsführer in der Zeitung gelesen und sich an ihre Freundin Helga Larsch gewandt, mit der die Rentnerin einmal pro Woche in einem Freiburger Café einen ganzen Nachmittag lang über vergangene Zeiten plauderte. Sie hatte Jahre zuvor eine Beobachtung gemacht, der sie nun eine andere Bedeutung beimaß als damals. Ihre Freundin hatte ihr geraten, so schnell wie möglich mit Hauptkommissar Wetzel Kontakt aufzunehmen. Das war gestern gewesen. Und da Rexilius sich angesagt hatte, sollte er ihre Befragung übernehmen.

Sie erwartete die beiden Polizisten schon an der Gartentür. Irgendwo auf dem Grundstück blökten einige Schafe. Sie ging nah an die beiden Beamten heran und schaute sie kritisch an. »Würden Sie mir bitte Ihre Dienstausweise zeigen?«

Zuerst schaute sie kurz auf Sandras Foto und gab ihr den Ausweis zurück. Rexilius' Lichtbild betrachtete sie länger. Dann flogen ihre Augen zwischen dem Passbild und Rexilius' Gesicht hin und her. Sie trat näher an Pierre heran. Musterte ihn lange und schüttelte den Kopf. »Ich hätte wetten können, dass Sie ein Bekannter sind, den ich seit vier Jahren nicht mehr gesehen habe. Die Ähnlichkeit ist gewaltig ... aber Ihre Stimme, die passt nicht zu ihm. – Meine Brille wird gerade in Freiburg repariert. Und auf die Ersatzbrille, die mir heute Morgen vom Kopf gerutscht ist, ist eines meiner Schafe getreten. Ich bin stark kurzsichtig. Deshalb war ich so misstrauisch, Herr Hauptkommissar ... Ich glaube, wir gehen jetzt besser ins Haus.«

Sie führte sie in das Wohnzimmer und bat sie, Platz zu nehmen. Verschwand kurz und kehrte mit einer dampfenden Kaffeekanne zurück. Natürlich müsse eine derartige Befragung mit einem anständigen Bohnenkaffee beginnen, sagte sie. Obwohl beide Polizisten schon reichlich Kaffee getrunken hatten, lehnten sie das Angebot nicht ab.

»Frau Schäfer, was können Sie uns zum Mordfall Fritz sagen?«, fragte Sandra Koch.

»Ich weiß nicht, ob Ihnen das weiterhilft, aber Helga … Frau Larsch … wollte unbedingt, dass ich es der Polizei erzähle. Sie meinte, jeder Hinweis könnte weiterhelfen.«

Koch und Rexilius nickten gleichzeitig.

»Das ist jetzt vier Jahre her. Einen Monat vor meiner Pensionierung. Als die neue Geschäftsleitung ihr Amt antrat, verschlechterte sich das Arbeitsklima radikal. Wir wurden schikaniert. Wir mussten länger arbeiten und bekamen weniger Geld. Da ich das Geld nicht mehr brauchte – mein Haus ist inzwischen abgezahlt – und mich auf meine alten Tage nicht mehr drangsalieren lassen wollte, bin ich mit sechzig in Rente gegangen.«

Sie trank von ihrem Kaffee, stand von ihrem Platz auf und verschwand in der Küche. Und tauchte eine Minute später mit einem Kuchenteller auf. Stellte ihn auf den Tisch. »Habe ich gestern gebacken. Marzipankuchen. Ich hoffe, Sie mögen ihn.«

Natürlich mag man seinen Lieblingskuchen, dachte Rexilius, und nahm das Angebot umgehend an. Sandra allerdings war Marzipankuchen zu süß. Sie lehnte höflich ab.

»Na ja … Es war am Abend nach der Bekanntgabe des neuen Geschäftsführers«, fuhr die alte Dame fort. »Fritz, Kappe, Gonzelmann und Wölfer saßen im Geschäftsführerzimmer zusammen. Im Nebenraum war ich noch mit dem Wischen des Fußbodens beschäftigt. Die vier glaubten, dass sich kein Mitarbeiter mehr im Haus befand … Moment, ich habe den Chauffeur von Fritz vergessen – diesen aalglatten Hartmann, er gehörte auch zu diesem Kreis. Sie tranken ausgiebig Sekt. Stießen wiederholt an. Dann übernahm Fritz die Wortführung, war offensichtlich der Boss der Gruppe. Ein hartes Stück Arbeit sei das ganze Projekt schon gewesen, sagte er, aber am Ende habe man sein Ziel erreicht. Dank Hartmann, dem Chauffeur, er habe großartige Arbeit geleistet, und dann prosteten sie ihm zu. ›Der alte Esel‹, so sagte Fritz, sei naiv und blind gewesen. Und dann lachten alle fünf schallend und tranken wieder ... Ich glaube, ›der alte Esel‹ muss Hauerholz gewesen sein.«

Sie nippte wieder an ihrer Kaffeetasse, fragte die beiden Polizisten, ob sie noch etwas Kaffee trinken wollten. Aber dieses Mal lehnten sie ab.

»Röster muss aber wohl das größere Problem gewesen sein. An ihm hätten sie sich fast die Zähne ausgebissen, sagte Fritz. Röster war ein intelligenter junger Mann. Wenn er in die Firma kam, dann grüßte er immer, hielt mit vielen ein kleines Schwätzchen. War fähig und fleißig. Oft arbeitete er bis in den späten Abend. Bei der Finanzierung unseres Häuschens hat er mir sogar geholfen, weil mein Mann und ich Schwierigkeiten mit dem Papierkrieg hatten. Hat eine Umschuldung für uns organisiert. Dadurch sind wir jetzt schuldenfrei.« Ihr Gesicht nahm einen grimmigen Ausdruck an. »Bis heute habe ich die Entscheidung des Vorstands in Stuttgart nicht verstanden. Röster sollte doch damals Nachfolger von Hauerholz werden!«

»Haben Sie eine Ahnung, weshalb er es nicht geworden ist?«, fragte Sandra Koch.

»Wir haben damals alle eine Intrige der neuen Geschäftsleitung gegen ihn vermutet. Bis auf Kappe – der hatte schon mal als Zivildienstleistender bei der Gesellschaft gearbeitet – kamen die alle von außerhalb. Fritz hat vorher als Assistent des Vorstandes gearbeitet. Woher Hartmann, Gonzelmann und Wölfer gekommen sind, weiß ich nicht. Aber ich glaube, dass sie sich schon lange kennen. Während ihrer Feier in der Zentrale wurden sie immer ausgelassener. Dann klingelte das Telefon. Fritz nahm ab. Ich konnte nicht alles verstehen, was Fritz sagte, aber einen Satz habe ich vollständig gehört. ›Ihn als Schwulen hinzustellen, war genial, das hat die Glatze überzeugt.‹ Noch heute habe ich diesen Satz in den Ohren, weil er keinen Sinn ergab. ›Die Glatze‹, das habe ich erst vor einer Woche erfahren, war der Spitzname für Hauerholz. Und der Schwule, damit war Röster gemeint. Röster und schwul ... Wir kannten seine Verlobte, sie war einmal bei einer Weihnachtsfeier im Haus von Hauerholz dabei. Gut aussehend. Und verliebt waren die beiden, man konnte es in ihren Augen sehen. Röster und schwul ... Niemals! Und noch ein Satzfetzen blieb mir im Gedächtnis: Herkules sei so überzeugend..., sei sein Geld wert... Das Letzte, was ich verstand, war ein Wort – *Black Oasis* oder so ähnlich. Ehrlich gesagt, es wurde mir langsam mulmig. Deshalb habe ich leise meine Arbeit beendet und die Zentrale dann über den Hinterausgang verlassen. Keiner hat meine Gegenwart bemerkt.«

»Die haben Röster also als Schwulen hingestellt ... Und einen Schwulen als Geschäftsführer der Gesellschaft hat Hauerholz abgelehnt«, sagte Sandra.

Frau Schäfer nickte. »Ja, das glaube ich inzwischen auch. Hauerholz war ein fairer Chef, aber er hatte auch veraltete Moralvorstellungen.« Sie trank von ihrem Kaffee.

»Wissen Sie, was *Black Oasis* bedeutet?«, fragte Rexilius.

»Nein.«

»Wo können wir Röster finden? Könnte er der Mörder sein?«

Erst zuckte sie mit den Schultern und dann folgte ein heftiges Kopfschütteln. »Niemals. Der konnte keiner Fliege etwas zuleide tun. Der hätte sich die Finger an diesem Pack auch nicht schmutzig gemacht. Dazu war er viel zu kultiviert.«

Kultur musste nicht unbedingt ein Hinderungsgrund

für Mord sein. Rexilius kannte einige kultivierte Mörder. Sagte es ihr aber nicht.

»Außerdem ist er von einem Tag zum nächsten spurlos verschwunden. Und, wo er abgeblieben ist ... Keiner meiner Bekannten weiß es«, antwortete Frau Schäfer. »Ich habe die Befürchtung, dass er tot ist. Dass er ermordet wurde. Es war nicht seine Art, so einfach zu verschwinden. Und: Die Person, die ich vorhin in Ihnen wiedererkannt zu haben glaubte, war Frank Röster.«

Frau Schäfer hatte sich herzlich von ihnen verabschiedet und ihnen das Versprechen abgenommen, sie zu benachrichtigen, wenn die beiden Ermittler ein Lebenszeichen von Röster fänden. Weil sie wissen wollte, was aus diesem sympathischen und hilfsbereiten Mann geworden war.

Sandra und Pierre hatten Muggenbrunn hinter sich gelassen. Das war heute der sechste Tag in Folge, an dem die Temperaturen schon am Vormittag dreißig Grad erreichten. Die Klimaanlage des Dienstautos war ausgefallen. Selbst der hitzebeständige Pierre begann zu schwitzen. Sie kurbelten die Fenster herunter, aber auch der Fahrtwind hatte keine abkühlende Wirkung.

Sandra schob eine CD aus den siebziger Jahren ein, die Pierre für die Fahrt mitgenommen hatte. *Conquistador* von Procol Harum bildete den Anfang ... *Conquistador your stallion stands ...*

Die Schauinslandstraße führte durch ausgedehnte Weiden, die von zahlreichen Rindern bevölkert wurden. Sie hatten nicht nur den Talgrund, sondern auch die steilen waldlosen Hänge erobert. Dann folgte dichter Tannenwald, der die Landstraße in dunklen Schatten tauchte. Der Fahrtwind brachte für eine kurze Zeit Erleichterung.

Conquistador there is no time; I must pay my respect.

Sandra brach das Schweigen. Sah Rexilius an. »Was könnte *Black Oasis* bedeuten, Pierre?«

Er antwortete nicht gleich. Sandra wartete geduldig.

»Diese fünf Leute, die haben eine Intrige gegen Röster gesponnen. So läuft das heute oft ab, wenn der schlechtere Kandidat an die Macht will. Die Politik bietet ja unzählige Beispiele ... Aber die Frage ist, wie haben sie es gemacht? Müssen überzeugend gewesen sein. Die haben nicht nur den alten Geschäftsführer, sondern auch den Vorstand überzeugt. Allerdings ... die angebliche Homosexualität allein kann es nicht gewesen sein. In der Politik gibt es einige Beispiele, wo Schwule in Spitzenämtern der Regierung sitzen.«

Sandra nickte. »*Black Oasis* ist doch bestimmt ein Klub aus dem Rotlichtmilieu. Vielleicht für Schwule. Und dieser Herkules – wenn der Name stimmt – ist wahrscheinlich die entscheidende Person, die Rösters Diffamierung erledigt hat. Im Auftrag oder in Zusammenarbeit mit den fünfen.«

Anstelle des Waldes trat ein Muster aus verschiedenen Getreidefeldern. Die Schwarzwaldkühe waren an die Hänge verdrängt worden. Der Fahrtwind verbreitete wieder eine unangenehme Hitze im Auto. Sandra sehnte sich die nächste Walddurchfahrt herbei.

»Hm ... wir müssen herausbekommen, welche Leute beteiligt sind«, sagte Pierre. »Rainer muss einen Kollegen abstellen, der in Freiburg weiterermittelt. Wir müssen mehr über Balthasar Fritz wissen. In einem der vier Wirtschaftsmagazine hat Fritz Immobilienangebote angekreuzt. Hotels, Pensionen und eine Villa. Mein Gefühl sagt mir, dass er seinen Geschäftsführerposten genutzt hat, um Geldwäsche großen Stils zu betreiben.«

»Das funktioniert aber nur, wenn er Geschäftspartner und eine Mannschaft besitzt«, sagte Sandra.

»Ja, diese anderen vier gehören dazu.«

»Und was, wenn es nun mit diesen Geschäftspartnern Probleme gegeben hat?«

»Dann besteht natürlich die Möglichkeit, dass einer dieser Geschäftspartner Fritz beseitigt hat.«

»Oder dass es einen Machtkampf innerhalb der Fünfergruppe gegeben hat«, sagte Sandra.

»Und was ist mit Frank Röster? Was Fritz ihm angetan hat, stellt ein erstklassiges Motiv dar.«

Sie nickte wieder und sagte: »Schließlich dürfen wir auch unseren ›Jan Ullrich‹ nicht vergessen …«

The answer, my friend, is blowing in the wind, trällerte Bob Dylan aus dem Lautsprecher.

«Wie passend «, raunte Sandra Pierre zu.

Er verzog übertrieben das Gesicht und zuckte mit den Achseln. »Theoretisch könnte es auch ein entlassener Mitarbeiter der Gesellschaft gewesen sein, obwohl die Statistik solche Fälle selten ausweist.«

Womit er natürlich recht hatte, dachte Sandra. Wie viele theoretische Möglichkeiten gab es in diesem Fall denn noch?

Sie trat auf das Gas. Einhundert Stundenkilometer zeigte der Tacho an.

»Sandra, fahr bitte etwas langsamer.«

Sie schaute Rexilius verwirrt an. Noch nie hatte er Anweisungen gegeben, wenn sie am Steuer saß. Was in neun von zehn Fällen der Fall war, wenn sie zusammen fuhren. Und sie war als umsichtige Fahrerin bekannt. Sandra war verärgert. Irgendwie herrscht heute eine eigenartige Spannung zwischen uns beiden, dachte sie. Aber sie sagte nichts und verlangsamte die Fahrt.

Sie verließen die Hochebene und fuhren in den Abschnitt der Schauinslandstraße, der durch dichten Wald führte und sehr kurvenreich war. Die dicht an der Straße stehenden Nadelbäume verdunkelten die Fahrbahn, schienen sich in der Höhe zu vereinigen, als bildeten sie einen Schatten spendenden Tunnel. In vierhundert Metern Entfernung kündigten Sonnenstrahlen eine Lichtung an.

Barry McGuires raue Stimme erklang. *Eve of Destruction.* Sandra und Pierre sangen mit. *...you're old enough to kill but not for votin'* ...

Sie erreichten die Lichtung. Aus einer etwa fünfzig Meter entfernten Seitenstraße wollte ein langer Baumtransporter auf die Landesstraße einbiegen. Sandra machte eine Vollbremsung und brachte das Fahrzeug nach dreißig Metern zum Stehen. Später sollte ihnen bewusst werden, dass das Auftauchen des Transporters ihnen das Leben gerettet hatte.

Die Windschutzscheibe zerbarst. Rexilius' Instinkt meldete sich sofort. »Kopf runter, raus, auf meiner Seite raus aus dem Auto«, brüllte er Sandra zu, stieß die Beifahrertür auf und warf sich dahinter auf den Boden. Sie folgte ihm sofort.

Die linke hintere Scheibe löste sich in tausend Splitter auf. Weitere Kugeln durchschlugen erst die vordere und dann die hintere Wand des Autos, ohne wesentlich an Energie zu verlieren.

»Verdammt«, schrie Rexilius, »er benutzt panzerbrechende Munition, wir sind hier hinter dem Auto nicht sicher.« Pierre konnte beobachten, wie sich der LKW-Fahrer hinter dem Fahrzeug in Sicherheit brachte. Der Angriff galt jedoch nicht ihm.

Weitere Geschosse flogen glatt durch alle Autowände. »Sandra, hast du dein Handy hier oder im Auto?« Eine weitere Salve von Kugeln pfiff dicht an ihnen vorbei.

»Im Auto! In der Fahrertür.«

Scheiße, dachte der Hauptkommissar, aber ohne zu zögern robbte er ins Auto zurück. Hoffte, dass der Schütze ihn nicht durch das Zielfernrohr sehen konnte. Eine weitere Serie von Schüssen folgte, deren Projektile irgendwo im Autoheck einschlugen. Sie hatten ihn noch nicht bemerkt. Ein Querschläger hatte das Lenkrad getroffen, abgeplatzte Teile flogen Pierre ins Gesicht. Ein Splitter hatte ihn an der Stirn verletzt. Blut tropfte auf den Fahrersitz. Er streckte die Hand aus. Ergriff das Handy und rollte aus dem Auto. Wählte sofort die Notrufnummer.

Rexilius schilderte kurz die Situation, beschrieb den Standort und bat, den Kollegen Wetzel zu informieren. Der Diensthabende wusste, wo sie waren, und er kannte Wetzel.

»Wie lange wird es dauern, bis jemand hier ist?«, fragte Rexilius, dessen Stirn brannte.

»Etwa fünf Minuten, so lange müssen Sie durchhalten.«

Der Schütze tastete sich immer näher heran.

Rexilius versuchte, den Standort des Schützen auszumachen, um einen sicheren Fluchtweg wählen zu können. Streckte den Kopf am Heck des Autos hervor und sah in das Waldstück am Ende der Lichtung, wo er den Täter vermutete. Ein Licht blitzte auf. Das Zielfernrohr reflektierte das Sonnenlicht. Er zog sich sofort hinter die Reifen zurück. Keine Sekunde zu früh, denn im nächsten Moment schlugen zwei, drei Kugeln in das Heck des Wagens ein.

Sandra hatte inzwischen Wetzel in der Leitung. Er versuchte sie zu beruhigen und übernahm die Einsatzleitung. Rexilius beschrieb ihr den Standort des Schützen. Sie gab ihn durch.

»Pierre«, rief seine Kollegin entsetzt aus, »dein Gesicht ...« Blut tropfte von seiner Stirn, von seinem linken Ohr und vom Hinterkopf.

»Darauf können wir jetzt nicht achten. Wenn wir hier nicht verschwinden, trifft er uns durch das Auto durch. Es kann die Geschosse nicht abhalten.« Erneut lauschte er. »Es gibt zwei Schützen ... Ja, zwei Schützen ...« Er zeigte zum Straßenrand. »Sandra, da ist eine Mulde. Lass uns dahin robben. Schnell.«

Sie krochen los. Und das rettete ihnen das Leben. Eine Sekunde, nachdem sie die Mulde erreicht hatten, krachte das Geschoss einer Panzerfaust in das Auto und brachte es zur Explosion. Flammen schossen fünf Meter in die Höhe. Dann folgten Dutzende Gewehrsalven, wie auf einem Kriegsschauplatz. Die Attentäter wollten sicherstellen, dass ihr Anschlag erfolgreich war.

Entfernte Martinshörner von Polizei- und Krankenwagen waren plötzlich zu hören. Sie wurden lauter. Die Schützen müssen sie auch wahrnehmen, dachte Rexilius. Wie auf Befehl hörten die Einschläge auf. Die Rettungsfahrzeuge waren jetzt vielleicht noch hundert Meter von ihnen entfernt.

Rexilius sah Sandra an. »Ich glaube, wir haben es überstanden. Die Schützen machen sich aus dem Staub.« Erst jetzt nahm er die Schmerzen an seinem Kopf wahr.

Die sah ihn mitleidig an. Dann sagte sie: »Pierre, ich hatte eine solche Angst um dich.«

Rexilius schaute sie an, sagte aber nichts. Genauso wie Sandra hatte er nicht Angst um seine eigene Person gehabt, sondern große Angst um sie. Nahm sie in den Arm und dachte an den nächtlichen Albtraum. War er doch so etwas wie ein schlechtes Vorzeichen gewesen?

Die Einsatzwagen der Polizei und des Roten Kreuzes hielten an. Sanitäter liefen auf Sandra Koch und Pierre Rexilius zu. Er löste die Umarmung. Die Polizisten sicherten den Tatort ab, setzten sofort ihre Feuerlöscher ein und erteilten über Funk knappe Anordnungen.

»Von dort oben aus haben sie geschossen«, rief der Hauptkommissar den Polizisten zu und zeigte auf das Waldstück, bevor er sich ärztlich versorgen ließ.

»Sie …?«, fragte der Kollege zweifelnd.

»Ja, es waren zwei.«

Der Notarzt und zwei Sanitäter drängten, die beiden Beamten zu versorgen. Auch Sandra hatte einige Glas-

splitter am Kinn und an der linken Hand abbekommen. Sie wurden entfernt und die Wunden desinfiziert. Die Platzwunde an Rexilius' Hinterkopf musste dreimal geklammert werden. Als der Notarzt ihm zum Schluss die Stirn reinigte, schaute er Rexilius eigenartig an. Der Striemen, der sich über die gesamte Stirn zog, stammte von einem Streifschuss. »Danken Sie Ihrem Schöpfer. Die Kugel hat nur Ihre Stirn angesengt ...«
»Ich danke vor allem dem Holztransporter und meiner Kollegin«, sagte Rexilius.
Der Arzt schaute verwirrt auf den Hauptkommissar, fragte aber nicht nach. Inzwischen war ein Abschleppwagen eingetroffen. Nachdem das Feuer gelöscht worden war, wurde ihr mit Einschusslöchern durchsiebtes Auto auf die Ladefläche gehievt.
Eine Stunde später sollten die Kriminaltechniker einen überraschenden Fund machen.

Freiburg, Freitagmittag, 4. Juli

»Die Leute, die den Anschlag auf euch verübt haben, hatten einen Peilsender an unserem Dienstfahrzeug angebracht. Die wussten die ganze Zeit, wo ihr gerade wart«, sagte Wetzel bestürzt.
Eigentlich hatten beide zur weiteren Beobachtung ins Krankenhaus gebracht werden sollen, aber sie hatten das abgelehnt und waren stattdessen mit einer Streife ins Präsidium zurückgekehrt. Sandras Wunde am Kinn war kaum noch zu sehen und langsam kehrte wieder Farbe in ihr Gesicht zurück. Sie war wütend. Von dieser feigen und hinterhältigen Mörderbrut würde sie sich nicht einschüchtern lassen.
Pierre hatte seinen Striemen an der Stirn nicht mit ei-

nem Verband versehen lassen, lediglich die Kopfwunde hatte der Arzt mit einem Pflaster verklebt. Den beiden Polizisten war bewusst, dass sie einem Mordanschlag nur knapp entkommen waren. Wenn der Holztransporter nicht gewesen wäre, würden sie jetzt zu den unzähligen toten Polizisten gehören, die ›in Ausübung ihrer Pflicht‹ gestorben waren.

»Der Peilsender gehört zu den neuesten, die es auf dem Markt gibt«, sagte Wetzel. »Unsere Techniker sind sich sicher, dass er aus russischen Geheimdienstbeständen stammt.«

»Also könnte es sich um Söldner der Russenmafia handeln?«, fragte Pierre.

»Möglich, aber was könnte die Russenmafia von euch wollen?«

Rexilius zuckte mit den Schultern und auch Koch wusste keine Antwort.

Breiner, Wetzels junger Kollege, betrat den Raum und brachte Kaffee. Pierre und Sandra nahmen dankend an. Pierre zündete sich eine Pfeife an.

»Mir ist diese Nacht etwas Merkwürdiges passiert«, sagte er und erzählte seinen Kollegen von der nächtlichen Verfolgung.

»Das war einer ihrer Kundschafter ... Wahrscheinlich hat er auch den Peilsender an eurem Auto angebracht«, sagte Wetzel, »aber wo, wann und warum?« Keiner konnte eine Antwort geben, eine halbe Minute herrschte betretenes Schweigen.

Dann diskutierten sie noch eine Weile weiter, kamen aber zu keinem Ergebnis. Wetzel erhob sich von seinem Stuhl und ging zu seinem Schreibtisch, erst jetzt bemerkte er dort ein neues Schriftstück. Er las es durch. Schwinzer, der Polizeipräsident, verlangte von ihm, unverzüglich dafür zu sorgen, dass die Kollegen aus Osterode nicht mehr ermittelten. Nach dem Gesundheitszustand der beiden hatte er sich nicht erkundigt. Die Nachricht von dem Anschlag auf Sandra und Pierre war wie ein Lauffeuer durch das Präsidium gefegt. War die Beschwerde eines arroganten Geschäftsführers wichtiger als das Wohl von Kollegen? Wetzel schüttelte verärgert den Kopf, legte das Schriftstück unter den Stapel anderer unbearbeiteter Akten und informierte seine Kollegen.

»Ich werde mich erst morgen oder übermorgen damit befassen können«, sagte Wetzel. »Wenn ihr jetzt Hartmann, den Chauffeur der Geschäftsleitung, befragen wollt, dann nehmt ihn richtig in die Mangel. Breiner wird euch mit einem Dienstwagen des Präsidiums begleiten. Schließlich wissen wir bis heute nicht genau, warum Hartmann seinen Chef gerade an dem Tag des Mordanschlags nicht nach Zorge gefahren hat.«

Zehn Minuten später meldeten sich die Polizisten an der Rezeption der *DHC*-Zentrale. Frau Larsch, die mit Wetzel gesprochen hatte, führte sie in das Kellergeschoss. Wie sie sagte, handelte es sich um Hartmanns Reich. Außergewöhnlich für einen einfachen Chauffeur, dachte Pierre. Es bestand aus drei nebeneinander liegenden, ausgebauten Räumen, die durch eine große Glaswand voll einsehbar waren, und einer großen, garagenartigen Fläche, auf der drei Dienstfahrzeuge der Gesellschaft standen.

Das linke der drei Zimmer war vollgestellt mit Fitnessgeräten, das andere schien ein Büro und das rechte eine Art Bar zu sein. Jedenfalls standen dort eine Theke, Barhocker und zwei halbgeleerte Gläser auf einem Tisch.

»Hier bin ich«, tönte eine Stimme, die zu einer Person gehörte, die gerade etwas in den Kofferraum eines der Dienstwagen einlud. »Gehen Sie schon mal in den mittleren Raum, ich komme sofort.«

Rexilius, Sandra und Breiner setzten sich auf die

Couchgarnitur, die gegenüber dem Schreibtisch stand. Augenblicke später kam ein etwa ein Meter neunzig großer, muskulöser Mann mit kantigem Gesicht und einem Kurzhaarschnitt in den Raum, stellte sich vor und setzte sich hinter den Schreibtisch. Er legte seine Jacke ab, und legte seine kräftigen Oberarme bloß, die die Hemdsärmel spannten. Offensichtlich besuchte er sein Fitnessstudio täglich und neben der Chauffeursfunktion schien er wohl auch noch die des Bodyguards auszufüllen. Auf Sandra Koch machte sein Machogehabe offenbar keinen Eindruck, und Breiner schmunzelte in sich hinein.

Rexilius begann mit der Befragung, bemerkte aber sehr schnell, dass Hartmann mauerte. Aber Pierre Rexilius war ein geduldiger Mann, der trotz des Mordanschlags und seiner Verletzung nichts von seiner Hartnäckigkeit verloren hatte. »Warum sind Sie an diesem Tag nicht gefahren?«

»Herr Fritz war Geschäftsführer der *DHC*. Er brauchte niemandem Rechenschaft darüber abzulegen, was er tat und warum.«

»Aber Sie werden sich doch sicher Gedanken gemacht haben, warum er an diesem Tag auf Sie verzichtet hat«, setzte Rexilius nach.

Hartmann zuckte mit den Schultern.

Rexilius fixierte ihn. Hartmann, der, wie Frau Schäfer berichtet hatte, an der Intrige gegen Röster beteiligt gewesen war, wollte ein normales Chef-Angestellten-Verhältnis zu Fritz gehabt haben? Rexilius seufzte innerlich. »Wie oft ist es denn vorgekommen, dass Sie ihn auf einer Dienstreise nicht begleitet haben?«

Hartmann schien nachzudenken. »Nicht so oft. Herr Fritz war ein Autonarr. Es ist vorgekommen, dass ich mitgefahren bin und er am Steuer gesessen hat. Er war eben ein exzellenter Autofahrer ...«

Wieder eine Sackgasse.

»Herr Hartmann, haben Sie ein Alibi für Montag, den 23. Juni?«

Nun kam endlich Bewegung in das Gesicht des Chauffeurs, wenn auch nur für Sekundenbruchteile. »Wollen Sie damit andeuten, dass ich etwas mit dem Tod meines Chefs zu tun habe?«

»Ich habe eine Frage gestellt. Also?«

»Glauben Sie, dass ich einen Chef umbringe, zu dem ich ein gutes Verhältnis habe und der mich gut bezahlt? Das ist doch hirnrissig.«

»Alles schon vorgekommen. Wollen Sie mir jetzt sagen, wo Sie an diesem Tag waren oder …«

»Balthasar … äh … Herr Fritz hatte mir freigegeben.«

»Wo haben Sie sich an diesem Tag aufgehalten?«

»Hier in Freiburg.«

»Kann das jemand bestätigen?«

»Mehr als genug.«

»Eine Person reicht mir.«

»Meine Freundin. Sie hatte auch frei. Am Nachmittag waren wir im Kino.«

»Ich brauche den Namen Ihrer Freundin. Welches Kino? Welcher Film lief?«

Hartmann nannte ihm den Namen seiner Freundin und ihre Adresse. Rexilius notierte sie. »*Matrix Reloaded* lief. Wollen Sie eine Inhaltsangabe?«,

»Eine Eintrittskarte reicht mir.«

»Glauben Sie, dass ich eine Kinokarte wochenlang aufhebe? Ich habe sie gleich nach dem Film weggeworfen.«

»Hm.« Rexilius ging nicht weiter darauf ein. Wäre ja auch kein normales Verhalten gewesen, wenn er seine Karte aufgehoben hätte. »Und der Name des Kinos?«

»*Cinemaxx*, in der Bertholdstraße.«

Rexilius wechselte das Thema. »Wer ist für die Wartung der Dienstwagen zuständig?«

»Ich, logischerweise. Was soll diese Frage?«

»Wer hat Zugang zu den Fahrzeugen?«

»Ich, die Leute von der Geschäftsleitung und unsere Vertragswerkstatt.«

»Wann war der Unglückswagen das letzte Mal in der Werkstatt?«

»Am Montag war der Unfall ... Das muss am Donnerstag davor gewesen sein. Die Werkstatt hat angerufen. Es gab eine Rückrufaktion von BMW. Ein Teil in der Lichtmaschine müsste ausgetauscht werden, weil sie werksbedingt einen Fehler aufwies. Wenig später kam ein Monteur der Werkstatt und hat den Wagen abgeholt.«

»Wie lange hat die Reparatur gedauert?«

»Den ganzen Vormittag. Gegen ein Uhr hat jemand den Wagen zurückgebracht.«

»Wer?«

»Ich weiß es nicht. Bin zum Mittagessen gefahren.«

»War der Wagen sonst noch einmal ohne Aufsicht?«

»Nein. Ich habe ihn gehütet wie meinen Augapfel. Das war ein Hammerauto. Vierhundertfünfzig PS. Den lässt man als Chauffeur nicht gern aus den Augen.«

»Wie heißt die Autowerkstatt?«

Hartmann nannte den Namen.

»Telefonnummer?«

Hartmann gab sie dem Hauptkommissar. »Ich kann ja gleich mal anrufen und nachfragen, wer den BMW ...«

»Nein. Das können Sie nicht. Der Kollege Breiner wird jetzt dort anrufen.«

Hartmann schaute Rexilius verständnislos an.

Breiner verließ den Raum, kehrte drei Minuten später mit ernster Miene zurück und flüsterte Rexilius etwas ins Ohr.

»Herr Hartmann«, fragte Pierre, »wo waren Sie am Donnerstag, den 19. Juni von neun bis dreizehn Uhr?«

»Was soll das?«, fragte er patzig. »Um die Mittagszeit beim Essen. Das habe ich doch schon vorhin gesagt. Und woher soll ich jetzt noch wissen, was ich am 19. Juni davor gemacht habe?«

»Das sollten Sie aber. Und beweisen können. Keiner aus der Werkstatt hat mit Ihnen am Donnerstag Kontakt aufgenommen. Weil es für diesen BMW nie eine Rückrufaktion gegeben hat. Und ein Monteur der Werkstatt war auch nicht hier. Während dieser Zeit ist das Steuergerät der Airbags des BMW aber manipuliert worden. Bei dem Unfall – oder besser gesagt Mord – im Harz haben die Airbags nicht funktioniert. Und wenn Sie der Einzige waren, der Zugang zum Wagen hatte … dann können nur Sie der Mörder sein.«

Überraschung zeichnete sich im Gesicht des Chauffeurs ab. Schließlich begriff er den Ernst der Situation. »Ich habe mit dem Mord an Balthasar nichts zu tun. Ich bringe doch nicht meine Geldquelle um.«

»Wenn Sie einen Anwalt brauchen, dann rufen Sie ihn an«, sagte Rexilius und bot ihm sein Handy an.

»Nein, ich brauche keinen Anwalt. An dem besagten Vormittag habe ich mich mit jemandem getroffen.«

»Mit wem?«

Wieder zierte er sich.

»Herr Hartmann, muss ich Ihnen …«

»Es war eine Frau. Eine verheiratete Frau«, antwortete Hartmann schnell, »wenn ihr Mann das herausbekommt, dann gibt es einen Skandal.«

»Dann können Sie zwischen Skandal und Mordanklage wählen«, sagte Rexilius.

»Franziska Hohmann. Sie wohnt in Freiburg, in der Tennenbacher Straße. – Könnten Sie die Überprüfung des Alibis so vorgehen, dass ihr Mann nichts davon mitbekommt?«

»Das kann ich nicht versprechen. Wie sah der Monteur aus, der das Auto abgeholt hat?«

»Das ist das nächste Problem.«

Rexilius schaute Hartmann verwundert an. »Warum stellt das ein Problem dar?«

»Weil ich ihn gar nicht gesehen habe. Ich kenne die Automechaniker dieser Werkstatt alle sehr gut. Kalle Heim, einer von ihnen, hat gesagt, dass er das Auto abholt. Und da ich um neun Uhr zum Chef musste, habe ich ihm das Garagentor geöffnet und den Schlüssel stecken lassen.«

»Wie mein Kollege Breiner aber vor wenigen Minuten von der BMW-Werkstatt erfahren hat, hat es ja nie eine Rückrufaktion gegeben. Also kann es nicht Kalle Heim gewesen sein, der das Auto abgeholt hat. Sie stecken ganz schön in der Scheiße, Herr Hartmann«, sagte Rexilius.

Das wurde Hartmann in diesem Moment auch bewusst. Er schien fieberhaft nachzudenken. »Verdammt, irgendjemand hat mich ausgetrickst.«

»Sie halten sich erst einmal zu unserer Verfügung. Ich werde wiederkommen, wenn ich alles überprüft habe«, sagte Rexilius und gab Breiner und Sandra ein Zeichen. Sie verließen die Zentrale der *DHC*.

Als sie vor dem Dienstwagen der Freiburger Polizei standen, sagte der junge Kollege Breiner anerkennend zu Rexilius: »Den haben Sie ganz schön überrumpelt.«

Und Sandra, die sich die ganze Zeit zurückgehalten hatte, fragte: »Glaubst du, dass er etwas mit dem Mord zu tun hat?«

»Wir müssen erst einmal seine Angaben überprüfen ... Es sieht zumindest so aus, als habe einer den Muskelprotz tatsächlich ausgetrickst. Und ich glaube, so leicht ist das nicht. Hartmann macht auf mich einen abgebrühten Eindruck.«

Nein, Hartmann war es nicht, dachte Pierre, es würde sich herausstellen, dass die Alibis echt waren. Der Mörder spielte noch eine Liga höher als der Chauffeur. In der höchsten. Wie er das mit dem Auto eingefädelt hatte, passte in seine perfekte Vorgehensweise.

Freiburg, Samstagvormittag, 5. Juli

Manfred Kappe verließ das Erste-Klasse-Abteil des ICE, suchte das Bistro auf und setzte sich an einen freien Tisch. Es roch angenehm nach Kaffee und frischen Brötchen. Er bestellte ein komplettes Frühstück. Nachdem er es beendet hatte, zündete er sich eine Zigarre an und pustete eine Rauchwolke steil nach oben, sah ihr nach. Seit er offiziell zum Geschäftführer ernannte worden war, hatte er das Rauchen wieder angefangen. Irgendwie, so fand er, stand Zigarrerauchen für Wohlstand, für Reichtum, für Einfluss und Macht.

Auf den Tischen lagen Tageszeitungen und auf ihren Titelseiten ... war er auf Großfotos abgebildet. Die Journalisten hatten ihn in den letzten Tagen aber auch regelrecht heimgesucht.

Er begann zu lesen.

... *Manfred Kappe, eine einmalige Karriere ... Kappe in die Fußstapfen des großen Balthasar Fritz getreten ...*

Die *Freiburger Nachrichten* waren sogar noch weiter gegangen: *Manfred Kappe aus dem Schatten von Balthasar Fritz getreten ...* So hatte er es von dem Reporter Franz Walter verlangt und ihm gute ›journalistische Beziehungen‹ versprochen. Er war klug gewesen ...

Im *Badenkurier* stand: *Manfred Kappe, eine einmalige Karriere – Vom Zivi zum Geschäftführer der größten Tourismusgesellschaft Deutschlands.*

Zum Glück hatte keiner der Journalisten eine Ahnung, dass er sein Theologiestudium abgebrochen hatte. Schließlich studierte ein erfolgreicher Geschäftsmann nicht Theologie und brach kein Studium ab.

Vieles hatte sich für ihn von heute auf morgen verändert. Menschen sahen zu ihm auf, begegneten ihm mit Untertänigkeit. Einige Blicke der Bistrogäste, die die

Zeitungen schon gelesen hatten, waren auf ihn gerichtet. Sie hatten ihn erkannt.

Er zog an seiner Zigarre. Sein erstes Ziel hatte er erreicht. Und das zweite – sein Gesicht erstrahlte an dem Gedanken daran mit einem Lächeln – würde sich in einer Woche erfüllen. Er würde nicht nur vom Äußeren in den Inneren Zirkel der Organisation aufrücken, er würde den Vorsitz übernehmen und damit der Chef über eine weltweit operierende Organisation sein. Er würde auch dort Balthasar beerben, so schrieb es die Tradition vor. Der Geschäftsführer der *DHC* wurde automatisch Vorsitzender der Organisation. Nur er verfügte über die entsprechenden Möglichkeiten einer verborgenen und nicht aufzudeckenden Geldwäsche. Und schließlich hatten sie die besten Verbündeten, die man sich vorstellen konnte: führende Köpfe der Freiburger Justiz.

In memoriam Balthasar. Dir gebührt das Lob, etwas Hervorragendes aufgebaut zu haben.

Sein Vermögen würde ab nächster Woche astronomisch ansteigen, dachte Kappe. Balthasars Besitzungen würden automatisch an ihn übergehen. Seine Hotels, seine anderen Immobilien ... so wie es eine Abmachung vorschrieb, die sie vor vielen Jahren einmal getroffen hatten.

Er hatte sich über die Sprüche einiger aus dem Äußeren Zirkel geärgert. Dass er ein spröder Buchhalter sei, der keine Visionen, der kein Format habe. Sie würden sich noch wundern, dachte er, sie würden ihren Spott noch bereuen. Einige von ihnen würden aus dem Äußeren Zirkel rausfliegen und auf viel Geld verzichten müssen. Die Macht dazu hatte er, sobald er Vorsitzender der Organisation war.

Etwas anderes hatte er an sich bemerkt. Es schien sich um eine Art Transformation oder Metamorphose zu handeln. Balthasars Brutalität, Skrupellosigkeit und kriminelle Energie waren auf ihn übergesprungen. Sein

Gesicht nahm einen harten Ausdruck an. Die Spötter aus dem Äußeren Zirkel würden die Verwandlung mit aller Konsequenz zu spüren bekommen.

Er leerte seine Tasse, bestellte sich einen weiteren Kaffee und sah sich im Bistro um. Diese ahnungslosen Schäfchen, die an ihren Tischen ins Gespräch vertieft waren. Wenn sie wüssten, dass er allein im letzten Jahr über drei Millionen erwirtschaftet hatte und das nicht mit seiner Tätigkeit in der Geschäftsleitung der *DHC*, sondern durch seine Transaktionen in der Organisation ... Was würden sie wohl über ihn denken? Einige würden sicher abgestoßen sein und die Polizei informieren, und andere ... würden ihn bewundern.

Er nippte an seinem Kaffee und nahm einen tiefen Zug seiner Zigarre. Ein kräftiges Husten folgte. Er musste sich erst wieder an das Rauchen gewöhnen. Dann dachte er an diesen unverschämten Inspektor oder Kommissar oder wie auch immer. Der hatte eine doppelte Abreibung bekommen. Wie Hartmann – der ›Chauffeur‹, dachte Kappe mit einem ironischen Grinsen – ihm gestern Mittag erzählt hatte, war ein Anschlag auf ihn verübt worden. Wie ein gerupftes Hühnchen habe der Kripobeamte ausgesehen. Hartmann hatte in Erfahrung bringen können, wie alles abgelaufen war. Das stank verdächtig nach Lasse und seinen Leuten vom Sicherheitsdienst. Wenn das tatsächlich so war, fragte er sich, aus welchem Grund sich Lasse damit befasst hatte? Und warum hatte er, der zukünftige Chef der Organisation, nichts davon gewusst? Hier bestand Handlungsbedarf. Wenn er am Dienstag nach Freiburg zurückkehrte, würde er Lasse antreten lassen. Er duldete keine Alleingänge des Sicherheitsdienstes. Im Wiederholungsfall würde Lasse liquidiert werden, so hatte es die Organisation in der Vergangenheit immer gehandhabt.

Genugtuung empfand er über Schwinzers Anweisung,

dass Rexilius in Freiburg nicht mehr ermitteln durfte. Und wenn der Kommissar nach Osterode zurückkommen würde, dann würde man ihn von dem Fall abziehen.

Kappe schaute auf die Uhr, trank den Kaffee aus, legte die Zigarre in den Aschenbecher und verließ das Bistro. Als er in sein Abteil zurückkehrte, wählte er auf dem Handy eine Nummer in Göttingen. Sarah Sowietzky meldete sich nach dem zweiten Klingeln.

»Hast du heute Zeit für mich?«, fragte Kappe.

»Für dich habe ich immer Zeit«, antwortete sie mit verführerischer Stimme.

Südharz, Samstagabend, 5. Juli

Diesmal hatte der Regionalzug bei seiner Ankunft in Bad Sachsa keine Verspätung. Rexilius setzte sich auf sein Rennrad und radelte los. Von der Straße aus, die parallel zum Bahndamm verlief, blickte er nach links auf die majestätisch aufragenden Berge des Harzes. Scheinbar ohne Übergang tauchten sie aus dem Vorland auf. Als Quell allen Lebens überstrahlte die Sonne sie wie von einem Thron aus. Verfärbte sich in einen glutroten Ball, als habe sie die Macht, wenn sie nur wollte, selbst die mächtigen Berge in Flammen zu setzen.

Sie hatten Hartmanns Alibis überprüft und, wie Rexilius vermutet hatte: Beide Frauen hatten bestätigt, dass er zu den entsprechenden Zeiten bei ihnen gewesen war. Dieser Hartmann schien einen gewaltigen Frauenverschleiß zu haben, dachte Pierre.

Um achtzehn Uhr waren die beiden Osteröder Polizisten in Freiburg noch einmal zu den Wetzels gefahren und hatten mit ihnen den Abend verbracht. Hauptgesprächsthema war natürlich der Anschlag auf Sandra und

Pierre. Sie hatten diskutiert, gemutmaßt, spekuliert, wer dafür verantwortlich gewesen sein könnte, waren aber wie am Mittag zu keinem brauchbaren Ergebnis gekommen. Erstaunlicherweise hatten danach beide in ihren Hotelzimmern trotzdem gut geschlafen. Offensichtlich hatte der Alptraum beschlossen, Pierre in dieser Nacht zu verschonen.

Am nächsten Morgen waren sie in den ICE eingestiegen, der um sieben Uhr fünfzig in Freiburg abfuhr. Während Sandra beschlossen hatte, am Nachmittag ihren Vater im Pflegeheim zu besuchen, war Pierre in die Inspektion nach Osterode gefahren und hatte Berichte über ihren Aufenthalt in Freiburg geschrieben.

Jetzt ließ er die Bahnhofstraße hinter sich und fuhr in die Marktstraße ein. Vorbei an den öffentlichen Toiletten der Stadt, vor denen Obdachlose auf Bänken saßen. Einer von ihnen, Ringo B. – Pierre wusste nicht, wofür das B stand und auch nicht, ob Ringo sein richtiger Vorname war –, spielte auf seiner altersschwachen Gitarre Lieder aus einer für ihn noch glücklichen Zeit. Aus den siebziger Jahren. Und Linda F., seine Gefährtin, sang. Rexilius hielt an und lauschte. Heute waren es wieder Lieder von Joan Baez. Und Pierre fand, dass an ihr eine talentierte Sängerin verloren gegangen war. *Here's to you …*

Er konnte nicht anders. Er musste mitsingen. Dann legte er ihnen einen Fünf-Euro-Schein in die Mütze und setzte seine Fahrt fort. Linda F. schickte ihm als Dankeschön *Where have all the flowers gone* hinterher.

Zweihundert Meter weiter fuhr der Hauptkommissar über eine von zwei Ampelkreuzungen, die Bad Sachsa besaß. Und nach weiteren zweihundert Metern erreichte er Barbaras und Dittrichs kombiniertes Café/Bistro. Im Zug war ihm eingefallen, dass er vor der Fahrt nach Freiburg vergessen hatte, seine Essensvorräte aufzufüllen. Und sein Tabak war ebenfalls zur Neige gegangen.

Er schaute durch das Frontfenster des Lokals und stellte zu seiner Freude fest, dass seine Lieblingsecke, die aus einem Sofa, zwei Sesseln und einem Tisch aus der Jugendstilzeit bestand, unbesetzt war. Er stellte sein Fahrrad ab und verschloss es. Sekunden später saß er auf dem Sofa.

Angefangen hatten Barbara und Dittrich mit einem Tabakwarenladen, der immer noch bestand. In den letzten acht Jahren hatten sie ihr Geschäft in mehreren Phasen ausgebaut. »Die Strukturen erweitert«, sagte Barbara immer.

Phase eins bestand aus dem Ankauf des an den Tabakladen angrenzenden ehemaligen Geschäfts für Baskenmützen, das pleite gegangen war. Barbara eröffnete dort einen Weinladen, in dem sie spezielle Weine aus Frankreich anbot und eine Pfeifenecke einrichtete, die Rexilius regelmäßig aufsuchte. Mit der Zeit hatte sich zwischen ihm und dem Ehepaar eine Freundschaft entwickelt. Kunden durften dort Pfeifentabake ausprobieren, bevor sie sich entschlossen, sie zu kaufen. Oder es sein zu lassen, wenn der Tabak nicht schmeckte. Zwischen beiden Geschäftsräumen wurde mit einem Mauerdurchbruch eine Verbindung in der Breite einer Tür hergestellt.

Vor zwei Jahren hatten sie Phase zwei abgeschlossen. Ein neben dem Weingeschäft liegender Teeladen war frei geworden. Barbara kaufte ihn auf. Ein zweiter Mauerdurchbruch wurde angelegt. Und sie kehrte zu ihren beruflichen Wurzeln zurück: der Gastronomie. Die Räume waren zu einem stilvollen Café ausgebaut worden, das am Abend als Bistro weitergeführt wurde.

Dittrich hatte seinen Lieblingskunden schon ausgemacht und kreuzte an seinem Tisch mit einem neuen Tabak auf. »Für den Herrn Polizeipräsidenten, heute frisch angekommen«, sagte er und verschwand durch Mauerdurchbruch Nummer zwei.

Rexilius holte seine Pfeife aus dem Rucksack und

begann sie mit dem neuen Tabak zu stopfen. Barbaras Stimme begrüßte ihn. »Wünschen der Herr Polizeiminister sein übliches Getränk?« Wie immer hatte er ihr Kommen nicht bemerkt.

»Gern«, antwortete er.

»Bitteschön.« Sie stellte dem überraschten Pierre einen dampfenden Milchkaffee auf den Tisch, den sie hinter ihrem Rücken gehalten hatte.

Inzwischen hatte sich Dittrich an seinen Tisch gesetzt, eine Zigarre angezündet und Pierre zwei Dosen seiner Tabakmarke auf den Tisch gelegt.

»Und woher weißt du, dass ...«

»Ich sehe es dem Herrn Polizeikönig an der Nasenspitze an«, unterbrach Dittrich ihn.

Dittrich hatte heute seinen Nörgeltag. Es begann mit einer längeren Beschwerde über seinen Fußballverein, dem VfB, der am vergangenen Sonntag mit eins zu fünf sang- und klanglos untergegangen war. Als Nächstes waren die Radprofis der Tour de France an der Reihe, dann beschwerte er sich über die geringe Anzahl an Parkbuchten in der Innenstadt und schließlich monierte er die Erhöhung der Müllgebühren.

Irgendwann war es elf Uhr geworden und die meisten Gäste hatten das Lokal verlassen. Barbara überließ die restlichen Arbeiten ihren Beschäftigten und gesellte sich an ihren Tisch. Natürlich brannte eine Frage auf ihrer Zunge, seit Pierre das Lokal betreten hatte. Was gab es Neues über den Mord an dem Freiburger Geschäftsführer?

»Nun, Herr Polizeipräsident«, fragte sie, »hast du den Mörder endlich geschnappt?«

»Nein, wir sind weit davon entfernt«, antwortete Pierre ernst, »im Grunde genommen tappen wir im Dunklen.«

»Könnte der Mörder hinter dem Anschlag auf euch stecken?«, fragte sie jetzt ernster. »Wenn, dann bist du in großer Gefahr.«

Pierre zog drei-, viermal an seiner Pfeife, bevor er antwortete. Barbara hatte genau das angesprochen, worüber er seit einiger Zeit nachdachte. »Nein, eigentlich glaube ich, dass er damit nichts tun hat. Es macht einfach keinen Sinn. Wenn er mich umlegt, dann übernimmt ein anderer die Ermittlungen. Der Mörder will mir etwas sagen ... er braucht mich noch. Aber ich weiß nicht, was es ist.«

»Mhm«, antwortete Barbara.

»Und er wird wieder morden.«

Rexilius konnte nicht ahnen, dass sich seine Prophezeiung bereits erfüllt hatte. Sonst hätte er die wenigen Kilometer, die zwischen Barbaras Bistro und dem Tatort lagen, mit seinem Fahrrad in Rekordzeit zurückgelegt. Und er wäre eine halbe Stunde früher aufgebrochen.

Südharz, Samstagnacht, 5. Juli

Sarah hatte ihm einen wunderbaren Nachmittag geschenkt. Na, ja, geschenkt war wohl nicht ganz richtig. Sie hatte schon ihren Preis ... Aber sie war ihr Geld wert. Jeden Euro.

Inzwischen saß Kappe im Regionalzug von Göttingen nach Walkenried und hatte Northeim hinter sich gelassen. Vor seinem inneren Auge malte er sich zum wiederholten Male aus, wie er in einer Woche zum Boss des Inneren Zirkels gewählt würde, den größten Sessel des Sitzungssaales einnehmen und die Geschicke der nächsten Jahre lenken würde. Das Leben war wunderbar. Aber es war ihm nicht zugeflogen. Er hatte es sich erarbeitet.

Katlenburg, die nächste Station. Zwei Personen stiegen aus. Eine Mutter mit ihrer nörgelnden Tochter an der Hand. Der Zug setzte sich wieder holpernd in Bewegung.

Er schaute auf seine goldene Rolex. Eine knappe Stunde

noch und der Bahnhof Walkenried würde mit seinen Lichtern aus dem Dunkeln auftauchen. Der Hausmeister würde ihn abholen und in das Hotel *Kunzental* in Zorge bringen. Morgen Vormittag würde die komplette Belegschaft des Zorger Wellnesscenters antreten müssen. Das, wozu Balthasar nicht mehr gekommen war, würde er, Manfred Kappe, jetzt vollenden. Mit aller Härte, wie es sich für ein zukünftiges Mitglied des Inneren Zirkels gehörte. Er rauchte eine Zigarre, obwohl er im Nichtraucher saß und der Schaffner ihn ausdrücklich darauf hingewiesen hatte. Und wie er diesem Wichtigtuer die Grenzen aufgezeigt hatte ... Seitdem war der nicht mehr in seine Nähe gekommen.

Der Lokführer kündigte über Lautsprecher den nächsten Halt an. Wulften. Eine vierköpfige Familie, bepackt mit Plastiktaschen voller Waren, verließ mit zufriedenen Gesichtern den Zug. Offensichtlich hatte sich ihr Einkauf gelohnt.

Er zählte die im Triebwagen verbliebenen Reisenden. Mit ihm waren es noch vier. Er wettete mit sich selbst, dass an der übernächsten Station, dem Umsteigebahnhof Herzberg, alle anderen Fahrgäste aussteigen würden. Und dann würde er seinen eigenen Zug haben. Ein ganzer Regionalzug für den Geschäftsführer der *DHC*. Und dem entscheidenden Mann des Inneren Zirkels. Als der Regionalzug dort anhielt, bestätigte sich seine Prognose. Was er allerdings eigenartig fand, war die Tatsache, dass auch der Zugbegleiter ausstieg. Welch eine Pflichtverletzung. Darüber würde er die Bahnverantwortlichen so bald wie möglich informieren.

Der Zug setzte sich mit einem metallischen Quietschen in Bewegung. Noch fünfundzwanzig Minuten Zugfahrt, zehn Minuten Autofahrt und er würde Ruhe in der Luxussuite des Hotels *Kunzental* in Zorge finden.

Nach nur fünf Minuten hielt der Zug. Bahnhof

Scharzfeld? In den letzten Jahren war er die Strecke von Göttingen nach Walkenried oft gefahren, aber noch nie hatte der Zug hier gehalten. Wahrscheinlich stoppte er wegen der Bauarbeiten, wie es der Lokführer angekündigt hatte.

Eine Gestalt in einem langen, grauen Mantel stieg ein. Und das bei immer noch weit über zwanzig Grad, wunderte sich Kappe. Als wollte er die Paradoxie dieser Situation noch unterstreichen, trug der Fremde einen unpassenden Holzfällerrucksack und einen altmodischen Hut, den er sich so ins Gesicht gezogen hatte, dass es nicht zu erkennen war.

Kappe schüttelte den Kopf. Dieser Prolet konnte doch kein normales Wärmeempfinden haben. Sicher ein Obdachloser ohne Fahrschein, dachte er. Der nicht hereingekommen wäre, wenn der Zugbegleiter seine Pflicht erfüllt hätte.

Der Fremde schien nach einem geeigneten Platz Ausschau zu halten, obwohl alle, sah man von seinem ab, frei waren. Er kam immer näher. Geschmeidig wie eine Raubkatze, die ein Opfer sucht. Unwillkürlich drehte Kappe sich um ... um ein potentielles Opfer sehen zu können. Aber es gab keine weitere Person in dem Triebwagen. Nur ihn selbst. Kappe, den Geschäftsführer der *DHC*.

Nein, korrigiert er sich. Der Lokführer! Aber der saß im vordersten Teil des Regionalzuges. Und der Zugbegleiter war in Herzberg ausgestiegen ...

Das Licht – der Lokführer hatte die meisten Lampen ausgeschaltet – flackerte und warf lange Schatten. Die dunkle Gestalt kam immer näher. Der Schatten des Fremden berührte den Körper des Geschäftsführers. Dann setzte der Mann sich auf den Platz direkt gegenüber. Immer noch konnte Kappe das Gesicht unter dem Hut nicht erkennen.

Der Fremde grüßte nicht. Schwieg.

Kappe wollte sich empören, ihn verjagen. Brachte aber kein Wort heraus, schien wie hypnotisiert.

Plötzlich erhob sich der Mann ohne Gesicht. Kappe atmete erleichtert auf. Einen Moment hatte er doch geglaubt ... Seine Selbstsicherheit kehrte zurück. Jetzt würde er ihn verscheuchen. Würde ihm zeigen, wozu er fähig war. Aber genau in diesem Augenblick spürte er einen Stich im Oberschenkel. Und dann durchzog etwas seinen Körper, das er noch nie erlebt hatte und das er auch kein zweites Mal mehr erleben würde.

Es begann mit einem unkontrollierten Zittern. Und dann hörte es auf. Urplötzlich. Eine eigenartige Lähmung breitete sich von den Füßen bis in den gesamten Körper aus. Er versuchte sich zu bewegen, aufzustehen, dem Fremden die Stirn zu bieten. Aber er konnte die Starre nicht überwinden. Der Gesichtslose stellte sich vor ihm auf. Machte irgendetwas über seinem Kopf, was Kappe nicht einmal verfolgen konnte. Weil er auch seinen Kopf nicht mehr bewegen konnte.

Es schien eine Ewigkeit zu dauern. Wie seine eigene Bewegungslosigkeit. Dann setzte der Fremde sich wieder auf seinen Platz. Nahm in aller Seelenruhe den Hut ab, sah Kappe ins Gesicht.

Der Geschäftsführer hörte voller Entsetzen eine Anklage, die nicht enden wollte. Und er wusste, dass das Urteil feststand. Unausweichlich. Es wurde still. Die Sitze, der Mörder, der ganze Zug begannen sich zu verzerren, auf den Kopf zu stellen. Die Farben ... Alles schien auf einmal in grünes Licht getaucht.

Plötzlich glaubte er, in tiefes Wasser zu fallen.

Die letzten Eindrücke, die er in seinem Leben erfahren sollte. Der zweite Basilisk hatte in den Spiegel geblickt.

Südharz, Samstagnacht, 5. Juli

Im neuen Bahnhofsgebäude in Walkenried brannte nur noch ein schwaches Licht. Adolf Schmidt, der Schalterbeamte, hatte seinen Platz hinter dem Tresen verlassen und die Sitzbank vor dem Gebäude aufgesucht. Neben ihm saß Peter Lobscher, der Hausmeister des Zorger Wellnesscenters. Beide Männer warteten auf den Nachtzug. Schmidt, weil er die Zugpapiere und Schlüssel übernehmen musste, bevor er das Licht im Gebäude löschen und den Heimweg antreten konnte. Und Lobscher, weil er Manfred Kappe, der vom Personalchef zum Geschäftsführer aufgestiegen war, in ein Hotel nach Zorge bringen musste. In den letzten Monaten hatten die beiden an den Samstagabenden einige Male zusammengesessen und geraucht. Inzwischen duzten sie sich.

Die Schweißperlen standen den Männern auf der Stirn. Die Luft schien zu stehen, schien sich wie eine Glocke über die Landschaft gestülpt zu haben. Noch immer war es vierundzwanzig Grad warm. Nahezu zeitgleich glimmte die Glut ihrer Zigaretten auf. Im Schein einer nahe der Bank stehenden Laterne sahen sie, wie der Rauch zögerlich aufstieg.

»Wenigstens darf man vor deinem Gebäude noch rauchen«, sagte Lobscher.

Mehr als ein »Ja« brachte der sonst so gesprächige Schalterbeamte nicht heraus, die Hitze schien seinen Redefluss gelähmt zu haben. Mit seinen einhundertzehn Kilo Körpergewicht litt er besonders unter der gegenwärtigen Witterung.

Lobscher erzählte seinem Bekannten, wie sich das Betriebsklima im Wellnesscenter in den letzten Jahren verschlechtert hatte. »Kappe hat nach seinem Amtsantritt als Personalchef das Rauchen in allen Gebäuden und Fahrzeugen der Gesellschaft verboten. Verstöße werden sofort mit Abmahnungen bestraft. Wölfer, der Wellnesscenterchef, hat vor einigen Monaten behauptet, ich hätte im Auto geraucht, was aber nicht der Wahrheit entsprach. Jedenfalls lag am nächsten Tag die schriftliche Abmahnung in meinem Postfach und ich sollte sie unterschrieben an den Centerleiter zurückgeben.« Lobscher nahm noch einen tiefen Zug aus seiner Zigarette, warf sie grimmig auf den Boden und trat sie mit dem Fuß aus. »Ich habe die Abmahnung nicht akzeptiert und bin zum Betriebsratsvorsitzenden Jenner gegangen. Und der hat mich abgewiesen! Weil er mir nicht glaubte. Ich sei ja schließlich Raucher und er habe mich selbst schon im Auto rauchen sehen, hat er gesagt. Dieses Schwein von Betriebsrat ist ins Lager der Führungsclique gewechselt.« Er schüttelte den Kopf. »Adolf, diese Freiburger Geschäftsleitung hat ihr Ziel erreicht: Sie hat einen Keil in die Belegschaft getrieben. Wahrscheinlich hat sie dem Betriebsrat geschmiert ... Ich bin vor Gericht gegangen und habe erreicht, dass die Abmahnung zurückgenommen werden musste. Kappe hat auf die Niederlage reagiert, indem er das Rauchen auch auf dem Gelände aller Einrichtungen der Gesellschaft verboten hat.«

»Such dir einen anderen Job, Peter. Bei deinen Fähigkeiten findest du jederzeit woanders eine Anstellung ... Dein Chef kommt erst in fünfzehn Minuten, eine Zigarette schaffen wir noch«, sagte Schmidt müde und reichte Lobscher eine weitere Zigarette. Dann schwieg er wieder.

Fritz, Kappe, Gonzelmann und Wölfer. Sie hatten eine Atmosphäre der Angst und des Misstrauens verbreitet. Wehmütig dachte Lobscher an die Zeit, als Hahnel, der Vorgänger von Wölfer, noch sein Chef gewesen war. Und Hauerholz noch Geschäftsführer.

Times that never come back.

Warum werden die Zeiten eigentlich schlechter und

nicht besser, fragte er sich. Zeiten, in denen nur der Gewinn zählt. Zeiten, in denen ein gutes Betriebsklima keine Bedeutung mehr hat, die Zufriedenheit der Mitarbeiter keine Rolle mehr spielt.
Humanity out of time.
Profit and Inhumanity are signs of the time.
Die beiden Männer hörten das metallene Quietschen des heranrollenden Zuges und wenig später kam der Zug knirschend zum Stehen. Zwei Minuten vergingen, drei und gar fünf. Und nichts geschah. »Merkwürdig«, sagte Schmidt, » warum braucht der Zugführer heute so lange, bis er mir die Papiere bringt?«

Plötzlich kam Bewegung in die Szenerie. Der Zugführer kam angerannt und bat Schmidt, mit ihm in den Zug zu gehen, drehte gleich wieder um und eilte los. Schnaufend folgte Schmidt ihm.

Als nach einigen Minuten keiner der beiden Bahner zum Bahnhofsgebäude zurückkehrte, beschloss Lobscher, zum Zug zu gehen. Durch ein Fenster des zweiten Waggons sah er, wie sich Schmidt über eine sitzende Person beugte. Lobscher betrat das Zugabteil, das nach kaltem Zigarrenrauch roch.

»Das hat keinen Sinn mehr. Der ist tot«, sagte der Zugführer zu Schmidt.

Schmidt nickte. Drückte noch einmal den rechten Zeigefinger an die Halsschlagader und beendete seine Erste-Hilfe-Maßnahmen. »Dem kann keiner mehr helfen. Ich rufe jetzt die Polizei und den Notarzt an«, sagte er und griff zum Handy.

Lobscher ging auf die beiden zu. »Ich soll meinen Chef hier abholen. Aber bis jetzt ist er nicht eingetroffen«, sagte er und schaute auf den Mann, der immer noch still auf dem Sitz saß. Zog die Augenbrauen hoch.

Aus der Entfernung schien es, als würde Manfred Kappe friedlich schlafen. Aber aus der Nähe ... Die Gesichtszüge waren unnatürlich leer. All die Macht, die Arroganz, die menschliche Kälte... sie waren erloschen.

»Das ist Kappe. Manfred Kappe. Der Geschäftsführer der *DHC*«, sagte Lobscher.

Südharz, Samstagnacht, 6. Juli

Etwa zwanzig Minuten bevor der tote Freiburger Geschäftsführer im Nachtzug im Walkenrieder Bahnhof entdeckt wurde, ereignete sich an der berüchtigten Branntweinseiche zwischen Osterhagen und Steina ein folgenschwerer Verkehrunfall. Insgesamt neun Fahrzeuge waren darin verwickelt, eins davon ein LKW, der umgekippt war und eine Vollsperrung der Bundesstraße 243 zur Folge hatte, die bis in die frühen Morgenstunden andauerte. Schon nach wenigen Minuten staute sich der Verkehr von der Unfallstelle in beide Richtungen auf über fünf Kilometer. Eine Viertelstunde später hatten die Fahrzeuge der Rettungskräfte und der Polizei große Probleme, den Unfallort zu erreichen.

Drei Streifenwagenbesatzungen des Bad Lauterberger Kommissariats und alle verfügbaren Notarztbesatzungen des Landkreises waren zu diesem Unfall abkommandiert worden. Insgesamt waren zwölf Menschen schwer verletzt worden. Als der Zugführer des letzten Abendzuges nach Walkenried dem Schichtleiter des Kommissariats, Kommissar Bischoff, in Bad Lauterberg von dem Todesfall berichtete, war Bischoff im ersten Moment ratlos. Seine Leute waren durch den Unfall gebunden, die verbleibenden hätten die Unfallstelle aufgrund der Sperrung nicht passieren können.

Dann kam ihm eine Idee. Der Notarzt aus Bad Sachsa! Doktor Hiller war sein Hausarzt. Bischoff wusste aus zahlreichen Gesprächen, dass Hiller in Mainz fünf Jahre als Pathologe gearbeitet hatte. Er war der richtige Mann, falls an dieser Sache etwas nicht in Ordnung sein sollte.

Er verständigte ihn, und fünf Minuten später traf Hiller am Bahnhof in Walkenried ein. Der Schalterbeamte erwartete ihn und führte ihn zu dem Toten. Der Zugführer hatte den Mann wieder so postiert, wie er ihn bei seinem abschließenden Kontrollgang durch den Zug vorgefunden hatte.

Hiller betrachtete die Leiche. »Das ist Manfred Kappe ... Er ist in der Geschäftsleitung der *DHC*. Ich betreue das Wellnesscenters in Zorge als externer Arzt.«

Der Schalterbeamte, der Lokführer und Lobscher standen hinter ihm und beobachteten ihn bei seinen Untersuchungen. Zum Abschluss öffnete der Mediziner den Mund des Toten, roch ein paar Mal daran und schüttelte den Kopf.

Der Lokführer sah ihn fragend an.

»Rein theoretisch besteht die Möglichkeit, dass Kappe mit Zyankali vergiftet wurde. Wenn das der Fall wäre, dann kann es in seinem Mund nach Bittermandel riechen. Ich hatte schon zwei solcher Fälle auf meinem Seziertisch, als ich noch als Pathologe in Mainz gearbeitet habe. Ist hier aber nicht der Fall. Nein, er ist eines natürlichen Todes gestorben. Ich habe ihn vor einiger Zeit untersucht, als er in Zorge auf Geschäftsreise war. Er litt an Atemnot. Hatte ein schwaches Herz. Ein Verbrechen liegt nicht vor. Ich werde den Totenschein ausstellen und nachher nach Bad Lauterberg faxen.«

Dieser Irrtum sollte dem fähigen und im Südharz geschätzten Arzt noch lange nachhängen. Bei Rexilius entschuldigte er sich später.

Hiller betreute eine weitere Kureinrichtung in Zorge, die nur rund hundert Meter vom Wellnesscenter entfernt lag. Und der dortige Leiter hatte tatsächlich ein Herzleiden. Wahrscheinlich begünstigte der Dauereinsatz des Mediziners die Verwechslung. Seit Freitagmorgen hatte er nicht mehr geschlafen, weil sein Kollege, der ihn ablösen sollte, krank geworden und ein Ersatz nicht zu finden war.

Jedenfalls schrieb er auf den Todesschein *natürliches Herzversagen*. »Wo können wir den Toten hinschaffen?«, fragte er in die Runde.

»In Walkenried gibt es ein Bestattungsunternehmen. Den Eigentümer kenne ich gut. Werde ihn gleich anrufen.« Der Schalterbeamte drückte auf eine Speichertaste seines Handys.

Es dauerte noch weitere zwanzig Minuten, ehe der Bestatter mit einem Mitarbeiter eintraf. Hiller besprach mit ihm die weitere Vorgehensweise.

»Ich bringe ihn in die Walkenrieder Leichenhalle. Und morgen früh werde ich ihn nach Freiburg bringen«, sagte der Bestatter.

»Wer benachrichtigt die Familienangehörigen?«, fragte der Lokführer.

»Das übernimmt das Polizeikommissariat in Bad Lauterberg. Dann ist es sozusagen offiziell«, sagte Hiller und wollte sich gerade verabschieden, als Lobscher etwas auffiel. Sie hatten sich alle auf den toten Körper konzentriert, so dass keiner von ihnen die in rot gehaltene Zeichnung über dem Kopf von Kappe bemerkt hatte.

»Eigenartiges Gemälde«, sagte Lobscher.

»Die Sprayer«, antwortete der Zugführer, »in letzter Zeit fertigen sie ihre Kunstwerke schon in den Abteilen an. Ich werde das am Montag entfernen lassen.«

Südharz, Sonntagvormittag, 6. Juli

Kommissar Gerd Traue setzte sich am Sonntagmorgen an den abgewetzten Schreibtisch. Fragte sich, wie viele Schichtleiter in den letzten Jahrzehnten wohl an diesem Tisch gesessen haben mochten. Er war vor zweiunddreißig Jahren in den Polizeidienst eingetreten und gehörte zum Typ des gemütlichen Polizisten, was sein Gewicht von mehr als zwei Zentnern eindrucksvoll unterstrich.

Natürlich hatte er zahlreiche Diätversuche unternommen. Aber sie waren allesamt gescheitert. So, als wollte er die Beweise seines Scheiterns in Augenschein nehmen, fasste er sich mit beiden Händen an seinen stattlichen Bauch. Verstohlen schaute er auf seine Tasche, in der die Verpflegung für diesen Tag verstaut war. Seine Frau hatte ihm Brötchen aufgebacken und mit Mettwurst und Fleischsalat belegt. Und, sozusagen als krönenden Abschluss, eine kleine Pizza hinzugefügt. Wahre Kalorienbomben. Manchmal hatte er Ursula in Verdacht, ihn mit Absicht auf einem gemütlichen Gewichtsbereich zu halten.

Heute würde sie ihr Ziel nicht erreichen. Heute würde er stark bleiben und mit der vollen Tagesverpflegung wieder nach Hause gehen. Allenfalls Kaffee würde er trinken. Und eine Flasche Saft.

Er löste den Blick von der verführerischen Tasche und nahm den Stapel Protokolle in Augenschein, die die nächtlichen Vorfälle im Zuständigkeitsbereich des Bad Lauterberger Polizeikommissariats dokumentierten. Der Leiter der Nachtschicht, Kommissar Bischoff, hatte sie ihm auf den Schreibtisch gelegt. Er konnte sich nicht erinnern, dass der Stapel an einem Sonntagmorgen jemals so dick gewesen war. Er begann die Protokolle zu lesen.

Von dem schweren Verkehrsunfall hatte er schon gehört. Zwölf Schwerverletzte. Drei von ihnen schwebten in Lebensgefahr. Die Vollsperrung dauerte zwar bis in die frühen Morgenstunden, weil aber in Bad Sachsa in dieser Nacht der Teufel los gewesen war, war am Unfallort um kurz vor ein Uhr eine kleine Durchfahrt für die Streifenwagen geschaffen worden. Insgesamt waren die Kollegen in der Zeit von ein bis fünf Uhr dreizehn Mal im Einsatz gewesen. Das hatte er noch nie erlebt. Bis auf Mord war nahezu alles dabei, was man sich an Straftaten vorstellen konnte.

Um ein Uhr dreißig war es in der Nähe der örtlichen Diskothek zu einer Schlägerei gekommen. Eigentlich nichts Besonderes. Zwei Studenten waren von zehn Aussiedlern aus Osteuropa übel zugerichtet worden. Nasenbeinbruch, Bewusstlosigkeit, Gehirnerschütterung, Platzwunden und der Anriss eines Ohrläppchens. Die verängstigten Freundinnen der Opfer hatten die Kollegen über Mobiltelefon zur Hilfe zu rufen. Als sie in Bad Sachsa eintrafen, hatte sich, wie immer, das Schlägerkommando längst abgesetzt. Immerhin hatten die Verletzten einige Namen genannt. Traue kannte sie alle. Waren arbeitslos, hatten keinen Schulabschluss. Für Geld übernahmen sie spezielle Aufträge. Verprügelten Jugendliche. Ihre Auftraggeber gaben ihnen gerade so viel, dass sie ihren Drogenkonsum finanzieren konnten. Natürlich würden sie ihre Hintermänner bei einem Verhör nicht nennen.

Verschwiegenheit war der Ehrenkodex der Schläger. Traue machte sich auch keine Illusionen, dass die Polizei an die Hintermänner herankommen würde. Aber die Schläger würden sie zum ersten Mal vor Gericht bringen können, denn die Freundinnen der Studenten hatten den Kollegen versichert, dass sie sich nicht einschüchtern lassen und vor Gericht aussagen würden. Sie studierten schließlich Jura … Traues Gesicht verzog sich zu einem zufriedenen Lächeln. Endlich. Darauf hatte er lange gewartet.

Diese Diskothek in Bad Sachsa war ein Sammelpunkt der Gewalt. Und des Drogenkonsums. 1997 war ein sechsundzwanzigjähriger Autoschlosser aus Northeim neben der Diskothek erstochen aufgefunden worden. Vom Täter und der Mordwaffe fehlte jede Spur. Und Zeugen hatte es auch nicht gegeben.

Rexilius, der Leiter der Mordkommission in Osterode, hatte nur drei Tage gebraucht, um den Mörder zu überführen. Er galt als der beste Mordermittler, den die Inspektion jemals hatte. Er blieb so lange an einem Fall, bis er ihn gelöst hatte. Keiner, auch nicht seine Vorgesetzten, konnte ihn davon abbringen. Diese Hartnäckigkeit hatte ihm den Spitznamen »Die Klette« eingebracht.

Rexilius besaß die Fähigkeit, Verbindungen herzustellen, die kein anderer sehen konnte. Nur einen Fall hatte er in seiner langen Zeit in der Mordkommission nicht gelöst: den Mord an Lange, dem Tankstellenbesitzer aus Herzberg. Gerüchte in Polizeikreisen gingen davon aus, dass Rexilius das bis heute nicht weggesteckt habe, obwohl er damals als junger Ermittler zum ersten Mal überhaupt in einer Mordkommission gearbeitet hatte.

Traue hatte den Hauptkommissar einige Male getroffen. Ein wenig spleenig war er schon. Brachte es fertig, von seinem Wohnort zur Inspektion in Osterode mit dem Fahrrad zu fahren. Und am Abend mit dem gleichen Verkehrmittel wieder zurück. Achtzig Kilometer! Und gertenschlank war dieser Hauptkommissar. Unwillkürlich fiel Traues Blick wieder auf seinen Bauch. In all den Jahren als Polizist hatte er es nicht einmal geschafft, mit dem Fahrrad zur Dienststelle zu fahren. Auch wenn die Strecke nur einen Kilometer betrug ...

Zwei Einbrüche, drei Autounfälle, zwei Brandstiftungen und einen Überfall arbeitete er ab, ehe sein Magen knurrte. Noch ein Protokoll lag auf seinem Tisch. Das würde er nach dem Frühstück bearbeiten.

Frühstück? Er starrte auf die Tasche. Nun ja ... aber ... ein Brötchen konnte doch nicht schaden. War höchstens ein Fünftel seiner Tagesration. Etwas musste er ja schließlich essen ... Dann griff er in die Tasche und entnahm ihr ein Fleischsalatbrötchen.

Als er das Essen beendet hatte, plagte ihn sein schlechtes Gewissen. Die Bilanz bestand aus drei verdrückten Brötchen und der Hälfte der Pizza. Er hatte den Kampf gegen Ursula wieder einmal verloren. Aber morgen war Wochenanfang und dann würde er einen erneuten Anlauf nehmen. Und sich nicht so leicht geschlagen geben.

Er wandte sich dem letzten Bericht zu. Genau genommen handelte es sich um einen Totenschein und ein Schreiben des Arztes, der ihn ausgestellt hatte. Ein gewisser Manfred Kappe aus Freiburg war im Nachtzug in Walkenried eines natürlichen Herztodes gestorben. Nur einundvierzig Jahre war er alt geworden. Doktor Hiller habe ihn gekannt und schon einmal behandelt, als Kappe das Zorger Wellnesscenter im Rahmen einer Dienstreise besucht hatte. Der Geschäftsführer der *DHC* litt unter einer Herzschwäche.

Traue hakte die beiden Unterlagen ab und legte sie auf den Stapel. Dann holte er seine Thermoskanne aus seiner Tasche und goss sich eine Tasse voll. Nachdem er den ersten Schluck genommen hatte, wurde er nachdenklich.

Irgendwo, tief in seinem Unterbewusstsein, fing etwas zu arbeiten an. Er sah noch einmal den Totenschein und Dr. Hillers Schreiben durch.

Kappe. Einundvierzig Jahre alt ... Herzschwäche ... Geschäftsführer der *DHC* ... Geschäftsführer der *DHC*. Geschäftsführer. *DHC* war eine Gesellschaft, deren Zentrale in Freiburg lag. Natürlich, das war es: Vor etwa zwei Wochen war ein Geschäftsführer eben dieser Gesellschaft im Wald zwischen Zorge und Walkenried bei einem Autounfall ums Leben gekommen. Zumindest hatte man das zuerst geglaubt. Die kriminaltechnischen Untersuchungen aber hatten ergeben, dass der Geschäftsführer ermordet worden war. Ein Scharfschütze hatte den linken Vorderreifen zerschossen und damit den Unfall ausgelöst. Was aber, wenn der Herztod des Geschäftsführers, wahrscheinlich der Nachfolger, ebenfalls nicht natürlich gewesen war? Dann würde der Mörder ungeschoren davonkommen. Traue griff zum Telefon. Er musste dringend den Leiter der Mordkommission, Hauptkommissar Rexilius, die »Klette«, erreichen.

Südharz, Sonntagvormittag, 6. Juli

Dieser Morgen war nicht unbedingt ideal für eine Brockentour mit dem Mountainbike. Die Strecke hatte, wenn man die Rückfahrt berücksichtigte, eine Länge von achtundachtzig Kilometern und es galt einen Höhenunterschied von über neunhundert Metern zu überwinden. Die Sonne glühte schon seit einigen Stunden und die Temperaturen hatten um acht Uhr siebenundzwanzig Grad erreicht. Der Wetterdienst hatte für den Nachmittag achtunddreißig Grad vorausgesagt. All das war nicht das eigentliche Problem. Auf der Strecke gab es schließlich viele schattige Walddurchfahrten, die die Hitze milderten. Und außerdem machte ihm Hitze nichts aus. Sein Handicap waren die Verletzungen an der Stirn und am Hinterkopf. Der salzige Schweiß, der über die Stirn rann und durch das Pflaster am Hinterkopf drang, erzeugte ein schmerzhaftes Brennen. Am liebsten wäre er zu Hause geblieben, aber er hatte seinen Freunden aus Schierke versprochen, zum heutigen Treffen auf dem Brocken zu kommen. Seit über einem Jahr hatten sie sich nicht mehr gesehen. Und er wollte nicht schon wieder absagen.

In Wieda traf er auf den alten Kaiserweg, der quer über den Harz führte. Dort tauchte er in den Schatten des dichten Fichtenwaldes ab, der nur selten von tanzenden Sonnenstrahlen durchbrochen wurde. Es roch nach vermoderten Fichtennadeln.

Pierre liebte die Einsamkeit auf diesen Waldfahrten. Seitdem Jasmin ihn verlassen hatte, verstärkte sich das. Manchmal kam es ihm wie eine Meditation vor. Oft hatte er Fälle während einer einsamen Fahrt mit dem Fahrrad gelöst.

Seit dem Anschlag auf ihn und Sandra hatte er immer wieder nachgedacht, wer dahinterstecken könnte. Natürlich war ihm bewusst, dass es auch einer der zahlreichen Mörder sein konnte, die er in den letzten zwanzig Jahren hinter Gitter gebracht hatte. Einige von ihnen waren inzwischen wieder auf freiem Fuß. Wegen guter Führung hatten sie das Gefängnis nach fünfzehn Jahren wieder verlassen. Aber wenn er an den Ablauf dachte und den Einsatz der technischen Geräte, dann glaubte er nicht daran. Diese Typen hatten Wanzen und einen Sender an das Auto angebracht, hatten alle Gespräche mitgehört. Am meisten Kopfzerbrechen bereitete ihm die Tatsache, dass sie vorher gewusst haben mussten, dass sie die Schauinslandstraße benutzen würden und nicht die kürzere Strecke über die Bundesstraße. Rexilius hatte darüber nur in Wetzels Dienstzimmer gesprochen ...

Es musste sich um Typen handeln, die so etwas häufig machten. Eine eingespielte Bande. Eine Art Söldner. Die aus dem Osten Europas kamen? Aber warum hatten sie es dann auf ihn abgesehen?

Das Gelände wurde steiler, stieg auf zwölf Prozent an. Sein Puls beschleunigte sich, er atmete schneller. Dann war er in sechshundert Metern Höhe angekommen, hatte den Gipfel des Jagdkopfes erreicht. Sein Puls beruhigte sich wieder. Er durchbrach die Mauer des Schattens. Fand sich auf einer Lichtung wieder, schien in einer anderen Welt angekommen zu sein. Er hörte unendlich viele Tierlaute. Es schien, als hätten sich alle Vögel des Waldes hier versammelt. Eine Gruppe Rehe stand wie erstarrt, schaute fasziniert in seine Richtung. Wie auf Befehl vollführten sie eine schnelle Drehung und flohen. Bis sie schließlich vom angrenzenden Fichtenwald verschluckt wurden.

Was hatte die Führungsclique der *DHC* zu verbergen? Rexilius glaubte, dass sie in Freiburg einen Sumpf aus Korruption und dunklen Geschäften geschaffen hatte. Aber wie sollte man ihn trockenlegen?

Der Kaiserweg wurde wieder von Wald umgeben. Der war aber nicht mehr so dicht, so dass sich ein Muster aus Licht und Schatten, Hitze und angenehmer Kühle ergab. Rexilius schaute auf seinen Chronographen. Acht Uhr. Eine Stunde würde er noch brauchen, um den Brockengipfel zu erreichen. Die komplette Familie Nitschke würde dort vor dem Wettergebäude auf ihn warten und einen umfangreichen Brunch kredenzen.

Als 1989 die Grenzen zur DDR geöffnet wurden, gab es beiderseits der Grenze in vielen Dörfern Empfangskomitees glücklicher Menschen, die mit Geschenken aufwarteten und zum Umtrunk einluden. Natürlich waren damals nach gemeinsam durchzechter Nacht auch Freundschaften geschlossen worden. Aber wenige Jahre nach der Wiedervereinigung der beiden deutschen Staaten war die Euphorie verflogen. Die gegenseitigen Besuche wurden seltener, manche Freundschaften schliefen ein.

Rexilius war einer der Ersten, der den Berg nach Auflösung des Sperrgebiets mit dem Fahrrad bezwungen hatte. Er erinnerte sich noch, wie unerreichbar der Brocken in den Jahrzehnten davor erschienen war. Allenfalls von dem Oberharzdorf Torfhaus aus konnte man ihn bewundern.

Im Januar 1990 hatte sich der Hauptkommissar vor der Wetterstation des Berges auf einen Stein gesetzt, der von Schnee umgeben war. Goss sich einen heißen Tee aus seiner Thermoskanne in einen Becher, genoss sein Getränk und die traumhafte Aussicht.

Ingo Nitschke, der Wettermann, sah ihn und bat ihn in das fünfgeschossige Gebäude, damit er sich einmal richtig aufwärmen könne. Nitschke verstand darunter nicht nur die Wärme der Gebäudeheizung, sondern vor allem die Wärme, die von innen kommen müsse. Sie könne nur entstehen, wenn man Treibstoff in das System Mensch stecken würde. Für Rexilius war diese Wärme zunächst sehr willkommen gewesen. Ingo – man trank schon beim ersten Glas Wodka (war es nun selbstgebrannter oder ein im Geschäft erworbener?) – Brüderschaft, berichtete über das einsame Leben als Wettermann auf dem Brocken. Dass sein Vater, inzwischen pensioniert, schon 1960 auf dem Brocken Wetterbeobachtungen durchgeführt habe.

Und er erzählte Geschichten aus jener Zeit. Über die Russen, die einen Horchposten hatten, um die Umsturzversuche des Kapitalismus aufzudecken. Über den Schabernack, den man in der Brockeneinsamkeit trieb. Rexilius vergaß rechtzeitig den Heimweg anzutreten und übernachtete im Dienstzimmer des ehemaligen Chefmeteorologen.

Am nächsten Morgen wachte er mit einem fürchterlichen Kater auf. Ingo, der mindestens genauso viel getrunken hatte wie Pierre, brachte ihm – putzmunter, so, als wäre das eine ganz normale Nacht gewesen – ein köstliches Frühstück. Natürlich war er seinen stündlichen Wetterbeobachtungen nachgegangen. Wie er das geschafft hatte, war Rexilius ein Rätsel.

Diese Nacht war der Anfang einer Freundschaft. Auch mit Willie, Ingos Frau, und ihren beiden kleinen Jungs, Jens und Ralph. Und vor allem mit Max, Ingos Vater. Bis heute hatte man sich regelmäßig besucht, auch wenn die Besuche seltener geworden waren ... Der Beruf des Polizisten! Häufig musste Rexilius absagen. Heute allerdings würde er sein Wort halten.

Er durchfuhr inzwischen die Zone der verkrüppelten, nur noch zwei Meter hohen Fichten in tausend Meter Höhe und erreichte wenig später die baumlose, von Sträuchern und Polsterpflanzen dominierte Brockenkuppe. Schon von weitem erkannte er die Familie Nitzschke, wie sie am Tisch saß und ihm zuwinkte. Sein Gesicht verzog sich zu einem Schmunzeln.

Nach ausgiebigen Umarmungen setzten sich alle an den Tisch, der für den Brunch reichhaltig gedeckt war. »Schön, dass du endlich mal wieder Wort halten konntest, Pierre«, sagte Willie und gab das Kommando zum Essen.

Neuigkeiten wurden ausgetauscht. Und dann fragte Max, der wahrscheinlich schon lange darauf wartete: »Hast du deinen Mörder denn endlich geschnappt?«

»Nein, ehrlich gesagt haben wir nicht die geringste Spur.«

Willie blickte auf seinen Kopf. »Isst du heute mit Fahrradhelm?«

Erst jetzt bemerkte Pierre, dass er den Helm noch nicht abgesetzt hatte. Er holte es nach – und sah in die betretenen Gesichter seiner Freunde.

»Sag mal, Pierre, hast du gegen Mike Tyson geboxt?«, fragte Jens, der jüngere der beiden Nitzschke-Söhne.

Er fasste sich an den Kopf. Auch die Verletzungen hatte er vergessen. »Berufsrisiko«, sagte er und berichtete über den Mordanschlag in der Nähe von Freiburg.

Die Gesichter seiner Freunde nahmen einen besorgten Ausdruck ein. »Und von den Verbrechern gibt es auch keine Spur?«, fragte Max nachdenklich.

Rexilius schüttelte den Kopf.

»Das kommt bei dir aber selten vor«, sagte Ingo.

Willie überwand als Erste die Beklommenheit, mit typisch weiblichen Vermutungen. »Meiner Meinung nach gibt es nur drei Mordmotive. Eifersucht, Geldgier und Hass.«

Viel weiter kam sie mit ihren Überlegungen allerdings nicht, denn in diesem Moment klingelte Rexilius' Handy. Er verfluchte sich, dass er es überhaupt mitgenommen hatte. Kommissar Traue aus dem Kommissariat Bad Lauterberg meldete sich. Pierre kannte den sympathischen Zwei-Zentner-Mann.

»Herr Hauptkommissar, ich sitze über den Protokollen der Nachtschicht. Doktor Hiller aus Bad Sachsa wurde zu einem Todesfall in Walkenried gerufen. Auf einem Sitz des Spätzuges saß ein toter Fahrgast. Hiller hat im Totenschein ›Natürliches Herzversagen‹ als Todesursache angegeben.«

Rexilius runzelte die Stirn. »Und?«

»Na, ja, ich weiß, dass Sie an dem Mordfall im Walkenrieder Wald arbeiten …«

Und jetzt wurde Pierre hellhörig. »Ja?«

»Wenn ich das richtig im Gedächtnis habe, dann war das Mordopfer der Geschäftsführer einer Freiburger Gesellschaft. *DHC*. Der Tote im Zug ist Geschäftsführer eben dieser Gesellschaft. Doktor Hiller hatte ihn schon einmal im Zorger Wellnesscenter wegen einer Herzschwäche behandelt. Deshalb geht er auch davon aus, dass er eines natürlichen Todes gestorben ist. Weil der Mord in Walkenried aber auch erst für einen Unfall gehalten wurde, habe ich mir gedacht, ich rufe besser den Leiter der Mordkommission an.«

Rexilius war wie elektrisiert. »Wie heißt der Tote?«, fragte er, obwohl er die Antwort zu wissen glaubte.

»Manfred Kappe.«

»Wo ist die Leiche?«, fragte Rexilius schnell.

»Der Walkenrieder Bestattungsunternehmer hat sie in die dortige Friedhofskapelle gebracht und will sie heute nach Freiburg überführen. Ich vermute, dass er schon unterwegs ist.«

»Scheiße ... Wir müssen ihn unbedingt stoppen. Die Leiche muss in die Gerichtsmedizin. Ich verwette mein letztes Kleidungsstück, dass der Geschäftsführer ermordet worden ist. Ich habe nur ein Problem: Ich bin auf dem Brocken und der Akku meines Handys ist fast leer. Können Sie den Transport stoppen und den Staatsanwalt informieren?«

»Ja, natürlich.«

»Ich hoffe nur, dass noch etwas nachzuweisen ist«, sagte Rexilius und fügte hinzu: »Ich muss Ihnen danken. Durch Ihre Aufmerksamkeit haben Sie dafür gesorgt, dass ein Mord nicht unentdeckt bleibt. Da bin ich mir hundertprozentig sicher.«

Traue war hörbar geschmeichelt. Er verabschiedete sich, und Rexilius war sicher, er würde alle notwendigen Maßnahmen in weniger als fünf Minuten einleiten.

»Er hat wieder zugeschlagen«, sagte die Familie Nitschke im Chor.

»Ja. Ich muss mich leider von euch verabschieden.«

Südharz, Montagmorgen, 7. Juli

Pierre hatte nach seiner Rückkehr nach Bad Sachsa den ganzen Nachmittag den Waggon ausfindig zu machen versucht, in dem Kappe gereist war, aber keiner bei der Bahn AG konnte ihm weiterhelfen. Am Abend hatte er dann aufgegeben. Als er die Akten auf seinem Schreibtisch durchsah, musste er feststellen, dass auch der Obduktionsbericht noch nicht eingetroffen war. Stattdessen fand er einen Zettel auf seinem Schreibtisch, mit der Aufforderung des Inspektionsleiters, sich umgehend in dessen Dienstzimmer zu melden. Fischers Sekretärin hatte den Zettel abgezeichnet und auf seinen Tisch gelegt. Pierre musste schmunzeln. Polizeidirektor Fischer mied nach wie vor den Bereich seines Dienstzimmers. Er knüllte den Zettel zusammen und warf ihn im hohen Bogen in den Papierkorb. Im Moment gab es Wichtigeres. Er musste die Mitglieder der Mordkommission zusammentrommeln und über das heutige Vorgehen beraten.

Zehn Minuten später befanden sich alle Mordermittler im Konferenzsaal der Inspektion. Der Hauptkommissar fasste die Ereignisse des Sonntags zusammen. Er war sehr verärgert gewesen, weil er den Waggon nicht inspizieren konnte, in dem Kappe gesessen hatte ... wusste er doch genau, was dort zu finden war.

»Der Obduktionsbericht liegt zwar noch nicht vor, ich glaube, er wird den Mordverdacht bestätigen«, sagte Rexilius.

»Wie gehen wir vor, Pierre?«, fragte Eckert ungeduldig.

»Ich schlage vor, du fährst nach Zorge und sprichst mit dem Hausmeister des Wellnesscenters. Er hat den Toten identifiziert. Vielleicht weiß er irgendetwas über die Geschäftsleitung. Ein Hausmeister hat doch Kontakt mit diesen Leuten. Vielleicht ist ihm sogar im Zug etwas aufgefallen ... Wir müssen unbedingt den Waggon finden. Marc, sorge dafür, dass wir ihn so schnell wie möglich untersuchen können. Davon verspreche ich mir im Moment am meisten. Sandra, mach den Zugführer ausfindig. Stefan wird dich begleiten. Ich warte in der Zwischenzeit auf den Obduktionsbericht.«

Nach der Konferenz kehrte er in sein Zimmer zurück. Mit einem mürrischen Gesichtsausdruck quittierte er, dass immer noch nichts vom Gerichtsmediziner vorlag. Was war los mit Doktor Spunkes? Unter normalen Umständen faxte der ihm einen vorläufigen Obduktionsbericht schneller oder informierte ihn über das Telefon.

Ungeduldig trommelte er mit den Fingern auf die Schreibtischplatte. Drehte sich zum Fenster um. Der Regen hatte sich verzogen. Die Sonne versuchte sich wieder durchzusetzen, durchbrach die verbliebenen Wolken und wirbelte in ihrem Rhythmus durch die Luft. So, als wären sie ein Tanzpaar.

Der Wetterdienst hatte für Dienstag den Durchzug einer schwachen Kaltfront vorhergesagt, deren Wolken sich aber spätestens am Abend wieder auflösen würden.

Rexilius hatte Appetit auf eine Pfeife, wollte sich gerade eine stopfen, als das Telefon klingelte.

»Herr Hauptkommissar, der Direktor wartet schon seit drei Stunden auf Sie. Könnten ... Sie ihn jetzt bitte ... aufsuchen?«, sagte Frau Friedemann schüchtern. Fischers Sekretärin war anzumerken, dass sie es sich auf keinen Fall mit dem Hauptkommissar verscherzen wollte, denn sie mochte ihn. Aber da war auch ihr Chef, für den sie arbeiten musste ... und der war pingelig.

Rexilius ging eine Etage nach oben. Er klopfte und betrat unter Nichtachtung der inspektionsinternen Fischer-Vorschrift, die eine Minute Wartezeit vorschrieb, sofort das Zentrum der Polizeimacht. Zu seiner inneren Freude sah er einen irritierten Fischer hinter seinem weißen Schreibtisch sitzen. Wie immer lag nur eine Akte auf seinem Tisch. Natürlich war sie aufgeschlagen. Fischers Demonstration von Pflichtbewusstsein und Ordnung.

Überhaupt, so fand Rexilius, suchte die anspruchsvolle Farbkomposition dieses Dienstzimmers ihresgleichen. Sämtliche Möbel waren weiß, die Raufasertapete ebenfalls und der Teppich vor dem Schreibtisch war in einem abgewetzten Beige gehalten. Eigentlich, dachte Rexilius immer, wenn er diesen Raum betrat, müsste Fischer mit einem weißen Anzug, einem weißen Hemd und einer beigen Krawatte bekleidet sein, was einer exzellenten Tarnung entsprochen hätte. Die übergroße und tiefblaue Brille hätte ihn allerdings verraten.

Seinem Spitznamen, den Pierre ihm vor ein paar Jahren

gegeben hatte, machte er alle Ehre. Steif wie ein Stockfisch saß er hinter seinem Schreibtisch. Der Kopf und die spitze Nase waren leicht nach oben gerichtet.

»Äh ... Rexilius ... Was Sie sich am Donnerstag in Freiburg geleistet haben, erfüllt den Straftatbestand der Körperverletzung.«

Rexilius setzte sich, obwohl Fischer ihm wie immer keinen Platz angeboten hatte. Das brachte den Polizeidirektor ein zweites Mal aus dem Konzept. Geschlagene zwanzig Sekunden dauerte es, ehe der fortfuhr. »Und außerdem können Sie eine in der Öffentlichkeit geachtete Persönlichkeit nicht ohne Beweise des Mordes beschuldigen.« Fischer wartete auf eine Antwort, die durch Unterwürfigkeit und Schuldbewusstsein geprägt sein musste.

Der Osteroder Polizeichef wusste offenbar noch nicht einmal, dass Kappe tot war! Wahrscheinlich hat er sich die letzten drei Stunden in seinem Zimmer eingeschlossen und auf die Begegnung mit mir vorbereitet, dachte Rexilius. Er lehnte sich in dem unbequemen Sessel zurück und stellte fest, dass dieses Chefzimmer nach nichts roch. Steril wie ein Krankenhaus. Er korrigierte sich. In einem Krankenhaus roch es zumindest nach Desinfektionsmitteln. »Wer behauptet das?«

»Manfred Kappe, Geschäftsführer der *DHC*«, antwortete der Polizeidirektor.

»Kappe lügt.«

Fischer riss ungläubig die Augen weit auf und blickte Hilfe suchend auf die vor ihm liegende Akte. Blätterte hektisch darin herum. Dann entspannten sich seine Gesichtszüge ein wenig. Er hatte die eidesstattliche Erklärung von Kappe gefunden. »Mein Kollege Schwinzer von der Freiburger Direktion hat Direktor Kappes Beschwerde gefaxt. Ist ja nicht die erste Beschwerde über Sie. Es handelt sich sogar um eine eidesstattliche Erklärung. Wollen Sie ernsthaft behaupten, dass ein geachteter Bürger lügt?«

Aber ich, der ungeliebte und einfache Kollege, dachte sich Rexilius. »Kappe war an einer Aufklärung des Mordes offensichtlich nicht interessiert. Hat nicht mit uns zusammengearbeitet. Wenn er behauptet, dass ich Körperverletzung an ihm begangen habe, ja ... dann lügt er.«

Als wollte die Sonne Rexilius' Aussage bekräftigen, erhellte sie durch eine Wolkenlücke hindurch urplötzlich den Raum. Die weißen Flächen im Zimmer wirkten wie Spiegel und verstärkten die Lichtfülle. Rexilius war geblendet und hielt einen Moment lang die rechte Hand über die Augen.

Fischer schien davon gänzlich unbeeindruckt. Sein Gesicht überzog sich mit einer leuchtenden Röte und seine Stimme wurde schriller. »In meiner Inspektion dulde ich nicht, dass ein Hauptkommissar an einem Zeugen körperliche Gewalt anwendet. Das war nicht das erste Mal, Rexilius. Wenn das die Öffentlichkeit erfährt, gibt es einen Skandal erster Klasse. Wahrscheinlich werde ich Sie noch heute vom Dienst suspendieren.« Fischer hatte sich von seinem Platz erhoben und so in Rage geredet, dass ihm nicht aufgefallen war, wie seine Brille auf der langen Nase um fünf Zentimeter nach unten gerutscht war. Sie fiel genau vor die Füße des Hauptkommissars.

Was dieser aber nicht zu bemerken schien. Jedenfalls stand Rexilius auf, wenn auch ohne auf die Brille zu treten, und verließ das Dienstzimmer des Polizeidirektors.

Natürlich hatte Fischer erwartet, dass Rexilius die Brille reumütig aufheben und ihm zurückgeben würde. Das hätte aber nichts geändert. Nur Fischer hätte seinen Triumph gehabt.

Nachdenklich kehrte Pierre an seinen Schreibtisch zurück. Auf Dauer konnte dieses Verhältnis nicht gut gehen. Vor allem behinderte es eine vernünftige Arbeit in der Mordkommission.

Er wollte sich gerade eine Pfeife anzünden, als sein Handy klingelte. Marc meldete sich. »Pierre, der Waggon ist da. Er steht schon auf einem Nebengleis des Osteroder Bahnhofs.«

Rexilius war erstaunt. Hatte für den heutigen Tag nicht mehr damit gerechnet. »Ausgezeichnet, Marc!«

»Ich sitze schon im Abteil ... Und Pierre, ich habe etwas Interessantes gefunden.«

Es war still geworden. Wagner und seine Spurensicherer hatten ihre Arbeit beendet und den Waggon verlassen. Es roch nach abgestandenem Tabakrauch. Zigarrenrauch. Wagner hatte gesagt, dass er vom Samstag stammen musste. Und er hielt sich manchmal tagelang. Stammte er von Kappe? Oder hatte sich der Mörder, genüsslich Zigarre rauchend, am Sterben des Geschäftsführers geweidet?

Pierre hatte mit dem Oberteil des Kugelschreibers die Konturen der Zeichnung nachgezogen. Die Höhe, in der sie angefertigt worden war, ließ vermuten, dass der Mörder mit gekrümmtem Rücken gezeichnet hatte. Das Opfer hatte unter ihm gesessen, hilflos oder schon tot. Nein, nicht tot. Hilflos, glaubte der Hauptkommissar.

Rexilius saß wieder mit übergeschlagenen Beinen und zurückgelehntem Oberkörper auf dem Sitz, von dem aus der Mörder seine Tat begangen haben musste. Seit einigen Minuten betrachtete er die Zeichnung. Sie war in roter Farbe gehalten. Es lag eine Dynamik, eine Kraft darin, als ruhe eine Bewegung in ihr, die sich im nächsten Moment entfesseln und sie wie einen Rotor von der Wand katapultieren könnte.

Direkt über dem Sitz des getöteten Kappe hatte der Mörder sie gezeichnet. Und sie ähnelte der, die er im Walkenrieder Wald gefunden hatte. Aber die Konturen waren schärfer geworden.

Es gab keinen Zweifel. Es handelte sich um die zweite Botschaft des Mörders.

Das Symbol, das Licht in das Dunkel bringen sollte? Aber woraus bestand das Licht und woraus das Dunkel?

Sein Kollege Wagner hatte die Zeichnung aus allen möglichen Perspektiven fotografiert. Dennoch hatte Pierre den Phantomzeichner der Inspektion, Frank Boden, gebeten, sie im Maßstab eins zu eins abzuzeichnen und Kopien davon zu machen. Am Abend würde er sich intensiv mit ihr befassen.

Ein Ruckeln riss ihn aus seinen Gedanken. Der Waggon wurde an den Sechzehn-Uhr-Zug gekoppelt. In zwei Minuten würde er sich in Bewegung setzen. Rexilius verließ das Abteil. Stellte sich auf den Bahnsteig. Der Pfiff des Zugführers ertönte. Der Regionalzug fuhr an.

Rexilius sah ihm nach, bis er hinter einer Kurve verschwand.

Er dachte über den Ermordeten nach. Arrogant war er gewesen. Erbarmungslos den Untergebenen gegenüber. Heimste zusammen mit seinen Kumpanen Fritz, Gonzelmann und Wölfer dicke Prämien dafür ein, dass er den Gewinn der Gesellschaft vergrößerte. Was aber nur auf Kosten der Mitarbeiter ging. Die waren es, die ihre Existenz verloren. Und mit dem Verlust ihrer Existenz ermöglichten sie den Profit der Leute in der Geschäftsleitung.

Lean production, lean administration waren deren Zauberwörter. Zauberwörter, um ihre unerschöpfliche und egoistische Gier nach Profit zu verschleiern.

War der Mörder einer der Entlassenen? Zum Beispiel Frank Röster, der durch ihre Machenschaften nicht nur seine berufliche Existenz, sondern auch seine Frau und seine Glaubwürdigkeit verloren hatte – genügend Gründe hatte er. Er musste gefunden werden. Es musste doch jemanden geben, der wusste, wo Röster geblieben war.

Rexilius kehrte mit dem alten Dienstwagen in die Inspektion zurück. Eine Frage ging ihm aber die ganze Fahrt über durch den Kopf.

Wer würde das nächste Opfer sein?

Südharz, Montagabend, 7. Juli

Nach der Wetterkarte schaltete Rexilius den Fernseher aus. Der Wetterdienst hatte für morgen noch Niederschläge vorausgesagt, aber für Mittwoch wieder hochsommerliches Wetter versprochen. Die Hitzewelle Nummer zwei rollte heran.

Etwas anderes hatte ihn zum Nachdenken gebracht. Der Nachrichtensprecher hatte vorgelesen, dass ein großes Bankinstitut Milliardengewinne eingefahren habe. Und zwei Sätze weiter, dass Tausende von Mitarbeitern entlassen würden. Rexilius fragte sich, wo das noch hinführen würde. Bei der *DHC* hatte er diese Machenschaften in den letzten Wochen hautnah miterlebt. Auch sie machte hohe Gewinne und entließ trotzdem langjährige, verdiente Mitarbeiter. Aber im Gegensatz zum Bankunternehmen verbarg die Geschäftsleitung ihre Profite, um wirtschaftliche Schwierigkeiten vorzugaukeln. In den zahlreichen Arbeitsgerichtsprozessen hielten ihre Führungskräfte diese Lüge aufrecht. Und die Richter gingen ihnen auf den Leim.

Er verscheuchte diese Gedanken und ging in sein Arbeitszimmer. Schaltete den Computer ein, legte die Symbolzeichnung auf den Tisch und zündete sich eine Pfeife an. Der Rauch kringelte sich durchs Zimmer und löste sich an der Decke auf. Rexilius schob eine CD von Simon and Garfunkel in das Laufwerk.

I am just a poor boy. Though my story's seldom told ...

Pierre begann mit dem Kreis. Rief sich das ins Gedächtnis zurück, was er darüber in Erfahrung gebracht hatte. Schutzfunktion. Vollkommenheit. Einheit. Gleichgewicht und Harmonie ... Er zog an seiner Pfeife. Ein Rauchring entstand, ohne dass er es gewollt und bemerkt hätte. Er schwebte in die Höhe, vergrößerte sich, verwandelte sich in eine Acht und zerfaserte schließlich bis in die Unkenntlichkeit.

Am Kreis hatte sich etwas verändert. Er zog die Fotos zum Vergleich heran. Auch auf ihnen war es klar zu erkennen: Der Kreis war nun an zwei Stellen unterbrochen. Und damit bestand die geometrische Figur des Kreises nicht mehr. Und auch nicht seine symbolischen Eigenschaften. Bindung. Die höchste Stufe der Erleuchtung. Das Sinnbild des weiblichen Bauches, Entstehung neuen Lebens, die Ehe, die wahre Liebe ... Von wem ging die Zerstörung aus? Warum?

Von den beiden Kreislücken führte eine dünne Linie zu den Figuren im Inneren der Sektoren. An der letzten Figur in der Nähe des Kreismittelpunkts endeten sie. Wie ein umgedrehtes S sahen sie aus, am oberen Ende war ein gleichseitiges Dreieck angebracht. Wie eine aufrecht stehende Schlange mit einem nicht passenden Kopf. Und davor erkannte Pierre einen senkrechten Strich. Er war ebenso lang wie das S-förmige Gebilde. Handelte es sich um eine Gift speiende Schlange, von der die Zerstörung ausging?

Pierre rieb sich die Augen. Stand von seinem Platz auf und machte einen Rundgang durch seine Wohnung, der ihn zuerst in die Toilette führte. Nachdem er sich erleichtert hatte, ging er ins Wohnzimmer und vollführte zur Auflockerung zwanzig Liegestütze. In der Küche setzte er Wasser auf, um einen Cappuccino zu kochen. Im Arbeitszimmer stellte er die dampfende Tasse auf seinen Schreibtisch. Bevor er seine Arbeit fortsetzte, zündete er sich eine weitere Pfeife an. Er tadelte sich. Es war schon die zweite dieses Abends.

Simon and Garfunkel waren bei *The Sound of Silence* angelangt. *Hello Darkness my old friend ...*

Er konzentrierte sich auf die Figuren im äußeren Teil der Sektoren. Es schien sich um vier identische Netze oder Geflechte zu handeln, in die geometrische Formen eingezeichnet waren. Dreiecke mit zwei spitzen Winkeln. Wie Tragflächen eines Flugzeugs, auch eine Art Rumpf zeichnete sich ab. Es konnte sich aber auch um einen Vogel handeln, der seine Flügel zum Gleiten ausbreitet, dachte der Hauptkommissar. Ein Vogel im Netz? Gefangen?

Mitten durch das Netz und die Figur zog sich die dünne Linie, die den Kreis durchtrennt hatte. Die Zerstörung, die von innen ausging, schien sich auch auf die Geflechte zu beziehen. Aber was wurde hier vernichtet? Wofür standen diese Figuren?

Rexilius nippte an seinem Cappuccino und zog einige Male an seiner Pfeife, bis die Qualmwolke die Sicht zum Bildschirm trübte. Er lehnte sich in seinem Stuhl zurück und schloss die Augen. Eine zündende Idee stellte sich aber nicht ein. Er blickte zum Bildschirm, die Qualmwolke hatte sich verzogen.

Er begann im Internet zu recherchieren. Nach zweistündiger ergebnisloser Suche gab er auf. Inzwischen war es drei Uhr. Er legte sich ins Bett.

Als der Wecker um sechs Uhr klingelte, glaubte er, erst vor fünf Minuten schlafen gegangen zu sein. In der Nacht hatte ihn wieder der Alptraum heimgesucht.

Er ging unter die Dusche, putzte sich die Zähne und rasierte sich. Dann setzte er Kaffee auf und schmierte sich zwei Brote. Nachdem der Kaffee durchgelaufen war, setzte er sich an den Tisch und nahm sein Frühstück ein. Er schaute durch das Küchenfenster auf die alte Buche, die im Garten des Mehrfamilienhauses stand. Sie wurde von zahlreichen Vögeln bevölkert, die mit ihrem Gezwitscher die morgendliche Ruhe durchbrachen. Hüpften von Ast zu Ast, flogen gekonnt durch die Zweige des Baumes...

Pierre erstarrte. Warum war er nicht gleich darauf gekommen? Die Figur im äußeren Bereich des Sektors! Es handelte sich um einen Vogel, der durch einen Baum segelte.

Welche symbolische Bedeutung war darin enthalten?

Südharz, Dienstagmorgen, 8. Juli

Nein, die Blitze konnten Sandra Koch und Stefan Henkelmann nichts anhaben, wie sie einmal im Physikunterricht gelernt hatte. Ein Auto wirkte wie ein Faradayscher Käfig, der einen Blitz in den Boden ableitete. Aber sie ärgerte sich darüber, dass sie es selbst nach zwei Monaten noch nicht geschafft hatte, die defekten Scheibenwischerblätter zu ersetzen. In der langen Trockenphase hatte sie das vergessen. Jetzt prasselten die Regentropfen an die kleine Frontscheibe und machten eine Weiterfahrt unmöglich. Sandra fuhr an den Straßenrand, um das Ende des Platzregens abzuwarten.

So schnell und heftig, wie das Gewitter gekommen war, so schnell hatte er sich wieder aufgelöst. Die Sonne durchbrach die Wolken und blendete die Mordermittler. Sandra zog die Sonnenblende des Autos nach unten und drehte den Zündschlüssel um.

Fünf Minuten später hielten sie in der Wissmannstraße in Bad Lauterberg vor dem Haus des Zugführers Günter Richter.

Sandra erreichte als Erste die Haustür und klingelte. Eine etwa fünfundzwanzigjährige Frau mit schwarzen, langen Haaren und mediterranem Teint öffnete die Tür.

»Der letzte Abendzug endet in Walkenried, solange die Bauarbeiten andauern«, sagte Richter und trank einen Schluck Kaffee. »Erst am nächsten Morgen fährt er weiter nach Erfurt. Routinemäßig mache ich einen letzten Kontrollgang, ehe ich alles abschließe und nach Hause fahre. Mein Auto habe ich am Bahnhof abgestellt. Ich wusste, dass noch ein Fahrgast im Zug sein musste. Aber er machte keine Anstalten auszusteigen. Bis ich zum letzten Waggon kam, vergingen einige Minuten. Dort sah ich ihn dann. Er schlief auf seinem Sitz. Dachte ich zumindest. Ich stupste ihn an, rief ihn an, aber er reagierte nicht. Ich wurde stutzig. Fasste an seine Halsschlagader, konnte keinen Puls fühlen. Ist er tot, fragte ich mich. Zum Glück hatte Adolf Schmidt Dienst am Schalter. Er ist Ausbilder beim Roten Kreuz. Er konnte das besser beurteilen als ich. Also habe ich ihn geholt.«

Richter machte eine weitere Pause, um einen Keks zu essen und einige Schlucke aus seiner Kaffeetasse zu nehmen.

»Ewald hat den Passagier kurz untersucht und gesagt, dass er tot sei. Und dass die Polizei und der Notarzt angerufen werden müssen. Um Fremdverschulden auszuschließen. Wegen des Verkehrsunfalls an der Branntweinseiche stand kein Streifenwagen zur Verfügung. Aber Doktor Hiller hat versichert, dass der Fahrgast eines natürlichen Herztodes gestorben ist«, sagte Richter und sah abwechselnd Koch und Henkelmann an. Dann wurde er nachdenklich. »Er ist nicht eines natürlichen Todes gestorben?«

»Mit großer Wahrscheinlichkeit nicht«, antwortete Sandra. »Haben Sie irgendwelche außergewöhnlichen Beobachtungen gemacht?«

»Was kann ich Ihnen schon sagen … ich sitze vorn in meinem Lokführerabteil und habe keinen Kontakt zu meinen Fahrgästen.«

»Dann wissen Sie auch nicht, ob er in Herzberg noch gelebt hat?«

»Nein.«

»Mhm.« Sie überlegte einen Moment. »Wie lange braucht der Zug von Herzberg nach Bad Sachsa?«

»Unter normalen Umständen einundzwanzig Minuten. Aber wegen der Bauarbeiten musste ich fünfzehn Minuten stehen bleiben. Und da ich in Göttingen zwanzig Minuten auf den ICE gewartet habe, macht das eine Verspätung von fünfunddreißig Minuten … Moment, ich habe die zwei Minuten hinter Bad Sachsa in Richtung Walkenried vergessen. Also siebenunddreißig Minuten Verspätung.«

Henkelmann notierte sich die Daten in seinem kleinen Ringbuch. »An welchen Stationen hält der Zug nach Plan?«, fragte Sandra.

»An zwei. In Scharzfeld und in Bad Sachsa.«

»Ist dort jemand ein- oder ausgestiegen?«

»Nein, das hätte ich bemerkt.«

»Als Sie an der Baustelle gehalten haben, hätte da jemand in den Zug gelangen können?«, fragte nun Henkelmann.

»Das ist nicht möglich. Die Türen können nur von mir zentral entriegelt werden. Während eines außerplanmäßigen Stopps verbietet die Vorschrift das. Und außerdem kann doch niemand vorher wissen, wann aufgrund der Bauarbeiten ein Anhalten des Zuges notwendig ist.«

Was logisch erschien, dachte Sandra. Dennoch. Es war nur so ein Gefühl … aber irgendetwas mit diesem Herrn Richter stimmte nicht. Als verschwiege er ihr etwas. Und das Gefühl blieb auch, als sie sich verabschiedeten.

Südharz, Dienstagvormittag, 8. Juli

Langsam musste etwas geschehen. Diese Nacht war vielleicht die schlimmste, die er jemals erlebt hatte. Irgendwann – um zwei oder vier Uhr? – war er nach Hause gekommen und ins Bett gefallen. Mit der kompletten Bekleidung. Als der Wecker ihn um sieben erbarmungslos geweckt hatte, war er wieder halbwegs nüchtern gewesen und hatte gemerkt, dass er auch die Schuhe nicht ausgezogen hatte. Sie waren verdreckt und hatten das Bett verschmutzt. Was hätte Natascha wohl gesagt, wenn sie ihn so gesehen hätte?
Als er sich dann einen Kaffee kochen wollte, den er dringend benötigt hätte, musste er feststellen, dass die Packung völlig leer war. Und das Toastbrot war inzwischen voller Schimmel. Sein Haushalt war völlig durcheinander. Wenn man von Haushalt überhaupt noch reden konnte. Wie tief konnte man eigentlich noch fallen?
Alcohol is your wife. But alcohol is not your friend.
Tröstlich war es, dass er zumindest auf die Dusche zurückgreifen konnte. Solange er die Miete regelmäßig bezahlte, brauchte er sich darum keine Sorgen zu machen.
Dann war er zu spät zur Besprechung gekommen und sein Magen war völlig leer. Er hätte so dringend einen Kaffee gebraucht.
Pierre hatte seine Verspätung kommentarlos hingenommen und ihn nach Zorge geschickt, um den Hausmeister zu befragen. Er hatte sich zusammengerissen und das Zittern der Hände unterdrücken können. Wenn Pierre etwas von seinem miserablen Zustand bemerkt hätte … Wie hätte der wohl reagiert?
Wieder murrte sein Magen. Wenn er nicht bald einen Kaffee und etwas zu essen bekam und vielleicht noch etwas anderes … Mehmet würde dafür sorgen.

Hinter dem Ortseingangsschild von Bad Sachsa bog Eckert nach links in die Innenstadt ab. Fünf Minuten später saß er am Tresen des *Orientexpress* und keine drei Minuten später servierte Mehmet, einer der beiden Inhaber des türkischen Restaurants, einen Döner mit Pommes und einen dampfenden Kaffee.

Eckert verschlang den Döner, die Pommes frites aß er mit der Hand, auf einen Spieker verzichtete er. Seit zwei Monaten bestand seine Nahrung aus Dönern, Hamburgern und Currywürsten. Fünf Kilo hatte er seitdem zugenommen. Von seinem Fußballverein hatte er sich wegen einer akuten Knieverletzung abgemeldet. Was gelogen war, aber notwendig. Nach Fußballspielen war ihm ganz und gar nicht zumute.

Natascha ... Wann würde dieses Desaster ein Ende finden? Auch seine Kinder Max und Miriam fehlten ihm so sehr. Wenn er doch das alles nur hätte rückgängig machen können.

Aber Natascha hatte am Telefon gesagt, dass sie Abstand brauche. Wenn er die Kinder regelmäßig besuche, dann wäre dieser Abstand nicht mehr möglich. Das, was er ihr angetan habe ... ob sie ihm jemals vergeben würde ... Sie brauche einfach nur Zeit. Wahrscheinlich viel Zeit.

Alles hatte er hingenommen in der Hoffnung, dass sie zu ihm zurückkehren würde. Aber sie war nicht gekommen.

Gierig trank er den Pott Kaffee leer und bestellte einen zweiten. Er fühlte sich schon etwas besser. Und zum Abschluss des Frühstücks würde er sich einen Raki gönnen. Oder zwei.

Den zweiten stellte ihm Mehmet mit nachdenklichem Gesicht auf den Tresen. »Jürgen, Raki ist gut für mein Geschäft. Aber nicht gut für dich. Nicht schon am Morgen.«

Eckert sah ihn an. Was wusste Mehmet schon? Wie würde der sich verhalten, wenn er das Gleiche durchmachen würde? Ohne ein Wort zu sagen, verließ Eckert den

Orientexpress. Vergaß aber nicht, das übliche Trinkgeld von einem Euro auf den Tresen zu legen.

Zehn Minuten später stand er Kaugummi kauend an der Rezeption des Wellnesscenters. An diesem Vormittag herrschte reger Publikumsverkehr. Mütter mit ihren unruhigen Kindern fragten nach der Post, nach Telefonmöglichkeiten und beschwerten sich über defekte Fernseher. Es dauerte zehn Minuten, ehe Eckert an der Reihe war.

Die Empfangsdame, eine resolute, übergewichtige, etwa fünfzigjährige Frau sagte ihm, er müsse sich noch etwas gedulden, da der Hausmeister einen in der letzten Woche verloren gegangenen Koffer vom Bahnhof in Walkenried abholen müsse. Ob er den Mörder von Fritz denn schon verhaftet habe? Nein, habe er noch nicht? Und jetzt auch noch der plötzliche Tod des Herrn Kappe. Auf einem Sitz im Zug habe er gesessen, als sei er friedlich eingeschlafen. Und so jung. Manchmal sei das Schicksal eben grausam. Sie plapperte unaufhörlich weiter.

Hausmeister Lobscher erlöste ihn, meldete sich zurück. Eckert stellte sich vor und erklärte ihm den Grund seines Kommens.

»Wir gehen am besten in die Werkstatt«, sagte Lobscher und warf dabei einen vielsagenden Blick auf die Empfangsdame.

»Ermordet?«, fragte Lobscher ungläubig, als sie sich auf die beiden ausrangierten Sessel in der Hausmeisterwerkstatt gesetzt hatten. »Ich dachte, er hatte einen Herzanfall.«

Eckert steckte sich eine Zigarette an. Die Werkstatt machte einen akkuraten Eindruck. Eckert nahm noch zwei, drei Züge, ehe er antwortete. »Was ich sagen will, ist, dass es auch Mord sein könnte. Vielleicht ist er eines natürlichen Todes gestorben, aber im Moment müssen wir alle Möglichkeiten in Betracht ziehen.« Er inhalierte einige Male und klopfte die Asche in eine Untertasse, die Lobscher ihm hingestellt hatte.

Sein Gegenüber rauchte ebenfalls, obwohl Wölfer in der Einrichtung absolutes Rauchverbot angeordnet hatte. »Hier unten lässt sich nie jemand blicken, Wölfer erst recht nicht. Ist ihm zu schmutzig«, sagte Lobscher.

»Ist ihnen etwas Ungewöhnliches aufgefallen an diesem Abend?«

»Der Zug hatte außerordentlich viel Verspätung.«

»Wie viel?«

»Vierzig, vielleicht fünfundvierzig Minuten. Wegen der Bauarbeiten, nehme ich an.«

»Und weiter?«

»Um etwa 22.45 Uhr ist der Zug eingetroffen. Fünf Minuten vergingen und von Kappe war nichts zu sehen. Zuerst dachte ich, dass er gar nicht mit dem Zug gekommen ist. Dann rannte der Zugführer hektisch zum Bahnhofsgebäude und dann zusammen mit dem Schalterbeamten ganz aufgeregt zurück zum Zug. Irgendetwas muss passiert sein, dachte ich mir und bin auch eingestiegen. Auf dem hintersten Platz auf der rechten Seite saß Kappe. Der Schalterbeamte hat die Halsschlagader betastet und festgestellt, dass er tot ist.«

»Ist Ihnen an dem Toten etwas aufgefallen? Oder im Abteil? Gab es Kampfspuren?«

»Nein. Ich hatte das Gefühl, als schliefe Kappe.«

Eckert zündete sich die nächste Zigarette an. »Keine Kampfspuren?«

»Nein.«

»Denken Sie bitte intensiv nach. Ist Ihnen sonst etwas aufgefallen? Manchmal kann eine scheinbar unwichtige Kleinigkeit weiterhelfen«, sagte Eckert.

Lobscher schloss die Augen. Spulte die Ereignisse vor seinem inneren Auge ab. »Das kann nichts mit dem Mord zu tun haben«, antwortete er.

»Was kann nichts mit dem Mord zu tun haben, reden Sie?«, sagte Eckert grob.

»Über der Sitzbank des Toten hatten Schmierfinken mit Farbe gesprüht. In letzter Zeit übertreiben es diese Sprayer. Werden nie gefasst.«

»Welche Farbe?«

»Rot. Und sie schien ziemlich frisch zu sein. Deshalb ist sie mir überhaupt aufgefallen.«

Das Symbol des Mörders? »Hm.« Eckert drückte seine Zigarette aus, erhob sich mühevoll aus dem tiefen Sessel und wollte sich von Lobscher verabschieden.

»Moment, Herr Kommissar. Ich weiß nicht, ob das wichtig für Sie ist ... Normalerweise befinden sich zwei Bahner im Nachtzug. Der Lokführer und der Zugbegleiter. Einen Zugbegleiter habe ich aber nicht gesehen.«

Wo war der Zugbegleiter abgeblieben, fragte sich Eckert. Hatte er am Ende den Geschäftsführer ermordet und war in Bad Sachsa oder irgendwo anders auf der Strecke ausgestiegen?

Südharz, Dienstagvormittag, 8. Juli

Der Hauptkommissar stand am Fenster seines Dienstzimmers. Das Wetter bot an diesem Dienstagmorgen ein meisterliches Wechselspiel. Mal hagelte es kirschgroße Hagelkörner, dann erfüllten bizarre Blitze den Himmel mit grellem Licht. Den Abschluss bildete gewaltiges Donnergrollen. Augenblicke später riss die Bewölkung auf, Sonnenstrahlen durchzogen – durch Fenstersprossen geteilt – wie leuchtende Balken Rexilius' Zimmer. Dann stürzte das Balkengeflecht in sich zusammen. Und der Hagel bestimmte wieder das Wettergeschehen.

Pierre schloss das gekippte Fenster und setzte sich an

seinen Schreibtisch. Der Obduktionsbericht lag immer noch nicht vor. Er griff zum Telefon und wählte die Nummer des Gerichtsmedizinischen Instituts in Göttingen. Eine weibliche Stimme verband ihn mit dem Obduzenten, Professor Spunkes. Sie kannten sich seit fünfzehn Jahren. Jeder hatte von dem anderen eine hohe fachliche und menschliche Meinung.

Wenn ein Fall kompliziert war – und damit für Spunkes erst so richtig interessant – begann er seine Ausführungen mit dem Unwichtigsten. Erst am Ende des Gesprächs, wenn die Spannung fast unerträglich war, rückte er mit den entscheidenden Informationen heraus. Rexilius hätte sein bestes Fahrrad verwettet, dass es heute wieder so ablaufen würde.

Einsfünfundneunzig groß, ohne ein einziges Haar auf dem Kopf und mit einer gebogenen Nase erinnerte Spunkes ihn an einen Adler. Vielleicht auch an einen Geier. Mit höchst wachsamen Augen. Seine Brille, die immer auf dem unteren Nasenbereich auflag, drohte bei jeder Kopfbewegung auf den Boden zu plumpsen. Was aber nie geschah.

»Mein lieber Hauptkommissar, schon ein wenig ungeduldig?«, fragte Spunkes gespielt mitfühlend.

»Mhm«, konterte Rexilius betont gelangweilt.

»Na, dann los.«

Rexilius konnte Blättergeraschel hören. Wahrscheinlich änderte Spunkes noch schnell die Reihenfolge. Im Protokollstil trug er den ersten Teil vor. »Der Mageninhalt ist entfernt und von den Chemikern untersucht worden. Ergebnisse wie folgt. Prüfung auf flüchtige Gifte: ohne Befund. Keine Blausäure, kein Chloroform, keine Karbolsäure, kein Phosphat. Prüfung auf metallische Gifte: ohne Befund. Die Aufzählung erspare ich Ihnen.«

Womit habe ich diese Großzügigkeit verdient, fragte sich Rexilius.

»Oder wünschen der Herr Hauptkommissar eine Aufstellung?«

»Mhm ... vielleicht später«, antwortete Rexilius.

»Prüfung auf giftige Alkaloide: Kein Befund ... Aber ihr Toter war ein wahrer Gourmet. Wenige Stunden vor seinen Tod hat er noch Kaviar in nicht geringen Mengen gegessen.« Spunkes wartete auf einen Kommentar von Rexilius. Als der nicht reagierte, fuhr der Herr Professor fort. »Und exzellentes Rindfleisch. Jedenfalls war der Fettgehalt äußerst gering.«

Spunkes machte eine Pause. Was ihm sicherlich große Freude bereitet, dachte Pierre. Selbst durch das Telefon konnte der Hauptkommissar das spüren.

»Als Nächstes erfolgte die Untersuchung des Herzens.« So langsam kam Spunkes auf den Kern. Auch sein Tonfall veränderte sich. »Wie Sie wissen, hat der Notarzt als Todesursache Herzversagen, möglicherweise auch einen Herzinfarkt im Totenschein vermerkt ... dieser Befund entspricht nicht den Tatsachen. Das Herz war völlig gesund. Keine Verengung der Herzkranzgefäße, kein Herzfehler, nichts dergleichen. Im Gegenteil. Das Herz war vergrößert, was für regelmäßiges Ausdauertraining spricht.«

Rexilius konnte sich das vorstellen, denn Kappe war schlank gewesen, sah wie ein Langstreckenläufer aus.

»Doktor Hiller muss eine Verwechslung unterlaufen sein. In seinem Bericht stand, dass er Kappe in Zorge wegen Herzbeschwerden behandelt habe. Das kann nicht stimmen. Nicht bei diesem Herzbefund.« Wieder ein Papierraschen. »Mit der Lupe habe ich jeden Quadratzentimeter seines Körpers abgesucht. Im mittleren Bereich des rechten Oberschenkels ... habe ich die Einstichstelle einer Injektionsnadel gefunden, das Gewebe um die Stelle herausgeschnitten und analysiert. Nichts! Keine Rückstände mehr. Unerträglich, Herr Hauptkommissar.«

»Ja.« Rexilius stimmte vorbehaltlos zu und wurde nachdenklich.

Aber Spunkes war noch nicht am Ende. »Der Täter hat einen Stoff eingesetzt, der sich innerhalb einer bestimmten Zeit abbaut. Es gibt Alkaloide, die nach zwölf Stunden im Körper nicht mehr nachzuweisen sind. Im vorliegenden Fall sind achtzehn Stunden vergangen, ehe ich die Leiche untersuchen konnte, Herr Rexilius, trotzdem bin ich mir ziemlich sicher, um welches Gift es sich handelt.«

Und jetzt kam eine längere Pause, weil angeblich seine Sekretärin eine wichtige Frage hatte. Du geniales Schlitzohr, dachte Rexilius und wartete.

»Da bin ich wieder … Ach, ja, das Blut hat eine schwärzliche und dünnflüssige Beschaffenheit. Hat seine Gerinnbarkeit verloren. Das spricht für eine Aufhebung der Atmungsprozesse. Manfred Kappe ist erstickt! Der abnorm hohe Anteil der Kohlensäure im Blut bestätigt diese Annahme.« Spunkes wartete auf eine Reaktion von Rexilius. Als keine kam, fuhr er fort. »Sie kennen doch bestimmt den griechischen Philosophen Sokrates?«

»Ja, er wurde hingerichtet. Mit einem Gift.«

»Mit welchem?«

Pierre dachte nach. Im Biologieunterricht der zwölften Klasse hatten sie über einheimische Giftpflanzen gesprochen und Exkursionen durchgeführt. Der Eisenhut, den sie mit Handschuhen untersucht hatten, weil sein Gift mit der Haut aufgenommen werden kann, gilt als giftigste Pflanze Europas. Aber es war nicht dessen Gift, das Sokrates getötet hatte. Dann fiel es ihm ein. »Der gefleckte Schierling, kommt häufig im Harz vor.«

»Ja, und das Gift heißt Coniin.«

»Wie wirkt es, welche Symptome treten auf?«, fragte Rexilius.

»Einen Todesfall wie diesen hatte ich noch nie auf meinem Seziertisch, weil das Gift injiziert worden ist.

Im letzten Jahr ist ein Vergiftungsfall mit Coniin im Amtgerichtsbereich von Weißwasser behandelt worden. Das Gift wurde einem Tischler oral verabreicht. Im Wein. Es konnte später nachgewiesen werden, weil das Opfer über einen faden Beigeschmack geklagt hatte und nach etwa ein und einer halbe Stunde erstickt ist. Ein Arzt war zunächst nicht erreichbar. Als er vier Stunden später kam, berichtete die Frau über den Todeskampf ihres Mannes. Der Arzt wurde misstrauisch und verständigte die Polizei. Eine Obduktion wurde veranlasst. Die Kollegen in Weißwasser hatten Glück. Hätte der Mörder nicht eine solch ungeheure Menge des Giftes benutzt – mit der Dosis hätte er mehrere Menschen töten können –, dann wäre nichts mehr im Magen gewesen und das Coniin hätte nicht mehr auf gespürt werden können. Der Täter hatte es in der Apotheke eines Freundes gestohlen und wusste nichts über die richtige Dosierung. Ihr Mörder aber ... scheint mir ein echter Giftexperte zu sein.«

Rexilius beschloss, die Akten dieses Falles aus Weißwasser anzufordern und genau zu studieren.

»Die Symptome einer Coniinvergiftung sind, bei oraler Gabe, zunächst verstärkter Speichelfluss, Übelkeit und Erbrechen. Dann kommt es zu einer in den Beinen beginnenden, aufsteigenden Lähmung der Muskulatur. Der Tod setzt durch Atemlähmung ein. Tückisch an diesem Gift ist, dass das Opfer bis zum Einsetzen des Todes bei vollem Bewusstsein bleibt. Ein qualvoller Tod. Bei oraler Einnahme dürfte es nach Stunden zum Tod kommen. Wird das Gift über eine Injektion in den Körper gebracht, dann – jetzt muss ich schätzen, weil ich keine Erfahrungswerte habe – dürfte die betreffende Person, je nach Dosierung, nach fünfzehn bis dreißig Minuten sterben. Der Todeszeitpunkt lässt sich auf den Zeitraum zwischen zweiundzwanzig und dreiundzwanzig Uhr festlegen. – Der schriftliche Bericht geht ihnen morgen zu, Herr Hauptkommissar. Und wären

Sie nicht gewesen, dann wäre ein Mord wieder einmal unentdeckt geblieben.«

Genauer gesagt, dachte Rexilius, wenn Kommissar Traue nicht gewesen wäre. Und genau das erzählte er dem Professor, bevor er sich von ihm verabschiedete.

Südharz, Dienstagnachmittag, 8. Juli

»Ich verstehe etwas nicht«, sagte Henkelmann nachdenklich, »warum verwendet der Mörder ein Gift, das nicht mehr nachzuweisen ist, und präsentiert uns dann seine Visitenkarte?«

»Eine gute Frage, Stefan«, antwortete Rexilius, der sich in seinem Stuhl nach hinten gelehnt und die Augen geschlossen hatte. »Nein, es war nicht die Absicht des Mörders, den Mord zu vertuschen. Nicht im Walkenrieder Wald und auch nicht beim letzten Mord. Was aber ist es, verdammt? Was steckt dahinter?«, sagte Pierre mehr zu sich selbst, blickte aber dann in der Runde umher. Bekam keine Antwort. »Stefan, was vermutest du?«

»Er will uns etwas sagen ... aber ich weiß nicht was.« Henkelmann zuckte mit der Schulter.

»Ich glaube, dass eine Symbolik dahintersteckt«, sagte Sandra. »Sie nimmt bei den Handlungen des Mörders eine große Bedeutung ein. Der Mord im Walkenrieder Wald ... Warum macht der Mörder es sich so schwer? Er hätte Fritz einfach durch die Scheibe erschießen können. Aber nein ... er gräbt sich im Wald ein, schießt ein Loch in den Reifen, damit das Auto von der Fahrbahn abkommt, gegen einen Baum prallt und Feuer fängt. Wie wäre es ausgegangen, wenn der BMW auf der Weide zum Stillstand gekommen wäre? Mir scheint es, als habe der Mörder ein Drehbuch geschrieben. Als sei er der Puppenspieler, der die Abläufe wie Marionettenfäden in der Hand hält ... Ich werde das Gefühl nicht los, dass wir vor unserer schwersten Aufgabe stehen, Pierre.«

Rexilius hatte sich wieder nach vorn gebeugt und nickte ihr zu. Ja. Seine Alpträume. Noch nie waren sie so häufig und heftig gewesen. Würde es einen zweiten Fall Lange geben? Er schnippte mit dem rechten Zeigefinger einen Krümel vom Tisch. So, als könne er damit die Befürchtung, bei der Aufklärung zu scheitern, und auch weitere Alpträume verscheuchen.

»Marc, Jürgen ...?«

Jürgen Eckert hatte die ganze Zeit verloren durch das Konferenzzimmer geblickt. War in seinen Gedanken Lichtjahre von jeder Mordermittlung entfernt. Vielleicht wäre es besser, wenn er Urlaub nähme. Oder sich gar für ein halbes Jahr beurlauben lassen würde, dachte er. Diese Verzweiflung, die an ihm fraß ... War der Alkohol das einzige Mittel, mit dem er seine Depression für eine Zeit verdrängen konnte? Ja. Er machte ihn locker. Und frei von allen Problemen ...

Viva el Alkohol.

Junge war ihm mit seiner Antwort zuvorgekommen. Und hatte damit Eckerts Unkonzentriertheit überspielt. »Ich stimme Sandra zu. Mit dieser Art zu morden will er uns und der Welt etwas sagen. Aber frag mich nicht, was.«

Eckert zuckte nur mit den Schultern.

Dann herrschte Stille. Fast fünf Minuten hielt sie an. So war es oft gewesen, erinnerte sich Sandra. Pierre wollte seinen Kollegen und sich Zeit zum Nachdenken geben. Die entscheidenden Ideen kamen dann aber meist von ihm.

»Lasst mich laut denken«, sagte Pierre, ließ die Augen dabei geschlossen und massierte mit der rechten Hand seine Stirn, »wenn ich Fehler mache, korrigiert mich sofort. Der Unfall an der Branntweinseiche, den konnte der Mörder nicht vorhersehen, kein Mensch kann das ... Coniin ist ein Gift, das die Muskulatur lähmt, das Opfer aber bei vollem Bewusstsein lässt, hat Spunkes gesagt ... Das ist es ... Hilflosigkeit, Machtlosigkeit ... ja, wehrlos zu sein ... das will er uns sagen. Das Opfer kann sich gegen den aufsteigenden Tod nicht mehr zur Wehr setzen, es ist der Person ausgeliefert, die diesen Zustand herbeigeführt hat ... und der hat sich für den Tod entschieden«, sagte Rexilius.

Keiner hatte ihn unterbrochen oder korrigiert. Er fuhr fort. »Der Mord im Walkenrieder Wald ... auf was will er uns hier hinweisen?«

Keiner sagte etwas.

»Was ist das Prägende ... der Schuss? Nein. Er hat einen Schalldämpfer benutzt ... Das zerstörte Auto als Symbol für die Vergänglichkeit des Luxus, des Reichtums des Geschäftsführers?«

Hier machte Rexilius eine Pause. Sie dauerte fast eine Minute.

»Nein, das ist es nicht. Es ist das Feuer. Warum bin ich nicht gleich darauf gekommen? Das Feuer! Sandra, du hast recht. Er inszeniert die Tatabläufe, um uns auf etwas hinzuweisen. Auf Feuer und Hilflosigkeit ...«

»Aber wir haben keinen Hintergrund, Pierre«, sagte Sandra.

»Das ist nur eine Frage der Zeit«, antwortete der Hauptkommissar.

»Und wie ist der zweite Mord abgelaufen?«, fragte Henkelmann.

»Unser Professor glaubt, dass der Todeszeitpunkt zwischen zweiundzwanzig und dreiundzwanzig Uhr liegt«, sagte Pierre, der sich inzwischen eine Pfeife angezündet hatte.

»Das würde bedeuten, dass Kappe zwischen Herzberg und Walkenried getötet wurde«, sagte Sandra. »Der

Lokführer und Kappe waren allein im Zug ... Keiner ist in diesem Streckenabschnitt ein- oder ausgestiegen. Der Bahner hätte die Möglichkeit gehabt, den Geschäftsführer umzubringen.« Sie sah Pierre an, der aber keine Miene verzog.

»Möglich wäre es schon«, sagte er dann.

»Da fällt mir etwas ein«, sagte Eckert, der inzwischen dem Gespräch wieder folgte, »der Hausmeister aus Zorge hat sich gewundert, dass nur ein Zugbegleiter in Walkenried angekommen ist. Normalerweise fahren im Spätzug aber zwei Beamte der Bahn mit.«

Sandra sah zuerst Rexilius, dann die übrigen Mordermittler an. Und verließ abrupt den Konferenzraum.

Fünf Minuten später kehrte sie wütend zurück. »Der Hausmeister hatte recht. Die Regionaldirektion hat mir den Dienstplan gemailt. Danach war ein zweiter Bahner für den Spätzug als Zugführer eingeteilt. Wo ist er abgeblieben? Und warum hat Richter uns das verschwiegen?«

»Du solltest dir diesen Richter noch einmal vorknöpfen. Und zwar am besten gleich«, sagte Rexilius.

Südharz, Dienstagnachmittag, 8. Juli

Günter Richter entschuldigte sich kleinlaut bei Sandra. »Ich selbst habe Peter Haimann dazu überredet, in Herzberg auszusteigen. Er hatte das erste Rendezvous mit dieser Frau, von der er dauernd so schwärmte. Wenn er bis nach Walkenried mitgefahren wäre, dann hätte er sie verpasst. Er hat in letzter Zeit viel Pech mit Frauen gehabt. Seinen Jahresurlaub hatte er gerade hinter sich und tauschen wollte auch niemand mit ihm. Und da erfahrungsgemäß im Nachtzug wenige Passagiere reisen, war seine Anwesenheit nicht mehr notwendig. Ich bin mir bewusst, dass ich gegen die Bestimmungen verstoßen habe ... Ich hoffe, dass Sie mich nicht melden.«

Natürlich konnte das auch eine Ausrede sein, um in Seelenruhe und ohne Zeugen Kappe zu töten, sagte sich Sandra. Aber Jürgen hatte Richter durch den Polizeicomputer laufen lassen und festgestellt, dass es keine Eintragungen über ihn gab. Und eine Verbindung zum Geschäftsführer oder zur *DHC* ließ sich im Moment auch nicht herstellen.

Sie würde ihn nicht melden. Aber darüber ließ sie ihn, als sie sich von ihm verabschiedete, im Ungewissen, weil sie sich über die von ihm verschuldete erneute Fahrt nach Bad Lauterberg geärgert hatte.

Haimann hatte ein Haus in Herzberg. Ihnen öffnete ein etwa dreißig Jahre alter Mann mit Radsportkleidung. Er musste gerade vom Training zurückgekommen sein. Seine Leibesfülle verriet, dass er erst vor kurzem mit dem Radfahren begonnen haben konnte. Er führte sie in sein Wohnzimmer, bot ihnen einen Platz auf den Sesseln an und setzte sich auf das Sofa. In diesem Moment fiel ein Sonnenstrahl durch das Fenster wie das Scheinwerferlicht einer Bühne auf Haimanns Körper und ließ ihn noch massiger erscheinen, als er war.

Sein Vollmondgesicht, im unteren Teil von einem Doppelkinn umrahmt, ein fülliger, wabbliger Bauch, der über die Sitzfläche des Sofas hinaus in die Tiefe sackte, und kleine, weiblich wirkende Füße überzeugten Sandra: Richter hatte zumindest in diesem Punkt die Wahrheit gesagt – dieser Mann hatte Schwierigkeiten, eine Frau zu finden.

Seine Augen flogen gehetzt zwischen den Ermittlern hin und her.

»Warum haben Sie den Zug in Herzberg verlassen, obwohl ihr Dienst erst in Walkenried enden sollte?«, fragte Sandra.

Haimann zwinkerte unkontrolliert. »Äh ... habe im Chat eine Frau kennengelernt ... eine Frau, echt der Hammer ... Wollte sich mit mir treffen ...«

»Wann?«, fragte Sandra.

»Am Samstagabend.«

»Wo?«

»Hier in Herzberg.«

»Wo genau? In einer Kneipe, Disco, bei Ihnen zu Hause ... reden Sie!«

»Äh«, wieder flackerten sein Augen, »äh, auf einem Parkplatz.«

Also eine Dame aus dem horizontalen Gewerbe, die mit ihrem Wohnwagen auf einem Parkplatz der Schnellstraße ihre Dienste anbot und ihn abzocken wollte? Und deren wahren Namen und Adresse er nicht kannte? Sandra seufzte. Aber sie war zu voreilig gewesen.

»Auf dem Parkplatz des Kreiskrankenhauses. Weil sie sich nicht auskannte. Sie wollte aus Lüneburg anreisen. Hat mir geschrieben, dass man das Krankenhaus einer Stadt immer am besten findet, weil der Weg komplett ausgeschildert ist.«

Was durchaus zutreffend war. »Und, ist sie angereist?«

»Um zweiundzwanzig Uhr wollten wir uns treffen. Sie würde in einem weißen Opel Corsa mit Lüneburger Kennzeichen ankommen. Ich war pünktlich da. Suchte den Parkplatz ab. Kein weißer Opel Corsa. Wartete eine halbe Stunde. Nichts. Eine Stunde. Immer noch nichts. Nach zwei Stunden bin ich wieder nach Hause gefahren. Sie ist nicht gekommen.«

»Hm. Hat Sie jemand auf dem Parkplatz gesehen?«

Er schüttelte den Kopf. »Der Besucherparkplatz ist um diese Zeit völlig verlassen.«

»Und diese Geschichte soll ich Ihnen glauben?«, fragte Sandra. »Im Regionalzug von Herzberg nach Walkenried wird ein Fahrgast ermordet. Sie steigen angeblich in Herzberg aus, behaupten, ein Rendezvous mit einer Frau auf einem Parkplatz zu haben, wo es keine Zeugen geben kann ... Sie haben kein Alibi. Und jetzt hören Sie sich einmal meine Version an. Sie sind nicht in Herzberg ausgestiegen. Haben sich im Zug versteckt, schließlich kennen Sie sich bestens aus, verlassen ihr Versteck. Nur Sie und er im Zug. Sie bringen ihn um und irgendwo auf der Strecke steigen Sie aus.«

Haimann lief rot an, der Schweiß rann wie ein Wasserfall über seine Wangen. Und dann brach er in Hysterie aus. »Nein ... nein, ich bin kein Mörder. Habe noch nie irgendjemandem etwas getan. Bitte glauben Sie mir«, flehte er, » ich kann ... alles beweisen. Ich habe die E-Mail ... die E-Mail-Adresse und ... das Bild von ihr.«

»Dann zeigen Sie uns alles ... sofort«, sagte Sandra im Befehlston.

Sie gingen in sein Computerzimmer. An den Wänden hingen Fotos von Aktmodellen. Einige hatten pornografischen Charakter.

Er setzte sich an den Schreibtisch und schaltete den Computer ein. Auf dem Bildschirm erschien das Bild einer attraktiven Frau. »Äh ... das ist sie«, sagte Haimann stolz, »an der Wand hängen noch zwei Fotos von ihr.«

Sandra betrachtete sie. Diese Frau wollte sich mit Haimann treffen? Das war genauso unwahrscheinlich wie ein Elefant, der auf der Spitze des Eiffelturms balancierte. »Wo haben Sie das Foto her?«

»Sie hat es mir per E-Mail geschickt.« Haimann stellte Verbindung zum Internet her, öffnete den Outlook-Express und klickte eine E-Mail an. Sofort erschien das Bild der Frau. »Hier ist es ... Ich habe die Wahrheit gesagt.«

»Rufen Sie die Mail-Adresse auf«, sagte Henkelmann. Haimann kam der Aufforderung willig nach. »Und jetzt schreiben Sie eine kurze Zeile an Ihre Bekanntschaft.«

Haimann tippte ›Wo warst du am Samstag?‹ ein und

schickte die Mail ab. Sie warteten zwei Minuten und dann tauchte eine Nachricht des E-Mail-Senderprogramms Daemon auf. *Invalid address* – Ungültige Adresse.

»Versuchen Sie es noch einmal«, befahl Henkelmann. Die Antwort kam dieses Mal schneller ... *Invalid address*.
»Wo sind die anderen Mails, die Sie erhalten haben?«, fragte Henkelmann.

»Es gibt keine weiteren E-Mails. Wir haben im Chat kommuniziert.«

»Haben Sie irgendetwas gespeichert?«

»Nein.«

»Sie können nichts von dem, was Sie uns erzählt haben, beweisen«, sagte Sandra Koch. »Das sieht aber nicht gut für Sie aus. Wir werden jetzt Ihren Computer beschlagnahmen und mit nach Osterode nehmen. Sie halten sich zu unserer Verfügung.« Eigentlich traute sie ihm diese beiden raffinierten Morde nicht zu, aber sie wollte ihn als potenziellen Täter auch nicht voreilig ausschließen.

Als sie in die Inspektion zurückkehrten und Pierre Bericht erstatteten, wusste Stefan Henkelmann, der die ganze Zeit darüber nachgedacht hatte, wo er die Frau auf Haimanns Foto schon einmal gesehen hatte. »Das ist die Miss Hessen von 2002, da bin ich mir hundertprozentig sicher«, sagte er und ging an Pierres Computer. Als Beweis druckte er ein Foto von ihrer Homepage aus und legte es Rexilius auf den Tisch, neben den Ausdruck, den sie von Haimann mitgenommen hatten.

Pierre verglich die beiden Aufnahmen. »Ja ... das ist sie. Woher kennst du sie?«

»Ein Mitschüler der Polizeischule stammt aus ihrem Heimatort. Hatte ein Foto von ihr dabei und behauptete erst, es sei seine Freundin. Hat den Schwindel aber schnell zugegeben und uns eine Runde ausgeben müssen.«

»Hm.« Rexilius paffte an seiner Pfeife, schloss die Augen

und bemerkte nicht, wie sich ein tellergroßer Rauchring über seinem Kopf bildete, der einem Heiligenschein glich. Langsam stieg er auf und löste sich zwanzig Zentimeter unterhalb der Zimmerdecke wieder auf.

»Die Handschrift unseres Mörders«, sagte Sandra Koch. »Ein Bahnbeamter, den kaum eine Frau anschaut, wird im Chat von einer Frau kontaktiert. Sie will sich mit ihm treffen. Und damit das Treffen auch zustande kommt, schickt der Mörder ihm ein Bild von einer Frau, die erstklassig aussieht ... und auch nicht so bekannt ist. Die Wahrscheinlichkeit, dass Haimann sie kennt, ist sehr gering. Haimann überredet Richter, ihn in Herzberg aussteigen zu lassen – schließlich kann er zum ersten Mal in seinem Leben eine attraktive Frau aufreißen.«

»Hm ... der Mörder lockt damit also den Zugbegleiter weg, um ungestört agieren zu können«, sagte Henkelmann, »dann muss er seine Tat zwischen Herzberg und Walkenried durchgeführt haben ... Was aber, wenn noch weitere Fahrgäste im Zug gesessen hätten?«

»Er hätte sein Vorhaben auf einen anderen Zeitpunkt und Ort verschoben und wäre in Bad Sachsa oder Walkenried ganz normal ausgestiegen«, antwortete Rexilius, »solange die Bauarbeiten anhalten, endet der Zug aber in Walkenried. Es gibt keine Fahrgäste, die nach Nordhausen weiterfahren können. In dem Nachtzug sind selten Gäste anzutreffen, die bis zur Endstation nach Walkenried fahren. Das hat der Täter einkalkuliert.«

»Aber woher wusste er, dass ausgerechnet Haimann an diesem Abend Dienst hatte?«, fragte Henkelmann.

»Ich nehme an, dass er sich den Dienstplan aus dem Computer der Bahn geholt hat. Kein Problem bei seinen Computerkenntnissen«, sagte Pierre.

Inzwischen hatte der Vanilleduft von Rexilius' Tabak den Raum erfüllt. Wie die Erkenntnis, dass sie es mit einem Mörder zu tun hatten, der seine Tat bis ins kleinste

Detail vorbereitet hatte. Und keine Spuren hinterließ, mit denen man etwas anfangen konnte. War man, um erfolgreich werden zu können, ausschließlich auf Kommissar Zufall angewiesen, fragte sich Sandra. Keine rosigen Aussichten, denn Kommissar Zufall machte selten seine Aufwartung. Wartete man zu diesem Zeitpunkt auf den nächsten Mord, um dort Spuren finden zu können, die sie weiterbringen konnten? Auch keine rosige Aussicht.

»Wo ist er in den Zug eingestiegen ... und wie hat er ihn verlassen?«, fragte Henkelmann.

Pierre und Sandra zuckten mit den Achseln.

Südharz, Dienstagabend, 8. Juli

Wie hatte er es gemacht. Oder sie?

Spunkes war sich sicher, dass der Todeszeitpunkt zwischen zweiundzwanzig und dreiundzwanzig Uhr lag. Zu diesem Zeitpunkt war ich bei Barbara, dachte Rexilius, nur vier Kilometer vom Tatort entfernt! Kappe ist also zwischen Herzberg und Walkenried ermordet worden ... Aber wahrscheinlich war er schon vor der Ankunft in Bad Sachsa tot.

Pierre erhob sich von seinem Schreibtischstuhl, ging zum Fenster und blickte auf den Parkplatz der Inspektion. Der war erstaunlich leer. Befand sich ein großer Teil seiner Kollegen etwa schon im Sommerurlaub?

Er ging zu seinem Schreibtisch zurück, klopfte die Pfeife aus und entfernte die Aschereste mit einem Streichholz, weil er sein Pfeifenbesteck wieder einmal nicht finden konnte.

Wieder fragte sich Rexilius, wie der Mörder in den Zug gelangt war und wo er ihn verlassen hatte. Er musste mit dem Lokführer sprechen. Einiges war ihm noch unklar.

Er griff zum Telefon und hatte Glück, Richter hatte erst morgen wieder Dienst. Der Hauptkommissar erklärte ihm das Problem. »Hätte sich der Täter im Zug verstecken können? Und später, als alle abgezogen waren, den Zug in Walkenried verlassen haben?«

Richter überlegte einen Moment. »Nein, das halte ich für ausgeschlossen. Bevor ich den Zug abschließe, führe ich einen gründlichen Kontrollgang durch, inspiziere alle Ecken und Toiletten. Da war keiner mehr.«

»Hm.« Rexilius schwieg eine halbe Minute.

»Sind Sie noch da, Herr Hauptkommissar?«

»Ja ... Wie oft hat der Zug auf der Strecke gehalten?«

»In Scharzfeld und Bad Sachsa ... und zweimal außerplanmäßig.«

»Die Bauarbeiten?«

»Genau. Einmal etwa dreihundert Meter vor dem Bahnhof von Bad Sachsa. In der Nähe des Steinbruchs, eine Viertelstunde.«

Also eine gute Möglichkeit, den Zug unerkannt zu verlassen. »Und der zweite Halt?«

»Zwischen Bad Sachsa und Walkenried, in einer tief eingeschnittenen Schlucht des Sachsensteins. Hier hatte der Zug eine Standzeit von einer Minute.«

Eher unwahrscheinlich, dass er hier ausgestiegen ist, dachte Rexilius. »Kann jemand den Zug während der außerplanmäßigen Stopps verlassen haben?«

»Nein, ich entriegle die Türen nur beim Halt in einem Bahnhof. Auch nur, wenn der Zug steht und immer zentral ... Es sei denn ...« Der Zugführer wurde nachdenklich.

»Ja ...?«

»Es sei denn, man hat den entsprechenden Schlüssel. Dann kann man eine Tür manuell öffnen.«

»Wer ist in Besitz eines solchen Schlüssels?«, fragte Rexilius.

»Alle Zugbegleiter.«

»Der Täter hätte sich, wenn er in Besitz eines solchen Schlüssels war, während eines Stopps aus dem Zug entfernen können?«

»Ja, schon möglich ... aber wenn, dann in der Nähe des Steinbruchs, kurz vor Bad Sachsa. Nicht in der Schlucht.«

Damit war vielleicht die Ausstiegsmöglichkeit schon geklärt ... »Herr Richter, wo könnte der Mörder den Nachtzug bestiegen haben?«

»In Herzberg und Scharzfeld jedenfalls nicht. In der Zeit zwischen Halt und Abfahrt kontrolliere ich den Bahnsteig und dort ist niemand zugestiegen. Haimann müsste ihnen weiterhelfen können ... Da fällt mir noch etwas ein, Herr Hauptkommissar. Die Bahnarbeiter, die die Streckenerneuerung von Walkenried nach Herzberg durchführen, haben in der Nähe der Bahnstation Bad Sachsa ihre Unterkunft. Einige von ihnen haben nicht weit vom Steinbruch entfernt an dem Abend gegrillt.«

Pierre bedankte sich bei Richter, legte auf und wählte Haimanns Nummer. Der Zugbegleiter meldete sich nach dem ersten Klingelzeichen. Rexilius stellte sich vor. »Herr Haimann, schauen Sie einmal nach, wo Ihr Zugschlüssel ist!«

Haimann druckste erst herum und sagte dann: »Er ist weg.«

»Seit wann?«

»Ich weiß es nicht genau. Am Samstag, als wir in Göttingen mit dem Regionalzug abfuhren, hatte ich ihn noch.«

»Sind Sie sicher?«

»Ja, der Schlüssel befindet sich an einem Bund mit anderen Schlüsseln an einer Kette, die an meinem Gürtel befestigt ist. Der Bund hängt in meiner Hosentasche. Als wir in Göttingen abfuhren, habe ich in den Toiletten die Papierfächer kontrolliert, und die muss ich vorher aufschließen.«

»Hm. Wann haben Sie sein Fehlen entdeckt?«

»Als ich nach Hause kam und die Haustür aufschließen wollte. Ein Teil der Kette hing noch am Gürtel, den unteren Teil mit dem Schlüsselbund muss jemand mit einer Zange abgeklickt haben. Zum Glück waren meine Eltern zu Hause – ich wohne noch bei ihnen – und haben mich hereingelassen. Ich habe mich gleich umgezogen, um mich mit einer Frau zu treffen. Zum Glück habe ich für mein Auto einen Zweitschlüssel.«

»Haben Sie während der Fahrt irgendetwas Auffälliges bemerkt? Hat Sie jemand angerempelt?«

»Im ersten Teil der Fahrt bis nach Northeim war der Zug voll, das Gedränge in den Gängen groß. Wenn, dann muss es dort passiert sein.«

»Haben Sie den Verlust der Schlüssel ihrem Arbeitgeber gemeldet?«

Haimann antwortete nicht gleich. »Na ja, das glaubt mir keiner ... Er lag heute Morgen in meinem Briefkasten.«

Pierre glaubte ihm, sagte es aber nicht. Er war es gewesen, der Mörder ... er hatte Haimann die Schlüssel zurückgebracht. »Wenn Ihnen noch etwas einfällt, dann melden Sie sich bitte bei uns«, sagte der Hauptkommissar.

»Wann bekomme ich meinen Computer zurück?«

»In den nächsten Tagen«, sagte Pierre und verabschiedete sich von Haimann.

Eckert klopfte und betrat Pierres Dienstzimmer. »Ich habe mir Haimanns Computer angeschaut. Unser Mörder ist ein Computerfreak«, sagte er anerkennend. »Er hat seine IP-Nummer verschleiert.«

»Wie zum Teufel hat er das angestellt?«

»Er hat einen Proxyserver benutzt. Du musst dir das so vorstellen, Pierre: Die IP-Adresse ist vergleichbar mit einer Telefonnummer, und sie wird weltweit nur einmal vergeben. Sie besteht aus einer Folge von vier Zahlen, getrennt durch einen Punkt. Zum Beispiel 256.176.0.35. Im Extremfall können so etwa 4,3 Milliarden IP gleichzeitig vergeben werden. Im Gegensatz zur Telefonnummer werden die IP meist dynamisch vergeben. Mal abgesehen von Firmen, die eine feste IP-Nummer haben, bekommst du jedes Mal, wenn du dich ins Internet einwählst, eine neue von deinem Provider. Er speichert die zugewiesene IP und den zugehörigen Internetbenutzer. Nach neunzig Tagen erfolgt eine Löschung. Im Moment jedenfalls. Es gibt Überlegungen von Seiten des Gesetzgebers, diese Zeit deutlich zu verlängern, um unsere Arbeit zu erleichtern. – Hätte der Mörder diesen Weg gewählt, könnten wir seine Identität herausbekommen, weil die E-Mail ja erst letzte Woche gesendet wurde. Aber er hat eine Art Zwischenstation eingebaut. Einen Proxyserver.« Eckert grinste. »Wenn du eine anonyme Mail an unseren ehrenwerten Polizeichef verschicken willst, solltest du einen Proxyserver benutzen. Du sendest die E-Mail an ihn und er sie an Fischer. Mit seiner IP-Nummer. Deine erscheint nicht, bleibt quasi im Proxyserver stecken. Und der Vorgang darf von Betreibern von Proxyservern auch nicht gespeichert werden. Somit ist nicht mehr nachvollziehbar, dass du der Absender warst. Du kannst Fischer ein Arschloch nennen ...« Eckert musste lachen.

»Dazu wäre ich nie imstande«, sagte Rexilius.

»Natürlich nicht ... Allerdings ... auf richterlichen Beschluss kann man den Datenverkehr überwachen. Wenn die Firmen ihren Sitz in Deutschland haben. Und nun rate mal, wo der Proxyserver seinen Sitz hat!«

»Im Ausland.«

»Bingo. In Russland. Und genau deshalb bin ich mir sicher, dass unser Mörder dahintersteckt. Oder eine Gruppe«, sagte Eckert, »du hast mit deiner Vermutung richtig gelegen.«

»Kann der russische Server eine Bedeutung haben?«

»Muss nicht sein. Es hätte jedes andere Land sein können.« Eckert legte seinem Chef einen Computerausdruck auf den Schreibtisch, auf dem die Zugverbindungen des Samstags ausgedruckt waren.

Pierre studierte ihn. »Kappe ist schon um sieben Uhr fünfzig in Freiburg abgereist?«

»Ja«, antwortete Jürgen, »laut Plan fährt der ICE in Göttingen um elf Uhr einundvierzig ein. Verspätung hatte er nicht.«

»Ich weiß«, sagte Pierre. »Sandra und ich sind mit demselben Zug gefahren.«

Jürgen nickte verstehend. »Da hättet ihr ihm ja fast über den Weg laufen können«, sagte er und sah wieder auf seinen Computerauszug. »Dann seid ihr mit dem Anschlusszug acht Minuten später nach Walkenried weitergefahren und Kappe ... ist entweder in Göttingen oder irgendwo vorher ausgestiegen. Und erst um zwanzig Uhr vierzig hat er in Göttingen seine Reise fortgesetzt. Wo hat er sich in der Zwischenzeit aufgehalten?«, fragte Eckert, nippte an seinem Kaffee, nahm zwei Züge aus seiner Zigarette und blickte auf Rexilius.

Der studierte wieder den Netzplan der ICE-Züge. »Auf der Strecke von Freiburg nach Göttingen hält der ICE fünf Mal. In Offenburg, Karlsruhe, Mannheim, Frankfurt und in Kassel.«

»Ja, natürlich ... aber wo könnte er den Zug verlassen haben, wenn nicht in Göttingen?«

Pierre zuckte mit den Schultern. »Noch viel wichtiger aber ist: Aus welchem Grund hat er den Zug verlassen ... Liegt die Liste seiner Telefongespräche schon vor?«

»Marc arbeitet daran. Müsste aber bald so weit sein.«

Eckert hatte das letzte Wort gerade ausgesprochen, als Junge die letzte, wenn auch illegale Raucheroase der Inspektion betrat. Er setzte sich auf den letzten freien Stuhl am Schreibtisch und legte einen Computerausdruck dort ab, bediente sich bei Eckerts Zigaretten, die vor ihm lagen, und zündete sich eine an. Jürgen ging zum Fenster und öffnete es. Der Rauch zog zwar ab, aber dafür breitete sich die Tropenhitze in Pierres Dienstzimmer aus.

»Kappe hat am Samstag einen einzigen Telefonanruf getätigt, bei einer gewissen Sarah Sowietzky aus Göttingen, Hansenstraße«, sagte Marc Junge.

»Dann ist er in Göttingen ausgestiegen«, sagte Eckert.

»Ja«, sagte Junge. »Ich kenne Sarah übrigens aus meiner Zeit bei der Sitte. Sie ist eine Edelprostituierte, hat mir bereitwillig Auskunft erteilt. Kappe ist um die Mittagzeit bei ihr angekommen und hat sie gegen neunzehn Uhr wieder verlassen. Wollte mit dem Abendzug nach Walkenried fahren. Der Freiburger Geschäftsführer hat ihre Dienste etwa einmal im Monat in Anspruch genommen. Sie sagt, er sei immer sehr großzügig gewesen. Tausend Euro hat Kappe ihr für den Samstag bezahlt.«

»Gut, dann wissen wir, wo Kappe sich am Samstagnachmittag und dem frühen Abend aufgehalten hat«, sagte Pierre. »Wo aber ist der Mörder in den Zug gestiegen? Wo hat er ihn verlassen? Vielleicht können uns die Bahnarbeiter in Bad Sachsa weiterhelfen. Ich werde sie morgen früh befragen.«

Südharz, Mittwochvormittag, 9. Juli

Die zweite Hitzewelle des Sommers 2003 traf den Harz so, wie es die Meteorologen vorausgesagt hatten.

Das Flimmern der Luft über den Schienen täuschte Seen der Erfrischung vor. Der Körper des Bauleiters unterlag dieser Fata Morgana nicht. In der rechten Hand hielt er ein feuchtnasses Handtuch, mit dem er in kurzen Abständen den Schweiß aus dem Gesicht wischte. Sein

Hemd wies keine trockene Stelle mehr auf. Nach einem Klingelzeichen aus dem Leitungswaggon watschelte er mit seinen hundertdreißig Kilo Körpergewicht schwerfällig zu einer Signalanlage und drückte zwei Knöpfe. Ein lauter, unerträglicher Heulton, der eine Minute anhielt, war das Ergebnis. Kein menschliches Wesen hätte ihn jemals ignorieren können.

Die Gleisarbeiter brachten sich routiniert und entspannt in Sicherheit. Zwanzig Sekunden später grüßte sie ein Güterzug im Vorbeifahren mit einem aufmunternden Pfeifton. Schien Verständnis und Mitleid für ihr Los zu haben, in dieser Hitze arbeiten zu müssen.

Als der Zug hinter einer Kurve verschwand, folgte ein sanfter Ton der Entwarnung. Die Bauarbeiter, nur mit kurzer Hose und Arbeitsschuhen bekleidet, eroberten ihr Terrain zurück.

Rexilius, der in der Nähe des Bad Sachsaer Bahnhofs gewartet hatte, bis sich der Güterzug entfernt hatte, lief über die Gleise auf den Bauleiter zu, der sich mit Schrader vorstellte. Rexilius erklärte ihm sein Anliegen.

»Ja, am Samstag hatte die dritte Gruppe frei und ein Grillen veranstaltet. Etwa fünfzig Meter von ihrer Unterkunft entfernt. Die meisten Mitarbeiter kommen aus Süddeutschland und fahren an kurzen Wochenenden nicht nach Hause.« Aus dem gelben Schutzhelm, den er trotz der Hitze tragen musste, fielen Schweißtropfen auf seinen buschigen Schnurrbart. Er entschuldigte sich und wischte sie mit seinem feuchten Handtuch weg.

»Sind die Arbeiter dieser Schicht im Moment erreichbar?«, fragte der Hauptkommissar.

»Ich glaube schon. In dieser Woche haben sie Nachtschicht und die beginnt in zwei Stunden. Ich werde Sie zu ihrer Unterkunft führen.« Schrader übergab die Einsatzleitung an seinen Stellvertreter und dann setzten sie sich in Bewegung. Rexilius drosselte sein Tempo, damit Schrader,

der sich unterwegs ein paar Mal mit dem Handtuch über die Stirn wischte, ihm folgen konnte.

Schon in zehn Meter Entfernung von der Unterkunft zeugten eine heftige Diskussion und ein plärrender Fernseher von reger Betriebsamkeit. Und das trotz der erbarmungslosen Hitze, dachte Rexilius, aber als Schrader die Tür zum Aufenthaltsraum öffnete, kam ihnen ein Schwall kühler Luft entgegen. Eine Klimaanlage war es also, die die Arbeiter hier so zahlreich anzog.

Nachdem sich Rexilius und der Bauleiter auf zwei freie Stühle gesetzt hatten, ergriff Schrader das Wort. »Leute, das ist Hauptkommissar Rexilius, Leiter der Mordkommission Osterode. Er hat ein paar Fragen an euch«, sagte er und übergab an Rexilius. Das anfängliche Gemurmel war verstummt.

»Am vergangenen Samstag, wahrscheinlich um zweiundzwanzig Uhr, ist im Nachtzug ein Mord geschehen. Ich habe erfahren, dass Sie an dem Abend in der Nähe des Steinbruchs gegrillt haben. Der Zug hat dort etwa fünfzehn Minuten gestanden. Hat irgendjemand von Ihnen etwas Auffälliges beobachtet?«

Die Männer sahen sich fragend an und zuckten mit den Schultern. Ein etwa ein Meter und neunzig großer, schlaksiger Mann meldete sich aber dann doch zu Wort. »Der Steinbruch liegt noch gute zweihundert Meter von der Stelle entfernt, wo wir unseren Grill aufgebaut haben. Und wir haben eine zünftige Grillfeier mit viel Bier veranstaltet. Da hat keiner von uns auf die Umgebung geachtet … Ich habe gegrillt. Als der Zug an uns vorbeigefahren ist, habe ich jemanden im hintersten Abteil sitzen sehen. Er schien zu schlafen … War er es, der ermordet wurde?«

»Ja, vermutlich war er zu diesem Zeitpunkt schon tot«, antwortete Rexilius und blickte in die betretenen Gesichter der Arbeiter. Wieder Stille. Eine entfernte Klospülung war zu hören und dann ein zweifaches Türöffnen. Ein weiterer Arbeiter betrat den Aufenthaltsraum.

»Ich konnte auf dem Klo verstehen, was hier gesprochen wurde. Frank Sandelmann, Herr Hauptkommissar, der hat eine eigenartige Beobachtung gemacht ... von einer Person, die aus dem Zug ausgestiegen ist ... aber ...«, und jetzt grinste er süffisant, »das ist etwas brisant ... Ich glaube, es ist besser, wenn er das ihnen alles selbst erzählt.«

»Wo ist Sandelmann?«, fragte Rexilius.

»In Bad Sachsa, zum Einkaufen.«

Die Bauarbeiter klatschten auf die Tische und lachten. Rexilius, der das Verhalten der Arbeiter erst später verstehen sollte, wandte sich an Schrader. »Können Sie Sandelmann über Handy mitteilen, dass ich ihn dringend sprechen muss?«

Der Bauleiter nickte, holte ein Handy aus der Hosentasche und wählte die Nummer von Sandelmann. Erreichte ihn nach dem ersten Klingelzeichen. »Frank, dein Typ wird verlangt. Ein Hauptkommissar der Kripo will mit dir sprechen. Du solltest so schnell wie möglich zur Unterkunft kommen.«

Zehn Minuten später hielt ein Taxi in der Nähe der Unterkunft. Als Sandelmann seine drei vollen Einkaufstüten im Aufenthaltsraum abstellte, rief ihm ein Kollege zu: »Hast du die Verlobungsringe schon gekauft?« Ein anderer: »Und was ist mit dem engen Tanga-Bikini? Den sollte sie uns mal vorführen.« Das grölende Gelächter hielt mindestens eine halbe Minute an.

»Idioten«, brüllte Sandelmann.

Rexilius trat auf ihn zu und erklärte ihm sein Kommen.

»Lassen Sie uns besser nach draußen gehen, auch wenn es dort heiß ist ... hier kann man ja nicht vernünftig reden«, sagte Sandelmann und deutete auf seine Kollegen.

Sandelmann hatte einen überdachten Geräteschuppen auftreiben können, dessen Schatten die Hitze etwas erträglicher machte. »Ich habe die Grillparty mit Beate etwa um neun Uhr verlassen. Sie ist meine Freundin ... habe sie hier erst kennengelernt. Wir haben eine Mulde in der Nähe des Steinbruchs aufgesucht um uns ... zu vergnügen.«

»Im Gelände?«

»Mhm ... Beate ist verheiratet. Ihr Mann darf unsere Beziehung nicht mitbekommen. Wie jeden Tag war er auch am Samstag auf Sauftour. Und wenn er zurückkommt, schlägt er sie oft. Hätte er uns in ihrem Haus überrascht ... nicht auszudenken, was hätte passieren können ... Es war ja auch schön warm. Aber Beate will ihn verlassen und wenn die Arbeiten beendet sind, zu mir nach Nürnberg ziehen.«

Rexilius ging nicht darauf ein. Zu oft hatte er Ähnliches in den letzten Jahren gehört. Selten waren aus derartigen Bekanntschaften feste Beziehungen geworden. »Was haben Sie beobachtet?«

»Wir waren gerade fertig, als der Zug hielt. Wir lagen in einer Kuhle, hörten, wie der Regionalzug direkt unter uns hielt und blickten nach unten. Plötzlich stieg ein Mann aus. Beate flüsterte mir zu, dass es sich bestimmt um einen Schwarzfahrer handele. Ich glaubte das nicht. Und jetzt, nachdem ich weiß, was im Zug passiert ist, bin ich sicher, dass es der Mörder war, der dort ausgestiegen ist.«

»Können Sie ihn beschreiben?«

»Nachdem er den Zug verlassen hatte, bückte er sich. Es sah so aus, als würde er etwas in seinen Rucksack stecken.« Sandelmann schloss die Augen und überlegte. »Er hatte eine Kopfbedeckung auf ... einen altmodischen Hut ... und einen Mantel, ja. Ich hatte mich gewundert, dass er trotz der Wärme einen langen Mantel trug. Ist doch ungewöhnlich bei der Witterung.«

»Ja. Haben Sie sein Gesicht erkannt?«

»Nein, es war viel zu dunkel und außerdem hatte er den Hut tief ins Gesicht gezogen.«

»Wie groß war er?«

»Etwa einen Meter achtzig, Herr Hauptkommissar. Und dann stieg er den Berg hinauf. Die ganze Szenerie war so unheimlich. Er ging etwa fünfzig Meter an unserer Kuhle vorbei. Unwillkürlich zogen wir unsere Köpfe ein. Beate zitterte vor Angst. Und ehrlich gesagt ... ich auch. Wir rührten uns nicht. Vielleicht ein Viertelstunde oder eine halbe ... ich weiß es nicht mehr. Dann schaute ich mich vorsichtig nach allen Seiten um ... Wir wollten nur noch diesen Ort verlassen. Wir rannten den Berg hinunter und gingen zum Grillen zurück.«

Sandelmann war stark ins Schwitzen gekommen. Pierre glaubte, dass die Hitze nur einen Anteil von fünfzig Prozent ausmachte. Seine Angst war berechtigt. Er hatte Glück gehabt. Wenn der Mörder ihn und seine Freundin bemerkt hätte, dann hätte er die beiden potentiellen Zeugen beseitigt.

Sandelmann steckte sich eine Zigarette an und nahm zwei, drei nervöse Züge. Pierre griff in seinen Rucksack und stopfte sich eine Pfeife. »Zeigen Sie mir die Örtlichkeiten, Herr Sandelmann.«

Fünf Minuten später befanden sie sich an der Stelle, an der der Nachtzug gehalten hatte. Der Bahnarbeiter wies mit der Hand auf die Kuhle, in der er mit seiner Freundin gelegen hatte, und auf den Weg, den der vermutliche Mörder gegangen war.

»Hatte er eine Taschenlampe?«, fragte Rexilius.

»Nein, ich habe keinen Lichtschein gesehen.«

»Mhm ... Das wäre erst einmal alles. Ich muss auch mit Ihrer Freundin Beate ...«

»Beate Ernst.«

»Vielleicht ist ihr noch etwas aufgefallen.«

»Das ist ein Problem, Herr Hauptkommissar. Ihr Mann schlägt sie regelmäßig. Wenn er erfährt, dass sie mit mir ein Verhältnis hat ...«

»Sie soll mich in der Inspektion anrufen«, sagte er und gab Sandelmann seine Visitenkarte. Der Bahnarbeiter bedankte sich erleichtert und verabschiedete sich.

Pierre holte die topographische Karte der Umgebung aus seinem Rucksack und zeichnete ein Kreuz an dem Punkt ein, an dem der Nachtzug gehalten hatte. Nach Aussagen von Sandelmann war der Mörder von dort aus den Hang hinaufgestiegen und wahrscheinlich bis zum Brockenblickweg marschiert, der seinen Weg kreuzte. Dem Maßstab der Karte entnahm Pierre, dass es sich um eine sechshundert Meter lange Strecke handelte. Von dort aus, vermutete er, hatte der Mann ein Fahrzeug, oder ein Komplize hatte auf ihn gewartet.

Aber wie hatte er diesen Weg gemeistert? Im Dunklen?

Die Bahnschienen lagen auf einer Höhe von zweihundertneunzig Metern. Der Hang, der direkt an die Schienen anschloss, stieg auf eine Höhe von dreihundertfünfundvierzig Meter an. Bis dorthin hatte er etwa zweihundertfünfzig Meter zurückgelegt. Immerhin eine Steigung von zwanzig Prozent. Bis zum Brockenblickweg fiel die Höhe wieder ab. Rexilius beschloss, den möglichen Fluchtweg des Mörders abzuschreiten.

Der Hang war überwiegend mit Gräsern, Büschen und kleineren Laubbäumen bewachsen, der Boden mit Maulwurfshügeln und Kuhlen übersät. Dann bemerkte Rexilius, dass der Steinbruch einen Bogen machte. Der Täter musste hier eine Linkskurve gelaufen sein, sonst wäre er zwanzig Meter in die Tiefe gestürzt! Zwei Minuten später erreichte Rexilius den Gipfelpunkt. Ein etwa zweihundert Meter breiter, dichter Fichtenwald schloss sich an. Er durchschritt ihn. Am Ende erblickte er die gerade, graue Linie des Brockenblickwegs. Rexilius ging wieder zum Gipfelpunkt zurück und schaute noch einmal den Hang hinunter.

Der oder die Täter mussten das Gelände vorher genau erkundet haben. Aber auch die beste Erkundung hätte bei diesen Geländeverhältnissen nicht ausgereicht, um den Weg unbeschadet zurücklegen zu können. Ohne Licht ... ausgeschlossen. Sandelmann hatte gesagt, dass er kein Licht gesehen habe. Wäre auch zu auffällig gewesen. Es gab nur eine Erklärung: Der Mörder hatte eine Infrarotnachtsichtbrille benutzt und damit ausgezeichnete Sichtverhältnisse gehabt.

Rexilius setzte sich auf einen Grashügel nahe dem Gipfelpunkt. Zündete sich eine Pfeife an, blickte nach Süden. Am Horizont erhoben sich die zerklüfteten Gipsfelsen des Sachsensteins. Hätte er hier vor mehreren hundert Millionen Jahren gesessen, dann auf einer Insel und er hätte auf einen Ozean geblickt.

Er konzentrierte sich wieder auf seine Karte. Vom Brockenblickweg aus gab es zwei Fluchtmöglichkeiten: Der Mörder hätte den Weg in westliche Richtung nehmen und an der Landesstraße von Tettenborn nach Bad Sachsa in ein geparktes Auto einsteigen oder sich abholen lassen können. Die zweite Möglichkeit bestand darin, nach Osten zum dreihundert Meter entfernten Bahnhof zu gehen, unterwegs Mantel und Hut abzustreifen und in ein dort vorher geparktes Auto einzusteigen und davonzufahren. Ein zufälliger Beobachter hätte keine Verbindung zum Mord herstellen können ...

Südharz, Mittwochnachmittag, 9. Juli

Eckert, Koch und Junge kramten noch in irgendwelchen Akten, Henkelmann hatte ein Flipchart im Konferenzraum aufgestellt, auf dem Rexilius eine Strukturskizze über die Abläufe der beiden Morde angefertigt hatte. Seine grauenvolle Handschrift konnten nur Eingeweihte entziffern, und das waren eigentlich nur seine Kollegen von der Mordkommission, die allerdings einige Zeit dafür gebraucht hatten. Der Neuling Henkelmann schaute noch immer konzentriert auf die Schautafel. Dann nickte er schmunzelnd mit dem Kopf. Endlich hatte er alles entschlüsselt.

Als Veranschaulichung hatte Pierre Rexilius Fotos von den Tatorten und den Opfern hingehängt.

Mit geschlossenen Augen und den Händen im Nacken gefaltet saß er auf seinem Stuhl. »Wenn die Herren von kriminalistischer Brillanz in fünf Minuten nicht anwesend sind, fangen wir ohne sie an«, sagte der Hauptkommissar, ohne die Augen zu öffnen.

Alle Mitglieder der Mordkommission grinsten und hofften, dass die fünf Minuten ohne das Eintreffen des Polizeidirektors mit seinem Stellvertreter Rauert vergehen würden. Eckert erhob sich von seinem Sitz und wollte gerade eine Kostprobe seines Imitationstalents geben, als die Tür aufging. Der Polizeidirektor und sein Assistent waren im Begriff, den Konferenzraum zu betreten. Da aber beide gleichzeitig die zu enge Tür durchschreiten wollten, behinderten sie sich gegenseitig und keiner von beiden kam weiter. Dabei fiel Fischers Akte, die er immer dabei hatte – und von der keiner wusste, was sie eigentlich beinhaltete, zu Boden. Rauert trat zurück, ließ den Polizeidirektor passieren, hob die Akte auf und reichte sie seinem Vorbild an Kompetenz und Autorität. Dieser bedankte sich mit einem deutlichen Kopfnicken – eine für seine Verhältnisse ungeheure emotionale Geste der Dankbarkeit – und schritt in seinem typischen Stockfischgang auf seinen Platz zu. Noch bevor er sich gesetzt hatte, befahl er, ohne zu grüßen: »Anfangen!«

Natürlich war Rexilius gemeint, aber wie immer unterließ Fischer es, ihn dabei anzuschauen. Und wie immer ließ sich der Hauptkommissar Zeit, bevor er mit seinen Ausführungen begann.

Pierre berichtete über die Ereignisse im Walkenrieder Wald. Wies auf die Funde am Tatort hin. Dass man zwar rote und blaue Stofffasern habe, die von einer Radfahrsportkleidung stammten, dass sie aber keiner Person zugeordnet werden konnten, weil hunderte von Discountern die gleiche chinesische Kleidung nur wenige Wochen vorher gleichzeitig verkauft hatten. Wahrscheinlich existierten tausende davon.

Dann ging er auf das Handy ein, mit dem der Mörder Balthasar Fritz kurz vor seinem Tod angerufen hatte. Dieses habe zweierlei Gründe gehabt: Der Mörder wollte sich seinem Opfer gegenüber zu erkennen geben, um seine Macht über Fritz zu demonstrieren. Zum zweiten habe er mit dem Handy ein Signal ausgelöst, das das Steuergerät der Airbags zerstört habe. Leider hätten die Ermittlungen in Freiburg nicht weiterführen können, da der Sportwagen fünf Tage vor dem Mord einige Stunden in den Händen eines Unbekannten gewesen sei.

Dann ging Rexilius zum zweiten Mord über. Der Mörder verfüge über ein umfangreiches Wissen über Gifte. Coniin habe er eingesetzt, das in kurzer Zeit zur Lähmung der Muskeln führt. Der Tod setzte schließlich durch Atemlähmung ein. Den Fluchtweg des Mörders habe man nachvollziehen können, zumindest den ersten Teil. Wo der Täter in den Regionalzug eingestiegen sei, wisse man noch nicht. Kappe sei an seinem Todestag mit dem

Intercity von Freiburg nach Göttingen gefahren und dort am Mittag ausgestiegen, habe aber nicht den Anschlusszug nach Walkenried genommen, sondern in Göttingen eine Edelprostituierte aufgesucht und mit ihr den Nachmittag verbracht. Am Abend sei er in den letzten Regionalzug nach Walkenried eingestiegen. Bis auf einen Hut tragenden Schatten habe man bislang vom Mörder nichts gesehen.

Bei beiden Morden habe man Zeichnungen am Tatort gefunden, die möglicherweise auf ein Motiv hindeuteten … bislang habe man sie nicht entschlüsseln können. Rexilius sprach die Vermutung aus, dass Fritz und Kappe Opfer eines möglichen Bandenkriegs geworden sein könnten. Und dass es sich bei den Symbolzeichnungen um Warnungen an andere handele. Im Umfeld der Ermordeten werde im Moment in Freiburg durch die Kollegen ermittelt. Vielleicht bestanden Verbindungen zum organisierten Verbrechen, oder es handelte sich um einen Racheakt. Frank Röster, seit Jahren spurlos verschwunden, habe ein erstklassiges Motiv. Wurde nicht zum Geschäftsführer ernannt, sondern denunziert und schließlich sogar fristlos entlassen. Eine Demütigung, die nicht mehr zu überbieten sei.

Ebenso könnte auch der verschwundene Radfahrer der Täter sein. Die Farbe der Radfahrkleidung passte zu den Stofffasern, und der große, schwere Rucksack hätte durchaus ein Gewehr enthalten können. Trotz überregionaler Fahndung und trotz Hilfe der Medien fehlte jede Spur von ihm.

Damit endete sein Bericht. Fischer schaute in die Runde. Erwartete Kommentare von den übrigen Mitgliedern der Mordkommission. Fehlanzeige. Auch sein giftig-böser Blick brachte keine Änderung. »Ist das alles, was Sie nach drei Wochen Ermittlungsarbeit herausgefunden haben? Was soll ich der Presse sagen? Dass der Mörder für die Mordkommission zu intelligent ist?«

Jeder wusste, dass der Vorwurf an Rexilius gerichtet war, der sich aber nicht veranlasst sah, irgendwelche Erklärungen oder Rechtfertigungen abzugeben. Zumindest nicht, solange der Inspektionsleiter jegliche Sachlichkeit vermissen ließ.

Die Brille des Polizeidirektors begann bedrohlich auf den unteren Nasenbereich zu rutschen. Sein Gesicht färbte sich rötlich und das linke Auge zuckte in schneller Folge. Alle Mitglieder der Mordkommission wussten, dass Fischers Ton beim nächsten Wortbeitrag schrill werden würde. Und Eckert dachte, dass der Polizeidirektor eigentlich, unmittelbar bevor er mit Pierre zusammentraf, einer kurzen therapeutischen Vorbereitung durch einen guten Psychiater bedurfte.

»Wenn die Mordkommission überfordert ist, dann muss ich darüber nachdenken, Hilfe aus der Direktion in Göttingen anzufordern. Mit großer Wahrscheinlichkeit werde ich die Bildung einer Sonderkommission veranlassen, die von einem Göttinger Kollegen geleitet wird«, sagte Fischer, wie erwartet mit schriller Stimme.

Ein Klopfen an der Tür unterbrach seinen Anfall. Seifert, ein dreißigjähriger Kommissar, trat ein. »Wichtiger Anruf aus der Polizeiinspektion Nordhausen ... Euer Radfahrer ist in der Nähe von Ellrich verhaftet worden. Spätestens in einer halben Stunde wird er hier eintreffen.«

Eckert, Koch, Junge und Henkelmann schauten überrascht auf Rexilius, Fischer stutzte kurz und verließ wortlos den Raum. Ebenso wortlos verschwand Rauert.

Rexilius gab indessen Marc, dem Verhörspezialisten der Gruppe, den Auftrag, sich auf die kommende Vernehmung vorzubereiten. Und Eckert ließ es sich nicht nehmen, dann doch eine abschließende Vorstellung zu geben. Holte Pierres Lesebrille aus dem Etui, setzte sie so auf den unteren Nasenbereich, dass sie fast heruntergefallen wäre. Zuckte übertrieben schnell mit dem linken

Auge, bewegte sich in einem perfekten Stockfischgang durch den Raum, wobei die Nase nach vorn oben gerichtet war, und imitierte Fischers Drohungen. Schallendes Gelächter beendete die Konferenz.

Als Rexilius fünf Minuten später in seinem Dienstzimmer saß, war er nachdenklich geworden. Fischer war ein erbärmlicher Kriminalist. Aber Fischer war Verwaltungsfachmann und kannte seine Befugnisse sehr genau. Natürlich konnte er Rexilius von dem Fall abziehen. Und sobald er seine Chance sah, würde er es auch tun. Vielleicht bedeutete das Auftauchen des unbekannten Radfahrers nur einen Aufschub.

Südharz, Mittwochnachmittag, 9. Juli

Eine Stunde später befanden sich Rexilius, Junge und Eckert im Verhörsaal der Inspektion. In seiner Mitte stand ein Tisch, an dem sich Marc Junge und ›Jan Ullrich‹ gegenübersaßen. Rexilius hatte sich in einiger Entfernung so postiert, dass er den gesamten Körper des Verdächtigen sehen konnte. Seinen Stuhl hatte er umgedreht, die Arme ruhten auf der Lehne. Er musterte den Verdächtigen, glaubte, dass er aus Südosteuropa stammte. Die Glatze des Phantombildes war verschwunden, an ihre Stelle war ein kurzer Bürstenhaarschnitt gerückt. Ein starkes Haarwachstum, dachte Rexilius, und erinnerte sich unwillkürlich an seine zurückgehende Haarpracht. Das Gesicht zierte ein Bart. ›Jan Ullrich‹ musste seine Haare gleich nach dem Mord an Fritz haben wachsen lassen, dachte Pierre. Ein Zeichen dafür, dass er etwas zu verbergen hatte? Den Mord an Fritz?

Pierre zollte Oberländer Respekt. Bei der Erstellung des Phantombildes hatte er ein ausgezeichnetes Gedächtnis bewiesen. Der unbekannte Radfahrer hatte trotz seiner veränderten Haare eindeutig identifiziert werden können.

Die Befragungen im Verhörsaal führte er selten selbst durch. Pierre war überzeugt, dass die Körpersprache sehr viel verriet, wenn die dementsprechenden Fragen gestellt wurden. Und das tat sein Verhörspezialist Marc. Sandra hatte einmal gesagt, Pierre müsse ein menschlicher Lügendetektor sein, weil er zu neunzig Prozent mit seinen Einschätzungen der Verhörten richtig lag.

Sandra, Henkelmann, Fischer und sein Stellvertreter Rauert standen hinter dem Spiegel und beobachteten. Junge schaltete das Tonbandgerät auf Aufnahme, nannte das Datum, die Zeit und zählte die anwesenden Personen auf. Die Tischlampe drehte er in Richtung des unbekannten Radfahrers, Staubkörner tanzten in ihrem Schein.

»Wie heißen Sie?«, fragte Junge.

»Daniel Niculeau ... am 25.6.1969 in Sibiu, Rumänien, geboren. Dort wohne ich auch heute noch«, antwortete Niculeau gelangweilt und nannte die genaue Adresse. »Was werfen Sie mir eigentlich vor?«

»Sie werden verdächtigt, am 23. Juni diesen Jahres den aus Freiburg stammenden Balthasar Fritz auf der Kreisstraße zwischen Walkenried und Zorge ermordet zu haben.«

Niculeau blickte Junge lange ausdruckslos an und sagte schließlich: »Dazu werde ich erst etwas sagen, wenn mein Anwalt zugegen ist.«

»Wer ist Ihr Anwalt?«, fragte Junge.

»Herr Jasper aus Nordhausen.«

Nein, dachte Rexilius. Nicht Herr Jasper, Herr Doktor Jasper. Der Anwalt aller Unterdrückten und unschuldig Festgehaltenen. Der Anwalt, dessen soziales Engagement allemal fürstlich belohnt wurde. Das bedeutete, dass der Rumäne eine zahlungskräftige Person in der Hinterhand haben musste.

»Dann werden wir Doktor Jasper jetzt anrufen«, sagte Junge und verließ den Verhörraum. Wie sich herausstellte, stand der Anwalt erst am nächsten Tag zur Verfügung. Damit war das Verhör für heute beendet, und zwei Uniformierte führten den Verdächtigen in die Untersuchungszelle ab.

Südharz, Donnerstag, 10. Juli, Morgen bis Abend

Doktor Jasper erwies sich als genau der ausgebuffte Gegenspieler, den Rexilius erwartet hatte. Wenn es möglich war, verzögerte er das Verhör, stellte Zeugenaussagen infrage, drohte mit Haftbeschwerde und wurde arrogant.

Zu allererst bezweifelte er, dass sich Niculeau zum Zeitpunkt des Mordes an Fritz überhaupt im Walkenrieder Wald aufgehalten hatte. Als Junge den Augenzeugen erwähnte, der Niculeau am brennenden Fahrzeug beobachtet hatte, verlangte Jasper eine Gegenüberstellung. Die dafür ausgewählten Statisten sollten von gleicher Statur sein wie sein Mandant. Es dauerte fast drei Stunden, bis diese Forderung erfüllt werden konnte.

Oberländer erkannte Niculeau sofort, obwohl dieser sein Aussehen stark verändert hatte.

Niculeau gab daraufhin zu, sich im Walkenrieder Wald aufgehalten zu haben, die von Oberländer beschriebene Fahrradkleidung behauptete er aber nicht zu besitzen. Jasper setzte nach: Oberländer habe viel zu stark unter Stress gestanden, um die Sportkleidung zweifelsfrei erkennen zu können.

Wenn, so drohte Doktor Jasper, die Polizisten nicht bis zum nächsten Morgen eine Sportkleidung vorwiesen, die zu den Fasern am Tatort passten und eindeutig seinem Mandanten zugeordnet werden könnten, dann werde es eine saftige Haftbeschwerde geben. Niculeau werde in diesem Fall keine fünf Minuten mehr in Haft bleiben. Dann verabschiedete er sich mit den Worten: »Ich bin ein gefragter Strafverteidiger und habe auch noch andere Mandanten zu betreuen.«

Das war es also, dachte Pierre nach Ende des Verhörs. Jasper hatte natürlich recht. Wenn nicht ein Wunder geschah, dann war Niculeau morgen ein freier Mann. Aber ... besaß Niculeau überhaupt das Format und die Fähigkeiten, solche Morde zu planen und durchzuführen?

Zwei Stunden nach Ende des Verhörs geschah dann doch noch das Wunder. Die Nordhäuser Kollegen hatten in einer stillgelegten Fabrik – nur einen Kilometer von dem Ort entfernt, an dem Niculeau verhaftet worden war – Sportkleidung gefunden, die zu den Fasern am Tatort in Walkenried passten. Die Forensiker brachten die ganze Nacht damit zu, aus den in der Kleidung gefundenen Hautpartikeln ein brauchbares DNA-Profil zu erstellen. Um fünf Uhr schließlich verglichen sie es mit der DNA-Probe von Niculeau.

Südharz, Freitag, 11. Juli, Morgen bis Abend.

Am Freitagmorgen begann das Verhör pünktlich, ohne dass eine Beratung zwischen Jasper und seinem Mandanten stattgefunden hätte. Sie machten einen entspannten Eindruck, als Junge und Rexilius das Verhörzimmer betraten. Hinter dem Spiegel standen wieder Fischer, Rauert, Sandra Koch und Henkelmann.

»Ich wiederhole meine Frage von gestern«, sagte Junge, »besitzen Sie, Herr Niculeau, eine blaue Radlerhose und ein rotes Radfahrtrikot?«

»Dazu hat sich mein Mandant schon gestern ausgiebig

geäußert. Es reicht jetzt. Ich werde sofort Haftentlassung für Herrn Niculeau beantragen«, sagte Doktor Jasper herablassend.

»Nicht so voreilig, Herr Doktor Jasper.« Junge gab Rexilius ein Zeichen. Pierre verließ den Raum, kehrte mit einem Plastiksack zurück und legte die aus Nordhausen überstellte Sportkleidung auf den Tisch. Im Gesicht des Rumänen machte sich entsetztes Erkennen breit. Und Doktor Jasper warf seinem Mandanten einen wütenden Blick zu.

»Die Fasern, die wir am Tatort gefunden haben, passen zu dieser Kleidung hier«, sagte Junge. »Sie gehört Ihnen, Herr Niculeau, das hat der DNA-Abgleich unser Forensiker ergeben. Und sie passt zu den Fasern, die wir am Tatort gefunden haben. Haben Sie Fritz und Kappe ermordet?« Junge brachte damit zum ersten Mal das zweite Mordopfer ins Spiel.

Niculeau antwortete nicht, stattdessen flüsterte er seinem Anwalt etwas zu. Dieser ergriff kleinlaut das Wort: »Geben Sie mir bitte eine Beratungspause.«

»Einverstanden«, antwortete Junge. Er war sicher, dass auch kein Doktor Jasper seinen Mandanten aus dieser Zwickmühle mehr befreien konnte.

Fischer und Rauert rieben sich hinter dem Spiegel des Verhörraums die Hände. »Wir stehen kurz vor der Aufklärung der beiden Morde«, sagte Fischer zu seinem Stellvertreter, der zustimmend nickte.

»Großartige Leistung, Herr Direktor.«

Sandra Koch und Stefan Henkelmann schauten sich verärgert an.

»Sie bleiben bitte noch hier, Herr Rauert«, sagte Fischer, »ich bereite mich inzwischen auf die Pressekonferenz vor. Und Sie, Frau Koch und Herr Henkelmann, begleiten mich.«

Zu dem Zeitpunkt, als das Verhör fortgesetzt wurde,

begann auch die Pressekonferenz im großen Pressesaal der Inspektion. Zum ersten Mal seit Jahren war der Presseraum der Osteröder Inspektion überfüllt, so dass nur die Hälfte der Journaille einen Sitzplatz ergattern konnte. Die andere Hälfte hatte sich auf den Fußboden gesetzt oder stand im hinteren Bereich des Saales. Neben den bekannten Vertretern der Lokalzeitungen waren auch Reporter großer deutscher Boulevardblätter gekommen. Das Medieninteresse war so groß, dass selbst drei Fernsehsender zugegen waren.

Mit fünfminütiger Verspätung betrat Fischer den Raum. Durchschritt, bewaffnet mit einer Akte unter dem Arm, die Reihen der Journalisten und stellte sich hinter seinen Platz. Noch herrschte Gemurmel im Saal. Aber dann hob Fischer den rechten Arm und das Raunen der Journalisten verstummte.

»Sie können jetzt Ihre Fragen stellen«, sagte Polizeidirektor jovial.

»Alle Indizien sprechen gegen Sie, Herr Niculeau. Legen Sie endlich ein Geständnis ab!«, forderte Junge.

»Ja ... ja«, stammelte Niculeau, »die Sportkleidung, die hier ... auf ... dem Tisch liegt, gehört mir ... Ich habe ... äh ... Fritz ... nicht ... ermordet.« Seine Stimme war zum Ende des Satzes merklich leiser geworden.

Hinter dem Spiegel strahlten die Augen von Rauert. Er hatte das »nicht« überhört und glaubte soeben das Geständnis des tatverdächtigen Rumänen gehört zu haben. Rauert drehte sich vom Spiegel weg und verließ den Raum. Auf dem Weg zum Pressesaal sah er eine rosige berufliche Zukunft vor seinem inneren Auge. Fischer würde als der Inspektionsleiter dastehen, der den intelligentesten Mörder der letzten Jahre gefasst hatte. Das würde für den Polizeidirektor eine Beförderung ins Innenministerium bedeuten. Und er, Polizeioberrat Rauert, würde als Fischers Nachfolger endlich den ersehnten Rang des Polizeidirektors innehaben.

»Gibt es endlich eine Festnahme?«, wollte Kämmerer von der *Goslarschen Zeitung* wissen.

»Wird es einen zweiten Fall Lange geben?«, fragte ein anderer. Sandra Koch hatte ihn noch nie gesehen. Wahrscheinlich ein Vertreter eines der überregionalen Blätter. Woher wusste er etwas über den Fall, der nun fünfzehn Jahre zurücklag? »Der Fall des Tankstellenbesitzers konnte nie aufgeklärt werden«, fügte er hinzu.

»Wo ist eigentlich der leitende Mordermittler Hauptkommissar Rexilius?«, fragte Böhme vom *Harzkurier*.

Fischer war für einen Augenblick irritiert, aber keiner der Reporter merkte es. Ein Raunen setzte ein, einige der Reporter sahen sich gegenseitig fragend an. Die Lautstärke im Saal schwoll an. Fischer stoppte den unkontrollierten Redeschwall, indem er wie ein Dirigent den rechten Arm hob, es fehlte nur der Taktstock. Es kehrte wieder Ruhe ein.

»Meine Damen und Herren, damals war ich noch nicht Direktor dieser Inspektion. Während meiner Amtszeit sind alle Morde aufgeklärt worden.« Auf die Frage nach Rexilius ging er nicht ein.

Sandra warf Fischer einen giftigen Blick zu, den einige der Reporter bemerkten. Sie waren misstrauisch geworden. Gab es Unstimmigkeiten zwischen dem Polizeidirektor und der schönen Kommissarin? So etwas machte sich gut in der nächsten Ausgabe. Hätte nicht in diesem Moment Oberrat Rauert den Raum betreten, dann hätten einige der Reporter diesen Faden weitergesponnen.

Rauert stellte sich vor den Tisch, an dem Fischer saß, und berichtete ihm von Niculeaus Geständnis. Natürlich bekamen die Reporter in der ersten Reihe alles mit und es dauerte keine zehn Sekunden, bis die Sensation die hintersten Reihen erreichte. Eine Eruption an Fragen und ein Blitzlichtgewitter verwandelten den Pressesaal in ein Tollhaus.

»Nein, nein ... ich habe Fritz nicht umgebracht und Kappe auch nicht ... Ich schwöre es. Ich bin kein Mörder, bin nur der Kundschafter«, sagte Niculeau.
»Kundschafter von was?«
»Ich bin derjenige, der die Objekte aussucht.«
»Verstehe nicht ganz.«
»Ich fahre mit dem Rad durch die Orte und inspiziere die Lage von Geldautomaten. Wenn sich einer eignet, dann wird er ausgeraubt.«
Eckert, der den ganzen Tag am Telefon gesessen hatte, um Neuigkeiten der Nordhäuser Kollegen sofort an Rexilius und Junge weitergeben zu können, betrat den Raum und reichte Pierre ein eingerolltes Foto.
»Was haben Sie am Montag, den 23. Juni, ausgekundschaftet?«, fragte Junge.
»Den Geldautomaten der Volksbank in Walkenried.«
»Er ist aber nicht ausgeraubt worden«, sagte Junge zweifelnd.
»Sie haben dagegen entschieden.«
»Wer?«
Niculeau schüttelte den Kopf. »Wenn ich Ihnen die Namen nenne, bin ich ein toter Mann. Da gehe ich lieber fünfzehn Jahre in den Knast.«
»Warum wurde der Automat in Walkenried verschont?«
»Zu auffällig. Der Bankautomat liegt an der Hauptstraße.«
»Wo haben Sie sich am vergangenen Samstag aufgehalten?«
Kopfschütteln.
»Wir wissen, wo Sie gewesen sind«, mischte sich Rexilius ein.

Inzwischen waren die Journalisten nach vorn gerannt, hatten sich vor den Tisch, an dem die Polizisten saßen, postiert und schossen minutenlang ihre Fotos. Dann verwandelte ein Trommelfeuer an Fragen den Pressesaal in ein Chaos. Zum ersten Mal in all den Jahren war der Polizeidirektor nicht Herr der Lage. Seine Brille war auf den unteren Teil der Nase gerutscht, drohte herunterzufallen. Der untere Knopf seiner Anzugjacke war beim Versuch aufzustehen und für Ruhe zu sorgen, abgerissen. Und Böhme hatte auch noch alles mit seiner Kamera festgehalten und mit einem höhnischen Grinsen quittiert. Fischer würde es diesem Presseheini heimzahlen, das stand fest.

Der Polizeidirektor trank einen Schluck aus seinem Wasserglas. Es schien, als trüge das Wasser zu einer Stärkung bei. Jedenfalls stand er auf und fing zu seiner eigenen Überraschung und der der Reporter an zu brüllen. Sofort stellte sich Ruhe ein.

»Meine Damen und Herren«, sagte er dann in einem versöhnlichen Ton, »wir sind alle zivilisierte Menschen ... ja, Sie haben richtig gehört. Wir haben den Mörder gefasst und er hat ein Geständnis abgelegt.« Seine Selbstsicherheit kehrte zurück.

»Wer hat die beiden Geschäftsführer ermordet?«, fragte einer der Fernsehreporter.

»Ein rumänischer Staatsbürger. Vierunddreißig Jahre alt.«

»Kopp, vom *Göttinger Tageblatt*. Wie sind Sie dem Mörder auf die Spur gekommen?«

»Der Abdruck eines Sportschuhs und Fasern, die wir am Tatort gefunden haben. Sie stimmen mit seiner Radfahrkleidung überein.«

»Sie waren an besagtem Samstag um dreiundzwanzig Uhr in Niedersachswerfen und haben gerade einen Geldautomaten aus der Verankerung gestemmt, als ein Wachmann den Raum betreten hat. Er hat Ihnen die Sturmmaske vom Kopf gerissen und dann haben Sie und Ihre Kumpane sich auf ihn gestürzt und ihn brutal zusammengeschlagen ... Die Maske, die haben Sie sich später wieder aufgesetzt. Aber eine Überwachungskamera haben Sie nicht entdeckt und zerstören können. Sie sind ausgezeichnet getroffen«, sagte Rexilius, stand von seinem Stuhl auf und knallte ihm das Bild, das er in der Hand gehalten hatte, auf den Tisch.

Niculeau erkannte sich auf dem Foto sichtlich wieder. Sagte aber nichts.

»Nein«, fügte Pierre hinzu, »die Morde haben Sie nicht begangen. Aber das, was Sie und Ihr Gesindel in unserer Region veranstaltet haben, das reicht allemal, um Sie für viele Jahre hinter Gitter zu bringen, da kann Ihnen Ihr gut bezahlter Doktor Jasper auch nicht mehr helfen. Sie werden so schnell wie möglich nach Nordhausen verbracht. Der Wachmann liegt immer noch im Koma ... Die Kollegen in Nordhausen werden nicht so geduldig sein wie wir.«

Pierre gab den Wachleuten ein Zeichen. Sie legten ihm Handschellen an und führten ihn aus dem Verhörsaal. Vierzig Minuten später saß er im Verhörsaal der Kollegen aus Nordhausen, wo er bis in die frühen Morgenstunden ohne seinen Rechtsbeistand vernommen wurde.

Und Doktor Jasper? Die Ereignisse der letzten Stunden hatte den erfahrenen Rechtsanwalt so überrumpelt, dass er sich von Pierre und Marc kleinlaut verabschiedete. Seine Arroganz war verflogen.

Die Pressekonferenz hatte, abgesehen von Sandra Koch und Stefan Henkelmann, die sich immer noch über Fischer ärgerten, nur zufriedene Gesichter. Die Fernsehsender würden am heutigen Abend eine traumhafte Quote erreichen, die Zeitungen am nächsten Tag eine die Verkaufszahlen hochtreibende Schlagzeile erhalten und Fischer hatte wieder einmal die Leistungsfähigkeit seiner Inspektion, und damit vor allem seine eigene, vor einem würdigen Publikum demonstrieren können. Um seinen Erfolg richtig genießen zu können, lud er Oberrat Rauert zum Abendessen ein. Ohne in ihre Diensträume zurückzukehren, suchten sie ein exquisites Restaurant in Herzberg auf. Regina, Fischers Frau, stieß eine halbe Stunde später zu ihnen. Rauert lobte die besondere Rolle des Polizeidirektors bei der Lösung des Falles und gab seiner festen Überzeugung Ausdruck, dass er, Fischer, sehr bald in Hannover im Ministerium Dienst tun werde. Und Fischer revanchierte sich damit, dass er seinem Stellvertreter ein Lob zollte, weil auch er seinen Teil zur Lösung des Falles beigetragen hatte. Worin der konkret bestand, das sagte er allerdings nicht.

Nach dem Ende der Pressekonferenz waren Sandra und Stefan zum Verhörsaal geeilt, aber der Raum war leer. Sie hasteten in Rexilius' Dienstzimmer. Dort standen Jürgen, Marc und Pierre vor dem geöffneten Fenster und rauchten. Sandra sah sie an. Das waren nicht die Gesichter von Mordermittlern, die soeben einen zweifachen Mörder überführt hatten. »Stimmt irgendetwas nicht?«

»Niculeau ist nicht der Mörder«, antwortete Marc enttäuscht.

Stefan Henkelmann und Sandra Koch schauten abwechselnd auf Pierre und Marc, als verfolgten sie einen Ball bei einem Tennismatch.

»Ich habe ihn die ganze Zeit beobachtet«, sagte Rexilius. »Am ersten Tag des Verhörs war ich noch unsicher. Aber gestern wurden meine Zweifel immer stärker. Diese raffinierten Morde ... dafür besitzt er nicht das Format. Und dann ... Ihr erinnert euch, dass der Feuerwehrmann Oberländer zwei Minuten nach vier am Unfallort eintraf. Den letzten Anruf erhielt Fritz von seinem Mörder.

Und das war um fünf vor vier. Niculeau war zu diesem Zeitpunkt schon am Unfallort. Er hätte innerhalb von vielleicht fünf Minuten sein Gewehr zerlegen müssen, die restlichen Utensilien im Rucksack verstaut haben und die siebenhundert Meter zum brennenden Auto zurücklegen müssen. Er hätte fliegen müssen, um das zu schaffen. Nein, er ist in die andere Richtung gefahren. Nach Wieda. Er hat einen der gut befestigten Waldwege genutzt.«

»Was ist mit den Fasern und den Schuhen?«, fragte Stefan.

»Es war ein purer Zufall, dass Niculeau und der Mörder die gleiche Kleidung trugen. Der Mörder hat wahrscheinlich extra Kleidung vom Discounter ausgewählt, weil bei einer derartigen Aktion immer mal Fasern hängen bleiben. Bei einer solchen Massenware kann man keine Zuordnung mehr vornehmen. Das ist sein Stil. Niculeau war ein Kundschafter, der, als Radsportler getarnt, unterwegs war, um Geldautomaten zu begutachten, die bei Eignung später aufgebrochen oder herausgerissen werden. Der letzte Einbruch von Niculeau und Konsorten erfolgte an dem Abend, als Kappe ermordet wurde.« Pierre erzählte seinen Kollegen, wie sie an das Foto von Niculeau gekommen waren.

»Fischer hat in der Pressekonferenz Niculeau als überführten und geständigen Mörder hingestellt«, sagte Henkelmann.

»Na, dann wird es in den nächsten Tagen für unseren Polizeidirektor einiges zu erklären geben«, sagte Junge.

Südharz, Freitagabend, 11. Juli

Etwa gegen sechs Uhr verließ Rexilius die Polizeiinspektion. Zuerst hatte er den Weg zum Bahnhof genommen, war dann aber in Richtung Harz umgedreht. Er wollte ein paar Stunden allein sein.

Auf die Spitzen der Fichtenwälder legten sich Dunstschleier, als wollten sie sich zur abendlichen Ruhe begeben.

Rexilius passierte die Stadtgrenze von Osterode. Rechts, in einiger Entfernung von der Bundesstraße, schimmerten die Konturen der Zelte und Wohnmobile des Campingplatzes Eulenburg durch die Bäume. Das gedämpfte Murmeln der Erwachsenen und das fröhliche Geschrei spielender Kinder lösten Bilder von Südfrankreich vor seinem inneren Auge aus. Eigentlich hätte er zu diesem Zeitpunkt in den Pyrenäen sein wollen. Col des Peyresourde, Col d'Aspin, Col du Tourmalet ... Aber ein gerissener Mörder bat um seine geschätzte Aufmerksamkeit. Ob er es in diesem Jahr noch schaffen würde, seine Tour nachzuholen? Vielleicht im Herbst. Oder im nächsten Frühjahr. Auch diese Jahreszeiten hatten ihren Reiz, tröstete er sich.

Der erste Anstieg begann. Sieben Prozent. Pierre schaltete einen kleineren Gang ein und steigerte seine Tretzahl. Eine Minute später hatte sich sein Puls auf einhundertfünfzig pro Minute erhöht, wie er dem Fahrradcomputer entnehmen konnte.

Er erreichte den unteren Bereich der Sösetalsperre, nach dem Oderteich die älteste Talsperre des Harzes. Die Sonne ließ das Wasser in einem tiefen Blau schimmern und das satte Grün der Bäume bildete einen harmonischen Kontrast. Zwischen Wasseroberfläche und Wald zeugten pflanzenlose Gesteinsbänder von den unterschiedlichsten Wasserständen. In diesem Sommer war der Wasserspiegel auf den tiefsten Stand seit Jahrzehnten gesunken. Der Sommer 2003 hatte es in sich. Nicht nur aus meteorologischer Sicht. Irgendwo im Harz, das sagte ihm sein Gefühl, verbarg sich ein hoch intelligenter und eiskalter Mörder ... und sie hatten nicht eine einzige verwertbare Spur.

Die Straße wurde steiler. Elf Prozent zeigte ein Verkehrsschild an. Rexilius' Körper reagierte. Der Herzschlag stieg auf über einhundertsechzig. Fast unbemerkt hatte er inzwischen siebenhundert Meter Höhe überschritten. War es nun sportlicher Ehrgeiz oder der Frust über die bislang erfolglose Suche nach dem Mörder? Jedenfalls beschleunigte er noch einmal seine Fahrt. Herzfrequenz einhundertzweiundsiebzig.

Als er in der Nähe des Sösesteins den höchsten Punkt mit 828 Metern überquert hatte, war sein Puls auf maximale einhundertdreiundachtzig geklettert. Die Bilder des ermordeten Tankstellenbesitzers aus Herzberg tauchten wieder vor ihm auf. Die außergewöhnliche Mordwaffe, die markante Gratleiste eines Reißbretts, hätte eigentlich zum Mörder führen müssen ...

Rexilius verscheuchte die Bilder und stürzte sich in die Abfahrt. Fünf Minuten später passierte er die Siedlung Sonnenberg. Zahlreiche Werbeplakate, die an Masten von Straßenlaternen befestigt waren, luden zu Grillveranstaltungen und Brockenwanderungen ein. Er bog in die Straße nach St. Andreasberg ab. Nach einem halben Kilometer erreichte er einen Parkplatz, von dem ein Waldweg zum Gipfel des Großen Sonnenbergs abzweigte. Rexilius nutzte ihn und überwand die restlichen fünfzig Höhenmeter zum Gipfel. Hier setzte er sich auf eine Bank, die er schon oft aufgesucht hatte, um in Ruhe nachdenken zu können.

Er holte eine Flasche Wasser aus seinem Rucksack

und trank ausgiebig. Er spürte, wie sich sein Herzschlag verminderte, wie sich die Atmung verlangsamte. Obwohl er inmitten einer ausgedehnten Lichtung saß, roch er die Fichtennadeln des über hundert Meter entfernten Waldes. Er genoss den Panoramablick. Den lang gestreckten Acker-Bruchberg-Komplex. Den Wurmberg. Den Achtermann. Im Süden den Ravensberg, den höchsten Berg Bad Sachsas. Scheinbar zum Greifen nahe. Aus allen hob sich einer majestätisch hervor: der Brocken mit seinem baumlosen Gipfel. Millionen von Menschen hatten ihn seit der Grenzöffnung von 1989 bestiegen. Goethe hatte ihm eine Szene in seinem Drama *Doktor Faust* geschenkt. Aber weder Mephisto noch seine lüsternen Hexen und der Brocken hatten es geschafft, Faust Gretchen vergessen zu lassen. Die menschliche Liebe war eben stärker gewesen. So, als wollte der höchste Berg des Harzes gegen die Gedanken des Hauptkommissars protestieren – zumindest, was seine Rolle bei der Verführung Fausts betrifft – sank eine Wolke den Nordhang hinab, um sich wenig später aufzulösen.

Er holte seine Pfeife aus dem Rucksack, stopfte sie und zündete sie an. Unwillkürlich dachte er wieder an Lange, den ermordeten Tankstellenbesitzer aus Herzberg. An die Albträume. Noch nie waren sie so häufig und intensiv gewesen. Waren das Vorboten eines zweiten Scheiterns?

Was wussten sie auch schon … Ein scheinbar übermächtiger Mörder, der keine Spuren hinterließ, der mit ihnen spielte. Der über ihre schmählichen Versuche, ihn zu entlarven, wahrscheinlich in diesem Moment mitleidig lächelte. Ein teuflischer Gegner.

Rexilius blickte wieder auf den Gipfel des Brockens, so als könnte er ihm die Lösung des Falles verraten. Aber der tat das Gegenteil. Begann sich zu verhüllen, den Blick zu versperren. Eine den Berg überspannende Wolke senkte sich, wie von Zauberhand gesteuert, auf seine Kuppe. Sekunden später waren alle Gebäude des Gipfels in Nebel getaucht.

Was hatten sie übersehen? Er fand keine Antwort.

Seine Gedanken wanderten wieder zu Frank Röster. Der vereinte vieles, was auch den Mörder auszeichnete: eine außerordentliche Intelligenz. Geniale Computerkenntnisse. Alle Universitätsprüfungen mit *summa cum laude* abgeschlossen. Die Freiburger Clique um Fritz hatte ihm übel mitgespielt, hatte ihn als Homosexuellen hingestellt, obwohl sie genau wusste, dass Röster mit einer Frau liiert war. Damit hatte die Clique nicht nur verhindert, dass Röster in die Geschäftsleitung rückte, sie hatten ihn auch wirtschaftlich und privat ruiniert. Wer könnte ein besseres Motiv haben als er? Aber besaß er auch die Brutalität, die menschliche Kälte, solche Taten zu begehen?

Oder war es am Ende ein Krieg unter Banden um die Vorherrschaft in der organisierten Kriminalität, der sich in den Südharz verlagert hatte? Welche Rolle hatten Fritz und Kappe gespielt? Bis auf die Hoteladressen und den Hinweis auf eine von ihnen vielleicht gekaufte Luxusvilla in den Wirtschaftsjournalen, die er von der Fritz-Witwe erhalten hatte, wussten sie praktisch nichts über die beiden Geschäftsführer. Aber da musste noch etwas anderes im Spiel sein … Er gab erneut auf. Klopfte seine Pfeife in eine Metalldose, die er immer mit sich führte. Verschloss sie und legte sie in den Rucksack. Dann blickte er ein letztes Mal zum Brocken. Die Wolken hatten sich ausgeweitet und einen großen Teil der Hänge verhüllt.

Der Hauptkommissar schnallte seinen Rucksack auf den Rücken und begann mit der Heimfahrt. Wenig Beachtung fanden an diesem Tag die steilen und engen Straßen der Bergstadt Sankt Andreasberg, ebenso wenig wie die wenig später folgende Odertalsperre. Kein Blick, wie sonst, nach links auf die Segelboote, Kajaks und Angelboote, die über den Stausee kreuzten.

Irgendwann auf der Strecke zwischen Osterhagen und Bad Sachsa begann etwas in seinem tiefsten Inneren zu arbeiten. Er spürte es deutlich. Unzählige Male hatte er es erlebt. Noch konnte er es nicht fassen.

Und dann kam ihm eine Idee. Die Frau von Fritz. Etwas war eigenartig an ihr ... Er würde seinen Freund Wetzel bitten, sie überwachen zu lassen.

Südharz, Samstag, 12. Juli

Der *NDR* brachte nach den Sieben-Uhr-Nachrichten einen ausführlichen Bericht. Er begann mit einem Zitat von Fischer: »Ja, meine Inspektion hat den Mörder der Freiburger Geschäftsführer gefasst. Soeben hat er gestanden.« Danach ergriff der Radiosprecher das Wort. Fasste noch einmal alle Indizien und Spuren zusammen und lobte die saubere Ermittlungsarbeit der Inspektion. Natürlich wurde auch die Rolle des Polizeidirektors gebührend herausgestellt. Es wirkte fast so, als habe der Polizeichef den Fall allein gelöst. Mit den Fischers Worten »Beharrlichkeit zahlt sich eben aus« endete der Bericht.

Schnelle Aufklärung der Geschäftsführermorde dank akribischer Spurenauswertung – Mörder ist geständig lautete die Schlagzeile des *Harzkuriers* auf der Titelseite, mit einem Bild des Polizeichefs in Siegerpose. *Die Bürger des Landkreises könnten wieder ruhig schlafen*, stellte er zufrieden fest.

Die Schlagzeilen der anderen Tageszeitungen würden wohl ähnlich lauten. Pierre fragte sich, ob Fischer seinen Irrtum schon bemerkt hatte. Eigentlich glaubte Rexilius das nicht. Aber er war gespannt, wie der Polizeidirektor es anstellen würde, sich aus dieser Angelegenheit herauszuwinden. Kommunikationsprobleme, ausgehend von der unteren Ebene, würde Fischer vorschieben. Oder so ähnlich.

Pierre hatte gestern Abend, als er mit dem Fahrrad aus dem Oberharz zurückgekommen war, Dittrich und Barbara aufgesucht und ihr spezielles ungarisches Menü genossen, dessen Rezept ihr Geheimnis blieb. Es hatte hervorragend geschmeckt, aber an diesem Morgen brannte sein Mund wie ein Höllenfeuer. Beim nächsten Mal würde er eine andere Speise wählen.

Nachdem er seine Freunde davor gewarnt hatte, die Nachrichten über die Ergreifung und das Geständnis des Mörders ernst zu nehmen, war Barbara in ihren speziellen Weinkeller gegangen und hatte ihrem Herrn Polizeipräsidenten einen 1995er Bordeaux kredenzt, Balsam für seine Wunden.

Pierre beendete seine Morgenlektüre und machte sich auf den Weg zur Rappbodetalsperre. Musste wieder einmal eine ausgiebige Trainingstour machen. Schließlich stand im September der Harzmarathon an. Und bis dahin wollte er in Form sein ... und den Mörder überführt haben.

Als er in der Mittagszeit nach Bad Sachsa zurückkehrte und seinen Fahrradcomputer auswertete, stellte er fest, dass er noch einige Trainingsarbeit leisten musste, um beim Marathon in seiner Altersklasse mithalten zu können. Rexilius stellte sein Rennrad in den Keller, betrat seine Wohnung und duschte ausgiebig. Dann ging er in die Küche und wärmte sich in der Mikrowelle eine Brokkoli-Lasagne auf.

Eine Stunde später stellte er sein Mountainbike vor dem Seniorenheim ab. Lunzte auf ein bestimmtes Fenster. Wie Walter Vieth es immer schaffte, genau zu dem Zeitpunkt dort in seinem Rollstuhl zu sitzen, wenn Rexilius eintraf, das blieb ihm ein Rätsel.

Das gewohnte Spiel begann. Vieths Kopf verschwand

am Fenster, Rexilius sprintete los. Als er den Aufenthaltsraum des Seniorenheims außer Atem betrat, saß Walter gelangweilt mit den Fingern trommelnd neben seiner Schwiegermutter. Rexilius schmunzelte und zuckte geschlagen mit den Schultern.

Walter, der schon am Morgen den *Harzkurier* gelesen hatte, gratulierte ihm zu seinem grandiosen Erfolg. Einen solch raffinierten Mörder so schnell zu überführen … alle Achtung. Aber er habe das Gefühl, dass Pierres Anteil an der Aufklärung vernachlässigt worden sei. Rexilius' Schwiegermutter stimmte aus ihrer Nebelwelt vorbehaltlos zu.

Rexilius klärte seinen Freund auf.

»Diese Polizeichefs. Immer dasselbe mit ihnen. In Berlin …« Es folgte Walters Lieblingsgeschichte von Kommissar Skibus, der gegen die Anordnung seines inkompetenten Polizeipräsidenten in Berlin in einer Mordsache privat ermittelt hatte. Skibus' Recherchen überführten schließlich einen raffinierten Mörder. Und Vieths Reportage darüber ebnete Skibus den Weg zu einer einmaligen Karriere bei der Berliner Polizei.

Pierre saß mit den Senioren noch einige Zeit am Schmelzteich, um sechs kehrte er zu seiner Wohnung zurück. Als er die Tür öffnete, klingelte das Telefon. Er eilte hin und meldete sich.

»Herzlichen Glückwunsch, Pierre«, sagte Wetzel. »Dass ihr so schnell fassen würdet, spricht wieder einmal für dich.«

Rexilius brauchte fünf Minuten, um seinen Freiburger Freund und Kollegen vom Gegenteil zu überzeugen.

»Das sieht Fischer ähnlich«, sagte Wetzel, der noch ein Jahr unter dem Polizeichef gearbeitet hatte, bevor er nach Freiburg zog. Dann wurde er ernst. »Pierre, gestern ist in Freiburg ein Mann ermordet worden. Mitten in der Altstadt, direkt in der Mittagszeit. Vermutlich, um ein

Exempel zu statuieren. Herzschuss aus großer Entfernung. Der Mann, seine Identität kennen wir nicht, war sofort tot. Es gibt etwas, das die Sache interessant macht. Er wurde mit einem Präzisionsgewehr erschossen, mit dem auch der Anschlag auf euch verübt wurde. Du und Sandra, ihr hattet ungeheures Glück ...«

Natürlich waren seine Wunden noch nicht geheilt. Rainer Wetzel hatte recht, sie hatten unverschämtes Glück gehabt. Vor allem auch, weil sie völlig ahnungslos in die Falle getappt waren. Immer wieder dachte Pierre darüber nach. Wer hatte sie töten wollen? Das ergab einfach keinen Sinn. »Habt ihr weitere Spuren?«

»Die einzige Spur ist das Projektil ... Wir wissen noch nicht einmal, von wo aus der Mörder geschossen hat. Und den Namen des Opfers ... Fehlanzeige.« Wetzel schwieg einen Moment, zog an seinem Zigarillo. »Sieht nach Auftragsmord aus. Das waren Profikiller.«

»Du hältst mich auf dem Laufenden?«, fragte Rexilius.

»Ja.«

»Ich habe eine Bitte an dich. Kannst du einen Mann für eine Observierung abstellen?«

»Eigentlich habe ich keinen frei. Diese Mordermittlung bindet eine Menge Leute. Aber weil du es bist. Breiner, du hast ihn ja schon kennengelernt, wird das übernehmen. Und wen willst du überwachen lassen?«

»Die Witwe von Fritz.«

Wetzel war überrascht. »Erklärst du mir auch, warum gerade sie?«

»Es ist nur so ein Gefühl. Irgendetwas stimmt mit dieser Frau nicht«, sagte Pierre.

Südharz, Montag 14. Juli

Darüber, dass sie vom Fall abgezogen worden waren, waren sie natürlich enttäuscht. Marc hatte nach der Bekanntgabe wütend auf Pierres Schreibtisch geschlagen und Jürgen hätte am liebsten einen Stuhl durch den Raum geworfen. Aber irgendwie hatten das die Mitglieder der Mordkommission nach dem Desaster vom Freitag befürchtet. Zwei Fernsehsender, vier Radiosender und alle regionalen und viele überregionalen Tageszeitungen hatten von der brillanten Überführung des hochintelligenten und eiskalten Mörders berichtet, der die beiden Geschäftsführer aus Freiburg ermordet hatte. Fischer hatte am nächsten Tag erfahren, dass Niculeau die Morde nicht begangen haben konnte. Und dann hatte es bis zum Sonntagabend gedauert, ehe er alle Medien vom Irrtum hatte überzeugen können. Die Dementis in den Fernseh- und Rundfunksendern bestanden am Montagmorgen aus einer einmaligen Kurzmeldung und die Tageszeitungen brachten sie erst in der Dienstagsausgabe.

Die Übernahme der Ermittlungen durch das LKA war nicht die eigentliche Überraschung dieses Tages: Es war das Verhalten des Polizeidirektors. Er hatte sie über Telefon gebeten, sein Dienstzimmer aufzusuchen. Das war noch nie geschehen. Dann hatte er sie an der Tür empfangen und gebeten, in der Sitzecke Platz zu nehmen. Pierre war aufgefallen, dass die sonst übliche aufgeschlagene Akte auf dem Schreibtisch nicht vorhanden war.

Fischer hatte sich zu ihnen gesetzt, sich geräuspert und aus dem Fax vorgelesen, das auf dem Tisch lag. »Mit Wirkung des heutigen Tages übernehmen die Beamten des Landeskriminalamtes die Ermittlungen der Mordfälle Balthasar Fritz und Manfred Kappe. Leiter wird Hauptkommissar Dunker sein.«

Ausgerechnet Dunker, dachte Pierre. Spitzname: ›der Arsch‹. Dunker war dafür bekannt, dass er Kollegen, die nicht zum Landeskriminalamt gehörten, als Provinzler und zweitklassig abstempelte. Umso mehr schmerzte es den LKA-Mann noch immer, dass Pierre vor vier Jahren einen zweifachen Frauenmörder überführt hatte, obwohl er vom Fall abgezogen worden war und Dunkers Leute die Ermittlungen übernommen hatten. Sie waren einer falschen Fährte nachgegangen und hatten dann in den Zeitungen von der Überführung des Mörders gelesen. Die meisten Beamten des LKA zollten Pierre ihre Hochachtung. Nicht so Dunker. Er hatte damals eine Dienstaufsichtsbeschwerde gegen Pierre eingereicht, weil der gegen seine Anordnung verstoßen hatte, sich von den Ermittlungen fernzuhalten. Der Beschwerdeausschuss hatte Dunkers Antrag abgelehnt. Pierre wusste, dass Dunker viel Zeit aufbringen würde, um ihn des erneuten Ungehorsams zu überführen und sich endlich für die damals erlittene Niederlage zu rächen.

»Dunker fordert Sie auf, bis heute Nachmittag die Abschlussprotokolle anzufertigen, damit ein reibungsloser Übergang in den Ermittlungen möglich ist. Jedes Mitglied der aufgelösten Mordkommission, das auf eigene Faust weiterermittelt, hat mit ernsthaften Konsequenzen zu rechnen«, sagte Fischer, dann räusperte er sich erneut. »Ich wurde vom LKA angewiesen, sie auf diesen Punkt noch einmal ausdrücklich hinzuweisen ... Glauben Sie mir, ich bedaure die Entscheidung, dass wir nicht mehr ermitteln dürfen.« Er sah alle nacheinander an, auch Pierre, was bislang noch nicht vorgekommen war, ebenso, dass er von ›wir‹ gesprochen hatte. Ein Zeichen neuer Solidarität?

Pierre war aufgefallen, dass Fischer nicht ein einziges Mal gedroht hatte, seine Stimme nicht schrill geworden und auch sein Gesicht nicht rot angelaufen war. Das war nicht der Fischer, den Pierre seit acht Jahren kannte. Was war an diesem Sonntag geschehen? Darauf sollten sie erst sehr viel später eine Antwort bekommen.

»Vielleicht können Sie jetzt Ihren Frankreichurlaub antreten – wie ich den Akten entnehmen konnte, haben Sie noch ihren Urlaub vom letzten Jahr«, sagte Fischer und sah ihn so eigenartig an. War das am Ende eine Aufforderung, weiterzuermitteln? Nein, so weit wollte Pierre dann doch nicht gehen. Aber für ihn stand fest, dass er nicht nach Frankreich fahren würde.

Um Punkt fünfzehn Uhr erschien, wie angekündigt, Dunker mit acht Beamten aus Hannover in der Inspektion. Die Akten holte er persönlich von den Kollegen der aufgelösten Mordkommission ab. Zuletzt betrat er Pierres Dienstzimmer, schien die Übernahme und Leitung der Fälle zu genießen, was er mit einem provozierenden Lächeln unterstrich. »Die Akten«, sagte er.

Pierre hatte sie schon zusammengestellt und reichte ihm den Stapel. Er war ihm Begriff, den Raum zu verlassen, als Dunker sagte: »Wenn Sie eigenmächtig da dranbleiben, dann werde ich Sie dieses Mal zu Fall bringen.«

Pierre zuckte gelangweilt mit den Schultern und verließ sein Dienstzimmer, ohne sich umzudrehen. Zurück blieb ein wütender Dunker, der sich um seinen Triumph gebracht sah.

Südharz, Montagabend, 14. Juli

Nachdem Pierre die Inspektion verlassen hatte, setzte er sich auf sein Fahrrad und radelte nach Bad Sachsa. Um halb fünf erreichte er die Kleinstadt und beschloss seine Schwiegermutter zu besuchen. Aber die Senioren waren auf einer Tagesfahrt nach Braunschweig, wie er von den Schwestern erfuhr, die zurückgeblieben waren, und würden erst gegen 19 Uhr zurückkehren. Er fuhr nach Hause, duschte, verdrückte ein paar Toastbrote und setzte sich an den Computer, schob eine CD von Louis Armstrong in den CD-Schacht und rief die Symbolzeichnungen des Mörders auf.

Welche Bedeutung verbarg sich hinter dem durch den Baum segelnden oder fliegenden Vogel? Wenn seine Deutung überhaupt richtig war. Aber davon ging er zu diesem Zeitpunkt aus.

Er begann mit der symbolischen Bedeutung der Bäume. Die Suchmaschine spuckte über fünfzehntausend Dateien aus. *You're a lucky Guy* sang Louis Armstrong und ließ zur Ermutigung ein kräftiges Trompetensolo folgen.

Nein, ein glücklicher Mann war Rexilius in diesem Moment sicher nicht. Eher ein verwirrter Mann. Wie sollte er sich durch eine solch große Anzahl an Dateien arbeiten? Er musste methodisch vorgehen. Er entschloss sich, mit der allgemeinen Bedeutung der Bäume anzufangen. Nach vier Stunden intensiven Auswertens der Internetdateien und des Fachbuches über Symbolik stand Pierre von seinem Schreibtischstuhl auf, ging in die Küche, kochte sich einen Cappuccino und kehrte in sein Arbeitszimmer zurück. Dort steckte er sich eine Pfeife an und nippte an seiner Tasse.

Mit einer derartigen Fülle an Bedeutungen hatte er nicht gerechnet.

Um einen Überblick zu gewinnen, fasste er alles, was er über den Baum in Erfahrung hatte bringen können, im Geist zusammen. Schrieb die Bedeutungen nach Themen getrennt auf verschiedene Notizzettel und heftete sie auf die linke Seite von oben nach unten an seine große Pinnwand, die immer in seinem Arbeitszimmer stand. Dann setzte er sich auf seine Schreibtischstuhl und ging alles noch einmal durch.

Der Baum mit seinen der Erde verhafteten Wurzeln, seinem kräftigen, senkrecht aufsteigenden Stamm und der scheinbar dem Himmel zustrebenden Krone machten ihn zu einem Symbol für die Verbindung der kosmischen Bereiche des Unterirdischen, des Lebens auf der Erde und des Himmels. Der Weltenbaum wurde entweder als Träger der Welt oder als Verkörperung der Weltachse gesehen. Seine Blätter und Zweige wurden häufig von mythologischen Tieren bewohnt, den Seelen von Verstorbenen, oft in Gestalt von Vögeln. Er konnte aber auch als Ort der auf- und absteigenden Gestirne wie Sonne und Mond gesehen werden. In Indien und China bewohnten zwölf Sonnenvögel das Geäst des Weltenbaums. Vögel in der Krone konnten außerdem Symbole für höhere geistige Seins- und Entwicklungsstufen sein.

In der Bibel hatte der Baum zwei Bedeutungen. Der Baum des Lebens symbolisierte ›die uranfängliche Paradiesfülle‹ und war zugleich ein Symbol für die erhoffte Erfüllung der Endzeit. Der Baum der Erkenntnis symbolisierte mit seinen verlockenden Früchten die Versuchung, den göttlichen Geboten zuwiderzuhandeln. Der Sündenfall. Adam nahm den Apfel der Schlange und musste das Paradies verlassen …

War in einer dieser Aussagen die Botschaft des Mörders enthalten? Oder waren sie zu allgemein? War in seiner Zeichnung eine Baumart gemeint, die eine ganz spezielle symbolische Bedeutung in sich hatte? Die seine

Geschichte erzählte, sein Motiv preisgab? Er beschloss, die symbolische Bedeutung verschiedener Baumarten zu untersuchen.

Nach zwei Stunden hatte er die bekanntesten Baumarten herausgesucht und für jede einen Notizzettel mit ihrer symbolischen Bedeutung beschrieben. Die Zettel heftete er an den mittleren Teil der Pinnwand. Noch einmal ging er alle durch, fand aber keinen Zusammenhang mit den Morden. Er musste die symbolische Bedeutsamkeit der Vögel heranziehen, sagte er sich, vielleicht ergab sich aus der Kombination etwas Sinnvolles.

Vögel, so fasste er zusammen, galten wegen ihres Fluges als dem Himmel verwandt, als Mittler zwischen Himmel und Erde, als Verkörperung des Immateriellen und damit der Seele. Im Taoismus war die Auffassung verbreitet, dass die Seele nach dem Tod den physischen Körper als Vogel verließ. Der Vogel stand somit als Symbol der Unsterblichkeit.

Die Römer maßen der Weisungskraft des Vogelfluges eine enge Verbindung der Vögel zu göttlichen Mächten bei. In vielen Mythologien des Abendlandes bevölkerten Vögel als Seelen Verstorbener den Weltenbaum. Im Hinduismus sah man in diesem Zusammenhang zwei Vögel. Der eine, der die Früchte des Weltenbaums fraß und als Symbol der aktiven Individualseele galt. Der zweite fraß nicht, schaute nur und wurde als Symbol des absoluten Geistes und der reinen Erkenntnis gesehen ...

Konnte es sich hierbei schon um einen Hinweis handeln? Der Vogel als Seele – eines Menschen – in einem Baum, dem Weltenbaum? Nein, zu einfach, zu schnell, zu allgemein, dachte Rexilius. Eine Verknüpfung zu irgendwelchen Personen oder Ereignissen ließ sich damit zu diesem Zeitpunkt nicht herstellen. Spielte der Mörder am Ende auf einen ganz speziellen Vogel an, dessen symbolische Bedeutung eine entscheidende Information beinhaltete?

Also verfuhr er wie bei den verschiedenen Baumarten. Nachdem Pierre die Zettel an den linken Teil der Pinnwand befestigt hatte, ging er in die Küche, kochte sich noch einen Cappuccino und kehrte in sein Arbeitszimmer zurück. Dann setzte sich vor die Pinnwand, lehnte sich zurück und war im Begriff, alles noch einmal durchzugehen. Aber wenige Augenblicke später klingelte es an seiner Wohnungstür. Wer zum Teufel konnte das sein, fragte er sich. Es war einundzwanzig Uhr.

Rexilius öffnete. Vor ihm stand Henriette Borken aus der gleichnamigen Stadt Borken. Abgekürzt Henny B. aus B. Beladen mit einer Reisetasche, die prall gefüllt war.

Pierre, sonst für sein Pokerface bekannt, musste ausnahmsweise ein überraschtes, ja überrumpeltes Gesicht gemacht haben. Jedenfalls sagte Henny B. freudestrahlend und tadelnd zugleich: »Gesteht der Herr Polizeipräsident, dass er das Abhören seines Anrufbeantworters wieder einmal vernachlässigt hat?«

Er gestand nicht nur. Er verfluchte sich sogar, dass er es nicht getan hatte, denn dort hatte Henriette ihr Kommen angekündigt.

Noch bevor er sie hereinbitten konnte, schob sie sich an ihm vorbei in seine Dreizimmerwohnung und ging zielgerichtet in sein Schlafzimmer. Stellte die Reisetasche ab und räumte ihre Kleidung in einen freien Teil des Schlafzimmerschranks. Nach fünf Minuten kehrte sie zu Rexilius zurück und küsste ihn mehrmals auf die Wange. »Ich habe dich noch gar nicht richtig begrüßt.«

Das war typisch für Henny, dachte Rexilius. Im letzten Jahr hatte er sie in Barbaras Bistro kennengelernt. Sie gehörte zu einem Orchester, das damals für zwei Monate in Bad Sachsa gastiert hatte. Daneben gab sie Gastvorstellungen in Hannover und Braunschweig. Sie war eine begnadete Sängerin und Violinistin. Und eigentlich hätte sie zu den ganz Großen zählen können, wenn ... da nicht zwei Seelen, zwei Persönlichkeiten in einem Körper gelebt hätten. Die erste, strahlende Persönlichkeit hatte sich ihm offenbart, als Henny und ihr Ensemble nach ihrer ersten Vorstellung in Barbaras Bistro eingekehrt waren und ausgiebig ihre Premiere gefeiert hatten.

Er hatte in seiner Lieblingsecke gesessen und Pfeife rauchend über einen Fall nachgedacht. Plötzlich verließ Henny ihre feiernden Kollegen, setzte sich an seinen Tisch und begann angeheitert mit ihm zu plaudern. Sie war eine charmante und humorvolle Gesprächspartnerin. Ihr Vater war Spanier und ihre Mutter eine Deutsche aus Borken. Sie hatte eindeutig die Gene ihres Vaters geerbt. Schwarzhaarig, mediterraner Teint und eine wohlgeformte Figur. Beide spürten mit dem ersten Blick eine starke Anziehung, die bis zum heutigen Tag geblieben war. Jedenfalls endete dieses erste Zusammentreffen damit, dass Henny ihn in seine Dreizimmerwohnung begleitete und dort nicht nur bis zum Ende der Nacht, sondern auch bis zum Ende ihres Engagements gastieren sollte, allerdings mit einigen Unterbrechungen. Diese erste Nacht, so dachte Pierre später oft, war der Anfang einer Leidenschaft, die nie zu enden schien. Pierres Wohnung wurde zum musikalischen Übungsraum umfunktioniert. Ließ ihm sein Beruf als Polizist Zeit, dann lauschte er ihrem Gesang oder Geigenspiel. Ihre Stimme war außerordentlich, voller Kraft und Reinheit. Sie brauchte weder Technik noch Hintergrundchor.

Nach zwei Wochen musste etwas passiert sein, glaubte Pierre. Henny kam von einem Konzert nicht zurück, rief ihn an, dass sie sich in ihrem Hotelzimmer einmal ausruhen müsse und erst am nächsten Tag wieder bei ihm sein würde. Aber sie meldete sich nicht. Und ihre Kollegen mussten ohne sie musizieren. Nach zehn Tagen klingelte es seiner Wohnungstür und Henny stand vor ihm. So, als wäre sie vor fünf Minuten zum Eisholen gegangen.

Umarmte ihn, küsste ihn heftig. Und damit war die Phase der zweiten Persönlichkeit beendet. Die, so sollte Rexilius bald erfahren, in der Regel zehn bis vierzehn Tage dauerte und entweder aus einem spurlosen Verschwinden oder aus einer völligen Kommunikationslosigkeit bestand. In solchen Situationen schloss sie sich tagelang in seinem Schlafzimmer ein, ohne ihn wahrzunehmen. Sie lebte dann in ihrer eigenen Welt. Von ihren Musikerkollegen erfuhr Pierre, dass Henny sich immer so verhielt und dass das der Grund war, weshalb sie trotz ihrer genialen Stimme nicht zu den Großen ihres Genres gehörte. Mehrere Therapien hatte sie erfolglos abgebrochen.

Schweren Herzens hatte Pierre damals nach zwei Monaten beschlossen, die Beziehung zu beenden. Als er es ihr sagte, weinte sie, umarmte ihn und küsste ihn. Keine Wut, keinen Hass zeigte sie. Nur unendliche Trauer stand in ihrem Gesicht. Dann packte sie ihre Sachen und verabschiedete sich von ihm. Das lag jetzt ein Jahr zurück und seitdem hatte er nichts mehr von ihr gehört und gesehen.

»Du siehst gut aus, Pierre«, sagte sie, nachdem sie sich im Wohnzimmer auf die Couchgarnitur gesetzt hatten.

»Du auch«, antwortete Pierre.

»Und der gute alte Louis Armstrong gehört immer noch zu deinen Lieblingsjazzmusikern?« Aus seinem Arbeitszimmer klang das Trompetenstakkato von *Mahogany Hall Stomp*.

Er nickte. Dann unterhielten sie sich über die alten Zeiten und über das, was sie beide im letzten Jahr gemacht hatten. Über den Abbruch ihrer Beziehung fiel kein Wort. Um ein Uhr ging Pierre ins Bett, Henny wollte im Wohnzimmer auf dem Sofa schlafen. Aber nur fünf Minuten später spürte Pierre ihren warmen und weichen Körper in seinem Bett.

Freiburg, 14. Juli, Montagmorgen

Es war seine erste Stelle nach der Polizeischule und dieser Montag sein erster Tag in der Mordkommission. Und dass gleich ein solcher Feger von Frau ausgerechnet zu ihm gekommen war, das musste ein besonders gutes Vorzeichen sein. Noch bevor er sie richtig betrachten konnte – bislang hatte er sie nur aus den Augenwinkeln gesehen –, drang der Duft ihres Parfüms zu ihm.

Er rückte seine Krawatte zurecht, strich sich mit beiden Händen durch die Haare, ging zum Tresen und setzte sein bestes Sonntagslächeln auf. Begutachtete sie von oben bis unten. Ihre langen blonden Haare, den sinnlichen Mund. Er schien in den tiefen, blauen Augen zu versinken. Dann wanderten seine Blicke über ihren Oberkörper und ruhten auf ihrem Busen, den sie mit einem tiefen Ausschnitt präsentierte.

Hatte Strattmann, der junge Kommissar, diese Klassefrau nun Sekunden oder gar Minuten angestarrt ... er wusste es hinterher nicht mehr. Jedenfalls räusperte sie sich, und stellte sie sich mit Denise Muller vor.

»Was kann ich für Sie tun?«, fragte er mit butterweicher Stimme.

»Ich muss eine Vermisstenanzeige aufgeben«, antwortete sie mit einer Schüchternheit, die gar nicht zu ihrer Kleidung passte.

»Dann kommen Sie mal an meinen Schreibtisch.« Er öffnete mit einer Verbeugung die halbhohe Tür des Tresens und führte sie an seinen Arbeitsplatz. »Wen vermissen Sie denn?«

»Meinen Bruder ... seit Freitag.« Denise Muller setzte sich auf den angebotenen Stuhl und schlug ihre langen Beine übereinander, die durch den Minirock richtig zur Geltung kamen.

Einen Moment war der junge Kommissar abgelenkt. »Wann genau haben Sie ihn das letzte Mal gesehen?«, fragte er unkonzentriert, zu sehr war er mit der Frage beschäftigt, ob er sie heute Abend zum Essen einladen sollte.

»Am Freitagmorgen. Wir haben noch zusammen gefrühstückt.«

»Äh ...wie alt ist ihr Bruder?«

»Achtunddreißig«, sagte sie in einem sorgenvollen Ton.

Der Kommissar legte seine rechte Hand beruhigend auf ihren linken Unterarm. »Haben Sie ein Bild von ihm?«

»Nein, ich glaube nicht ... Es ist komisch, aber ich habe nach all den Jahren noch nicht einmal ein Bild von Jack. – Ihm ist doch nichts passiert?«

Strattmann glaubte, eine Träne in ihrem linken Auge zu erkennen, was sofort seinen Beschützerinstinkt weckte. Er schüttelte den Kopf und stellte behutsam seine nächste Frage. »Können Sie ihn beschreiben?«

»Ja, natürlich, er ist ja mein Bruder ... Er ist ein attraktiver Mann, dem die Frauen reihenweise hinterherlaufen. Ein Meter fünfundachtzig groß. Und einen Körper ... muskulös, kein Gramm Fett. Blonde Haare ... Wenn er nicht mein Bruder wäre ...«

Strattmann war zwar auch so groß wie ihr Bruder, aber dünn, schlaksig und schwarzhaarig. War das schon ein Abblitzen, weil er nicht ihrem Typ entsprach? Sein Gesicht verfinsterte sich. Aber er hatte Denise Muller unterschätzt. Sie kannte die Eitelkeit der Männer offenbar nur allzu gut.

»Also, ich mag ja mehr schlaksige, schwarzhaarige Männer, aber die meisten Frauen bevorzugen einen Mann, wie mein Bruder es ist.«

Strattmanns Welt war wieder in Ordnung. »Hat er besondere Kennzeichen? Eine Narbe, ein Muttermal oder so was Ähnliches?«

»Ist ihm etwas Schlimmes passiert, Herr Kommissar?«, fragte sie ängstlich.

»Das muss nicht sein.«

»Darf ich eine Zigarette rauchen?«, fragte sie. Ihre Hände zitterten.

Strattmann, eigentlich inzwischen Nichtraucher, antwortete: »Natürlich.« Und beschaffte aus dem benachbarten Dienstzimmer eilig einen Aschenbecher.

Denise Muller zündete sich eine Zigarette an und machte drei tiefe, nervöse Züge. »Ja ... er hat ein markantes Merkmal. Er hat eine dritte, aber verkümmerte Brustwarze.«

Strattmann horchte auf. Der Mann, der am Freitag in der Innenstadt Freiburgs erschossen worden war, hatte drei Brustwarzen! War das Jack Muller? Er musste jetzt behutsam vorgehen. »Frau Muller ... möglicherweise müssen Sie sich auf das Schlimmste gefasst machen ... äh, in der Gerichtsmedizin ist ein Mann, der Ihrer Beschreibung ähnelt. Es muss sich nicht um Ihren Bruder handeln, aber Sie müssen sich den Toten anschauen.«

Sie nickte, ihre Hände zitterten. Sie bemerkte nicht, dass die Zigarettenasche auf den Boden fiel.

Der Kommissar griff zum Telefon und führte ein kurzes Gespräch. »Wir müssen jetzt zu Hauptkommissar Wetzel, dem Leiter der Mordkommission, und dann in die Gerichtsmedizin«, sagte Strattmann, nachdem er aufgelegt hatte.

Muller machte ein angstvolles Gesicht.

Wetzel klickte auf eine andere Oberfläche. Das Bild der Leiche am Tatort verschwand und eine Großaufnahme des Kopfes erschien. Selbst als Toter hatte der Unbekannte noch ein attraktives Gesicht. Und sein muskulöser Körper ... das sprach dafür, dass er den Beruf des Türstehers oder Zuhälters, vielleicht aber auch des Models ausgeübt hatte. Aber irgendwie kam Wetzel das Gesicht bekannt vor.

Es klopfte an der Tür, und auf Wetzels »Herein« betrat

Kommissar Strattmann mit einer blonden Frau den Raum. Zweifelsohne eine attraktive Frau, dachte er, aber auf den zweiten Blick ... etwas störte ihn.

Strattmann stellte die Frau wie ein formvollendender Kavalier vor, rückte ihr gleich einen Stuhl vor dem Schreibtisch zurecht und wollte sich ebenfalls eine Sitzmöglichkeit beschaffen.

Wetzel schüttelte den Kopf. »Herr Strattmann, ich brauche Sie nicht mehr.«

»Aber ...«

»Ich werde Sie rufen, wenn Sie benötigt werden«, sagte er bestimmt.

Strattmann drehte sich um und verließ den Raum.

Wetzel minimierte das Bild der männlichen Leiche, und die Oberfläche des Intranets erschien auf dem Bildschirm. Er stellte sich vor. »Sie vermissen Ihren Bruder?«, fragte er.

»Ja ... seit Freitagmorgen.«

»Beschreiben Sie ihn kurz!«

Denise Muller wiederholte die Beschreibung ihres Bruders und hob sein besonderes Merkmal hervor: die drei Brustwarzen.

Für Wetzel gab es keinen Zweifel. »Frau Muller, Freitagmittag wurde in der Freiburger Innenstadt ein Mann erschossen. Es könnte sich um Ihren Bruder handeln. Sie müssen sich die Leiche ansehen.«

Sie zeigte zunächst keine Reaktion und schüttelte dann den Kopf. Wetzel hatte das schon oft erlebt. Sie sagte sich, dass es nicht ihr Bruder sein konnte, der in der Gerichtsmedizin im Kühlfach lag. Klammerte sich an den seidenen Faden der Hoffnung ... bis sie ihn erkennen würde. Aber sie konnte natürlich auch zu dem anderen Typ gehören, nämlich dem, der sich vergewissern wollte, dass es sich genau um den Toten handelte, den er erwartete. Eine Bestätigung, dass man den Menschen endlich los war.

Oft war es schwer, dies zu unterscheiden. Und in diesem Fall, das musste er sich eingestehen, wusste er es nicht.

Einige Minuten später standen sie am Kühlfach. Wetzel zog das Schubfach heraus und hob die Decke ab. Muller blickte auf das Gesicht, nickte und deutete auf die drei Brustwarzen. Das Einschussloch unter der linken wirkte auf eine bizarre Art wie eine vierte. Muller, der Mann mit den vier Brustwarzen.

»Ja, das ist Jack«, sagte sie gefasst.

»Wissen Sie, was er am Freitag vorhatte?«, fragte Wetzel, als sie wieder in seinem Arbeitszimmer saßen. Inzwischen war Werner Obermann, ein achtundfünfzigjähriger Oberkommissar, zu ihnen gestoßen.

»Nein.«

»Hm. Was hat er beruflich gemacht?«

»Er war Geschäftsmann.«

»Was für Geschäfte?«, fragte Wetzel.

»Das weiß ich nicht. Er hat nie mit mir darüber gesprochen.«

Wetzel und Obermann schauten sich zweifelnd an. »Sie sind seine Schwester und haben keine Ahnung von den Geschäften Ihres Bruders?« Wetzels Ton hatte eine scharfe Note angenommen.

»Nein ... nein.« Urplötzlich änderte sich ihre Haltung. Sie brach in Tränen aus, sackte in sich zusammen. Die Tränen verschmierten ihr Make up und verwandelten ihr hübsches Gesicht in eine groteske Fratze. Drei Minuten dauerte es, bis sie wieder vernehmungsfähig war.

Wetzel schaute Obermann an. Das Zeichen, dass er, als der gute, verständnisvolle Bulle, das Gespräch übernehmen sollte.

»Frau Muller, wo wohnt Ihr Bruder?«, fragte Obermann sanft. Wetzel musste innerlich schmunzeln. Werner verstand es auf unnachahmliche Art, Zeugen und Täter einzulullen. Nur ein ausgebuffter Profi durchschaute ihn.

Für einen Wimpernschlag nahmen Denise Mullers Gesichtszüge einen auslotenden Ausdruck ein. Beide Polizisten wussten in diesem Moment, dass Muller sie durchschaut hatte. Diese Frau hatte es faustdick hinter den Ohren.

»Wir wohnen zusammen … in der Gartenstraße, in einem Einfamilienhaus«, sagte sie und fing wieder an zu weinen, holte sich ein weiteres Taschentuch aus ihrer Handtasche und schniefte.

Sie setzt das Theater fort, dachte Wetzel. Was aber war der Grund dafür?

»Dürfen wir uns Ihr Haus näher anschauen?«, fragte Obermann.

»Ja.« Und dann folgte ein herzzerreißendes Schluchzen, das nicht mehr enden wollte.

Wetzel und Obermann sahen sich erneut an. Denise Muller war eine exzellente Schauspielerin, dachten beide gleichzeitig. Eine weitere Vernehmung war nicht mehr möglich. Sie entschieden sich, erst einmal zu ihrem Haus zu fahren. Wetzel forderte die Spurensicherung und seine Kollegen von der Mordkommission an. Eine knappe Stunde später begann die Durchsuchung des Muller-Hauses.

Wetzel schaute kurz auf seine Uhr. Achtzehn Uhr. Eigentlich Zeit, um das gemeinsame Abendessen einzunehmen. Mit Valerie, Elsa und Yannick. Aber daraus würde erst einmal nichts werden. Das Haus der Mullers war sauber gewesen, so, als ob jemand kurz vorher mögliche Spuren oder Auffälligkeiten beseitigt hätte. Denise Muller selbst? Zugetraut hätte er ihr das. Und Zeit genug hätte sie auch gehabt.

Nach zwei Stunden Aufenthalt in ihrem Haus fragte sie Wetzel, ob einer seiner Kollegen sie zu einer Freundin bringen könne. Sie müsse Abstand gewinnen und zur Ruhe kommen. Er beauftragte Strattmann, der seinen Dienst freiwillig verlängert und während der Hausdurchsuchung ihren seelischen Beistand gespielt hatte, mit dieser anspruchsvollen Mission.

Zwei Stunden später machten sie dann doch einen wichtigen Fund, den das ›Reinigungspersonal‹ übersehen hatte: die Adresse einer Wohnung, die Jack Muller gehören musste. Auf einen Zettel hatte – wahrscheinlich – Muller sie geschrieben und in ein antiquarisches Buch gesteckt. Sinnigerweise in Meyers Konversationslexikon von 1903, in den Informationsteil über Freiburg.

»Hier hat jemand ganze Arbeit geleistet«, sagte Alfred Hirt, Leiter der Spurensicherung, nachdem sie Mullers Wohnung in Augenschein genommen hatten.

Sie bestand aus drei Wohnräumen, einer Küche und einem großen Bad. Überall waren Polstermöbel aufgeschlitzt, Schränke umgekippt und deren Inhalt auf dem Fußboden verteilt. Schübe lagen auf dem Boden und die Teppichböden waren aufgeschlitzt. An einigen Stellen hatte jemand die Tapete abgerissen und im Bad den Deckel des Spülkastens entfernt. Wie sich später herausstellte, konnten lediglich Mullers Fingerabdrücke sichergestellt werden.

»Eine solche Verwüstung habe ich das letzte Mal vor zwanzig Jahren erlebt«, sagte Hirt.

Bei einem Zimmer musste es sich um eine Art Büro handeln. Alle Computer – drei, vermutete Wetzel – fehlten. Nur die Anschlusskabel und Drucker waren noch vorhanden. Die Musikanlage hatten sie verschont, aber sämtliche CDs mitgenommen.

»Die Typen, die hier gewütet haben, sind auf Nummer sicher gegangen«, sagte Hirt, »sie haben sich nicht mit einer Löschung der Daten begnügt ... Die wissen, dass wir auch gelöschte Dateien wieder herstellen können.«

Wetzel nickte. »Und nicht einen einzigen Aktenordner, Notizbuch oder Kalender haben sie hiergelassen«, sagte er und wies auf die leeren Regale und Schreibtischschubladen. »Was hat dieser Muller bloß für Geschäfte geführt? Denise Muller kann mir nicht erzählen, dass sie nichts weiß. Wir werden sie noch einmal verhören müssen.«

Drei Stunden später hatten die Spurensicherer ihre Arbeit beendet und Mullers Wohnung verlassen. Etwas Brauchbares hatten sie nicht gefunden.

Wetzel hatte Breiner damit beauftragt, Kontakt mit den Telefongesellschaften aufzunehmen und alle Telefongespräche und E-Mails zu durchforsten. Das würde einige Tage in Anspruch nehmen. Und Obermann sollte Ausschau nach weiteren Wohnungen halten.

Inzwischen war der Leiter der Mordkommission allein in Jack Mullers Wohnung. Es war still geworden. Wetzel brauchte, wie sein Freund Pierre, Ruhe. Er fühlte, dass sie irgendetwas übersehen hatten, obwohl die Kollegen von der Spurensicherung alles gründlich durchsucht hatten. Und vorher das Einbruchskommando. Trotzdem ging er noch einmal durch alle Zimmer. Als er nach einer knappen Stunde im Schlafzimmer angekommen war, wo die aufgeschnittenen Matratzen herumlagen, musste er dringend pinkeln. Er ging in das Bad und stellte sich vor das Urinal. Nachdem er sich erleichtert hatte, fiel sein Blick auf einen Waschtisch zwischen Badewanne und Dusche. Die Kollegen von der Spurensicherung hatten die Schübe wieder eingesetzt. Über dem Waschtisch hingen Handtücher.

Aus einem Instinkt heraus klopfte er die Wandfliesen über dem Waschtisch ab und wurde stutzig. Klopfte noch einmal. Die Wand klang nicht massiv. Seine Nackenhaare stellten sich auf. Befand sich hinter der Wand ein versteckter Raum?

Er zerrte das Möbelstück von der Wand weg, überprüfte die Kacheln darunter. Der gleiche Klang. Wetzel holte einen Stuhl aus dem Wohnzimmer. Wenn hier tatsächlich so etwas wie eine Tür ist, dann muss der obere Teil der Wand anders klingen und die Ränder des Durchgangs müssen irgendwie zu sehen sein, sagte er sich. Er stieg auf den Stuhl und inspizierte die oberen drei Fliesenreihen. Sie waren auf eine stabile Wand geklebt. Die Fliesenreihe darunter klang wieder hohl. Dann sah er einen kleinen, vielleicht einen Millimeter breiten Spalt, gut kaschiert: Er schloss direkt an die Leiste des Handtuchhalters an. Wetzel verschob den Stuhl zur Dusche. Im rechten Winkel zog sich ein Spalt nach unten, direkt an der Halterung der Duschtür. Der Hauptkommissar stieg vom Stuhl herunter. Entfernte sich dreißig Zentimeter von der Wand ... Wenn er nicht gewusst hätte, dass sich dort ein Spalt befand, er hätte ihn nicht bemerkt. Hier hatte ein Spezialist die Schwächen des menschlichen Auges genial ausgenutzt.

Gut, sagte er sich, du hast zwar den möglichen Durchgang gefunden, aber ... wo ist der Mechanismus, der die Tür öffnet?

In der Mitte begann er. Drückte gegen jede Fliese und bewegte sich nach oben. Nichts. Nach unten. Erst, als er die mittlere Kachel der untersten Reihe untersuchte, passierte es. Die Fliese gab nach, ein Zischen war zu hören und dann bewegte sich die Wand nach hinten.

Freiburg, Dienstagvormittag, 15. Juli

Gähnend schaute Wetzel auf seine Uhr. Neun. Seit nunmehr fünfundzwanzig Stunden war er auf den Beinen. Und es sollten noch weitere dreizehn Stunden vergehen, bevor er erschöpft Schlaf finden würde.

Nachdem er auf die untere Kachel des Badezimmers gedrückt hatte, war die Wand in Türgröße erst nach hinten gerückt, um dann seitlich in einem Zwischenraum zu verschwinden. Wetzel hatte mit einem kleinen Geheimraum gerechnet, in dem möglicherweise etwas versteckt war, das wichtig hätte sein können – aber was er zu Gesicht bekam, war eine große Wohnung mit vier etwa dreißig Quadratmeter großen Räumen. Jeder hatte ein pompös eingerichtetes Bad. Rundbadewanne mit Whirlpool, Zweimannsauna und Dusche gehörten ebenso zur Ausstattung wie vergoldete Armaturen und exklusive römische Fliesen mit Motiven von nackten, muskulösen Männern.

Im Zentrum eines Zimmers stand entweder ein Wasserbett oder ein Bett mit verziertem Messinggestell und rotem Himmel. Zur weiteren Ausstattung zählte ein etwa zwei Meter hohes Andreaskreuz an einer Wand, an dem Ketten zur Fesselung befestigt waren. In den Schränken befanden sich weitere Utensilien der Bondage- und Sado-Maso-Szene-Szene. Die Wände waren dekoriert mit großen Schwarzweißpostern, auf denen nackte männliche Models in lasziver Umarmung abgebildet waren.

Wetzel stand in einem Bordell für Homosexuelle. Aber keins für die untere Gesellschaftsschicht, versteht sich. Nein, hier handelte es sich um ein Bordell für die Freiburger Oberschicht. Muller musste eine große Nummer im Freiburger Rotlichtmilieu gewesen sein.

Wetzel verließ das Bordell und kehrte durch den geheimen Durchgang in Mullers Wohnung zurück. Vergaß aber nicht, die Wandöffnung wieder zu verschließen. Dann forderte er wieder die Spurensicherer an.

Eine halbe Stunde später empfing er sie an der Eingangstür von Mullers Wohnung, führte sie in das Badezimmer und drückte auf die Fliese, die den türgroßen Wandausschnitt wieder seitlich in einen Zwischenraum verschwinden ließ. Hirt, der Chef der Spurensicherer, war peinlich berührt, weil er den Durchgang trotz stundenlanger Suche am vergangenen Abend nicht gefunden hatte. Wetzel führte seine Kollegen in Mullers Bordell und zeigte ihnen die Räumlichkeiten. Die Spurensicherer begannen sofort mit ihrer Arbeit, während Wetzel noch einmal die beiden Wohnungen und schließlich das ganze Mehrfamilienhaus in Augenschein nahm. Es stellte sich heraus, dass Mullers Wohnung und sein Bordell zwei selbstständige Wohneinheiten waren. Sie erstreckten sich über eine ganze Etage, hatten verschiedene Treppenhäuser und Wohnungseingänge. Eine Verbindung bestand nur über den Geheimgang.

Stunden später, um viertel nach neun, klingelte es zur Überraschung der Polizisten an der Eingangstür des Bordells. Hirt und Wetzel, die gerade im Flur des Bordells standen, sahen sich an und stellten sich rechts und links neben die Eingangstür. Die übrigen Spurensicherer betraten den Flur. Eine Minute später hörten sie die Motorengeräusche des Fahrstuhls.

»Warum klingelt er?«, fragte Hirt.

»Vielleicht ein vereinbartes Zeichen«, antwortete Wetzel.

Der Fahrstuhl stoppte, seine Türen öffneten sich und laute Stöckelschuhschritte hallten durch den Hausflur. Augenblicke später wurde ein Schlüssel ins Schloss gesteckt und die Tür geöffnet. Eine etwa dreißig Jahre alte Frau stand im Türrahmen. Als sie die vielen Polizisten sah, befreite sich von ihren Schuhen und rannte in Richtung Feuertreppe davon.

Wetzel reagierte am schnellsten. Noch bevor die Frau sie die Treppe erreichen konnte, hatte er sie eingeholt, an den Oberarmen festgehalten und in Mullers Bordell geführt.

»Wer sind Sie? Warum haben Sie versucht zu fliehen?«

»Was glauben Sie denn, wenn Sie eine Wohnung betreten wollen und eine Horde von Männern mit Weltraumanzügen vor Ihnen steht«, sagte sie immer noch aufgeregt und schnell atmend. »Ich habe es mit der Angst zu tun bekommen!«

Wetzel musste ihr recht geben. Mit ihren Dreitagebärten, den dunklen Augenrändern und den Tyreksanzügen sahen die Kollegen wie mörderische Spießgesellen auf einem Raubzug aus. »Mein Name ist Wetzel. Ich bin Hauptkommissar bei der Mordkommission. Die kriegerisch aussehenden Männer sind von der Spurensicherung.« Er zeigte seinen Dienstausweis, was zu ihrer Beruhigung beitrug. »Wer sind Sie?«

»Sabine Michalik ... ich bin die Putzfrau.«

Die Spurensicherer brachen in schallendes Gelächter aus. Und auch Wetzel musste schmunzeln. »Für eine Putzfrau haben Sie aber eine extravagante Arbeitskleidung«, sagte er und schaute an ihr herunter. Sabine Michalik trug einen Minirock, hochhackige Schuhe und eine tief ausgeschnittene Bluse.

»Sie werden es mir nicht glauben, aber das ist eine der Bedingungen meines Arbeitgebers. Ich muss das Haus immer so betreten. Und in dieser Wohnung habe ich dann meine Arbeitskleidung angezogen.« Sie zeigte auf einen Nischenschrank des Flurs, öffnete ihn und präsentierte den überraschten Polizisten akkurates Reinigungswerkzeug und entsprechende Kleidung. Zwei Spurensicherer nahmen die Gegenstände in Augenschein und die anderen gingen in die Zimmer zurück.

»Warum haben Sie dreimal geklingelt, obwohl Sie einen Schlüssel besitzen?«, fragte Wetzel.

»Das ist eine weitere Bedingung. Wenn nach meinem Klingeln an der Haustür der Summer ertönt, muss ich wieder nach Hause gehen. Mein Geld bekomme ich dann trotzdem. Beim doppelten Summton muss ich nach einer Stunde wiederkommen. Kommt keine Reaktion, gehe ich gleich nach oben und erledigte meine Arbeit.«

»Warum das Ganze?«, fragte Wetzel, obwohl er die Antwort kannte.

»Ich nehme an, ich sollte nicht wissen, wer er ist, und auch seine Kunden sollte ich nicht zu Gesicht bekommen.«

»Wer hat Sie engagiert?«

Sie überlegte einen Moment, dann sagte sie: »Eines Tages hat mich jemand, ohne mir seinen Namen zu sagen, angerufen und gefragt, ob ich einen gut bezahlten Putzjob gebrauchen kann. ›Kommt darauf an, was für mich dabei herausspringt‹, habe ich geantwortet. Fünfundzwanzig Euro die Stunde hat er mir angeboten, von acht bis zwölf Uhr sollte ich arbeiten. Hundert Euro pro Tag. Einen Tag die Woche hatte ich frei … Wer hätte ein solches Angebot schon abgelehnt?«

»Hm.«

»Niemals durfte ich nach seiner Identität fragen. Und keinem jemals etwas über das erzählen, was hier abläuft.«

»Und?«

»Ich habe zwei Kinder zu versorgen. Fast zweitausend Euro habe ich verdient … Einen so gut bezahlten Job hätte ich nie wieder bekommen. Ja, alles, was er verlangt hat, habe ich eingehalten.«

»Warum hat er ausgerechnet Sie ausgewählt?«

»Fanny hat mich empfohlen.«

»Wer ist das?«

»Eine Agentur, die Putzfrauen vermittelt.« Sie nannte ihm den Namen des Eigentümers und die Adresse.

Wetzel notierte es. »Warum hat er gerade sie ausgewählt?«

»Weil er ein Auge auf mich geworfen hat …« Dann schwieg sie. Musterte den Hauptkommissar. Und schließlich hatte sie den richtigen Schluss gezogen. »Ist etwas mit meinem Arbeitgeber passiert?«

»Er ist ermordet worden. Sein Name ist … war Jack Muller«, antwortete Wetzel.

»Jack Muller … Schon komisch. Da arbeitet man drei

Jahre in einem Betrieb, kennt den Arbeitgeber nicht ...
Und wenn man seinen Namen erfährt, dann ist er tot.
Und ich ... arbeitslos.«
»Ja, davon würde ich ausgehen«, sagte Wetzel.

Freiburg, Dienstag, 15. Juli

Ein Firmenschild war vom Parkplatz aus nicht zu erkennen. Wetzel stellte den Motor ab, verließ den Wagen und verriegelte die Türen.

Erst auf den Klingelschildern des schäbigen sechsgeschossigen Altbaus fand er einen Hinweis auf die Reinigungsfirma: Unter dem Namen Ullrich Weinert stand in kleiner Schrift *Fannys Agentur für Raumpflege*. Er drückte auf den Klingelknopf.

»Ja«, tönte nach einer Wartezeit von einer halben Minute eine verschlafene Stimme aus dem Lautsprecher.

»Bin ich hier richtig bei der Fannys Reinigungsfirma?«, fragte Wetzel.

»Können Sie nicht lesen? Steht doch direkt am Schild«, lautete die pampige Antwort.

»Na, dann öffnen Sie mal möglichst schnell ihre Pforten, die Polizei ist hier.«

Schweigen folgte. Weinert war sich wohl nicht im Klaren, was er davon halten sollte, betätigte dann aber den Türöffner.

Vor der Wohnungstür im ersten Stock stand ein offensichtlich übernächtigter, etwa vierzigjähriger Mann im weißen Unterhemd. Ein Bauch von mittlerer Mächtigkeit schwappte über den Gürtel seiner Jeanshose. Sein Schädel war kahl geschoren, wahrscheinlich, um die entstehende Glatze zu kaschieren.

»Sollten wir die Angelegenheit nicht besser in der Wohnung besprechen?«, fragte Wetzel. Obwohl das möglicherweise nicht der gemütlichste Ort war.

Weinert blickte auf die Eingangstüren der anderen Wohnungen, entfernte dann mit den Fingernägeln Speisereste aus seinen Zahnspalten und fasste einen Entschluss. »Ich wüsste nicht, was wir zu besprechen hätten. Sie haben kein Recht, in meine Wohnung einzudringen. In diesen Dingen kenne ich mich aus. Wer sind Sie überhaupt?«

Ein Schwall abgestandenen Alkoholgestanks erfasste Wetzel. Er verzog das Gesicht. »Hauptkommissar Wetzel von der Mordkommission. Ich werde jetzt bei der Staatsanwaltschaft anrufen und eine Hausdurchsuchung beantragen.« Er schaute auf seine Armbanduhr. »In zehn Minuten werden die Kollegen hier sein und Ihre Wohnung auf den Kopf stellen. Akten und Computer beschlagnahmen. Dann werden Sie feststellen, dass Sie sich doch nicht so gut auskennen.« Er griff zum Handy und begann zu wählen.

Weinert lenkte ein. »Kommen Sie rein, ich habe nichts zu verbergen.«

Im Flur der Wohnung lagen Frauenschuhe und Frauenstrümpfe unordentlich herum. Weinert sammelte sie hastig auf und brachte sie ins Schlafzimmer, in dem sich eine nackte Frau auf dem Bett räkelte. Als sie den Hauptkommissar erblickte, verhüllte sie sich bis zum Kopf mit der Decke.

Er führte Wetzel in sein Büro, in dessen Zentrum ein Schreibtisch stand, rechts davon drei verschiedene Computer und umfangreiches Zubehör, ein wahres Computerterminal. Wetzel vermisste Aktenregale und ein Festnetztelefon. Weinert bot ihm einen Platz auf einem abgewetzten Sessel an. Er selbst setzte sich auf seinen Schreibtischstuhl. Das Büro roch muffig, ein zu kleines Fenster sorgte für eine ungemütliche Atmosphäre.

»Ist Sabine Michalik bei Ihnen angestellt?«, fragte der Hauptkommissar.

Weinert grinste lüstern und warf einen Blick in Richtung des Schlafzimmers. »Oh ja. Sie ist eine Art freie Mitarbeiterin.«

»Was heißt das?«

»Ich leihe sie an spezielle Kunden aus.«

»Wer ist im Moment ihr spezieller Kunde?«

Weinert zuckte mit den Schultern. »Das ist ihre Sache und nicht meine.«

Ob es nun die langen schlaflosen Stunden waren oder Weinerts wenig kooperatives Verhalten, jedenfalls löste ein für diesen Tag letzter Adrenalinausstoß bei Wetzel eine Explosion aus. »Wenn Sie mir nicht innerhalb der nächsten dreißig Sekunden den Auftraggeber von Sabine Michalik nennen, werde ich Sie wegen Mordverdachts ins Untersuchungsgefängnis stecken. Alles, Ihre Wohnung, Ihre Geschäftsbücher, falls überhaupt welche vorhanden sind, und Ihre Computer werde ich persönlich auf den Kopf stellen. Und ich sorge dafür, dass Sie selbst als Toilettenreiniger in Freiburg keinen Job mehr kriegen.« Und nach einer kurzen Pause fügte er brüllend hinzu: »Nicht jeder Mörder kommt automatisch nach fünfzehn Jahren frei!«

Weinerts Augen weiteten sich. Panik machte sich breit. Seine nächtliche Bettpartnerin erschien, mittlerweile angezogen, kurz an der Tür, um nach dem Rechten zu sehen. »Verschwinde«, schrie er sie an. Überstürzt verschwand sie wieder hinter der Türöffnung.

»Wer ist denn ermordet worden?«, fragte er ängstlich.

Wetzel antwortete nicht darauf. »Also, wer ist Frau Michaliks Arbeitgeber?«

»Jack Muller«, antwortete Weinert hastig.

»Erzählen Sie alles, was Sie über ihn wissen!«

»Wir sind schon zusammen zur Schule gegangen. Jack

ist Franzose, aber seit ich ihn kenne, lebt er in Freiburg. Seine Großmutter hat ihn aufzogen. Seine Eltern habe ich nie kennengelernt. Nach der vierten Klasse ging ich zur Realschule, er aufs Gymnasium. Später hat er in Würzburg studiert, ist danach aber wieder nach Freiburg zurückgekehrt. Die ganze Zeit haben wir uns nie aus den Augen verloren.«

Er trank glucksend eine halbe Wasserflasche leer, die auf seinem Schreibtisch gestanden hatte, und rülpste. Entschuldigte sich aber umgehend.

»Ich besaß früher einmal einen Nachtclub und ein paar hübsche Angestellte. Leider habe ich oft Pech gehabt. Bin ein paarmal pleite gegangen. Jack hat mir immer unter die Arme gegriffen. Mit Geld oder indem er mir Kunden verschaffte. Er hat viel Geld verdient. Ein echtes Finanzgenie. Alles, was er anfasst, verwandelt sich in Gold ...« Weinert unterbrach sich und schaute den Hauptkommissar an. »Jack ist ermordet worden ...?«

Wetzel nickte.

»Verdammt.« Weinert senkte den Kopf. Die Überraschung und Niedergeschlagenheit waren echt. Er hatte seinen wichtigsten Unterstützer verloren. Wetzel schwieg noch eine Weile. Und dann sprudelte es aus Weinert nur so heraus. Sein Freund und Gönner war ermordet worden und der Mörder sollte gefasst werden ...

»Vor acht Jahren hat er mir zweihunderttausend geliehen, damit ich der russischen Konkurrenz Paroli bieten konnte. Was nicht zu schaffen war. Die bieten ihre Frauen billiger an. Wenn das nicht hilft, kommen sie in unsere Nachclubs. Oft mit einer zehnköpfigen Schlägertruppe. Und brutal sind die ... Damals haben sie meine drei Türsteher krankenhausreif geschlagen. Und mir gedroht, wenn sie das nächste Mal kommen und ich meinen Club nicht für zehn Mark verkaufe, wird er in Flammen aufgehen.«

»Und?«

»Ich habe aufgegeben. Zwei Nachtclubs waren einige Wochen vorher bis auf die Grundmauern abgebrannt. Brandstiftung wurde nachgewiesen, die Täter aber nie gefasst.«

»Und danach?«

»Bin ich ein wenig herumgetingelt. Irgendwann bin ich auf die Idee gekommen, eine Reinigungsfirma aufzubauen. Bis heute läuft sie gut. Die Nachfrage in Freiburg ist groß. Daneben hat Jack mir immer gute Aufträge verschafft.«

»Womit genau hat Ihr Freund so viel Geld verdient?«

»Er besaß Bordells, Nachtclubs, hat seine Dienste über das Internet angeboten, hat Hausbesuche durchgeführt. Und weiß der Teufel, was sonst noch.«

»Mit den Russen hatte er keine Probleme?«

»Nein, das lag wohl daran, dass er exklusive Häuser für Homosexuelle betrieb. Ein Markt, auf den die Russen nicht scharf sind. Und er hatte Kunden aus der Freiburger Oberschicht ... auch aus den Reihen der Polizei, Staatsanwälte, Richter und so. Das hat die Russen auf Distanz gehalten.«

Deshalb hatten die Einbrecher die Computer aus Mullers Wohnung mitgenommen. Wetzel fragte sich, wer von seinen Kollegen in der Direktion wohl Kunde von Muller war. »Kennen Sie Namen?«

»Nein. Ich weiß nur, dass Jack eine jahrelange Beziehung mit einem Staatsanwalt hatte. Ich glaube, der hat überwiegend Drogenfälle vor Gericht vertreten.«

Wie praktisch, sagte sich Wetzel. Es gab zwei Staatsanwälte, die auf Drogendelikte spezialisiert waren. Doktor Ehmer und Doktor Strömer. Wer von beiden ist es, fragte sich der Hauptkommissar. Aber damit würde er sich später befassen. »Worin bestanden Ihre Gegenleistungen?«

»Das Geld, das er mir geliehen hat, musste ich zurückzahlen. Zinslos. Er war immer sehr fair zu mir. Wenn ich knapp bei Kasse war, hat er mir einfach mehr Zeit gegeben. Manchmal hatte er spezielle Computeraufträge für mich, weil ich ein Computerfreak bin, und mir einen Teil der Rückzahlungen erlassen.«

»Was für Aufträge waren das?«

Weinert kam ins Stocken. Überlegte offenbar, ob er sich, wenn er zu viel sagte, nicht selbst tief in die Scheiße reinritt. Aber wenn er eine Sache zugab ... vielleicht würde der Hauptkommissar dann keine weiteren Fragen stellen. »Es war vor vier Jahren. Jack bat mich um einen Gefallen. Ich sollte ihm eine Fotomontage anfertigen, die einen Angestellten von ihm mit einem anderen Mann eng umschlungen zeigen sollte.«

»Und?«

»Ich habe es gemacht. Schließlich war ich dankbar, weil er mir ein Leben lang geholfen hat.«

»Wer waren die Männer?«, fragte Wetzel.

»Der Angestellte heißt Frederic mit Vornamen. Den Nachnamen kenne ich nicht. Auf jeden Fall wohnt er in Freiburg. Und der andere Mann, den habe ich noch nie gesehen. Jack hatte ein Prinzip: Man durfte keine Fragen stellen. Wer sich damit nicht zufrieden gab, bekam keine Aufträge mehr.«

»Existiert das Foto noch? Sie sind Computerexperte ... haben das Foto bestimmt irgendwo gespeichert.«

»Nein, ich musste die Fotomontage vor seinen Augen erstellen, ausdrucken und dann wieder löschen.«

Dieser Muller war clever gewesen. Das musste Wetzel zugeben. Er dachte einen Moment nach und dann kam ihm eine Idee. »Hatte Jack Muller einen Künstlernamen oder so was Ähnliches?«

»Herakles ist sein Künstlername und sein exklusivstes Bordell heißt *Back To Oasis*.«

Volltreffer, sagte sich Wetzel. Erika Schäfer hatte Pierre

erzählt, dass sie den Namen Herkules verstanden habe. Und Black Oasis. Sie hatte sich verhört. Herakles und *Back to Oasis* lauteten die richtigen Namen. Jack Muller war die Person, die mit Fritz zusammengearbeitet hatte, um Frank Röster zu diskreditieren. Ein vorzügliches Motiv, um beide zu beseitigen. Aber Röster war seit vier Jahren verschwunden.

»War Muller trotz seiner Homosexualität einmal verheiratet? Manche verschaffen sich einen solchen Deckmantel.«

»Jack? Nein«, sagte er lachend, »der hatte schon als Achtzehnjähriger ein Verhältnis mit seinem schwulen Mathelehrer. Aber er hat eine Schwester, Denise. Sie ist auch unverheiratet, scheint irgendwie an seinen Geschäften beteiligt zu sein. Ein paar Male habe ich sie getroffen. Die machte auf mich den Eindruck, noch gerissener zu sein als Jack.«

Den Eindruck hatte Wetzel allerdings auch gewonnen. Er musste sie unbedingt ein zweites Mal verhören. Und dann richtig in die Mangel nehmen, möglichst schon morgen.

»Herr Hauptkommissar, mir ist noch etwas eingefallen. Der Mitarbeiter von Jack ... der hieß Berg mit Nachnamen.«

Wetzel nickte und schrieb sich den Namen auf. Er musste gähnen. Der Hauptkommissar verabschiedete sich und bat Weinert, ins Präsidium zu kommen, um das Protokoll zu unterschreiben. Dann verließ er die Wohnung.

Weinert sah ihm von der Eingangstür aus nach. Das war ja doch einmal ein passabler Bulle, dachte er. Jedenfalls hatte er ihn nicht nach weiteren Computeraufträgen gefragt.

In die Direktion fuhr Wetzel nicht mehr, nur noch nach Hause, wo er nach einem exzellenten französischen Menü à la Valerie endlich den Weg ins Bett fand. Frederic Berg musste bis morgen warten. Und leider auch Pierre Rexilius.

Südharz, Dienstagmorgen, 15. Juli

Wut und Enttäuschung hatten sich bei Sandra Koch immer noch nicht gelegt. Warum hatte das Landeskriminalamt die Fälle übernommen? Das hatte es in der Geschichte der Inspektion noch nicht gegeben. Und das ergab auch keinen Sinn. Sie behauptete ja nicht, dass sie kurz davor waren, den Fall zu lösen. Nein, eher waren sie meilenweit davon entfernt. Dieser Mörder war intelligent, gerissen, gebildet, brutal – aber keineswegs unbesiegbar. Seit Pierre Leiter der Mordkommission war, wurde jeder Fall gelöst. Wer war für die Entscheidung, sie vom Fall abzuziehen, verantwortlich? Zuerst hatte sie geglaubt, dass Fischer beteiligt gewesen sein könnte, aber nach seinem Verhalten von gestern war sie davon nicht mehr überzeugt.

Sie kannte diese Wichtigtuer vom Landeskriminalamt. Die glaubten, mal eben im Handumdrehen die Morde aufklären zu können. Natürlich besaßen sie die bessere Technik und hatten Spezialisten in ihren Reihen. Aber hier war Intuition gefragt. Und die besaßen die Spezialisten vom Landeskriminalamt nicht. Nur einer besaß sie: Pierre, aber ihn hatten sie kaltgestellt.

Sandra Koch und Stefan Henkelmann waren auf dem Weg von Wulften nach Osterode. In der Zweitausend-Seelen-Gemeinde Wulften hatte es in der Nacht zum Montag eine Messerstecherei gegeben. Ein vierzigjähriger Arbeitsloser war in seiner Wohnung lebensgefährlich verletzt und wenige Stunden später im Kreiskrankenhaus in Herzberg operiert worden. Obwohl er inzwischen nicht mehr in Lebensgefahr schwebte, war an eine Vernehmung im Moment nicht zu denken. Zwei Frauen hatten aber alles beobachtet und brauchbare Aussagen machen können. Der Täter war noch flüchtig, aber die Fahndung lief auf Hochtouren.

Sie öffneten die Fenster bis zum Anschlag, was bei dieser Hitze auch notwendig war. Eine Klimaanlage besaßen die meisten ihrer Dienstwagen nicht, weil Fischer einen rigorosen Sparkurs fuhr, der seine Inspektion zur sparsamsten in ganz Niedersachsen gemacht hatte.

Sie fuhren an Getreidefeldern vorbei, auf denen die Landwirte mit der Ernte begonnen hatten. Die Mähdrescher wirbelten wegen der knochentrockenen Erde so viel Staub auf, dass sie für die beiden Polizisten unsichtbar blieben.

»Hast du nicht einen Ventilator, den wir an den Zigarettenanzünder anschließen können, Stefan?«, fragte Sandra.

»Habe ich, aber das Problem ist, dass der Wagen keinen Zigarettenanzünder besitzt.«

Sie verdrehte die Augen. Auch den hatte Fischer eingespart.

Sie kehrten bei Giovanni ein, dem Treffpunkt vieler Polizisten der Inspektion während der Mittagszeit. Sie ergatterten den letzten freien Zweiertisch und bestellten Tortellini panna und einen italienischen Salat. Am Nachbartisch saßen Weller und Gille aus der Diebstahlabteilung.

Die Nachricht von der Übernahme der beiden Mordfälle durch das LKA hatte sich wie ein Lauffeuer in der Inspektion herumgesprochen. »Was ist denn bei euch los?«, fragte Weller, »hat Pierre im Dienstzimmer des Stockfischs seine Pfeife geraucht?«

Sie zuckte mit den Schultern: »Ich weiß genauso wenig wie du.«

Giovanni kam an den Tisch und stellte ihr Mittagessen ab. »Mit Liebe gewürzt für schönste Kriminalkommissarin der Welt«, schmeichelte er und verschwand wieder in Richtung Theke.

Weller sprach Sandra erneut an. »Hat euch die alte Schachtel aus Wieda nicht weiterhelfen können?«

Sandra stutzte und unterbrach ihr Essen. Stefan Henkelmann tat es ihr gleich. »Was für eine alte Schachtel?«, fragte er. Und Sandra überfiel eine merkwürdige Vorahnung.

»Frau Boog. Adelheid Boog. Sie hat bis vor drei Jahren in der Grundschule in Wieda unterrichtet. Die hatte ich auch mal im Unterricht. Mann, hatte die Haare auf den Zähnen. Da habe selbst ich pariert.«

»Das muss aber schon sehr lange her sein«, antwortete Sandra.

Weller und Gille und auch die Kollegen an den umliegenden Tischen, die mitgehört hatten, brachen in schallendes Gelächter aus.

»Also«, sagte Sandra, »was wollte deine ehemalige Lehrerin von uns?«

»Das ist jetzt zwei Wochen her«, sagte Weller. »Frau Boog hatte in der Inspektion angerufen und mich zu sprechen verlangt, weil sie wusste, dass ich hier arbeite. Sie hat kurz nach dem Autounfall im Walkenrieder Wald eine Beobachtung auf einem Parkplatz in der Nähe von Wieda gemacht. Als sie später in der Zeitung gelesen hat, dass es sich in Wirklichkeit um Mord handelte, bekam ihre Beobachtung eine andere Bedeutung. Ich sagte ihr, ich werde es an euch weiterleiten, und versprach, dass ihr euch mit ihr in Verbindung setzen werdet.«

Sandra und Stefan schauten sich überrascht an, ließen sich aber nichts anmerken. Scheinbar gelangweilt sagte sie: »Das ist nicht mehr unsere Angelegenheit. Das LKA wird dem nachgehen ... Wem hast du denn die Information gegeben?«

»An dem Tag war keiner von der Mordkommission in der Inspektion, also habe ich die Adresse von Frau Boog auf einen Notizzettel geschrieben und einen Vermerk, dass sie etwas zum Mord im Walkenrieder Wald sagen kann. Den Zettel habe ich auf Eckerts Schreibtisch gelegt.«

Sandra hatte ihr Notizbuch aus ihrer Handtasche geholt und schrieb den Namen der Lehrerin auf. »Ich werde es an die Leute vom LKA weitergeben.«

Warum zum Teufel hatte Eckert diese Information nicht an Pierre weitergeleitet? fragte sich Sandra. Vielleicht wusste diese Frau Boog etwas Wichtiges und hätte damit die Mordkommission einen entscheidenden Schritt weitergebracht, mit dem Ergebnis, dass sie jetzt noch an den Mordfällen arbeiten würden ... Nein, dachte Sandra, das passte nicht zu Eckert. Er hatte zwar seit einiger Zeit ein Alkoholproblem, trotzdem machte er einen guten Job.

Sandra und Stefan bezahlten und verließen die Pizzeria. Im Auto griff sie zum Handy, um Pierre zu informieren. Noch bevor die Verbindung hergestellt war, sagte Henkelmann: »Sandra, ich habe vergessen, was wir dem LKA ausrichten wollten.«

»Ich auch«, antwortete sie und kratzte sich demonstrativ an der Stirn.

In der Inspektion sprach sie Jürgen Eckert auf Wellers Notizzettel an, und der versicherte ihr glaubhaft, ihn nie auf seinem Schreibtisch gesehen zu haben.

Südharz, Dienstagvormittag bis Abend, 15. Juli

Rexilius stand wieder vor der Schützenmulde, die der Mörder kurz vor seiner Tat angelegt hatte. Der Tatort war völlig zertrampelt, Schaulustige und Journalisten hatten inzwischen ganze Arbeit geleistet. Er erinnerte sich an das Foto eines Boulevardblatts, das Kinder abgebildet hatte, die mit ihren Spielzeuggewehren den Tathergang nachgestellt hatten. Und genau dieses Foto hatte irgendjemand an die Stelle geheftet, an der der Mörder die

Symbolzeichnung befestigt hatte. Er schüttelte den Kopf über so viel Geschmacklosigkeit und widmete sich wieder seiner topographischen Karte.

Bis heute wusste er eigentlich nichts über den Fluchtweg des Täters. Die Fahrradbekleidung ließ den Schluss zu, dass der Mann mit dem Rad unterwegs gewesen war. Welchen Weg hatte er vom Tatort aus genommen?

Zunächst von hier aus auf den etwa fünfzig Meter entfernten alten Eseltreiberweg. Und dann bestanden zwei Möglichkeiten. Entweder nach Walkenried oder in Richtung Wieda. Der Weg nach Walkenried führte über eine etwa fünfhundert Meter lange Weide, an deren Ende sich eine Gewerbefläche mit mehreren Betrieben anschloss. Nein, diesen Weg hatte er nicht gewählt. Zu viele Zeugen hätten ihn sehen können, sagte er sich. Damit blieb die Route nach Wieda übrig.

Er verfolgte auf der Karte den Verlauf des Eseltreiberweges, der sich nach etwa dreihundert Metern gabelte. Der linke Weg fand seinen Endpunkt auf einem Parkplatz südlich von Wieda. Hier hätte der Täter ein Auto vorher abstellen können, zu dem er nach der Tat hätte zurückkehren können ... Rexilius erinnerte sich, dass hier damals das erste Opfer des ›Südharzmörders‹ gefunden worden war. Danach hatte die Gemeinde Wieda die Bäume und Sträucher um den Parkplatz gerodet, von der Straße aus war er voll einzusehen. Ein abgestelltes Fahrzeug wäre also aufgefallen. Auch diese Möglichkeit schloss er aus. Somit blieben zwei Parkplätze östlich von Wieda als Möglichkeiten an der Kreisstraße 32 nach Zorge. Pierre kannte sie beide. Der erste, der etwa einen Kilometer von Wieda entfernt war, schien nicht geeignet – zu übersichtlich –, aber der zweite wäre für die Zwecke des Mörders von Balthasar Fritz ideal gewesen. Ein breiter Wall, bedeckt mit Bäumen und Sträuchern, verdeckte zwischen Ein- und Ausfahrt den Blick auf die hier parkenden Autos. Pierre war sich sicher: Hier hatte der Mörder sein Fahrzeug abgestellt. Von hier aus war er mit einem Fahrrad zum Tatort gefahren, und hierher war er nach der Tat zurückgekehrt, um dann zu verschwinden.

Pierre ging zum Eseltreiberweg, setzte sich auf sein Fahrrad und stellte den Fahrradcomputer ein. Der Karte hatte er entnommen, dass die Strecke etwas über zwei Kilometer lang war und der Höhenunterschied sechzig Meter betrug, was eine mittlere Steigung von drei Prozent bedeutete. Er setzte sich in Bewegung, fuhr mit einer durchschnittlichen Geschwindigkeit von zwanzig Stundenkilometern.

Als er den Parkplatz erreicht hatte, drückte er auf die Stopptaste der Uhr. Sieben Minuten und zehn Sekunden hatte er benötigt. Tatsächlich war die Strecke 2451 Meter lang. Pierre vermutete, dass der Täter das Gewehr zusammengelegt im Rucksack transportiert hatte … machte sieben bis acht Kilo aus. Dazu kamen noch andere technische Geräte wie zum Beispiel ein Laptop, so dass er am Ende rund fünfzehn Kilo an Gewicht zu transportieren hatte. Mit dieser Last hatte der Mörder für die Strecke ein bis vielleicht zwei Minuten länger als er gebraucht. Fritz hatte den letzten Telefonanruf seines Lebens um 15.58 Uhr bekommen. Unmittelbar nach dem Schuss hatte der Schütze sein Versteck verlassen, das Gewehr auseinandergenommen und seine Utensilien zusammengepackt. Dafür veranschlagte Rexilius rund fünf Minuten, vielleicht auch eine weniger. Insgesamt war er dreizehn bis vierzehn Minuten unterwegs gewesen, ehe er am Parkplatz eingetroffen war. Also elf bis zwölf Minuten nach sechzehn Uhr. Danach hatte er alles in sein Fahrzeug verstaut und war entweder in Richtung Wieda oder Zorge davongefahren.

Gab es denn wirklich keine Menschenseele, die ihn zufällig beobachtet hatte? Auf dem Waldweg oder hier auf dem Parkplatz? Pierre rügte sich in diesem Moment selbst. Sie hätten einen Aufruf über die Medien durchführen müssen. Jetzt war das nicht mehr möglich. Er war kaltgestellt.

Sein Handy klingelte.

»Schon die Koffer gepackt?«, fragte ihn Sandra.

»Den Waldrucksack … ja.«

»Aha.« Darauf hatte sie natürlich gehofft: dass Pierre allein weiterermitteln würde. Dann erzählte sie ihm alles, was Weller bei Giovanni berichtet hatte und nannte ihm die Adresse von Adelheid Boog. »Morgen will das LKA den Tatort im Walkenrieder Wald inspizieren. Du weißt, wo du dich dann nicht sehen lässt.«

Pierre bedankte sich bei ihr. Fünf Minuten später betätigte er den Klingelknopf an Frau Boogs Haus. So, als habe sie schon auf ihn gewartet, öffnete sie unmittelbar danach die Haustür. Rexilius stellte sich vor.

»Das wurde aber auch langsam Zeit«, sagte sie tadelnd.

»*Mentha spicata, Liliaceae, sambucus nigra* und *melissa officinalis* zu gleichen Teilen … mein streng gehütetes Geheimnis. Junger Mann, Sie kennen es jetzt.«

Rexilius musste Boog gestehen, dass er ihr Geheimnis immer noch nicht kannte.

»Pfefferminze, Lilie, schwarze Holunderbeere und Zitronenmelisse. Wirkt belebend«, sagte Adelheid Boog, »wie schmeckt er Ihnen?«

»Exzellent«, antwortete Rexilius und meinte es ehrlich.

Sie war ihm auf Anhieb sympathisch gewesen. Eine gewisse Autorität, aber auch Wärme strahlte die pensionierte Lehrerin aus. Zuckerbrot und Peitsche musste ihre pädagogische Devise gewesen sein. Zuckerbrot schien deutlich zu überwiegen. Dass sein Kollege Weller mehr in den Genuss der Peitsche gekommen war, dürfte an ihm gelegen haben.

Obwohl ihre Haare grau waren – vielleicht auch eine Mischung aus blond und grau –, wirkte sie zehn Jahre jünger. Eine straffe Körperhaltung zeugte davon, dass sie regelmäßig Sport trieb. Sie hatte ein hübsches Gesicht, das mit einer modischen Brille betont wurde, und war trotz ihres Alters immer noch eine attraktive Frau.

Adelheid Boog hatte ihn in ihr Wohnzimmer geführt, und er hatte auf einem Biedermeiersessel Platz genommen. Im Wohnzimmer roch es angenehm nach Möbelwachs. Das Mobiliar bestand aus unterschiedlichen Stilrichtungen. An einer Wand stand ein Jugendstilvertiko, an einer anderen ein Klavier aus der Gründerzeit, dessen Klappe geöffnet war. Auf der Notenablage befanden sich Noten von Mozart. Er bezweifelte keinen Augenblick, dass sie das Klavierkonzert hätte vorspielen können, wenn er es gewünscht hätte. Auf einem Biedermeiersekretär lag eine aufgeschlagene Lektüre.

»Aber Sie sind sicher nicht gekommen, um sich einen Vortrag über Harzkräuter anzuhören«, sagte Frau Boog. »Am Montag, den 24. Juni – es war kurz nach vier –, sammelte ich Lycopodiella clavatum, Entschuldigung, Kolbenbärlapp, für eine Freundin, die unter Rheuma leidet. Er wächst in einem Waldgebiet zwischen Wieda und Zorge, in der Nähe eines Parkplatzes.«

»Ist es dieser hier?«, fragte Rexilius und zeigte ihr auf der Karte den Parkplatz, den er kurz vorher aufgesucht hatte.

Sie schaute kurz auf den Kartenpunkt. »Ja, das ist er. Etwa fünfzig Meter parallel zum Parkplatz verläuft ein Waldweg, auf dem ein Radfahrer fuhr. Er verließ den Weg und radelte durch das Waldstück, bis er den Parkplatz erreichte. Inzwischen hatte ich die letzten Kräuter gesammelt und ging zum Parkplatz, wo mein Fahrrad stand. Der Radfahrer sah mich und winkte mir freundlich zu. Habe seinen Gruß erwidert, meinen Kräuterkorb am Gepäckträger befestigt und bin nach Hause gefahren. Die ganze Zeit habe ich ihn aus den Augenwinkeln beobachtet.«

»Wie sah er aus?«

»Das ist genau das, was mich stutzig gemacht hat. Ich habe sein Gesicht nicht sehen können, weil er einen Helm und eine Sonnenbrille trug. Er stellte sein Fahrrad an das Auto und öffnete die Heckklappe. Dann setzte er seinen Rucksack ab und legte ihn ins Auto. Der muss sehr schwer gewesen sein, jedenfalls hat er zweimal angesetzt, ehe er ihn auf die Ladefläche gehievt hatte. Es folgte das Fahrrad und dann schloss er die Heckklappe wieder. Stieg ins Auto und fuhr davon. Und während der ganzen Zeit hat er weder die Brille noch den Helm abgesetzt!«

Rexilius nickte. »Wie groß war er?«

»Ungefähr einen Meter achtzig. Er lief auch so unnatürlich ... wie auf rohen Eiern.«

»Er trug spezielle Fahrradschuhe mit Klickverschluss. Wie war er gekleidet?«

»Er hatte Sportkleidung an.«

»Haben Sie die Farbe noch im Gedächtnis?«

»Junger Mann, glauben Sie, nur weil ich nicht mehr unterrichte, bin ich so senil, dass ich mich an die Farben nicht mehr erinnern kann ...? Die Oberbekleidung war rot und die kurze Radlerhose blau.«

Rexilius musste schmunzeln. Nein, eigentlich hatte er nicht damit gerechnet, dass Boog die Farben der Kleidung vergessen hatte. Er wünschte sich mehr Zeugen dieses Formats.

»Ich habe noch ein paar Details für Sie«, fuhr sie triumphierend fort, »die Farbe des VW Kleinbusses war weinrot und das Kennzeichen ...«

»Sie konnten das Kennzeichen erkennen?«, fragte Pierre überrascht.

»Natürlich. Es handelt sich um eine polnische Nummer ... Ich schreibe sie Ihnen auf.« Sie ging zum

Biedermeiersekretär, notierte die Nummer aus dem Gedächtnis auf einem Zettel und reichte ihn dem staunenden Hauptkommissar. Wahrscheinlich hätte sie auf Anfrage auch PS-Leistung oder Höchstgeschwindigkeit des Kleinbusses genannt. Er schmunzelte erneut.

»War das der Mörder?«, fragte sie, nachdem sie ihm den Zettel überreicht hatte.

»Ja, das war er.«

»War ich in Gefahr?«

»Wenn Sie sein Gesicht gesehen hätten ... ja.«

»Aber er hatte sich getarnt ... und mir das Leben gerettet?«

»Ja.«

»Puh, war das knapp«, sagte sie.

Rexilius verabschiedete sich von Adelheid Boog mit dem Versprechen, dass er wiederkommen werde, um bei einer belebenden Tasse Tee über den Ausgang der Mordfälle zu berichten. Er fuhr zum Parkplatz zurück, setzte sich auf eine Bodenerhöhung und wählte die Nummer von Jürgens Diensthandy.

Jürgen Eckert meldete sich mit seinem Namen, sprach Rexilius aber mit Peter an, sagte für das heutige Fußballtraining ab und verabschiedete sich mit einem »Sorry, Peter.« Die Leute vom LKA befanden sich in Jürgens Zimmer! Er würde später noch einmal mit ihm sprechen.

Er suchte den Parkplatz in der Hoffnung ab, vielleicht irgendetwas Brauchbares zu finden, aber nach einer halben Stunde gab er auf, schwang sich aufs Fahrrad und machte sich auf den Heimweg. Als er das ehemalige Kinderkrankenhaus im Borntal in Bad Sachsa erreichte, klingelte sein Handy. Eckert meldete sich.

»Was hier los ist, das kannst du dir nicht vorstellen ... Der ›Arsch‹ und seine Kollegen haben mich zwei Stunden zu den Mordfällen befragt. Ich habe ein wenig gemauert.

Morgen wollen sie den Tatort in Walkenried besichtigen. Ich würde mich an deiner Stelle dort morgen nicht sehen lassen. Dunker hat behauptet, dass man auf dich aufpassen müsse, weil du mit Sicherheit auf eigene Faust weiterermitteln wirst.«

Rexilius ging nicht darauf ein, aber er wusste, dass Dunker neunzig Prozent seiner Zeit damit verbringen würde, Anzeichen für seinen ›Ungehorsam‹ zu finden. Er musste sehr vorsichtig sein. Pierre erzählte, was er von Adelheid Boog erfahren hatte. »Kannst du den polnischen Halter des Fahrzeugs herausbekommen?«, fragte er und nannte Eckert das Kennzeichen.

»Ich werde es versuchen, aber dass ich heute noch dazu komme, kann ich nicht versprechen. Dunker wird mich bestimmt noch ein paarmal mit seiner Anwesenheit beglücken.«

Rexilius bedankte sich, beendete das Gespräch und blickte in den Talkessel, in dem sich ein Großteil der Bad Sachsaer Häuser befand. Über der Stadt hatte sich eine seidene Dunstglocke gebildet. Er befand sich direkt über ihr, erblickte die Schwärme von Mauerseglern, die sich mit ihren schnellen Flügelschlägen in die Höhe wanden, sich dann wieder in die Tiefe stürzten und in einer Entfernung von zwanzig Metern an ihm vorbeizischten. Dann flogen sie eine enge Kurve über ihm, so, als wäre er der Wendepunkt eines Wettfliegens, und rasten in Richtung Stadt, um wenige Augenblicke später in den Dunst abzutauchen.

Pierre setzte seine Fahrt fort. Da Barbaras Café/Bistro heute wegen Ruhetags geschlossen hatte, musste er noch Getränke und Fertiggerichte einkaufen. Einige mehr als üblich, um Henny ein guter Gastgeber zu sein.

Eigentlich hatte er gehofft, dass er sie bei ihren täglichen Singübungen überraschen und zuhören könnte. Aber als er seine Wohnung betrat, bepackt mit Gerichten für den

Abend, war Henny nicht da. Er ging in sein Wohnzimmer, sein Arbeitszimmer und zum Schluss in sein Schlafzimmer. Schaute in den Schrank. Hennys Kleidung war weg. Sie war abgereist. Aber ihr Parfüm, ihr Duft war allgegenwärtig, hatte nach einem Jahr wieder Besitz von seiner Wohnung ergriffen. Und das würde auch noch einige Zeit so bleiben. Auf seinem Bett fand er einen Brief von ihr.

Liebster Pierre,

diese Nacht war wie die erste, als wir uns kennen und lieben lernten. Eigentlich hat es für mich immer nur erste Nächte und Tage gegeben, wenn wir zusammen waren. Zum ersten Mal in meinem Leben fühle ich so. Aber an diesem Morgen begann wieder etwas Besitz von mir zu ergreifen, das ich besiegt zu haben glaubte. Das Böse, der Teufel, das Zerstörende in mir.

Nachdem du im letzten Jahr unser Verhältnis beendet hattest, habe ich eine neue Therapie angefangen. Ich habe seitdem gute Fortschritte gemacht, wie mein Therapeut mir bestätigte, aber besiegt ist meine Persönlichkeitsstörung noch nicht. Ich musste dich nach so langer Zeit sehen, spüren, fühlen. Wenn ich das nächste Mal komme, dann werde ich geheilt sein.

In Liebe, deine Henny

Wie ein Wirbelwind war sie gekommen und wieder gegangen, dachte Pierre. Aber sie hatte Spuren hinterlassen. Ihren Duft und damit eine Art Anwesenheit. Und er machte sich Vorwürfe, dass er damals nicht versucht hatte, ihr zu helfen und sie festzuhalten. Dennoch, er wusste nicht warum, aber irgendetwas hatte sich verändert. Warum hatte er so etwas wie ein schlechtes Gewissen gehabt, als er sich an diesem Morgen von ihr verabschiedet hatte?

Pierre beschloss, sich mit Dingen zu befassen, mit denen er sich besser auskannte: mit Mordermittlungen. Aber zuerst würde er sich eine Rigatoni scampetti in der Mikrowelle erhitzen.

Eine Stunde später schaltete er den Computer an. Seit Tagen hatte er seine E-Mails nicht mehr abgefragt. Er öffnete den Outlookexpress. Zahlreiche Spams. Er löschte sie. Eine Mail blieb zurück, die einen privaten Absender hatte:

Von: Ein Freund
Betreff: Freund oder Feind.

War das eine Mail, um einen Virus oder Wurm in seinen Computer zu schleusen? Er besaß ein gutes Antivirusprogramm, das jedes Virus sofort anzeigen würde. So versprach es zumindest der Hersteller. Er riskierte es, öffnete die Mail und las sie.

»Und er hatte die sieben Brücken überquert,
glaubte sich im Land des Lichts.
Aber die Basilisken des Lichts verhöhnten ihn,
trieben ihn in die Dunkelheit zurück«
Freund oder Feind?

Was hatte das zu bedeuten? Ein Witzbold, der sich eine E-Mail-Adresse ausgedacht und zufällig ihn erreicht hatte? Oder ein Irrläufer? Rexilius beschloss, die Mail seinem Computerexperten Eckert zu schicken. Der konnte mehr damit anfangen. Und Rexilius hoffte, dass Eckert etwas über das polnische Kennzeichen in Erfahrung hatte bringen können.

Südharz, Mittwoch, 16. Juli

Pierre befuhr den Abschnitt der Landesstraße im Walkenrieder Wald, von der Balthasar Fritz mit seinem BMW abgekommen und dreißig Meter weiter an die Eiche geprallt war. Beim ersten Blick auf das Waldstück, von dem aus der Mörder geschossen hatte, sah er die Leute vom LKA. Er zählte zehn Beamte. Sie hatten sich also noch verstärkt. Sie fotografierten, liefen mit Maßbändern herum und hatten das Gelände mit Absperrbändern versehen. Das Treiben erinnerte Rexilius an ein Ameisenvolk, allerdings mit dem Unterschied, dass Ameisen eine klare Ordnung in ihrer Organisation hatten, die Polizisten aber chaotisch agierten. Den Grund hatte Pierre schnell gefunden. Im Zentrum der Untersuchungen stand Dunker, der mit seinen Armen wie wild herumfuchtelte, etwas auf ein Klemmbrett schrieb und dann in ein Diktiergerät sprach. Versteht sich, dass Rexilius das Gesprochene gern gehört hätte. Er fragte sich, was die Beamten aus der Landeshauptstadt denn noch zu finden hofften.

Zügig war er an ihnen vorbeigefahren und tauchte in den Wald ein. Nach Braunlage waren es noch fünfundzwanzig Kilometer und es galt, einen Höhenanstieg von rund dreihundertfünfzig Metern zu überwinden. Also eine gute Stunde Fahrt. Er schaute auf die Uhr. Es war schon halb zehn und um halb elf hatte er einen Termin in der Schule, die Marek Dzierwa besuchte. Und vorher musste er die Mutter des polnischen Jungen um Erlaubnis bitten, ihn überhaupt sprechen zu dürfen. Er legte einen Zahn zu.

Das musste man Jürgen lassen, dachte Rexilius, trotz Depression und Alkoholkonsum war er ein Polizist, der funktionierte. Und als Computerspezialist war er aus der Mordkommission nicht wegzudenken. Wenn dieser Fall beendet war, dann musste er mit Jürgen Eckert reden, denn wenn es so weiterging mit ihm, würde er eines Tages den Polizeidienst verlassen müssen. Einige Vorfälle in den letzten Jahren hatten seine Personalakte gewaltig anschwellen lassen.

Auf das polnische Kennzeichen, das Adelheid Boog erkannt hatte, war ein VW-Kleinbus, Baujahr 1996, angemeldet. Fahrzeughalter war Szymon Kowalski aus Warschau. Vor einem Jahr hat die Familie Kowalski ihre Verwandten Oliwia Dzierwa und ihren Sohn Marek in Braunlage besucht. Der Familienvater Dzierwa war drei Monate vorher im Alter von nur achtunddreißig Jahren gestorben, die Todesursache war aus dem Polizeiprotokoll nicht zu entnehmen. Jedenfalls hatten die beiden Familien eine Tagestour durch den Harz unternommen. Als sie am Abend zurückkamen, hatte Kowalski bemerkt, dass das hintere Kennzeichen fehlte. Weil er zwei Tage später nach Polen zurückreisen und keine Schwierigkeiten an der Grenze bekommen wollte, meldete er den Verlust der Polizei. Der Kollege, der die Anzeige aufgenommen hatte, fügte dem Protokoll hinzu, dass Marek Dzierwa einen Mann beobachtet habe, der sich am Auto zu schaffen gemacht habe. Seine Mutter stellte später klar, dass Marek nach dem Tod seines Vaters in einer Phantasiewelt lebe und dauernd irgendwelche Verbrechen beobachte und aufkläre ... als irgend so ein Comic-Inspektor. Man könne die Aussage ihres Sohnes leider nicht ernst nehmen.

Vielleicht sei ja doch etwas dran, hatte Jürgen ihm gestern Abend noch gesagt. Er sollte auf jeden Fall mit dem Jungen sprechen.

Pierre fragte sich, wie Eckert das alles hatte in Erfahrung bringen können. Dunker hatte ihn nach dem gestrigen Telefongespräch noch zweimal aufgesucht, um »weitere wichtige Fragen zu klären«. Und der konnte hartnäckig sein. Als Eckert um zweiundzwanzig Uhr nach Hause gefahren war, hatte Dunkers Auto immer noch auf dem Parkplatz gestanden.

Die merkwürdige E-Mail, die Pierre gestern erhalten hatte, wollte sich Jürgen an diesem Vormittag näher anschauen.

Pierre hatte inzwischen Zorge hinter sich gelassen. Einen Kilometer weiter begann der erste kräftige Höhenanstieg von zwölf Prozent. Der luftige Buchenwald des Südharzes wurde abgelöst durch den dunklen Fichtenwald, dessen Modergeruch der Hauptkommissar auf der Straße intensiv wahrnahm. Die hohen Bäume deckten die Straße mit einem kühlenden Schatten zu.

Als er den höchsten Punkt des Braunlager Tals erreichte, tauchte abrupt eine Lichtung auf. Hier hatte der Wintersturm des Jahres 2001 ganze Arbeit geleistet. Aber der Wiederaufbau war in vollem Gange. Ein Gemisch aus zarten, grünen, etwa einen Meter hohen Eschen, Buchen und Fichten begann das dominierende Braun des blanken Waldbodens abzuschwächen. Über der Fläche sorgte ein Hitzeflimmern für eine starke Thermik, in der zwei Raubvögel in gebührendem Abstand zueinander geduldig kreisten. Einer von ihnen stürzte sich in die Tiefe, um wenig später mit einem Beutetier an den Krallen wieder aufzusteigen und dann aus Pierres Blickfeld zu verschwinden.

Zwanzig Minuten später, es war Viertel nach zehn, stand Rexilius vor dem Mehrfamilienhaus, in dem Oliwia Dzierwa wohnte. Wenig später saß er ihr im einfach eingerichteten, aber ordentlichen Wohnzimmer gegenüber. Es roch nach heißem Wachs. Sie musste die Kerzen auf dem Wohnzimmertisch in dem Moment gelöscht haben, in dem er an der Wohnungstür geklingelt hatte.

Er schätzte sie auf Mitte dreißig. Sie hatte ein schön geschnittenes Gesicht, tiefschwarze Haaren und eine schlanke Figur, aber einen ernsten Ausdruck. Die Trauer um den Tod ihres Mannes stand ihr auch nach einem Jahr immer noch ins Gesicht geschrieben.

»Herr Rexilius, natürlich dürfen sie mit Marek sprechen«, antwortete sie auf seine Bitte, »aber ich muss sie warnen. Er hat den Tod seines Vaters bis heute nicht verkraftet. Jan ist jetzt seit über einem Jahr tot. Er fehlt mir so sehr ...« Sie begann zu weinen, holte sich eine Taschentuch aus einem anderen Zimmer und trocknete sich tupfend die Tränen auf den Wangen. Rexilius sagte nichts, ließ ihr Zeit. Bald hatte sie sich wieder gefangen.

»Marek ist ein lieber Sohn. Wenn ich von der Arbeit nach Hause komme, hat er das Geschirr gespült, die Küche aufgeräumt und Staub gesaugt. Eigentlich brauche ich mich um die Hausarbeit nicht mehr zu kümmern ... und auch die Hausaufgaben von der Schule erledigt er völlig selbständig. Aber seit dem Tod von Jan ..., da redet er sehr oft über diesen Gadget ... Inspektor Gadget, eine Zeichentrickfigur. Und er denkt sich Geschichten über ihn aus. Wahrscheinlich ist er für Marek so eine Art Phantasie-Vaterersatz geworden. Die Beobachtung, die er an der Rappbodetalsperre gemacht haben will, gehört zu seinen Phantasieprodukten. Durch das Fernglas, das ihm sein Onkel Jakub geliehen hat, will er den Dieb des Nummernschilds gesehen haben, nachdem er Inspektor Gadgets Scannerblick angewendet hat. Nehmen Sie ihn in dieser Beziehung nicht so ernst.«

»Ist das Nummernschild an diesem Tag gestohlen worden?«, fragte Rexilius.

»Ja, aber Szymon, mein Schwager, hat es erst am Abend bemerkt. Das kann überall passiert sein. Der Parkplatz an der Rappbodetalsperre, auf dem Marek den Dieb beobachtet haben will, war viel zu stark besucht, als dass es jemand gewagt hätte, das Kennzeichen zu stehlen.«

Er ließ sich den Weg zu Mareks Schule beschreiben. Er hatte nur einen Kilometer zurückzulegen.

»Sie glauben ihm? Ich habe Sie gewarnt«, sagte Oliwia Dzierwa.

»Jedenfalls will ich ihn erst einmal anhören«, antwortete er und verabschiedete sich von ihr.

»Hauptkommissar bei der Kriminalpolizei?«, fragte die Sekretärin des Braunlager Gymnasiums ungläubig. Blonde kurze Haare, eine knochige Figur und eine Hornbrille waren ihre auffallenden Merkmale. *Regina Strüver* stand auf ihrem Namensschild. Sie sah Rexilius prüfend von oben bis unten an.

Die enge Radfahrkleidung, seine wirren Haare und die noch nicht verheilten Wunden an der Stirn und am Hinterkopf sprachen nicht unbedingt für einen Hauptkommissar der Polizei. Er fragte sich, wie ein typischer Hauptkommissar wohl aussähe … Jedenfalls holte er seinen Dienstausweis aus dem Rucksack und legte ihn auf ihren Schreibtisch. Ihr zweifelnder Gesichtsausdruck wurde erst milder, freundlicher, als sie das amtliche Schriftstück einer gewissenhaften Prüfung unterzogen hatte.

»In der heutigen Zeit kann man nicht vorsichtig genug sein, Herr Hauptkommissar … Was kann ich für Sie tun?«

»Ich muss den Schüler Marek Dzierwa sprechen.«

Sie vollzog eine dynamische Drehung auf ihrem Schreibtischstuhl, die direkt vor einem geöffneten Aktenschrank endete. Zielsicher griff sie in einen Karteikasten, blickte auf die entnommene Karte und nickte. »Wusste ich's doch … Er ist in der Klasse 6a«, murmelte sie und schaute auf einen großen Plan, in dem die Stunden aller Klassen und die Klassenraumverteilung enthalten waren. »Ich führe Sie hin«, sagte sie hilfsbereit.

Der Klassenraum lag im zweiten Stock. Als sie ihn erreichten, schnaufte Frau Strüver gewaltig. «Diese Hitze … und mein Kreislauf ist nicht der beste. Vielleicht sollte ich es auch mal mit Radfahren versuchen.« Die Sekretärin klopfte an der Tür, sprach mit dem Lehrer von Marek und wenige Augenblicke später stand der Schüler vor Rexilius. Frau Strüver verabschiedete sich, obwohl sie wohl liebend gern mitbekommen hätte, was der Hauptkommissar von dem Schüler wissen wollte.

Rexilius stellte sich vor und fragte Marek, wo man sich am besten unterhalten könnte.

»Auf dem Schulhof gibt es eine schattige Bank«, antwortete er.

Nachdem sie sich dort gesetzt hatten, fragte Marek: »Sind Sie wirklich ein Kripomann?«

»Ja«, antwortete er schmunzelnd, offensichtlich glaubte ihm heute keiner. »Seit fünfundzwanzig Jahren.« Er gab ihm seinen Dienstausweis.

»Was ist besser, ein Hauptkommissar oder ein Inspektor?«, fragte der Junge nach einer gründlichen Begutachtung und gab ihm den Ausweis zurück.

»Ein Hauptkommissar ... allerdings gibt es den Dienstgrad Inspektor heute nicht mehr.«

»Hm ... Wie viele Mörder haben sie denn schon gefasst? Hundert?«

»Nein, so viele waren es nicht. Zwanzig. Vielleicht dreißig.«

»Marek pfiff anerkennend. »Alle Achtung, dann sind Sie wie Inspektor Gadget.«

Marek begann ausführlich über sein Vorbild zu berichten. Gadget sei ein tollpatschiger Inspektor, der jeden Fall auf spektakuläre Weise löse. Allerdings stünden ihm seine Nichte Sophie und ihr Hund Fino tatkräftig zur Seite. Sein mächtigster Gegner, Doktor Kralle, versuche mit aller Macht, die Weltherrschaft zu erlangen. Gadget sei einst ein Dorfpolizist gewesen, bis er sich einer Operation unterzogen habe. Seitdem bestehe er aus Cyborgteilen, die ihm Superkräfte verliehen. Er könne sich rasend schnell bewegen, ja sogar fliegen. Und wie das mit Helden nun einmal so sei, habe er auch eine Achillesferse. Es könne passieren, dass er nicht die richtigen Superkräfte freisetze ... und seine Gegner ihn kurzfristig außer Gefecht setzten.

»Nein, Marek, Superkräfte besitze ich nicht ... und handele hoffentlich auch nicht so tollpatschig«, sagte Pierre lächelnd. Dann wurde er ernster. »Was hast du im letzten Jahr an der Rappbodetalsperre beobachtet?«

»Herr Inspektor, äh, Hauptkommissar, niemand glaubt mir. Na ja, manchmal denke ich mir Geschichten über Inspektor Gadget aus, und erzähle die Mama oder meinen Freunden. Aber damals habe ich die Wahrheit gesagt. Ich schwöre es.«

Rexilius überlegte einen Moment, dann sagte er: »Ich glaube dir. Berichte mir genau, was du beobachtet hast.«

»Wir standen an der Staumauer der Talsperre. Onkel Szymon hatte seinen Kleinbus auf dem Parkplatz in der Nähe der Talsperre abgestellt. Dann hat er mit seinem Fernglas die Landschaft betrachtet und es mir gegeben. Ich habe ihm gezeigt, wie Inspektor Gadget seinen Scannerblick ausführt. Er hat gelacht und sich dann mit Mama und Tante Paulina unterhalten. Natürlich habe ich die Gegend nach Verdächtigen abgesucht und mir dann vorgestellt, wie Gadget auf der Talsperre Doktor Kralle verfolgt und ihn schließlich auf dem Parkplatz am Auto von Onkel Szymon stellt. Deshalb habe ich mit dem Fernglas dorthin geschaut und gesehen, dass neben dem Auto ein Mountainbike stand. Das gleiche Mountainbike, das Papa mir kurz vor seinem Tod geschenkt hat. Ein blaues Scott-Fahrrad!«

Der fröhliche Gesichtsausdruck verwandelte sich in einen traurigen, nachdenklichen. Dann fuhr er fort: »Der Radfahrer hat sich an der Rückseite des Autos gebückt, ist wieder aufgestanden und hat etwas Flaches in einen

Rucksack gelegt. Später wusste ich, dass es sich um das Nummernschild von Onkel Szymons Auto handelte. Er hat sich den Rucksack auf den Rücken geschnallt, hat sich aufs Fahrrad gesetzt und ist davongefahren.«

»Hast du sein Gesicht erkannt?«

»Ich habe ihm einmal ins Gesicht geschaut, ja, aber er hatte eine Sonnenbrille und einen Fahrradhelm auf.«

»Kannst du dich an seine Gestalt erinnern?«

»Er war schlank. Sah wie die Radrennfahrer im Fernsehen aus. Herr Hauptkommissar, stellen Sie sich einmal auf«, sagte Marek. Rexilius befolgte die Anordnung seines jungen Zeugen, der ihn ausgiebig begutachtete. »Wie groß sind Sie?«

»Einen Meter neunundsiebzig.«

»Dann war er einen Meter neunundsiebzig … und hatte etwa die gleiche Figur wie Sie.«

»Hm. Ist dir sonst noch etwas aufgefallen?«

Marek Dzierwa alias Inspektor Gadget schüttelte den Kopf.

Rexilius dachte einen Moment nach. »Marek, ich möchte mir gern dein Fahrrad anschauen.«

Die Augen des Jungen leuchteten. Wenn er jetzt mit dem Kripomann nach Hause fahren würde, ihm sein Fahrrad zeigte und erklärte, dann würden die beiden letzten Stunden ausfallen. »Dann müssen wir jetzt nach Hause fahren. Mit Blaulicht?«, fragte er verschmitzt.

Rexilius musste ihn enttäuschen, weil er mit dem Fahrrad gekommen war.

»Wenn Sie Gadget wären, würden wir nach Hause fliegen.«

Dann trabten sie los. Pierre schob sein Rennrad, das Marek, der neben ihm herlief, fachmännisch begutachtete. Die Gangschaltung seines Rennrades, so Marek, habe Vorteile. Schnelle Kettenumsetzung …, aber leider sei die Bremsverzögerung bei anderen Rädern gleicher

Qualität kürzer. Rexilius war verblüfft. »Marek, vorher weißt du so gut über Fahrräder Bescheid?«

»Onkel Jakub hat ein Fahrradgeschäft in Warschau. Er schickt mir einmal im Monat Zeitschriften über Fahrräder zu.«

Nun gut, dachte Rexilius, dann wäre das auch geklärt.

Als sie den Fahrradkeller betraten, führte Marek ihn zu seinem Fahrrad. Besser gesagt: zu seinem künftigen Fahrrad. »Hat Papa mir kurz vor seinem Tod geschenkt. Aber ich darf es erst fahren, wenn ich groß genug bin.«

Pierre wünschte ihm ein schnelles Körperwachstum. Er bemerkte wieder diesen trauernden Ausdruck in Mareks Gesicht. Aber dann vollzog sich ein Wandel, und der Junge begann mit seinem Vortrag. »Ein Scott Mountainbike. Vierundzwanzig Gänge. Alurahmen, doppelt gebrannt, deshalb noch leichter. Drehgriffschaltung und V-Baken-Bremsen. Jahrgang 2001. Federgabel ... also auch für schwierigstes Gelände geeignet ... Und dann auch noch meine Lieblingsfarbe: blau. Herr Hauptkommissar, es war genau das Fahrrad, das der Radfahrer an der Rappbodetalsperre hatte.«

Er nannte Pierre den Reifentyp, die spezielle Felge und die genaue Bezeichnung des Fahrradtyps. Dieser Junge hatte sich eine Phantasiegestalt ausgesucht, er durchlebte in Gadget seine selbst ausgedachten Abenteuer – Inspektor Gadget war wahrscheinlich sein Vaterersatz, aber Marek spann nicht. Er hatte den Mörder gesehen und mit Sicherheit eine exakte Personenbeschreibung gegeben. Wenn er nur auch das Gesicht gesehen hätte, dann hätte noch heute eine Phantomzeichnung angefertigt werden können. Rexilius hatte keine Zweifel, dass Marek das Gesicht des Mörders exakt hätte beschreiben können. Wenn ... aber der Mörder war zu gerissen. Auch der Diebstahl des Kennzeichens passte in die lange Vorbereitung seiner Morde, da war sich Rexilius sicher. Wer hätte sich noch nach einem Jahr an solch eine unbedeutende Beobachtung erinnert? Kein normaler Zeuge, aber ein zwölfjähriger Junge, dessen Vorbild ein Comic-Inspektor war. Damit hatte selbst er nicht rechnen können.

»Glauben Sie mir, Herr Hauptkommissar?«

»Und ob ich dir glaube. Du hast die beste Zeugenaussage gemacht, die ich in letzter Zeit gehört habe. Und ich denke, das bringt mich weiter.«

Marek war zufrieden. Zum ersten Mal hatte ihm jemand Glauben geschenkt. Und dann auch noch ein leibhaftiger Hauptkommissar, der Mörder ins Gefängnis brachte!

»Hat Marek Sie verzaubert?«, fragte Oliwia Dzierwa, die inzwischen den Kellerraum betreten und den letzten Teil des Gesprächs mit angehört hatte. Ohne eine Antwort zu erwarten, fuhr sie fort: »Herr Rexilius, ich habe heute etwas mehr gekocht als sonst, darf ich Sie zum Mittagessen einladen?«

Ein derartiges Angebot lehnte er natürlich nicht ab. Als sie wenig später am Esszimmertisch saßen, bemerkte er, dass Oliwia Dzierwa auch gar nicht mit einer Ablehnung gerechnet hatte. Sie hatte den Tisch für drei Personen gedeckt.

Sie war eine gute Köchin. Und die polnische Küche eine sehr deftige. Die Vorspeise bestand aus einer Suppe mit verschiedenen Pilzsorten. Zupa grzybowa war die polnische Bezeichnung dafür. Er versuchte sich das zu merken, ebenso wie den Namen des folgenden Hauptgerichts: Pieczony schab, gebratenes Schweinefleisch, gefüllt mit Pflaumen und einer Sahnesauce.

»Polnisches Essen wird immer mit einem Dessert beendet«, sagte Dzierwa, bevor sie es servierte, »wir sind große Liebhaber des Süßen.«

Was nun folgte, hieß Makowiec. Eine Roulade, gefüllt mit Nussfrüchten. Rexilius musste sich eingestehen, dass er schon lange nicht mehr so reichhaltig und gut gegessen hatte. Auf den eigentlich ein Essen abschließenden Wodka verzichtete sie, weil sie selbst kein Alkohol trank und nicht davon ausging, dass ein Polizist das im Dienst tat, womit sie bei Rexilius recht hatte.

Während des Essens und des anschließenden Kaffeetrinkens erfuhr er viel über das Schicksal der Familie Dzierwa. 1996 war sie nach Deutschland gekommen, zog nach Braunschweig, wo Bekannte von ihnen lebten. Der Mann, Jan, war gelernter Bauingenieur, sie Kindergärtnerin. Jan jobbte als Bauarbeiter, weil er keine Stelle in seinem Beruf fand. Zwei Jahre später bewarb er sich in Braunlage als Bauingenieur und wurde eingestellt. Im November 2001 wurde er von seiner Firma für fünf Monate als Leiter eines Bewässerungsprojekts nach Indien geschickt. Als er im März 2002 nach Hause kam, war er nicht mehr der Jan, den sie ein halbes Leben lang gekannt hatte. Abgemagert bis auf die Knochen, gezeichnet von einer tropischen Viruserkrankung, die nicht zu heilen war, starb er zwei Wochen später. Oliwia Dzierwa bekam eine kleine Rente, die aber zum Überleben nicht ausreichte. Als Kindergärtnerin erhielt sie nirgendwo eine Arbeit, aber sie hatte in Polen Köchin gelernt, bevor sie die Ausbildung zur Kindergärtnerin begonnen hatte. Ein Braunlager Hotel stellte sie ein. Da sie sich als fleißig und kompetent erwies, bestand sie die Probezeit vorzeitig und erhielt einen festen Vertrag. Seitdem hatte das Hotel als einziges polnische Speisen ins Angebot übernommen, die Nachfrage war groß, bescherte dem Hotel eine wachsende Kundschaft.

Marek hatte sich in Geschichten um Inspektor Gadget geflüchtet und damit eine Art Trauerbewältigung durchgeführt. Seine Mutter dagegen schien in dieser Hinsicht nicht weitergekommen zu sein, lediglich die Besuche ihrer Verwandten ließen sie ihre Trauer zeitweilig vergessen.

Seit zwei Wochen war sie in einer Selbsthilfegruppe und hoffte, dass die Hilfe bringen würde. Rexilius wünschte ihr das.

Es war schon fünfzehn Uhr, als er sich verabschiedete und Oliwia Dzierwa für die exzellente Bewirtung dankte. Natürlich brachte ihn Marek bis an die Haustür. »Werde ich Sie noch einmal sehen, Herr Hauptkommissar?«

»Ja, Marek, sehr bald.«

Marek nickte zufrieden, schwieg einen Moment, schien nachzudenken und sagte schließlich: »Herr Hauptkommissar, mir ist da noch etwas eingefallen ... der Radfahrer hatte auf der Nase ein Pflaster.«

»Danke«, sagte Rexilius nachdenklich und verabschiedete sich von Marek. Schwang sich auf sein Rennrad und fuhr los. Drehte sich noch einmal um, bevor er nach rechts abbog und aus dem Blickfeld des Jungen verschwand. Marek winkte ihm zu. Pierre tat es ihm nach. Er hatte diesen sympathischen Jungen in sein Herz geschlossen.

Was Marek beobachtet hatte, war kein Wundpflaster. Es hatte einen anderen Zweck, den Pierre nur allzu gut kannte.

Freiburg, Mittwoch, 16. Juli, Vormittag bis Abend

Es dauerte keine drei Minuten und der Freiburger Hauptkommissar Wetzel kannte Bergs Adresse. So ein Polizeicomputer war etwas sehr Praktisches. Er zog an seinem Zigarillo und nippte an seinem Kaffee. Dieser Frau Karsch sollte er eigentlich ein Dankesschreiben schicken. Seit der Einnahme ihres Zaubertrankes war er völlig beschwerdefrei. Kein Niesen, kein Schnupfen hatte ihn seitdem geplagt. Eine nobelpreisverdächtige Mixtur. Könnte Millionen von Menschen helfen ... Aber wahrscheinlich würde die Pharmaindustrie etwas gegen die großflächige Verbreitung dieses preisgünstigen Medikaments unternehmen.

Die Temperatur in seinem Dienstzimmer war auf stickige fünfundzwanzig Grad angestiegen. Schweißperlen hatten sich auf seiner Stirn gebildet. Die Hitzeresistenz seines Freundes Pierre besaß er leider nicht, aber ab morgen würde ein Ventilator das Arbeiten erleichtern. Er versuchte, Pierre zu erreichen. Zum fünften Mal, aber dessen Telefon war immer noch besetzt. Er schaute auf die Uhr. Es wurde Zeit, Frederic Berg aufzusuchen. Wetzel nahm den Autoschlüssel des Ford-Dienstwagens und brach auf.

Als er das große Portal des Präsidiums durchschritt, traf ihn die Hitze wie ein Faustschlag. Ganze zehn Grad war es wärmer als in seinem Zimmer, wie er der Anzeigetafel an der Frontseite des Gebäudes entnehmen konnte. Er schaute zum Himmel, es war zwar etwas diesig, aber Wolken ... Fehlanzeige. Dieser Juli würde alle Wetterrekorde brechen, hatte der Wetterdienst orakelt. Auch in den nächsten sieben Tagen würde es keine Änderungen geben. Also tagsüber bis achtunddreißig Grad und in der Nacht zwanzig. Was für Aussichten.

Er beeilte sich, zum Fahrzeug zu kommen. Im Gegensatz zur Osteroder Inspektion hatten ihre Dienstfahrzeuge Klimaanlagen. In solchen Zeiten zahlte sich eine höhere Investition eben aus. Er stellte die Anlage auf Maximum und fuhr los.

Die Talstraße hatte er nach fünf Minuten erreicht, leider hatte die Klimaanlage ihre volle Wirkung noch nicht entfaltet. Eine Extrarunde wäre nicht schlecht gewesen. Hoffentlich ist es in Bergs Wohnung nicht so schweißtreibend, dachte Wetzel.

Berg besaß eine Atelierwohnung, die sich über zwei Etagen erstreckte. Die Einrichtung bestand aus exklusiven Designermöbeln. Zu Wetzels Überraschung und Freude drehte sich ein großer Ventilator mit hoher Geschwindigkeit, der die Temperatur in einem erträglichen Bereich hielt. Die Wohnung strotzte vor Reinlichkeit. Eine Reinlichkeit, die schon fast steril wirkte. Die Ursache dafür war schnell gefunden: Bergs Lebenspartner Allen. Er durchpflügte mit seinem Staubsauger gerade das Wohnzimmer.

»Was wollen Sie?«, fragte Berg und bot dem Hauptkommissar Platz auf dem Wohnzimmersessel an. Knapp einen Meter achtzig war er groß, die schlanke, eher dürre Figur ließ ihn größer erscheinen. Sein hübsches Gesicht machte ihn sicher zum Frauenschwarm, aber Berg zog es zu Männern. »Allen, hör mal kurz mit dem Staubsaugen auf«, rief er seinem Lebenspartner zu. Allen verschwand mit dem Staubsauger in einen anderen Raum und schloss die Tür. Die gedämpften Motorgeräusche zeugten davon, dass er seine Reinigung dort fortsetzte.

»Sagt Ihnen der Name Jack Muller etwas?«, fragte Wetzel.

»Warum fragen Sie nach ihm?«, fragte Berg misstrauisch.

»Also?«

»Wir sind Geschäftspartner«, antwortete Berg etwas unsicher.

»Um was für Geschäfte handelt es sich?«

»Dienstleistungen ... Na, ja, Partner ist nicht die richtige Bezeichnung. Er ist der Boss.«

»Hm. Wann hatten Sie das letzte Mal Kontakt mit ihm?«

»In der letzten Woche, Mittwoch. Einmal in der Woche treffen wir uns zu einer Besprechung.«

»Und was gibt es dabei zu besprechen?«

»Äh ... der spezielle Dienstleistungsservice ... dabei handelt es sich um ... Liebesdienste.«

»Und dazu benötigen Sie regelmäßige Besprechungen?«, fragte Wetzel zweifelnd.

»Ja, Jack will das so. Für ein funktionierendes Geschäft ist das eine Überlebensnotwendigkeit, sagt Jack immer.«

»Worin bestehen Ihre Liebesdienste, etwas genauer bitte!«

»Muss ich darauf antworten?«

»Nein, nicht unbedingt. Sie haben das Recht, einen Anwalt dabei zu haben. Oder kommen morgen ins Präsidium. Aber dann muss ich glauben, dass Sie etwas zu verbergen haben. Was bedeutet, dass ich Sie stärker unter die Lupe nehmen muss. Vielleicht sind Sie ja auch der Mörder von Jack Muller.«

Natürlich war das ein Volltreffer. Berg zeigte zuerst die Andeutung eines merkwürdigen Lächelns, dann machte sich Entsetzen in seinem Gesicht breit. Erleichterung, weil der diktatorische Muller ihn nicht mehr demütigte, und Entsetzen, weil die sichere und lukrative Geldquelle jetzt wegfiel? Jedenfalls sprudelte es jetzt nur so aus Berg heraus. »Wir bedienen homosexuelle Männer. Sie kommen aus Freiburg, aus Karlsruhe, aus Stuttgart, eigentlich aus ganz Baden-Württemberg. Und Sie stammen alle aus den höchsten Gesellschaftsschichten, die Bezahlung ist exzellent. Jack kennt sie alle, er hat sie uns vermittelt. Alles läuft über ihn.«

»Wie ist er an die Kunden gekommen?«

»Jack hat ... hatte ein Geschäftsprinzip. Keine Fragen stellen und alles läuft gut. Die Kunden kennt er, wir nicht, es sei denn, man hat sie früher schon einmal gesehen. Aber dann müssen wir uns zum Stillschweigen verpflichten.«

»Wer sind ›wir‹?«

»Frank Burmeister, Rainer Oelkers, Thomas Behm und ich.«

»Ich brauche die Namen und Adressen«, forderte Wetzel. Berg eilte zum Schreibtisch, schrieb die Namen und Adressen auf einen Zettel und reichte ihn dem Hauptkommissar. Wetzel nickte. »Wo üben Sie Ihren Beruf aus?«

Berg nannte Wetzel die Adresse der Wohnung, die sie gestern durchsucht hatten. Gut, das war schon ein Anfang. »Was verdienen Sie pro Date?«

»Äh ... vierhundert.«

Etwas weniger als ich in einer Woche, dachte Wetzel. »Wie viel ging an Muller?«

»Ich weiß es nicht.«

»Sie müssen doch etwas vermuten?«

»Ich glaube, dass er genauso viel bekommen hat.«

»Haben Sie und ihre Kollegen sich damit zufriedengegeben?«

»Ja. Wir verdienen genug, aber ...«, sagte Berg. Dann brach er das Gespräch ab. Schaute auf den Fußboden und zupfte nervös an seinen Haaren. Blickte den Hauptkommissar nicht mehr an und schwieg.

»Aber ...?«, hakte Wetzel nach.

Berg reagierte nicht.

»Ihr Chef ist tot. Er wurde am Freitag in der Freiburger Innenstadt von einem Scharfschützen erschossen. Muller hat seinen Mörder nicht einmal gesehen. Wenn Sie bei Aufklärung des Mordes mithelfen wollen, dann reden Sie! Muller kann Sie nicht mehr bestrafen.«

Berg gab nach. »Das ist einige Jahre her. Zwei oder drei, ich weiß es nicht mehr genau. Felix Unger wurde von Jack unter Vertrag genommen. Wie wir alle musste er gut aussehen, schließlich bot Jack für die reichen Kunden nur das Beste an. Er erhielt die gleiche Gage wie wir. Aber das schien ihm nicht genug zu sein. Jedenfalls hängte er sich an Muller, um mehr über ihn und seine Kunden zu erfahren. Aber Muller war clever, ist ihm auf die Schliche gekommen und hat ihn abserviert. Einige Tage später ist Unger verhaftet worden und für zwei oder drei Jahre in den Knast gekommen. Bei einer Mittwochbesprechung hat Jack uns das erzählt und gedroht: Wenn einer von uns wie Unger handelt, wird er genauso enden.«

»Was hat Muller Ihnen genau erzählt, womit hat er gedroht?« fragte Wetzel nach. Sein Ton wurde schärfer. Berg zuckte merklich zusammen.

»Muller hat dafür gesorgt, dass die Polizei bei Unger eine große Menge Heroin gefunden hat.«

»Das reicht mir nicht. Ich will Einzelheiten wissen!«, sagte Wetzel.

»Dazu hat er sich nicht geäußert. Sollte ich mich jemals an die Polizei wenden, hat Muller gesagt, dann wüsste er keine fünf Minuten später darüber Bescheid, weil er über brillante Verbindungen zur Polizeispitze in Freiburg verfüge. Und mir erginge es dann wie Unger.«

»Hat er Namen genannt?«

Berg schüttelte den Kopf. »Nein, daran war ich auch nicht interessiert. Mit dem, was ich verdiene, kann man gut leben. Allen und ich fliegen zweimal im Jahr für drei Wochen in den Urlaub. Karibik, Afrika und Australien, das alles können wir uns leisten und darauf wollte ich nicht verzichten.«

Als sei die Erwähnung seines Namens ein Stichwort gewesen, betrat Allen das Wohnzimmer. Blickte ungeduldig – mit dem Staubsauger in der Hand – auf Berg und fragte: »Kann ich jetzt endlich weitersaugen?«

Berg sah Wetzel an. Wetzel nickte und Berg gab seinem Partner das OK. Der Hauptkommissar verabschiedete sich und als er im Treppenhaus des Mehrfamilienhauses stand, verfolgte ihn immer noch das monotone Geräusch von Allens Staubsauger.

Hausmeister Klaproth war doch ein tüchtiger Mann, dachte Wetzel. Er hatte seinen ›Lieblingskripomann‹ schon heute mit einem leistungsstarken Ventilator erfreut. Der Hauptkommissar hatte ihn in zwei Meter Entfernung vom Schreibtisch so aufgestellt, dass die aufgewirbelte Luft sein Gesicht angenehm kühlte.

Die Verhaftung von Unger stinkt gewaltig, dachte Wetzel. Als er vor einer Stunde ins Präsidium zurückgekehrt war, hatte er das Archiv aufgesucht, um die Akte über die damaligen Ermittlungen zu sichten. Aber sie war verschwunden. Kommissar Böhr, der für das Archiv schon seit acht Jahren zuständig war, konnte sich das nicht erklären. Keiner hatte sich die Akte jemals ausgeliehen.

»Aber, Herr Wetzel, ich kann mich an die Geschichte noch genau erinnern, weil dieser Felix Unger unser Nachbar war. Und die Polizeiaktion habe ich live mitverfolgen können. Das hätten wir dem Unger nicht zugetraut. Weder Heidi, meine Frau, und ich, noch die übrigen Hausbewohner. Ein freundlicher Mann. Immer hilfsbereit. Jedenfalls wurde er verhaftet, weil er in Besitz von fünfhundert Gramm Heroin gewesen war.«

»Wer war an der Polizeiaktion beteiligt?«

»Schweitzer, inzwischen Leiter der Drogenabteilung. Freier, Sundmann, ein paar Leute von einer Sondereinheit, deren Namen ich nicht kenne, und Helmut Möbius. Helmut ist pensioniert. Er hat es geschafft, ich muss noch zwei Jahre kämpfen.«

Wetzel hatte genickt. »Welcher Staatsanwalt hat die Angelegenheit vor Gericht vertreten?«

»Doktor Ehmer.«

»Doktor Ehmer ... der Hardliner«, murmelte Wetzel. »Zu wie viel Jahren ist Unger verdonnert worden?«

»Für zwei Jahre durfte er in der JVA logieren.«

»Was ist aus seiner Wohnung geworden?«

»Die ist aufgelöst worden, als er ins Gefängnis kam.«

»Und die Einrichtung?«

Böhr zuckte mit den Schultern.

»Wie lange ist das jetzt her?«

»Zwei Jahre und drei Monate.«

»Also müsste Unger wieder frei sein. Haben Sie ihn mal wiedergesehen?«

Böhr schüttelte den Kopf und versprach, Wetzel sofort zu informieren, sobald sich die Akte wieder anfände, und auch, wenn ihm noch etwas im Zusammenhang mit Unger einfiele.

Böhr hatte zwar keine Unterlagen, aber Wetzel wusste, Möbius würde sich an den Fall genau erinnern. Bevor Möbius in die Drogenabteilung wechselte, hatten die beiden sechs Jahre zusammen in der Mordkommission gearbeitet. Und Helmut hatte ein fast fotografisches Gedächtnis. Wetzel griff zum Telefon. Sein ehemaliger Kollege hatte natürlich Zeit für ihn. Wenn notwendig, sofort. Was sich Rainer Wetzel nicht zweimal sagen ließ.

Helmut Möbius hatte schon mit Anfang zwanzig fast keine Haare mehr auf dem Kopf. Also rasierte er sich die verbliebenen Haarreste ab und war einer der Ersten mit einem Kahlkopf, fast zwanzig Jahre, bevor eine Vollglatze bei einigen jungen Männern Mode wurde. Später hatte er einmal scherzhaft gesagt, dass er eben seiner Zeit weit voraus gewesen sei. Seine Frau Renate, die zehn Jahre jünger als er war und zwanzig Jahre jünger aussah, liebte ihn gerade wegen seiner Glatze. Nach seiner Pensionierung gaben sie ihr Appartement in Freiburg auf und kauften sich in Bad Sulzburg im Schwarzwald ein kleines Häuschen mit einem verwilderten Garten, den sie innerhalb eines Jahres auf Vordermann gebracht hatten. Allerdings gab es keinen englischen Rasen und keine vermessenen Blumenbeete. Wildrasen überwog, den Möbius dreimal im Jahr mit der Sense bearbeitete. Er hatte mehrere lauschige Plätze mit Bänken angelegt, die ein natürliches Blätterdach besaßen, und sie mit Kieswegen verbunden. An einem dieser Plätze saßen die beiden ehemaligen Kollegen. Renate Möbius hatte auf einem stabilen Eichentisch kalte Getränke, aber auch Kaffee und Kuchen eingedeckt. Auch Apfelstrudel mit Vanillesauce war dabei.

»Woher kennst du meinen Lieblingskuchen?«, fragte Wetzel.

»Du hast es mir einmal gesagt, als wir in Freiburg in einem Café saßen«, erwiderte Möbius. Natürlich ... sein phänomenales Gedächtnis. »Wo ist deine Sommergrippe?«, fragte er.

»Für immer verschwunden«, antwortete Wetzel und erzählte von dem ebenso einfachen wie genialen Mittel der Sekretärin Larsch aus der Zentrale der *DHC*.

Eine große Linde spendete kühlenden Schatten, nur wenn der Wind die Äste bewegte, pendelte der Schatten hin und her und öffnete den Weg für die Sonnenstrahlen, die dann auf ihren Körpern tanzten.

»Wir stürmten die Wohnung«, begann Möbius zu berichten, »auf Anordnung von Schweitzer, der Leiter der Aktion war. Unger saß im Wohnzimmer auf einem Sessel und schaute sich gerade Nachrichten an. Schweitzer sah sich im Zimmer um, so, als suchte er etwas ganz Bestimmtes. Als er es dort nicht fand, rannte er in das nächste Zimmer. Die Leute vom SEK stürzten sich auf den völlig überraschten Unger und legten ihm Handschellen an. Schweitzer fand im Nebenzimmer offensichtlich das, was er gesucht hatte: eine Sporttasche. Aus ihr holte er ein Päckchen heraus, das sich als Heroin herausstellte und fünfhundert Gramm wog, wie sich später herausstellte. Er präsentierte es uns als Beweisstück und hielt es Unger unter die Nase.«

»Wie hat der reagiert?«

»Der war völlig überrascht ... Und ich fand, die Überraschung war echt! Habe schon viele Menschen in solchen Situationen gesehen ... Unger schien ehrlich überrascht. Er sagte: ›Hat euch Jack Muller geschickt? Wie viel Geld hat er euch geboten?‹ Dann brachten die Leute vom SEK ihn zum Schweigen und schleiften ihn aus der Wohnung. Etwas schnell, wie ich fand.«

»Mhm.« Wetzel dachte einen Moment nach. »Wer waren die Leute vom SEK?«

»Die haben sich nicht vorgestellt. Damit habe ich mich aber nicht zufriedengegeben. Später habe ich mir die Namen besorgt.« Er schrieb sie auf eine Serviette und reichte sie Wetzel. Zwei von ihnen kannte der Hauptkommissar.

»Wie ist Schweitzer überhaupt auf Unger gekommen?«

»Ein verdeckter Ermittler will ihn bei der Übernahme des Heroins beobachtet haben.«

»Wer?«

»Schweitzer sagte, das ginge mich nichts an. Es reiche, wenn er den V-Mann kenne.«

Nun, sicher ... die V-Männer waren oft wenigen bekannt, aber er hätte zu Möbius Vertrauen gehabt und ihn eingeweiht, dachte Wetzel. Warum hatte Schweitzer nicht so gehandelt?

»Wer war der zuständige Staatsanwalt?«, wollte sich Wetzel vergewissern.

»Doktor Ehmer, der Hardliner mit der höchsten Erfolgsquote aller Freiburger Staatsanwälte. Hat Unger für zwei Jahre ins Gefängnis gebracht.«

Renate Möbius schritt über den Kiesweg mit einem Tablett auf die beiden zu. Ihr dynamischer Gang und ihre schlanke Figur zeugten davon, dass sie regelmäßig Sport trieb, dachte Wetzel. Möbius schien seine Gedanken gelesen zu haben. »Sie macht jeden Tag ihre spezielle Pilates-Gymnastik. Und jeden zweiten Tag fahren wir dreißig Kilometer Fahrrad.«

Sie brachte Wetzel einen zweiten Apfelstrudel und setzte sich zu ihnen. Er fragte sich, wo er ihn noch hinstopfen sollte. Aber fünf Minuten später herrschte auf seinem Kuchenteller gähnende Leere.

»Was hältst du von der ganzen Sache, Helmut?«

Möbius antwortete nicht gleich. Er war als Polizist immer zurückhaltend gewesen. Seine Urteile waren wohlüberlegt und durch eindeutige Beweise belegt. »Ich glaube, dass Schweitzer ihm das Heroin untergejubelt hat, hab aber keine Beweise. Kurz nach der Stürmung der Wohnung haben sie mich vom Fall abgezogen. Und drei Wochen später bin ich in die Wirtschaftsabteilung versetzt worden. Die restlichen vier Monate vor meiner Pensionierung sollte ich es ruhig angehen lassen, hatte Schwinzer gesagt ... Er ist der Polizeipräsident«, sagte Möbius an seine Frau gewandt. »Und Sundberg ist in die Betrugsabteilung abgeschoben worden. Schweitzer ist schwul ... Sundberg hat ihn vier Monate später bei einer Observierung zufällig aus einem Schwulenbordell kommen sehen. Das Bordell gehört Jack Muller – und die beiden kannten sich gut.«

Wetzel pfiff. Damit war eine Verbindung schon einmal hergestellt. Natürlich fehlten die Beweise. Aber er würde sie schon noch bekommen. »Hältst du Unger für fähig, einen Mord zu begehen?«

»Einen triftigen Grund hätte er, aber ... nein, eigentlich nicht. Das ist kein Typ, der mordet. Ich glaube, er baut sich ein neues Leben auf, will nichts mehr mit der Sache von damals zu tun haben«, sagte Möbius und wurde nachdenklich. »Wenn du Schweitzer ans Zeug willst, dann musst du Beweise heranschaffen ... und die müssen hieb- und stichfest sein. Schweitzer steht in der Hierarchie zwar ziemlich weit unten. Ist nur der Laufbursche. Aber er muss mächtige Freunde in unseren Reihen haben. Er ist mir zu schnell Hauptkommissar und Leiter der Drogenabteilung geworden. Versuche, Unger aufzutreiben. Allerdings musst du sein Misstrauen gegenüber der Polizei zerstreuen, denn seit seiner Verhaftung und Verurteilung hasst er alles, was mit der Polizei zu tun hat.«

»Und wie finde ich ihn?«

Möbius zuckte mit den Schultern.

»Wie finde ich diesen Unger?«, murmelte Wetzel beim Verlassen des Pfandhauses vor sich hin. Der Hauptkommissar hatte gehofft, dass die Angestellten ihm über den Wohnort Ungers weiterhelfen könnten. Aber seine Möbel und andere Wohnungsgegenstände, die kurz nach seinem Haftantritt dorthin gebracht worden waren, waren bis zum heutigen Tag nicht verkauft und auch vom Besitzer nicht abgeholt worden.

Er setzte sich in den blauen Dienstwagen und fasste mit beiden Händen das Lenkrad. Sein Blick schien eine Minute lang auf irgendeinem Fenster eines in der Nähe stehenden zwölfgeschossigen Wohnblocks zu ruhen. Dann kam ihm eine Idee. Er startete das Fahrzeug und nahm Kurs auf die Justizvollzuganstalt.

Ein Blick auf seine Uhr verriet, dass es schon nach achtzehn Uhr war. Valerie würde mit dem Essen auf ihn warten. Unzählige Male hatte sie das in den vergangenen Jahren getan. Seine geduldige, zierliche und hübsche Französin. Und nie hatte sie sich beklagt.

Weil Yannick und Elsa inzwischen in einem Alter waren, in dem sie selbständig zur Schule gehen konnten, arbeitete sie vormittags wieder als Informatikerin. Eine Menge Vorteile hatte ihr Beruf für ihn gehabt. Alle komplizierten Computerfragen beantwortete sie ihm immer geduldig. Und so hatte er sich im Laufe der Zeit zu einem brauchbaren Computeranwender entwickelt. Allerdings verlangte Valerie, eine begeisterte Leserin von Kriminalromanen, eine Gegenleistung. Und die bestand aus einer – wie sie sich gern ausdrückte – ›Einweisung in die praktische Arbeit eines Kriminalpolizisten‹. Natürlich nur, um beurteilen zu können, inwieweit Kriminalromane die Realität widerspiegelten. Nach kurzer Zeit hatte sie ihren geliebten Ehemann so weit eingewickelt, dass man über aktuelle Kriminalfälle, die ihn betrafen, fachsimpelte. Natürlich brauchte sie nicht zu betonen, dass alle

Informationen in den eigenen vier Wänden bleiben und nur unter vier Augen ausgetauscht würden. Wobei das Wort ›Austausch‹ für den einseitigen Informationsfluss sicherlich nicht das richtige war.

Wahrscheinlich war diese Anteilnahme an seinem Beruf der Grund für ihre Toleranz. Er drückte die Eins, Kurzwahl für Valeries Handynummer. Als er das Gespräch beendet hatte, musste er sich eingestehen, dass ihr Tonfall anders als üblich klang. Schließlich habe man eine Mikrowelle und ihr Essen schmecke auch aufgewärmt, hatte sie wie immer gesagt. Aber irgendetwas war anders als sonst. Hatte er etwas verpasst?

Unwillkürlich dachte er an seinen Freund Pierre und daran, dass Jasmin ihm weggelaufen war. Trotz seiner kriminalistischen Intuition war Pierre Rexilius ahnungslos gewesen. Monatelang hatte sie ihn mit einem Zirkusartisten betrogen und war über Nacht verschwunden. Wetzel würde das nicht passieren, er würde aufmerksam sein.

Er fuhr auf den Parkplatz der Justizvollzugsanstalt in der Hermann-Herder-Straße. Die Hauptanstalt hieß aufgrund ihrer charakteristischen Bauform mit fünf Flügeln im Volksmund nur *Café Fünfeck*.

An der Hauptwache erfuhr Wetzel, dass der Direktor schon nach Hause gefahren war, sein Stellvertreter Hallstein aber bis um zweiundzwanzig Uhr in der Anstalt bleiben würde. Ein Vollzugsbeamter führte den Hauptkommissar zu Hallstein.

Wetzel erwartete ein gut dreißig Quadratmeter großer licht durchfluteter Raum, in dem zwei Ventilatoren auf Hochtouren schnurrten. Sie hatten angenehme Temperaturen verbreitet. In der Mitte stand ein wuchtiger Eichenschreibtisch, hinter dem Hallstein saß. Daneben stand ein Mann, der auf etwas in einer auf dem Tisch liegenden Akte verwies.

Unterschiedlicher konnten zwei Menschen kaum sein,

dachte Wetzel. Hallstein hatte markante Gesichtszüge, einen muskulösen Körper und war ein Hüne von einem Meter neunzig, ausgestattet mit einer tiefen Stimme. Wetzel schätzte ihn auf Mitte fünfzig. Wahrscheinlich trieb der stellvertretende Direktor regelmäßig Krafttraining. Der neben ihm stehende Mann war – wie sich herausstellte – sein Assistent und hieß Zimmerer. Er maß höchstens einen Meter siebzig, mit seinen weichen Gesichtszügen und der altmodischen Brille eher ein Buchhaltertyp. Seine hohe Stimme erinnerte Wetzel an ein Kind vor dem Stimmbruch.

Der Hauptkommissar erklärte sein Kommen.

»Unger ist vor drei Monaten entlassen worden. Ist mir im Gedächtnis geblieben, weil er ein vorbildlicher Gefangener war«, sagte Hallstein und ging zu dem massiven Metallschrank, entnahm ihm eine Akte und setzte sich wieder an seinen Schreibtisch. »Eine Adresse haben wir nicht«, sagte er nach kurzer Akteneinsicht.

»Gibt es eine Möglichkeit, seinen Aufenthaltsort herauszufinden?«, fragte Wetzel.

Hallstein blätterte in seiner Akte. »Schon merkwürdig. Unger sollte wegen guter Führung nach sechzehn Monaten auf Bewährung freigelassen werden. Was er jedoch abgelehnt hat ... weiß der Teufel warum.«

»Hm. Gibt es einen Vertrauten, oder einen Zellengenossen, der Unger gut kennt?«, fragte der Hauptkommissar.

Hallstein blickte kurz in die Akte und sah auf Wetzel. »Sie müssen entschuldigen, Herr Hauptkommissar, aber bei über sechshundert Häftlingen kann man nicht jeden genauer kennen.«

Wetzel nickte.

»Leinendecker hat ein Jahr lang mit ihm eine Zelle geteilt. Hat noch drei Monate, sitzt wegen Betrugs«, sagte Hallstein nach einiger Zeit.

»Kann ich ihn sprechen?«

Hallstein und Zimmerer machten skeptische Gesichter. Leinendecker kannten sie offensichtlich besser. »Wenn er überhaupt mit Ihnen sprechen will. Er hat in den vergangenen zwei Jahren jeden Besucher abgelehnt. Er ist sehr zurückhaltend. Aber ... versuchen können wir es. Herr Zimmerer, sprechen Sie mit ihm.« Der Assistent nickte und verließ das Zimmer.

Fünf Minuten später klingelte Hallsteins Telefon. Er nahm den Hörer ab und nickte. Blickte auf Wetzel. »Leinendecker hat zugestimmt ... Gehen wir.«

Waren alle Räume der JVA mit diesem kalten Licht ausgestattet, fragte sich Wetzel. Um die die Aggressionen der Häftlinge auf einem niedrigen Niveau zu halten?

Die Fenster dieses Raumes, in dem sich Inhaftierte und Verwandte oder ihre Rechtsbeistände trafen, waren klein und vergittert. Es drang wenig Licht ein, was den Vorteil hatte, dass sich das Zimmer weniger stark erwärmt hatte als das des stellvertretenden Anstaltsleiters. Hier konnte man sich auch ohne Ventilator aufhalten, ohne ins Schwitzen zu geraten.

Der Hauptkommissar und Leinendecker saßen sich in der Mitte des Zimmers an einem Tisch gegenüber. Sie waren allein. Nur unter dieser Bedingung war der Häftling bereit gewesen, mit Wetzel zu sprechen. Er machte einen gehetzten Eindruck. »Sie müssen mir helfen«, sagte Leinendecker, sah sich nervös und misstrauisch nach allen Seiten um. »Sie sind der Einzige, der mir helfen kann«, fuhr er fort und rutschte auf seinem Stuhl hin und her.

»Sie brauchen sich keine Sorgen zu machen. Das Zimmer wird nicht abgehört«, versicherte ihm der Hauptkommissar. Was sein Gegenüber allerdings offenbar nur geringfügig beruhigte. »Warum sollte gerade ich Ihnen helfen können, Herr Leinendecker?«

»In dieser Anstalt gibt es Dutzende von Häftlingen, die

Sie lieber drei Meter unter der Erde sähen. Schließlich waren Sie es, der sie hinter Gitter gebracht hat. Aber viele haben auch einen … Heidenrespekt vor Ihnen. Weil Sie der Letzte sind, der mit gezinkten Karten spielen würde, wie einige Ihrer Kollegen. Ich muss hier raus, werde bedroht. Und einige Wächter sind daran beteiligt. Vor drei Wochen haben sie zwei Mitgefangene in meine Zelle gelassen … Die haben mich brutal zusammengeschlagen.« Sein Gesicht verzerrte sich, als wären die Schmerzen wieder entflammt. »Das nächste Mal, wenn sie wiederkommen und ich ihnen nicht das verrate, was sie wissen wollen, werden sie mich umbringen.«

Wetzel glaubte ihm. Er wusste, dass die Gefängnisleitung gegen ein Netz krimineller Russlanddeutscher kämpfte, die jeden ankommenden Häftling zu unterdrücken versuchten. Aus Angst vor weiteren Angriffen der Mafiaschläger behaupteten die Opfer, gestürzt zu sein. Und taten alles, was die Gefängnismafia von ihnen verlangt. Vom Putzen der Zellen über Botengänge bis zum Schmuggeln von Drogen beim Freigang. Der Arm der Mafia reichte weit über die Gefängnismauern hinaus, bis nach Russland.

»Was wollen die von Ihnen? Und wer sind die?«

»Die sind hinter Felix her. Er weiß eine Menge über sie und auch ihre Hintermänner in Freiburg. Das sind Leute von der Russenmafia. Sie wollen seinen Aufenthaltsort, um ihn zu eliminieren.«

»Und? Kennen Sie ihn?«

Leinendecker nickte.

»Wo wohnt er?«

Leinendecker schüttelte den Kopf. »Erst werden Sie mir helfen.«

»Und wie stellen Sie sich das vor?«

»Ich will bis zum Ende meiner Haftzeit in drei Monaten in eine Schutzzelle verlegt werden.«

Wetzel hatte von Fällen gehört, in denen Insassen trotz der Schläge und Bedrohungen ausgepackt hatten. Sie wurden in Schutzzellen untergebracht und so aus dem Gefängnisalltag ausgegliedert. Er wusste, dass Hallstein das bei Leinendecker genehmigen würde. »Ich werde es versuchen«, sagte er und verließ den Raum.

Nach einer halben Stunde kehrte er zurück. »Die Gefängnisleitung hat zugestimmt. Wenn wir hier fertig sind, gehen Sie direkt in die Schutzzelle. Für die restliche Haftzeit werden Sie von den anderen Insassen abgeschirmt.«

Leinendecker sah Wetzel eine Zeitlang prüfend an. Dann entspannten sich zum ersten Mal an diesem Abend seine Gesichtszüge. »Geben Sie mir einen Zettel.«

Wetzel riss ein Blatt aus seinem Notizbuch heraus und reichte es ihm, zusammen mit einem Kugelschreiber. Der Häftling schrieb eine Adresse auf und zwei Zeilen darunter. Dann faltete er das Blatt mehrmals, gab es dem Polizisten zurück und flüsterte ihm etwas zu.

»Er wird mit Ihnen Kontakt aufnehmen. Es wird einige Zeit dauern. Haben Sie Geduld«, fügte er in normaler Lautstärke hinzu. »Danke, Herr Hauptkommissar. Sie haben mir das Leben gerettet ... Ist schon komisch, ich hätte nie gedacht, dass ich mich mal bei einem Bullen bedanken würde.«

»Ich werde wiederkommen. Dann werden wir über die Leute reden, die Sie hier zusammengeschlagen haben. Auch über die Wächter ... Und, Herr Leinendecker: Ich hätte es auch nicht für möglich gehalten, dass sich ein Häftling jemals bei mir bedanken würde.«

Nein, sagte sich Wetzel, Valerie war nicht anders als sonst gewesen. Er hatte sich das am Nachmittag nur eingebildet. Trotzdem musste er mit ihr darüber reden. Offenheit war immer ein wichtiger Faktor ihrer Ehe gewesen. Nach dem gemeinsamen Essen der Eheleute – die Kinder hielten sich bei Freunden auf – musste Wetzel Valerie erst einmal einen ausführlichen Bericht über die Ereignisse des Tages geben. Dann ging er in sein Arbeitszimmer und schaltete den Computer an. Nachdem er hochgefahren war, drückte er die Schaltfläche des Outlookexpress und setzte die E-Mail-Adresse von Unger ein. Er begann zu schreiben:

Lenticularis,

habe im Gefängnis mit Leonard Leinendecker gesprochen. Er hat mir gesagt, dass Sie ein Paar sind. Da er in der JVA bedroht wird – man versucht von ihm mit Gewalt Ihre Adresse zu bekommen – habe ich dafür gesorgt, dass er ab heute bis zum Ende seiner Haftstrafe in einer Schutzzelle untergebracht ist.

Ich bin überzeugt, dass Sie vor über zwei Jahren nicht mit Drogen gehandelt haben. Und ebenso bin ich davon überzeugt, dass Hauptkommissar Schweitzer – bei Ihrer Verhaftung war er noch Oberkommissar – in dieser Angelegenheit bis über beide Ohren steckt. Das will ich beweisen und dazu brauche ich Sie.

Dann schrieb er eine weitere Zeile, die Leinendecker ihm ins Ohr geflüstert hatte und die eine weitere Voraussetzung dafür war, dass Unger die E-Mail beantworten würde. Damit hatte sich Unger sorgfältig abgesichert. Wenn Leinendecker die E-Mail-Adresse unter Folter verraten würde, dann würden sich seine Peiniger sicher damit zufriedengeben, Unger aber würde nicht antworten. Die Zeile lautete: *Schwarz-Weiß-100-50-Groß-Klein.* Am Ende und am Anfang der E-Mail musste *Lenticularis* stehen.

Wetzel sendete die Mail.

»Cleveres Bürschchen, dieser Unger«, sagte Valerie, die hinter ihm stand, »die E-Mail läuft über einen Proxyserver. Keiner könnte seine wirkliche Adresse ermitteln. Auch die Polizei nicht.« Dabei lächelte sie verschmitzt.

Ihr Mann schaute sie anerkennend an. »Woran siehst du das?«

»Schon vergessen, dass ich mal Informatik studiert habe?« Sie erklärte ihm, woran man das erkennen konnte. Dann wurden ihre Gesichtszüge ernst: »Rainer, ich habe Angst um dich. Eigentlich zum ersten Mal, seitdem du bei der Polizei bist. Ich habe so ein eigenartiges Gefühl ...«

Er hatte ihren Tonfall am Telefon doch richtig gedeutet. Er war anders als sonst gewesen. Aber sie stellte keineswegs ihre Ehe oder Liebe infrage. Es war die Angst um ihn. Und er musste sich eingestehen, dass er Respekt vor ihrer Intuition hatte.

»Dieser Mord in der Altstadt ... Dagegen kann sich keiner schützen. Auch nicht der beste Mordermittler Freiburgs«, sagte sie, gab ihm einen Kuss und verließ mit besorgten Gesicht sein Arbeitszimmer. Nachdenklich sah er ihr nach. Konzentrierte sich dann aber wieder auf den Computer.

Fünf Minuten später erhielt er eine Antwort:

Nennen Sie mir Ihre Adresse, Ihren vollständigen Namen, Ihr Geburtsdatum, Ihren Dienstgrad und die Abteilung, für die Sie arbeiten. Wie lautet der Name des Beamten, der die Schutzzelle für Leonard genehmigt hat?

Eine Unterschrift fehlte. Wetzel beantwortete umgehend seine Fragen und setzte an den Anfang und das Ende der E-Mail die Codes. Fünf Minuten später traf die Antwort ein.

Werde mich mit Ihnen wieder in Verbindung setzen. Und jede meiner und Ihrer E-Mails muss nach dem Lesen und Senden sofort gelöscht werden.

Eine Unterschrift fehlte auch bei der zweiten E-Mail. Wetzel löschte alle Mails.

In dem Moment, in dem Valerie Wetzel ihrem Mann einen Kuss gegeben und das Arbeitszimmer verlassen hatte, hatte ein dunkelgrüner Kleinbus keine fünfzig Meter vom Haus der Wetzels in einer Parkbucht gehalten. Er war einer von vielen parkenden Autos und damit unauffällig. Dort sollte er zwei Tage bleiben, bevor er von einem dunkelblauen Kleinbus abgelöst würde. Die Besatzung bestand aus drei Männern, die für ihren Job bei einer der gefürchteten Stellen ausgebildet worden waren. Und ihre Ausrüstung setzte sich aus der modernsten Überwachungstechnik zusammen, die es auf dem Markt gab.

Erik brachte das Laserabhörsystem sofort in Stellung, hatte noch durch das Fenster gesehen, wie sich der Schnüffler mit seiner Frau unterhalten hatte, bevor sie sein Zimmer verließ. Aber er hatte das Gespräch knapp verpasst. Das war kein Problem, dachte Erik, der Truppführer. Jedes Telefongespräch, ob mit dem Handy oder übers Festnetz, würden sie in den nächsten Tagen mitschneiden können. Selbst der Computerbildschirm würde vor ihnen nicht sicher sein, sobald das ›Auge‹ fertig installiert war, was noch zwei Stunden dauern würde.

Das alles sehende Auge. Mit ihm konnte er alle elektromagnetischen Wellen selbst durch dicke Wände auffangen. Es war nur eine Frage der Zeit, bis sie den Aufenthaltsort von Unger hatten. Und dann war der Schnüffler zum Verräter geworden, ohne es jemals bemerkt zu haben. Und Unger, der Loser, würde keinen Tag später sein mickriges Leben verlieren.

Erik grinste zufrieden. Fühlte sich wohl. Seit zwei Jahren war seine Welt wieder in Ordnung, die schlechten elf Jahre davor waren vergessen. Lasse war es, der ihn mit den anderen, die in der Geheimdienstzentrale in

Moskau gearbeitet hatten, nach Deutschland geholt und ihnen wieder eine Lebensperspektive geschaffen hatte. Für seine Verhältnisse bewegte sich ihre Bezahlung in astronomischen Höhen.

Erik nahm mit Ole Funkkontakt auf, der vierzig Meter von ihnen entfernt auf der anderen Straßenseite in einem alten, verbeulten Golf saß. Einige Roststellen sorgten für einen heruntergekommenen Eindruck. Es schien, als seien die Fenster schmutzig und verhinderten, dass ein Blick ins Innere des Fahrzeugs möglich war. Natürlich war es kein Schmutz, sondern eine starke Tönung der Scheiben. Der Rücksitz war entfernt worden, weil dort die Observierungstechnik untergebracht war. Da sowohl der VW als auch der Kleinbus nach außen schalldicht abgeschlossen waren, konnten sich die Observierenden in normaler Lautstärke unterhalten.

»Und?«, fragte Erik.

»Wir sind in Position«, antwortete Ole.

»Habt ihr schon etwas aufgezeichnet?«

»Nein.«

»Hm. Wie weit reicht dein Blick?«

Ole betrachtete den Scanner. »Im Garten, hinter dem Haus, ist eine Zone von etwa fünf Metern Breite, die wir mit dem Scanner nicht überwachen können. Sie reicht nach hinten bis zum Grundstückende. Wie sieht es bei euch aus?«

»Wir haben auch keine Übersicht über diese Zone, wahrscheinlich befinden sich dort Holzwände.«

»Dann werde ich die Maulwurftruppe anfordern«, sagte Ole. Die Maulwurftruppe bestand aus Leuten, die stundenlang im Gelände Überwachungen durchführte. Es handelte sich um Einzelkämpfer, die in der sibirischen Taiga nur mit Kleidung ausgesetzt wurden und vier Wochen überleben mussten. Sie versteckten sich in Büschen oder auf Bäumen und verstanden sich hervorragend zu tarnen. Und da sich nahe Wetzels Haus ein Park befand, von dem aus der Garten einzusehen war, würde die Beobachtungslücke in wenigen Stunden geschlossen sein.

»In Ordnung. Ende.«

Eriks Handy klingelte. »Nun, Erik?«, fragte Lasse, sein unumschränkter Chef.

»Wir sind bereit«, antwortete Erik respektvoll.

»Gut. Alle zwei Stunden Meldung«, sagte Lasse und beendete das Gespräch. Wie immer war seine Kontaktaufnahme kurz und allgemein gehalten, damit, falls sie einmal abgehört werden sollten, keine Rückschlüsse auf ihre Mission gezogen werden konnten. Und nach dem Gespräch mussten sofort die Akkus aus den Handys entfernt werden. Eine Ortung durch die Polizei wurde dadurch unmöglich.

Bei aller Technik hatten die Observierungsfahrzeuge einen Nachteil: Sie besaßen keine Klimaanlage. Der Innenraum der Fahrzeuge war trotz der getönten Scheiben aufgeheizt. Wer allerdings bei Lasse engagiert war, musste mit diesen Dingen spielend fertig werden. Erik wischte sich den Schweiß von der Stirn.

Dann tat sich etwas. Die Frau des Schnüfflers verabschiedete sich von ihrem Mann, um die Kinder abzuholen. Der Bulle ging ins Wohnzimmer und zappte sich durch die Fernsehprogramme. Bei den Nachrichten blieb er hängen. Das alles konnten die Überwachungsteams so genau hören, als hielten sie sich im selben Raum auf. Zwanzig Minuten später kam Valerie mit ihren Kindern zurück.

Ole meldete sich bei Erik. »Eine Klassefrau ist das, die werde ich …«

Erik fauchte ihn an. »Konzentriere dich auf deine Aufgabe. Noch ein Ausrutscher und ich werde dich ablösen.«

Ole entschuldigte sich kleinlaut, dachte aber das, was er aussprechen wollte, zu Ende. Wenn das hier erledigt und der Bulle ausgelöscht war, dann würde er diese Valerie

Wetzel richtig in die Mangel nehmen. Vielleicht könnte sie danach in einen Puff abgeschoben werden. Es gab viele Verwendungsmöglichkeiten für sie …

Dann bekamen die Lauscher das mit, was sich wohl an jedem Abend in einer Familie abspielte. Die Kinder mussten sich waschen und Valerie begleitet Elsa in ihr Zimmer, um eine Geschichte vorzulesen. Als sie damit fertig war, gab sie ihrer Tochter einen Gute-Nacht-Kuss. Die Lauscher hörten selbst das leise Schmatzen, das dabei entstand. Und Ole wartete voller Vorfreude auf den Zeitpunkt, zu dem sich das Ehepaar Wetzel ins Bett begeben würde. Allerdings sollte er darauf noch über zwei Stunden warten müssen, denn sie tranken noch einige Gläser Wein und hörten klassische Musik von Dvorak, was Ole überhaupt nicht behagte. Für Klassik hatte er nichts übrig. Aber die Marke des französischen Weins hatte er sich gemerkt. Um später einmal mit seinem Wissen über Weine prahlen zu können. In den Kreisen, zu denen er bald gehören würde, machte sich das gut.

Um kurz nach elf gingen die Wetzels endlich ins Bett und liebten sich leidenschaftlich. Ole erhöhte die Lautstärke seines Kopfhörers. Mit seiner Zunge fuhr er über die Lippen. Die Hitze im Auto, die ihm zusetzte – allerdings durfte Lasse das auf keinen Fall erfahren – vergaß er in diesem Moment. Und dieses Mal machte er nicht den Fehler und nahm Verbindung mit Erik auf. Als sich Rainer und Valerie Wetzel zufrieden in den jeweiligen Teil ihres Bettes wandten, in dem sie schliefen, war sich Ole über eins im Klaren: Er würde sich von niemandem – auch nicht von Lasse – davon abhalten lassen, sich diese Frau zur Brust zu nehmen, wenn der Schnüffler erledigt war. Valerie Wetzel würde seine Prämie sein.

Südharz, Mittwochabend, 16. Juli

Das musste man ihnen lassen, den Leuten vom LKA: Fleißig waren sie. Noch immer suchten sie den Tatort im Walkenrieder Wald nach irgendwelchen Spuren ab. Rexilius warf im Vorbeifahren noch einen Blick auf sie, aber viel konnte er aus der Entfernung von dreihundert Metern nicht erkennen. Er fuhr weiter ins Seniorenheim. Das aussichtslose Rennen gegen Walter Vieth verlor er wie immer und seine Schwiegermutter erinnerte ihn daran, dass am kommenden Freitag der Besuch des Cafés *Schnibbe* anstand. Wenn er das wieder vergäße, werde sie ernsthaft ein Hühnchen mit ihm zu rupfen haben, sagte sie, um sich dann in ihre Welt zurückzuziehen.

Und der ehemalige Chefredakteur Vieth wollte ausgiebig über die Ereignisse der letzten Tage informiert werden. Dass Pierre vom Fall abgezogen worden war und das LKA jetzt verantwortlich war, kommentierte er kurz mit den Worten: »Idioten ... kriegen sowieso nichts raus, bevor du den Fall gelöst hast.« Und dann folgte natürlich eine Geschichte über einen ähnlichen Fall in Berlin. Eine halbe Stunde diskutierten sie weiter über die Mordfälle, fanden deren Lösung aber nicht. Also vertagte man sich auf den Freitag.

Pierre brauchte noch Tabak und suchte Dittrichs Laden auf. Hinter dem Tresen stand eine Verkäuferin, die eigentlich nur vormittags arbeitete. Nachdem Pierre Tabak gekauft hatte, fragte er nach Dittrich.

»Er hatte einen Herzanfall«, antwortete die Verkäuferin bestürzt. »Der Rettungshubschrauber hat ihn in die Klinik nach Herzberg geflogen. Ich weiß nicht, wie es ihm geht. Barbara ist inzwischen in der Klinik.«

Pierre verabschiedete sich und hoffte inständig, dass es dem Ladenbesitzer bald besser ginge. Erst im letzten

Jahr waren Dittrich nach einem Herzinfarkt drei Bypässe gelegt worden.

Um halb sieben schloss er seine Wohnungstür auf und begab sich zuerst unter die Dusche. Dann ging er in die Küche, trank zwei Gläser Mineralwasser und schaute in den Kühlschrank. Er war bis oben gefüllt, was ja auch kein Wunder war, weil er sich wegen Henny für die ganze Woche eingedeckt hatte ... Er schüttelte den Kopf, nein, er hatte keinen Appetit und verschloss den Kühlschrank wieder. Griff zum Handy und rief in Barbaras Cafe/Bistro an. Barbara sei vor zehn Minuten zurückgekommen und dann gleich ins Krankenhaus gefahren. Mehr wusste Sabine nicht. Versprach aber, ihn sofort anzurufen, sobald sich etwas Neues ergeben würde.

Rexilius trank noch ein Glas Mineralwasser, kochte sich einen Cappuccino und nahm die Tasse mit in sein Arbeitszimmer. Dort stellte er den Computer an und öffnete den Outlookexpress. Zwei neue E-Mails waren eingetroffen. Eine von Eckert und die zweite ... von *Ein Freund*. Eine eigenartige Vorahnung überkam ihn. In diesem Moment klingelte sein Handy, Eckert meldete sich. »Hast du meine E-Mail schon gelesen?«

»Ich wollte sie gerade öffnen.«

»Die Mail, die du gestern Abend erhalten hast, Pierre, ist über denselben Proxyserver gesendet worden wie die E-Mail an den Zugbegleiter aus Herzberg. Und der Inhalt ist merkwürdig.«

»Kann es sich um einen Irrläufer handeln?«, fragte Pierre.

»Theoretisch ist das möglich, aber ich halte das für unwahrscheinlich. Jedenfalls kenne ich keinen Fall, in dem das vorgekommen ist.«

Rexilius wurde nachdenklich und fand das Ergebnis erschreckend. »Er kennt meine E-Mail-Adresse ... Woher, zum Teufel?« Sie war nur für den internen Kreis der

Mordkommission gedacht. Und dazu gehörten Jürgen, Marc, Sandra und Stefan. Keiner seiner Kollegen hatte sie weitergegeben, da war er sich hundertprozentig sicher.

»Ich weiß es nicht, Pierre … Übrigens, das LKA hat eine neue Theorie, wie ich vorhin mitbekommen habe. Der Arsch geht davon aus, dass es die Russen-Mafia war. Er meint, es gäbe einen vergleichbaren Fall in Belgien, dessen Verbindung bis nach Minsk reicht.«

»Dann sollte der Arsch seinen Mörder möglichst bald dort suchen.«

»Sie böser Hauptkommissar«, sagte Eckert und Rexilius fand, dass er den Tonfall von Hauptkommissar Peter Dunker genauso gut imitiert hatte wie den von Fischer. Vielleicht sollte er aus seinem Talent mehr machen.

»Ich habe heute eine zweite E-Mail von unserem Mörder erhalten, den Inhalt aber noch nicht angesehen. Ich schicke sie dir zu, vielleicht findest du irgendetwas«, sagte Pierre. Er sich verabschiedete sich von Eckert und öffnete die Mail von *Ein Freund*:

Und er hatte die sieben Brücken überquert,
glaubte sich für immer im Land des Lichts,
aber die Basilisken des Lichts verhöhnten ihn,
trieben ihn in die Dunkelheit zurück.
Feind oder Freund

Der Text war identisch mit dem der ersten E-Mail, das abschließende *Freund oder Feind* aber verdreht. Warum?

Warum hatte der Mörder überhaupt mit ihm Kontakt aufgenommen? Um seine Überlegenheit zu demonstrieren? Um ihn zu demütigen? Um zum Ausdruck zu bringen, dass er – wann immer er wollte – den Weg zu Rexilius, dem Leiter der Mordkommission, fand, aber nicht umgekehrt? Oder steckte etwas anderes dahinter?

Warum schickte er ihm eine verschlüsselte Botschaft?

»Und er hatte die sieben Brücken überquert«, murmelte Pierre, »glaubte sich für immer im Land des Lichts ...« Welche Bedeutung hatte die Brücke? Er gab den Begriff in die Suchmaschine ein. Brücke als Symbol der Verbindung ... der gemeinsamen Errungenschaften ... der gemeinsamen Plattform ... der Zusammengehörigkeit. Brücke als Symbol der Verbindung zwischen den Welten, Ansichten und Werten.

Er las weiter. Eine Brücke zu überschreiten bedeutete, in eine andere Welt zu gelangen. Manchmal über ein tiefes, schier unüberwindliches Tal. Brücke als Hilfe, um in eine andere Welt zu gelangen. In das Land des Lichts ... »Aus der Dunkelheit in das Land des Lichts«, murmelte er wieder, »und dann in die Dunkelheit zurück ...« Wofür stand das Licht, wofür die Dunkelheit, fragte er sich. Beschrieb der Mörder das Schicksal eines Menschen? Konnte die Brücke, die Hilfe, ein Mensch sein?

Dann lenkte er seine Aufmerksamkeit auf die Zahl sieben. Gab sie in die Suchmaschine ein. Innerhalb von Bruchteilen einer Sekunde erschienen Millionen von Dateien. Und ebenso viele Bedeutungen schien diese Zahl zu haben. Nahezu magisch, dachte er.

Die Gebrüder Grimm gehörten zu den Göttinger Sieben, die 1837 gegen die Abschaffung der Hannoverschen Verfassung gestimmt hatten. In vielen ihrer Märchen spielte die Sieben eine wichtige Rolle. Schneewittchen und die sieben Zwerge ... Der Wolf und die sieben Geißlein. Zahlreiche Märchen fielen ihm noch ein, in denen die Sieben vorkam, und das konnte kein Zufall sein. Und ebensowenig, dass der Mörder die Zahl Sieben verwandte.

»Und er hatte die sieben Brücken überquert, glaubte sich für immer im Land des Lichts ... die siebte Brücke »... im Land des Lichts«, murmelte er wieder. »Aus der Dunkelheit ins Land des Lichts ...«

Dann kam ihm eine Idee. Er dachte an den Karat-Song aus den siebziger Jahren *Über sieben Brücken musst du gehn*. Und an den gleichnamigen DEFA-Spielfilm.

Er ging in die Küche, kochte sich einen Cappuccino und kehrte in sein Arbeitszimmer zurück. Zündete sich eine Pfeife an und blies den Rauch zur Decke. Sah ihm nach, bis er sich kurz unter der Decke auflöste.

Er brauchte eine Kopie des Films.

Südharz, Donnerstagvormittag, 17. Juli

Die Nacht war traumlos gewesen. Rexilius hatte nur drei Stunden geschlafen, war um sieben Uhr aufgestanden und hatte nach der Lektüre der Tageszeitung beim *Mitteldeutschen Rundfunk* angerufen. Nachdem er erklärt hatte, dass der Film *Über sieben Brücken musst du gehen* möglicherweise zur Aufklärung eines Mordfalls beitragen könnte, war der zuständige Sachbearbeiter endlich bereit gewesen, ihm eine Kopie zuzuschicken. Er musste also warten, bis sie eintraf.

Barbara hatte ihn fünf Minuten zuvor angerufen und Entwarnung gegeben. Dittrich hatte einen hitzebedingten Schwächeanfall erlitten. Sein Herz war, wenn man von den Bypässen absah, in Ordnung. Es ginge ihm schon viel besser, hatte sie gesagt. Er werde das Krankenhaus noch heute verlassen können.

Pierre hatte in Erfahrung bringen können, dass das von Marek beschriebene Mountainbike im Frühjahr 2001 auf den Markt gekommen war. Die Generalvertretung des Fahrradherstellers in Deutschland hatte es an zweiundvierzig Firmen im Harzbereich ausgeliefert. Eine Liste der Fahrradläden wurde ihm per E-Mail zugeschickt. Er seufzte, es blieb also nichts anderes übrig, als mit allen zweiundvierzig Läden Kontakt aufzunehmen. Nach vier Stunden ununterbrochenen Telefonierens blieben Fahrradläden in Wernigerode, Harzgerode, Niedersachswerfen und Nordhausen übrig, die infrage kommen konnten. In diesem Moment wünschte er sich ein Auto, denn mit dem Fahrrad war das heute nicht mehr zu schaffen. Er griff zum Telefon und wählte die Nummer von Eckert. Jürgen meldete sich, seine verschlüsselte Antwort offenbarte, dass sich die Leute vom LKA in seinem Zimmer befanden. Pierre überlegte einen Moment und versuchte es bei Sandra.

»Bist du allein?«, fragte er.

»Ja. Der Arsch ist mit seinen Kollegen wieder bei Jürgen.«

»Habe ich schon bemerkt. Ich brauche ein Auto.«

»Kannst du die Besitzerin auch gebrauchen?«

»Noch besser, aber was ist, wenn das LKA das bemerkt?«

»Ich nehme mir für den Nachmittag frei. Muss noch dreißig Überstunden abbauen. Was ich in meiner Freizeit mache, geht keinen etwas an. Werde in einer Stunde bei dir sein.«

Rexilius zog an seiner Pfeife und konzentrierte sich auf die Pinnwand. Auf der rechten Seite hatte er einen Zettel angebracht, auf dem das von Marek erwähnte Pflaster aufgeführt war. Was Marek nicht wissen konnte, war, dass es sich dabei um ein Nasenstrip handelte, der die Nasenflügel anhob und dadurch die Nasengänge weitete. Ausdauersportler im Leistungssport bentzten Nasenstrips, aber auch Menschen, die an Heuschnupfen litten ... oder nach Nasenbeinbrüchen fanden sie Anwendung. Rexilius selbst hatte sie früher einmal eingesetzt.

Heuschnupfen schloss er aus. Der Mord im Walkenrieder Wald hatte höchste Konzentration erfordert, und das starke Pollenaufkommen zu diesem Zeitpunkt hätte das bei einem Heuschnupfenallergiker ausgeschlossen.

Nein, das war es nicht. Er musste sich die Nase gebrochen haben. Möglicherweise mehrmals. Das verengte oft die Nasengänge. Vielleicht gehörte er zu einem Personenkreis, bei dem das häufig vorkam. Ein Boxer zum Beispiel. Oder ein anderer Kampfsportler. Diese Vermutung fügte er dem Zettel an der Pinnwand hinzu. Er hatte gerade das letzte Wort notiert, als es an seiner Wohnungstür klingelte. Vor der Tür stand Sandra.

Er führte sie in die Küche und bot ihr etwas Kaltes zu trinken an. Sie nahm dankend an. Das Außenthermometer ihres Autos hatte dreiunddreißig Grad angezeigt. Zum Glück funktionierte die Klimaanlage.

Es dauerte zwei Minuten, aber dann war sich Sandra sicher: Pierre hatte Frauenbesuch gehabt. Als sie durch das Wohnzimmer zur Toilette gegangen war, hatte sie es gerochen. Wahrscheinlich am vergangenen Wochenende. Hatte sie etwas verpasst? Hatte er eine Beziehung, von der sie nichts wusste? Aber dann lenkte sie sich wieder ab. »Das LKA hat uns alle noch einmal befragt. Der Arsch tritt auf wie der Innenminister persönlich. Er will dich unbedingt sprechen.«

»Geht nicht, schließlich bin ich in Frankreich.«

»Das LKA ist überzeugt, einer vielversprechenden Spur nachzugehen.«

»Was will Dunker dann noch von mir?«

Sandra zuckte mit den Schultern. »Der Arsch glaubt, dass der oder die Täter der Russenmafia angehören. In der Nähe von Brüssel ist ein ähnlicher Mord abgelaufen. Er hat schon Verbindungsleute nach Kiew geschickt. Dich will er aufsuchen, weil er nicht glaubt, dass du in Frankreich bist. Der bringt es fertig und lässt deine Wohnung observieren, um sicherzustellen, dass du ihm nicht in die Quere kommst.«

Ja, dachte Rexilius, das würde er fertigbringen. »In Kiew werde ich seine Ermittlungen bestimmt nicht stören, denn

der Mörder lebt hier, im Harz. Das sagt mir mein Gefühl.«
Sandra nickte. Sie glaubte das auch. Pierre schaute auf die Uhr. »Wir haben wenig Zeit. Lass uns aufbrechen.«

Sandra wählte die Route über Braunlage und Schierke nach Wernigerode. Hinter Schierke, in der Nähe von Drei-Annen-Hohne, kam ihnen die Dampflok der Herzquerbahn entgegen. Bevor sie den Brocken erreichen würde, musste sie noch einige Arbeit leisten. Der Heizer legte frische Kohle auf, was die Lokomotive mit mehreren aufeinander folgenden Wasserdampferuptionen quittierte. Die Dämpfe drangen in Kochs Auto ein und verbreiteten für kurze Zeit Eisenbahnromantik bei den beiden Polizisten. Es folgte eine kurvenreiche Talabfahrt, die Sandra Koch gelassen hinter sich brachte. Die ersten Häuser Wernigerodes tauchten wie aus dem Nichts auf. Fünf Minuten später erreichten sie den Fahrradladen. Sie erfuhren von dem Händler, dass er das infrage kommende Mountainbike an einen Bundeswehrsoldaten verkauft hatte. Und die Eltern des Soldaten zeigten den beiden Mordermittlern das Fahrrad. Es war seit sechs Monaten nicht mehr bewegt worden, weil ihr Sohn seit Anfang Februar in Afghanistan im Einsatz sei und erst im August zurückkehren würde. Bislang war alles gut verlaufen und sie hofften, dass er auch die restliche Zeit ungeschadet überstehen würde. Koch und Rexilius hofften mit ihnen und verabschiedeten sich. Der Hauptkommissar strich den Soldaten von der Liste.

Danach setzten sie ihre Fahrt fort. Kehrten durch die kurvigen Täler in die mittleren Höhenlagen des Gebirges zurück, die durch Hochflächen geprägt waren. Das Landschaftsbild änderte sich. Gerodete Weideflächen mit Waldinseln lösten die dichten Fichtenwälder ab. Sandra Koch fühlte sich in ihrem klimatisierten Fahrzeug wie in einem Unterseeboot, das unbeeindruckt durch das Meer der Hitze glitt.

Um fünfzehn Uhr standen sie vor dem nicht zu übersehenden Fahrradladen in Harzgerode. Der Besitzer hatte über der Eingangstür ein Fahrrad an der Wand fest installiert.

Der Zweiradhändler erinnerte sich, ein Mountainbike an einen sechzigjährigen Pensionär verkauft zu haben, der nur einige Häuser weiter wohnte. Dieser habe sich ein kleines Häuschen in Spanien gekauft und halte sich im Sommer dort auf. Schon im Mai sei er aufgebrochen, kehre aber spätestens im November in den Harz zurück, weil er auf den mitteleuropäischen Winter nicht verzichten wolle. Er sei ein passionierter Radsportler, der jedes Jahr den Jakobsweg in Spanien absolviere. Und der sei immerhin an die neunhundert Kilometer lang. Damit fiel auch der aus dem Kreis der Verdächtigen heraus.

Zwei Möglichkeiten blieben offen: Niedersachswerfen und Nordhausen. Eine halbe Stunde später standen sie vor dem Geschäft mit der Aufschrift *Ollhardt Fahrräder*. Pierre erinnerte sich, dass es schon zu DDR-Zeiten existiert haben musste, denn es war ihm schon aufgefallen, als er kurz nach der Grenzöffnung durch Niedersachswerfen gefahren war. Damals hatte Ollhardt neben Fahrrädern noch Mopeds verkauft.

Rexilius öffnete die Ladentür, Sandra folgte ihm. Als er die Tür schloss, ertönte ein Klingelzeichen aus einem entfernten Raum und wenig später erschien eine etwa fünfzigjährige Frau mit kurz geschnittenen Haaren am Verkaufstresen. Sie trug eine Brille mit dicken Gläsern, die ihre Augen vergrößerten.

Rexilius stellte sich und Sandra vor und erklärte ihr Kommen. Sie führte die beiden Ermittler um den Tresen herum durch einen Gang, an dessen Ende eine Treppe mit fünf Stufen anschloss. Von dort aus konnte man in die Werkstatt blicken. Zwei Männer arbeiteten mit den Rücken zur Treppe an Fahrrädern, die an einer Kette hingen. Einer von beiden hatte gerade einen Witz erzählt, den beide mit schallendem Gelächter quittierten.

»Jörgchen«, sagte die Frau vom Verkaufstresen, »wir haben Besuch von zwei Polizisten aus Osterode. Sie haben ein paar Fragen.«

Der größere der beiden, schwarzhaarig, Schnauzbartträger, legte einen Schraubschlüssel bei Seite und ging auf Sandra und Pierre zu, um ihnen die Hand zu geben, was er sich aber anders überlegte, als er merkte, dass seine Hände ölverschmiert waren. Er stellte sich als Jörg Ollhardt vor. Rexilius erklärte ihm, weshalb sie gekommen waren.

»Mein Vater hat einen solchen Fahrradtypen im letzten Jahr verkauft. Ich werde ihn holen.«

Das war aber nicht mehr notwendig, weil in diesem Moment ein grauhaariger, etwa sechzig Jahre alter Mann durch eine Nebentür in die Werkstatt trat. Die Gläser seiner Brille waren ebenso dick wie die der Frau am Tresen, die, wie sich bald herausstellte, seine Frau war. Die Gläser betonten die listigen Augen des Mannes. Dass List und Einfallsreichtum eine seiner herausstechenden Charaktereigenschaften sein mussten, wurde Pierre wenig später bewusst.

Ollhardt Senior hatte das Zweiradgeschäft schon während der DDR-Zeit privat geführt, trotz massiver Repressalien seitens des Parteiapparates und anderer, vornehmlich in Zivil gekleideter allgegenwärtiger Personen. Die beiden Polizisten fanden ihn von Anfang an sympathisch.

»Wir ermitteln in einem Mordfall, bei dem ein Fahrrad von Scott eine große Rolle spielen könnte.« Rexilius nannte ihm den genauen Typ. »Wissen Sie noch, wer es gekauft hat?«

»Ja, das war im April letzten Jahres. Eine braunhaarige Frau, hübsches Gesicht, klein und zierlich, slawischer Typ, würde ich sagen. So Mitte dreißig«, sagte Ollhardt Senior.

»Das Eigenartige war, dass sie das Fahrrad im Schaufenster gesehen hat und es gleich kaufen wollte, obwohl der Rahmen für einen ein Meter achtzig großen Menschen ausgelegt ist. Sie war aber nur etwa einen Meter sechzig groß. Ich habe ihr angeboten, den gleichen Fahrradtyp mit einem ihrer Körpergröße entsprechenden Rahmen zu bestellen. Ich verkaufe nämlich keine Fahrräder, mit denen die Kunden hinterher nicht zufrieden sind. In so einem Fall verzichte ich lieber auf einen Gewinn. Das war früher zu DDR-Zeiten so, und dabei ist es auch geblieben.«

Rexilius nickte. »Hm. Wie hat sie auf das Angebot reagiert?«

»Sie hat es abgelehnt und das Fahrrad gekauft. Der Preis betrug eintausend Euro. Sie hat in bar bezahlt und nicht einmal versucht zu handeln. Ich hätte ihr einen Preisnachlass gegeben ... Jedenfalls schraubte ich den Sattel ganz nach unten. Sie setzte sich aufs Fahrrad und fuhr davon. Habe ihr noch hinterhergesehen – sie ist in Richtung Ilfeld gefahren. Mit den Fußspitzen reichte sie gerade auf die Pedale.«

Sie hat es für ihn geholt, dachte Rexilius. Für den Mörder. Das war seine Handschrift. Plane langfristig. Nach einem Jahr erinnert sich keiner mehr an den Kauf des Fahrrads. Und wenn, dann war es eine Frau. Und zu ihm die Verbindung herzustellen, das würde wahrscheinlich nicht gelingen. Ein Schachspieler ... Wenn nicht Marek zufällig Inspektor Gadgets Blick imitiert hätte, von dem Fahrrad hätte es nie eine Spur gegeben.

»War sie eine Deutsche?«, fragte Sandra.

»Sie hat gut Deutsch gesprochen, aber mit einem leichten Akzent. Osteuropäisch, würde ich sagen. Wie Zuzanna, eine Bekannte, die seit zehn Jahren bei uns in der Nachbarschaft wohnt. Sie kommt aus der Nähe von Warschau.«

Wer war die Frau? Eine Polin, wenn Ollhardt das richtig interpretiert hatte. Aber welche Verbindung hatte sie zum Mörder? War sie seine Frau, Verwandte oder Bekannte? Rexilius würde Ollhardt bitten, bei der Anfertigung eines Phantombildes mitzuhelfen. Aber wie sollte er einen Zeichner auftreiben? Offiziell durfte er nicht ermitteln. Er würde mit Frank Boden sprechen. »Würden Sie die Frau wiedererkennen, Herr Ollhardt?«

»Ich glaube schon.«

»Gut. Dann werde ich in den nächsten Tagen mit einem Polizeizeichner wiederkommen.«

»Da ist noch etwas, Herr Hauptkommissar«, sagte Ollhardt, »die Frau hatte eine Art Brandmal auf dem rechten Unterarm. Es war etwa so groß wie ein altes Fünf-Mark-Stück.«

Die beiden Polizisten bedankten sich bei der Familie Ollhardt und verabschiedeten sich. Obwohl Rexilius sicher war, dass das von Marek beschriebene Fahrrad bei Ollhardt gekauft worden war, fuhren sie weiter nach Nordhausen. Das hier verkaufte Mountainbike hatte ein sechzehnjähriger Nachwuchsfahrer erworben, der in einem Jugendkader trainierte. Rexilius schloss ihn aus.

Um halb sieben setzte Sandra Pierre vor seiner Wohnung ab. Er lud sie zu einem Getränk ein, aber sie lehnte ab. »Ich will noch meinen Vater besuchen ..., außerdem will ich nicht stören«, sagte sie, als er aus ihrem Auto ausstieg.

Sie glaubte also, dass er Besuch von einer Frau erwartete. War ihre Bemerkung als Ausdruck des Missfallens zu verstehen?

Die letzten flach einfallenden Strahlen der Sonne fanden den Weg durch das Wohnzimmer. Er ging zum Fenster und ließ die Jalousie herunter. Nahm die Videokassette, die ihm der *Mitteldeutsche Rundfunk* zugeschickt hatte, und begutachtete sie von allen Seiten, bevor er sie in den

Rekorder steckte. Ein Beobachter hätte geglaubt, dass er eine Geheimschrift auf der Kassette vermutete, die bei der Lösung des Falles weiterhelfen könnte.

Pierre war erfreut, dass der Film *Über sieben Brücken musst du gehn* schon am Nachmittag eingetroffen war, er hatte frühestens in zwei oder drei Tagen damit gerechnet. Ein Sonderkurier hatte ihn bei Ewald Baier, seinem Wohnungsnachbarn, abgegeben. ›Damit die Klette ihren Mörder möglichst schnell überführen kann‹, hatte er ausrichten lassen. Pierre fragte sich, woher der Kurier seinen Spitznamen kannte. Wahrscheinlich hatte Ewald wieder geplaudert.

Er setzte sich auf seinen Wohnzimmersessel, lehnte sich zurück und drückte auf die Starttaste der Fernbedienung. Die DEFA hatte den Film 1978 uraufgeführt. Nach drei Stunden schaltete er den Rekorder aus. Zwischendurch hatte er den Film immer wieder angehalten und einige Szenen mehrfach gemustert. Er zog nachdenklich an seiner Pfeife und trank einen Schluck Cappuccino.

Der Film *Über sieben Brücken musst du gehn* hatte kein Happyend …

Einer der beiden Hauptpersonen des Films war Gitta Rebus. Sie arbeitet in einem Ort nahe der deutsch-polnischen Grenze als Laborantin in einem Kraftwerk und gilt wegen ihrer vielen Männerbekanntschaften als leichtlebig. Eines Tages kommen polnische Gastarbeiter in ihr Dorf, um beim Bau von Kühltürmen zu helfen. Unter ihnen ist Jerzy, in den sich Gitta verliebt. Zum ersten Mal in ihrem Leben empfindet sie wahre Liebe für einen Mann. Sie werden ein Paar, aber Jerzy erfährt, dass Gitta auf seine Eroberung gewettet hatte. Er ist tief enttäuscht, verlässt sie und kehrt nach Polen zurück. Gitta ist von Jerzy schwanger und denkt an Selbstmord. Am Ende des Films liegt sie nach einer schweren Entbindung erschöpft im Krankenhaus. Dann schließt der Film mit dem gleichnamigen Lied.

Pierre zündete sich eine weitere Pfeife an. Nach vier schnellen, kräftigen Zügen glomm die gesamte Tabakoberfläche und der Blick auf den Fernseher war behindert durch dichten Rauch. Aber Rexilius nahm das nicht wahr, sein Blick war nach innen gerichtet.

Lag in dieser Geschichte das Mordmotiv begraben?

Dann fiel ihm ein, dass der Mörder ein polnisches Autokennzeichen gestohlen hatte. Warum gerade ein polnisches? Er musste eine Beziehung zu diesem Land haben, vielleicht hatte das Nummernschild auch eine symbolische Bedeutung.

Pierre stand von seinem Sessel auf, ging in sein Arbeitszimmer, schaltete den Computer an und wartete, bis er hochgefahren war. Er stellte sich weitere Fragen: Hatte das Kind eine Bedeutung? War Jerzys Abreise als Tod zu werten? Oder stand das Ende der Liebesbeziehung für irgendeinen anderen Zusammenhang als Tod … Er wusste, dass er so nicht weiterkommen würde. Er brauchte etwas Greifbares.

Daneben gab es eine weitere Geschichte im Film. Gittas Vater, der inzwischen im Westen lebt, war am Ende des Zweiten Weltkriegs Aufseher in einem Konzentrationslager im Dorf gewesen, das heute als Lagerhalle dient. Jerzys Vater war dort ums Leben gekommen … Aus dem Film ging hervor, dass Gitta und Jerzy darüber aber nicht sprechen. Überhaupt schien das keine Bedeutung zu haben. Pierre schenkte der Geschichte keine weitere Beachtung.

In die Suchmaschine gab er *Über sieben Brücken musst du gehen – der Film – Hintergründe* ein. Ein Wochenboulevardblatt warf dem Autor Helmut Richter vor, Erzähltext und Liedtext hätten eine polnische Legende zum Vorbild gehabt, und ging sogar so weit zu behaupten, dass der Autor den Text der polnischen Fabel ins Deutsche übersetzt habe, was ein ungeheurer Vorwurf war. Pierre versuchte sofort, diese Legende im Internet zu finden. So sehr er sich auch bemühte, er konnte sie über keine Suchmaschine ausfindig machen. Pierre schaltete den Computer ab.

War es das Ziel des Mörders, dass er sich mit der Legende beschäftigte? Wenn das so war, was bezweckte der Täter damit? Natürlich würde er dadurch seine Identität nicht preisgeben. Pierre dachte daran, dass er in der E-Mail *Von: Ein Freund* geschrieben hatte. Und in der ersten E-Mail am Schluss *Freund oder Feind* stand, in der zweiten *Feind oder Freund*. Er hatte die Wörter nur umgedreht. Der Mörder sah sich gleichzeitig als Freund und Feind des Hauptkommissars. Feind, weil er der Mörder war und Pierre gegen ihn ermitteln, ihn stoppen musste? Aber inwiefern wollte er sein Freund sein?

Rexilius grübelte noch eine Zeit lang darüber, gab es dann aber auf. Er musste erfahren, worum es in dieser Legende ging. Das Seminar für slawische Philologie der Universität Göttingen würde ihm weiterhelfen können.

Im Schlafzimmer ließ er die Jalousien nicht herunter, legte sich ins Bett und schaltete die Zimmerbeleuchtung aus. Das Licht des Vollmonds, das das Zimmer erhellte und sich auf sein Gesicht legte, konnte ihn nicht daran hindern, innerhalb einer Minute einzuschlafen und einen tiefen und traumlosen Schlaf zu finden.

Freiburg, Donnerstagmorgen bis Nachmittag, 17. Juli

Wetzel war um acht Uhr ins Freiburger Präsidium gefahren. Seinen Arbeitstag begann mit einem täglichen Ritual. Nachdem er sein Dienstzimmer betreten und die Computer angeschaltet hatte, ging er zum Kaffeeautomaten, füllte sich eine Tasse Kaffee und kehrte in sein

Zimmer zurück. Setzte sich an seinen Schreibtisch und zündete sich einen Zigarillo an. Er fragte zuerst seine E-Mails auf seinem Laptop ab. Vor einer Minute war eine neue Nachricht eingetroffen und der Absender war *Lenticularis*! So schnell hatte er nicht mit einer Antwort von Unger gerechnet. Woher zum Teufel kannte der seine E-Mail-Adresse? Unwillkürlich schaute er sich in seinem Dienstzimmer um. Natürlich war keine andere Person anwesend.

Unger bat ihn dringend, ein Internetcafé aufzusuchen und von dort aus mit ihm Kontakt aufzunehmen. Wetzel drückte seinen Zigarillo aus, löschte alle Nachrichten und verließ das Präsidium.

Der Geräuschpegel im Internetcafé war sehr hoch, was an der überwiegenden jugendlichen Klientel lag. Einige von ihnen saßen mit verschmitzten Gesichtern hinter den Computern, so, als hätten sie gerade den Code der CIA-Computer geknackt und wären Geheiminformationen auf der Spur. Andere diskutierten angeregt. Wahrscheinlich gaben die jungen Computerfreaks Tricks an ihre Freunde weiter. Wetzel hatte Glück, er konnte den letzten freien Computer ergattern.

Er gab *Lenticularis* ein und fragte Unger nach dem Grund seiner schnellen Kontaktaufnahme. Ans Ende schrieb er den immer geforderten Code.

Zwei Minutenspäter traf Ungers Antwort ein.

Ich habe Sie durchgecheckt und bin der Überzeugung, dass wir zusammenarbeiten können. Natürlich habe ich größtes Interesse, Schweitzer hinter Gitter zu bringen. Was er mir angetan hat, muss gesühnt werden, aber mit legalen Mitteln. Inzwischen habe ich so viel Material gesammelt, dass ich ihn für viele Jahre ins Gefängnis bringen kann. Schweitzer ist nur ein kleines Rad im Getriebe dieser inter-

national agierenden Organisation. Aber dazu später mehr.
Ich habe mit Ihnen deshalb so schnell Kontakt aufgenommen, weil Sie überwacht werden. Von der übelsten Sorte von Menschen, die man sich nur vorstellen kann. Russische Söldner, die früher beim Geheimdienst gearbeitet haben. Sie haben sich an Ihre Fersen geheftet, weil sie glauben, durch Sie an mich herankommen zu können, um mich zu töten. Ich weiß zu viel über sie ...
Die Observierungsmannschaft besteht aus insgesamt acht Leuten. Zwei von ihnen sitzen in einem grünen Kleinbus, nur fünfzig Meter östlich von Ihrem Haus entfernt. Zwei weitere befinden sich in einem scheinbar verrosteten dunkelroten Golf, dreißig Meter westlich von Ihrem Wohnhaus. In der Nacht haben vier ehemalige Einzelkämpfer in einem Park Stellung bezogen, von dem aus sie Ihr Grundstück überwachen können.
Sie besitzen die beste Überwachungstechnik, die es gibt. Darunter Laserabhörsysteme und ein Gerät, das elektromagnetische Wellen auch durch Wände erfassen kann. Alles, was in Ihren vier Wänden vor sich geht, werden sie mitbekommen. Aber genau darin liegt unsere Chance. Wir werden sie täuschen. Noch heute Abend erhalten Sie eine E-Mail, in der ich Ihnen ein Treffen vorschlagen werde. Unterhalten Sie sich mit Ihrer Frau darüber, damit die Überwacher alles bis ins kleinste Detail erfassen können. Sie werden morgen Abend die Kräfte im Park abziehen, um den Mordanschlag auf Sie und mich vorzubereiten. Unser richtiges Treffen wird morgen Nacht stattfinden.

Darunter beschrieb Unger, wie das Treffen ablaufen würde. Und dann verabschiedete er sich. Wetzel löschte alles und verließ das Internetcafé.

Er fuhr nachdenklich ins Präsidium zurück. Die Vorstellung, dass russische Söldner ihre Intimsphäre bis ins kleinste Detail auskundschafteten, sich wahrscheinlich an ihrem nächtlichen Liebesakt geweidet hatten, fand er unerträglich. Aber erschreckender war die Tatsache, dass diese Verbrecher sie leicht hätten umbringen können. Er dachte an Pierre und Sandra, wie sie bei dem Anschlag im Schwarzwald nur durch einen glücklichen Zufall überlebt hatten.

Wer ist der Auftraggeber, fragte er sich. Dann kam ihm eine Idee. Weinert hatte ihm erzählt, dass der in der Freiburger Altstadt erschossene Bordellbesitzer Muller mit einem Staatsanwalt ein Verhältnis gehabt hatte, der überwiegend Drogenfälle bearbeitete. Er war das Verbindungsglied, da war sich Wetzel sicher. Er ging ins Archiv und suchte sich die Drogenfälle der letzten fünf Jahre heraus. Von den sechsundfünfzig verhandelten Fällen hatte Ehmer sechsundzwanzig, Strömer zweiundzwanzig und Klinke acht Fälle vor Gericht vertreten. Klinke tauchte in den letzten eineinhalb Jahren auf der Liste nicht mehr auf, die europäische Union hatte ihn in den Kosovo delegiert, damit er beim Aufbau eines Rechtswesens half. Blieben also Ehmer und Strömer.

Wer von euch beiden ist der Verräter, fragte sich Wetzel.

Warum musste ausgerechnet er die Überwachung dieser Frau Fritz übernehmen? Warum überhaupt noch überwachen, obwohl die vergangenen zehn Tage nichts ergeben hatten? Und dann diese unerträgliche Hitze. Er seufzte. Er war ihr in ein Café gefolgt, das weit von ihrem Haus, praktisch am anderen Ende Freiburgs, lag. Er bestellte eine kalte Limonade und zündete sich eine Zigarette an. Das Café war gut gefüllt, er saß drei Tische von Frau Fritz entfernt. Zwei alte Frauen hatten sich an seinen Tisch gesetzt und plapperten unaufhörlich über Krankheiten, Arzttermine und Bekannte, die im Moment im Krankenhaus lagen. Wenn sie ihn einmal ansprachen, antwortete er ihnen, ohne sein Objekt aus den Augen zu lassen, was den alten Herrschaften aber nicht auffiel. Natürlich waren die beiden Seniorinnen eine ausgezeichnete Tarnung, aber er glaubte nicht daran, dass sie notwendig war.

Die Witwe Fritz – eine attraktive Frau – saß allein an einem Zweiertisch. Bislang hatte kein neu kommender Gast gefragt, ob an ihrem Tisch noch ein Platz frei sei. Er trank einen Schluck Limonade, nahm einen tiefen Zug aus seiner Zigarette und stellte sich auf einen ergebnislosen Tag ein. Fragte sich, warum Wetzel ausgerechnet ihn, den Observierungsspezialisten, auf die Frau angesetzt hatte. Es gab im Moment wichtigere Einsätze. Aber andererseits, sagte er sich, hatte sein Chef in den vergangenen Jahren einen ausgezeichneten Instinkt bewiesen ... vielleicht würde sich doch etwas ereignen.

Marcus Schmelz, einunddreißigjähriger Kommissar, war allerdings bestens für einen Überwachungsjob geeignet, deshalb hatte Wetzel ja gerade ihn statt Kleinecke und Breiner eingesetzt, die sich die Tage vorher abgewechselt hatten. Sozusagen als letzte Waffe, um das beweisen zu können, was Pierre vermutete. Schmelz sah unauffällig aus, trug unauffällige Kleidung und wurde von seinen Mitmenschen einfach übersehen. Aber hinter dieser natürlichen Tarnung, das wusste Wetzel nur zu gut, verbarg sich ein scharfer, hochintelligenter Beobachter.

Etwa zwanzig Minuten später wurde Schmelz aufmerksam. Ein Mann sah sich erst im Café um, dann ruhte sein Blick für einen Moment auf der Fritz-Witwe. Ihr Nicken war unauffällig, er musste es gerade noch mitbekommen haben, bevor er wegsah. Er ging auf ihren Tisch zu und fragte, ob er sich setzen dürfe. Sie bejahte. Keiner im Café hatte den Vorgang bemerkt, mit Ausnahme von Schmelz. Er wusste sofort, dass die beiden sich kannten. Und sie mussten sich gut kennen, denn in dem folgenden Gespräch verriet sie ihre Körpersprache. Schmelz hatte durch die vielen Observierungen gelernt, sie zu deuten.

Um seinerseits nicht entdeckt zu werden, verwickelte er die beiden Seniorinnen in ein Gespräch, lud sie zu einem zweiten Milchkaffee ein und tat so, als würde er sie schon lange kennen.

Schmelz glaubte, seinen Augen nicht trauen zu können. Dieser Mann, der mit Fritz sprach, sah aus wie Hauptkommissar Rexilius aus Osterode, über den Wetzel schon viel erzählt hatte und auf den vor einigen Wochen in einem Abschnitt der Schauinslandstraße ein Anschlag verübt worden war. Bis heute gab es keine Spur der Täter. Schmelz hatte ihn nach dem Anschlag im Präsidium kennengelernt. Wie ein Ei dem anderen glich dieser Mann dem Hauptkommissar! Aber wie er sich bewegte, die Mimik ..., nein, das war nicht Rexilius. Wenn eine Fahndung notwendig würde ... ein Fahndungsfoto hätte er ja schon einmal, schmunzelte er innerlich.

Der Alte – Wetzel – hatte wieder einmal richtig gelegen. Und dieser Rexilius, woher wusste er, dass sich die Witwe von Fritz irgendwann mit diesem Mann treffen würde? Wusste er am Ende sogar, um wen es sich handelte? Waren diese beiden Hauptkommissare, die lange zusammengearbeitet hatten, Zauberer? Oder Wahrsager? Nein, sie hatten das, was einen außergewöhnlichen Ermittler auszeichnete: Intuition. Sie stellten Verbindungen her, für die ein normaler Mensch blind war.

Die beiden alten Damen wollten aufbrechen, was Schmelz verhinderte, indem er ihnen noch ein Stück Kuchen spendierte, worüber sie entzückt waren. Schon lange hätten sie keinen so reizenden jungen Mann mehr gesehen, versicherten sie ihn. Nun ja, dachte er, der Zweck heiligt eben die Mittel. Der Unbekannte wäre möglicherweise auf ihn aufmerksam geworden, wenn die alten Damen seinen Tisch verlassen hätten.

Schmelz konzentrierte sich mit dem zweiten Teil seines Ichs wieder auf die beiden. Seine Achtung für den

Spürsinn von Hauptkommissar Rexilius wuchs. Wie sie sich ansahen ... Das Lächeln, die Bewegungen ihrer Körper – sie mussten schon länger ein Paar sein. Er musste unbedingt den Wohnort dieses Unbekannten herausbekommen. Vielleicht war er der Schlüssel für den Mord an Muller und die beiden Morde im Südharz.

Zwanzig Minuten später verabschiedete sich der Mann von Frau Fritz, und jetzt war er weniger vorsichtig. Sie mussten sich länger nicht mehr gesehen haben, die Sehnsucht siegte schließlich. Jedenfalls streichelte er ihren Oberarm, dann ihre Hände und sah sich prüfend im Café um. Als er sich unbeobachtet glaubte, streichelte er ihr Gesicht und küsste sie auf den Mund. Dann verließ er das Lokal.

Schmelz verabschiedete sich von den Seniorinnen. Er hatte jedes Mal nach dem Servieren gleich bezahlt, so dass er die Verfolgung ohne Unterbrechung aufnehmen konnte. Und die sollte es in sich haben.

Der Unbekannte stieg auf ein Fahrrad. Diese Möglichkeit hatte Schmelz berücksichtigt. Er ging zu seinem Auto, einem Kleinbus, entnahm ihm in aller Seelenruhe sein Sportfahrrad und folgte dem Mann in einem Abstand von etwa fünfzig Metern.

In den nächsten dreißig Minuten führte die Fahrt durch die Altstadt von Freiburg. Nicht ein einziges Mal schaute sich der Unbekannte um, aber dreimal hielt er an, ging jedes Mal zu einem Schaufenster und schien sich für die Angebote zu interessieren. Schmelz hielt sich versteckt. Der Unbekannte nutzte die Schaufenster als Spiegel, um nach möglichen Verfolgern Ausschau zu halten ... Spätestens jetzt war Schmelz überzeugt davon, dass er einen Profi vor sich hatte. Er musste mit größter Vorsicht vorgehen, wenn er nicht entdeckt werden wollte.

Dann stellte der Unbekannte sein Fahrrad vor einem Mehrfamilienhaus in der Altstadt ab, verschloss es und verschwand durch die Tür.

Solange sie in der Altstadt blieben, war die Verfolgungsjagd für den Kommissar ein Heimspiel, denn er war hier groß geworden. Seine Eltern hatten bis vor drei Jahren ein Café besessen und wohnten nach dessen Verkauf weiterhin ein Stockwerk darüber. Schmelz besuchte sie regelmäßig.

Er wusste, dass dieses Haus über keinen zweiten Ausgang verfügte. Und er wusste auch, dass der Unbekannte in irgendeinem der Flure, wahrscheinlich im zweiten oder dritten Stockwerk, mit einem Fernglas die Straße unter sich nach möglichen Verfolgern absuchte, deshalb war Schmelz sofort in eine Seitenstraße abgebogen und beobachtete von einem Mauervorsprung aus das Haus. Er schickte eine SMS an Wetzel, in der er zwei Fahrzeuge anforderte, die auf den Ringstraßen um die Altstadt herum kreisen sollten. Über Funk würde er laufend den Standort des Unbekannten durchgeben. Er aktivierte sein Funkgerät und setzte den kaum sichtbaren Ohrhörer auf. Es vergingen keine zehn Minuten, bis Breiner und sein älterer Kollege Obermann auf in ihren Positionen waren. Sie meldeten sich über Funk.

Zehn Minuten später verließ der Unbekannte, den er bei sich ›Phantom‹ nannte, das Mehrfamilienhaus. Eine weitere zwanzigminütige Radfahrt durch die Altstadt folgte. Dem Bewegungsbild entnahm Schmelz, dass das ›Phantom‹ über die Turmstraße auf den Rotteckring zusteuerte. Dort in der Nähe würde sein Auto stehen. Er dirigierte den Kollegen Breiner, der fünfhundert Meter Luftlinie von ihm entfernt langsam mit dem Auto fuhr, an die Kreuzung Rathausgasse-Rotteckring. Schmelz wählte die Rathausgasse, eine Parallelstraße zur Turmstraße. Darin lag natürlich ein Risiko … Das ›Phantom‹ hätte umkehren können und er hätte ihn verloren, aber wenn er in der Turmstraße hinter ihm hergefahren wäre, hätte der Mann ihn unweigerlich bemerkt.

Schmelz stellte sein Fahrrad am Ende der Rathausgasse ab und ging leger zu einem Auto, das er vorher dort geparkt zu haben schien. Tatsächlich war es Breiners Auto, das Schmelz über Funk angefordert hatte. Schmelz holte ein Schlüsselbund aus der Tasche und tat so, als schließe er die Fahrertür auf, öffnete sie und setzte sich hinter das Steuer. Sein Herz pochte. Die letzten hundert Meter mit dem Fahrrad hatte er in Maximalgeschwindigkeit zurückgelegt. Der Schweiß rann ihm in Strömen von der Stirn. Er war froh, dass Breiner, der sich auf dem Beifahrersitz geduckt hatte, ihm ein Papiertaschentuch reichte, und die Klimaanlage die Temperaturen im Auto auf achtzehn Grad abgekühlt hatte.

»Wenn er in den nächsten zehn Sekunden nicht auftaucht, haben wir ihn verloren«, sagte Schmelz schnell atmend. Von ihrem Standpunkt aus konnten sie die Stelle genau ausmachen, an der die Turmstraße auf den Rotteckring mündete.

Es dauerte noch zwanzig Sekunden, ehe das ›Phantom‹ von der Turmstraße auf den Rotteckring abbog. Dort blieb der Mann kurz stehen, blickte in die Turmstraße zurück, steuerte dann auf einen geparkten Kleinbus zu und stieg ein. Der zweite Teil der Verfolgung begann. Und dieser sollte eineinhalb Stunden dauern.

»Wenn ich mir den Typen anschaue ... ich könnte schwören, dass es Hauptkommissar Rexilius ist, der dort vorn im Kleinbus sitzt. Vielleicht ermittelt er ja inkognito«, sagte Breiner nicht ganz ernsthaft.

»Im ersten Moment habe ich das auch gedacht, aber er bewegt sich anders und die Körpersprache unterscheidet sich deutlich von der von Rexilius. Ich habe ihn im Café genau beobachtet. Aber ... man könnte ihn fast für seinen Zwillingsbruder halten.«

Das ›Phantom‹ bewegte sich über die Habsburger Straße in Richtung Industriegebiet. Obermann befand sich inzwischen dreihundert Meter hinter ihnen und beschleunigte, um weiter aufzuschließen. Wetzel, der den Verfolgten auf keinen Fall verlieren wollte, hatte es fertiggebracht, zwei weitere Zivilfahrzeuge und drei Kollegen zu mobilisieren. Er saß in dem Auto, das das Präsidium zuletzt verlassen hatte, etwa 1,5 Kilometer südlich von Schmelz, dem er die Koordination der Aktion übertragen hatte.

»Er fährt weiter auf der Isfahanallee«, gab Schmelz durch, »ich vermute, dass er nach links in die Mooswaldallee abbiegen wird. Fahrzeug drei sollte sich jetzt in Richtung Marktwaldstraße orientieren. Er wird bald Spielchen spielen. Fahrzeug vier sucht die Ecke Elsässer Straße Granadaallee auf. Fahrzeug zwei bleibt im Abstand von fünfzig Metern hinter uns und übernimmt die linke Spur.« Alle Fahrzeugführer bestätigten.

Das ›Phantom‹ bog, wie Schmelz es vorausgesagt hatte, in die Mooswaldallee ein.

»Fahrzeug drei meldet Ankunft in Marktwaldstraße.«

»Gut. Werden in drei Minuten dort ankommen«, sagte Schmelz, »möglicherweise wird er gleich die erste Aktion starten. Biegt er rechts ab, folgen wir ihm. Biegt er links ab, dann übernimmt Fahrzeug drei.«

Der Kleinbus fuhr durch die Lembergallee und ordnete sich rechts ein. Dreißig Meter vor der Ampel zog er urplötzlich scharf nach links, was ihm ein protestierendes Hupkonzert bescherte, und bog ab. Er war als Einziger nach links abgebogen, weil die Ampel auf rot sprang. Schmelz steuerte geradeaus weiter.

Obermann folgte ihm.

»An Fahrzeug drei. Das ›Phantom‹ ist im Anmarsch.«

»Drei hat verstanden.«

Das ›Phantom‹ fuhr die Madisonallee am Flugplatz entlang und bemerkte nicht, wie ein PKW langsam aus einem der Flugplatzparkplätze herausrollte und mit gebührender Entfernung die Verfolgung übernahm, sie aus taktischen

Gründen aber bald wieder abgeben würde, denn er war das einzige Auto, das hinter dem Kleinbus fuhr.

»Fahrzeug vier postiert sich an der Kreuzung Sundgauallee/Berliner Allee. Ihr übernehmt die weitere Verfolgung, sobald das ›Phantom‹ ankommt«, ordnete Schmelz an. Soeben hatte er zum ersten Mal seinem Chef einen Befehl erteilt.

»Fahrzeug vier hat verstanden«, ertönte Wetzels Stimme über den Äther.

In den folgenden sechzig Minuten unternahm der Unbekannte vier weitere Versuche, mögliche Verfolger abzuhängen. Schmelz war sich sicher, dass das ›Phantom‹ sie nicht bemerkt hatte … Entweder war der Teufel hinter ihm her oder der Mann litt unter Verfolgungswahn. Jedenfalls schaffte es das Team dank einer taktischen Meisterleistung und der exzellenten Ortskenntnis von Schmelz, dass das ›Phantom‹ ihnen nicht entwischte. Der Mann stellte seinen Kleinbus auf einen Parkplatz des Freiburger Hauptbahnhofs ab. Schmelz war vorher dort ausgestiegen und erwartete das ›Phantom‹ auf dem Halteplatz der Straßenbahnlinien eins, drei und fünf.

Vielleicht war es Glück, wahrscheinlich aber die Körpersprache des Mannes, die Schmelz durchschaut hatte – jedenfalls befand sich der Kommissar vor dem ›Phantom‹ in der Straßenbahnlinie fünf. Dieser kontrollierte noch einmal, ob jemand nach ihm einstieg. Als das nicht der Fall war, setzte er sich entspannt auf einen Fensterplatz. Acht Stationen weiter stieg er aus und mit ihm zwanzig weitere Personen. Er legte noch einen Weg von fünfhundert Metern zurück, bevor er die Haustür eines Mehrfamilienhauses öffnete und darin verschwand. Seinen Schatten, der ihm bis hierher gefolgt war, hatte er nicht bemerkt

Freiburg, Donnerstagabend, 17. Juli

Schmelz hatte gute Arbeit geleistet. Wenn Wetzel zu diesem Zeitpunkt schon gewusst hätte, wer seinem Observierungsspezialisten ins Netz gegangen war, dann hätte er sogar unverzüglich für dessen Beförderung gesorgt. Und seinem Freund Pierre hätte er ein dickes Kompliment gemacht, weil der, wie so oft, den richtigen Riecher gehabt hatte.

Er saß vor dem Computer seines Arbeitszimmers und wartete auf die E-Mail von Unger. Alles, was Unger ihm geschrieben hatte, entsprach der Wahrheit. Der Kleinbus, der Golf. Sie existierten und die getönten Scheiben verhinderten den Einblick. Typische Observierungsfahrzeuge. Als er hinter der Wohnzimmergardine stand und mit dem Feldstecher durch das Fenster in den Park blickte, fielen ihm zwei Männer auf, die er noch nie in der Gegend gesehen hatte. Ihre Bewegungen, ihre Körperhaltung und seine Erfahrung sagten ihm, dass es sich um die Einzelkämpfer handelte, die Unger in der E-Mail beschrieben hatte.

Dass er jemals Ziel einer derartigen Observierung werden würde, das hätte er nie für möglich gehalten. Und dass Kollegen, mit denen er unter einem Dach arbeitete, die Drahtzieher waren, fand er niederschmetternd. Diese russischen Söldner konnten in seine Familie, in ihre Gewohnheiten, in ihr Zusammenleben wie in ein gläsernes Haus blicken. Er würde diesen Zustand sehr bald beenden.

Er hörte, wie die Haustür geöffnet wurde, er hörte die fröhlichen Stimmen seiner Kinder. Sie kamen in sein Arbeitszimmer gerannt, um ihn zu begrüßen.

Yannick gab einen Bericht über sein heutiges Fußballspiel, schilderte seine drei Tore zum 4:1-Sieg seiner

Mannschaft bis ins kleinste Detail. Natürlich vergaß er nicht zu erwähnen, dass er nun in der Torschützenliste mit zehn Treffern Vorsprung führte. Nahezu uneinholbar, wie er sich ausdrückte, da nur noch ein Punktspiel ausstand. Er würde seinen Torjägerpokal aus der letzten Saison erfolgreich verteidigen.

Weniger gut hatte es der Tag mit Michelle gemeint. Sie beklagte sich über ›Fräulein‹ Meterding, ihre Ballettlehrerin. Ein Folterknecht sei sie und würde ihre Zöglinge bis aufs Blut quälen. Er fragte sich, wo seine neunjährige Tochter dieses Vokabular aufgeschnappt hatte. Neunzig Kniebeugen sollten alle Schüler durchführen, aber nur einer habe es geschafft. Sie selbst habe bei einundsechzig aufgegeben. Wie sollte ein neunjähriges Kind eine derartige Leistung erbringen, fragte sie ihren Vater. Er musste schmunzeln und gab ihr recht. Er wusste, dass ihre Kritik schon morgen früh wieder vergessen sein würde. Sie mochte ihre Lehrerin. Und ›Fräulein‹ Meterding schätzte ihre begabte und ehrgeizige Schülerin.

Dann rannten sie aus seinem Arbeitszimmer, um sich zu duschen, und er hoffte, dass es nicht wieder Streit darüber geben würde, wer zuerst unter die Dusche gehen könne.

Er sah in das sorgenvolle Gesicht seiner Frau. Sie beugte sich zu ihm herunter und küsste ihn. Selbst im Kuss spürte er ihre Anspannung.

»Unger will sich so schnell wie möglich mit mir treffen. Wie, das wird er mir heute Abend per E-Mail mitteilen«, sagte Wetzel. Wie auf Befehl zeigte der Outlookexpress in diesem Moment das Eintreffen einer neuen Nachricht an. Unger war der Absender. Dem Hauptkommissar fiel auf, dass Unger alle Codes weggelassen hatte und ihn auch nicht am Ende der Nachricht aufforderte, die E-Mail zu löschen. Er begann vorzulesen.

»Sehr geehrter Hauptkommissar Wetzel. Ich habe Sie überprüft und gehe davon aus, dass Sie nicht zu den Kollegen im Polizeipräsidium gehören, die mit einer großen kriminellen Organisation, die in Freiburg ihre Zentrale hat, zusammenarbeiten. Ich habe vieles über diese Bande herausgefunden und umfangreiches Beweismaterial gesammelt, das viele dieser Verbrecher ins Gefängnis bringen wird. Genau wie ich sollen sie im Café Fünfeck schmoren. Einigen Mitgliedern dieser Bande werde ich einen lebenslangen Aufenthalt bescheren ... Aber jetzt zu unserem Treffen. Es wird am Samstag um zwölf Uhr in der Altstadt im Café Antik stattfinden. Ich werde einen Teil des Beweismaterials mitbringen, damit Sie es zu Hause einer eingehenden Prüfung unterziehen können. Eine wesentliche Bedingung ist, dass Sie allein kommen. Nicht noch einmal möchte ich in einen Hinterhalt geraten wie damals, als mir der korrupte Schweitzer Heroin untergeschoben hat.

Felix Unger.«

Endlich, dachte Erik, endlich kriegen wir diesen Bastard. Unger hatte soeben seinen eigenen Tod eingeleitet. Erik hatte nicht nur alles aufnehmen können, was Wetzel vorgelesen hatte, das allsehende Auge hatte den Inhalt der E-Mail umgehend bestätigt. Lasse würde sehr zufrieden sein. Er hatte ihm vor einigen Wochen anvertraut, dass er bei Lieferung von Ungers Kopf als Belohnung in den Inneren Zirkel der Organisation aufrücken würde. Und Erik würde dann neuer Chef des Sicherheitsdienstes werden. Damit würde sein Gehalt eine astronomische Steigerung erfahren. Die Mühen und Entbehrungen der letzten Jahre würden sich jetzt endlich auszahlen. Für einen Moment nahm sein Gesicht einen an ihm seltenen gesehenen, glücklichen Ausdruck an. Dann wurde sein

Verhalten wieder geschäftsmäßig. Er überspielte die Aufnahme von Wetzel und das Computerbild an Lasse, der in seinem Zimmer saß und die frohe Botschaft mit einem Wodka begoss.

Unger würde ihm fünfhunderttausend Euro bringen, dachte Lasse. Vierhunderttausend davon würde er auf sein Schweizer Nummernkonto schaffen und die restlichen hunderttausend würden auf zwanzig Männer aufgeteilt werden. Waren immer noch fünftausend pro Mann. Im Vergleich zu den Lebensverhältnissen in Russland hatte er ihnen als Chef des Sicherheitsdienstes ein Vermögen verschafft und dafür konnten sie ihm dankbar sein.

Innerer Zirkel, hier bin ich, dachte Lasse. Zum ersten Mal zeigte er Emotionen, und sie verleiteten ihn dazu, den Einzelkämpfern den Befehl zu geben, den Park noch in der nächsten Stunde zu verlassen. Sie waren dort überflüssig geworden. Er brauchte seine Spezialisten für die saubere Liquidierung Ungers in der Altstadt, und damit nichts schief lief, würde er sie den ganzen morgigen Tag auf den Anschlag vorbereiten.

Er steckte sich eine filterlose amerikanische Zigarette an und trank einen weiteren Wodka. Sein Blick war nach innen und in die Zukunft gerichtet.

Südharz, Freitagmorgen, 18. Juli

»Frank Boden holt dich um zwölf Uhr ab. Er tut dir gern den Gefallen, weil er mit Fischer noch eine Rechnung offen hat ... Und Dunker will noch heute mit dir Kontakt aufnehmen«, sagte Sandra Koch.

»Wenn er mich erreicht, was ich allerdings nicht glaube«, antwortete Rexilius.

»Er meint, du bist nicht in Frankreich. Er habe gestern Abend Licht in deiner Wohnung gesehen.«

»Lässt er mich überwachen?«

»Vielleicht er selbst ... Er fährt abends nicht nach Hannover zurück wie die anderen Kollegen vom LKA. Er wohnt in einem Hotel in Herzberg, im *Schwarzen Adler*. Ich kann mir vorstellen, dass er gestern Abend vor deiner Wohnung gestanden hat. Wundert mich, dass er nicht geklingelt hat. Aber du hättest dann wahrscheinlich nicht die Tür geöffnet, weil du ja keinen anderen Besuch erwartet hast.« Eigentlich hatte sie diese Anspielung auf die Frau, die sich in seiner Wohnung aufgehalten hatte, gar nicht machen wollen, aber es war ihr einfach herausgerutscht. Sind das etwa Zeichen von Eifersucht, fragte sie sich.

»Äh ... ich hätte nicht aufgemacht, weil die Leute, die mich besuchen, vorher anrufen«, sagte er. Wusste Sandra, dass Henny ihn besucht hatte? Nein, das konnte sie nicht wissen ... aber oft hatten Frauen einen sechsten Sinn dafür. Oder Sandra hatte Hennys Parfüm gerochen, als sie sich gestern in seiner Wohnung aufhielt. Er selbst hatte es ja auch noch wahrgenommen.

»Da muss ich in Zukunft im Dunkeln arbeiten«, sagte Pierre. »Wie ist denn der aktuelle Ermittlungsstand des LKA?«

»Sie sagen uns nichts, sie fragen uns nur. Heute Morgen war Stefan dran. Er hat sich gut gehalten. Hat den ahnungslosen Neuling gespielt. Sie haben es ihm in ihrer Arroganz geglaubt ... Ich muss auflegen, ein LKA-Mann naht.«

Rexilius ging in die Küche, steckte zwei Scheiben Weißbrot in den Toaster und goss sich einen Kaffee ein. Wieder klingelte sein Handy.

»Pierre, ich versuche dich schon seit Tagen zu erreichen. In der Geschichte Jack Muller tut sich etwas«, sagte Wetzel und erzählte seinem Freund von den Freiburger Ereignissen der letzten Tage.

»Und du glaubst, dass der Mörder ein bezahlter Killer ist?«, fragte Pierre.

»Ja, und ich glaube, dass Unger weiß, um wen es sich handelt. Diese Leute versuchen, auch ihn zu erledigen.«

»Und Unger, vielleicht ...«

»Nein, mein Gefühl sagt mir, dass er nichts mit dem Mord zu tun hat.«

»Eine direkte Verbindung zu Kappe oder Fritz habt ihr noch nicht gefunden?«, fragte Pierre.

»Nein, aber Unger muss eine Menge wissen, sonst würden sie ihn nicht so jagen. Und er ist bereit zu reden, da bin ich mir sicher. Über ihn werden wir die Verbindung herstellen können.« Wetzel machte eine kurze Pause, dann fuhr er fort. »Pierre, ich habe einen Verdacht. Und der betrifft uns, die Polizei. Ich befürchte, dass wir einen oder mehrere in unseren Reihen haben, die mit diesen Leuten zusammenarbeiten. Schweitzer ist der Erste, den ich verdächtige. Er ist inzwischen Leiter der Drogenabteilung.«

Pierre pfiff. »Hast du konkrete Hinweise?«

»Nein, noch nicht.« Wetzel berichtete Pierre über die Ereignisse im Zusammenhang mit Ungers Verhaftung. »Helmut Möbius hat damals am Fall Unger mitgearbeitet. Inzwischen genießt Helmut seinen Ruhestand in Bad Sulzburg im Schwarzwald. Er hat ein phänomenales Gedächtnis, kann sich an alle Details des Falles erinnern. Möbius war damals schon davon überzeugt, dass ein Polizist – vielleicht Schweitzer – Unger das Rauschgift zugeschoben hat, konnte es aber nicht beweisen. Einen Tag nach Ungers Verhaftung ist Möbius in eine andere Abteilung versetzt worden, außerdem wurden ihm weitere Nachforschungen untersagt. Gestern habe ich mit Unger Kontakt aufgenommen. Aber nicht von hier, sondern von zu Hause aus. Wenn Schweitzer beteiligt ist, wird er versuchen, an meinen Computer im Präsidium heranzukommen.«

Rexilius zog die Stirn in Falten. »Pass auf dich auf, Rainer … Denke an den Anschlag auf Sandra und mich. Wir haben unverschämtes Glück gehabt. Das wiederholt sich nicht oft. Und diese Leute sind zu allem fähig.«

»Ja. ich werde vorsichtig sein«, antwortete Wetzel und wechselte das Thema. »Ich habe noch etwas für dich: Du hattest recht. Die Witwe von Fritz hat sich mit einem Mann getroffen. Wir haben ihn gestern durch ganz Freiburg verfolgt und wissen, wo er wohnt. Schmelz, der Frau Fritz und den Unbekannten in einem Café beobachtet hat, glaubt, dass die beiden sich schon lange kennen und ein Liebespaar sind. Diese Frau Fritz scheint doch nicht so harmlos zu sein. Vielleicht hat sie etwas mit den Morden zu tun, oder dieser Mann. Jedenfalls werden wir ihn erst einmal observieren.«

Dann berichtete Rexilius seinem Kollegen, was er herausgefunden hatte, und verabschiedete sich von ihm. Pierre blickte auf seine Toastbrote. Sie waren kalt geworden, wie auch sein Kaffee. Er kippte ihn in den Ausguss und schüttete sich frischen in seine große Tasse. Endlich kam er dazu, den ersten heißen Schluck Kaffee dieses Morgens zu trinken und die angenehme Wirkung, die sich vom Mund über die Speiseröhre bis zum Magen ausbreitete, zu genießen. Und wieder klingelte sein Telefon. Er blickte auf das Display. Sein Anrufer hatte die Nummer unterdrückt. Dunker, der Arsch vom LKA. Er ließ es klingeln, aß seine beiden Toastbrote, die er mit Käse belegt hatte, und trank seinen Kaffee aus. Dann suchte er die Telefonnummer vom Slawischen Seminar der Universität Göttingen im Telefonbuch und wählte. Nachdem er mehrmals weiterverbunden worden war, sprach er mit der zuständigen Expertin für polnische Literatur, Doktor Opela. Er schilderte ihr, worum es ging.

Nach einer kurzen Pause des Nachdenkens sagte sie mit rauchiger Stimme: »Es muss sich um die Legende des

Wasserüberschreitens handeln ... Herr Hauptkommissar, ich werde Ihnen den Text der Legende kopieren und als E-Mail senden. Sollten Sie nach dem Lesen noch Fragen haben, dann melden Sie sich wieder bei mir.«

Rexilius gab ihr seine Mail-Adresse und bedankte sich. Zwanzig Minuten später traf die E-Mail ein. Rexilius druckte sie aus und begann zu lesen.

Lieber Herr Rexilius,

das Wasserüberschreiten ist ein alter, urslawischer Brauch, um sich vom Bösezaubern oder Krankheiten zu befreien.
Eine Mutter, die ihr ständig weinendes Kind, das von schlimmen Krankheiten, die durch Fluch verursacht wurden, nicht heilen konnte, sollte mit ihrem Kind sieben Brücken überschreiten und dann auf Umwegen nach Hause zurückkehren.
Auf jeder Brücke musste sie ein Stück Lappen, mit dem sie den Kopf des kranken Kindes abgewischt hat, in den Fluss werfen und dabei sagen: »Wir ertränken die Krankheiten, die Zauber, die Flüche, sie sollen ins Wasser fallen und ganz tief in den Abgrund versinken.«
Zwischen zwei Brücken sollte man beten und Engel oder Heilige um Befreiung von allem Bösen bitten, das am Kind hing.'

Dass Helmut Richter diese Legende als Vorlage für den Film und den Hit genutzt oder sogar einfach nur übersetzt haben sollte, wie ein Boulevardblatt behauptet hatte, dafür gab es keine Grundlage. Die Geschichten waren einfach zu verschieden.

Aber diese Legende, er fühlte es, hatte etwas mit den Morden zu tun. Auch das Lied *Über sieben Brücken musst du gehen* hatte für den Mörder eine zentrale Bedeutung. In der Endzeit der DDR galt es vielen Menschen als heimliche Hymne. Der Mörder hatte ihm ein Rätsel aufgegeben, das er lösen sollte. Warum? Und wo sollte er anfangen?

Er rief sich die vier Zeilen, die in der E-Mail gestanden hatten, ins Gedächtnis zurück.

Und er hatte die sieben Brücken überquert,
glaubte sich für immer im Land des Lichts,
aber die Basilisken des Lichts verhöhnten ihn,
trieben ihn in die Dunkelheit zurück.

Und er hatte die sieben Brücken überquert ... Er dachte wieder an die Legende. Eine Mutter hatte ihr Kind über die sieben Brücken geführt und es von allem Bösen, allen Flüchen und Krankheiten befreit. Die ersten beiden Zeilen mussten für einen Menschen stehen, der von etwas, das Pierre noch nicht kannte, geheilt worden war. Und wer war die Mutter, wer das Kind? Er musste die Legende, das Lied und den Film in seiner Gesamtheit betrachten. Gab es eine zeitliche Abfolge, die er berücksichtigen musste? Wenn, dann stand die Legende am Anfang. Jemand wurde geheilt, befreit. Endzeit der DDR. *Über sieben Brücken musst du gehen ...* Als Peter Maffay das Lied kurz vor der Wende im Leipziger Zentralstadion gesungen und den Menschen versichert hatte, dass er eine DDR-Schöpfung – von Karat – gesungen hatte, wurden große Emotionen unter den 70 000 Menschen freigesetzt, und damit auch Hoffnungen, Wünsche und Träume über einen wiedervereinten deutschen Staat. Mit dem Lied verband der Mörder etwas ganz Spezielles, vermutlich ein tiefes Gefühl oder die Verbundenheit zu einem Menschen. Liebe? Und dann der letzte Abschnitt:

Aber die Basilisken des Lichts verhöhnten ihn,
trieben ihn in die Dunkelheit zurück.

Zerstörung. Zerstörung eines Gefühls, eines Menschen? Oder Zerstörung der Genesung, die die Mutter dem Kind beim Überschreiten der sieben Brücken verschafft hatte?

Wer waren die Basilisken, wer wurde zerstört? Dann kam Pierre eine Idee, wie er weiter vorgehen könnte, aber er konnte sie nicht ausführen, weil in diesem Moment sein Handy klingelte. Es war Frank Boden. Er würde in fünf Minuten vor seinem Haus stehen, sagte er. Rexilius packte seine Sachen zusammen und verließ seine Wohnung.

Südharz, Freitagabend, 18. Juli

Rexilius blickte auf das Phantombild der Frau, die für den Mörder das Fahrrad bei Ollhardt gekauft hatte. Das Gebläse des Computers machte einen Krach wie ein im Zimmer aufgestellter Ventilator. Wollte sein Computer etwa schwach werden, machte die Hitze ihm zu schaffen? Fünf Sekunden später schaltete es sich aber wieder aus.

Er schob die neunte Symphonie von Dvorak *Aus der Neuen Welt* in den CD-Schacht. Die anfänglichen ruhigen Töne des Adagio allegro molto erklangen. Warum bevorzugte er heute ausgerechnet klassische Musik und nicht Jazz? Und warum Dvorak? Wollte sein Unterbewusstsein etwas verarbeiten? Den Nachmittag mit seiner Schwiegermutter und Walter Vieth im Café *Schnibbe*? Aber warum gerade dann ein Aufbruch in eine neue Welt? Weil seine Schwiegermutter heute so klar wie lange schon nicht mehr gewesen war? Oder hatte sein Unterbewusstsein etwas ganz anderes im Sinn?

Er konzentrierte sich wieder auf das Bild der unbekannten Frau. Der Phantombildzeichner Boden und Ollhardt Senior hatten zügig zusammengearbeitet. Nach nur einer halben Stunde war die Zeichnung fertig gewesen. Pierre wurde sich klar darüber, warum der Fahrradhändler sich so gut an die Frau erinnern konnte. Sie war eine ausgesprochene Schönheit.

Je länger er auf das Bild schaute, umso mehr kam er zu der Überzeugung, dass sie slawische Gesichtszüge besaß. Eine Polin? Er dachte an die E-Mail des Mörders. Wieder verfluchte er die Tatsache, dass er bei seinen Ermittlungen nicht auf den Polizeiapparat zurückgreifen konnte. Eine Typisierung wäre mit den Computern ein Leichtes gewesen. Er würde morgen Boden fragen.

Er spann seine Gedanken weiter. War sie ein Verbindungsglied zu dem Fall? Er dachte an die slawische Legende. Die Mutter, die ihr Kind von Krankheiten befreit ... Wer war die Mutter, wer das Kind? Er wandte sich wieder dem Computer zu. Boden hatte ihm eine E-Mail geschickt, die er öffnete. Er hatte sich einige Stunden mit dem Personenidentifizierungsprogramm beschäftigt, die Frau aber nicht finden können. Sie war demnach in der Vergangenheit nicht straffällig geworden. Vorausgesetzt, sie lebte in Deutschland, aber davon ging er aus.

Das bedeutete, dass nur ein Aufruf in den Medien weiterhelfen konnte. Da gab es aber ein gewaltiges Problem: Er durfte nicht ermitteln und hätte eigentlich das Phantombild dem LKA übergeben müssen. Frank Boden hatte zwar versprochen, sich etwas auszudenken, aber er durfte ihn hier nicht weiter einspannen. Boden hatte schon genug getan. Was also war zu tun? Dann kam ihm eine Idee ... sollte er Böhme, den Riecher, um Hilfe bitten? Einen Vertreter der Journaille? Nach einigen Minuten des Nachdenkens fasste er einen Entschluss. Er suchte Böhmes Handynummer heraus und wählte. Schon nach dem zweiten Klingelzeichen meldete sich der Journalist und wusste sofort, wer ihn beehrte. Offensichtlich hatte Böhme Pierres Nummer noch immer gespeichert.

»Wenn der Herr Hauptkommissar, der in Fachkreisen auch den Namen ›Die Klette‹ genießt, ausgerechnet bei mir anruft, dann braucht er Hilfe. Nur habe ich keine Vorstellung davon, wie ich ihm helfen könnte, wenn er doch in Frankreich durch die Provence radelt«, sagte Böhme scheinheilig. »Oder ist der Herr Hauptkommissar gar nicht in Frankreich und ermittelt auf eigene Faust weiter, obwohl der ›Stockfisch‹ ihm das verboten hat? Und der ›Arsch‹ vom LKA lässt ja auch schön grüßen.«

Alle Achtung, dachte Rexilius, dieser Hans Böhme macht seinem Ruf wieder einmal alle Ehre. »Irgendwann komme ich deinem Informanten in der Inspektion auf die Spur«, sagte er, »aber jetzt brauche ich deine Hilfe.«

»Springt eine gute Story dabei heraus?«

»Nicht gleich, aber wenn ich wieder im Spiel bin. Und von dem, was ich dir erzähle, darf im Moment nichts an die Öffentlichkeit gelangen.«

Böhme war einverstanden. Rexilius beschloss, offen zu sein und erzählte ihm von der Frau und dem Problem, das er mit der Veröffentlichung des Phantombilds hatte.

»Betrachte das Problem als gelöst«, sagte Böhme und verabschiedete sich.

Rexilius wandte er sich wieder der E-Mail des Mörders zu. »... *Und er hatte die sieben Brücken überquert, glaubte sich im Land des Lichts ...*«, murmelte Pierre vor sich hin. Wo war der Mörder gewesen, bevor er sich *im Land des Lichts* glaubte?

Pierre ließ die Morde wieder vor seinem inneren Auge ablaufen. Der Mord an Balthasar Fritz hatte gezeigt, dass der Mörder ein Weltklasseschütze war, und selbst Sandra, eine exzellente Schützin, hätte diesen Schuss nicht fertiggebracht, dazu bedurfte es eines speziellen, jahrelangen Trainings. Und der zweite Mord: Der Mörder hatte Kappe ein Gift injiziert.

Welcher Personenkreis vereinte solche Fähigkeiten? Geheimdienstleute ...

Er erinnerte sich an den Giftanschlag auf den Dissidenten und bulgarischen Schriftsteller Georgi Markov. Ein Agent des bulgarischen Geheimdienstes hatte ihn angerempelt, als er am 7. September 1978 an der Waterloo-Bridge auf den Bus gewartet hatte, und ihm mit einer präparierten Regenschirmspritze Ricin in den Unterschenkel injiziert. Markov war drei Tage später gestorben. Sein Mörder war durch die britische Zeitung *The Times* entlarvt worden, befand sich aber bis heute auf freiem Fuß. Der bulgarische Geheimdienst hatte ihn angeworben und trainiert, vom russischen Geheimdienst KGB stammte das Gift.

Im selben Jahr war ein gleichartiges Attentat auf den bulgarischen Dissidenten Wladimir Kostov verübt worden. Er hatte Glück gehabt: Das Metallkügelchen, in dem sich das Ricin befand, blieb im Fettgewebe stecken. Nur ein Teil des Gifts gelangte in den Körper. Nach vier Tagen bekam er hohes Fieber, erholte sich aber wieder.

Allerdings, das musste Pierre zugestehen, der Mörder von Fritz und Kappe war cleverer als der bulgarische Mörder von Markov.

Wenn der Mörder ein Spitzengeheimdienstmann war, dann musste ihn – bei diesen herausragenden Fähigkeiten – jemand kennen.

Inzwischen war es vier Uhr, die ersten Sonnenstrahlen des neuen Tages drangen in sein Arbeitszimmer. Der Radiosprecher verlas gerade die Nachrichten, als Pierre eine Idee kam. Er griff zum Telefon, um Silvio Reinecke anzurufen, legte den Hörer aber wieder auf, als ihm bewusst wurde, wie spät es war. Also ging er ins Bad, duschte, putzte sich die Zähne und legte sich ins Bett.

Freiburg, Freitag, 18. Juli

Obermann fasste in seine Aktentasche und entnahm ihr einen Stapel von Papieren und Folien, die er auf den Tisch legte. Mit der Folie ging er zum Overheadprojektor, schaltete ihn an und legte sie auf die Glasfläche. An der Leinwand erschien eine Zeichnung mit Namen und Verbindungspfeilen.

»Dieser Jack Muller besaß im Raum Freiburg sage und schreibe acht Tankstellen, die alle gut laufen: Vier Nachtklubs für den gehobenen Bedarf, drei für Schwule und einen für Heteros. Und wahrscheinlich zwei oder drei Puffs der Kategorie, in der Michalik saubergemacht hat. Daneben bietet er diverse Sexangebote im Internet an. Die laufen alle nach seinem Tod weiter, so, als wäre nichts geschehen. Aber das ist noch lange nicht alles. Allein in Freiburg gehören ihm acht Mehrfamilienhäuser, zwei davon zusammen mit Fritz, zwei mit Kappe und zwei mit Gonzelmann ... Alle Geschäfte, die Muller und seinen Kompagnons gehören, werden ordnungsgemäß versteuert. Ich glaube, dass da noch mehr ist. Aber weiter bin ich nicht gekommen«, sagte Obermann.

»Das allein macht ihn schon zum Millionär«, sagte Wetzel. »Gute Arbeit, Werner, brauchst du für die weiteren Recherchen Unterstützung?«

»Wäre angebracht«, antwortete Obermann.

»Wie wäre es mit mir?«, bot sich Strattmann an.

»Gut, dann greifen Sie Hauptkommissar Obermann unter die Arme ... Haben sich die Telefongesellschaften unbürokratisch verhalten, David?«

»Ja, und ich bin da auf etwas gestoßen, das wir diskutieren müssen«, sagte Breiner.

Wetzel nickte und zog an seinem Zigarillo.

»Muller hatte immer nur ein Handy und keinen Festnetzanschluss«, berichtete Breiner. »Hat in acht Jahren nur einmal den Anbieter gewechselt. Das hat mich stutzig gemacht. Mit seinem Handy hat er nur Allerweltsgespräche geführt. Mal hat er seine Schwester oder seine Tante angerufen, mal Wetternachrichten angefordert oder sich wecken lassen. Nur ein einziges Mal hat er eine merkwürdige Nummer angerufen und das war am 23. Juni. Wenn ich mich richtig erinnere, war das der Tag, an dem Fritz im Südharz ermordet wurde. Und zwar um zweiundzwanzig Uhr, also nach dem Mord. Der Anschluss ist auf eine GbR angemeldet. Sie hat zwei Gesellschafter und keine weiteren Angestellten, aber acht Handyanschlüsse bei vier verschiedenen Anbietern … Zwischen den Anschlüssen gibt es einen regen Verkehr. Und da ist mir etwas aufgefallen: Ein Anschluss wird nach dem 22. Juni nicht mehr benutzt, mit einem zweiten verhält es sich ähnlich, von ihm herrscht nach dem 13. Juli Funkstille.«

»Der Tag, an dem Manfred Kappe ermordet wurde«, sagte Wetzel, »und ein dritter Anschluss fällt nach dem Mord an Jack Muller aus …«

»Jetzt haben wir sie. Wer sind die Gesellschafter der GbR?«, fragte Obermann.

»Das ist das Problem«, sagte Breiner. »Ihre eingetragenen Namen lauten Franz Steinmetz und Peter Witzel. Sie sind in Freiburg aber nicht mehr gemeldet.«

»Die haben die GbR genutzt, um unbehelligt kommunizieren zu können … ganz schön gerissen«, sagte Wetzel.

»Ja«, sagte Breiner, »alle Beiträge, Steuern der Gesellschaft sind regelmäßig bezahlt worden.«

Dann herrschte einen Moment Schweigen. Wetzel dachte nach. »Wir müssen die Handys orten. Nur so kommen wir an die Leute heran. Ich werde eine Genehmigung beim Richter einholen. David, du übernimmst die Ortungen«, sagte er zu Breiner, und an Schmelz und Brandt gewandt: »Ihr löst Stangert und Völkl bei der Überwachung des ›Phantoms‹ ab … In einer halben Stunde muss ich Bericht beim Staatsanwalt erstatten.«

Mit einer derartigen Bedeutung des Falles Muller hatte Wetzel nicht gerechnet. Der zuständige Staatsanwalt Dr. Ehmer hatte ihm über seine Sekretärin ausrichten lassen, dass die Konferenz nicht in seinem Dienstzimmer, sondern im Konferenzraum des Polizeipräsidenten stattfinden sollte. Warum gerade dort, darüber war auch er nicht informiert. Vielleicht lag es ja daran, dass dort die einzige Klimaanlage des Präsidiums existierte. Führungskräfte mussten schließlich immer einen kühlen Kopf behalten. Erst recht, wenn die Außentemperaturen auf über fünfunddreißig Grad anstiegen.

An dem ovalen Tisch war ein Aufgebot an Staatsanwälten und Führungskräften des Präsidiums versammelt, wie Wetzel es selten gesehen hatte: Doktor Strömer, Doktor Ehmer, Schwinzer, der Polizeipräsident, Becker, sein Stellvertreter, der stellvertretende Direktor des LKA, Bruns, und Oberrat Grohmann, ebenfalls vom LKA. Was war an Jack Muller so bedeutend gewesen?

Ein Platz war nicht besetzt.

»Fangen Sie schon mal an, Herr Hauptkommissar«, sagte der Polizeipräsident, »in Kürze wird unser Verbindungsmann zur Organisierten Kriminalität eintreffen.«

Wetzel fragte sich, wer der Supermann denn wohl sein könnte, kam aber zu keinem Ergebnis. Er räusperte sich, beschrieb die Abläufe beim Mord an Muller in der Innenstadt und brachte zum Ausdruck, dass ein Profi den tödlichen Schuss abgegeben haben musste. Auf eine Distanz von vermutlich fünfhundert Metern habe er ins Herz getroffen, Jack Muller war sofort tot gewesen. Dann fasste Wetzel die übrigen kriminaltechnischen Ergebnisse zusammen und wies darauf hin, dass Muller mit dem gleichen Gewehr erschossen wurde, mit dem auch der

Anschlag auf die Osteroder Kollegen Rexilius und Koch verübt worden war. Wetzel machte eine kurze Pause und wartete auf Fragen.

Da die versammelten Führungskräfte schwiegen, wollte er fortfahren. Das Klopfen an der Tür hielt ihn davon ab. Der Verbindungsmann trat ein. Wetzel glaubte seinen Augen nicht zu trauen: Ein grinsender Hauptkommissar Schweitzer ging an ihm vorbei und setzte sich auf den letzten freien Platz.

Schweitzer war immer ein unfähiger Polizist und zudem ein Arsch gewesen, dachte Wetzel, und jetzt nahm er auch noch eine Sonderrolle ein. Spätestens in diesem Moment wurde dem Chef der Mordkommission klar, dass sein ehemaliger Kollege Helmut Möbius recht hatte: Schweitzer musste einflussreiche Verbündete haben, wahrscheinlich auch in dem Kreis der Leute, die hier anwesend waren. Und Wetzel würde sehr vorsichtig vorgehen müssen, wenn er seine kriminelle Machenschaften beweisen wollte. Wer aber zum Teufel konnte sein Verbündeter sein? In diesem Moment fiel ihm, dass Weinert von einem Staatsanwalt gesprochen hatte, der mit Muller ein Verhältnis gehabt hatte. Strömer oder Ehmer?

»Setzen Sie Ihre Ausführungen fort, Herr Hauptkommissar«, forderte Schwinzer, der Polizeipräsident, ihn auf.

Wetzel erzählte, wie sie im Umfeld des Toten ermittelt hatten. Dass Muller ein weit verzweigtes Netz an Unternehmen aufgebaut habe, das mit Prostitution hohe Gewinne erziele. Dabei habe Muller, der selbst schwul war, ein breit gefächertes Angebot für Homosexuelle geschaffen. Die Kundschaft stamme aus den höchsten Gesellschaftskreisen.

»Könnte der Mörder aus diesen Kreisen stammen?«, fragte Doktor Strömer.

»Möglich wäre es schon, aber darauf haben wir noch keine konkreten Hinweise«, antwortete Wetzel. »Wir vermuten, dass auch Drogen im Spiel sind, eigentlich stehen wir erst am Anfang und ich bitte um Geduld. Die Ermittlungen sind sehr schwierig, weil Muller und seine ›Geschäftspartner‹ äußerst vorsichtig vorgegangen sind.«

»Haben diese Geschäftspartner auch Namen?«, fragte Schweitzer provozierend.

»So weit sind wir noch nicht«, antwortete Wetzel gelassen, »wir brauchen Zeit … Schließlich sind wir auf etwas Interessantes gestoßen.« Er erzählte ihnen, dass sie Handynummern ermittelt hatten, die in Zusammenhang mit dem Mord stehen könnten, und dass sie nach der jetzigen Konferenz beginnen würden, die Handys zu orten. Möglicherweise sei der Mörder unter den Handyteilnehmern.

»Haben Sie dafür Beweise?«, fragte Doktor Ehmer, der Hardliner.

Gehörte er zu den Leuten, die mit Fritz, Muller und anderen Beteiligten, die Wetzel noch nicht kannte, gemeinsame Sache machten? Wetzel hatte ihn in den vergangenen Jahren als scharfsinnigen Ankläger kennengelernt und eigentlich für unbestechlich gehalten. Und wenn er über den Fall Unger nachdachte, dann wunderte er sich, dass Schweitzer ihn hatte täuschen können.

»Nein, bislang nur Vermutungen.«

Schweitzer lehnte den Oberkörper zur linken Seite und verzog das Gesicht zu einem hämischen Grinsen. Er war offenbar sicher, dass Wetzel nichts wusste, geschweige denn etwas beweisen konnte.

Irgendein Handy klingelte. Doktor Strömer griff in seine Jackentasche und nahm das Gespräch an. »Ja … Moment«, sagte er in das Mikrofon des Handys und wandte sich an den Polizeipräsidenten. »Ich habe ein wichtiges Telefonat, gehe kurz nach draußen.« Schwinzer nickte verständnisvoll.

»Worauf stützen sich Ihre Vermutungen?«, fragte Doktor Ehmer bei Wetzel nach.

»Auf die GbR sind acht Handys angemeldet. Drei Menschen wurden ermordet und nach jedem Mord fiel ein Handy aus«, berichtete der Hauptkommissar. »Gesellschafter der GbR sind zwei Personen, die aus Freiburg spurlos verschwunden sind. Wir sind auf sie gekommen, weil Muller nach dem Tod von Fritz von seinem privaten Handy eine GbR-Nummer angerufen hat. Wahrscheinlich glaubte er aus Gründen, die wir noch nicht kennen, schon zu diesem Zeitpunkt an einen Mord an seinem Freund und war nervös geworden. Anders kann ich mir seinen Fehler nicht erklären, denn sein Handeln war immer durch große Vorsicht und Gerissenheit geprägt. Meiner Meinung nach hat diese Gesellschaft nur einen Zweck: Sie dient als unbehelligte Kommunikationsmöglichkeit der Leute, die eine große Rolle in der organisierten Kriminalität Freiburgs spielen. Mit großer Wahrscheinlichkeit agieren sie weit über die Grenzen der Stadt hinaus.«

Strömer betrat den Konferenzraum und setzte sich wieder auf seinen Platz. Und Oberrat Grohmann vom LKA lachte schallend. »Was für eine Räuberpistole erzählen Sie uns hier eigentlich, Wetzel ...? Das Landeskriminalamt durchleuchtet seit Jahren die Szene und ermittelt im süddeutschen Raum. Hauptkommissar Schweitzer verfügt über ausgezeichnete Verbindungen, er führt drei V-Männer. Er hat keine Anhaltspunkte für irgendwelche besonderen kriminellen Aktivitäten. Eine Zelle der organisierten Kriminalität gibt es in Freiburg nicht ... Und im Mordfall Muller haben Sie keine Fortschritte gemacht. Ich habe das Gefühl, der Mord ist für Ihre Gruppe eine Nummer zu groß.«

Deshalb also dieser Auflauf von Führungskräften. Wetzel, der Leiter der Mordkommission, sollte kaltgestellt werden und mit ihm objektive Ermittlungen in der ›nicht existierenden‹ Kriminalitätszelle Freiburg. Schweitzer und das Landeskriminalamt würden weiterermitteln und den Fall bald ungelöst zu den Akten legen. Und die Bosse dieses Sumpfes würden ungeschoren davon kommen.

Viva la Justitia!

»Deshalb ist beschlossen worden, den Fall an das Landeskriminalamt abzugeben. Vor allem aber dürfen wir unsere V-Männer nicht gefährden«, sagte Becker, Schwinzers Stellvertreter.

Warum also diese Inszenierung, fragte sich Wetzel. Weil einer von ihnen, möglicherweise auch mehrere, wissen wollten, wie viel er herausbekommen hatte ...

»Das bedeutet, dass Sie und Ihre Kollegen mit Ende dieser Konferenz aus dem Fall raus sind«, fügte Polizeipräsident Schwinzer hinzu. »Informieren Sie unverzüglich Ihre Kollegen und gehen Sie wieder Ihrem normalen Tagesgeschäft nach. Morgen erwarte ich die Abschlussberichte. Und sollte jemand gegen diese Anordnung verstoßen, werde ich eigenhändig für seinen Rausschmiss aus der Polizei sorgen. Sie können gehen.«

Wetzel sammelt seine Aufzeichnungen zusammen und wollte den Raum verlassen, als Schweitzer ihm höhnisch zurief: »Die Papiere bleiben hier, Herr Hauptkommissar.«

I am the greatest, dear Rainer Wetzel.

Es fiel ihm schwer, seine Leute zusammenzutrommeln und ihnen zu vermitteln, dass sie nicht mehr weiter an dem Fall Muller arbeiten durften. Ihr Zorn war groß und Breiner drosch mit der Faust mehrmals auf den Konferenztisch. Wetzel konnte seine Wut nachempfinden. Für den Nachmittag gab er ihnen frei. Die Abschlussberichte konnten bis Morgen warten. Dann verließen sie den Raum, Breiner aber kam aber noch einmal zu seinem Chef zurück.

»Rainer, ich habe schon früher mit der Ortung der Handys begonnen. Bis auf fünfzig Meter habe ich ihn einkreisen können, werde privat weiter nachforschen«, sagte er und nannte Wetzel den Namen und die Adresse.

»Wirst du den Vorgang im Bericht erwähnen?«, fragte Wetzel seinen Kommissar.

»Welchen Vorgang?«, fragte Breiner.

Wetzel nickte und schmunzelte. Dann kehrte er in sein Dienstzimmer zurück. Erleichtert dachte er daran, dass weder Unger noch die Observierung des ›Phantoms‹ zur Sprache gekommen waren. Irgendeiner von ihnen war voreilig gewesen und hatte die Inszenierung durcheinandergebracht. Grohmann vom LKA oder Becker?

Er holte sich einen Zigarillo aus einer Schreibtischschublade und zündete ihn an, nahm einen tiefen Zug. Jetzt hatte auch ihn das Schicksal seines Freundes Pierre ereilt. Aber im Gegensatz zu Pierre durfte er wenigstens noch rauchen, stellte er zynisch fest.

Sein Telefon klingelte, und als er den Namen des Gesprächsteilnehmers hörte, war er verblüfft. Doktor Ehmer bat um ein Gespräch mit ihm: aber nicht im Präsidium, sondern im Café *Melange*, sagte er. Natürlich stimmte Wetzel zu, konnte sich den Grund des Gesprächs aber nicht erklären.

Freiburg, Freitagnachmittag, 18. Juli

Das Café *Melange* war trotz der Mittagshitze gut gefüllt. Es bestand aus zahlreichen Nischen, in denen überwiegend Vierertische standen. Die von den Deckenventilatoren aufgewirbelte Luft kühlte auf angenehme Art Wetzels Stirn. Dezente Jazzmusik und die surrenden Ventilatoren erinnerten ihn an ein Café in den Südstaaten der USA.

Doktor Ehmer saß in der hintersten Nische und gab Wetzel ein Zeichen. Er hatte sich gerade an den Tisch gesetzt, als der Kellner erschien. Die Tropentemperaturen hinderten Doktor Ehmer nicht daran, eine Kanne Kaffee und eine Sahnetorte zu bestellen. Wetzel bevorzugte eine kalte Apfelschorle. Der Staatsanwalt hatte sich seiner Krawatte und des Anzugs vom Vormittag entledigt und Jeans und T-Shirt angezogen. Um nicht durch lästige Anrufe gestört zu werden, hatte er sein Handy in seinem Anzug im Präsidium gelassen.

»Vielen Dank, dass Sie gekommen sind. Sie haben allen Grund, auf das Ergebnis der Konferenz stinksauer zu sein. Aber glauben Sie mir, in gewisser Hinsicht war die Entscheidung, Sie vom Fall abzuziehen, richtig. Auch wenn ...«

»Aus welchem Grund haben Sie mich dann hier hergebeten«, fuhr Wetzel verärgert dazwischen.

»Hören Sie mich bitte erst einmal an ...« Ehmer unterbrach sich, weil der Kellner die Getränke und den Kuchen brachte. Nachdem er den Tisch wieder verlassen hatte, schüttete Ehmer Zucker in den Kaffee und trank einen Schluck. Dann fuhr er fort.

»Man hat Sie vom Fall abgezogen, weil Sie bestimmten Leuten gefährlich zu werden drohten. Und die sitzen im Präsidium ... Am besten fange ich mit dem Jahr 2001 an. Ich bekam einen Fall auf den Tisch, in dem ein dreißigjähriger Mann des Rauschgifthandels überführt wurde. Felix Unger war sein Name. Schweitzer und sein Kollege Hägele hatten ihn bei der Übernahme von fünfhundert Gramm Heroin, wie sich später herausstellte, beobachtet. Sie verfolgten ihn bis zu seiner Wohnung, forderten Verstärkung an, stürmten und stellten das Heroin sicher. Für mich war der Fall wasserdicht. Also erhob ich Anklage und Unger wurde zu zwei Jahren verurteilt. Aber ... irgendwie hatte ich hinterher ein merkwürdiges Gefühl, vielleicht, weil alles zu glatt lief ... Während der Ermittlungen wurde Möbius vom Fall abgezogen, warum, das leuchtete mir nicht ein, vor allem, weil er ein erfahrener Ermittler war. Nach dem Prozess traf ich ihn – es muss kurz vor seiner Pensionierung gewesen sein – zufällig bei einer Sportveranstaltung. Und irgendwie kamen wir auf den Fall Unger zu sprechen. Ich erfuhr von ihm, dass nicht Schweitzer, sondern ein verdeckter Ermittler Unger bei der Heroinübernahme beobachtet haben wollte. Schweitzer hatte aber zu Protokoll gegeben, dass er es gewesen sei. Kurzum, er hatte mich getäuscht. Merkwürdigerweise ist ihnen der Mann, der das Heroin an Unger übergeben haben soll, entwischt. Bis heute gibt es keine Spur von ihm. Schweitzer hatte das damit begründet, dass sie sich für einen von beiden entscheiden musste, und das sei Unger gewesen, weil der im Besitz des Rauschgifts war.«

Ehmer machte eine Pause, nippte an seinem Kaffee und begann seine bislang unangerührte Sahnetorte zu essen.

»Vor einem halben Jahr ist etwas Eigenartiges passiert. Ich kann mir bis heute nicht erklären, wer dafür verantwortlich war und wie sie es gemacht hatten. Jedenfalls bereitete ich mich auf einen Prozess vor, bei dem es um Drogen ging. Die Anklage hatte einen Schwachpunkt: den Kronzeugen. Er war eingeschüchtert, aber am Ende hatte ich ihn überreden können, dennoch auszusagen. Zwei Tage vor der Verhandlung suchte er mich auf und berichtete, dass er verfolgt würde. Er kannte die Leute aus seiner Junkie-Zeit und bat um Polizeischutz. Ich bot ihm an, im Haus eines Freundes, der sich für ein halbes Jahr in China befand, bis Prozessbeginn zu logieren. Stellte zwei Kollegen zu seinem Schutz ab. Absolut integere Polizisten, für die ich meine Hand ins Feuer legen würde. Sie kennen sie wahrscheinlich: Breuer und Reinhardt.«

Wetzel nickte, er teilte Ehmers Einschätzung der beiden Kollegen.

»Als sie zu dem Haus fuhren, bemerkten sie tatsächlich Verfolger und drehten einige Runden durch Freiburg, bis sie sie abgeschüttelt hatten, erst am Abend begaben sie sich in das Haus. In der Nacht – das nächste Haus steht etwa hundert Meter entfernt – kam es vor dem Haus meines Freundes zu einer Vergewaltigung, zumindest sah es so aus. Breuer und Reinhardt eilten der Frau zur Hilfe, die beiden angeblichen Vergewaltiger aber konnten fliehen. Trotz sofort eingeleiteter Fahndung konnten die Täter nicht gestellt werden. Das Vergewaltigungsopfer stellte sich später als stadtbekannte Prostituierte heraus. Nach der Geschichte ist sie untergetaucht. Als Breuer und Reinhardt in das Haus zurückkamen, war Jakob König, so hieß der Kronzeuge, verschwunden.«

Wetzel nickte. Er erinnerte sich an den Fall. Der Prozess war abgesetzt worden, die Angeklagten als freie Leute nach Hause gegangen.

»Die kriminaltechnischen Untersuchungen haben hinterher ergeben, dass sich die Leute, die ihn entführt haben, schon Stunden vorher im Haus umgesehen hatten. Die Verfolgung war eine Scheinverfolgung gewesen, um die beiden Polizisten in Sicherheit zu wiegen. Und König ist bis heute verschwunden. Irgendwann wird seine Leiche gefunden werden.«

Ehmer trank seinen Kaffee aus und verputzte den Rest seiner Torte. Dann zündete er sich eine Zigarette an. Wetzel griff zum Zigarillo und tat es ihm nach.

»Die Frage war: Woher kannten die Verbrecher die Adresse meines Freundes?« Ehmer nahm einen tiefen Zug aus seiner Zigarette, rief den Kellner und bestellte sich einen weiteren Kaffee. »Ich hatte sie nur König, Breuer und Reinhardt genannt, und zwar nur in meinem Dienstzimmer. Wie also sind sie an die Adresse herangekommen?«

Wetzel war auch nach einem Kaffee zumute. Und eine Ahnung stieg in ihm auf, worauf dieses Gespräch hinauslaufen würde. »Haben Sie Ihre Diensträume nach Wanzen untersuchen lassen?«, fragte er, nachdem der Kellner zum Tresen zurückgegangen war.

»Am nächsten Tag. Es konnte aber nichts gefunden werden. Aber man hatte mich, einen Staatsanwalt, in seinem eigenen Dienstzimmer belauscht. Und das macht mich so fassungslos.«

Der Hauptkommissar dachte nach. Ehmer hatte es in seinem Dienstzimmer gesagt, nur einmal und nirgendwo anders. Und nur vier Personen kannten den Ort. Keiner von ihnen hatte geplaudert. Dann blieb nur eine Möglichkeit ... »Hatten Sie an dem Tag ihr Handy dabei?«

»Ja, natürlich.«

»Die haben Sie über Ihr Handy abgehört.«

Doktor Ehmer wurde nachdenklich. Er wusste, dass das möglich war, selbst wenn man das Handy ausschaltete. Lediglich das Entfernen des Akkus verhinderte ein Abhören.

»Die Leute, die dafür verantwortlich sind, besitzen die modernste Technik«, sagte Wetzel.

»Ja ... – In letzter Zeit werden Fälle, die mit Drogen oder dem Rotlichtmilieu zu tun haben, überwiegend an andere Kollegen übergeben.« Ehmer machte eine Pause, zündete sich eine weitere Zigarette an und blies den Rauch zum Deckenventilator, wo er sich in Sekundenbruchteilen auflöste. Scheinbar wie auf Befehl setzte das Gemurmel im Café für einige Sekunden aus und John Lee Hookers *I bought you a brand new home* füllte angenehm die Stille.

»Ich bin mir sicher, dass Unger zu Unrecht verurteilt wurde«, sagte Ehmer. »Ich werde eine Wiederaufnahme beantragen, das bin ich Unger und mir schuldig ... Herr Hauptkommissar, ich habe Sie aus einem bestimmten Grund hierher gebeten.« Wetzel nickte zufrieden, er wusste jetzt, warum. »Ich habe Ihnen einen Vorschlag zu machen. Wären Sie bereit, für mich weiterzuermitteln?«

Und ob er das machen würde. »Ja.«

»Nehmen Sie Urlaub und erstatten Sie mir regelmäßig Bericht. Sie haben freie Hand. Haben Sie einen Kollegen, der absolut loyal ist?«

»Nicht nur einen.«

»Gut, dann überreden Sie mindestens einen von ihnen, Sie zu unterstützen. Ich glaube, den brauchen Sie.«

In der nächsten halben Stunde berieten sie über die weitere Vorgehensweise und Kommunikationswege. Dann verabschiedete sich Doktor Ehmer und fuhr ins Präsidium zurück.

Wetzel war froh, dass er ›vergessen‹ hatte, Schmelz und Brandt von ihrem Observierungsposten abzuziehen. Dennoch, spätestens Morgen früh musste er sie davon entbinden. Vielleicht wäre ja Schmelz bereit, die Überwachung des ›Phantoms‹ privat fortzusetzen. Mit ihm hätte er den besten Mann für diese Aufgabe. Unauffällig wäre es, wenn er Breiner und Obermann im Wechsel einsetzen könnte. Morgen würde er das mit seinen Kollegen besprechen.

Die Maulwürfe im Präsidium und ihre Helfer waren zu allem fähig … Er musste sehr vorsichtig und wachsam sein, wenn die Zusammenarbeit mit Doktor Ehmer verborgen bleiben sollte. Er war beruhigt, dass er den Akku aus seinem Handy herausgenommen hatte. Und vielleicht war es eine Fügung des Schicksals, dass Doktor Ehmer mit Jeans und T-Shirt bekleidet ins Café gekommen war und sein Handy in seinem Anzug im Präsidium gelassen hatte. Auf keinen Fall wollte Ehmer durch Anrufe gestört werden. Von seiner zukünftigen Zusammenarbeit mit ihm konnten sie somit noch nichts wissen.

Wetzel steckte sich einen weiteren Zigarillo an und nippte nachdenklich an seinem Milchkaffee, den er sich bestellt hatte, nachdem Ehmer sich verabschiedet hatte.

Das Café hatte sich mittlerweile etwas geleert, die Mittagsgäste waren zu ihren Arbeitsplätzen zurückgekehrt. Etta Jones' *Georgia on my mind* war deutlich zu hören. Dass ein Jazz-Café das Lieblingscafé des sonst scheinbar so steifen Ehmers sein könnte, damit hatte Wetzel nicht gerechnet ... Seine Gedanken richteten sich auf Unger. Von ihm versprach sich Wetzel einen bedeutsamen Schritt bei der Aufklärung des Mordes an Muller und wichtige Hinweise auf die Hintermänner dieses Verbrechersumpfs in Freiburg, vor allem aber die Namen der Maulwürfe im Präsidium. Er hoffte, dass das Treffen mit Unger in dieser Nacht stattfinden konnte, ohne dass seine Observierer es bemerkten.

Wieder ließ Wetzel die Konferenz vom Morgen vor seinem inneren Auge ablaufen. Er wusste nicht warum, aber irgendetwas hatte nicht gepasst. Irgendeine Mimik, das Verhalten einer Person? Sein Unterbewusstsein hatte etwas registriert, aber so sehr er sich auch anstrengte, im Moment war er nicht in der Lage, es zu fassen.

Freiburg, Freitagnacht, 19. Juli

Um ein Uhr verließ Wetzel das Haus über die Terrassentür des Wohnzimmers. Er schlich über den hölzernen Gartenweg, den er vor fünf Jahren mit dicken Eichenbohlen ausgelegt hatte. Das Ende am hinteren Grundstücksrand hatte er links und rechts verbreitert und darauf eine Bank gestellt.

Nach fünf Metern kletterte Wetzel über den Grundstückszaun, kauerte sich auf den Boden und setzte die Nachtsichtbrille auf. Nachdem sich die Augen auf die veränderten Lichtverhältnisse eingestellt hatten, suchte er das vor ihm liegende Freiluftsportgelände ab, das aus einem Fußballplatz und einer Leichtathletikanlage bestand.

Entferntes Hundegebell und die Rufe eines Nachtvogels waren die einzigen Geräusche, die er wahrnahm. Nach fünf Minuten überquerte er in gebückter Haltung das Sportgelände, tauchte in das Blätterwerk des Parks ein und sah sich in einem Urwald aus Eichen und Buchen. Wieder suchte Wetzel intensiv das Gelände ab. Die Nacht wurde zu einem grünlichen Tag ohne Schatten. Die einzigen Lebewesen, die sich hier aufzuhalten schienen, waren ein Eichhörnchen, das wie ein Gespenst wirkte, und eine Katze, die ihn von oben bis unten musterte, um sich dann von ihm respektvoll zu verabschieden und hinter einem Baum zu verschwinden.

Unger hat richtig kalkuliert, dachte Wetzel, als er sich im Park umschaute. Die beiden Beobachter dieses russischen Verbrecherteams waren nicht zu sehen, offensichtlich waren sie abgezogen. Wetzel musste zugeben, dass diese Truppe, aus welchen Typen sie sich auch immer zusammensetzte, ihr Geschäft verstand. Von diesem Park aus war sein Grundstück von hinten voll einsehbar. Mit einem guten Fernglas konnten die Observierer wahrscheinlich eine Kaffeetasse auf seinem Esszimmertisch erkennen. Und wenn sie es darauf angelegt hätten, dann hätte ein Scharfschütze ihn und seine Familie längst auslöschen können. Noch nie in seinem Leben war er so schutzlos ausgeliefert gewesen, und noch nie in seinem Leben war er so ahnungslos gewesen. Hatte seine kluge Valerie das irgendwie geahnt? Und war sie deshalb in diese fast schon panische Angst verfallen?

Es war ein Fehler gewesen, die beiden Männer abzuziehen … Sie waren Ungers Täuschungs-E-Mail auf den Leim gegangen. Wahrscheinlich planten sie schon den Anschlag in der Altstadt.

Wetzel huschte durch den Park, an den eine Straße angrenzte, die in regelmäßigen Abständen von Laternen beleuchtet wurde. Wetzel überquerte sie, um auf dem

Bürgersteig weiterzulaufen. Die dünnen Schichtwolken hatten sich aufgelöst und der Vollmond glitzerte in einem zarten Gold. Er stand in seinem Rücken und ließ Wetzels Schatten dem Original vorauseilen. Wenn er unter einer Laterne vorbeiging, vermischten sich die Lichter und der Schatten nahm eine andere Gestalt an.

Von Zeit zu Zeit bog Wetzel in eine Nebenstraße ab und verharrte einige Minuten, um nach möglichen Verfolgern Ausschau zu halten. Aber es gab keine Anzeichen, und während der ganzen Zeit zeigte sich nicht ein einziges Auto. In keinem der Häuser, an denen er vorbeiging, brannte Licht. Dieser Teil Freiburgs schien in einen tiefen Schlaf gefallen zu sein. Er schaute auf die Uhr. Es war halb zwei. Seit einer Stunde war er nunmehr unterwegs, hatte etwa zwei Kilometer zurückgelegt. Bis zur Telefonzelle, an der er weitere Instruktionen von Unger erhalten würde, waren es noch fünfhundert Meter, etwa fünf Minuten. Wetzel bog nach links in die Blumenstraße ein und dann noch einmal ins Pfädle, in dem er nach einer Kurve die Telefonzelle erblickte, die nicht erleuchtet war. Er wählte Ungers Nummer und meldete sich mit *Lenticularis*, dem vereinbarten Codewort. Für den Fall, dass Wetzel entdeckt und zu diesem Telefongespräch gezwungen worden wäre, hätte er das Codewort weggelassen und Unger wäre sofort im Bilde gewesen.

Zum ersten Mal hörte Wetzel seine Stimme. Sie klang ruhig und gelassen. Wahrscheinlich hatten die Erfahrungen des Gefängnisaufenthaltes und der ständige Druck, einem Mordanschlag zum Opfer fallen zu können, das bewirkt. Ein Gesicht konnte er sich hinter dieser Stimme nicht vorstellen. Aber lange würde es nicht mehr dauern und er würde ihm gegenüberstehen.

Unger gab die letzten Anweisungen. Wetzel ging zum dreihundert Meter entfernten Mettackerweg und stieg in einen wartenden VW Golf, der sofort anfuhr. Der

Fahrer stellte sich nicht vor. Später erfuhr Wetzel von Unger, dass der Fahrer auch ein Opfer von Mullers Machenschaften geworden war und sich Unger angeschlossen hatte, um Mullers kriminellen Aktivitäten aufzudecken. Sie fuhren in eine Garage, das Tor schloss sich hinter ihnen. Vor einigen Tagen hätte Wetzel diese ganzen Vorsichtsmaßnahmen als paranoides Verhalten angesehen, aber inzwischen wusste er, dass sie für Unger notwendig waren, um zu überleben. Wetzel fragte sich, wie hoch das Kopfgeld war, das auf Unger ausgesetzt worden war.

Die Garage war mit dem Wohnhaus verbunden. Der schweigsame Fahrer des Golfs führte Wetzel durch einen Gang in ein dreißig Quadratmeter großes Zimmer, in dem ein riesiger Computerterminal und eine beige Sitzgarnitur standen. In einer der Sessel saß ein etwa dreißigjähriger Mann. Er stand auf und stellte sich mit Felix Unger vor. Die beiden Männer sahen sich gegenseitig prüfend an. Es schien, als röntgte Unger den Hauptkommissar ein letztes Mal, um absolute Gewissheit zu haben, dass er nicht zu den Polizisten gehörte, die mit Kriminellen zusammenarbeiteten. Wetzel erwiderte Ungers Blick offen und entspannt, ohne zu blinzeln. Dann bat Unger den Hautkommissar, sich zu setzen. Die Prüfung war abgeschlossen, Wetzel hatte sie bestanden.

Er betrachtete Unger näher. Blonde Haare, ein hübsches Gesicht, über einen Meter achtzig groß und ein drahtiger Körperbau. Der Traum vieler Frauen, sagte sich Wetzel. Nur, dass er die Avancen der Frauen nicht erwidern würde. In Mullers Bordell für Homosexuelle war er sicherlich ein Gewinn gewesen und hatte für ein hohes und zahlungskräftiges Kundenaufkommen gesorgt ... bis er abserviert worden war.

Die Wohnzimmertür öffnete sich noch einmal. Ein Mann trat ein. Wetzel schaute ihn ungläubig an. Nein, das konnte nicht die Realität sein, in der er sich befand, das musste ein Traum sein, sagte er sich.

Nur einen Augenblick hatte der Hauptkommissar geglaubt, es handele sich um seinen Freund Pierre, aber dann wurde ihm klar, dass das ›Phantom‹, das sie observiert hatten, vor ihm stand. Er fragte sich, was das zu bedeuten hatte, und war gespannt, ob es Schmelz gelungen war, dem Mann zu folgen. Der ersten Überraschung folgte die zweite, als er sich vorstellte. »Mein Name ist Frank Röster …«

»Dann sind Sie der Mann, der seit vier Jahren spurlos verschwunden ist«, sagte Wetzel. »Ich glaube, es ist an der Zeit, dass Sie beide mich jetzt aufklären.«

Unger begann. »Es ist fast auf den Tag vier Jahre her. Frank arbeitete bei der *DHC* als Berater und Stellvertreter des Geschäftsführers Hauerholz. Daneben entwickelte er Programme für die Gesellschaft. Er ist mein Halbbruder und sozusagen das Genie von uns beiden. Die Nachfolge von Hauerholz war für ihn, so glaubten alle, reine Formsache. Hauerholz hatte ihn beim Vorstand lange vor seinem Abschied empfohlen und der Vorstand hatte seine Zusage schon signalisiert. Aber dann kam alles anders. Fritz wurde Nachfolger. Am nächsten Tag bestellte er Frank in sein neues Dienstzimmer – eine Geste der Demütigung – und sagte ihm, dass er fristlos entlassen sei und die Zentrale der Gesellschaft sofort zu verlassen habe. Wenn das nicht innerhalb von fünf Minuten geschehe, dann würden die beiden Leibwächter, die sich im Raum Muskel spielend postiert hatten, ihn mit Gewalt aus dem Gebäude prügeln. Einer von ihnen war Hartmann, der angebliche Chauffeur der Geschäftsleitung.

Ein stadtbekannter Pädophiler gehöre nun einmal nicht auf den Chefsessel, rief Fritz Frank zu und fing schallend an zu lachen. Kappe, Gonzelmann und Wölfer, die sich ebenfalls im Zimmer befanden, klatschten laut. Frank verließ die Zentrale, nie wieder hat er sie betreten. Er erzählte mir alles und wir gingen der Angelegenheit auf den Grund. Schließlich fanden wir heraus, dass Fritz und seine Konsorten dem Vorstand der Gesellschaft Fotos zukommen ließen, die Frank nackt und in enger Umarmung mit Kindern zeigte. Alles Fälschungen, und die schlechtesten, die ich jemals gesehen habe. Die gleichen Bilder hat die Bande Camilla, Franks Verlobter, zugeschickt. Sie verließ die gemeinsame Wohnung noch am gleichen Tag. Wie wir später erfuhren, wurde sie eine von Fritz' Gespielinnen.«

Weinert, der ein Leben lang von Jack Muller unterstützt wurde, – zuletzt beim Aufbau einer Reinigungsfirma in Freiburg – hatte Wetzel angelogen. Weinert hatte behauptet, er habe für Muller eine Fotomontage angefertigt, auf der Röster mit schwulen Männern zu sehen sei ... Er würde ihm noch einmal einen Besuch abstatten und alle Computer beschlagnahmen, dachte Wetzel grimmig. Er fragte sich aber vor allem, wie er sich verhalten hätte, wenn er in Rösters Haut gesteckt hätte? Fritz und seine Bande hatten Röster zerstört. Beruflich. Privat. Ein hervorragendes Motiv, um Fritz und Kappe zu beseitigen?

Röster schien Wetzels Gedanken erraten zu haben. »Ich gebe zu, wenn ich Fritz kurz nach der Verleumdungsaktion irgendwo zwischen die Finger bekommen hätte ... ich hätte ihn auf offener Straße erwürgt. Aber wir sind einen anderen Weg gegangen.«

Unger übernahm wieder. »Frank und ich beschlossen, die Bande auf legale Art und Weise zur Strecke zu bringen. Unser Vater, der früher beim Geheimdienst gearbeitet hat, ließ uns von einem fähigen und erfahrenen Agenten ausbilden. Was den Nahkampf betrifft, hatten wir die besten Voraussetzungen. Frank und ich, wir waren mehrfach Landesmeister in Karate und konnten so diesen Teil der

Ausbildung abkürzen. Und im Bereich der elektronischen Medien ist Frank sowieso unschlagbar.«

»Dann waren Sie es also, Herr Röster, der meine dienstliche Mail-Adresse ermittelt und mich im Präsidium kontaktiert hat?«, fragte Wetzel.

Röster lächelte schelmisch. »Ja ... wenn wir die Verbrecher von der *DHC* hinter Schloss und Riegel gebracht haben, dann erkläre ich Ihnen, wie das geht.«

Unger fuhr fort. »Unsere ersten Ermittlungserfolge bahnten sich sehr schnell an. Aber dann wurde es schwierig. Der Führungskern ist extrem gut abgeschottet. Ich beschloss, in ihn einzudringen.« Er goss Wetzel, dem Fahrer und seinem Bruder heißen Kaffee aus einer Thermoskanne ein.

Nachdem alle einige Schlücke genommen hatten, räusperte sich Röster. »Felix heuerte bei Muller an und arbeitete in seinem Bordell. Mit der Zeit entwickelte Muller Sympathien für meinen Bruder. Für kurze Zeit wurden sie ein Paar, und Felix bekam Einblick in die Struktur dieser weltweit operierenden Verbrecherorganisation. Sie ist in den Äußeren und Inneren Zirkel eingeteilt. Vierzehn Männer und eine Frau gehören zum Äußeren Zirkel.«

»Lassen Sie mich raten ... die Frau war Jack Mullers Schwester?«, unterbrach Wetzel ihn.

»Ja. Und sie ist weit skrupelloser als alle Männer des Äußeren Zirkels zusammen. Sie will auf Teufel komm raus in den Inneren Zirkel, jenen exklusiven Kreis, in dem man schon nach dem ersten Jahr der Zugehörigkeit Millionär wird. Nach dem Tod ihres Bruders hat sie gute Chancen, dorthin zu gelangen.«

Wetzels Spannung bewegte sich langsam auf den Höhe_ punkt zu. Die Maulwürfe ... Wer sind die verdammten Verräter?, fragte er sich. Aber so einfach würde er an die Namen nicht kommen. Röster und Unger würden eine Gegenleistung verlangen, das wusste er aus seiner langen Berufserfahrung.

»Die Mitglieder des Äußeren Zirkels nennen sich Inspektoren«, fuhr Röster fort. »Fünf von ihnen sind für die Sparte Rauschgifte zuständig, fünf für die Aktivitäten im Rotlichtmilieu, drei für Immobilien und zwei für besondere Aufgaben. Dazu zählt ein eigener Sicherheitsdienst, der rund um die Uhr arbeitet und den Äußeren und Inneren Zirkel vor Infiltration schützt. Der Sicherheitsdienst ist allmächtig. Er tötet, wenn notwendig, schnell, routiniert, ohne Spuren zu hinterlassen. Die Leute, die Sie beobachten und uns seit Jahren zu beseitigen versuchen, gehören dazu. Sie stammen aus der ehemaligen Sowjetunion und waren Mitarbeiter des KGB. An Brutalität sind sie nicht zu überbieten.«

Wetzel begriff Rösters scheinbar übertriebene Vorsicht, als sie ihn stundenlang durch Freiburg verfolgt hatten. Umso mehr würdigte er jetzt im Stillen die Leistung seines jungen Kommissars Schmelz. Den KGB-Leuten war es nicht gelungen, Röster aufzuspüren, aber Wetzel wäre eine hohe Wette eingegangen, dass Schmelz ganz in der Nähe dieses Hauses in einer Seitengasse auf sein ›Phantom‹ wartete.

Röster nippte an seinem Kaffee, bot dem Hauptkommissar und seinem Bruder Zigarillos an. Dankend nahmen sie an. Nachdem er den Rauch drei Mal tief eingezogen hatte, fuhr Röster fort: »Der Innere Zirkel ist das Machtorgan der Organisation. Hier laufen alle Fäden zusammen. Er besteht aus acht Mitgliedern, Vorsitzender wird immer der Geschäftsführer der *DHC*. Er organisiert die Geldwäsche über den Apparat der Gesellschaft. Wegen ihrer weltweiten Verzweigung funktioniert das System hervorragend. In Spanien habe ich zahlreiche Einrichtungen aufgespürt, die den Mitgliedern des Inneren Zirkels gehören. Allerdings haben sie Strohmänner, die formell Besitzer der Hotels sind. Irgendwie sind die russischen Sicherheitsleute auf meine Spur gekommen.

Sieben ihrer Leute haben in Malaga auf mich geschossen und mich durch die Stadt gejagt. Ich konnte entkommen, aber sie hatten mich erkannt und Fritz wusste, wen er vor sich hatte. Seit dieser Zeit sind sie erbarmungslos hinter mir her.«

Wetzels Chauffeur betrat mit einer Schale Kekse und einer weiteren Thermoskanne Kaffee den Raum, bot den drei Männern etwas an und setzte sich auf einen Sessel.

Unger ergriff das Wort. »Irgendwann müssen die Sicherheitsleute meine Aktivitäten durchschaut haben, jedenfalls tauchte der korrupte Schweitzer mit einem Sondereinsatzkommando in meiner Zweitwohnung auf und fand fünfhundert Gramm Heroin in meiner Sporttasche. Natürlich hatte er es mir untergeschoben. In der Gerichtsverhandlung hatte ich keine Chance. Da ich keinerlei Vorstrafen hatte, wurde ich nur zu zwei Jahren verdonnert. Was ich im Gefängnis erlebte, wünsche ich keinem. Der Sicherheitsdienst hat Verbündete in der JVA. Unter den Häftlingen. Unter den Wachleuten und unter dem Führungspersonal. Mithäftlinge, die aus Osteuropa stammten, schlugen mich mehrmals zusammen. Sie kamen immer zu dritt oder zu viert. Immer wieder wollten sie herausbekommen, was ich über Muller und die Organisation wusste, und wie sie Frank aufspüren konnten. Inzwischen hatten sie die Verbindung zwischen Frank und mir herausgefunden. Weil sie mir nichts entlocken konnten, wurden sie immer brutaler. Ich blieb standhaft. Eine Woche vor meiner Entlassung aus dem Gefängnis kamen sie zu fünft, mit einem Tonband und einer Spritze bewaffnet, und pumpten mich mit Wahrheitsdrogen voll. Einer von ihnen hielt meinen Zellengenossen in Schach. Von richtiger Dosierung verstanden sie nichts. Ich brach zusammen und wäre gestorben, hätte nicht Leinedecker, mein Mithäftling, die Wachen alarmiert, als die Verbrecher gegangen waren. Zum Glück gehörten diese Wachen nicht zur Organisation. Ich wurde in die Krankenstation der Anstalt verlegt. Dort muss ich einen Schutzengel gehabt haben. Jedenfalls behelligten sie mich nicht mehr.«

Wetzel fragte sich, wie er sich an Ungers Stelle verhalten hätte. Rache geübt? Nein. Valerie und seine Kinder hätten ihn davon abgehalten.

Unger wusste genau, was in Wetzel vorging. »Ja«, sagte Unger, »ich war fest entschlossen, Muller, der für all mein Leid verantwortlich war, zu töten. In weiteren Recherchen sah ich keinen Sinn mehr, es ging mir nur noch um Rache. Er sollte leiden, bevor er starb, und ich wollte das genießen. Ich überwachte wochenlang seine Wohnung. Als er allein war und in die Tarnwohnung ging, die Sie, Herr Wetzel, nach dem Mord an Muller durchsucht haben, wollte ich ihn in der Wohnung tot prügeln. Auge in Auge. Mann gegen Mann. Ohne Sicherheitsdienst. Muller hätte keine Chance gehabt. Bevor ich das Mehrfamilienhaus betreten konnte, stellten sich mir mein Vater und Frank in den Weg. Glücklicherweise brachten sie mich von meinem Vorhaben ab. Wir recherchierten weiter. Und darüber bin ich aus heutiger Sicht froh.«

Wetzel stimmte zu. Hätte Unger Muller umgebracht, dann hätte Wetzel Unger so lange gejagt, bis er ihn überführt und verhaftet hätte. Mord bleibt Mord. Da ist es egal, wie erstklassig ein Motiv ist. Der Weg, den Röster und Unger aber eingeschlagen hatten, brachte für Wetzel und die beiden Brüder nur Vorteile: Sie bekamen endlich ihre »legale« Rache und Wetzel würde die Maulwürfe im Präsidium und die Verbrecherorganisation hochgehen lassen. Und seinen Mörder bekommen. Eine wunderbare Symbiose bahnte sich an.

»Herr Hauptkommissar, wir kennen alle Mitglieder des Äußeren und Inneren Zirkels und in vier Jahren haben wir so viele Beweise gesammelt, dass wir den Großteil dieser Verbrecher hinter Gitter bringen können. Aber der Innere Zirkel ist nicht das oberste Machtorgan dieser Organisation. Eine Person steht über allem ... Wer er ist, haben wir trotz aller Bemühungen bis heute nicht herausgefunden. Das wird Ihre Aufgabe sein. Wir kennen nur seinen Code-Namen: Der Basilisk, König der Schlangen. Wir sind bereit, Ihnen alle Beweise zu übergeben, doch dafür verlangen wir eine Gegenleistung.«

Wetzel nickte. Er konnte sich auch vorstellen, woraus sie bestehen sollte. Dann fiel ihm noch etwas ein. »Herr Röster, wissen Sie, was aus Ihrem ehemaligen Chef Hauerholz, dem langjährigen Geschäftsführer der Gesellschaft, geworden ist?«

»Ja. Einen Tag nach seiner Entlassung habe ich ihn aufgesucht und überzeugen können, dass die Vorwürfe gegen mich erstunken und erlogen waren. Zwei Tage danach bekam er einen mysteriösen Anruf. Der Anrufer – ich vermute, es war der Sicherheitschef – drohte Hauerholz. Falls dieser etwas über die ›Röster-Angelegenheit‹ verlauten ließe, würden Hauerholz' Enkelkinder nicht mehr lange leben. Am nächsten Tag verkaufte er sein Haus und zog mit seiner gesamten Familie an einen unbekannten Ort in der Schweiz.«

Seit fast drei Stunden saß Schmelz fast regungslos in seinem Fahrzeug. Die Fahrerscheibe hatte er heruntergelassen, ein leichter Wind zog durch das Auto und hatte die stickige Luft gegen kühlere ausgetauscht. Wieder schaute er auf die acht Meter breite Garage. Nein, er hatte sich nicht getäuscht – Rainer Wetzel hatte sich in dem Auto befunden, das in dieser Garage verschwunden war. Durch sein Infrarotnachtsichtgerät hatte er den Hauptkommissar erkannt. Und eine Stunde vorher war das ›Phantom‹ in diese Garage eingefahren. Was hatte das zu bedeuten? War sein Chef entführt worden, drohte ihm Gefahr? Was konnte er unternehmen? ...Sollte Wetzels Frau anrufen und nach ihm fragen? Dann hätte er Gewissheit, könnte seine Kollegen alarmieren und das Haus umstellen ... Er griff zum Handy, wollte ihre Nummer wählen, die er gespeichert hatte, aber in diesem Moment bog ein Fahrzeug in die Straße ein. Seine Scheinwerfer erhellten die Umgebung. Schmelz ging auf Tauchstation.

Langsam, fast im Schritttempo, bewegte es sich durch die Straße. Die Köpfe der vier Insassen drehten sich suchend zwischen den beiden Straßenseiten hin und her. Schmelz erkannte das Fahrzeug. Vor einer Stunde war es schon einmal in gleichem Tempo und in scheinbar gleicher Absicht hier vorbeigefahren. Wer zum Teufel waren sie? Und was suchten sie?

Um eine Zivilstreife der Kollegen handelte es sich nicht, das hätte er an der Nummer erkannt. Er schaltete den Computer an, um den Namen des Fahrzeughalters abzufragen, dunkelte den Bildschirm aber sofort ab, denn in diesem Moment öffnete sich das Garagentor und der Golf, in dem Wetzel vorhin gesessen hatte, verließ die Garage. Der Golf fuhr an ihm vorbei. Auf dem Rücksitz erblickte er einen entspannten Wetzel. Nein, sein Chef war nicht entführt worden, aber Schmelz hatte keine Ahnung, mit wem sich der Hauptkommissar getroffen hatte und was der Grund dafür war. Er verwarf den Gedanken, Wetzels Frau anzurufen. Morgen früh würde die erste ›illegale Konferenz‹ stattfinden und er würde eine Antwort von seinem Chef bekommen.

Zehn Minuten später öffnete sich die Garage ein zweites Mal und das ›Phantom‹ verließ sie. Schmelz folgte ihm erst zehn Minuten später, weil er das Ziel des ›Phantoms‹ kannte. Zwanzig Minuten später stellte Schmelz sein Auto ab und suchte Brandt auf, der in der Nähe des Hauses postiert war. Der Kollege bemerkte ihn erst, als Schmelz neben ihm stand, und zuckte erschrocken zusammen. »Du hast mir einen ganz schönen Schrecken eingejagt«, sagte

er schnell atmend, »manchmal bist du mir unheimlich.«
Schmelz entschuldigte sich. Brandt berichtete, dass das ›Phantom‹ vor fünfzehn Minuten zurückgekehrt und im Mehrfamilienhaus verschwunden sei. Schmelz nickte und kehrte zum Fahrzeug zurück. Erst jetzt machte er den Bildschirm sichtbar und las den Namen und die Adresse des Fahrzeughalters. Was er las, war wie eine weihnachtliche Bescherung. Es würde seinen Chef überraschen.

In diesem Moment neigte sich die Nacht dem Ende entgegen und die ersten Sonnenstrahlen erhellten die Dächer der Häuser.

Freiburg, Samstagvormittag, 19. Juli

Durch Werner Obermanns Hobbykeller zog der Duft frischen Kaffees und Frühstücksgebäcks. Das gedämpfte Licht vermittelte den Eindruck, dass hier etwas im Verborgenen ablief. Die vier Polizisten saßen am runden Tisch in der Mitte des Raumes. Obermanns Frau hatte es gut mit ihnen gemeint; was sie vom Bäcker geholt hatte, hätte für eine ganze Fußballmannschaft gereicht. Die übrig gebliebenen Brötchen würden das Ehepaar Obermann – ihre drei Kinder waren ausgezogen und hatten eigene Familien gegründet – die nächsten Tage ernähren.

Nach dem Essen erzählte Wetzel seinen Kollegen, wie er zum ersten Mal mit Unger Kontakt aufgenommen hatte, und Ungers Warnung, dass der Hauptkommissar überwacht wurde. »Das sind Killer des ehemaligen KGB, die als eine Art Söldner für eine kriminelle Organisation arbeiten. Wenn einer von euch jetzt sagt, dass er nicht mehr weitermachen will, habe ich Verständnis dafür. Es könnte lebensbedrohlich werden, und ich möchte nicht, dass einem von euch etwas zustößt.«

»Rainer, Gefahr gehört doch zu unserem Job«, sagte David Schmelz mit Nachdruck. »Wenn wir das vorher nicht gewusst hätten, wären wir bei der Heilsarmee oder in irgendeinem Büro gelandet. Ich jedenfalls will diese Leute in den Knast bringen.«

Wetzel schaute auf Werner Obermann und Benjamin Breiner. Auch für sie bestand keinerlei Zweifel, dass sie weiter an dem Fall arbeiten würden.

Bevor Wetzel auf sein Treffen mit den beiden Halbbrüdern Felix Unger und Frank Röster einging, fragte er Schmelz scheinheilig, ob sich während der nächtlichen Überwachung des ›Phantoms‹ etwas Besonderes ergeben habe. Nein, antwortete Schmelz, bis auf die Tatsache, dass er zunächst geglaubt habe, mitten in der Nacht den entführten Chef der inzwischen aufgelösten Mordkommission befreien zu müssen, und bis auf die Sichtung eines merkwürdigen Autos seien die Nachtstunden eher langweilig gewesen. Wetzel musste schmunzeln, sein Überwachungsgenie hatte es also tatsächlich geschafft, dem ›Phantom‹ zu folgen.

Wetzel berichtete seinen Kollegen alles, was er während der nächtlichen Zusammenkunft mit Unger und Röster erfahren hatte. Danach schwiegen alle einige Zeit betreten. Mit solch einer Hydra hatten sie nicht gerechnet.

»Verdammt«, sagte Rainer Wetzel unvermittelt. »War ich blind! Natürlich, das war der Grund ...«

Seine Kollegen schauten ihn verständnislos an.

»Ich habe euch doch eben erzählt, dass der Sicherheitsdienst der Organisation Röster fieberhaft sucht, um ihn zu liquidieren. Sie veranstalten eine regelrechte Treibjagd auf ihn.«

Sie nickten.

»Und wir haben alle festgestellt, dass Röster Pierre sehr ähnlich sieht ... Ich weiß jetzt, wer den Anschlag auf Pierre und seine attraktive Kollegin Sandra verübt hat«, sagte Wetzel. »In der Nacht vor dem Anschlag ist Pierre in der Altstadt von einem Typen verfolgt worden, der sich als Obdachloser verkleidet hat. Dieser Typ gehörte zur Organisation. Er glaubte, endlich Röster gefunden zu haben!«

»Dann ist er in die Zentrale des Sicherheitsdienstes zurückgekehrt«, fuhr Breiner an seiner Stelle fort, »und hat von seiner Entdeckung berichtet. Die Sicherheitsleute haben Pierres Auto mit einem Peilsender versehen und sind ihm am nächsten Tag in einem gebührenden Abstand gefolgt. Sie wussten immer, wo sich Pierre befand. Er fuhr nach Muggenbrunn, um mit Frau Schäfer zu sprechen ... Auf seiner Rückfahrt nach Freiburg haben sie dann den Anschlag durchgeführt. Pierre und seine Kollegin haben ein Schweineglück gehabt, dass sie den Mordanschlag überlebt haben.«

Rainer Wetzel nickte. Dann herrschte Grabesstille.

Benjamin Breiner brach als Erster das Schweigen. »Röster ist also vier Jahre lang abgetaucht, um Fritz und Konsorten ins Gefängnis zu bringen? Und du bist dir sicher, dass weder Unger noch Röster etwas mit den Morden im Harz und an Muller zu tun haben?«

»Absolut.«

Das reichte Breiner, aber er wurde nachdenklich und sagte: »Wie wollen wir vier diese Organisation zerschlagen? Ohne ein Sondereinsatzkommando, ohne das LKA ...«

»Indem wir den Kopf finden, den alles beherrschenden Basilisken«, antwortete Wetzel.

»Und wie wollen wir ihn finden?«, fragte Werner Obermann.

»Zwei Leute aus dem Inneren Zirkel haben ständigen Kontakt mit ihm.«

»Wer sind die beiden?«, fragte David Schmelz, der seine Spannung kaum noch verbergen konnte.

»Bevor Röster und Unger mir ihr komplettes Material übergeben, wollen sie ins Zeugenschutzprogramm aufgenommen werden.«

»Wie soll das gehen?!«, fragte Obermann. »Wir sind lahmgelegt, du wirst überwacht und in der Direktion laufen jede Menge Maulwürfe herum, die das jederzeit herausfinden könnten!«

»Doktor Ehmer«, antwortete Wetzel. »Er hat die entsprechenden Verbindungen, und bis jetzt vier Leute ins Zeugenschutzprogramm gebracht. Ich werde ihn nachher von hier aus anrufen. Röster und Unger wollen eine offizielle Bestätigung und deshalb müssen wir uns wieder treffen.«

»Kennen sie den Mörder von Muller?«, fragte Schmelz.

»Nein, aber sie glauben, dass der Mord eine interne Angelegenheit der Organisation ist.«

Dann sprach Schmelz das aus, worüber er die ganze Zeit nachgedacht hatte. »Diese Typen, die in der Nacht durch die Straße gefahren sind, in der Unger und wahrscheinlich auch Röster wohnen, die haben etwas gesucht, da bin ich mir sicher. Könnten die eine Ahnung von dem Unterschlupf der beiden haben?«

Wetzel dachte einen Moment nach. Unger hatte ihm, als er sich verabschiedete, erzählt, dass sie das Haus und die Straße mit Kameras rund um die Uhr überwachen. Könnten sie das Fahrzeug übersehen haben? Nein, das glaubte er nicht. Alle drei Stunden wertet einer von ihnen die Bilder aus. Das Fahrzeug ist ihnen bestimmt aufgefallen, dachte er. Er würde mit ihnen darüber sprechen. Ob sie Schmelz inzwischen entdeckt hatten, fragte er sich.

»Ich habe die Nummer abgefragt. Fahrzeughalter ist Schweitzer«, sagte Schmelz. Dass der Name Schweitzer im Zusammenhang mit diesem Fall wieder fallen würde, darüber waren sich alle vier im Klaren.

»Hast du jemanden im Fahrzeug erkannt, David?«, fragte Obermann.

Schmelz schüttelte den Kopf. »Ich musste auf Tauchstation gehen, sonst hätten sie mich bemerkt, und dann wäre es möglicherweise brenzlig geworden.«

Wetzel nickte und fragten Breiner: »Hast du den Teilnehmer ermittelt, der gestern Morgen über die GbR-Nummer angerufen wurde, Benjamin?«

»Die Telefongesellschaft hat beide Teilnehmer eingrenzen können. Im ersten Fall kommen vier Anwohner infrage. Muss ich nachher überprüfen. Aber der zweite, der ließ sich ziemlich genau lokalisieren.«

Urplötzlich richteten sich die Blicke aller anderen Polizisten auf Breiner. »Und?«, fragte Obermann ungeduldig.

Breiners Miene verfinsterte sich. »Der Anruf kam aus dem Präsidium.«

Werner Obermann und David Schmelz machten betretene Gesichter und Wetzel wurde nachdenklich. »Kennst du den Zeitpunkt des Anrufs?«

Benjamin Breiner fasste in seinen Rucksack, entnahm ihm einen Computerausdruck und fuhr mit dem Finger über die Zahlen und Buchstaben. Dann hob er den Kopf. »Um 11 Uhr 15, du warst gerade in der Konferenz …«

Wetzel ging vor seinem inneren Auge noch einmal den Ablauf der Konferenz durch. Schon gestern hatte ihn irgendetwas gestört. Was war es? Mehr zu sich selbst murmelte er: »Schweitzer und Doktor Strömer …« Er blickte seine Kollegen an. »Ich war blind«, sagte er. »Doktor Strömer ist der zweite Maulwurf. Warum komme ich erst jetzt darauf?«

Breiner, Obermann und Schmelz schauten ihn verwirrt an. »Kannst du uns deine Erkenntnis mal erklären?«, fragte Obermann.

»In der Konferenz habe ich über die Handyanschlüsse berichtet, die auf die GbR angemeldet sind«, sagte Wetzel.

»Schweitzer reagierte mit einem provozierenden Grinsen, lehnte sich zur Seite und fasste in seine Jackentasche. Er hat den Telefonanruf ausgelöst, den Doktor Strömer Sekundenbruchteile später erhielt. Strömer entschuldigte sich und verließ Schwinzers Konferenzraum. Fünf Minuten später kehrt er zurück ... Ich hatte vorher gesagt, dass wir nach der Konferenz mit der Überwachung der Handyanschlüsse beginnen würden. Strömer hatte sich aus dem Raum entfernt, um die anderen Mitglieder der Organisation vor einer möglichen Entdeckung zu warnen. Es war für uns ein Glücksfall, Benjamin, dass du mit der Telefongesellschaft Kontakt aufgenommen hattest und sie die beiden Teilnehmer zu diesem Zeitpunkt lokalisiert hatte.«

Die Gesichter der Polizisten erhellten sich, denn nun hatten sie einen zweiten Namen.

Wetzel fuhr fort: »Ihr fahrt jetzt ins Präsidium, stellt eure Berichte fertig und übergebt sie dem LKA. Danach meldet ihr, Werner und David, euch in den Urlaub ab. Für dich, David, habe ich einen weiteren Auftrag. Die Überwachung von Röster wird beendet ... Bist du bereit, Strömer zu überwachen?«

»Mit dem größten Vergnügen, den konnte ich noch nie leiden«, antwortete Schmelz zufrieden.

»Und du, Benjamin, setzt dich mit Doktor Ehmer in Verbindung. Er wird dir einen Diebstahlsfall übergeben, bei dem du viel Zeit hast und vor allem unbehelligt im Außendienst arbeiten kannst. Ich bereite mich auf mein offizielles Treffen mit Unger im Café *Antik* vor, zu dem es leider nicht kommen wird, weil Unger meine Verfolger entdecken wird. Er wird mir am Nachmittag eine böse E-Mail schicken, aber trotzdem ein weiteres Treffen vorschlagen.«

Freiburg, Samstagmittag, 19. Juli

Rainer Wetzel bog vom Augustinerplatz in die Geberau. Er holte ein Papiertaschentuch aus der Hosentasche und wischte sich den Schweiß von der Stirn. »Diese Hitze«, stöhnte er, wie so oft in den vergangenen Tagen. Er hatte in einer Telefonzelle mit Ehmer gesprochen und er war optimistisch gewesen, dass er noch am heutigen Abend grünes Licht bekommen würde.

Das Café war noch rund hundertfünfzig Meter entfernt, seine Reklametafel wurde durch die Hitze zu einer Welle verzerrt, die sich, je näher er kam, wieder in ein Rechteck verwandelte. Obwohl er nicht davon ausging, dass in diesem Moment etwas passieren würde, beschlich ihn ein Unbehagen. Er wusste, ein Scharfschütze würde in irgendeinem der Häuser in einem der oberen Stockwerke sitzen und ihn im Visier seines Zielfernrohrs verfolgen. Unwillkürlich dachte er an Jack Muller, der ein Lokal um die Mittagszeit besucht hatte und beim Verlassen von einer scheinbar aus dem Nichts kommenden Kugel getötet worden war.

Wetzel war vor dem Café angekommen. Der Betreiber hatte auf dem Bürgersteig sieben Tische mit Stühlen aufgestellt. Sie waren alle von jungen Leuten besetzt, die hastig Eis schlürften, um Abkühlung zu finden.

Er ging durch die wegen der Hitze geöffnete Eingangstür. Die Plätze im Innenraum waren bis auf einen Zweiertisch, den Unger reserviert hatte, belegt. An der Decke sorgten zwei Ventilatoren für einen angenehmen Luftzug.

Wetzel nahm sich eine Zeitung vom Ständer und setzte sich auf den Stuhl, dessen Lehne zur Wand zeigte. Zwölf Glockenschläge einer Kirchturmuhr drangen durch die Tür ins Innere des Cafés. Trotzdem schaute er auf seine Armbanduhr. Dann schlug er die Zeitung auf und gab vor, konzentriert einen Bericht zu lesen. In Wirklichkeit aber suchte er in den Augenwinkeln das Café ab. Wetzel besaß die Fähigkeit, auch in größeren Räumen innerhalb von Sekunden die anwesenden Menschen zu erfassen und einzuordnen.

Sieben Personen hatten sie geschickt. Er fragte sich, wie viele wohl draußen postiert waren. Einer saß allein am Tisch, vier an Zweiertischen und ein Pärchen, das zu turteln schien, nahm einen Dreiertisch ein, auf dessen freiem Platz Einkaufstüten standen. Sie sind gut, dachte Wetzel. Verdammt gut. Ihre Kleidung, ihr Alter und ihre Haarlängen waren so unterschiedlich, dass es schon eines geschulten Blickes und einer gehörigen Portion Instinkt bedurfte, sie von den normalen Cafégästen zu unterscheiden. Wo habt ihr eure Waffen und Funkgeräte versteckt, fragte sich Wetzel. Er konnte weder durch Waffen bedingte Ausbeulungen in der Kleidung noch Ohrhörer sehen, die gewöhnlich mit Funkgeräten verbunden sind. Aber Wetzel wusste, dass diese Typen schon in der nächsten Sekunde hätten tödlich zuschlagen können, wenn es notwendig geworden wäre.

Eine hübsche junge Kellnerin, wahrscheinlich eine Studentin, die ihr Taschengeld aufbesserte, trat an seinen Tisch und nahm seine Bestellung entgegen. Nachdem sie in Richtung Tresen gegangen war, steckte er sich einen Zigarillo an. Der Luftstrom der Ventilatoren löste den Rauch schnell auf. Als sich die Kirchturmuhr um viertel nach zwölf meldete, schaute er erst auf seine Uhr und dann ungeduldig auf die Eingangstür, aber niemand betrat das Café. Er vertiefte sich wieder in seine Zeitung.

Unger würde um halb eins anrufen, absagen und damit drohen, nicht wieder mit ihm Kontakt aufzunehmen. Sie würden alles mithören und auf eine andere Gelegenheit warten ... Wetzel hoffte, dass die russischen Lauscher auf das Täuschungsmanöver hereinfielen.

Mehrfach hatte der Hauptkommissar auf die Uhr und dann auf die Tür geschaut. Seine gespielte Ungeduld wuchs. Er zündete sich den zweiten Zigarillo an und trommelte mit den Fingern der rechten Hand auf den Tisch. Hinter dem Kuchentresen klingelte ein Telefon. Die hübsche Kellnerin nahm ab, nickte und legte den Hörer auf eine Ablagefläche. Dann stellte sie sich vor den Tresen. »Befindet sich ein Herr Wetzel in unserem Café?«

Der Hauptkommissar bemerkte, wie einige seiner Überwacher ihre Köpfe hoben und einen Augenblick auf den einzeln sitzenden Mann blickten, so als warteten sie auf ein Zeichen von ihm.

Wetzel hob den Arm. »Hier.«

»Jemand wünscht Sie am Telefon zu sprechen, hinter dem Tresen«, sagte sie und geleitete ihn zum Telefon.

Am anderen Ende der Leitung spielte Unger den Verärgerten. »Sie haben gegen die Abmachung verstoßen, Herr Hauptkommissar. Sie sind nicht alleine gekommen.«

Wetzel protestierte heftig. »Das stimmt nicht, ich habe keinen Kollegen mitgebracht.«

»Sie lügen. Ich habe drei Personen mit Abhörgeräten und Schusswaffen im Café ausgemacht.«

Wetzel sah aus den Augenwinkeln, wie sich einige der Männer kurz fragend ansahen, so, als könnten sie nicht verstehen, dass jemand sie enttarnt hätte. »Herr Unger, ich schwöre Ihnen, dass ich alleine gekommen bin. Wenn hier jemand ist, dann hat er nichts mit mir zu tun. Aber ... hier drinnen ist auch nichts Auffälliges festzustellen.«

Am anderen Ende herrschte Schweigen, als denke Unger nach, ob er dem Hauptkommissar glauben könne. »Ich muss mir das noch einmal durch den Kopf gehen lassen. Wenn es zu einem zweiten Treffen zwischen uns kommen sollte, werde ich Ihnen eine E-Mail schicken«, sagte Unger schließlich und legte auf.

Wetzel kehrte mit grimmigem Gesicht zu seinem Tisch zurück.

Inzwischen hatte dort auf dem freien Stuhl eine attraktive Frau Platz genommen. »Sie sehen so verärgert aus«, sagte sie in verständnisvollem Ton, wobei Wetzel einen leichten osteuropäischen Akzent bemerkte.

»Ein Bekannter hat kurzfristig ein wichtiges Treffen abgesagt. Deshalb bin ich schlecht gelaunt.«

Sie gehörte zu ihnen. Hatte sie sich an seinen Tisch gesetzt, um seine Stimmung zu beurteilen? Um zu prüfen, ob er Theater spielte? Das konnte er nicht beantworten. Aber er hatte diese Typen gesehen. Zum ersten Mal hatte er Gesichter gesehen, die er nicht mehr vergessen würde. Und noch etwas hatte dieser Cafébesuch gebracht: Er hatte den Führer dieser Gruppe am Einzeltisch ausmachen können. Die untertänigen Körperhaltungen seiner Mitarbeiter verrieten ihm das. Seine Macht und Autorität hing wie ein Reklameschild an ihm. War er der Chef der berüchtigten Sicherheitsabteilung der Organisation und hatte er sie begleitet, um den reibungslosen Ablauf des heute geplanten Anschlags auf Unger und Wetzel zu garantieren?

Wetzel bezahlte und verabschiedete sich von der Frau.

Freiburg, Samstagnachmittag, 19. Juli

Natürlich hatten sie ihn nach dem gescheiterten Treffen mit Unger verfolgt. Es handelte sich aber nicht um die Männer, die ihn im Café *Antik* beobachtet hatten oder besser gesagt, den Auftrag hatten, ihn und Unger zu beseitigen. Wie sie ihn verfolgten, das zeugte von großer Routine. Sie hielten einen großen Abstand, mal war ein unauffälliges anthrazitfarbenes Fahrzeug vorn, mal ein dunkelrotes. Sechs Männer hatte er insgesamt bemerkt, ihre Gesichter aber nicht erkennen können. Wenn er an die Überwacher vor seinem Haus dachte, dann kamen wahrscheinlich vier weitere Personen hinzu. Machte siebzehn. Er fragte sich, wie viele Personen wohl noch für den Sicherheitsdienst der Organisation arbeiteten. Wetzel zweifelte nicht an dem, was Unger gesagt hatte: ehemalige Geheimdienstler des KGB, die brutal und skrupellos töteten, wenn sie einen bezahlten Auftrag erhielten. Er wusste, dass es gefährlich werden würde, wenn es zum Showdown kam.

Valerie mit ihrer untrüglichen Intuition wurde inzwischen immer unruhiger. Es würde nicht mehr lange dauern, bis die Kinder ihr das anmerkten ...

Nachdem die Familie Wetzel zu Mittag gegessen hatte, beschlossen die Kinder, dass die gesamte Familie zum Opfinger Baggersee fahren müsse, weil dort ihre Freunde schon seit dem frühen Morgen auf sie warteten. Außerdem könne man solchen Tropentag nur aushalten, wenn man sich in regelmäßigen Abständen abkühlte, meinte Michelle. Also planschten Yannick und seine Schwester eine halbe Stunde später im ›dreiundzwanzig Grad kalten‹ Wasser des Sees.

Sie hatten Glück gehabt. Obwohl tausende von Menschen das Gelände am Baggersee bevölkerten, fanden sie einen schattigen Platz unter einem der Bäume, die den See umsäumten. Nachdem die Wetzels ihre Badeutensilien auf dem Boden abgelegt hatten, rannten die Kinder, die das Haus schon in Badeanzügen verlassen hatten, ins Wasser. Die Eheleute Wetzel legten sich auf ihre Badematten. Rainer Wetzel blickte sich unauffällig um. Von den Verfolgern war nichts zu sehen, aber der Hauptkommissar wusste, dass sie sich auf dem Gelände aufhielten. Die beiden Fahrzeuge, die ihm am Mittag vom Café aus gefolgt waren, waren während der Fahrt zum

See wieder im Rückspiegel seines Audis aufgetaucht. Als sie vom Parkplatz aus zum See gegangen waren, hatte er aus den Augenwinkeln gesehen, wie sie in einiger Entfernung ihre Fahrzeuge parkten. Er würde sie nicht sehen können, aber irgendwo hinter einem der Bäume hatten sie längst ihre Mikrophone auf sie gerichtet und hörten alles, worüber sie sprachen. Wenn Michelle und Yannick das sagten, was er erhoffte, dann war ihm die Anwesenheit der Lauscher in diesem Fall sogar recht.

Er betrachtete seine Frau, auf deren flachem Bauch die Schweißperlen glitzerten. In ihrem schönen Gesicht lag wieder diese Besorgnis ... Seit fünfzehn Jahren waren sie verheiratet und nicht einen Tag hatte er aufgehört, sie zu lieben. Im Gegensatz zu den Ehen vieler Kollegen, die längst geschieden waren, waren bei ihnen keine Zerfallserscheinungen aufgetreten. Manchmal benahmen sie sich wie frisch verliebte Jugendliche, schwebten Händchen haltend, küssend und ihre Umwelt nicht beachtend durch die Straßen von Freiburg. Manchmal spielten sie wie kleine Kinder im Garten Fangen. Oder lieferten sich Kissenschlachten ... Was wäre, wenn er sie einmal verlöre? Wenn diese russischen Söldner, denen alles zuzutrauen war, ihr etwas antäten? Er wollte nicht daran denken. Rainer Wetzel gab seiner Frau einen Kuss, schnappte sie an der Hand und rannte mit ihr wie ein unbekümmerter Teenager ins Wasser.

Es dauerte eine halbe Stunde, ehe die beiden das Wasser wieder verließen und eine Stunde, bis sich ihre Kinder abgekühlt hatten und wieder ihren Platz aufsuchten. Yannick war angesichts der Umgebung in Ferienstimmung und fragte seinen Vater, ob sie nicht wieder einmal nach Épinal fahren könnten. Man habe schließlich Ferien und er seinen Cousin Dominique seit Weihnachten nicht mehr gesehen. Natürlich dachte Yannick vor allem an das Fußballspielen mit seinem Cousin und dessen französischen

Freunden. Es war genau das, worauf der Hauptkommissar gewartet hatte. Und da Yannick es in einem ganz normalen Ton sagte, denn er ahnte ja nichts von den Ermittlungen seines Vaters, würden seine Lauscher keinen Verdacht schöpfen, dass irgendetwas nicht stimmte.

Um sechs Uhr packten die Wetzels ihre Badeutensilien und traten den Heimweg an. Wetzel hatte keine fünfhundert Meter mit dem Auto zurückgelegt, als er die beiden Verfolgerfahrzeuge im Rückspiegel erkannte. Kurz bevor er in die Straße einbog, in der sein Wohnhaus stand, verlor er sie aus den Augen. Nun, ihre ›Begleitung‹ war auch nicht mehr notwendig, schließlich übernahmen jetzt die Kumpane im Kleinbus und im braunen Golf.

Die Windowsmelodie gab an, dass der Computer hochgefahren war, aber die durch das Fenster tief einfallenden Sonnenstrahlen ließen in der oberen Hälfte des Computerbildschirms alle Konturen verschwinden. Er ging zum Fenster, ließ die Jalousie herunter und blickte durch eine Lücke zwischen den Lamellen auf die Straße. Anstelle des dunkelgrünen Kleinbusses stand ein marineblauer, aber seine Funktion war unübersehbar. Am liebsten hätte er eine Gruppe zusammengestellt, die diese Brut sofort überwältigte und ins Gefängnis steckte.

Er ging zum Schreibtisch zurück. Die Bildschirmoberfläche war wieder sichtbar geworden. Er klickte den Outlookexpress an, sah die E-Mails durch, aber eine Nachricht von Unger war noch nicht eingetroffen. Es war halb acht. Wie mit Unger abgesprochen, müsste sie eigentlich jeden Moment erscheinen.

Inzwischen war Valerie Wetzel hereingekommen. »Glaubst du, dass er sich wieder meldet?«

»Er braucht mich, um seine Unschuld zu beweisen. Er wird sich melden, da bin ich mir sicher.«

Als habe Unger jedes Wort vernommen, zeigte der

Outlookexpress eine neue Nachricht an. Wie beim letzten Mal fehlten die Codewörter. Auf eine Anrede zu Beginn der Nachricht hatte er ebenso verzichtet wie auf einen Gruß an deren Ende. Valerie Wetzel begann vorzulesen.

»*Wie werden uns am nächsten Freitag um zwanzig Uhr am Münster treffen. Dort werde ich Ihnen weitere Anweisungen geben. Sollten sich wie beim letzten Mal ›unauffällige Beobachter‹ in Ihrer Nähe befinden, muss ich glauben, dass auch Sie zu den korrupten Polizisten des Polizeipräsidiums gehören. In diesem Fall war diese E-Mail die letzte Nachricht, die Sie jemals von mir erhalten haben.*«

»Diese ganze Geschichte, Rainer, jagt mir eine ungeheure Angst ein«, sagte sie.

Valerie ist überzeugend, dachte Wetzel, weil ihre Angst nicht gespielt, sondern echt ist. Er versuchte, ihre Besorgnis zu zerstreuen. »Am Freitagabend treffe ich Unger und dann wird die Angelegenheit schnell erledigt sein.«

Seine Stimme klang zuversichtlich und hatte seine Lauscher sicher überzeugt. Seiner Frau und sich selbst hatte er jedoch die Zweifel an einem Erfolg seiner Ermittlungen nicht nehmen können.

Die Lauscher in den Fahrzeugen hatten ihren Chef schnell von der neuen Entwicklung informiert. Für sie würde das Problem am nächsten Freitag endlich erledigt sein und wieder Ruhe in die Organisation einkehren. Allein Lasse, der in seinem Privatraum in einem Ledersessel saß, eine Zigarette zum Wodka rauchte und mit einem grimmigen Gesicht über den genauen Wortlaut der E-Mail nachdachte, störte etwas an diesem verabredeten Treffen. Warum gab sich Wetzel mit einer Wartezeit von fast einer Woche zufrieden? Er selbst hätte an gleicher Stelle darauf gedrungen, das zweite Treffen spätestens nach zwei

Tagen folgen zu lassen. Dieser Unger, der so viele Informationen über die Organisation gesammelt hatte ... der musste doch genau wissen, dass dieser Schnüffler sauber war. Spielten Unger und Wetzel ihm ein Theater vor und bereiteten ein Treffen zu einem anderen Zeitpunkt und an einem anderen Ort vor?

Südharz, Samstag, 19. Juli

Pierre Rexilius ging er in die Küche, schaltete das Radio ein und hörte sich die Sieben-Uhr-Nachrichten an. Der Sprecher war inzwischen ausgewechselt worden, aber die Nachrichten waren dieselben wie in der Nacht. Er legte zwei Brote in den Toaster, schaltete die Kaffeemaschine an und griff erneut zum Telefon. Silvio Reinecke nahm nach dem ersten Klingelzeichen ab und zeigte sich sehr überrascht über Pierres Anruf, seit einem Jahr hatten sie nicht mehr miteinander gesprochen.

»Was hast du auf dem Herzen?«, fragte Reinecke.
»Ich brauche deine Hilfe.«
»Wann?«
»Heute Nachmittag.«

Dann erzählte Pierre ihm, wonach er suchte. Reinecke versprach, sein Möglichstes zu tun. Nachdem Rexilius das Gespräch beendet hatte, wählte er Sandra auf ihrem Handy an, bekam aber keinen Anschluss. Als sie sich auch an ihren Diensttelefon nicht meldete, setzte er sich an den Computer und schickte ihr eine E-Mail. Dann packte er seine Reisetasche, verließ seine Wohnung und klingelte an Ewalds Tür. Keine fünf Sekunden später öffnete Ewald Baier und fragte schmunzelnd »Du brauchst mein Auto?«

Pierre nickte. Ewald Baier verschwand in seiner Wohnung und kehrte wenige Augenblicke später mit einem

Autoschlüssel zurück. »Heute musst du dich mit dem kleinen Ford von Elisabeth begnügen. Wir wollen nach Hannover, Melanie besuchen.«

Pierre kannte Ewald, seitdem er vor sechs Jahren die Wohnung neben ihm bezogen hatte. Er war mit dem Einräumen gerade fertig geworden, als Ewald und seine Frau Elisabeth ihn zum Essen einluden, sozusagen, um ihn nach den Anstrengungen des Umzugs zu kräftigen.

Von Anfang an lagen sie auf einer Wellenlänge. Ewald lernte er als eingefleischten Jazzfan kennen und bald fachsimpelte man über John Lee Hooker, Louis Armstrong und Co und tauschte CDs und Schallplatten aus.

In den Folgejahren hatte sich eine Freundschaft zwischen ihm und dem Ehepaar entwickelt, die sich auch darin zeigte, dass man sich gegenseitig half, und da Pierre seit sieben Jahren kein motorisiertes Fahrzeug mehr besaß, lieh man ihm in Notzeiten eins der beiden Autos aus. Weil Elisabeth in Nordhausen in der Verwaltung eines Industriebetriebes arbeitete und Ewald im Umweltamt in Goslar, benötigte man zwei Fahrzeuge.

»Ich habe den CD-Player im Auto reparieren lassen, du kannst deine eigene Musik hören.«

Pierre bedankte sich bei Ewald und verabschiedete sich. Vier Stunden später fuhr er auf den Parkplatz des Polizeipräsidiums in Leipzig und saß kurze Zeit später Reinecke in dessen Dienstzimmer gegenüber.

»Ich habe ihn erreicht, er wird kommen. Aber er bestimmt den Ort und die Zeit. Am Abend wird er wieder mit mir Kontakt aufnehmen«, sagte Reinecke.

Rexilius nickte und blickte auf den schlaksigen Ein-Meter-Neunzig-Mann, der trotz seiner Größe nur siebzig Kilo wog. Reineckes einst schwarzer, buschiger Schnurrbart war mit grauen Haaren durchzogen, ebenso wie seine dichte Kopfbehaarung. Eine Hornbrille, die seine Augen vergrößerte, lag sanft auf seiner Hakennase. Spötter im

Präsidium behaupteten, dass die Kombination aus vergrößerten Augen, buschigem Schnurrbart und Hakennase ihn wie eine Witzfigur aussehen ließen. Tatsache war, dass die meisten der zu Verhörenden ihn unterschätzten und damit schon verspielt hatten, denn Reinecke war ein gewiefter Verhörspezialist.

»Was hältst du von einem Essen bei *Eleonore*?«, fragte Pierre. *Eleonore* war ein Restaurant in Leipzig, das sächsische Spezialitäten anbot. Pierre hatte Reinecke in den letzten fünf Jahren sechs Mal besucht und immer hatten sie bei *Eleonore* gespeist. Die Besitzerin war eine sechzigjährige ehemalige Grundschullehrerin. Sie hatte das Restaurant schon kurz nach der Wiedervereinigung eröffnet und in der Anfangszeit Probleme gehabt, wirtschaftlich zu überleben, weil die meisten ehemaligen DDR-Bürger die amerikanische Fast-Food-Küche bevorzugten. Inzwischen waren viele zur Überzeugung gelangt, dass Gemütlichkeit und einheimische Küche besser seien als schnelle Massenabfertigung und vitaminarme Kost. Eleonore ging es mittlerweile so gut, dass sie sich fünf Beschäftigte leisten konnte.

»Nein, heute musst du mit Janine vorliebnehmen, sie hat eine Überraschung für dich«, sagte Reinecke.

Er nahm Rexilius mit nach Hause. Neben einem Fleischgericht bestand die Überraschung vor allem aus Leipziger Räbchen, einer Süßspeise aus entkernten Dörrpflaumen, die mit Marzipan gefüllt sind; eines von Pierres Leibgerichten.

Nachdem Neuigkeiten ausgetauscht worden waren, berichtete Pierre seinem Kollegen und dessen Frau noch einmal, weshalb er gekommen war.

»Du hast recht«, sagte Silvio Reinecke, »das sieht nach einem ehemaligen Spitzenmann der Stasi aus. Wenn dir jemand weiterhelfen kann, dann mein, sagen wir einmal, ›Bekannter‹.«

Um neun Uhr klingelte Reineckes Handy. Er meldete sich mit »Ja«, hörte eine Minute zu, um schließlich wieder »Ja« zu sagen. Und damit war das Gespräch beendet. Dann blickte er Rexilius an. »Es ist so weit. Wir müssen uns sputen, weil er uns um elf Uhr treffen will, bis zum Treffpunkt brauchen wir etwa zwei Stunden.«

Die ersten fünf Minuten der Fahrt verliefen schweigsam. Dann fragte Pierre seinen Kollegen, ob er den Informanten persönlich kenne.

»Ich habe ihn zu DDR-Zeiten kennengelernt, aber ich darf seinen Namen nicht preisgeben, sonst würde er jeden Kontakt zu mir abbrechen. Glaube mir, er ist heute ein einflussreicher Mann. Mit Sicherheit wirst du ihn nicht zu Gesicht bekommen.«

Rexilius nickte. Davon war er auch nicht ausgegangen. Aber er hoffte, dass der Mann ihm weiterhelfen würde.

»Er wird mit einem Mercedes kommen und ihn nicht verlassen. Das Kennzeichen wirst du nicht erkennen. Vor dem Gespräch untersuchen dich seine Leibwächter auf Waffen und Mikrofone. Lass diese Prozedur geduldig über dich ergehen.«

Pierre hatte Silvio während einer Tagung in Leipzig kennengelernt – der einzigen, der er jemals beigewohnt hatte. Thema war *Moderne Ermittlungsmethoden* gewesen. Die beiden waren in der gleichen Arbeitsgruppe. Am Abend des vierten Tages feierte man vorsorglich Abschied, weil am folgenden Freitag die Tagungswoche am Mittag zu Ende ging. Bei *Eleonore* hatten sich ein Dutzend Tagungsteilnehmer getroffen und nach einem reichhaltigen Essen eine Menge Bier getrunken. Silvio hatte über seine Zeit bei der Polizei der DDR berichtet. Fünf Jahre vor der Grenzöffnung war er zur Mordkommission versetzt worden. Nur etwa die Hälfte aller Mordfälle durften sie bearbeiten, die andere Hälfte wurde von diversen Leuten übernommen, die nichts mit der Polizei, sondern mit der allmächtigen Staatssicherheit zu tun hatten. In solchen Situationen mussten sie die Akten übergeben, durften sich weder nach den weiteren Ermittlungen noch nach den endgültigen Ermittlungsergebnisse erkundigen. Wer das unvorsichtigerweise tat, wurde im besten Fall nur aus dem Polizeidienst entfernt.

Nach der Grenzöffnung war Silvio monatelang durchleuchtet worden, ehe er in den Polizeidienst aufgenommen wurde. Er stellte sich als völlig ›sauber‹ heraus.

Nach eineinhalb Stunden Fahrt verließen sie die Landstraße und bogen in einen Feldweg ein, der in einem Waldweg mündete, zuerst von dichtem Buschwerk, einige hundert Meter weiter von hohen Laubbäumen umgeben. Einen Kilometer weiter endete der Weg an einer stillgelegten Fabrikhalle. Silvio parkte das Fahrzeug und dann gingen sie auf die Halle zu. Das Mondlicht erhellte den großen, inzwischen torlosen Eingang.

»Wir werden die Taschenlampe, die ich mitgebracht habe, nicht brauchen. Die Halle hat viele Fenster, die das Mondlicht hereinlassen, so dass wir gut genug sehen können, um nicht über etwas stürzen«, sagte Silvio. »Du kannst sicher sein, dass sie uns mit ihren Nachtsichtbrillen schon seit Beginn des Feldweges auf Schritt und Tritt verfolgen.«

Rexilius nickte, davon war er ausgegangen. Als sie die Halle betraten, flatterte eine Schar Fledermäuse dicht über ihre Köpfe hinweg. Sie gingen nur wenige Schritte in die Halle hinein, dann sagte eine Stimme in befehlsgewohntem Ton: »Bleiben Sie dort stehen!« Sie gehorchten, obwohl sie niemanden sahen. Wenige Augenblicke später wurden sie von fünf Schatten umstellt, die scheinbar aus dem Nichts aufgetaucht waren. Sie wurden abgetastet, mit Metalldetektoren durchleuchtet, nach elektronischen Geräten überprüft und während der ganzen Zeit sprach niemand ein Wort.

»Folgen Sie mir!« Wieder der gleiche Ton, keine Entspannung.

Umringt von den schwarzgekleideten Männern schritten sie durch die Halle. Die Schritte von Silvio und Pierre hallten, ein Echo schien die Lautstärke zu verstärken. Ihre Schatten aber bewegten sich geräuschlos.

Zwei Meter vor der schwarzen Mercedes-Limousine mussten sie stehen bleiben. Ein Surren durchschnitt die Stille, die Fensterscheibe der linken hinteren Tür sank nach unten. »Was wollen Sie wissen?«, fragte eine elektronisch verzerrte Stimme. Dazwischen mischten sich Rufe eines Waldkauzes, was der Szenerie in der Halle eine irreale Atmosphäre verlieh. Die Schatten schwärmten lautlos aus, um draußen mögliche Begleiter der beiden Polizisten zu überraschen.

Pierre erklärte es ihm.

»Ja, es hat ihn gegeben, diesen Topmann«, sagte die Stimme aus dem Wagen. »Gehörte sozusagen der geheimsten Gruppe an. Seinen Namen ... den kannten nur wenige, wahrscheinlich nur der Führungsstab der Staatssicherheit. In der Anfangszeit dachten wir alle, es handele sich um ein Phantom, um eine Erfindung des Stabs, um uns unter Erfolgsdruck zu setzen, aber später habe ich herausgefunden, dass es ihn wirklich gab. Er war hochintelligent, Spitzensportler, hat Medizin, Informatik und Psychologie studiert. War jeweils Jahrgangsbester. Die Stasi bildete ihn zu einem Spezialisten aus, der nur eine einzige Aufgabe hatte: schnell und spurlos zu töten. Wie viele Morde auf sein Konto gehen – ich weiß es nicht. Aber eines Tages war irgendetwas passiert, das nicht nur die Stasi-Spitze, sondern auch das Politbüro der DDR in Panik versetzte. Er war spurlos verschwunden. Wenn alles, was er wusste, ans Tageslicht gelangte, dann würde das massive internationale Verwicklungen geben. Der allmächtige Stasiapparat setzte alles in Bewegung, im westlichen Ausland, in den Staaten des ehemaligen Ostblocks ... Er blieb unauffindbar. Ein einziges Mal glaubte man, ihn in Polen gesehen zu haben, aber auch diese Spur verlief im Sande. Wissen Sie, was das Eindruckvollste an ihm war?«, fragte er, ohne eine Antwort zu erwarten. »Er hatte etwas geschafft, was keinem vor ihm gelungen war. Er hatte sämtliche Unterlagen beseitigt, die es im geheimsten Tresor über ihn gab. Er existierte einfach nicht mehr, hatte sie mit ihren eigenen Waffen geschlagen. Die Fahndung nach ihm musste mit Phantombildern durchgeführt werden, weil es kein Foto mehr gab! Höchstwahrscheinlich hat er sein Aussehen gleich nach seiner Flucht so verändert, dass ihn ohnehin keiner mehr hätte identifizieren können.«

Er machte eine Pause, weil seine Leibwächter von ihrem Kontrollgang in die Halle zurückkehrten. Nachdem sie Entwarnung gegeben hatten, fuhr er fort. »Nach der Wiedervereinigung wurde er offiziell natürlich nicht mehr gesucht, aber es gab alte Stasiseilschaften, die ihn noch zwei Jahre lang suchten. Natürlich ohne Erfolg.«

»Was glauben Sie, warum er verschwunden ist?«, fragte Rexilius.

Die mechanische Stimme antwortete nicht gleich. Stattdessen flatterten die Fledermäuse zu Dutzenden durch die ausgediente Fabrikhalle, um sich auf die Jagd zu begeben. Sie verursachten einen Luftzug, der einige Augenblicke lang angenehme Kühle in die Halle brachte. Die Schatten verschwanden wieder in der Dunkelheit.

»Er ist ausgestiegen und hat das von langer Hand vorbereitet. Den Grund dafür kenne ich nicht. Vielleicht hat er vom Morden genug gehabt, vielleicht war eine Frau im Spiel. Er könnte sich auch in die USA abgesetzt haben, weil er dort für seine vielseitigen Talente mehr Geld bekommt.«

Rexilius sagte kopfschüttelnd: »Nein, das glaube ich

nicht. Er ist der Mörder, den ich suche.« Er fasste die Abläufe der Morde zusammen.

Nach einer Minute des Schweigens sagte der Mann im Mercedes schließlich: »Ja, das klingt nach ihm. Seien Sie vorsichtig. Wenn Sie ihm zu nahe kommen, sind Sie ein toter Mann. Er hat noch nie versagt. Und noch etwas: Es gibt das Gerücht, dass ihm bei einem Einsatz die Nase mehrmals gebrochen wurde …«

Er verabschiedete sich nicht, nur das Surren der sich schließenden Fensterscheibe schien eine Art Verabschiedung darzustellen. Der Motor wurde gestartet und der Wagen fuhr, ohne dass die Scheinwerfer angeschaltet wurden, durch einen zweiten Ausgang, den Pierre und Silvio erst jetzt bemerkten. Seine Leibwächter kehrten nicht mehr in die Halle zurück.

Südharz, Montagvormittag, 21. Juli

Die Luft hatte sich gegenüber dem Vortag abgekühlt. Für zwei Tage würde die Luft aus Skandinavien strömen und damit die Höchsttemperaturen auf milde fünfundzwanzig Grad halten, hatte er im Radio gehört … Regen, den gab es zwar irgendwo auf Island und ausnahmsweise in Griechenland, aber das übrige Europa würde den ganzen Tag in der Sonne verbleiben. Und wenn dieses zweitägige milde Intermezzo vorüber sei, dann würde es wieder trockene Luft aus der Sahara geben. Sollten die Menschen in Mitteleuropa »Glück haben«, dann könnte sie sich sogar über Wüstensand »freuen«. Als Rexilius mit seinem Rennrad nach Wieda abbog, bekam er einen kleinen Vorgeschmack auf das Kommende. Der starke Nordwind blies ihm entgegen und mit ihm der ausgetrocknete Boden der kümmerlichen Roggenfelder. Er hielt am Straßenrand, wischte sich die Augen frei und setzte eine Fahrradbrille auf. Dann fuhr er weiter, blickte auf die Wälder, die den Talort Wieda umrahmten. Der Wind ließ die Bäume hin und her tanzen, gaukelte Wellenbewegungen vor, die den Eindruck eines tief aufgewühlten, grünen Meeres erweckten.

Er war auf dem Weg nach Zorge und nahm einen Umweg über Wieda, weil die Strecke im Walkenrieder Wald wegen Straßenbauarbeiten den Vormittag über gesperrt sein würde. Marc Junge hatte vor einer Stunde bei ihm angerufen und berichtet, dass die Sekretärin des Zorger Wellnesscenters bei ihm angerufen habe und eigentlich ihn, den Hauptkommissar, habe sprechen wollen. Rexilius war in diesem Moment eingefallen, dass er Frau Glenner ganz vergessen hatte.

Sie wollte über etwas Eigenartiges, das sie beobachtet hatte, nicht länger schweigen – und Marc hatte ihr nicht erzählt, dass das LKA die Ermittlungen übernommen hatte. Er hatte ihr versprochen, dass Rexilius sie noch heute Vormittag aufsuchen würde.

In Wieda bog Pierre in Richtung Zorge ab, fuhr wenig später an den vom Waldbrand verwüsteten Flächen vorbei. Der Lärm der Sägen der Waldarbeiter drang bis zu ihm vor. Sie hatten ganze Arbeit geleistet, die meisten der Baumleichen waren gefällt und wurden beseitigt. Rexilius fand den Anblick entsetzlich. Noch vor drei Wochen hatte es hier dichten Buchenwald gegeben, jetzt zeichneten sich die drei Kilometer entfernten Häuser Walkenrieds ab. Die Forstverwaltung hatte versprochen, im Frühjahr des nächsten Jahres mit der Aufforstung zu beginnen.

Er stürzte sich in die folgende zwölfprozentige Abfahrt. Fünf Minuten später erreichte er das Wellnesscenter in Zorge, stellte sein Fahrrad ab, verschloss es und durchschritt die Eingangstür. Am Tresen stand Frau Glenner. Offensichtlich erwartete sie ihn. Er sah sie genauer an als beim letzten Mal und schätzte sie auf Ende dreißig. Ausgesprochen hübsch, dachte er. Schulterlange, kleingelockte braune Haare und ein scharfgeschnittenes Gesicht. Bekleidet war sie mit einer weißen Bluse und einem marineblauen Rock. Ihre tiefe Gesichtsbräune verriet, dass es an ihrem Urlaubsort viel Sonne gegeben hatte.

Rexilius gab ihr die Hand, bemerkte an ihr eine gewisse Distanziertheit, vielleicht war es auch Unsicherheit. »Sie wollen mich sprechen?«

»Kommen Sie bitte in mein Büro«, antwortete sie und ging voraus.

Größer konnten die Gegensätze nicht sein, wenn man ihr Büro mit dem von Wölfer verglich. Der Raum strahlte eine ausgesprochen lebendige Atmosphäre aus. Sechs Topfblumen waren im Zimmer geschmackvoll verteilt und die Blüten waren alle unterschiedlich an Farben und Formen. Frau Glenner, die die Blicke des Hauptkommissars verfolgt hatte, erklärte: »Orchideen, meine große Leidenschaft. Ich züchte sie seit über zehn Jahren und zu Hause habe ich es inzwischen auf über dreißig verschiedene Arten gebracht. Unser Wintergarten steht voll von ihnen. Es hat mich einige Überzeugungsarbeit gekostet, meinen Mann dazu zu bringen, einen Teil des hellen Wintergarten abzudunkeln, weil meine Lieblingsorchideen Schatten liebende Pflanzen sind.«

An den Wänden hingen vier gerahmte Bilder mit Nordseemotiven. Auf einem erkannte er den Westerhever Leuchtturm.

»Den hat fast jeder schon einmal gesehen«, sagte sie, »aber keiner kennt seinen Namen.«.

»Der Westerhever Leuchtturm«, sagte Rexilius und dachte an den Urlaub mit Jasmin. Das Jahr 1992 hatte einen Bilderbuchsommer gehabt, ideal zum Erkunden der Halbinsel Eiderstedt mit dem Fahrrad. Jasmin allerdings hatte andere Vorstellungen von einem erfüllten Urlaub.

Sie bevorzugte das Tanzen in den Diskotheken bis zum Morgengrauen und die Beendigung des nächtlichen Schlafs während der Mittagszeit. Nahtlos schloss sich an das Mittagessen – vielleicht in diesem Fall eher das Frühstück – der Strandbesuch an. In der ersten Woche hatte er das noch mitgemacht, aber danach war man getrennte Wege gegangen und erst die Rückfahrt führte man wieder gemeinsam durch. Warum alles in der Welt hatte diese Ehe überhaupt so lange gehalten? Und warum hatte man überhaupt geheiratet, wo man doch so verschieden war? Er konnte sich keine Antwort geben.

»Das gibt eine glatte Eins«, sagte Frau Glenner schmunzelnd.

»Die Eins muss ich allerdings etwas relativieren«, sagte Rexilius, »ich habe schon mehrmals vor dem Leuchtturm gestanden.«

Es klopfte, und ein Mann im Blaumann betrat Frau Glenners Büro. Er grüßte den Hauptkommissar. »Lobscher ist mein Name und ich bin hier der Mann für alles, der Hausmeister … Renée, gib mir bitte mal die Dienstpläne der letzten vier Wochen, Wölfer behauptet, ich hätte fünf Stunden zu wenig gearbeitet.«

Renée Glenner ging zu einem Aktenschrank und übergab Lobscher die Pläne, der sie dankend nahm. Dann verabschiedete er sich von Rexilius und verließ das Büro. Frau Glenner wurde wieder zurückhaltend, sie schien ängstlich.

Sie wies auf den Computerbildschirm. Rexilius begriff. Er erblickte auf eine geöffnete Datei:

Lieber Herr Hauptkommissar,

leider kann ich hier nicht frei reden, weil Wölfer sich schon heute im Wellnesscenter aufhält, einen Tag früher als angekündigt. Ich habe den Verdacht, dass er uns über die Computer abhört, deshalb wird es nicht lange dauern und er wird in diesem Büro auftauchen. Ich habe etwas beobachtet, das für die Mordfälle von Bedeutung sein könnte. Suchen Sie mich heute Abend zu Hause auf, dann können wir ungestört reden.

Darunter stand ihre Adresse. Rexilius nickte und Glenner löschte die Datei. Keinen Augenblick zu früh, wie sich herausstellte, denn Wölfer riss in diesem Moment die verglaste Tür auf, ohne zu klopfen und ohne zu grüßen. »Ich dulde es nicht, wenn unbeherrschte Polizisten ohne Hausdurchsuchungsbeschluss in das Wellnesscenter eindringen«, bellte er. »Verlassen Sie sofort die Einrichtung!«

Rexilius beachtete ihn nicht. Stattdessen fragte er die Sekretärin, ob ihr Urlaub erholsam gewesen sei. Das brachte den Centerchef erst richtig auf.

»Wenn Sie nicht sofort mein Wellnesscenter verlassen, rufe ich Polizeidirektor Fischer an, der wird Sie in Ihre Schranken weisen. Wie ich gehört habe, sind Sie ja schon häufig ins Fettnäpfchen getreten.«

Rexilius baute sich vor Wölfer auf und starrte ihn durchdringend an. »Und wenn Sie nicht sofort diesen Raum hier verlassen, werde ich Sie wegen Behinderung polizeilicher Ermittlungsarbeit vorläufig festnehmen. Da hilft Ihnen auch kein Polizeidirektor Fischer mehr. So langsam bekomme ich das Gefühl, dass Sie etwas zu verbergen haben.«

Wölfer lief rot an, konnte seinem Blick nicht standhalten und verließ wortlos das Büro. Renée Glenner konnte sich ein Schmunzeln nicht verkneifen.

Dann sprachen sie über den Westerhever Leuchtturm, über die Westerhever Halbinsel und St. Peter-Ording. Nach zehn Minuten verabschiedete sich der Hauptkommissar. Noch heute Abend würde er Renée Glenner aufsuchen. Rexilius glaubte ihr, dass Wölfer sie abhörte. Und er fragte sich auch, warum Wölfer, der zur Geschäftsleitung gehörte, in diesem relativ kleinen, unbedeutenden Wellnesscenter in Zorge gelandet war.

Südharz, Montagmittag, 21. Juli

Kurz nachdem Pierre das Wellnesscenter in Zorge verlassen hatte, rief Sandra ihn auf dem Handy an. Dunker, der sich in Fischers Dienstraum häuslich eingerichtet hatte, hatte den Beschwerdeanruf von Wölfer entgegengenommen und reagiert, ohne Fischer davon in Kenntnis zu setzen. Dunker und fünf seiner Leute hatten fluchtartig die Inspektion verlassen. Seine Wohnung sei ihr Ziel.

Rexilius umfuhr das Mehrfamilienhaus, in dem er wohnte, über die Jugendherbergsstraße und suchte sich auf dem Knickberg in einem Feldweg eine geeignete Stelle, von der aus er das im Tal gelegene Haus einsehen konnte. Er fand sie direkt auf einer Bank, die der Harzclub aufgestellt hatte. Rexilius holte sein Teleskop aus dem Rucksack und suchte die Gegend ab. Sie waren noch nicht gekommen, aber er ging davon aus, dass es nicht mehr lange dauern würde.

Er stopfte sich eine Pfeife und zündete sie an. Wenn sie nicht mit einem Fernglas seine Gegend absuchten, was unwahrscheinlich war, dann würden sie ihn nicht entdecken können, er würde aber alle ihre Aktionen genau verfolgen können, sogar ihre Gesichter würde er erkennen.

Rexilius blickte auf die markanten Gipfel des Südharzes. Über ihnen hatten sich Schönwetterwolken gebildet, die zügig nach Osten zogen, sich auflösten und wieder neu bildeten. Wie der ewige Kreislauf von Geburt und Tod. Er hörte die Jagdschreie eines Bussards, nur gelegentlich unterbrochen durch das Brummen entfernter Autos. Plötzlich hatte der Raubvogel sein Opfer im Visier. Er stürzte in die Tiefe. Rexilius richtete sein Teleskop auf den Boden. Der Raubvogel hatte seine Beute sicher erhascht, stand mit den Krallen auf einer Ratte und zerriss sie mit seinem kräftigen Schnabel. Fressen und gefressen werden. Das Gesetz der Natur. Hier hatte er es verfolgen können ... Der Mörder hatte Fritz und Kappe zu seinen Opfern gemacht. Er hatte sie gefressen. Aber sie waren keine unschuldigen Opfer gewesen. Wen hatten sie gefressen?

Rexilius schaute auf seine Uhr. Inzwischen waren zwanzig Minuten vergangen. Wieder suchte er die Parkplätze um das Mehrfamilienhaus mit dem Fernglas ab. Und dann sah er sie. Zwei Fahrzeuge hielten auf dem Parkplatz direkt vor dem Haus. So, als seien sie ein Überfallkommando, stürzten fünf Männer aus den Autos, an der Spitze Dunker, der Arsch. Ein Mann blieb an den Fahrzeugen zurück. Am Eingangsportal drückte Dunker auf alle Klingelknöpfe, wahrscheinlich weil er vermutete, dass Rexilius nicht öffnen würde. Die Tür ging auf, und die Polizisten des LKA, Dunker voran, drangen in das Haus ein.

Rexilius konnte sich vorstellen, was jetzt passierte. Dunker rannte von Wohnungstür zu Wohnungstür und scheuchte Pierres Nachbarn auf, bis die ihm endlich erklärt hatten, dass seine Wohnung im obersten Stockwerk lag. Dann rannten die LKA-Männer polternd die sechs Stufen hoch und standen endlich vor seiner Wohnungstür.

Einen Tag später sollte Pierre erfahren, dass Dunker wie wild auf seine Wohnungsklingel eingeschlagen habe, und als keine Reaktion eintrat, habe er mit der Faust gegen die Wohnungstür gehämmert und »Scheißkerl« gebrüllt.

Rexilius beobachtete den am Auto zurückgebliebenen Kollegen. Der zündete sich eine Zigarette an, blickte gelangweilt durch die Gegend und pfiff einer knapp bekleideten Frau hinterher. Er nahm diese ganze Dunker-Aktion nicht ernst.

Fünf Minuten später kehrte Dunker mit seinen Kollegen aus dem Haus zurück. Sein Gesicht war wutverzerrt, während die übrigen neutrale Mienen zeigten. Er hatte also keinen Durchsuchungsbeschluss bekommen, sonst wäre er in die Wohnung eingedrungen und hätte sie stundenlang mit großer Genugtuung durchsucht.

Dunker gab ein paar Anweisungen, dann ging alles sehr schnell. Ein Fahrzeug blieb zurück, in das zwei Männer einstiegen. Sie hatten offensichtlich den Auftrag, ihn zu observieren. Dunker und die anderen stiegen in das zweite Fahrzeug und verließen die Schillerstraße.

Rexilius verstaute sein Teleskop und die Pfeifenutensilien im Rucksack, stieg aufs Fahrrad und verließ seinen Beobachtungspunkt in Richtung Barbaras Restaurant. Kurz bevor er von der Jugendherbergsstraße in die Marktstraße einbiegen wollte, klingelte sein Handy. Er stieg von Fahrrad und holte es aus dem Rucksack.

Es war Barbara. »Pierre, was sind das für Leute, die hier in meinem Café sitzen, sich wie Proleten benehmen und mir unterstellen, dass ich dich irgendwo in meinen Räumen verstecke? Sind die Leute vom LKA immer solche Spinner?«

»Nein, nur Dunker ist unverschämt, die anderen sind in Ordnung. Deshalb wird Dunker überall auch nur der Arsch genannt ... Wie lange werden sie noch bleiben?«

»Ich habe das Gefühl, die wollen auf dich warten. Es ist besser, wenn du in den nächsten Stunden nicht hierher kommst.«

Rexilius bedankte sich für den Tipp und verabschiedete sich. Woher wusste Dunker, dass das Café sein Lieblingslokal war? fragte er sich. Jetzt blieb ihm nichts anderes übrig, als zum Priorteich zu fahren und dort die Zeit zu verbringen, bis er Frau Glenner aufsuchen konnte.

Am Haus der Glenners fuhr er jeden Tag zweimal vorbei. Einmal am Morgen, wenn er zur Inspektion fuhr, und einmal am Abend, wenn er nach Hause zurückkehrte. Es war nur sechshundert Meter vom Bahnhof Bad Sachsa entfernt. Ein schönes Haus, dessen Architektur für die Wohngegend außergewöhnlich war. Die Fassade war in einem Jugendstilgelb gehalten, die Holzelemente waren weiß gestrichen und bildeten einen geschmackvollen Kontrast. Der Zaun bestand aus gelb angestrichen Betonpfosten mit weißen Verzierungen, dazwischen waren schmiedeeiserne Elemente angebracht, und der mit Kieswegen angelegte Garten glich einem Park.

Rexilius hatte sich oft gefragt, wem dieses Haus wohl gehörte und wie es innen aussah. Fünfzig Prozent der Eigentümer kannte er schon, und das Innere des Hauses würde er in Kürze begutachten können.

Nachdem Frau Glenner die Tür geöffnet hatte, über der der lateinische Spruch *carpe diem* stand, führte sie ihn durch das Erdgeschoss. Türen gab es nicht, nur großzügige Durchgänge zu den Räumen. Ein entfernter Geruch von frischem Gemüse, Reis und Hühnchenfleisch drang in seine empfindliche Nase.

»Sie sind zum Essen eingeladen«, sagte eine nun entspannt wirkende Renée Glenner einem überraschten und zugleich erfreuten Rexilius, der seit dem Morgen nichts mehr gegessen hatte. »Aber vorher müssen Sie meine Orchideenzucht begutachten«, fügte die Hausherrin lächelnd hinzu.

Sie gingen durch ein großes Wohnzimmer, dessen Zentrum ein klassischer offener Kamin zierte. Nur ein kleiner Teil der Orchideenzucht war in diesem Raum verteilt. Als sie den Wintergarten betraten, war Rexilius fast geblendet von der Farbenfülle des Blütenmeers, aber noch mehr faszinierten ihn die Formen. Eine Blüte sah aus wie ein Käfer mit riesigen Fühlern, eine andere wie ein Gesicht mit schwarzen Augen, einer Knollennase und einem grinsenden Mund. Und in einer dritten glaubte er einen Engel mit fünf Flügeln zu erkennen.

»Die meisten meiner Bekannten und Freunde sehen in ihr einen Engel«, sagte Renée Glenner, die bemerkte, welche Orchidee er gerade im Blick hatte, und erläuterte, »*Odontoglossum laeve* lautet der wissenschaftliche Fachausdruck ... Mit über 30 000 Arten gehören die Orchideen zu den vielfältigsten Familien der Pflanzenwelt. Wie viele prachtvolle Arten es noch gibt, die viele Liebhaber und Züchter durch Kreuzungen kreiert haben, ich vermag es nicht zu sagen.«

Und dann schmunzelte sie süffisant.

»Orchideen sind die *femmes fatales* des Pflanzenreiches. Sie sind Künstler der Täuschung und des Betruges. Wer auf sie hereinfällt, der muss kostenlose Dienste leisten, um wieder freizukommen. Der Venusschuh«, sagte sie und zeigte ihm die entsprechende Orchidee, »zieht die weiblichen Schwebfliegen magisch an. Sie fliegen auf den Honigtau, einen süßen Saft, den Blattläuse ausscheiden. Der Venusschuh ist ungeheuer raffiniert. Er bildet einen grünen Knubbel inmitten vieler weißlicher Tupfer, der eine Blattlaus mit ihren Ausscheidungen vortäuscht. Eine Schwebfliege rauscht, voller Erwartung auf ein ausgezeichnetes Mahl, heran und stürzt sich auf den scheinbaren Honigtau. Sie gerät ins Trudeln und fällt in die Blütentasche. Ihr bleibt nur ein Ausweg, sie muss sich an den Sexualorganen des Venusschuhs vorbeibewegen. Erst wenn sie mit beiden Pollinen beladen ist, darf die Schwebfliege die Blüte wieder verlassen. Schon beim nächsten Venusschuh fällt sie wieder auf die Trugbilder herein. Außer Spesen nichts gewesen, kann man da nur sagen«, erklärte die Hausherrin und zog ein listiges Gesicht. »Aber der Ragwurz auf Mallorca, der setzt allen die Krone auf. Wenn die Frühlingssonne die Männchen einer bestimmten Bienenart aus den Erdlöchern lockt, dann liegt Liebe in der Luft. Der Duft paarungswilliger Weibchen ist überall. Die Herren der Schöpfung müssen sich beeilen, wenn sie eine der jungfräulichen Königinnen erobern wollen. Der Bienenragwurz imitiert nicht nur die Gestalt des Insektenweibchens bis ins Detail«, sagte sie und zeigte auf die in ihrer Sammlung natürlich vorhandene Orchideenart, »er bringt es sogar fertig, den Duft der paarungsbereiten Bienenweibchen zu verströmen. Wer soll da schon widerstehen können? Im Laufe der scheinbaren Paarung verpasst der Ragwurz dem liebestollen Freier einen Satz Pollinen. Die Orchideen kommen auf ihre Kosten.«

Rexilius schaute sich die Blüte an und musste zugeben, dass sie wie ein Insekt aussah.

»Sie kann es nicht lassen«, sagte Axel Glenner, der lächelnd und unbemerkt den Wintergarten betreten hatte, »jedem Gast zeigt sie zuerst ihre Orchideenwelt.« Dann stellte er sich vor. »Mich hat sie sogar überzeugt, den Wintergarten abzudunkeln ... Ich werde Sie jetzt retten.«

Rexilius protestierte aufrichtig und hoffte, dass er jetzt kein orchideenartiges Täuschungsgericht bekommen würde. Seine Befürchtungen waren unbegründet. Das Essen bestand aus drei Gängen, Wan-Tau-Suppe mit Fleischtaschen als Vorspeise, Rotbarschfilet in süßsaurer Sauce als Hauptgericht und als Dessert gebackene Banane mit Honig und Eis. Sein Lieblingsmenü bei *Han Shu*! Er fragte sich, warum ausgerechnet er so exzellent bewirtet wurde, er hatte das Ehepaar bis heute praktisch nicht gekannt. Allerdings ... irgendwie kam ihm Renée Glenner bekannt vor.

Sie klärte ihn auf. »Vor sieben Jahren haben Sie mir bei einer Reifenpanne geholfen. Viele Autos sind an mir vorbeigefahren, ohne dass ich beachtet wurde. Dann kamen Sie mit Ihrem Fahrrad, boten Ihre Hilfe an und nach zehn Minuten konnte ich weiterfahren. Ich fragte Sie, wie ich mich bei Ihnen bedanken könne. Sie antworteten nicht ganz ernsthaft, dass ich Sie ja mal zum Essen einladen könnte. Chinesisch würde ganz oben auf Ihrer Hitliste stehen.«

Rexilius erinnerte sich. »Aber damals hatten Sie noch lange Haare.«

Das Ehepaar Glenner sah sich überrascht an. Renée Glenner nickte. »Sie haben recht.«

Nach dem Essen nahmen Rexilius und Renée Glenner am runden Wohnzimmertisch Platz. Ihr Ehemann war zum Küchendienst eingeteilt worden, was gelegentliches fernes Geschirrklappern verriet.

Renée Glenner erklärte dem Hauptkommissar ihr eigenartiges Verhalten im Büro des Wellnesscenters. »Eigentlich fing alles an, als Wölfer neuer Chef wurde. Er war mir und den meisten Kollegen von Anfang an unsympathisch. Ein aalglatter, eiskalter Mensch. Hahnel, unser alter Chef, hatte viel Wert auf ein gutes Betriebsklima gelegt. Mit ihm hatten wir schöne Betriebsausflüge und Weihnachtsfeiern. Einmal im Jahr, meist im Sommer, hat er die gesamte Belegschaft zu sich eingeladen. Wölfer hat das alles abgeschafft. Er begann, die gut funktionierende Betriebsorganisation zu zerstören.« Ihr Gesicht nahm einen wehmütigen Ausdruck an.

Dann verfinsterte sich ihre Miene. Es folgte eine Zusammenfassung über das, was die Freiburger Geschäftsführung in den letzten vier Jahren ›so alles verändert hatte‹. Wie sie unter dem Deckmantel eines Begriffes wie ›Neue Notwendigkeit‹ fleißige Menschen arbeitslos machten oder bestehende Verträge auflösten und neue mit einer deutliche geringeren Entlohnung abschlossen. Wer nicht zustimmte, wurden entweder entlassen oder schikaniert. Nichts sei ihnen heilig gewesen.

»Unser Hausmeister, Peter Lobscher, sie haben ihn heute

Morgen kennengelernt, hat vor einiger Zeit seine Frau verloren. Sie ist an Krebs gestorben. Wölfer hat das nie interessiert, im Gegenteil, er hat Lobscher mit Vorliebe an Wochenenden eingesetzt und mit Arbeit eingedeckt.«

Renée Glenner nahm ihr Glas Rotwein und trank einen Schluck. Pierre tat es ihr nach und fragte dann seine Gastgeberin: »Frau Glenner, wie oft besucht die Geschäftsleitung der *DHC* das Zorger Wellnesscenter?«

»Das ist es, was mich schon seit längerem wundert. Wir sind ja nur ein kleiner Betrieb und Sie müssen sich vorstellen, dass die *DHC* über einhundertfünfzig Betriebe im In- und Ausland besitzt. Warum also trifft sich die Geschäftsleitung zweimal im Monat ausgerechnet in Zorge? Und warum verfügt Herr Wölfer über einen ausgedehnten Computerterminal, obwohl in seinem Dienstzimmer zwei Computer existieren? Keiner aus der Belegschaft hat den Computerraum jemals betreten. Die meisten Kollegen wissen überhaupt nichts von seiner Existenz.«

»Hm.« Es ist die Abgeschiedenheit des Zorger Wellnesscenters, dachte Rexilius. Von hier können sie unbehelligt und in Ruhe ihre schmutzigen Geschäfte lenken. »Wann genau kommen die Freiburger nach Zorge ... ich meine die Wochentage?«

»Zu neunzig Prozent an den Wochenenden, wenn kaum Belegschaft da ist. An solch einem Samstag vor sechs Wochen bin ich in das Wellnesscenter gefahren, weil ich am Tag zuvor vergessen hatte, einen Serienbrief abzuschicken. An diesem Tag hatte ich zum ersten Mal in meinem Leben Todesangst.« Sie ging in ein Nebenzimmer, kehrte mit einem Computerauszug zurück und legte ihn auf den Tisch. »Und das ist der Grund dafür.«

Der Hauptkommissar schaute auf den Ausdruck, es befanden sich überwiegend Zahlen darauf, mit denen er aber nichts anfangen konnte. Er sah sie fragend an.

»Ich habe die Datei, in der sich der Serienbrief befand,

als E-Mail an die verschiedenen Adressen abgeschickt und den Outlookexpress nach neuen Mails abgesucht. Eine war gerade eingetroffen. Ich öffnete sie, sah sie an, konnte aber nichts damit anfangen. Ich weiß nicht, warum – vielleicht war es ein Instinkt –, aber ich habe sie ausgedruckt, zusammengefaltet und in meine Handtasche gesteckt. Durch die Glastür meines Büros sah ich Fritz und Wölfer auf mein Büro zustürmen. Später habe ich von der Bereitschaft erfahren, dass auch Kappe und Gonzelmann sich im Wellnesscenter aufhielten, also die gesamte Geschäftsleitung. Einige Augenblicke später betraten die beiden mit versteinerten Gesichtern mein Büro.«

Rexilius merkte ihr an, dass die Erinnerung ihr zu schaffen machte. Sie erzählte so lebhaft, als wäre sie wieder mitten in der Situation.

»›So tüchtig, dass man selbst am Samstag, an seinem freien Tag, zum Dienst kommt?‹, hat Wölfer zynisch gefragt. ›Weshalb sind Sie hier? Was vergessen?‹ Ich antwortete, dass ich noch eine E-Mail abschicken musste. Wölfer und Fritz sahen sich eigenartig an. Heute weiß ich, dass sie abwägten, ob ich den Inhalt und Sinn der E-Mail erkannt hatte. Ich fühlte, dass etwas daran faul war. Wölfer drohte mir: ›Über diese Dienstverfehlung werden wir uns am Montag unterhalten müssen! Und jetzt räumen Sie Ihren Platz!‹. Fritz starrte mich so seltsam an. Prüfend. Bedrohlich. Diese Augen, eiskalt und brutal ... Wölfer rief die besagte E-Mail auf, schickte sie an seinen Computer und löschte sie in meinem. ›Haben Sie diese E-Mail angesehen oder ausgedruckt?‹, fragte Fritz eisig. Ich riss mich zusammen, um völlig normal zu wirken. Auf keinen Fall durften sie misstrauisch werden. ›Ich habe sie angeschaut, konnte aber nichts damit anfangen. Sind das die Belegungszahlen unserer Häuser?‹. fragte ich, obwohl ich wusste, dass es ganz andere Zahlen waren. ›Ja‹, log Fritz, ›haben Sie sie ausgedruckt?‹ – ›Warum sollte ich

sie ausdrucken?‹, fragte ich. Muss ziemlich glaubwürdig geklungen haben, jedenfalls setzte er nicht mehr nach.«
Sie schwieg einen Moment und atmete durch.

Dann nahm sie einen Schluck Wein, bevor sie weitersprach. »›Das sind interne Wirtschaftsdaten all unserer Häuser‹, sagte Fritz. ›Sollten Sie jemals etwas davon an Dritte weitergeben, dann werden Sie fristlos entlassen.‹ Und dann änderte sich sein Gesichtsausdruck schlagartig, wie bei einem Schauspieler, der in eine andere Rolle schlüpft. Er war sich sicher, dass ich nichts von dem wirklichen Inhalt der E-Mail verstanden haben konnte. ›Nichts für ungut‹, sagte er scheinbar versöhnlich, ›aber die Konkurrenz schläft nicht und unsere Wirtschaftsdaten dürfen nicht bekannt werden.‹ Danach verließen beide das Zimmer. In diesem Moment brach alles aus mir heraus. Ich zitterte, mein Herz klopfte wie wild und der Schweiß lief nur so an mir herunter. Ich schaltete den Computer aus, schnappte meine Tasche und verließ das Wellnesscenter.«

Rexilius beobachtete, dass auch jetzt ihre Hände leicht zitterten. Das Erlebnis war nachhaltig gewesen.

»Das ist die besagte E-Mail«, sagte sie und wies auf den Computerausdruck. Rexilius betrachtete ihn genauer. Dreißig Zeilen mit Zahlen, Buchstaben und Symbolen.

»Die Zeilen sind alle gleich aufgebaut. Jede enthält vier Zahlenkolonnen, einen Symbol- und Buchstabenblock. Dazwischen befindet sich jeweils ein Leerzeichen. Die ersten beiden Zahlenblocks habe ich entschlüsseln können«, sagte sie grimmig, »dann kam der Urlaub.«

Sie füllte die beiden Weingläser nach und nahm einen Schluck.

»Sehen Sie auf den ersten Zahlenblock, der zwei bis vier Zahlen enthält. Immer wieder habe ich sie miteinander verglichen und bei zweien bin ich hängen geblieben«, sagte sie und zeigte auf die 278 und 858. »Meine Eltern wohnen in Bayreuth. 858 ist die alte Postleitzahl. Zum

Glück habe ich noch ein altes Postleitzahlenbuch. Habe es hervorgekramt und die Zahlen damit verglichen. Kein Ergebnis. Dann bin ich auf die Idee gekommen, die 278 umzudrehen. Das ergibt 872, die alte Postleitzahl von Schweinfurt! Meine Schwester lebt dort. Früher haben wir uns oft geschrieben, deshalb ist mir die Zahl aufgefallen. 858 bleibt auch umgedreht 858. Also habe ich die Reihenfolge der ersten Zahlenkolonne in allen Zeilen geändert. Volltreffer. In fünfundzwanzig Fällen ließen sich ebenso viele Städte in Deutschland ermitteln. Die letzten fünf Zeilen passen nicht in das Schema. Bis heute habe ich sie nicht knacken können. Wahrscheinlich handelt es sich um Orte im Ausland«, sagte sie, stand auf und verschwand wieder in dem Nebenzimmer.

Mit einem DIN-A3-Blatt kam sie zurück, darauf die von ihr entschlüsselten Daten. Sie reichte es ihm. »Als Nächstes habe ich mir den zweiten Zahlenblock vorgenommen. Irgendwann bin ich auf die Idee gekommen, dass es sich um Telefonnummern handeln könnte, die sich auf den Ort in der gleichen Zeile beziehen. Ich lag richtig. Auch hier wurde die Reihenfolge der Zahlen verdreht. Die Telefonnummern gehören zu Firmen. Autohändler, Tankstellen, Immobilienhändler und Hotels ... Bei den Zahlen in den letzten fünf Zeilen könnte es sich um Handynummern handeln ... Weiter bin ich leider nicht gekommen. Der Urlaub!«, erklärte sie.

Rexilius, der alles mitverfolgen konnte, war der Überzeugung, dass Glenner die richtigen Schlüsse gezogen hatte. Und er bedankte sich im Stillen für ihre Geistesgegenwart. Die Zahlen könnten einen Durchbruch bedeuten. Er zweifelte nicht daran, dass die Buchstaben und Symbole etwas zutage bringen würden, das die Freiburger Clique belasten würde.

»Was hat das alles zu bedeuten, Herr Hauptkommissar?«, fragte sie.

»Sie arbeiten in der Schaltzentrale einer Gruppe der Organisierten Kriminalität«, sagte er. »Reden Sie mit keinem darüber, was Sie herausgefunden haben. Diese Leute sind gefährlich. Wenn die an dem Samstag Verdacht geschöpft hätten, wären Sie wahrscheinlich schon tot. Lassen Sie sich in Zorge nichts anmerken, geben Sie sich wie immer. Sollten Sie in Gefahr geraten, dann informieren Sie mich so schnell wie möglich, ich gebe Ihnen meine Handynummer.«

Er verstaute die Blätter in seinem Rucksack und verabschiedete sich von dem Ehepaar Glenner mit dem Versprechen, sie in Barbaras Restaurant zum Essen einzuladen. Es würde aber keine sieben Jahre dauern, versicherte er.

Als Pierre mit seinem Fahrrad am Ende der Bahnhofstraße angelangt war, stieg er ab und führte ein Telefongespräch mit seinem Nachbarn Ewald Baier. Ewald würde unbemerkt von den Bewachern vom LKA ein Kellerfenster an der Rückseite des Hauses öffnen.

Dann setzte Pierre seine Fahrt fort.

Ewald hatte Wort gehalten. Pierre lehnte sein Fahrrad an der Rückwand des Hauses, schnallte den Rucksack ab und schob ihn durch das Kellerfenster. Er polterte auf den Boden. Mit den Beinen zuerst schob Pierre sich hinterher, hielt sich am Fensterrahmen fest und ließ sich langsam herab, bis er festen Boden unter den Füßen hatte. Dann nahm er seinen Rucksack und schlich im Dunkeln durch die stickige Luft des Treppenhauses. Eine Minute später stand er am Küchenfenster und blickte auf den Parkplatz. Das Auto vom LKA stand immer noch da. Sehr ernst schienen die Kollegen die Observierung allerdings nicht zu nehmen. Sie rauchten und jeder ihrer Züge zeigte sich in einem Aufglimmen der Glut. Rexilius ließ vorsichtig die Jalousie herunter, ging durch die anderen Zimmer und dunkelte sie ebenfalls ab. Durch die Jalousien würde kein Licht nach außen dringen.

Im Arbeitszimmer schaltete er das Licht an und setzte sich an den Computerschreibtisch. Er zündete sich eine Pfeife an, lehnte sich in seinem Stuhl nach hinten und dachte über das nach, was er von Renée Glenner erfahren hatte. Zum ersten Mal hatte er Beweise gegen die Freiburger Clique in der Hand. Das Material würde er Rainer Wetzel zukommen lassen. In Freiburg würde das Dezernat für Wirtschaftskriminalität gegen sie ermitteln ...

Es gab noch etwas anderes, das tief in ihm zu arbeiten angefangen hatte. Er fühlte es deutlich. Glenner hatte etwas gesagt ... Etwas, das mit den Orchideen zu tun hatte, oder war es etwas anderes? Aber im Moment kam er nicht weiter.

Eine andere Frage begann wieder in ihm zu bohren. Wer würde das nächste Opfer sein? Er wusste nicht warum, es war auch nur so ein Gefühl, aber er glaubte, dass der Mörder es auf die vier Leute in der Geschäftsleitung abgesehen hatte. Fritz und Kappe waren erledigt. Damit blieben Gonzelmann und Wölfer, der vierte Mann. Oder war der vierte Mann Hartmann, der sogenannte Chauffeur, der in alle Entscheidungen der Gesellschaft eingeweiht, ja sogar an ihnen beteiligt war? Schließlich hatte der dafür gesorgt, dass Röster denunziert worden war. Immer wieder tauchte dieser Name in seinen Überlegungen auf ...

Sein Handy klingelte. Er schaute auf das Display. Der Anrufer hatte seine Nummer nicht unterdrückt.

»Herr Hauptkommissar, mir ist noch etwas eingefallen«, sagte Renée Glenner. »Der neue Geschäftsführer der *DHC*, Gonzelmann, wird das Wellnesscenter besuchen, schon morgen wird er anreisen.«

Rexilius bedankte sich. Würde Gonzelmann das nächste Opfer sein? Er musste mit ihm sprechen, musste ihn warnen.

Südharz, Dienstag, 22. Juli, Vormittag bis Nachmittag

Rexilius erreichte Gonzelmann am nächsten Morgen um acht Uhr in der Zentrale der *DHC* in Freiburg. Aber der Geschäftsführer fertigte ihn brüsk ab. »Wie ich von Bekannten erfahren habe, dürfen Sie schon lange nicht mehr ermitteln, vielleicht sollte ich Ihren Vorgesetzten über dieses Gespräch in Kenntnis setzen ... Die Morde an meinen Freunden Fritz und Kappe haben Sie nicht verhindern können, Sie Versager. Für meinen Schutz kann ich selbst am besten sorgen«, sagte Gonzelmann und legte auf.

Pierre schüttelte frustriert den Kopf und wandte sich seiner Morgenlektüre, dem *Harzkurier*, zu. Der Hauptkommissar musste schmunzeln. Kriminalreporter Böhme hatte sein Versprechen gehalten. Das Phantombild der Frau, die das Scott-Mountainbike beim Fahrradhändler Ollhardt in Niedersachswerfen für den Mörder gekauft hatte, war auf der Titelseite. Bei der Schlagzeile zeigte sich Böhme wieder einmal von seiner erfinderischen Seite: *Onkel aus Brasilien auf der Suche nach seiner Nichte*. Im Artikel war ein weiteres, aber kleineres Foto eingearbeitet. Es zeigte den suchenden Onkel. Rexilius schmunzelte wieder und fragte sich, welcher ›Onkel‹ wohl für das Bild posiert hatte.

Böhme hatte sich eine interessante Geschichte ausgedacht. Josef Lutzenberger, ein deutschstämmiger, in Brasilien lebender Großgrundbesitzer, sei auf der Suche nach seiner Nichte, die er vor über zwanzig Jahren aus den Augen verloren habe. Lutzenberger habe ermitteln können, dass sie in Deutschland lebe, mit großer Wahrscheinlichkeit im Harzgebiet. Der Großgrundbesitzer sei nun alt geworden und sie solle als einzige verbliebene Verwandte seinen Besitz übernehmen. Sie werde eine wohlhabende Frau werden. Der Bericht schloss mit dem Aufruf, Meldungen über den Aufenthalt der Frau an den *Harzkurier* weiterzuleiten. Zwei Telefonnummern hatte Böhme angegeben. Auch die Tageszeitungen von Sachsen-Anhalt und Thüringen hatten den Bericht gedruckt. Zum Glück hatte Böhme keine Belohnung versprochen, die Resonanz auf seinen Aufruf wäre wahrscheinlich ausgeufert.

Rexilius griff zum Handy und wählte Böhmes Nummer. »Wenn es so etwas wie den Pulitzer-Preis in Deutschland gäbe, ich würde umgehend dich vorschlagen.«

»Deine Millionen, Josef Lutzenberger, wären mir lieber«, konterte Böhme. Beide lachten schallend. Schließlich fragte Rexilius, ob sich schon jemand gemeldet habe.

»Es ist erst acht Uhr, noch zu früh. Sobald sich was ergibt, melde ich mich«, antwortete Böhme und legte auf.

Zweieinhalb Stunden später meldete sich Böhme wieder bei Pierre. Er berichtete, dass zwanzig Minuten nach seinem Anruf der Teufel los gewesen sei, die Telefone hätten nicht mehr stillgestanden. Eine Frau aus Hasselfelde im Ostharz war der festen Überzeugung gewesen, es müsse ihre Schwester sein. Als Böhme sie gefragt hatte, ob sie polnisch spräche, verneinte sie. Sie konnte nichts mit der gesuchten Frau zu tun haben. Vielleicht war sie auf eine mögliche Erbschaft aus.

Ein anderer Anrufer meinte, es müsse sich um das Miststück von Frau handeln, das ihn vor zwei Jahren verlassen habe. Er habe sie aus Polen herausgeholt und sie ihn, aus Dank, vor zwei Jahren mit einem Rumänen verlassen. Das hörte sich vielversprechend an, aber sie erfüllte das dritte Kriterium nicht: Der rechte Unterarm wies nicht das Brandmal auf, das der Fahrradhändler aus Niedersachswerfen bemerkt hatte.

Ein Walter Kürten aus Goslar wollte seine polnische Exfrau wiedererkannt haben. Sie stamme ursprünglich aus Stettin. Vor zwei Jahren habe sie ihn von einem auf den anderen Tag verlassen. Auf die Frage, ob sie besondere Kennzeichen besitze, antwortete er, dass sie eine Tätowierung am rechten Unterarm hatte, die sie aber wieder habe entfernen lassen. Wie eine Brandwunde habe es ausgesehen.

»Hast du seine Adresse?«, fragte Pierre. Böhme diktierte sie ihm.

»Hast du gefragt, ob er Bilder von ihr besäße?«

»Natürlich. Hat er«, sagte Böhme. »Ich bleibe bis heute Abend am Telefon. Werde ich erfahren, was du herausfindest?«

»Ja. Alles«, sagte Rexilius und legte auf.

In Goslar traf Pierre vierzig Minuten später ein. Sandra hatte ihm ihr Auto geliehen. Während der Fahrt hörte er Lieder von Simon and Garfunkel und sang bei einigen mit.

Die Stadt der Kaiserpfalz mit der historischen Altstadt, die auch über die Grenzen Deutschlands bekannt und Anziehungspunkt vieler ausländischer Touristen war, schien es mit Walter Kürten nicht gut zu meinen. Das fünfgeschossige Fachwerkhaus, in dem der Mann wohnte, der auf dem Phantombild in der Zeitung seine weggelaufene Frau erkannt haben wollte, sah heruntergekommen aus. Im Flur roch es muffig, an der Decke und an den Wänden waren Stockflecken unübersehbar. Die einst glanzvollen Fliesen waren an vielen Stellen gerissen, in den Rissen hatte sich der Dreck so festgesetzt, dass er nicht mehr zu entfernen war. Und die Geländer – Kürtens Wohnung lag im fünften Stockwerk – hatten sich an einigen Stellen gefährlich gelockert. Der Vermieter schien hier seit Jahrzehnten keine Instandsetzungsarbeiten mehr durchgeführt zu haben.

Der heruntergekommene Zustand des Hauses schien sich auch auf die Wohnung übertragen zu haben, dachte Rexilius, als Kürten ihn durch die Wohnung führte. Der

Flur war mit Kartons so zugestellt, dass nur noch ein schmaler Durchgang vorhanden war. Und im Wohnzimmer standen, schätzte Rexilius, wohl über hundert alte Röhrenradios. An einigen Stellen reichten die Stapel bis an die Zimmerdecke. Er war in die Wohnung eines Messies geraten. Die Sitznische jedoch war eine Insel der Ordnung und Sauberkeit. Sie bestand aus einem Tisch, einem Sofa und drei Sesseln. Erstaunlicherweise standen Kekse, zwei Tassen und eine Thermoskanne voll Kaffee auf dem Tisch. Nachdem Pierre sich gesetzt hatte, goss Kürten ihm Kaffee ein, dann gab er ihm eine kurze Erklärung über seine Sammelleidenschaft: Die Röhrenradios hätten ihn schon als kleines Kind fasziniert, deshalb habe er auch Elektrotechnik studiert. Da er seit drei Jahren arbeitslos sei, habe er sehr viel Zeit, um sie alle instand zu setzen. Was allerdings nicht den mit Kartons gefüllten Flur erklärte, dachte Pierre. Aber vielleicht waren darin ja die reparierten Volksempfänger verpackt.

Rexilius fragte ihn, wie alt seine Exfrau sei.

»Am fünfzehnten Mai 1965 wurde sie in Stettin geboren.«

Rexilius nickte, das könnte passen, dachte er. »Kann ich Bilder von ihr sehen?«

»Ja, natürlich.« Kürten verließ das vollgestellte Wohnzimmer, kehrte mit einem Fotoalbum zurück und reichte es ihm. »Ich habe alle Bilder von ihr behalten, auch wenn sie mich von heute auf morgen verlassen hat«, sagte er. Aber seine Augen erhellten sich bei dem Gedanken an sie. Kürten gehörte zum Typ des verlassenen Ehemanns, der noch immer an seiner Frau hing und hoffte, dass sie eines Tages zurückkehrte. Er musste sie immer noch lieben.

»Blättern Sie es in aller Ruhe durch«, sagte er und zündete sich eine Zigarette an. »Sie können gern rauchen. Das ist ein Raucherwohnzimmer.«

Das ließ Rexilius sich nicht zweimal sagen. Als seine

Pfeife brannte, blätterte er das Album durch. Kürten hatte das Zusammenleben mit ihr penibel dokumentiert, was Pierre von einem Messie nicht erwartet hätte. Vielleicht hatte ihn die Arbeitslosigkeit, vielleicht auch die Trennung von seiner Frau, verändert?

Er hatte alle Fotos beschriftet. Die Hochzeitsbilder. Die Bilder der gemeinsamen Urlaubsreisen. Sechs Bilder von einer Brockentour aus dem Jahr 2000. Sie zeigten sie, wie sie glücklich lächelte, wie sie scheinbar über dem Brockengipfel schwebte … *Wie die guten Hexen in der Walpurgisnacht*, lautete sein Kommentar unter dem Bild. Sie war eine schöne Frau, das war unübersehbar, und sie sah dem Phantombild sehr ähnlich.

Kürten hatte die Bilder aus der Perspektive des verliebten und glücklichen Mannes geschossen. Sie hatte diese Liebe mit ihrem ehrlichen Lächeln erwidert. Aber dann … auf den letzten fünf Bildern des Albums war das Lächeln erloschen. Wahrscheinlich waren sie auf einem Einkaufsbummel durch Goslar, Rexilius glaubte, den Marktplatz zu erkennen. Er blätterte noch einmal zurück. Die letzten Bilder stammten aus dem Mai 2001. Was war geschehen, fragte er sich und sah Kürten an, der längst bemerkt hatte, an welchem Punkt sein Besucher angelangt war.

»Ich weiß nicht, was im Mai 2001 passiert ist. Die letzten Fotos habe ich in der Innenstadt von Goslar während eines Einkaufs aufgenommen. Ihr Wesen hatte sich schlagartig geändert, praktisch von heute auf morgen. Sie war niedergeschlagen, traurig, wütend, ohne mir jemals zu sagen, warum. Am nächsten Tag war sie verschwunden, aber sie hat mir einen Abschiedsbrief hinterlassen. Vielleicht sollte ich Ihnen den zeigen«, sagte Kürten und ging aus dem Raum. Als er sich wieder auf seinen Sessel setzte, reichte er Rexilius den Brief und sagte: »Eine Passage habe ich bis heute nicht verstanden. Aber möglicherweise können Sie mir weiterhelfen.«

Rexilius begann zu lesen.

Mein geliebter Mann,

ich hoffe, du wirst mir irgendwann verzeihen können. Aber es gibt Dinge in meiner Vergangenheit, die ich dir nie erzählen konnte und die mich nun eingeholt haben. Wenn du diesen Brief liest, habe ich dich verlassen. Es fällt mir, schwer, dir sagen zu müssen, dass es kein Zurück geben wird. Das ändert aber nichts an meiner Liebe zu dir. Sie wird nie enden, wie der Kreis. Kein Anfang und kein Ende, wie die wahre Liebe ...

Rexilius war wie elektrisiert. Der Kreis, ein Teil des Symbols des Mörders ... ›Kein Anfang und kein Ende, wie die wahre Liebe‹, hatte er in einer Internetdatei gelesen, als er über das Symbol grübelte. Nun, das konnte Zufall sein, dachte er, aber was er im letzten Abschnitt las, das traf ihn wie ein Hammerschlag, verwischte die Anzeichen jeglichen Zufalls. Kürtens Frau hatte die polnische Parabel von der Mutter beschrieben, die ihr verfluchtes und krankes Kind über die sieben Brücken geführt und geheilt hatte. Daran schloss der letzte Satz ihres Briefes.

Nun muss ich der Mutter meine ganze Zuwendung, mein Leben schenken, um sie selbst zu heilen.

In Liebe, Elena

Rexilius sah Kürten an. In dessen Augen standen Tränen, die Bilder der schönsten Zeit seines Lebens schienen vor seinem inneren Auge vorbeizuziehen. Pierre ließ ihm etwas Zeit, bevor er ihn ansprach. »Die Parabel und den letzten Satz haben Sie nicht bis heute nicht verstehen können?«
Kürten nickte.

»Erzählen Sie mir alles, was Sie über Ihre Frau wissen«, sagte Rexilius.

»Das ist es ja gerade. Ich hatte immer das Gefühl, dass ich nur einen Teil von ihr kannte … Einmal in der Woche nahm sie eine Art Auszeit. Es habe nichts mit ihrer Liebe zu mir zu tun, beteuerte sie, aber sie brauche diesen Tag für sich. Ich habe es akzeptiert. Sie verabschiedete sich immer nach dem Frühstück und kehrte am nächsten Tag zum Frühstück zurück.«

»Was glauben Sie, wo sie an diesen Tagen war?«, fragte Pierre.

Er zuckte mit den Schultern. »Ich habe ihr diesen Freiraum gelassen und mir nie Gedanken darüber gemacht.«

»Und was denken Sie heute, nachdem sie gegangen ist?«

Wieder zuckte er mit den Schultern. »Eigentlich habe ich nie viel über sie gewusst. Sie sagte mir, dass ihre Eltern vor zehn Jahren bei einem Verkehrsunfall ums Leben gekommen waren. Der Verursacher des Unfalls war unbekannt, er hatte Fahrerflucht begangen. Sie ist Einzelkind und weitere Verwandte gibt es nicht. Mehr weiß ich im Grunde genommen nicht über sie. Sie sagte immer, dass nur die Gegenwart zähle, und wir beide. Weil ich glücklich mit ihr war, habe ich irgendwann aufgehört zu fragen.« Er zündete sich eine Zigarette an. Dann füllte er beide Kaffeetassen und nippte mehrmals an seiner Tasse.

»Wann haben Sie geheiratet?«

»Vor sechs Jahren. Eine Feier hat es nicht gegeben. Wir sind mit den beiden Trauzeugen – ehemalige Kollegen von mir – nach der Trauung zum Mittagessen gefahren und das war es dann.«

»Hatten Sie gemeinsame Freunde?«

Er schüttelte mit Kopf. »Das Leben mit ihr machte Freunde überflüssig.«

»Wie war ihr Mädchenname?«

»Elena Stropinski. Sie hat ihren Namen behalten und ist auch polnische Staatsbürgerin geblieben. Ich habe es akzeptiert.«

»Hm. Sie haben am Telefon von einem Wundmal auf einem der Unterarme gesprochen. Auf welchem Unterarm?«, fragte Rexilius.

»Auf dem rechten. Sie hatte eine Tätowierung entfernen lassen.«

»Haben Sie die Tätowierung noch gesehen?«

»Nein.« Und dann fragte Kürten: »Könnte sie die Frau sein, die Lutzenberger sucht?«

»Sie weist alle Kennzeichen auf, und sie sieht ihr sehr ähnlich. Ja, sie könnte es sein.«

»Und wie wollen Sie meine Frau finden?«

»Wir werden in den nächsten Tagen in der Redaktion alle Hinweise auswerten. Sobald ich etwas Näheres weiß, werde ich Sie informieren. Ich habe noch eine Bitte: Könnte ich mir das Fotoalbum für ein paar Tage ausleihen?«

Zuerst sah er Rexilius zweifelnd an, dann aber schien ihm durch den Kopf zu gehen, dass es zur Auffindung seiner geliebten Frau beitragen könnte. »Ja … das sind die einzigen Erinnerungen an sie … ich möchte es gern wiederhaben.«

Rexilius versicherte es Kürten und bat ihn, ihren Abschiedsbrief abschreiben zu dürfen, weil er versuchen werde, das Rätsel um die polnische Fabel zu lösen. Dafür brauche er aber Zeit. Kürten war einverstanden.

Während Rexilius den Brief abschrieb, machte Kürten ein nachdenkliches Gesicht. Etwas arbeitete in ihm. »Herr Rexilius, da ist noch etwas, das ich nicht verstehe. Kurz bevor meine Frau mich verlassen hat, hat sie mich gefragt, ob ich mir ein Kind von ihr wünsche. Ich war hocherfreut, ja glücklich und zeigte es ihr auch. Aber ihr Kinderwunsch … er kam so spontan und sie äußerte ihn an einem Morgen, als sie von ihrem nächtlichen Fernbleiben zurückkam. Ich hatte das Gefühl, dass eine Bekannte oder Verwandte schwanger war, der meine Frau nacheiferte.«

Rexilius wurde sehr nachdenklich, konnte aber keinen Zusammenhang zu den Morden herstellen.

Südharz, Dienstagabend, 22. Juli

In der teuren Sicherheitslimousine, die der Vorstand der *DHC* seinem neuen Geschäftsführer zur Verfügung gestellt, ja förmlich aufgezwungen hatte, herrschte ausgelassene Stimmung. Die Klimaanlage hatte die Temperatur auf angenehmen neunzehn Grad gehalten. Die Insassen, zu denen Gonzelmann, drei muskulöse und kahl geschorene Leibwächter und Hartmann gehörten, tranken Sekt, prosteten sich zu und sangen Lieder, die man für gewöhnlich bei Saufgelagen anstimmt.

Gonzelmann hatte allen Grund, guter Laune zu sein. Mit fünfunddreißig war er noch um zwei Jahre jünger als Balthasar Fritz bei seinem Amtsantritt. Der Rekord der Rekorde, er hatte ihn inne! Was aber noch wichtiger war: Er hatte den Vorsitz des Inneren Zirkels übernommen und war damit der Herr über eine Geldgewinnungsmaschinerie, die zwar illegal, aber bestens getarnt war. Bis heute war ihnen keiner auf die Spur gekommen, weil Balthasar ein einmaliges System der Geldwäsche aufgebaut hatte. Sie alle, Kappe, Wölfer und Hartmann, der clevere ›Chauffeur‹, waren durch Balthasars kriminelles Genie reich und einflussreich geworden. Aber Balthasar hatte seinen Instinkt verloren, der ihn immer so ausgezeichnet hatte. Trotz seines Vermögens, das im zweistelligen Millionenbereich lag, hatte er den Basilisken, das Oberhaupt der Organisation, entmachten wollen, glaubte Gonzelmann. Was für ein unverzeihlicher, ja tödlicher Fehler.

Nur zwei Personen hielten traditionell Verbindung zum Chef der Organisation: der Vorsitzende und das Mitglied des Inneren Zirkels, das dem Sicherheitsdienst unterstellt war. Gonzelmann würde den Basilisken in der nächsten Woche kennenlernen. Allerdings würde er ihn nicht zu Gesicht bekommen, die Kommunikation lief nur über Telefon und Computer ab. Natürlich interessierte es ihn schon, wer sich hinter dem Basilisken verbarg … aber es war besser, nicht danach zu forschen. Besser, gesund und reich zu sein, als die Identität des Basilisken zu kennen, seinen Führungsanspruch infrage zu stellen und liquidiert zu werden.

Natürlich hatte der Basilisk den Oberbefehl über den allmächtigen Sicherheitsdienst mit seinem eiskalten und skrupellosen Chef Lasse. Gerüchte besagten, dass der Basilisk Lasse den Befehl gegeben hatte, Balthasar zu beseitigen und später auch Manfred Kappe, der in dessen Fahrwasser geschwommen war. Er, Daniel Gonzelmann, hatte Lasse noch einmal ausdrücklich versichert, dass der Basilisk der unantastbare Chef der Organisation sei. Und Lasse hatte es ausgerichtet.

Gonzelmann störte es, dass Lasse, obwohl er nicht einmal dem Inneren Zirkel angehörte, Gerüchten zufolge den Basilisken persönlich kannte. Gonzelmann wusste bis heute Lasses richtigen Namen nicht, und danach zu fragen, war beinahe genauso gefährlich, wie die Identität des Basilisken ermitteln zu wollen. Aber er war sich sicher, dass Lasse ein Russe war, der sein Handwerk beim KGB gelernt hatte. Das bedeutete, dass Lasse alles, von der Desinformation bis zum Töten, meisterlich beherrschte und in den letzten Jahren auch ›zum Wohle der Organisation‹ angewandt hatte. Er würde mit Lasse in ›friedlicher Koexistenz‹ leben, so hatten sie es vereinbart und deshalb waren all die Vorsichtsnahmen, das gepanzerte Fahrzeug und die bestens ausgebildeten Leibwächter überflüssig geworden. Und wenn man ein Resümee zog, dann – und jetzt verzog sich sein Gesicht zu einem Grinsen – hatte Lasse ihn sogar zum ersten Mann im Inneren Zirkel gemacht und damit zu einem reichen und einflussreichen Geschäftsmann in Freiburg.

»Noch fünf Minuten«, sagte einer der Leibwächter.

»Oh, dann werden wir gleich den Ort erreichen, an dem Balthasar getötet wurde. Wir werden dort kurz halten und aussteigen«, sagte Gonzelmann.

Hartmann steuerte die Limousine auf den Parkplatz, in dessen Nähe der Unfallbaum stand. Von Baum konnte eigentlich keine Rede mehr sein – eine verkohlte Baumleiche, an der die großen Äste angebrochen waren, nach unten hingen und bei jedem Windstoß gefährlich knarrten. Sie verließen das Fahrzeug und stellten sich im Halbkreis um den Baum auf.

»Wir werden uns jetzt von Balthasar nach einem alten Brauch gebührend verabschieden«, sagte Gonzelmann.

Die einsetzende Dämmerung und der blutrote Abendhimmel verliehen der Szene eine düstere, unheilvolle Atmosphäre. Hartmann teilte die Sektgläser aus und füllte sie pikanterweise mit russischem Krimsekt, dem ›Blut der Russen‹, wie Gonzelmann sich ausdrückte. Sie prosteten sich zu, tranken die Hälfte des Sekts und warfen die halbvollen Sektgläser gegen den Stamm, wo sie zerbarsten. Nun könne, wie der neue Geschäftsführer der *DHC* sich ausdrückte, etwas russisches Blut in die Dimension folgen, in der sich jetzt Balthasar befand.

Woher Gonzelmann diesen Brauch hatte, wusste keiner der anderen vier. Hartmann vermutete, dass Daniel sich diese Zeremonie während der Fahrt ausgedacht hatte.

Es handelte sich beileibe nicht um eine Trauerversammlung, was die neutralen Gesichter der Leibwächter bezeugten. Die Mimik von Hartmann und Gonzelmann brachte sogar eine tiefe Zufriedenheit zum Ausdruck. Balthasars Dahinscheiden hatte ihnen und Wölfer, gemäß ihrer Abmachung, die gewaltigen Anteile ihres ehemaligen Anführers erbracht.

Ein vorbeifahrendes Auto strahlte mit seinen Scheinwerfern den Baum an und ließ einen langen Schatten entstehen, der sich im Kreis bewegte, während es eine scharfe Kurve durchfuhr. Nach und nach legte er sich bedrohlich auf die Männer. Ein abergläubischer Mensch hätte das als ein unheilvolles Vorzeichen gesehen.

Lebe wohl, Balthasar, dachte Gonzelmann, jetzt bin ich der Chef ... und so wird es für eine sehr lange Zeit bleiben.

Sie stiegen ins Auto und fünf Minuten später betraten sie das Foyer des Hotels *Kunzental* in Zorge.

Südharz, Dienstagabend, 22. Juli

Zwei Wochen war es her, dass er diesen Raum zum letzten Mal betreten hatte. Für ihn war er ein heiliger Raum, in dem Hanne für kurze Zeit wieder zum Leben erwachte. Seit über einer Stunde saß er auf seinem Stuhl und blickte auf ihr lebensgroßes Bild an der Wand. Völlig bewegungslos und schweigend, versunken in die Zeit, als er noch mit ihr glücklich gewesen war. Ihr Lied erklang wieder. *Über sieben Brücken musst du gehen, sieben dunkle Jahre überstehen. Sieben Mal wirst du die Asche sein, aber einmal auch der helle Schein.* Hanne, oh Hanne ... Wunderschön war sie gewesen. Unendliche Güte, Liebe und Wärme strahlte selbst aus ihrer Fotografie. *Manchmal scheint die Uhr des Lebens still zu stehen, manchmal scheint man immer nur im Kreis zu gehen ...*

Das Lied ihres gemeinsamen Lebens.

Tränen tropften rhythmisch auf den kalten Betonfußboden, die Konturen ihres Fotos verschwammen. Er wischte die Tränen ab ... *sieben dunkle Jahre überstehen* ... Hanne hatte die dunklen Jahre zur Vergangenheit werden lassen, hatte ihn ins Licht geführt. Und die Basilisken hatten das Licht zerstört. Unwiederbringlich. Ohne Hanne würde er das Licht niemals wiedersehen.

Immer noch sah er in ihr Gesicht auf dem Foto. Es schien, als würde sie vor ihm sitzen. Fast, als würde sie jeden Moment seinen Kopf ergreifen, streicheln und sein Gesicht küssen ... *Manchmal meint man, dass der Glücksstern fällt* ... Sein Glücksstern war für immer gefallen. Nun ging er die sieben Brücken zurück, in seine schon vergessen geglaubte Welt des Tötens. Zum dritten Mal setzte die Metamorphose ein. Er spürte, wie die Wandlung von seinem Geist und seinem Körper Besitz ergriff. Dann löste er den Blick von Hanne, holte sich einen Rasierapparat, rasierte sich das Gesicht, seine Arme und dann seine Beine. Nachdem er sein Werk überprüft hatte, öffnete er Hannes Schminkkoffer, sah in den Spiegel und begann mit den Augenlidern. Führte den Tuschepinsel so, als wäre es alltägliche Routine. Dann verharrte er einen Moment und sah wieder auf ihr Bild.

Für Hanne würde er es tun. Für seine einzige Liebe.

Er trug das dezente Rouge auf, wie Hanne es immer getan hatte, und benutzte ihren toscanaroten Lippenstift. Ihr Lied war verklungen, Hannes Bild wurde unschärfer, seine Tränen versiegten langsam. Bald würde die Metamorphose abgeschlossen sein.

Er ging zum Schrank, entnahm ihm die letzten notwendigen Utensilien. Zuerst schnallte er sich das Imitat mit den Frauenbrüsten an. Ihre Warzen waren aufgerichtet ... alles für einen erwartungsvollen und zufriedenen Kunden. Er streifte das Kleid mit dem tiefen Ausschnitt über und vollendete seine Verkleidung mit einer langhaarigen, braunen Frauenperücke. Dabei dachte er an das Liebesspiel der Gottesanbeterin. Er würde die Rolle des Weibchens einnehmen, sein Kunde das Männchen sein. Zum Liebesakt würde es nicht kommen, der Freier aber seinen Kopf verlieren.

Er betrachtete sich im Spiegel, war die ›besondere‹ Frau geworden. Gonzelmann kannte ihn, aber er war sich sicher, dass der seine Maskerade nicht durchschauen würde. Dann entnahm er dem Schreibtisch eine Zeichnung, die er schon vor Tagen kunstvoll angefertigt hatte, rollte sie zusammen und steckte sie in Hannes Handtasche. Ein letztes Mal blickte er auf ihr Bild, drehte sich weg und wusste, dass er in der Dunkelheit angekommen war. Die Metamorphose war abgeschlossen. Zum dritten Mal war aus Doktor Jekyll Mister Hyde geworden. Noch einmal würde er hierher zurückkommen und sein Werk vollenden.

Dann verließ er den Raum und verschloss die metallene Sicherheitstür.

Südharz, 21.30 Uhr, 22. Juli

Der Nachtportier Helwig sah Gonzelmann verschwörerisch an. »Wie immer haben wir die Präsidentensuite für Sie reserviert. Ich werde sofort veranlassen, dass Ihre Koffer nach oben gebracht werden.«

Gonzelmann nickte zuerst und sah den Nachtportier dann fragend an, worauf dieser sofort reagierte. »Um einundzwanzig Uhr dreißig«, sagte er und fügte hinzu: »Ich hoffe, dass Sie sich auch dieses Mal wieder in unserem Haus wohlfühlen werden.«

Gonzelmann verstand. Sie würde also um einundzwanzig Uhr dreißig kommen. Der Portier würde sie, wie immer, über einen Hintereingang nach oben geleiten und dafür zweihundert Euro erhalten. Bis jetzt hatte der Mann seine Aufträge immer diskret und absolut zuverlässig erledigt. Gonzelmann spürte bei dem Gedanken, was ihn bald erwartete, ein angenehmes Gefühl in der Leistengegend. Er nickte Helwig zu und begab sich in seine Suite. Zwanzig Minuten später saßen die drei Leibwächter und Hartmann ihm gegenüber.

»Leute, ihr habt heute frei«, sagte Gonzelmann. »Amüsiert euch. Fahrt nach St. Andreasberg ins *Erotikland* und bestellt dem Geschäftsführer einen schönen Gruß von mir. Das wird euch die Tür zu den attraktivsten Frauen öffnen. Und ihr braucht nichts zu bezahlen, alles geht auf Geschäftskosten.«

»Chef, ist das wirklich klug?«, fragte Gemling, der erfahrenste der drei. »Denken Sie an Fritz und an Kappe. Die sind mausetot. Ich habe kein gutes Gewissen, wenn Sie allein sind.«

»Es wird nichts passieren. Ich weiß, wovon ich rede«, antwortete Gonzelmann. »Ich will die ganze Nacht nicht gestört werden.« Ein autoritäres Handzeichen beendete jede weitere Diskussion.

Die Leibwächter fuhren mit einem Taxi nach St. Andreasberg. Nur Hartmann, Chauffeur, Freund und Vertrauter von Gonzelmann, sagte seinem langjährigen Weggefährten, er sei zu müde, um sich noch zu amüsieren. Er werde sehr bald ins Bett gehen. Gonzelmann sah ihm nach, als er seine Suite verließ. So recht glauben konnte er seinem Freund nicht. Das war das erste Mal seit vielen Jahren, dass Hartmann für eine Frau zu müde sein wollte. Nun ja, das war seine Sache. Schließlich war er ja erwachsen.

Gonzelmann ging ins stilvolle Badezimmer und duschte ausgiebig, rasierte sich und benutzte ein teures Rasierwasser. Den Abschluss seiner Vorbereitungen bildete ein erlesenes Männerparfüm. Er schüttelte über sich selbst den Kopf. Als ob es bei diesem Typ von ›Frau‹ darauf ankäme, gut zu duften. Aber es gehörte zu seinem Spiel. Die Vorfreude war groß. Die Agentur hatte seine Wünsche in der Vergangenheit mehr als nur zufriedengestellt. Geld war eben allmächtig.

Gonzelmann zog seinen Armani-Anzug an, verzichtete aber auf die Krawatte und setzte sich in den Wohnzimmersessel. Von dort konnte er sie begutachten, wenn sie zur Tür hereinkam. Am Gang einer Frau – nun ja, ›Frau‹ war wohl nicht ganz richtig – erkannte man ihre Seele, ihre Ausstrahlung, ihre Sexualität, einfach alles.

Sie musste einen Meter siebzig bis einen Meter achtzig groß sein, lange braune Haare haben und üppige Brüste, die in einem tiefen Ausschnitt ordinär und provozierend zur Schau gestellt wurden und deren Brustwarzen in dem Moment aufgerichtet sein mussten, wenn sie ihn erblickte. Entsprach sie nicht seinen Vorstellungen, dann würde er sie sofort wegschicken.

Das Telefon klingelte. »Ihr Besuch ist soeben eingetroffen, ich werde die Dame nach oben begleiten«, sagte Helwig, sein Verbündeter.

Gonzelmann stimmte freudig zu. Eine Minute später klopfte der Nachtportier an der Tür der Präsidentensuite. Nach Gonzelmanns »Herein« schloss er die Tür auf und ließ eine große, schlanke und braunhaarige Frau mit eindeutiger Kleidung an der Tür stehen. So verlangte es der Freiburger Geschäftsführer immer.

Gonzelmann forderte sie auf einzutreten. Sie verharrte kurz an der Tür und blickte ihn mit einem von Schüchternheit zu Unverfrorenheit wechselnden Ausdruck an, wie er ihn noch nie bei einer Frau gesehen hatte. Und dann bewegte sie sich in seine Richtung, anmutig, obszön und fordernd zugleich. Er wollte sich erheben, aber sie schüttelte den Kopf, wies ihn scheinbar für den Moment zurück, was ihn noch heftiger erregte.

»Zuerst werde ich uns einen Liebescocktail mixen«, sagte sie verführerisch »Er wird uns beflügeln, wird uns in die höchste Sphäre der Lust bringen. Ich heiße Hanne.«
Der Name gefiel ihm. Hanne, das klang gut.

Hanne nahm zwei Gläser und einige Getränke aus der Zimmerbar, mischte etwas und wandte ihm dabei den Rücken zu. Als sie sich umdrehte, hielt sie zwei blaue Cocktails in den Händen. »Du musst ihn in einem Zug austrinken, dann setzt die Wirkung schneller ein.« Sie fuhr lasziv mit ihrer Zunge über die vollen roten Lippen. »Bleib auf dem Sessel sitzen, schau mir zu, ich werde für dich tanzen ... mein Pascha, mein Befehlshaber ...« Lächelnd griff sie in ihre Tasche und holte eine CD heraus, ging zur Musikanlage und schob sie in den Schacht.

Sie tanzte zu afrikanischer Musik mit dominierenden Trommeln, verbog ihren Körper, betonte ihre Brüste und führte schlangenartige Bewegungen aus. Sie bot ihm ihren Schoß an, um ihn gleich wieder zurückzuziehen. Gonzelmanns Erregung bewegte sich auf einen Höhepunkt zu. Solch eine Frau hatte er noch nie erlebt, er würde sie zu seiner privaten Kurtisane machen. Sie tanzte zügellos, anstößig, wie im Rausch. Gonzelmann begann zu stöhnen, ohne einen einzigen Körperkontakt mit ihr gehabt zu haben. Plötzlich durchzuckten krampfartige Bewegungen seinen Körper. Das muss die Wirkung des Cocktails sein, dachte er. Seine Erregung war so stark, dass er aufstehen und endlich in sie eindringen wollte.

Aber irgendetwas hielt ihn zurück, ein eigenartiges Gefühl, das in den Füßen einsetzte und sich über die Beine bis in den Oberkörper ausbreitete. Er konnte sich nicht mehr bewegen, war gelähmt, wie unter Hypnose. Auf einer Jahrmarktveranstaltung hatte er sich einmal hypnotisieren lassen, er kannte das Gefühl. Als der Hypnotiseur zu ihm gesagt hatte, dass er sich nicht mehr bewegen könne, hatte er das tatsächlich nicht mehr gekonnt. Aber das hier war etwas anderes. Er hörte sie, sah sie, war bei vollem Bewusstsein und konnte die Augen offen halten, aber bewegen konnte er sich nicht!

Sie beschleunigte ihre Tanzbewegungen und begann sich auszuziehen. Jetzt verstand er – das war ihre individuelle Masche ... Sie würden seinen Zustand mit einem Gegenmittel aufheben, wenn er sich in höchster Erregung befand, und dann würde es endlich richtig zur Sache gehen. Hannes schwarze Handschuhe fielen zu Boden, die hohen Schuhe, die ihm bei ihrer Ankunft nicht aufgefallen waren, folgten. Speichel floss aus seinem Mund. Sie schlüpfte elegant aus ihrem tief ausgeschnittenen Kleid, nur noch mit einem schwarzen Slip und einem schwarzen Büstenhalter bekleidet. Endlich kam er in den Genuss ihrer vollen Brüste und der aufgerichteten Brustwarzen, die durch den Stoff des BH schimmerten. Und ... in den Genuss seiner starken Männlichkeit: der breiten Schultern, der schmalen Hüften und des langen Penis. Der bewegungslose Gonzelmann stöhnte pausenlos. Mit aller Kraft versuchte er aufzustehen, ihn an sich zu reißen, aber er blieb eine bewegungslose Masse. ›Hanne‹ drehte ihm den Rücken zu, zuerst fiel das Oberteil zu Boden, dann der Slip, gleich würde er sich wieder zu ihm, Gonzelmann, umdrehen, seinen herrlichen nackten Körper zur Schau stellen und die Lähmung endlich auflösen. Die rhythmische afrikanische Musik verklang, an ihre Stelle trat *Über sieben Brücken musst du gehen*.

Ein letztes Mal drehte sich der Tanzende zu Gonzelmann um.

Der schaute ihn an, und erkannte ihn. Panisches Entsetzen breitete sich in Gonzelmanns Körper aus, genauso wie vorher die Bewegungslosigkeit.

Südharz, Mittwochmorgen, 23. Juli

Drei Tausend-Watt-Strahler leuchteten jeden Winkel des Schlafzimmers aus. Herbert Wagner und sein Team von der Spurensicherung waren seit einer Stunde bei der Arbeit. Eine Putzfrau hatte den Toten zwei Stunden zuvor entdeckt und war schreiend aus der Suite gerannt. Zuerst hatte sie geglaubt, einen Alptraum zu durchleben, aber als sie an der Rezeption des Hotels *Kunzental* angekommen war, hatte die Empfangsdame sie schnell davon überzeugen können, dass sie einen sehr wachen Eindruck machte. Dass ein Toter in der Präsidentensuite lag, hatte ihr die Empfangsdame aber nicht geglaubt, so etwas komme im Hotel *Kunzental* nicht vor.

Sie hatte die Suite schließlich doch höchstpersönlich aufgesucht und beim Anblick des entsetzlich verstümmelten Toten genauso panisch reagiert wie die Putzfrau. Sie war aus dem Schlafzimmer geeilt, im Wohnzimmer hatte sie sich erbrochen. Erst nach einigen Minuten hatte sie sich so weit gefangen, dass sie die Polizei hatte alarmieren können. Beide Frauen wurden seitdem von einem herbeigerufenen Arzt betreut.

Das war nicht das erste Mal, dass die Spurensicherer einen derartig brutalen Mord untersuchten, daran gewöhnen konnte sich jedoch keiner von ihnen. Als der junge Kommissar Henkelmann den verstümmelten Leichnam erblickte, wurde er bleich, verließ das Schlafzimmer und übergab sich in der Toilette. Eine Stunde war seitdem vergangen, an den Tatort war er noch nicht wieder zurückgekehrt.

Sandra war von Fischer informiert wurden, der sie gebeten hatte, die Ermittlungen zu übernehmen, weil ja noch nicht bekannt war, ob dieser Mord etwas mit der Mordserie zu tun hatte. Wenn, dann müsse sie das LKA informieren. »Sollte Hauptkommissar Rexilius von seinem Frankreichurlaub schon heimgekehrt sein, wäre es sinnvoll, ihn zu den Ermittlungen hinzuziehen, vielleicht als Berater«, hatte er gesagt. Der Stockfisch wusste also, dass Pierre nicht in den Urlaub gefahren war. Noch überraschender aber war, dass er Pierre bei den Ermittlungen dabei haben wollte, zumindest, bis das LKA eintreffen würde. Was war nur geschehen mit dem Polizeidirektor, fragte sich Sandra wieder ...

Pierre stand mit dem Rücken an der zur Stirnseite des Bettes gelegenen Wand und beobachtete die Untersuchungen an der Leiche. Sie lag nackt auf dem Rücken im Bett, die Beine gespreizt, damit nicht zu übersehen war, dass der Mörder das Geschlechtsteil abgetrennt hatte. Er hatte Hoden und Penis auf den stattlichen Bauch des Opfers gelegt und den Penis nach irgendeinem Schema ausgerichtet. Was brachte der Mörder damit zum Ausdruck?, fragte sich Pierre. Sicherlich hatte das etwas mit dem zu tun, was Gonzelmann jemandem angetan hatte, den der Mörder kannte. Der in der polnischen Legende beteiligten Mutter, die ihr Kind von den Flüchen und Krankheiten befreit hat, spekulierte er. Alles, was der Mörder tat, ergab einen Sinn, hatte einen Hintergrund.

Wie Pierre inzwischen erfahren hatte, war Gonzelmann zu seinem Schutz mit einer Sicherheitslimousine und drei Leibwächtern angereist, hatte aber den Leibwächtern für den Abend und die Nacht freigegeben. Warum war der Geschäftsführer so sicher gewesen, dass ihn nicht das gleiche Schicksal wie Balthasar Fritz und Manfred Kappe ereilen konnte? Hatte er geglaubt, den Mörder zu kennen?

Ausrechnet Doktor Hiller aus Bad Sachsa hatte Notdienst. Er traf kurz nach Rexilius ein. Bevor er die Leiche untersuchte, entschuldigte er sich für den kaum wiedergutzumachenden Fehler, den er beim Ausstellen des

Totenscheins von Kappe gemacht hatte. Rexilius nahm die Entschuldigung an und hoffte, dass er in diesem Fall gute Arbeit leisten würde.

»Am rechten Unterarm hat der Mörder die Vene aufgeschlitzt, ihn sozusagen angezapft, um mit dem Blut des Opfers seine Zeichnung zu vollenden«, sagte Doktor Hiller und wies auf die rote Symbolzeichnung, die über der Kopfseite des Bettes an der Wand mit Reißzwecken befestigt war. Ein Sektor der Zeichnung war mit Blut vervollständigt. »Als er genug Blut gesammelt hatte, hat er die Wunde fachgerecht verschlossen.«

Pierre ging bis auf einen Meter an die Zeichnung heran. Im Gegensatz zu den ersten beiden waren die Figuren klar und deutlich zu erkennen, wenn man vom vierten Sektor absah. Er stand für den noch nicht vollzogenen Mord.

»Ich habe mehrere Fotografien angefertigt und werde sie dir gleich ausdrucken, damit du was zu tun hast«, sagte Herbert Wagner, der an die beiden herangetreten war und mit Andeutung auf das LKA redselig und verschwörerisch fortfuhr: »Und außerdem bin ich in letzter Zeit fürchterlich vergesslich.«

Er schwebt also immer noch im siebten Liebeshimmel, dachte Rexilius. Sein zufriedenes Kopfnicken signalisierte, dass er Wagner verstanden hatte. Er schaute auf die Uhr. Es war halb zehn. In ein bis zwei Stunden würden Dunker und seine Truppe kommen, es blieb also noch ein wenig Zeit für ihn. Wie er von Sandra erfahren hatte, ging das LKA immer noch der Spur nach, die von Belgien nach Minsk führte, war damit aber nicht weitergekommen.

Er betrachtete wieder die Leiche. Vom Hals des Toten breitete sich eine Blutlache rechts und links neben dem Körper aus, auf der linken Seite des Betts war Blut über den Rand auf den Teppichboden getropft und hatte eine Pfütze gebildet. Das Blut war inzwischen getrocknet. Das Licht der Scheinwerfer wurde von der Blutlache reflektiert und projizierte einen rotbräunlichen Schimmer auf das herunterhängende Bettlaken. Gonzelmann musste sein gesamtes Blut verloren haben, dachte Pierre.

»Er ist geschächtet worden«, sagte Doktor Hiller. Wagner und Rexilius sahen ihn fragend an.

Hiller entnahm seiner Jacke einen Kugelschreiber und fuhr damit im Abstand von wenigen Zentimetern über eine tiefe Schnittwunde, die sich über den gesamten sichtbaren Halsbereich erstreckte. »Der Mörder hat ein äußerst scharfes Messer verwendet. Der Schnitt ist von unten nach oben geführt worden. Alle Weichteile des Halses bis zur Wirbelsäule, Trachea, Oesophagus, beide Vagalnerven, beide Karotisarterien und beide Jugularvenen sind durchtrennt worden.«

»Können Sie das mal einem Nichtmediziner auf Deutsch übersetzen?«, fragte Wagner.

»Äh ... Er hat mit einem einzigen Schnitt beide Halsschlagadern, beide Halsvenen, die Luftröhre, die Speiseröhre und beide Vagus-Nerven durchtrennt. Dadurch bleibt das Gehirn ohne Blutzufuhr.«

»Warum diese Tötungsweise?«, fragte Pierre, aber er hatte schon eine Vorstellung davon, was Hiller antworten würde.

»Wenn der Schochet einen Schnitt richtig durchführt – und das ist hier der Fall –, dann tritt der Tod nach drei bis vier Sekunden und schmerzfrei ein. Aber ich glaube nicht, dass das die Absicht des Mörders war. Er wollte, dass sein Opfer vollständig ausblutet, was ihm, wenn man die ausgeflossene Blutmenge betrachtet, auch gelungen ist.«

»Was glauben Sie, steckt dahinter, Doktor Hiller?«, fragte Herbert Wagner.

Der Doktor zuckte mit den Schultern. »Das ist Ihre Aufgabe. Ich bin nur der Mediziner ... Aber wenn ich mir das abgetrennte Geschlechtsteil betrachte, das er auf den Bauch gelegt hat, dann könnte es sich um einen Ritualmord handeln.«

Der Hoden verdeckte den Bauchnabel und der abgeschnittene Penis lag auf dem ersten Rippenbogen des rechten Brustkorbs, die Eichel zeigte vom Körper weg in eine bestimmte Richtung.

»Ich habe es schon fotografiert, Pierre«, sagte der Leiter der Spurensicherung. »Ich lege das Foto in den Umschlag mit den anderen Bildern.«

Rexilius bedankte sich. »Wann ist der Tod eingetreten?«, fragte er Doktor Hiller.

»Zwischen dreiundzwanzig und vierundzwanzig Uhr. Der Gerichtsmediziner wird das noch genauer eingrenzen können.«

Rexilius schrieb es in sein Notizbuch, das er inzwischen aus seiner Gesäßtasche gezogen hatte. Unter den Todeszeitpunkt notierte er drei Wörter: *Feuer, Wehrlosigkeit, Reinigung*, und murmelte sie vor sich hin. Hiller und Wagner sahen ihn verwirrt an.

»Wenn ich das, was ich im Religionsunterricht einmal gelernt habe, richtig zusammenbekomme«, sagte Rexilius, »dann wird die Schächtung vor allem deshalb durchgeführt, weil sie eine schnelle Tötung des Tiers zur Folge hat und weil eine gute und schnelle Ausblutung das Fleisch länger haltbar macht als bei einer anderen Form des Schlachtens und ... weil das Blut als unrein gilt, deshalb wird es aus dem Körper restlos entfernt. Der Mörder hat das Unreine, das Böse aus Gonzelmanns Körper strömen lassen.«

»Das könnte als Erklärung durchaus in Betracht kommen«, sagte Doktor Hiller nach einiger Zeit des Überlegens.

Pierre blickte wieder auf die Leiche. Der Penis war nach irgendeinem Gesichtspunkt auf den Bauch gelegt worden. Was wollte der Mörder damit zeigen? Dann kam ihm eine Idee. »Hast du einen Kompass dabei, Herbert?«

»Einer meiner wichtigsten Utensilien, Pierre.« Wagner

ging zu einer seiner Taschen, holte ihn heraus und reichte ihn Pierre, der zur Leiche ging und den Kompass an den Penis anlegte.

»Er hat ihn nach Nordwesten ausgerichtet.«

»Was bedeutet das?«

Rexilius zuckte mit den Schultern und sagte: »Ich weiß noch nicht, ob das überhaupt eine Bedeutung hat.«

Der Spurensicherer nickte. »Der Mörder muss ungeheuer vorsichtig vorgegangen sein. Wir haben den Fußboden auch in allen anderen Zimmern mit UV-Licht ausgeleuchtet. Nicht einen einzigen Blutstropfen haben wir gefunden.«

»Das ist nichts Besonderes«, meldete sich Doktor Hiller zu Wort. »Wenn ein ausgebildeter Schochet die Schächtung richtig vollzieht, dann spritzt kein Blut, weil das Herz sofort zum Stillstand kommt. Genau das hat der Mörder geschafft. Gonzelmann ist langsam ausgeblutet. Der Täter brauchte also nicht besonders vorsichtig zu sein.«

Dieses Mal erwies sich Doktor Hiller als echte Hilfe, dachte Pierre.

Er versuchte den Tathergang zu rekonstruieren. Gonzelmann war im Bett ermordet worden. Zur Schächtung, so hatte sich Hiller geäußert, habe er genau richtig gelegen, nämlich auf dem Rücken. So ließe sich der Schnitt am leichtesten durchführen. War er im Schlaf getötet worden? Nein, das glaubte der Hauptkommissar nicht. Das passte nicht zum Profil des Mörders. Er hatte Gonzelmann bewusst Schmerzen und vor allem die Erniedrigung zugefügt. Der symbolische Akt der Entwürdigung war für den Mörder ein entscheidender Faktor. Dennoch fragte er Doktor Hiller danach.

»Wenn der Geschäftsführer geschlafen hat wie ein Murmeltier und den Eindringling nicht bemerkt hat, dann wäre das theoretisch möglich ... Moment«, sagte Hiller und sah sich Hoden und Penis an, ohne die Geschlechtsteile zu berühren. »Der Mörder hat sie vor der Schächtung abgeschnitten, das erkennt man an den Schnittflächen und der Blutverkrustung. Außerdem besitzt er anatomische Kenntnisse, er ist chirurgisch vorgegangen ... Herr Hauptkommissar, ich habe Blutproben für die Gerichtsmediziner gesammelt.« Er reichte Rexilius ein Reagenzglas mit getrocknetem Blut vom Fußboden und ein durchsichtiges Plastikschächtelchen, in dem sich ein blutdurchtränktes Bettlakenstück befand. »Schließlich habe ich etwas gutzumachen.«

»Nein, das haben Sie nicht ... Könnte das Opfer vorher betäubt worden sein?«, fragte Pierre.

»Das halte ich für sehr wahrscheinlich. Die Abtrennung des Geschlechtsteils erzeugt solche Schmerzen, dass er mit Sicherheit geschrien und um sich geschlagen hätte. Die Einstichstelle einer Injektionsnadel aber habe ich nicht gefunden.«

»Dann ist er oral betäubt worden?«

»Das glaube ich auch ... Die Leiche muss so schnell wie möglich in die Gerichtsmedizin gebracht werden. Der Mord dürfte zehn, elf Stunden her sein, und wenn noch mehr Zeit verloren geht, dann können bestimmte Gifte nicht mehr nachgewiesen werden.«

Rexilius nickte. »Das Bestattungsinstitut aus Walkenried ist schon informiert worden. Eigentlich müsste längst ein Mitarbeiter eingetroffen sein.«

Doktor Hiller war mit seinen Untersuchungen fertig und verabschiedete sich von den beiden Polizisten. »Ich hoffe, dass die Wiedergutmachung gelungen ist«, sagte er, bevor er das Schlafzimmer der Suite verließ.

»Sie waren uns eine große Hilfe«, rief Rexilius ihm hinterher. »Wo ist er betäubt worden?«, fragte er Herbert Wagner. »Habt ihr irgendwelche Spuren?«

»Ich bin mir ziemlich sicher ... im Wohnzimmer. Von einem Sessel aus führen Schleifspuren in das Schlafzimmer. Der Täter hat den betäubten Gonzelmann wahrscheinlich unter die Schulter gefasst und dann hinter sich hergezogen.« Er ging mit Rexilius ins Wohnzimmer und wies auf den Teppichboden. Pierre konnte, als er gegen das Licht schaute, zwei schwache parallele Rillen erkennen, in denen sich die Fasern des Teppichbodens noch nicht vollständig aufgerichtet hatten. Sie führten mit wenigen Unterbrechungen vom Schlafzimmer bis ins Wohnzimmer und endeten kurz vor einem Sessel.

Es klopfte an der Tür der Suite. Wagner rief: »Herein.« Darauf folgte ein zweites Klopfen. Er hatte nicht daran gedacht, dass man die Tür von außen nicht ohne Schlüssel öffnen konnte.

Wagner ging öffnen. Zwei Männer, einen Blechsarg tragend, standen vor ihm. »Weimann, Bestattungsunternehmer aus Walkenried, das ist mein Kollege Weidner«, sagte der vordere und wies nach hinten auf seinen Begleiter. »Wir sollen eine Leiche abholen.«

Wagner führte die beiden in das Schlafzimmer. Die Bestatter steckten die Leiche in einen Plastiksack und legten sie in den Blechsarg.

»Die Leiche muss in die Gerichtsmedizin nach Göttingen gebracht werden«, sagte Rexilius.

Weimann nickte. Dann hoben die Männer den Sarg an und verließen die Suite.

»Wie uns die Bestatter soeben demonstriert haben, muss Gonzelmann seinem Mörder die Tür geöffnet haben«, sagte Wagner. »Das geht von außen ja nur mit Schlüssel, und Einbruchsspuren gab es nicht. Ich glaube, er kannte seinen Mörder.«

Sandra Koch war von Fischer bis zum Eintreffen der LKA-Leute als Einsatzleiterin eingesetzt worden. Sie hatte als Erstes Pierre angerufen und danach das Gebäude abriegeln lassen und die Gäste angewiesen, das Hotel nicht zu verlassen, bis alle befragt worden waren. Allerdings waren zwei Männer schon um sechs Uhr abgereist. Einer von ihnen hatte seinen Wohnsitz in Hamburg. Die Kollegen dort warteten auf seine Ankunft. Der zweite Gast hatte im Gästebuch angegeben, dass er in München wohne, allerdings ohne den Straßennamen aufzuschreiben.

Stefan Henkelmann hatte inzwischen Kontakt mit der dortigen Polizei aufgenommen und erfahren, dass in ganz München keine Person mit diesem Namen gemeldet sei. Die Empfangsdame, eine resolute Mittfünfzigerin, hatte die Nummer des Reisepasses bei der Ankunft des Gastes im Hotel notiert. Henkelmann fand heraus, dass es einen Reisepass mit dieser Nummer in Deutschland nicht gab. Offensichtlich war er gefälscht.

Boden, der Polizeizeichner, saß in einer Ecke des großen Seminarraums zusammen mit zwei Gästen, die den verschwundenen Gast gesehen hatten, und versuchte, ein brauchbares Phantombild herzustellen. Es stand außer Frage, dass er Pierre eine Kopie zukommen lassen würde.

Sandra hatte zuerst die Leibwächter verhört. Sie hatten sich am Samstagabend von neun bis zum Sonntagmorgen um fünf Uhr im *Erotikland* in Sankt Andreasberg aufgehalten. Die Betreiber des Nachtclubs hatten das bestätigt. Somit fielen sie als Mörder aus.

Sie ging ins Foyer des Hotels, um eine Befragungsreihenfolge der schon auf den Koffern sitzenden Hotelgäste festzulegen. Hier spielten sich tumultartige Szenen ab. Einige rüttelten an der verschlossenen Eingangstür, andere regten sich laut darüber auf, dass sie ihre Züge nicht mehr erreichten und erst morgen die Heimreise antreten könnten. Berufstätige verlangten zu wissen, wer den Gehaltsausfall bezahlen würde, eine Seniorengruppe sprach von Freiheitsberaubung durch die Staatsorgane. Sandra nahm das alles gelassen und wies die Zeternden daraufhin, dass immerhin ein brutaler Mord geschehen sei, den es aufzuklären gelte. Und das könne ja nur im Interesse aller sein. Wenn man nicht gleich eine Reihenfolge festlege, dann würde es eben noch länger dauern.

Das brachte zumindest den Großteil zur Vernunft.

Eckert fand das Fachwerkhaus auf Anhieb. Es könnte ein echtes Schmuckstück sein, dachte er, wenn der Eigentümer etwas mehr Zeit und Arbeit investiert hätte. Und Geld. Von den Balken blätterte die Farbe ab, der Putz zeigte lange Risse und auch das Dach machte einen undichten Eindruck. Solch ein Häuschen, dachte er wehmütig, mit Natascha und den Kindern ... das hätte er in Schuss gehalten. Aber davon war er so weit entfernt wie Fischer davon, ein passabler Polizeidirektor zu werden.

Der Rahmen der Haustür bestand aus einem billigen Metall und gelblichem, reliefiertem Glas. In diesem Haus mit historischem Wert eine derartige Tür einzubauen, war an Geschmacklosigkeit nicht mehr zu überbieten.

Erst nach dem dritten Klingeln hörte er Schritte, dann öffnete sich die Tür. Eine Frau um die vierzig stand bekleidet mit einem zerknitterten Bademantel und mit altmodischen Lockenwicklern in den Haaren vor ihm. Ihr Gesicht war gerötet, im rechten Mundwinkel hing eine Zigarette. Diesen Frauentyp hatte er in alten Hollywoodstreifen oft gesehen. Unwillkürlich musste er schmunzeln. Ihr Gesicht verfinsterte sich misstrauisch.

»Was wollen Sie?«, fauchte sie ihn an.

Er stellte sich vor. »Ich muss Ihren Mann sprechen.«

»Geht nicht, er schläft. Ist erst vor zwei Stunden erschöpft ins Bett gefallen. Kommen Sie morgen wieder.« Sie nahm die Zigarette zwischen kleinem und Ringfinger und zog den Rauch tief ein. Ein ungesundes Husten folgte. Sekundenbruchteile später umspülte ein abgestandener Alkoholgeruch den Kommissar. Die Bilder seiner eigenen

Alkoholexzesse tauchten vor seinem inneren Auge auf. Einen Moment lang war er von sich selbst angewidert.

Sie war im Begriff, die Tür zu schließen, aber Eckert stellte den Fuß in den Spalt. »Ich glaube, Sie haben den Ernst der Situation nicht erfasst. Ich bin von der Mordkommission.«

»Na und ... den Ausweis«, sagte sie pampig. Eckert konnte ein leichtes Lallen heraushören.

Er fasste in die Jackentasche und zeigte seinen Ausweis. »Im Hotel *Kunzental* ist in der Zeit, in der Ihr Mann Dienst hatte, ein Mord verübt worden.«

»Und was hat mein Mann damit zu tun?«, fragte sie und rülpste laut. Ein weiterer Alkoholschwall traf Eckert im Gesicht.

»Wenn Sie ihn in den nächsten zwei Minuten nicht wecken, komme ich in fünf Minuten mit einem Einsatzkommando wieder und werde Ihren Mann ins Untersuchungsgefängnis sperren. Sie bekommen zudem ein Verfahren wegen Behinderung von Mordermittlungen an den Hals.«

Das wirkte. Sie verschwand. Eckert betrat den Hausflur. Ein entferntes Brüllen der Frau und ein schwaches »Ja, ja« machten deutlich, wer hier die Hosen anhatte.

Mit einem blauen Bademantel bekleidet holte Helwig, der Nachtportier des Hotels *Kunzental*, ihn im Flur ab und führte ihn ins Wohnzimmer. Es roch muffig. Ins Zentrum des Hauses drang wenig Licht, was daran lag, dass sich hier nur ein Fenster befand und dahinter ein Hang steil nach oben anstieg, der die Sonneneinstrahlung unterband. Staub auf allen Möbeln und dem Fernseher offenbarte, dass hier schon länger nicht mehr geputzt worden war. An der rechten Wand hing ein vergilbtes Bild schief, das eine Küstenlandschaft darstellte. Durch eine undichte Stelle im Fenster zog Luft herein. Ein wahrlich anheimelndes Haus, dachte Jürgen Eckert.

Helwig, der seine Blicke bemerkt hatte, sagte: »Sie war nicht immer so, Herr Kommissar. Vor acht Jahren wurde sie arbeitslos und bis heute hat sie keine neue Arbeit gefunden. Seit einiger Zeit trinkt sie regelmäßig Alkohol. Aber Sie sind sicher nicht gekommen, um das zu hören. Wie kann ich Ihnen weiterhelfen?«

Eckert antwortete nicht gleich, mit seinen Gedanken war er bei seiner Familie und seiner eigenen Alkoholsucht. Besser als Helwigs Frau war er auch nicht, deshalb hatte er kein Recht, sie zu verurteilen. »Äh ... irgendwann in dieser Nacht, wahrscheinlich zwischen elf und zwölf, ist ein Gast des Hotels *Kunzental*, Daniel Gonzelmann aus Freiburg, ermordet worden. Haben Sie etwas Ungewöhnliches bemerkt?«

Helwig sah ihn entsetzt an. Das konnte nicht gespielt sein, dachte Eckert. »Oh, Gott ... ja, eigentlich schon«, antwortete Helwig erschüttert.

»Verstehe nicht ganz ...?«

»Wenn das meine Chefin erfährt, bin ich meinen Arbeitsplatz los.«

»Wenn es nichts mit dem Mord zu tun hat, werde ich es Ihrer Chefin nicht auf die Nase binden«, sagte Eckert.

»Gestern Abend gegen halb zehn hatte Gonzelmann Besuch von einer Frau.«

»Was für eine Frau?«

»Ich kenne sie nicht, aber es kam immer eine andere Frau.«

»Das soll heißen?«

»Sie gehören zu einer Agentur, die Callgirls vermittelt. Immer, wenn die Freiburger unser Haus besuchten, tauchten hier die attraktivsten Frauen auf. Die müssen ganz schön teuer gewesen sein, aber Geld spielt für die Freiburger Geschäftsführung in dieser Beziehung keine Rolle.«

Eckert machte ein zweifelndes Gesicht. Das Hotel

Kunzental ein Stundenhotel? Das konnte er sich nicht vorstellen.

Helwig schien seine Gedanken erraten zu haben. »Herr Kommissar, ich habe die Frauen an einem Nebeneingang in Empfang genommen, auf die Zimmer begleitet und hinterher wieder abgeholt. Sie blieben immer ein paar Stunden. Das Management des Hotels weiß nichts davon«, sagte er verlegen.

»Wie sah sie aus? Sie müssen mich zum Hotel begleiten, da ist unser Phantombildzeichner.«

Helwig überlegte lange, aber nicht, um über eine genaue Beschreibung der ›Frau‹ nachzudenken. »Lange, braune Haare. Gelockt …« Nein, dachte er, um dem Kommissar von Gonzelmanns Vorliebe für Transvestiten zu erzählen, hatte er ein zu hohes Schweigegeld erhalten, und wenn die anderen Freiburger von seinem Verrat hören würden, dann versiegte eine ausgezeichnete Geldquelle. Außerdem hatte doch der Transvestit nichts mit dem Mord zu tun …

Im kleinen Seminarsaal des Hotels saßen sich Junge und der Chauffeur Hartmann gegenüber. Hartmann stellte seinen muskulösen Oberkörper zur Schau und versuchte, den schmächtigen einen Meter fünfundsiebzig großen Junge einzuschüchtern. Der hatte das schon oft erlebt, viele unterschätzten ihn. Aber Junge war ein beharrlicher, listiger Verhörspezialist, der sich noch nie hatte beeindrucken lassen, schon gar nicht durch Äußerlichkeiten. In diesem Fall hatte er einen Mann vor sich, der durch viele Verhöre gegangen war. Hartmann verschwieg etwas, da war sich Junge sicher. Aus ihm etwas Brauchbares herauszuholen, würde schwierig werden. Noch mehr brachte ihn auf, dass der Chauffeur anfing, arrogant zu werden. Nun, dann beginnen wir noch einmal von vorne, dachte er.

»Wann sind Sie gestern hier angekommen?«

»Das sagte ich bereits. Um acht«, antwortete Hartmann.

»Und danach?«

»Habe ich Herrn Gonzelmanns Koffer in seine Suite gebracht und ins Schlafzimmer gestellt.«

»Ist Ihnen etwas Besonderes an Gonzelmann aufgefallen? Hat er sich anders verhalten als sonst?«

»Er war wie immer«, antwortete er und verzog das Gesicht zu einem gespielt ärgerlichen Ausdruck.

»Wann haben Sie seine Suite verlassen?«

»Wir haben noch kurz über den Ablauf des nächsten Tages gesprochen und dann habe ich ihm eine gute Nacht gewünscht«, antwortete Hartmann.

»Har er das Hotel noch einmal verlassen, hat er Besuch bekommen?«

»Nein, weder noch. Er hatte einen anstrengenden Tag vor sich. Wollte sich auf die Betriebsversammlung des nächsten Tages vorbereiten. Ist sicher früh schlafen gegangen, wie immer vor solchen Tagen.«

Du lügst, Chauffeur oder Mitglied der Geschäftsleitung. Und du bist ein erbärmlicher Lügner, dachte Junge. »Und Sie ... sind wahrscheinlich auch gleich ins Bett gegangen?«

»Ja. Nach der langen Fahrt auch kein Wunder. Und heute Morgen musste ich erfahren, dass mein Arbeitgeber tot ist.«

Die Lüge steht dir ins Gesicht geschrieben, dachte Junge. Aber wenn sich nichts Außergewöhnliches ergeben würde, musste er Hartmann bald gehen lassen.

»Genau das ist es, was ich mir nicht erklären kann. Wenn die Freiburger mit ihren Sexspielchen fertig waren, habe ich normalerweise einen Anruf bekommen und die Frauen abgeholt«, erklärte Helwig. »Über den Liefereingang habe ich sie nach draußen gebracht und meist sind sie dann in ihr Auto gestiegen und davongefahren. Aber es kam kein Anruf von Gonzelmann, und die Frau habe ich das

Hotel auch nicht verlassen sehen. Ich habe gedacht, der treibt es die ganze Nacht mit dem Weib.«

»Hm. Was haben Sie von den Freiburgern für Ihren Service erhalten?«

»Zweihundert Euro. Gutes Geld.«

Für Eckert war ausgeschlossen, dass die Frau etwas mit dem Mord zu tun gehabt hatte. Gonzelmann wog über zwei Zentner, eine Frau hätte ihn unmöglich die mehr als sechs Meter ins Schlafzimmer schleppen können. Wo aber war sie geblieben?

Jürgen Eckert fing an zu schwitzen. Er hätte gern ein oder zwei Wodkas getrunken. Er verfluchte sich, musste seine Alkoholsucht endlich in den Griff bekommen. Damit der Nachtportier das Zittern seiner Hände nicht bemerkte, steckte er sie in die zerknitterte Jackentasche. Vielleicht wäre es gut, wenn er morgen zu den *Anonymen Alkoholikern* ginge, in Bad Lauterberg hatten sie eine Ortsgruppe ... Hätte er doch nie diese Affäre mit Franziska angefangen, der Starreporterin ... Er fasste sich wieder. Helwig schien nichts bemerkt zu haben.

»Wann und wie kann die Frau das Hotel verlassen haben?«, fragte Eckert.

Helwig dachte kurz nach und dann hellten sich seine Gesichtszüge auf. »Ich habe eine Idee.«

»Und die wäre?«

»Vielleicht liege ich auch falsch, will ja keinen ungerechtfertigt belasten.«

»Erzählen Sie, alles kann wichtig sein.«

»An der Rezeption und im gesamten Empfangsbereich darf nicht geraucht werden. Deshalb bin ich durch einen Nebenausgang nach draußen gegangen. Von dort aus konnte ich beobachten, wie Hartmann die hintere Tür der Luxuslimousine zustieß, so, als wäre vorher jemand eingestiegen. Dann setzte er sich ans Steuer und fuhr vom Parkplatz. Ich habe noch eine zweite Zigarette geraucht, aber zurückgekommen ist er innerhalb dieses Zeitraumes nicht mehr. Als ich um sechs Uhr meinen Dienst beendet habe, stand das Auto wieder auf dem Parkplatz.«

»Wann ist Hartmann vom Hotelparkplatz weggefahren?«

»Gegen halb eins. Wahrscheinlich hat er die Frau nach Hause gefahren. Es würde mich nicht wundern, wenn er ihre Dienste in Anspruch genommen hat. Jedes Mal, wenn sie das *Kunzental* besuchten, standen die Prostituierten bereit, manchmal fuhren sie auch nach Sankt Andreasberg in das *Erotikland*. Wenn es um Sex ging, haben sie mit Geld nur so um sich geworfen. Eine Frau hat mir mal erzählt, dass sie für zwei Stunden tausend Euro erhalte. Diese Typen seien schmierig, unsympathisch und arrogant und einer von ihnen stehe auf perverse Gewaltpraktiken, geile sich an den Schmerzen der Frauen auf. Was sie allerdings strikt abgelehnt habe.«

Eckert nickte. Das Charakterbild dieser Freiburger Clique wurde immer deutlicher. Gefühllos entließen sie Beschäftigte, zerstörten ganze Familien, steigerten auf deren Kosten das eigene Einkommen und degradierten Frauen für ihre perversen Sexspiele. Es lebe das Managertum Deutschlands. Der Motor allen gesellschaftlichen Fortschritts. Eckert war angewidert.

»Ich glaube, Hartmanns Ausflug dürfte das spurlose Verschwinden der Frau erklären«, sagte Helwig. »Herr Kommissar, als Nachtportier lernt man viele Menschen kennen und … dieser Hartmann ist kein normaler Chauffeur. Er hat alle Mitglieder der Geschäftsleitung geduzt, war so vertraut mit ihnen, als sei er selbst ein Teil von ihr. Und dem steht Brutalität und Gewaltbereitschaft nicht nur ins Gesicht geschrieben, seine Körpersprache bringt sie bei all seinen Bewegungen zum Ausdruck.«

Eckert griff zum Handy, er wusste, dass Marc Junge mit der Befragung des Chauffeurs beschäftigt war.

Junge kochte innerlich. Selten hatte er sich über den Ablauf eines Verhörs so geärgert wie heute, aber er konnte diesem aalglatten Hartmann nicht das Gegenteil von dem beweisen, was der behauptete.

Als Junges Handy klingelte, war Hartmann im Begriff, den Seminarraum zu verlassen. Mit einem Handzeichen hielt der Kommissar ihn zurück. Im Verlauf des Telefongesprächs mit Eckert hellte sich seine Miene immer mehr auf, und als Eckert auflegte, erfüllte ein zufriedenes Grinsen sein Gesicht. Hartmann muss sehr sicher sein, dass er gestern Nacht von keinem gesehen worden ist, dachte er. Aber manchmal treten eben diese bösartigen Irrtümer ans Tageslicht.

»Einen Moment noch, Herr Hartmann. Setzen Sie sich wieder hin. Ich habe noch ein paar Fragen, aber es wird schnell gehen«, sagte er mit einem ironischen Unterton, den der Chauffeur nicht wahrzunehmen schien. »Wo waren Sie gestern Nacht um halb eins?«

»Jetzt langweilen Sie mich aber. Wie oft soll ich das noch wiederholen? Ich war im Bett«, antwortete Hartmann und stand wieder von seinem Platz auf.

»Setzen Sie sich wieder«, sagte Junge in einem Ton, der keinen Widerspruch zuließ. Der Muskelprotz nahm Platz.

»Nein, das stimmt nicht.«

»Haben Sie Beweise, Herr Inspektor?«

»Kommissar, Herr Hartmann. – Ein Zeuge hat sie zusammen mit dem Callgirl, das Herrn Gonzelmann ihre Dienste angeboten hatte, in Ihrem Auto wegfahren sehen. Das war kurz nach dem Mord.«

Hartmanns Gesicht verdunkelte sich einen Moment, dann kehrte seine arrogante Haltung zurück. »Ohne einen Rechtanwalt sage ich jetzt nichts mehr.«

»Gut, dann nehme ich Sie wegen dringenden Mordverdachts an Daniel Gonzelmann fest«, sagte Junge, griff zum Handy und wählte die Nummer der Zeitansage.

»Legen Sie wieder auf«, sagte Hartmann. Das arrogante Auftreten des Chauffeurs begann entscheidende Risse zu bekommen. »Ich bin gestern Nacht ins Unterdorf gefahren.«

Hartmann begann zu erzählen. Er war etwa um null Uhr nach Unterzorge gefahren und hatte die Frau des Bürgermeisters besucht, ihr Mann hatte in Hannover ein Seminar. Das Verhältnis lief seit über drei Jahren. Immer, wenn Hartmann nach Zorge kam und die Frau allein war, trafen sie sich. Um fünf Uhr sei er ins Hotel zurückgekehrt. Die Prostituierte, die Gonzelmann aufgesucht hatte, habe er nicht einmal gesehen. Er wusste aber, dass der Geschäftsführer Besuch bekommen habe. Die Frauen würden von *Laras Event Agency* vermittelt, die Agentur habe Büros in Sankt Andreasberg und Braunlage. Sie vermittle erstklassige Frauen, die nahezu alles zu bieten hätten. Er habe keinen Grund, seinen Chef zu ermorden, schließlich habe sich etwas wie Freundschaft zwischen ihm und der Geschäftsleitung entwickelt. Außerdem sei er gut bezahlt worden und wer töte einen solchen Arbeitgeber …?

Die Frau des Bürgermeisters bestätigte später die Version des Chauffeurs, so dass er als Verdächtiger ausfiel. Am späten Nachmittag entließ das Landeskriminalamt die vier Männer aus Freiburg. Weder die Leibwächter noch die gepanzerte Sicherheitslimousine hatten das Leben des Geschäftsführers der *DHC* schützen können, aber mit seinem Tod hatten sie offenbar nichts zu tun.

Um elf Uhr verabschiedete sich Rexilius von seinen Kollegen, keine Minute zu früh, wie sich herausstellte, denn als er mit Fahrradhelm getarnt den Parkplatz des Hotels verließ, kam ihm das erste Dienstfahrzeug des LKA entgegen. Keiner der Insassen beachtete den sportlichen Radfahrer. Wie Pierre am Abend von Sandra erfuhr, hatte Dunker einen Hauptverdächtigen gefunden: den Gast, der vorgegeben hatte, aus München zu stammen und einen gefälschten Pass vorgelegt hatte. Das Phantombild hatten sie von Boden übernommen und eine Großfahndung eingeleitet. Es sei nur eine Frage der Zeit, bis sie den Mörder fassen würden, hatte Dunker Sandra gegenüber geäußert. Heute habe der Mörder einen entscheidenden Fehler gemacht.

Pierre fuhr nach links ins Kunzental, nach dem das Hotel benannt worden war, und bog später auf den Langen Weg ab, der an den Hängen der Zorger Berge den ganzen Ort umgab. Nach fünfhundert Metern Fahrt hielt er an einer massiven Holzbank und setzte sich. Ein ausgezeichneter Standort, von dem aus er das gesamte Gelände des Hotels und selbst das Waldschwimmbad überblicken konnte. Es war zwar erst kurz nach zehn, aber Pierre schätzte, dass es schon einige hundert Gäste bevölkerten. Wer hier nach dem Mittagessen das kühle Nass suchte, der würde Probleme bekommen, eingelassen zu werden. Wenn der Wind in seine Richtung wehte, trug er die Spaßschreie der planschenden Kinder zu ihm und das Klatschen, wenn jemand vom Dreimeterbrett ins Wasser sprang.
   Mit seinem Fernglas suchte er den Parkplatz ab, auf dem gerade ein Fahrzeug anhielt. Es handelte sich um die zweite LKA-Besatzung, zu der auch Dunker gehörte – wild gestikulierend, wie immer, wenn er an einem Einsatzort eintraf.
   Pierre wunderte sich, dass noch keine Presseleute Wind von den Geschehnissen im Hotel bekommen hatten, aber nur eine Minute später erreichten die ersten beiden Wagen den Parkplatz. Offensichtlich hatten die Journalisten Dunker im *Schwarzen Adler* in Herzberg beobachtet. Versteht sich, dass sich Böhme unter ihnen befand. Zielstrebig eilten sie auf das gläserne Eingangstor des Hotels zu, stellten aber fest, dass es verschlossen

war. Um auf sich aufmerksam zu machen, schickten sie mehrere Fotoblitze durch das Tor. Als eine Reaktion ausblieb, gingen sie zu ihren Fahrzeugen zurück, setzten sich bei geöffneten Türen auf ihre Autositze und steckten sich Zigaretten an. Die Wartezeit begann. Beharrlich, bis sie die benötigten Informationen für die Montagsausgabe ihrer Zeitungen bekämen, würden sie ihr Terrain nicht mehr verlassen. Inzwischen waren drei weitere Pressefahrzeuge eingetroffen.

Rexilius setzte das Fernglas ab, griff in den Rucksack und entnahm ihm seine Rauchutensilien. Er stopfte seine Pfeife und zündete sie an.

Was trieb einen Menschen an, eine derartig blutige Tat zu begehen? Wieder dachte er an die E-Mail des Mörders. Die Mutter, die ihr Kind über die sieben Brücken führt und es von allen Krankheiten und Flüchen heilt ... Irgendetwas hatten Fritz, Kappe und Gonzelmann der Mutter angetan. Hatten sie eine Frau ermordet? Und der Mörder – das Kind? – übte Rache dafür?

Er ging die Geschehnisse noch einmal in Gedanken durch. Um acht Uhr abends erreicht Gonzelmann mit seinen Begleitern das Hotel. Nachdem alle ihre Zimmer aufgesucht haben, trifft man sich in Gonzelmanns Suite und nach einer kurzen Besprechung fahren die Leibwächter nach Sankt Andreasberg, um sich dort mit Frauen zu vergnügen. Hartmann begleitet sie nicht, weil er ein Treffen mit der Frau des Bürgermeisters geplant hat, mit der er seit Jahren ein Verhältnis hat. Um 21 Uhr 30 geleitet der Nachtportier die Prostituierte in die Präsidentensuite. Wann sie Gonzelmann verlässt, ist unbekannt. Als Mordverdächtige hatte Herbert Wagner sie ausgeschlossen, weil eine Frau nicht in der Lage gewesen wäre, den hundertzwanzig Kilo schweren Gonzelmann ins Schlafzimmer zu schleppen. Vielleicht war sie Mittäterin, hatte Gonzelmann abgelenkt, so hatte Sandra vermutet, oder der Täter hatte sie überrascht, verschleppt und möglicherweise später ebenfalls ermordet. Rexilius schüttelte den Kopf ... das passte nicht zu dem Mörder. Er arbeitete allein, plante alles bis ins kleinste Detail, er hätte gewusst, dass Gonzelmann Besuch von einer Frau bekommen würde. Unschuldige Frauen brachte er nicht um. Was habe ich übersehen? fragte sich Rexilius.

Er blickte zum gegenüberliegenden fast sechshundert Meter hohen Lampertsberg. Der leichte Wind ließ die Blätter der Buchen hin und her tanzen und ein beruhigendes Glitzern auf dem Walddach entstehen. Rexilius bemerkte, dass das Glitzern parallel zum Hang wie von einem dünnen Band unterbrochen wurde. Es begann etwa hundert Meter oberhalb des Hotels Kunzental und endete hinter dem Schwimmbad im Talgrund.

Pierre holte seine topographische Karte aus dem Rucksack, entfaltete sie und sucht darauf den Hang des Lampertsberg ab. An der Stelle, wo oberhalb des Hotels das Glitzern unterbrochen wurde, war eine Schutzhütte eingezeichnet, von der aus ein Weg verlief. Er klopfte die Pfeifenasche in seine Metalldose, legte sie zusammen mit der Karte in den Rucksack. Dann schnallte er ihn auf den Rücken und setzte sich in Bewegung. Acht Minuten später erreichte er die Schutzhütte, stellte sein Fahrrad ab und begann sie abzusuchen.

Hinter der Hütte fand Rexilius eine große Anzahl an geschnittenen Buchenzweigen und einen serpentinenartigen Trampelweg, der den Hang des Lampertsbergs hinab bis zum Parkplatz des Hotels *Kunzental* führte. Rexilius begriff. Er sah den Fluchtweg des Mörders vor sich. Nach dem Mord an Gonzelmann hatte der Täter das Hotel entweder über die Feuerleiter oder über das hintere Treppenhaus verlassen. War dann über den Parkplatz zum Trampelpfad gehuscht und hinauf zur Hütte gestiegen. Dort hatte er sein Fahrrad von den Buchenzweigen befreit und war damit über die Waldwege abgehauen. Wahrscheinlich nach Benneckenstein, glaubte Pierre. Probleme, sich in der Dunkelheit mit dem Fahrrad fortzubewegen, hatte der nicht. Wie so oft hatte ihm die Nachtsichtbrille gute Dienste geleistet ...

Pierre suchte den Boden ab und entdeckte zwei künstliche Fingernägel.

Er ging in die Hütte und setzte sich dort auf eine Bank. Betrachtete die Fingernägel. Schloss die Augen. Ging noch einmal alles im Geiste durch, was mit dem Mord an Gonzelmann zu tun hatte. Wagner hatte gesagt, die Prostituierte wäre nicht in der Lage gewesen, den hundertzwanzig Kilo schweren Gonzelmann ins Schlafzimmer zu schleppen. Keiner wusste, wann die Prostituierte das Hotel verlassen hatte,

Verdammt, das war es, was sein Unterbewusstsein ihm mitteilen wollte! War er denn blind gewesen? Er griff zum Handy und wählte Eckerts Nummer. »Bist du noch bei dem Nachtportier, Jürgen? Hol ihn mir sofort ans Telefon!«

Fünf Sekunden später meldete sich der Portier. Pierres Ton wurde scharf. »Die Prostituierte, die Sie in Gonzelmanns Suite geleitet haben, war keine Frau, und Sie haben es die ganze Zeit gewusst?!«

»Ja, Sie haben recht«, gab Helwig kleinlaut zu.

»Sie werden noch von mir hören«, drohte Pierre und beendete abrupt das Gespräch.

Der Mörder hatte sich als Frau verkleidet. Die ›Frau‹, die Gonzelmann aufgesucht hatte, um ihn zu amüsieren. Er musste überzeugend gewesen sein: Ein Chamäleon, das sich allen Situationen genial anpassen konnte.

Freiburg, Mittwoch, 23. Juli

Wetzel saß allein im Wohnzimmer und hörte das Allegro der *Vier Jahreszeiten* von Vivaldi. Valerie war mit dem Auto unterwegs, um Yannick und Michelle abzuholen, die sich mit ihren Freunden wieder am Opfinger Baggersee getroffen hatten. Immer wieder ging ihm die Frage durch den Kopf, wer die Verräter aus dem Präsidium waren und in welchen Bereichen sie für die Organisation aktiv waren. Etwas, das sein Kollege Sundberg ihm im letzten Jahr frustriert berichtet hatte, sah er jetzt in einem anderen Licht: Keiner der Razzien im Rotlichtmilieu waren von Erfolg gekrönt gewesen. Sundberg hatte das Gefühl gehabt, dass die Bordellbesitzer vorher informiert worden waren. Monatelange mühsame Ermittlungsarbeit war umsonst gewesen. Wer hatte sie gewarnt? Schweitzer konnte es nicht gewesen sein, er war Leiter der Drogenabteilung und verfügte nicht über Informationen aus Sundbergs Abteilung. Entweder war es einer von Sundbergs Leuten oder jemand, der in der Hierarchie weiter oben stand ... Wetzel hoffte, dass er die Namen morgen Nacht endlich von Unger und Röster erfahren würde.

Er hatte seine Kollegen seit dem vergangenen Samstag nicht mehr gesehen, erst für morgen Vormittag hatten sie ein Treffen in Obermanns Haus geplant. Sie wollten nicht riskieren, vom Sicherheitsdienst dadurch entdeckt zu werden, dass sie sich zu häufig trafen.

Schmelz, Breiner und Obermann versuchten Informationen über die Immobilien und Telefongespräche der Geschäftsleitung der *DHC* zu bekommen. Er war auf die Ergebnisse gespannt. Aber wie sollte er sich von seinen Verfolgern absetzen? Sie durften nicht das Gefühl bekommen, bemerkt worden zu sein. Möglicherweise würden die nächsten Tage dann einen anderen, unvorhersehbaren und noch gefährlicheren Verlauf nehmen ... Das Presto des Sommers von Vivaldis *Vier Jahreszeiten* war verklungen, es folgte das Allegro des Herbstes.

Es würde schwer werden, das hatte er in den vergangenen Tagen zu spüren bekommen, seine Verfolger verstanden ihr Metier. Ob er mit seinen Kindern zum Einkaufen durch die Stadt gegangen war oder ob er mit ihnen beim Schwimmen war, seine Verfolger waren allgegenwärtig. Sie tauschten die Autos aus, wechselten die Leute. Insgesamt hatte er sechzehn Personen ausgemacht. Drei Frauen und dreizehn Männer. Einige Gesichter hatte er wiedererkannt.

Zum Glück hatten die Kinder weder ihre Begleiter noch seine allerdings unauffällig suchenden Blicke bemerkt.

Im Gegensatz zu den Kindern verkrampfte Valerie immer mehr. Mit der Angst zu leben, aus heiterem Himmel von einer Kugel getroffen werden zu können, gab ja auch keinen Anlass zu gelöstem Verhalten. Zudem war das Gefühl, dass sie wie in einem gläsernen Haus für diese Verbrecher auf Schritt und Tritt sichtbar waren, erdrückend. Es wurde Zeit, dass das aufhörte. Mit den Informationen von Röster und Unger würde er die Verräter zu Fall bringen und dieser Organisation endlich ein Ende setzen.

Als das Largo des Winters erklang, wusste Wetzel, wie er ihnen entwischen könnte: in der Innenstadt bei Karstadt, warum hatte er nicht gleich daran gedacht? Valerie würde ihn beim Abendessen bitten, ein spezielles Parfüm für ihre Schwester zu kaufen, das war immer so, wenn sie ihre französischen Verwandten in Épinal besuchte. Und dieses Parfüm war nur bei Karstadt im Angebot – wie passend, schmunzelte Wetzel in sich hinein.

Die Wohnzimmertür wurde geöffnet und Michelle eilte auf ihren Vater zu, schlang sich um seinen Hals und küsste ihn. Natürlich hatte sie viel zu berichten, schließlich war

›Wichtiges‹ passiert. Valerie schickte Michelle ins Bad, allerdings musste sie warten. Yannick war vorher schon dorthin gerannt. Valerie gab ihrem Mann mit einem Zeichen zu verstehen, dass ein Trupp ihrer ›täglichen Begleiter‹ selbst die Kinder am Opfinger Baggersee überwacht hatte.

Natürlich war beim Abendessen der Frankreichaufenthalt das beherrschende Thema. Die Vorfreude der Kinder war groß, Yannick würde von morgens bis abends mit seinem Vetter und dessen Freunden Fußball spielen können. Und Michelle würde mit ihrer gleichaltrigen Cousine – welch ein Zufall, dachte Wetzel immer ... hatten Valerie und ihre Schwester das geplant? – über Langeweile nicht zu klagen haben.

Verständigungsprobleme gab es nie zwischen den Familien. Die Eltern hatten großen Wert darauf gelegt, dass ihre Kinder zweisprachig aufwuchsen.

Irgendwann im Verlaufe des Essens brachte Valerie das zur Sprache, worauf Wetzel schon gewartet hatte. »Rainer, ich muss ja morgen Vormittag noch arbeiten ...«

»Ich weiß«, unterbrach er sie, »das Parfüm für Denise. Ich werde es morgen früh holen.«

Die Lauscher in den beiden Fahrzeugen hatten natürlich alles mitgehört. Ole, der im Kleinbus saß, informierte Lasse von der neuen Entwicklung. Wortkarg wie immer legte dieser auf, schloss die Augen und dachte nach. Lange hatte er diesen Schnüffler im Café *Antik* beobachtet, als der sich mit Unger treffen wollte. Irgendetwas daran hatte Lasse nicht gefallen. Er glaubte nicht, dass dieser Hauptkommissar so ahnungslos war, wie er am Telefon Unger gegenüber getan hatte. Lasse glaubte, dass Wetzel einige von seinen Leuten wiedererkennen würde. Das machte die Situation komplizierter. Eigentlich hätte er ja schon längst tot sein müssen ...

Lasse hätte damit rechnen müssen, dass das Treffen möglicherweise nicht zustande kommen könnte. Hatte ihn sein so hoch gelobter Instinkt verlassen? Wetzels Liquidierung war unumgänglich und sie musste schnell erfolgen. Am liebsten würde er nicht auf das zweite Treffen mit Unger warten ... Aber konnte er das mit dem Adler besprechen? Ausgeschlossen. Der Adler würde Lasse erneutes Versagen vorwerfen und vielleicht seine komplette Mannschaft auswechseln. Niemals mehr würde er, Lasse – sein richtiger Name war Viktor Sukulow – in die alte, armselige und erbärmliche russische Heimat zurückgehen.

Lasse steckte sich eine weitere filterlose Zigarette an, genehmigte sich einen Wodka, schaute dem Rauch der Zigarette hinterher und verzog plötzlich sein Gesicht zu einem teuflischen Grinsen. Ihm war etwas eingefallen. Dieser Wetzel musste beseitigt werden, das stand fest. Aber zuerst würde er in Frankreich den Schnüffler von seiner Familie trennen, Valerie Wetzel und die Kinder entführen und als Geisel benutzen. Das würde den Bullen erst lähmen und dann gefügig machen. Seine Familie gegen das Leben von Unger. Wofür würde sich dieser Wetzel wohl entscheiden ...? Dann würden Unger und Wetzel liquidiert und zeitgleich seine Frau und die beiden Kinder. Andererseits ... vielleicht könnte man die Frau und die Kinder noch gebrauchen. Verwendung für sie gab es allemal.

Es würde wieder Ruhe in die Organisation einkehren und der Ruf seiner Truppe, unfehlbar und unverzichtbar zu sein, wiederhergestellt werden Adler würde von der Idee begeistert sein, es aber wie immer nicht zeigen. Lasse griff zum Handy.

Adler gab ihm grünes Licht.

Lasse verließ seinen Privatraum, den nie jemand anderer als er selbst betreten durfte, trommelt acht seiner besten Leute zusammen und verteilte die Aufgaben für den nächsten Tag.

Südharz, Mittwochabend, 23. Juli

Pierre hatte die Symbolzeichnung auf seinen Schreibtisch gelegt. Er nahm einen Schluck Cappuccino und zog zweimal an seiner Pfeife. Das LKA ging noch immer davon aus, dass sich zwei unterschiedliche Organisationen bekriegten und die Symbole Warnungen an eine der Gruppen beinhalteten.

Rexilius glaubte nicht daran. Der Mörder gab Hinweise auf das Motiv, versuchte zu erklären, warum er mordete. Warb er am Ende um Verständnis? Waren die E-Mails ein weiterer Beleg dafür? Freund oder Feind. Feind oder Freund. Ein trauriger Mörder?

Die dritte Symbolzeichnung war die erste, aus der die Konturen und Figuren deutlich erkennbar wurden. Boden hatte den Sektor, den der Mörder mit dem Blut des Opfers vervollständigt hatte, wie im Original farblich abgesetzt. Drei der vier Sektoren waren identisch. Im inneren Bereich eines Sektors war ein Tier abgebildet. Es sah aus wie ein Hahn, dessen Rumpf in einen Schlangenschwanz übergeht. Pierre glaubte zu wissen, worum es sich handelte, wollte es im Internet aber überprüfen. Er gab den Begriff »Fabeltiere« in die Suchmaschine ein. Fand Bilder und Skizzen, die er mit der Symbolzeichnung verglich. Es gab keinen Zweifel: Es handelte sich um einen Basilisken, dem König der Schlangen. Jenes Fabeltier, das der Mörder auch in der E-Mail erwähnt hatte ... *die Basilisken des Lichts trieben ihn in die Dunkelheit zurück* ... Der Sage nach entsteht ein Basilisk, wenn ein alter schwarzer Hahn ein Ei legt, das im Mist oder durch eine Schlange oder

Kröte ausgebrütet wird. Der Basilisk gilt als Sinnbild für den Tod, den Teufel, den Antichristen oder die Sünde. Sein Hauch ist giftig und sein Blick tödlich.

Pierre las, dass es zwei Möglichkeiten gibt, den Basilisken zu besiegen. Ein Wiesel und ein Spiegel. Wie das Wiesel den Basilisken vernichten konnte, war weder über die Suchmaschinen noch über die Literatur zu erfahren. Wohl aber gab es Informationen über den Spiegel. Die Augen des Basilisken senden Giftstoffe ab, die das Opfer töten. Wenn ihm ein Spiegel vorgehalten wird, wird das Gift zurückgeworfen und das Ungeheuer stirbt selbst.

Das Gebilde, das schräg unterhalb des Basilisken gezeichnet war, war ein Spiegel! In ihm war der hahnenartige Kopf des Ungeheuers abgebildet, aber irgendwie verzerrt. Pierre verstand. Der Mörder hatte den Basilisken des Lichts – Fritz, Kappe und Gonzelmann – den Spiegel vorgehalten. Den Spiegel ihrer Untaten, der sie letztendlich getötet hatte. Das war ein Teil der Botschaft des Mörders.

Worin aber bestanden ihre Untaten?

Von den Basilisken ging in der Zeichnung des Mörders ein Strahl – der Giftstrahl – aus, der das anschließende Gebilde und den Kreis durchtrennte. Was Zerstörung bedeutete. Zum dritten Mal war der Kreis, die Vollkommenheit und das Symbol für Liebe, zerstört worden. Die Freiburger Geschäftsführerclique hatte die Liebe des Mörders zerstört ... Diese Basilisken des Lichts, die Anerkannten dieser Gesellschaft, die in den Augen des Mörders Ungeheuer waren, hatten ihm seine Liebe genommen. Welche Person verbarg sich dahinter ... die Mutter, die das kranke und verfluchte Kind in der polnischen Legende geheilt hatte? Wer war diese Frau? Seine Frau, eine Polin, glaubte Rexilius. Die Frau, die das Fahrrad bei Ollhardt gekauft hatte, ging es ihm durch den Kopf. Nein, das passte irgendwie nicht.

Er konzentrierte sich auf die Gebilde, durch die der zerstörende Strahl ging. Nach der Betrachtung des zweiten Symbols war er am Morgen danach auf die Idee gekommen, dass hier ein Vogel abgebildet war, der durch eine Baumkrone segelte ...

Pierre erhob sich von seinem Schreibtischstuhl, ging in die Küche und kochte sich einen Cappuccino. Als er in sein Arbeitszimmer zurückkehrte, legte er eine CD von John Lee Hooker in den Player und steckte sich eine Pfeife an.

Eine Schwalbe, hatte er geglaubt, aber jetzt, wo die Konturen des Vogels deutlich erkennbar waren, war er sich nicht mehr sicher. »Die Vogelart«, murmelte er, » ist sie überhaupt wichtig?«

Er stützte die Ellenbogen auf die Schreibtischplatte, hielt den Kopf in den Händen und blickte minutenlang auf den abgebildeten Vogel. »Dein Ausdruck ist voller Verletzlichkeit, Unschuld, und Reinheit ...«, murmelte Pierre, »Eigenschaften, die auch die Taube innehat.«

›In der christlichen Kunst werden die sieben Gaben des Heiligen Geistes als Tauben gesehen, die sich im Lebensbaum niedergelassen hatten oder das Wasser der Weisheit und des ewigen Lebens tranken‹, hatte er in einem neueren Buch für Symbolik entnommen. Nein, auch das half ihm nicht weiter.

Er blickte wieder an die Pinnwand und ging noch einmal alle Notizzettel über die Bedeutungen der Vögel durch. In Form eines Vogels entflieht die Seele aus der sterblichen Hülle ...

Was habe ich übersehen?, fragte er sich. Was zum Teufel erschließt sich mir nicht?

Dann kramte er alle Internetausdrucke, Kopien und Bücher zusammen und sah sie noch einmal durch. Drei Stunden brauchte er. Danach saß er zehn Minuten auf seinem Schreibtischstuhl. Es schien, als bewege er nicht einen Muskel. Der Rücken war tief in der Lehne eingesunken, die Hände hinter dem Kopf verschränkt. Die Pfeife, die in seinem Mund hing, war längst ausgegangen. Pierre schien auf einer Reise durch die Tiefen seines Unterbewusstseins zu sein. Voller Kraft und Verlangen segelte er durch diesen Ozean der Bilder und Symbole und lauschte seinen Klängen. Plötzlich riss er seine Augen auf. Er hatte ihm Stimmen entreißen können.

Die Beschreibung des Weltenbaums in einem alten Symbollexikon! Die Aussagen in den Internetausdrucken und in den neueren Ausgaben der Symbolikbücher hatten die Aussagen zum Weltenbaum daraus übernommen, zwei entscheidende Wörter aber weggelassen.

In den meisten Ausführungen wurde der Weltenbaum entweder als ›Träger der Welt‹ oder häufiger ›als Verkörperung der Weltachse‹ gesehen. Dann folgte: ›Blätter und Zweige solcher Weltenbäume sind von mythologischen Tieren bewohnt, von den Seelen der Verstorbenen in Gestalt von Vögeln‹. Im Lexikon lautete der letzte Nebensatz: ›... von den Seelen der Verstorbenen *oder Ungeborenen,* oft in Gestalt von Vögeln‹. Das war es, wonach er gesucht hatte: das Ungeborene. Und schlagartig verstand er die Zusammenhänge. Der zerstörte Kreis, die Basilisken, der vorgehaltenen Spiegel und die Strahlen, die den Vogel im Gezweig getötet hatten.

Südharz, Donnerstag, 24. Juli

Das *Erotikland* stellte sich von außen als ein schmuckloser Kasten mit drei Stockwerken dar, der nicht älter als vier oder fünf Jahre war. Die Wände waren weiß gestrichen, lediglich die Leuchtschrift würde sich, wenn sie angeschaltet war, farblich absetzen und auf das Gewerbe hindeuten.

Bei Kunden dürfte die wenig attraktive äußere Hülle wohl kaum Beachtung finden, für sie war der Inhalt das einzig Entscheidende.

Rexilius drückte auf die Klingel. Der Geschäftsführer des Bordells, Maximilian Breitenberg, öffnete die Tür. Eigentlich hatte der Hauptkommissar einen muskulösen, braungebrannten Zuhältertyp mit Hawaiihemd erwartet, dessen obere Knöpfe geöffnet und dessen Brust mit einer dicken Goldkette geschmückt wäre. Aber vor ihm stand ein etwa einen Meter fünfundsiebzig großer, dreißigjähriger Mann, im geschmackvollen Anzug mit Fliege, der wie ein Manager eines Industriebetriebes oder wie ein Bankdirektor wirkte, was seine modische Brille unterstrich.

Er bat Rexilius herein, führte ihn durch das Erdgeschoss, in dem Musik lief, zu der auf einer Bühne eine junge Frau einen Striptease vorführte. Sieben andere standen in Reihe neben der Bühne und schienen auf ihren Auftritt zu warten.

»Nur eine von ihnen wird als Tänzerin engagiert«, sagte Breitenberg, »die Anzahl der Bewerberinnen ist jedes Mal sehr groß. Wir können es uns leisten, nur die besten auszuwählen.«

Pierre sah zwei muskelbepackte Männer, bewaffnet mit Klemmbrettern und Kugelschreibern, leger vor der Bühne sitzen. Offensichtlich handelte es sich um die Jury. Er fragte sich, ob sie jemals etwas auf ihre Klemmbretter schreiben würden.

Dann ging es weiter über eine Treppe in den ersten Stock. Rechts und links von der Treppe führten Flure zu zahlreichen Zimmern. »Hier werden die Männer in zwanzig Zimmern verwöhnt ... Die Frauen sind die besten, die es im Harzgebiet gibt«, sagte der Geschäftsführer.

Im dritten Stock befanden sich sein Büro, Saunen, Whirlpools und eine Abteilung für Swinger.

Als sie im Büro saßen, sagte Breitenberg: »Neben dem,

was Sie hier gesehen haben, bieten wir unsere Frauen auch im Internet an. Auf Webcams.«

»Hm. Seit wann betreiben Sie Ihr Etablissement?«

»Seit nunmehr zwei Jahren ... und zwei Monaten.«

»Warum haben Sie sich Sankt Andreasberg als Standort ausgesucht und nicht Hannover oder Braunschweig?«

»Weil ich den Boom in der Provinz ausnutze. Die Zuwachsraten sind hier viel größer als in den Städten. Nun, die Menschen auf dem Lande haben eben etwas aufzuholen. Außerdem haben wir Kundschaft aus den großen Städten. Braunschweig und Hannover sind nur eine Autostunde entfernt. Viele Geschäftsleute aus Übersee, Japaner, Chinesen, suchen uns regelmäßig auf, wenn sie in Deutschland sind.«

Es klopfte an der Tür und eine gepflegt gekleidete Frau betrat den Raum mit einem Tablett. »Kaffee, Herr Hauptkommissar?«

Pierre nickte und fragte sich, woher sie seinen Dienstgrad kannte. Sie stellte den beiden Männern Tassen hin, füllte sie mit Kaffee und setzte eine Schale mit den Keksen auf den Tisch ab.

»Danke, Iris«, sagte Breitenberg lächelnd. »Iris ist meine Bürokraft«, erklärte er, als sie hinausging. » Sie kümmert sich um alles, was mit Steuern, Buchhaltung und so weiter zu tun hat. Sie hat Betriebswirtschaft studiert.«

Rexilius holte das Fotoalbum, das Kürten, der arbeitslose Elektroingenieur aus Goslar, ihm gegeben hatte, aus seinem Rucksack. Er schlug die Seite mit einem Porträtfoto von Kürtens Frau auf und legte es dem Geschäftsführer auf den Tisch. »Kennen Sie diese Frau?«

Breitenberg betrachtete sie lange. »Die könnte ich in meinem Haus gut gebrauchen, eine attraktive Frau ... Aber nein, ich habe sie noch nie gesehen.«

Rexilius sah ihn prüfend an, aber er war sich nicht sicher, ob er die Wahrheit sagte. Dann legte er ihm das

Phantombild der ›Frau‹ vor, die Gonzelmann kurz vor seiner Ermordung aufgesucht hatte.

»Wer ist das?«, fragte der Geschäftsführer.

»Eigentlich habe ich gedacht, dass Sie mir das sagen könnten«, antwortete Rexilius.

»Nein ... ich kann Ihnen nicht weiterhelfen.«

In diesem Fall glaubte er ihm. »Wie oft haben die Freiburger Ihr Haus besucht?«, sprach Rexilius übergangslos das nächste Thema an.

Breitenberg wusste sofort, um welche Personen es sich handelte. »Ich nehme an, jedes Mal, wenn sie in der Gegend waren. Einmal im Monat. Manchmal auch zweimal.«

»Finden Sie nicht, dass das ziemlich häufig ist? Die *DHC* ist ein weltweit operierender Konzern, und ausgerechnet in Sankt Andreasberg tauchen die Leute von der Geschäftsführung so häufig auf?«

Breitenberg antwortete nicht gleich. Es schien, als wäge er ab, wie weit er mit seiner Antwort gehen solle. »Hören Sie, Herr Hauptkommissar, diese fünf Leute waren ausgesprochen gute Kunden. Manchmal haben sie den Frauen tausend Euro für zwei Stunden bezahlt. Da frage ich natürlich nicht, warum die so oft kommen. Das würden Sie doch auch nicht tun, oder?«

Rexilius ging nicht auf seine Frage ein. Warum waren es fünf Personen und nicht vier, wie der Symbolzeichnung zu entnehmen war? »Wer gehörte alles dazu?«, fragte er deshalb.

»Fritz, Kappe, Gonzelmann, Hartmann und Wölfer.«

»Hm. Was haben sie von den Frauen erwartet?«

»Bis auf Wölfer ganz normalen Sex. Er stand einmal kurz vor einem Hausverbot. Er ist Anhänger der BDSM-Szene und braucht für seine Spiele eine Sklavin, die auch schmerzhafte Praktiken wie Spanking und Nadelung akzeptiert. Im Vorgespräch werden der Verlauf und die

Grenzen festgelegt und ein Safe-Word vereinbart, ein Code-Wort – wird es gesagt, muss die Handlung unmittelbar abgebrochen werden. In der Szene ist es üblich, sich daran zu halten, aber Wölfer ist einmal völlig abgedreht und war nicht zu stoppen. Er hatte die Brustwarzen der Frau durchstochen, was nicht vereinbart worden war. Einer der Sicherheitsleute musste eingreifen und hat ihm Handschellen angelegt, Wölfer war wie im Wahn und erst nach einer halben Stunde wieder bei Verstand. Wir haben die Frau vorsichtshalber zum Arzt gebracht. Wölfers reuevolle Entschuldigung, der diplomatische Einsatz von Fritz und einige tausend Euro Schmerzensgeld haben sie von einer Strafanzeige abgehalten. Nie wieder in ihrem Leben wolle sie Wölfer sehen, hatte sie gesagt. Und noch nie in fünfzehn Jahren Berufspraxis habe sie einen derartig wahnsinnigen Kunden erlebt.«

Sonderlich überrascht war Rexilius nicht über das Verhalten des Zorger Wellnessleiters. »Name der Frau und Adresse«, sagte Pierre. Breitenberg nannte ihm alles. Pierre schrieb die Daten in sein Notizbuch. »Warum haben sie gerade Sankt Andreasberg ausgewählt, warum nicht Clausthal-Zellerfeld, Osterode oder eine andere Harzstadt?«

»Osterode? Niemals. Im April 1999 ist dort die *Villa Isis* in Flammen aufgegangen. Brandstiftung. Ihr Besitzer hatte ein Jahr später an gleicher Stelle gerade das *Rote Herz* eröffnet, als auch das in Schutt und Asche gelegt wurde. Überall im Haus hat die Polizei Spuren von Brandbeschleunigern gefunden. Der Besitzer saß unter einer dreißig Meter entfernten Schnellstraßenbrücke in seinem Auto, den Kopf tief in die Hände vergraben. Er hatte tatenlos mit ansehen müssen, wie die Flammen sein Hab und Gut auffraßen. Die Brandstifter gehören zu den brutalsten, die man sich vorstellen kann.«

Da sagte er Rexilius nichts Neues. Die Kollegen, die

damals ermittelt hatten, glaubten die Auftraggeber zu kennen, konnten ihnen aber bis heute nichts beweisen.

»Herr Hauptkommissar, in Osterode ist ein unliebsamer Konkurrent beseitigt worden ... uns wäre das Gleiche passiert. Versteht sich, dass ich darauf keine Lust hatte. Zum anderen gab es hier ein Stundenhotel, das aufgegeben wurde, weil die Besitzer alt geworden und den Gegebenheiten des Milieus nicht mehr gewachsen waren. Wir hatten also einen Standort und einen festen Kundenstamm und haben den Vorbesitzer ausgezahlt, was in diesem Milieu nicht unbedingt üblich, aber sinnvoll ist. Damit habe ich mir solche Anschläge wie in Osterode erspart.«

»Wie heißen die ehemaligen Betreiber dieses Stundenhotels? Haben Sie eine Adresse?«

»Die Verhandlungen hat unser Hausmeister Daniel Baske geführt. Er war vorher in gleicher Stellung beim Vorbesitzer beschäftigt, weiß also am besten Bescheid. Ich werde ihn anrufen«, sagte Breitenberg und griff zum Telefon. So, als habe sie mitgehört, betrat Iris in diesem Moment das Büro und servierte frischen Kaffee und Kekse.

Zehn Minuten später – Breitenberg hielt dem Hauptkommissar einen Vortrag über moderne Geschäftsführung im Rotlichtmilieu – traf Baske ein. Sein Aufzug stand im krassen Gegensatz zu dem seines Chefs. Die langen Haare waren zu einem Pferdeschwanz zusammengebunden. Seine Arbeitskleidung bestand aus einer schwarzen Lacklederhose, die, wie die schwarzen Lackschuhe, im Neonlicht des Büros glänzten, und aus einem Hawaiihemd, an dem die oberen Knöpfe geöffnet waren, damit jeder sein volles Brusthaar begutachten konnte. Die obligatorische Halskette fehlte allerdings.

Baske berichtete, dass das Besitzerehepaar Bähr nach Verkauf der ›Rechte‹ nach Goslar gezogen war. Siegfried

Bähr habe sich von seinem Geld einen Porsche gekauft. Offensichtlich war der für den über sechzigjährigen Mann zu schnell gewesen. Vor einem halben Jahr sei er damit tödlich verunglückt. »Seine Frau Gerlinde ist danach zu ihrer Tochter Elisabeth gezogen. Mit ihr war ich einmal zusammen. Habe sie vor einem Vierteljahr in Goslar zufällig in einem Café wiedergesehen. Dort haben wir über die alten Zeiten gesprochen ... Gerlinde war der eigentliche Kopf des *Roten Hotels*, Siegfried war nur ein Schmarotzer.«

»Waren die Freiburger vorher dort Kunden?«, fragte Rexilius.

Auch Baske wusste sofort, wer ›die Freiburger‹ waren. »Ja. Fritz, Kappe, Gonzelmann, Hartmann und Wölfer waren regelmäßige Kunden. Die Frauen haben sie nie gemocht, weil sie immer so arrogant waren. Aber sie haben gutes Geld bezahlt.«

»Hat es dort irgendwelche Vorfälle mit ihnen gegeben?«

Baske zuckte mit den Schultern. »Da müssen Sie Gerlinde Bähr fragen.«

Rexilius verließ das Büro des Erotiklandes ohne Begleitung. Als er im Erdgeschoss an der Bühne vorbeikam, war der Striptease-Wettbewerb schon beendet. Das zufrieden lächelnde Gesicht der einzig anwesenden vollbusigen, blonden Frau verriet, wer gewonnen hatte. Die beiden Muskelprotze hatten ihre Wahl getroffen. Der Hauptkommissar fragte sich, nach welchen Kriterien sie denn vorgegangen waren und ob die Frau in einigen Wochen immer noch so zufrieden strahlen würde.

Fünf Minuten später saß Rexilius den beiden Frauen gegenüber, die *Laras Event Agency* betrieben. Sie sagten ihm, dass sie keine Transvestiten vermittelten. Und die auf Phantombild dargestellte Person, die Gonzelmann im Hotel *Kunzental* bedient hatte, hatten sie noch nie gesehen.

Freiburg, Donnerstagvormittag, 24. Juli

Wetzel fragte sich, wie viele Männer der Sicherheitsdienst diese Hydra noch beschäftigte. Sie hatten den Köder geschluckt. Seit einer Stunde verfolgten sie ihn durch Innenstadt. Fünf von ihnen hatte er bemerkt, und keiner von der gestrigen Mannschaft war dabei. Der Chef des Sicherheitsdienstes war vorsichtig, er ging offenbar davon aus, dass Wetzel sich an einige Gesichter aus dem Café erinnern würde.

Seine Verfolger beherrschten ihr Metier. Wie sich bewegten, in der Verfolgung abwechselten und so taten, als seien sie auf einer Einkaufstour ... Dennoch. Sie hatten eine Aura, die sie für den Hauptkommissar als ehemalige Geheimdienstleute erkennbar machten.

Gestern Abend hatte er darüber nachgedacht, wie er sie loswerden sollte. Es musste aussehen, als sei er ihnen zufällig entwischt, als habe er die Verfolger nicht bemerkt.

Im großen Kaufhaus ging er durch die Parfümerie. Blieb vor einem Regal mit verschiedenen Frauenparfüms stehen und entnahm ihm das von Valerie genannte. Von der Kasse aus wagte er einen kurzen Blick durch die Abteilung, konnte die Verfolger aber nicht sehen.

In der Sportabteilung achtete er auf die Überwachungskameras des Kaufhauses. Als sie ihn erfassten, zerschnitt er eine Sporthose mit einer Schere, ging zur Radfahrbekleidung und wiederholte sein Werk mit einem Jersey. Dann rutschte er scheinbar tollpatschig aus, ließ sich gegen ein Dutzend nebeneinander stehender Fahrräder fallen und sorgte dafür, dass eine Kettenreaktion alle Räder umstürzen ließ.

Er hatte ein Chaos angerichtet. Keine zehn Sekunden später erschien ein mit einem exquisiten Anzug bekleideter Mann. »Meine Name ist Weber ... Wenn Sie den

Schaden nicht ersetzen, werde ich die Polizei benachrichtigen«, sagte er aufgeregt.

»Welchen Schaden?«, fragte Wetzel. »Ich bin doch nur ausgerutscht, das kann doch jedem einmal passieren.«

»Das ist es nicht. Sie haben mutwillig Sportkleidung zerstört.«

Wetzel spielte den Ahnungslosen. »Ich habe nichts zerstört, bin nur auf die Fahrräder gefallen.« Einige Kunden begannen ihre Aufmerksamkeit auf die beiden zu richten. Unter ihnen auch ein Teil seiner Verfolger.

Weber hielt inne. Einen Eklat vor so vielen Kunden wollte er vermeiden. »Ich glaube, es ist besser, wenn wir das in meinem Büro klären«, sagte er und führte den Hauptkommissar dorthin.

»Ich will, dass Sie Ihren Kaufhausdetektiv hinzuziehen«, forderte Wetzel, als sie das Büro betreten hatten.

»Nichts lieber als das«, sagte Weber und drückte auf den Knopf eines Schaltkastens, der auf seinem Schreibtisch lag. Eine Minute später betrat der Detektiv mit einer Videokassette in der Hand das Zimmer und Weber lächelte triumphierend. »Herr Füllgrabe, zeigen Sie dem Herrn, was die Überwachungskameras aufgezeichnet haben.«

Füllgrabe schob die Kassette in einen Videorekorder und drückte auf *Play*. Als er sich umdrehte, erkannte er Wetzel. »Rainer, das ist aber eine Überraschung. Wie geht es dir?«, fragte Füllgrabe und umarmte seinen ehemaligen Kollegen.

Otto Füllgrabe hatte zehn Jahre mit Wetzel zusammengearbeitet, bevor er vor zwei Jahren in Pension gegangen war. Seine Frau hatte er durch eine Virusinfektion verloren, die sie sich während eines Urlaubs in Südafrika zugezogen hatte, seine beiden Töchter waren nach Australien ausgewandert. Was hätte er also den lieben langen Tag machen sollen? Wie ein alter Opa durch die Parks in Freiburg flanieren oder an Butterfahrten für Rentner teilnehmen? Er bewarb sich als Kaufhausdetektiv und wurde aufgrund seiner langen Erfahrung gern eingestellt.

»Es geht so ... Können wir das Problem unter vier Augen besprechen?«, fragte Wetzel ihn.

Füllgrabe blickte Weber an. »Ist mir sowieso lieber, wenn Sie das erledigen«, sagte Weber und verließ das Büro.

»Ich brauche deine Hilfe«, sagte Wetzel. »Ich werde von fünf Leuten verfolgt. Schau auf die Monitore der Sportabteilung, dann siehst du sie.«

Füllgrabes routinierte Augen hatten Wetzels Verfolger schnell identifiziert. »Was sind das für Leute, was wollen die von dir?«

»Die übelste Sorte, die du dir vorstellen kannst. Wenn das alles vorbei ist, werde ich dir die Geschichte erzählen. Jetzt habe ich keine Zeit dafür ... Du musst mich aus dem Kaufhaus herausschleusen, ohne dass sie es merken.«

»Nun, das dürfte kein Problem sein«, sagte Füllgrabe mit einem verschwörerischen Lächeln.

Zehn Minuten später führte Füllgrabe seinen ehemaligen Kollegen über den Warenfahrstuhl nach unten in die Tiefgarage. Dort stiegen sie in ein Firmenfahrzeug des Kaufhauses, Wetzel versteckte sich unter einer Decke auf dem Rücksitz. Als Füllgrabe die Ausfahrt des Parkhauses passierte, fielen ihm zwei kräftige Männer auf, die scheinbar zufällig in sein Fahrzeug blickten. Füllgrabe bog rechts ab und schaute in den Rückspiegel. Die beiden Männer rannten auf die andere Straßenseite.

»Sie haben uns entdeckt«, sagte Füllgrabe, drückte das Gaspedal bis zum Anschlag durch und schoss davon. Das Glück war auf ihrer Seite. Zwei LKW, die gerade entladen wurden, um das Kaufhaus zu beliefern, hatten den Wagen der beiden Überwacher zugeparkt.

Einer der Überwacher informierte über Funk seine

Kumpanen, die in der Sportabteilung darauf warteten, dass Wetzel das Zimmer des Abteilungsleiters wieder verlassen würde. Wütend und ängstlich zugleich quittierten sie die Meldung und ihr Anführer nahm sofort Kontakt mit dem Chef des Sicherheitsdienstes auf. Lasse schäumte vor Wut und drohte mit massiven Konsequenzen für das gesamte Observierungsteam. Er rief er seinen Verbindungsmann im Freiburger Präsidium an und berichtete ihm, dass Wetzel seinem Team durch die Lappen gegangen war.

Weil der Verbindungsmann Respekt, ja sogar Angst vor Lasses Brutalität hatte, wagte er es nicht, den Russen zu kritisieren. »Das konnten Sie nicht wissen, Lasse«, sagte er eingeschüchtert, »Wetzel hat das wahrscheinlich mit seinem ehemaligen Kollegen Füllgrabe durchgezogen. Der ist seit der Pensionierung bei Karstadt Kaufhausdetektiv.«

»Warum habe ich das nicht früher erfahren?«, brüllte Lasse ihn an. »Was haben Sie mir noch alles nicht gesagt?«

»Mehr weiß ich nicht, ich schwöre es«, sagte der Verbindungsmann schnell.

Lasse schwieg einen Moment. »Hören Sie jetzt gut zu. Ich will so schnell wie möglich alle, aber auch alle Adressen von den Leuten haben, die mit Wetzel in der Mordkommission zusammenarbeiten. Vergessen Sie auch diesen Füllgrabe nicht. Und ... noch ein Fehler, und Sie sind erledigt.«

Der Verbindungsmann am anderen Ende der Leitung wusste genau, was das zu bedeuten hatte: Sollte er noch einen Fehler machen, dann würde Lasse seine Mörder loslassen und ihn, den hochdekorierten Polizisten, schnell und spurlos beseitigen. Da half keine Macht der Welt. Schweißgebadet wandte er sich dem Computer zu, um Lasse die geforderten Adressen zu besorgen.

Zwanzig Minuten, nachdem Füllgrabe und Wetzel die Tiefgarage verlassen hatten, erreichten sie Werner

Obermanns Keller. Obermann, Schmelz und Breiner erwarteten sie schon. Kaffeeduft und Wetzels Zigarilloqualm beherrschten den Raum.

Noch während der Fahrt hatte Wetzel seinem ehemaligen Kollegen einen Überblick über die Geschehnisse der letzten Tage gegeben, die Details aber aus Zeitgründen ausgelassen. Als er fertig war, hatte Füllgrabe ihn durch den Rückspiegel besorgt angeschaut. »Rainer, ich werde Urlaub machen und euch unterstützen.«

»Das kommt überhaupt nicht infrage, ich kann dich da nicht mit hineinziehen.«

»Du hast mich schon mit hineingezogen. Ich bin zwar nicht mehr der Jüngste, aber ich habe vierzig Jahre Berufserfahrung ... Rainer, ich langweile mich zu Tode in diesem Kaufhaus. Muss mal wieder was Handfestes machen. Zu alt bin ich noch lange nicht.«

Wetzel wusste, dass Füllgrabe ein fähiger Polizist gewesen war. Gebrauchen konnte er ihn in der Tat ...

»Ich werde meinen Stellvertreter anrufen«, hatte Füllgrabe gesagt. »Er soll in den nächsten vierzehn Tagen den Laden alleine schmeißen, weil ich nach Ibiza fliege. Seit ich im Kaufhaus arbeite, habe ich keinen Urlaub mehr gehabt.«

»Bist du dir im Klaren darüber, dass du getötet werden könntest?«

»In den vierzig Dienstjahren habe ich dem Tod nicht nur einmal ins Angesicht geschaut. Und wenn es dieses Mal geschehen sollte, dann ist es eben Schicksal.« Und damit war Füllgrabe im Club der beurlaubten oder pensionierten Polizisten aufgenommen.

David Schmelz hatte herausgefunden, dass Staatsanwalt Dr. Strömer seine Wohnung allein bewohnte. »Dieser Strömer scheint ein Arbeitstier zu sein. Um fünf Uhr ist er vom Dienst nach Hause gekommen und bis um sieben muss er in irgendwelchen Akten geschnüffelt haben.

Danach hat er sich etwas in der Mikrowelle aufgewärmt und bis um dreiviertel acht gegessen. Nach der Tagesschau hat er sich wieder über die Akten gesetzt und bis um dreiundzwanzig Uhr gearbeitet. Zwischendurch hat er einen Anruf von seiner Mutter bekommen, die ihn bat, am Wochenende auf Besuch zu kommen. Er hat abgelehnt, weil er so viel zu tun habe ... Aber um zwölf Uhr hat er einen merkwürdigen Anruf bekommen. Ich habe mir die Freiheit genommen, ihn aufzuzeichnen, werde ihn euch jetzt vorspielen.« Schmelz drückte auf eine Taste seines Laptops.

Dr. S.: »Ja?«
Unbekannter: »Übermorgen. Zweiundzwanzig Uhr. Im Park.«
Dr. S.: »Habe verstanden.«
Unbekannter: »Mit oder ohne Regenschirm?«
Dr. S.: »Mit natürlich.«
Unbekannter: »Ist das sinnvoll?«
Dr. S.: »Ich dulde keine Fragen.«

»Spiel es noch einmal ab«, bat Wetzel.
Schmelz ließ die Aufnahme insgesamt noch vier Mal abspielen, ehe Wetzel sich zufriedenzugeben schien.
»Was könnte das bedeuten?«, fragte Benjamin Breiner.
»Wenn ich richtig informiert bin, ist Strömer doch schwul«, bemerkte Werner Obermann. »Vielleicht geht es um ein Date.«
Wetzel unterbrach Obermann abrupt. »Spiel noch einmal die Aufnahme ab.« Schmelz drückte sofort auf die entsprechende Taste. »Noch einmal.« Also ließ Schmelz die Aufnahme ein weiteres Mal ablaufen. »Ich kenne die Stimme ... ich habe sie schon einmal gehört. Wo nur, zum Teufel?«, sagte der Hauptkommissar.
»Das ist Bruns«, meinte Füllgrabe. »Der stellvertretende

Direktor des LKA, Rainer. Ein arrogantes Arschloch. Mit dem habe ich mehrmals zu tun gehabt.«

»Du hast recht, Otto! Bruns hat bei der Konferenz nur eine beiläufige Bemerkung zu seinem Nachbarn gemacht, die ich unterschwellig wahrgenommen habe ... Bruns gehört also auch zur Organisation.« Damit wurde der Kreis der einflussreichen Gegner immer größer.

»Er steht in der Hierarchie aber unter Strömer ... ›Ich dulde keine Fragen‹, hat Strömer moniert«, sagte Obermann. Seine Kollegen nickten.

»Ich glaube nicht, dass es ein Liebesdate ist, Werner«, sagte Wetzel. »Frank Röster hat bei unserem Treffen gesagt, dass er Informationen über ein ›großes Ding‹ hat, das in Kürze in Freiburg über die Bühne gehen soll. Vielleicht bezieht sich das Telefongespräch darauf.«

»Was ist dann der Park? Und was bedeutet der Regenschirm?«, fragte Schmelz, bekam aber keine Antwort von seinen Kollegen.

»Und wer hat Jack Muller umgebracht?«, erinnerte Breiner an den eigentlichen Ausgangspunkt ihrer Ermittlungen.

»Die Lösung dafür liegt in der Organisation, da bin ich mir sicher. Mein Gefühl sagt mir, dass wir bald darauf stoßen werden«, sagte sein Chef. Obwohl keiner von Wetzels Kollegen eine Ahnung hatte, wie er beweisen wollte, wer hinter dem Mord an Muller steckt, zweifelte niemand an der Intuition ihres besten Mordermittlers. Nur allzu oft hatten sie in den letzten Jahren die Erfahrung gemacht, dass sein Gefühl recht behalten hatte.

Freiburg, Donnerstagnachmittag, 24. Juli

Die schwache Kaltfront hatte Freiburg in Richtung Norden überquert und Regen gebracht. Die Feuchtigkeit verdunstete schnell wieder, und die Dampfschwaden ließen die Bäume des Schwarzwaldes hinter einem Schleier verschwimmen. Die erhoffte Abkühlung war nur von kurzer Dauer gewesen.

Wetzel, der mit dem Peugeot seines Schwagers Michel nach Freiburg zurückfuhr, bemerkte einen starken Gegenverkehr in Richtung französische Grenze. Jedes zweite Fahrzeug war entweder ein Wohnmobil oder ein PKW mit Wohnanhänger. Der Reiseverkehr dieses Sommers erreichte seinen ersten Höhepunkt. Während die Entgegenkommenden sich auf ihren Urlaub am französischen Mittelmeer freuten, bewegte er sich nach Freiburg, um mit einer weltweit operierenden Organisation einen Kampf auszufechten, bei dem er und seine Kollegen auch als Verlierer enden konnten. Was das bedeutete, war ihm nur allzu klar.

Hinter der Gardine des Fensters der Zollstation hatte er sie gesehen. Es waren drei Fahrzeuge, die seine Verfolgung aufgenommen hatten. Im ersten Fahrzeug, das die Grenzkontrolle erreicht hatte, hatte er ihre kalten, zu allem entschlossenen Gesichter gesehen. Ihm war nicht wohl dabei, seine Familie allein zu lassen, aber Michel hatte alles Menschenmögliche unternommen, um sie zu schützen. Er war Leiter des Kommissariats für Gewaltverbrechen in Épinal und saß jetzt am Steuer von Wetzels Auto. In sicherer Entfernung folgte ihm und Wetzels Familie ein französischer Zivilwagen mit fünf seiner besten Männer.

Es hatte alles nach Plan geklappt. Die Zöllner waren eingeweiht. Scheinbar stichprobenartig hatten sie Wetzel herausgewinkt und ins Zollgebäude geführt. Dort hatte Michel auf ihn gewartet. Innerhalb von zwei Minuten hatten sie die Kleidung getauscht. Michel war zielstrebig zum Wetzels Auto gegangen, in dem Valerie mit den Kindern saß, hatte aber darauf geachtet, dass die Insassen des ersten Verfolgerfahrzeugs sein Gesicht nicht sehen konnten. Sie sahen einen Mann, der die gleiche Körpergröße, die gleiche Figur und den gleichen braunen Haarschopf wie Wetzel besaß und genauso angezogen war wie der Freiburger Hauptkommissar, der wenige Minuten vorher ins Zollgebäude gegangen war. Der Zöllner entschuldigte sich so laut, dass die Lauscher, die auf einem Parkplatz kurz vor der Grenzlinie warteten, alles hören konnten: Wenn er gewusst hätte, dass er einen Hauptkommissar der Kriminalpolizei vor sich habe, dann hätte er ihn natürlich ohne Kontrolle des Personalausweises durchgelassen. Wetzel solle sich einen neuen Ausweis ausstellen lassen, weil der alte abgelaufen sei und streng genommen keine Gültigkeit mehr besäße ...

Wetzel, alias Michel, hatte genickt und sich bedankt. Die Verfolger hatten alles mitgehört und hatten keinen Grund, zu bezweifeln, dass Wetzel in dem Fahrzeug vor ihnen am Steuer saß. Es war alles sehr reibungslos gegangen. Michel hatte die Fahrt mit Wetzels Familie fortgesetzt, seine Verfolger in gebührendem Abstand im Schlepptau. Die Fahrzeuge zwei und drei waren die Observierungsfahrzeuge mit den getönten Scheiben, die vor Wetzels Haus gestanden hatten. Sie hatten die Überwachung seines Hauses also aufgegeben. Wetzel war sich aber sicher, dass mindestens ein Mann sein Haus weiter im Auge behielt. Mit Sicherheit hatten sie auch die Adresse seiner Schwägerin in Frankreich schon ermittelt, möglicherweise war ein Trupp vorausgefahren, um dort die günstigste Aufstellung der Lauschfahrzeuge auszukundschaften, bevor er mit Valerie und den Kindern dort eintraf.

Das gleichmäßige Rauschen der Klimaanlage machte Wetzel müde. Dennoch schaute er in kurzen Abständen in den Rückspiegel, einige Male hielt er an und ließ den Verkehr an sich vorbeiziehen. Ihn schien kein Fahrzeug zu verfolgen. Er zündete sich einen weiteren Zigarillo an und verstieß erneut gegen sein selbst auferlegtes Gebot, im Auto nicht zu rauchen.

Eigentlich, so dachte er, hatten sie an alles gedacht. Diese Gangstertruppe dürfte keine Ahnung haben, wo er sich aufhielt und dass er schon heute Abend das entscheidende Treffen mit Unger und Röster haben würde … Aber irgendwie, er wusste nicht warum, hatte er ein Gefühl, dass etwas passieren würde, mit dem sie nicht rechneten.

Um vier Uhr, etwa zum gleichen Zeitpunkt, als Michel mit seiner Schwester Valerie und ihren Kindern in Épinal in die Garage seines Einfamilienhauses fuhr und mit der Fernsteuerung das Tor schloss, betrat Wetzel das Haus von Werner Obermann.

Breiner, Obermann und Füllgrabe warteten schon auf ihren Chef. Und sie hatten Neuigkeiten für ihn.

»Ehmer hat mir alle Genehmigungen besorgt, die ich brauchte«, sagte Benjamin Breiner. »Ich weiß, wen Strömer am Tag der Konferenz beim Polizeipräsidenten angerufen haben könnte. Vier Hausbesitzer kamen infrage: Ein Lehrerfamilie, ein Klempnermeister, ein Arzt und ein Mann namens Wilfried Wölfer. Ich glaube, ihn hat Strömer angerufen.«

Wetzel schaute Breiner überrascht an und Füllgrabe, der mittlerweile auch die Details des Falles kannte, fragte: »Wie kommst du darauf?«

»Ich bin noch mal ins Präsidium gefahren – schließlich bin ich der Einzige, der noch ermittelt und keinen Urlaub genießen darf – und habe alle durch den Polizeicomputer laufen lassen. Eigentlich waren sie sauber, nur Wölfer wurde vor einem Jahr erwischt, als er mit 1,5 Promille Alkohol Auto gefahren ist. In der nächsten Woche bekommt er seinen Führerschein zurück. Aber das war es nicht, was mich stutzig gemacht hat. Dieser Wölfer arbeitet bei der *DHC*«, sagte Breiner und blickte triumphierend in die Runde.

»Im Moment ist er Leiter des Zorger Wellnesscenters, das zur *DHC* gehört«, sagte Wetzel.

»Spielverderber«, feixte Breiner und schien sein Gesicht beleidigt zu verziehen.

»Pierre hat mir von ihm erzählt«, erklärte Wetzel. »Er und seine schöne Kommissarin Koch haben ihn in Zorge nach dem Mord an Fritz befragt. Ein arroganter Arsch, meinte Pierre. Koch ist während der Befragung so wütend geworden, dass sie ihn am Kragen gepackt hat. Der hat kein Wort mehr rausbekommen, konnte sie nicht einmal mehr aus dem Chefzimmer werfen.«

Seine Kollegen klatschten vor Begeisterung über das couragierte Verhalten ihrer tatkräftigen Kollegin aus der Osteroder Inspektion, dann wurde Wetzel wieder ernst. »Wir müssen ihn überprüfen. Pierre kann uns helfen.« Er griff zum Handy. Rexilius meldete sich nach dem ersten Freizeichen. Nachdem Wetzel ihn auf den neuesten Stand gebracht hatte, erzählte Pierre seinem Freund alles, was er über Wölfer wusste.

»Ein wahrlich angenehmer Zeitgenosse«, antwortete Wetzel. »Kannst du in Erfahrung bringen, wie oft er in Freiburg ist? Wo er wohnt, wenn er in Zorge ist? Uns sind ja die Hände gebunden.«

Rexilius versprach, sich darum zu kümmern. Er wusste auch schon, wen er fragen würde, sagte er und beendete das Gespräch.

Werner Obermann meldete sich zu Wort. Er musste etwas herausgefunden haben. Wie immer in solchen Situationen trank er zuerst einen Schluck Kaffee, zog ein paarmal an seiner Zigarette, holte einen Papierstapel aus seiner Aktentasche und legte ihn betont langsam auf den Tisch. Das oberste Blatt beinhaltete eine handschriftliche Zusammenfassung seiner Ergebnisse.

»Ich bin heute auf etwas gestoßen, das uns weiterhelfen könnte. Muss zugeben, dass es Zufall war ... aber warum sollten wir nicht auch mal Glück haben. Als ich in der Stadtverwaltung nach weiteren Immobilien der *DHC*-Geschäftsleitung gesucht habe, war mir eine Frau behilflich. Wir sind ins Gespräch gekommen. Sie hat mich gefragt, ob ich Kinder habe. Zwei, habe ich geantwortet, aber sie haben schon eigene Familien und sind seit Jahren schon aus dem Haus. Ihr seien Kinder verwehrt geblieben und ihr Mann früh gestorben, deshalb unterstütze sie Waisenkinder in aller Welt. Im letzten Jahr sei sie in Genf gewesen und habe dort eine Stiftung für notleidende Kinder entdeckt. Sie habe das Haus gleich betreten.«

»Verstehe nicht ganz«, sagte Breiner.

»Würdest du es verstehen, wenn sie dort einen geschätzten Freiburger Bürger namens Balthasar Fritz getroffen hat, der für sein soziales Engagement geachtet wird, inzwischen aber leider verstorben ist? Wenn zudem der Vorstand dieser Stiftung aus Doktor Strömer, Fritz und Hartmann besteht?«

»Ich glaube schon«, antwortete Breiner trocken.

»Natürlich war sie gleich so begeistert, dass sie der Stiftung beitreten wollte. Fritz hat ihr gesagt, dass das nicht ginge, weil die Stiftung an irgendwelche Erben weitergegeben würde. Wenn er genaue Informationen habe, werde er sie benachrichtigen. Versteht sich, dass sie bis heute auf die Nachricht wartet.«

Obermann füllte seine Tasse mit dampfenden Kaffee, dessen Duft sich gleich im Zimmer ausbreitete, und zündete sich eine weitere Zigarette an. Im Gegensatz zu seinen sonstigen Gewohnheiten verzichtete er dann aber auf seine längere Gesprächspause und entnahm dem Papierstapel einen Computerausdruck.

»Sie hat mir die Adresse und die Telefonnummer aufgeschrieben. Ich habe mich von ihr verabschiedet und gleich im Foyer die Nummer angerufen. Der Anrufbeantworter meldete sich und verkündete, dass das Büro erst wieder in vierzehn Tagen erreichbar sei. Eine Rückrufmöglichkeit wurde nicht angeboten, das hat mich neugierig gemacht. Als ich nach Hause gekommen bin, habe ich versucht, die Internetseite der Stiftung aufzurufen. Fehlanzeige. Es gibt keine! Es gibt auch keinerlei Presseveröffentlichungen über erfolgreiche Projekte oder Spendenaufrufe – und das bei einer Stiftung, die Kinder in Not aus aller Welt unterstützen will ... Diese Stiftung stinkt«, sagte Obermann und kratzte sich an der Stirn.

Wetzel nickte. »Darauf läuft das also hinaus«, sagte er mehr zu sich selbst als zu seinen Kollegen. »Wir müssen mehr über diese Stiftung herausfinden. Otto und Werner ...?«

Beide nickten, packten ihre Sachen und verabschiedeten sich.

Wetzel schaute auf das einzige Fenster des Kellerraums. Die Dämmerung hatte inzwischen eingesetzt, der Schein der Straßenlaterne war nur als schwacher Schimmer zu erkennen.

Wetzel kam eine Idee. Allerdings war ihm nicht wohl dabei. Sein halbes Leben lang war er jetzt bei der Polizei, eigentlich konnte er von sich behaupten, dass er im Rahmen seiner Ermittlungen noch nie gegen das Gesetz verstoßen hatte, aber dieses Mal würde er es in Kauf nehmen müssen. »Kannst du den Computer von Strömer ... sagen wir einmal ... untersuchen, ohne dass er etwas davon mitbekommt?«, fragte er Breiner.

Der nickte. Seinem Gesicht war anzusehen, dass er die

Aufgabe schon im Voraus genoss. Breiner war Mitglied eines Clubs, in dem sich Computerfreaks aus Freiburg und Umgebung trafen. Er war selbst ein versierter Fachmann, aber im Club gab es einen Spezialisten, der alle schlug. Das Genie nannten sie ihn anerkennend. Der wartete nur auf solche Herausforderungen. Breiner verabschiedete sich von seinem Chef und nahm machte sich auf den Weg.

Es war ruhig geworden, auch Obermanns Frau hatte das Haus verlassen. Sie würde erst am Wochenanfang zurückkommen, weil sie eine ehemalige Schulfreundin besuchte. Schon vor Monaten hatten sie den Termin abgemacht. Wetzel sah sich im Kellerraum um. Noch immer war die Luft vom Zigarettenrauch geschwängert, die beiden Aschenbecher mit Kippen und Asche überfüllt. Sie hatten zuviel geraucht, wie oft in solchen Situationen.

Er schaute auf die Uhr. In zwei Stunden, um zwölf Uhr, würde das zweite Treffen mit Unger und Röster stattfinden. Er fragte sich, ob sie eine Chance hatten, das alles zu überstehen. Seine Mannschaft bestand aus fünf Männern, einer war pensioniert, Obermann würde bald in Rente gehen, Breiner und Schmelz waren noch relativ jung. Die Organisation der *DHC* dagegen hatte einen Sicherheitsdienst, der aus mehreren Dutzend ehemaligen Agenten Osteuropas bestand, die bestens ausgebildet waren. Möglicherweise waren es noch viel mehr. Hatten sie überhaupt eine reale Chance, die Verbrecher zu überführen? Er musste sich selbst eingestehen, dass er es nicht wusste.

Sein Handy klingelte, es war Rexilius. »Wölfer hat eine Wohnung in Göttingen. Dort nächtigt er, wenn er in Zorge arbeitet.«

»Wenn ich das richtig im Gedächtnis habe, ist Göttingen von Zorge über sechzig Kilometer entfernt«, sagte Wetzel. »Warum hat er keine Wohnung in der näheren Umgebung?«

»Das habe ich Frau Glenner auch gefragt, aber sie

wusste es nicht. Werde mich darum kümmern ... Überhaupt ist er höchstens zweimal in der Woche in Zorge. Die übrige Zeit ist er in Freiburg oder im Ausland.«

Wetzel erzählte seinem Freund, was sie über die Stiftung erfahren hatten, fragte ihn, welche Länder infrage kamen.

»Dort, wo sie ihre Hotels haben, und das sind über hundert.«

»Könntest du über Frau Glenner herausfinden, wo er sich in den letzten Monaten im Ausland aufgehalten hat?«

»Ich werde es versuchen«, sagte Rexilius, »aber ich befürchte, dass sie nichts weiß.«

»Hm. War Wölfer am Mittwoch in Zorge?«

»Ja. An diesem und dem folgenden Tag. Am Freitag ist er nach Freiburg zurückgereist. Mit dem Flugzeug von Hannover aus.«

Wetzel dachte nach. Wer hatte dann das Telefongespräch von Strömer während der Konferenz angenommen? Welche Bedeutung hatte dieses Haus? War es eine Zentrale der Organisation? Sie mussten es überprüfen.

Er setzte sich in Michels Auto. Wetzel hatte sich kaum zwanzig Meter von Obermanns Haus entfernt, als ihm zwei langsam fahrende Autos entgegenkamen, ein Kleinbus und ein Kompaktfahrzeug. Im Rückspiegel sah er, wie der Bus anhielt und am PKW nach etwa dreißig Meter Fahrt die Bremslichter aufleuchteten. Er fuhr dreihundert Meter weiter, parkte das Auto und schlich sich in der Dunkelheit in die Nähe des Hauses zurück. Hinter einem Mauervorsprung fand er Schutz.

Sie hatten sie entdeckt. Die Sicherheitsleute hatten von den Maulwürfen die Adressen von Wetzels Mitarbeitern bekommen und überwachten wahrscheinlich schon alle Wohnungen. Beim Überwachen würde es nicht bleiben, das wusste Wetzel. Noch in dieser Nacht würden die Verbrecher des Sicherheitsdienstes alle Wohnungen stürmen, um Wetzel und seine Kollegen umzubringen.

Zum Glück fand ihr nächstes Treffen in der Villa statt, die ihr Verbündeter, Staatsanwalt Ehmer, organisiert hatte. Keiner aus dem Präsidium wusste von deren Existenz.

Wetzel sah abwechselnd Röster und Unger an. Das Material, das sie über drei Jahre gesammelt hatten, war überwältigend, es würde auch vor Gericht bestehen können. Mit einem derartigen Ausmaß hatte er nicht gerechnet. Allein aus dem Präsidium waren fünf Führungskräfte verstrickt und acht Polizisten aus dem unteren Dienstgradbereich.

»Sie haben uns jahrelange Arbeit erspart«, sagte Wetzel anerkennend, »das reicht, um diese ganze Bande auffliegen zu lassen. Kein Wunder, dass die auf Sie eine Treibjagd veranstaltet haben. Wenn ich mir die Machenschaften dieser Kollegen anschaue, dann verstehe ich, dass Ihr Vertrauen in die Staatsmacht zerstört ist.« Er hatte seit über drei Stunden das Beweismaterial der beiden Halbbrüder studiert. »Aber jetzt müssen Sie Ihre Sachen zusammenpacken, wir haben nicht viel Zeit.«

»Ist schon erledigt«, sagte Röster. Sie hatten so viel gepackt, wie für einen vierzehntägigen Urlaub reichen würde. Alle Datenträger waren gesichert, ihre speziellen Computer würden abgeholt werden, wenn alles über die Bühne gelaufen war. Wehmütig sahen sie sich ein letztes Mal in ihrem Wohnzimmer um. Dann blickten sie sich an. Der Aufbruch in eine neue Welt stand bevor. Aber sie würden ihn nicht alleine gehen. Ungers ehemaliger Zellengenosse Leinendecker und Susanne Fritz mit ihrer Tochter würden einige Wochen später folgen.

Ein letztes Mal kontrollierte Röster die Bildschirme der Überwachungskameras. Als er sich sicher war, dass keine Gefahr drohte, brachen sie auf.

Eine Stunde später betraten sie mit Wetzel die Villa, die Staatsanwalt Ehmer besorgt hatte. Röster und Unger würden bis zum Anlaufen des Zeugenschutzprogramms hier bleiben. Im Wohnzimmer der Villa warteten Doktor Ehmer, Obermann, Breiner und Füllgrabe schon auf die drei.

Ohne Pause hatte Doktor Ehmer die Beweise die ganze Nacht bis in die Vormittagstunden gesichtet. Gut zehn Tassen Kaffee hatte er getrunken und ebenso viele Zigarillos geraucht. Schwarze Ringe zeichneten sich unter seinen Augen ab. Aber er hatte es geschafft, die umfangreichen Beweise, die Röster und Unger gesammelt hatten, auf ihre gerichtliche Verwertbarkeit zu überprüfen. Dankbar blickte er auf die beiden Brüder, die sich nicht schlafen gelegt hatten, um eventuelle Fragen zum Beweismaterial zu beantworten. Natürlich entschuldigte er sich noch einmal für seinen Fehler, den er bei der Gerichtsverhandlung gegen Unger begangen hatte. Unger aber hatte ihm längst verziehen.

Doktor Ehmer hatte in den vergangenen Tagen nicht viel unternehmen können, weil er die Namen der verbrecherischen Kollegen nicht kannte. Gestern hatte er mit dem Innenminister gesprochen, der ein Kommilitone seines Vaters gewesen war und der ihn sehr schätzte. Zwei Stunden seiner Zeit hatte der Minister für ihn geopfert und ihm aufmerksam zugehört, dann hatte er gesagt, dass er wiederkommen solle, wenn er die Beweise habe. Wenn sie hieb- und stichfest seien, dann würde ein Sondereinsatzkommando gebildet, das noch in der folgenden Nacht zuschlagen und alle Verdächtigen verhaften werde.

Ehmer sah auf die Uhr. »Es wird Zeit. Ich werde jetzt aufbrechen.«

Der Staatsanwalt hatte gerade das Haus verlassen, als David Schmelz als letzter der Gruppe von seiner

Observierung zurückkehrte. Auch er sah übernächtigt aus, aber offensichtlich zufrieden setzte er sich auf die Wohnzimmercouch. Dann schaltete er seinen Laptop an und sagte: »Was ihr jetzt gleich hören und sehen werdet, das wird euch gefallen«.

Er begann mit dem Abspielen der Gespräche, die Strömer am Abend und in der Nacht geführt hatte. »Ich glaube, drei Gespräche sind für unseren Fall wichtig. Beim ersten wurde er um zweiundzwanzig Uhr dreiunddreißig angerufen. Der Teilnehmer am anderen Ende war kein anderer als der Basilisk. Und Strömers Codename ist Adler. Aber hört euch an, was er zu sagen hat.«

»*Adler.*« Selbstsicherer, fast arroganter Tonfall.

»*Hier Basilisk. Ich warte schon seit dreizehn Minuten.*« Autoritäre Stimme.

Durch Strömer schien ein Ruck zu gehen. Augenblicklich begann er sich der Autorität des anderen unterzuordnen. Sein Tonfall wurde unterwürfig. »*Äh ... es hat Probleme gegeben.*«

»*Wer Probleme nicht löst, wird selbst zum Problem.*«

»*Es wird nicht lange dauern und die Russen werden das Problem gelöst haben.*«

»*Keine Namen, Adler.*« Furchteinflößende Stimme. »*Das Problem muss in spätestens zwei Tagen gelöst sein, sonst werden Sie abgesetzt. Was das bedeutet, wissen Sie. Denken Sie an den Hahn.*« Der Basilisk hatte eine klare Drohung ausgesprochen. Die Ermittler wussten, was passieren würde, wenn Strömer das Problem nicht beseitigen würde, und sie wussten, dass sie das Problem waren.

»*In einer Stunde wird der Falke mit Ihnen Verbindung aufnehmen.*« Der Basilisk legte auf.

»Ich habe die ganze Nacht über den ›Hahn‹ nachgedacht«, sagte David Schmelz. »Der gallische Hahn, das französische Nationaltier? Ich glaube, es handelt sich um Jack Muller.«

Unger meldete sich Wort. »Muller war lange im Inneren Zirkel und er war sehr ehrgeizig, ja machtbesessen. Es hat ihn immer gestört, dass der Geschäftsführer der *DHC* automatisch Vorsitzender des Inneren Zirkels wurde. Ich glaube, er hat den Führungsanspruch des Basilisken infrage gestellt ... deshalb musste er sterben. Ich bin sicher, der Sicherheitsdienst der Bande hat den Mordbefehl des Basilisken ausgeführt. Die lechzen förmlich danach.«

Wetzel nickte. »Was aber nur schwer zu beweisen sein wird.«

»Ich kenne den Boss des Sicherheitsdienstes«, sagte Frank Röster. »Zwar nicht seinen richtigen Namen, aber seinen Codenamen. Er lautet Lasse. Und Sie werden staunen, ich habe sogar ein Foto von ihm.« Röster schob eine CD in seinen Laptop, auf der die Beweise kopiert waren, die die Halbbrüder Wetzel übergeben hatten. Mit den Originalen war Ehmer zum Innenminister unterwegs. In einer Datei befand sich ein Bild des Sicherheitschefs. Röster drückte auf Enter und das Bild baute sich auf. Die Ermittler schauten es sich an.

»Das ist einer der Typen, die im Cafe *Antik* waren, wo sie den Anschlag auf Sie und mich durchführen wollten«, sagte Wetzel an Unger gewandt. »Wenn wir diese ganze Bande auffliegen lassen, dann werden wir sie ins Kreuzverhör nehmen. Was ist mit den anderen Gesprächen?«

Schmelz tippte wieder etwas in seinen Laptop ein und das zweite Gespräch lief ab. Es wurde über Funk geführt und war nicht codiert.

Unger ging davon aus, dass die Übertragung mit einem Zerhacker verschlüsselt und das Empfangene mit einem Decodierer wieder entschlüsselt wurde. Wer also zufällig auf der gleichen Frequenz mithörte, der nahm nur ein unverständliches Knacken wahr. »Die Mitglieder des inneren Zirkels sind im Besitz dieser Geräte. Muller hatte auch so eins«, sagte Unger, »sie stammen aus russischen Geheimdienstbeständen ... der Sicherheitsdienst hat sie damit ausgestattet.«

»Hier Falke. Kommen.«
»Hier Adler. Kommen.«
»Die Lieferung wird morgen Nacht um etwa zwei Uhr eintreffen.«
»Wo?«
»Am üblichen Standort.«
»Was ist mit den Bullen? Könnten die uns in die Quere kommen?«
»Nein. Wir überwachen sie. Sie ahnen nichts.«
»Bist du sicher?«
»Ja. Schließlich haben wir nicht nur einen Kontaktmann in ihren Reihen.« Lachen.
»Ist die Quelle zuverlässig?«
»Ja.«
»Wer überwacht die Übergabe?«
»Lasse persönlich, damit nichts schief geht.«
»Gut. Dann bis Morgen. Ende.«

Wetzel schaute abwechselnd auf Unger und Röster. »Kennen Sie den Standort? Oder die Lieferung?«

Unger zog an seiner Zigarette, klopfte die überschüssige Asche in den Aschenbecher, schloss die Augen und sagte: »Die Lieferung könnte aus Drogen oder Frauen aus Osteuropa bestehen. Was den Ort betrifft ... ich habe mal ein Telefongespräch von Muller mitbekommen, das er mit Fritz geführt hatte. Muller sprach von einem Warenumschlagplatz – einer abgelegenen Villa, als Sanatorium getarnt. Das ist das Einzige, was mir im Moment einfällt.«

Alle Blicke der im Raum befindlichen Personen konzentrierten sich auf einmal auf Unger. »Wo?« fragte Wetzel.

»In der Nähe von Hofsgrund im Schwarzwald, etwa zehn Kilometer von Freiburg entfernt. Die Villa steht außerhalb des Ortes, am Waldrand. Das Gelände ist eingezäunt und wird von den Sicherheitsleuten bewacht. Ich habe sie mir vor zwei Jahren einmal angeschaut. Irgendwie sind die Sicherheitsleute auf mich aufmerksam geworden, vermutlich durch Video-Überwachung. Jedenfalls bin ich in den Wald zurückgelaufen und mit meinem Geländemotorrad abgehauen.«

Wetzel holte eine Karte der Umgebung, entfaltete sie und bat Unger, den Standort zu zeigen.

»Wir müssen eine Gruppe darauf ansetzen«, sagte Wetzel. »Ich hoffe, Ehmer kann genug Leute organisieren.«

Um sechs Uhr kehrte der Staatsanwalt vom Innenminister zurück. Die Strapazen der vergangenen Tage zeichneten sich deutlich ab, dennoch zeigte sich in seinem Gesicht ein Lächeln.

»Der Innenminister und sein Stab haben die Beweise begutachtet. Er hat uns grünes Licht gegeben. Ein Sondereinsatzkommando von fünfzig Leuten wird in einer Stunde zu uns stoßen. Dann werden wir die Einsätze besprechen.«

Südharz, Freitagvormittag, 25. Juli

Gerlinde Bähr war immer noch eine attraktive Frau. Rexilius schätzte sie auf Ende fünfzig, aber sie wirkte jünger. Sie hatte eine gute Figur, kurze braune Haare, ein scharf geschnittenes Gesicht mit vollen Lippen und braunen Augen.

Daniel Baske, der Hausmeister des *Erotiklands*, hatte recht gehabt: Gerlinde Bähr war die clevere Geschäftsfrau, ihr verstorbener Mann der Geldverschwender gewesen. Aber Gerlinde – so wollte sie von Rexilius angesprochen werden – hatte bei der Eheschließung Gütertrennung vereinbart, so dass Siegfried nur sein eigenes Geld verzocken konnte.

»Er hat nach der Aufgabe des Bordells die Hälfte seines Anteils in einen teuren Sportwagen gesteckt und ist dann wie ein Playboy abends durch die Kneipen gezogen. Vor einem Jahr ist er nach einem Lokalbesuch betrunken nach Hause gefahren – wir haben zu diesem Zeitpunkt nicht mehr zusammengelebt – und hat sich zwischen Oker und Clausthal-Zellerfeld den Kopf eingefahren ... Er war immer ein Narr«, sagte Gerlinde, »und den Rest seines Geldes hatte er vollständig ausgegeben.«

Dann erzählte sie ihm, dass sie zwei bis drei Mal im Jahr Urlaubsreisen in die Karibik und in afrikanische Länder mache. Daneben unternahm sie drei bis vier Städtereisen, die reine Bildungsreisen waren. Er hatte Glück gehabt, dass sie sich überhaupt in Goslar aufhielt. Reisen waren ihr Lebensinhalt geworden. Außerdem hatte sie ein Appartement gekauft, das direkt gegenüber der Wohnung ihrer Tochter und deren Familie lag, so dass ein enger Kontakt bestand. Wenn sie jemals das Image einer Puffmutter gehabt hatte, dann hatte Gerlinde das gründlich abgelegt. Ihr Geld jedenfalls musste sie exzellent angelegt haben.

»Warum haben Sie Ihr Bordell aufgegeben?«, fragte Pierre.

»Nun, es war nicht freiwillig, aber im Nachhinein ist das die richtige Entscheidung gewesen. Das ist jetzt drei Jahre her. Ich bekam eine anonyme Drohung, ich sei eine alte, schwache Puffmutter und wenn ich das Bordell nicht aufgebe, dann würde es mir so ergehen wie dem *Roten Herz* in Osterode. Ob ich aber wie der Besitzer in Osterode das Bordell noch sicher verlassen würde, das könnten sie mir keineswegs garantieren. Natürlich war das eine Morddrohung. Herr Hauptkommissar, ich kenne die Leute, die das *Rote Herz* und vorher die *Villa Isis* abgefackelt haben. Die kommen aus Südosteuropa und schrecken vor nichts zurück. Der Besitzer des *Roten Herz* hat aufgegeben, nachdem er zum zweiten Mal seinen Besitz verloren hatte, sein Leben war ihm wichtiger. Kurz nach der Morddrohung machte mir Breitenberg ein gutes Angebot, da habe nicht lange überlegt und noch am gleichen Tag zugestimmt. Breitenberg gilt als Gentleman in unserem Milieu ... Aber das war nicht der Grund für sein Angebot. Sein Stiefvater war der Grund. Er war jahrzehntelang regelmäßiger Kunde bei mir. Eines Tages machte er mir ein Angebot. Er wollte mich heiraten und dafür meinem Mann Siegfried auszahlen. Das war verlokkend, denn Siegfried hatte schon damals viele Eskapaden mit anderen Frauen. Er hatte nicht akzeptiert, dass ich mich prostituiert habe.«

Sie machte eine Pause und ihr Gesicht nahm einen wehmütigen Ausdruck an. Dann fuhr sie fort: »Warum ich es abgelehnt habe ... ich weiß es nicht. Heute hätte ich mich sofort darauf eingelassen, denn ich empfand Sympathie für ihn. Er hatte immer gute Manieren und hat mich als Frau akzeptiert. Nach der Ablehnung habe ich ihn nie wieder gesehen und muss sagen, ich war traurig darüber. Durch Breitenberg habe ich erfahren, dass er ein Jahr nach meinem Nein dessen Mutter geheiratet hat. Vor vier Jahren ist er gestorben und hat mich in seinem Nachlass berücksichtigt. Breitenberg sagte mir, dass sein Vater mich sehr geliebt habe und er dafür sorgen solle, dass es mir gut geht: Mit dem Geld aus dem Nachlass musste er mich auszahlen und mich von der Aufgabe des Bordells überzeugen, was ihm ja auch gelang.«

Rexilius nickte. Diese Geschichte ergab einen Sinn. Er wechselte das Thema. »Kennen Sie die Freiburger?«

»Oh ja, die kenne ich. Sie haben regelmäßig mein Bordell besucht. Die Frauen haben sie nie gemocht, weil sie sie arrogant behandelt und als minderwertige Menschen angesehen haben. Aber in dem Milieu zählt nur das Geld, und damit haben sie nur so um sich geworfen.«

Das hatte Pierre oft in den letzten Tagen gehört. »Hat es irgendwelche Vorfälle mit ihnen gegeben?«

»Solange ich das *Rote Haus* geführt habe, hielt sich das alles in vertretbaren Grenzen, aber in der Übergangsphase, als das *Erotikland* noch nicht geöffnet hatte und wir eigentlich schon unsere Pforten geschlossen hatten, da kamen sie noch einmal. Fritz, Kappe, Gonzelmann und Wölfer. Hartmann, der eigentlich immer dabei war, fehlte an diesem Abend. Warum, weiß ich nicht. Sie hatten eine Frau mitgebracht, eine wunderschöne Frau. Sie sah aber nicht wie eine Frau aus, die ihren Körper verkauft. Wenn man so lange wie ich in diesem Geschäft arbeitet, dann hat man ein Gefühl dafür. Aber irgendetwas stimmte nicht mit ihr. Sie wirkte so abwesend. Am nächsten Morgen wurde mir bewusst, was es war. Sie hatten ihr Drogen verabreicht ... Sie waren die einzigen Gäste und die letzten, die ich jemals hatte.«

Pierre griff in seinen Rucksack und entnahm ihm das Fotoalbum, das Walter Kürten ihm gegeben hatte. Walter Kürten, der unglückliche arbeitslose Elektrotechniker aus Goslar, der alte Röhrenradiogeräte sammelte und mit ihnen seine Wohnung zugestellt hatte. Er hatte sich nach der Veröffentlichung des Phantombildes gemeldet. Er war sich sicher gewesen, dass die abgebildete Frau seine Ehefrau war. Sie hatte ihn von heute auf morgen verlassen und einen Abschiedsbrief hinterlassen. In diesem Brief hatte sie die polnische Legende des ›Brückenüberschreitens‹ erwähnt. Pierre wusste zu diesem Zeitpunkt, dass er auf der richtigen Fährte war. Kürtens Frau war Polin, hatte ihren Mädchennamen behalten. Wie war er doch gleich?, fragte sich Rexilius. Elena … Stro … Stropinski. Ja, Elena Stropinski.

Pierre zeigte Gerlinde Bähr einige Fotos aus Kürtens Album. Das Porträtfoto von Elena Stropinski betrachtete sie sehr lange und intensiv. »Ist sie das?«, fragte Pierre.

»Sie sieht ihr sehr ähnlich, ja, aber die Frau, die ich gesehen habe, ist noch schöner als die auf diesem Bild.«

Pierre sah sie ernst an. »Was ist in dieser Nacht passiert?«

»Die Freiburger waren die einzigen Gäste. Ich hatte eine Grippe mit Fieber und war froh, dass Heide Sander, meine langjährige Mitarbeiterin, sich um die Gäste gekümmert hat. Um zehn Uhr habe ich das *Rote Haus* verlassen, bin nach Hause gefahren und habe mich sofort ins Bett gelegt. Am nächsten Morgen hat Heide mir erzählt, was in jener Nacht geschehen ist.«

Südharz, Freitagnachmittag bis Abend, 25. Juli

Den ganzen Nachmittag hatte Pierre vor dem Computer gesessen, abwechselnd auf die Pinnwand und das dritte Symbol geblickt, das der Mörder nach dem Mord an Gonzelmann zurückgelassen hatte. Die Konturen waren klar, auch der vierte Sektor, und das, obwohl der vierte Mord noch nicht verübt worden war. Aber er wusste, dass der noch in dieser Nacht geschehen würde.

Wer bist du?, fragte er sich. Du hattest eine schöne und gütige Frau, die dich aus der Dunkelheit ins Licht geführt, die in dir ein menschliches Leben freigesetzt hat. Die Basilisken des Lichts, die Anerkannten dieser Gesellschaft, die im Verborgenen grausame Verbrechen begingen, hatten alles zerstört. Seine Frau, das ungeborene Kind. Den Kreis. Kein Anfang und kein Ende. Wie die wahre Liebe.

Als Pierre Gerlinde Bähr verlassen hatte, war er einem inneren Impuls gefolgt und mit Sandras Auto von Goslar aus die längere Strecke über Sankt Andreasberg nach Bad Sachsa zurückgefahren. Erst nach langem Nachdenken war ihm plötzlich eingefallen, warum er diesen Weg gewählt hatte. Es war jener Vorfall am 25. Mai 2000 gewesen. Er konnte sich deshalb so gut daran erinnern, weil er an diesem Samstag auf einer letzten Trainingsfahrt von Odertal nach Sankt Andreasberg unterwegs gewesen war, einen Tag vor dem Radmarathon durch den Harz, bei dem er den dritten Platz belegt hatte. Auf einem Parkplatz, etwa zwei Kilometer von der Bergstadt entfernt, hatte damals ein Auto mit offener Fahrertür gestanden, es schien verlassen. Pierre hatte die Umgebung des Parkplatzes abgesucht, aber eine Person war weit und breit nicht zu sehen gewesen. Als er zum Fahrzeug zurückgekehrt war, hielt ein Pannenfahrzeug des ADAC an, zwei Monteure stiegen aus, näherten sich dem defekten Auto und beäugten ihn misstrauisch. Als er seinen Polizeiausweis zeigte, entschuldigten sie sich bei ihm.

Sie waren gekommen, um das Auto abzuschleppen und in eine Werkstatt zu bringen. Die Besitzerin, sagte einer von ihnen, habe am Abend zuvor eine Panne gehabt, das Fahrzeug einfach stehen lassen, ohne es zu verschließen. Am folgenden Morgen habe sie völlig verwirrt vor ihrem Haus gestanden. Für ihn war der Fall damals völlig klar gewesen. Sie hatte Drogen genommen.

Nein, dachte Rexilius jetzt, nicht ein einziges Mal in ihrem Leben hatte sie Drogen genommen. Sie hatte die Basilisken des Lichts um Hilfe gebeten, aber die hatten ihr nicht geholfen, sie hatten sie ins Auto gezerrt und unter Drogen gesetzt. Dann hatten sie die Frau ins *Rote Haus* nach Sankt Andreasberg geschleppt, hatten sie gedemütigt und nacheinander vergewaltigt. Zum Schluss hatte Wölfer ihr ungehindert und vom Wahnsinn entfesselt unsagbare Schmerzen und Verletzungen zugefügt. Im Morgengrauen, als sie endlich von ihr abließen, hatte sie ihr ungeborenes Kind verloren. Den Vogel im Weltenbaum ... das Ungeborene.

Die Mitarbeiterin von Gerlinde Bähr, Heide Sander, hatte alles mitbekommen. Sie hatten behauptet, die mitgebrachte Frau sei eine Prostituierte, für die sie viel Geld gezahlt hätten, aber als Wölfer gewalttätig wurde, hielt Heide Sander es nicht mehr aus und wollte die Polizei rufen. In diesem Fall, so hatte Fritz ihr gedroht, würde es ihr genauso ergehen wie der Prostituierten. Und wenn jemals etwas von der Angelegenheit nach außen dränge, dann habe sie nicht mehr lange zu leben. Heide Sander war eingeschüchtert, offenbarte sich am nächsten Morgen aber trotzdem ihrer Freundin Gerlinde Bähr. Am folgenden Tag zog sie zu ihrer Schwester nach Berlin, weil sie durch die Schließung des *Roten Hauses* arbeitslos geworden war. Zudem würde sie dort sicher vor diesen Bestien sein, hatte sie Bähr gegenüber geäußert.

Pierre wurde bewusst, dass die Reihenfolge der Morde der Reihenfolge der Vergewaltigungen entsprach, und er verstand jetzt auch, welchen Hintergrund jeder einzelne Mord hatte.

Feuer im ersten.

Fritz hatte die Frau mit Zigarettenkippen und Kerzenwachs auf den Brüsten und auf dem Bauch verbrannt.

Hilflosigkeit im zweiten.

Kappe hatte sie an ein Bett gefesselt und dann erbarmungslos vergewaltigt. Zu diesem Zeitpunkt war sie nicht mehr fähig gewesen zu schreien, ein schwaches Wimmern war das Einzige, wozu sie noch in der Lage gewesen war.

Reinigung im dritten.

Gonzelmann hatte alle Körperöffnungen der mittlerweile lethargischen Frau penetriert und in ihren Mund ejakuliert. Damit hatte er sie in den Augen des Mörders verunreinigt. Mit der Schächtung hatte er Gonzelmann alles Unreine entzogen.

Was plante der Mörder im Fall von Wölfer? Der hatte ihre Brustwarzen verletzt, die Genitalien genadelt und war verantwortlich für die Fehlgeburt. Er hatte in den Augen des Mörders die größte Schuld auf sich aufgeladen, weil er dadurch das Ungeborene, ihr gemeinsames Kind, getötet hatte. Sowohl der Mörder als auch seine Frau waren nicht mehr die Jüngsten gewesen. Pierre vermutete, dass sie lange auf den Nachwuchs gewartet hatten.

Was war aus der Frau geworden?

Die Pannenhelfer hatten damals gesagt, sie habe völlig verwirrt vor ihrem Haus gestanden. Den Ort hatten sie nicht erwähnt und er hatte leider nicht danach gefragt. Pierre spürte, wie sich die Geschichte langsam in seinem Kopf entwickelte, wie auf einem Fotopapier, das in der Entwicklerflüssigkeit liegt und auf dem die Inhalte wie aus dem Nichts auftauchen und die Konturen schlagartig schärfer werden.

Die Frau – wie sie nun wirklich hieß, das wusste er noch nicht, aber er würde es bald herausfinden – hatte nach der Vergewaltigung durch die Freiburger wohl noch einige Monate, vielleicht auch ein Jahr dahinvegetiert. Wahrscheinlich hatte sie sich von der Außenwelt völlig abgeschottet, auch von ihrem Mann – und hatte dann vermutlich ihrem Leben ein Ende gesetzt. Ihr Mann hatte sie trotz all seiner Fähigkeiten und Talente nicht mehr retten können. Wahrscheinlich war er auch daran zerbrochen und dadurch in den Zustand zurückversetzt worden, in dem er im Auftrag der Stasi Gegner des DDR-Regimes liquidiert hatte.

Wie hatte sie Selbstmord begangen? Das würde bei der Planung des vierten und letzten Mordes von großer Bedeutung sein.

Auf einmal wurde Rexilius bewusst, wie der letzte Mord

ablaufen würde. Der Täter würde Wölfer so quälen, wie der seine Frau gequält hatte, und am Ende würde er ihn erhängen ... Das Andreaskreuz in seinen Symbolen hatte zwei Bedeutungen gehabt. Die erste war ein Hinweis auf die Stadt Sankt Andreasberg, den Ort der Vergewaltigung. Der nach Nordwesten ausgerichtete Penis von Gonzelmann war ein weiterer Hinweis auf die Bergstadt gewesen. Die zweite war ein Hinweis auf den Ablauf des letzten Mordes. Wölfer würde ans Andreaskreuz geschnallt werden und die Rolle des hilflosen Bottom übernehmen. Dann würde der Täter ihn im Morgengrauen erhängen, zu dem gleichen Zeitpunkt, als seine Frau das Ungeborene verloren hatte.

Wer bist du?, fragte sich Pierre wieder. Was habe ich übersehen?

Dann tauchten die Bilder der Orchideen in Glenners Haus vor seinem inneren Auge auf. Renée Glenner hatte die Orchideen als die *femmes fatales* bezeichnet. ›Sie sind Künstler der Täuschung und des Betruges‹, hatte sie gesagt. Wenig später hatte sie noch etwas gesagt. Was war es gewesen?

Er zündete sich eine Pfeife an, die er schon vor einer Stunde gestopft hatte. Der Rauch verteilte sich allmählich in seinem Arbeitszimmer. Er trank einen Schluck von seinem kalt gewordenen Cappuccino.

Was hatte Renée Glenner gesagt? Orchideen täuschen – das war es. Er hatte alle getäuscht. Seine Frau ... sie war nicht an Krebs gestorben. Sie hatte sich erhängt. Pierre hatte ihn nur kurz, vielleicht fünf Sekunden, richtig gesehen. Er hatte eine schiefe Nase! Mareks Beobachtung ... die Nasenstrips.

Warum war er in Frau Glenners Büro gekommen? Fühlte er sich zu sicher? War es Arroganz? Wollte er seinem Gegner in die Augen blicken?

Nein, das war es nicht. Es war jener Zufall, den selbst

der Mörder nicht hatte voraussehen können. Er hatte geglaubt, dass er, der beurlaubte Hauptkommissar, niemals das Wellnesscenter betreten würde, während Wölfer sich im Haus aufhielt, weil dieser dann sofort den Osteroder Polizeichef informieren würde und somit für Rexilius die Gefahr bestand, vom Dienst suspendiert zu werden. Der Mörder konnte nicht wissen, dass Pierre das Wellnesscenter nur aufgesucht hatte, weil Renée Glenner davon ausgegangen war, dass Wölfer erst am nächsten Tag kommen würde.

Rexilius griff zum Handy und wählte die Nummer der Kureinrichtung in Zorge. »Rexilius, Kriminalpolizei. Ich muss dringend Herrn Wölfer sprechen. Holen Sie ihn bitte sofort ans Telefon. Er schwebt in größter Gefahr.«

»Moment. Ich werde ihn suchen«, antwortete die Frau von der Nachtbereitschaft aufgeregt.

Nach fünf Minuten kehrte sie zurück. »Ich kann ihn nicht finden, aber ich habe ihn gesehen, als er vor einer Stunde aus Freiburg zurückgekommen ist ... Er ist seit heute der Geschäftsführer der Gesellschaft«, sagte sie in einem Ton, der weder Freude noch Ablehnung verriet.

»Suchen Sie die ganze Einrichtung nach ihm ab und rufen Sie mich danach sofort wieder an«, sagte Rexilius und legte auf. Eine Viertelstunde später meldete sie, ihn nicht gefunden zu haben. Im Haus könne er nicht mehr sein. Sie habe dafür keine Erklärung. Der Einzige, der das Wellnesscenter in der letzten Stunde verlassen habe, sei der Hausmeister Lobscher gewesen.

Es ist also so weit, dachte Pierre. Lobscher hatte das letzte Kapitel seiner Rache aufgeschlagen. Rexilius wusste, dass er sich in diesem Moment mit einem überwältigten, wahrscheinlich betäubten Wölfer auf dem Weg zu seiner Folter- und Hinrichtungsstätte befand.

Pierre ergriff das Handy. Fünf Minuten später hatte er alle Mitglieder seiner Mordkommission informiert.

Sie würden ihn trotz des Verbots durch das LKA nach Benneckenstein begleiten. Um zehn vor neun erreichten sie Lobschers Haus. Eckert hatte die Strecke in wahrer Rekordzeit zurückgelegt. Keine rote Ampel hatte er ausgelassen und sechs Starenkästen hatten scharfe Bilder von ihm aufgenommen. An der Haustür erwarteten sechs uniformierte Polizisten des Benneckensteiner Kommissariats die Osteroder Mordermittler.

»Kommen Sie«, sagte eine junge Kollegin, die sich mit Sperling vorstellte. »Frau Polling wohnt im ersten Stock.« Sie hastete die Treppe hinauf, im Schlepptau die Osteroder. Im Wohnzimmer saß Elena Stropinski, die Frau von Walter Kürten, auf einem der Sessel. Pierre erkannte sie, obwohl ihr Aussehen so verändert war, dass sie nur wenig Ähnlichkeit mit dem Phantombild hatte. Die schwarzen Haare waren blond gefärbt, kurz geschnitten und sie hatte einen hellen Teint. Deshalb hatte es keinen Hinweis auf eine in Benneckenstein lebende Frau gegeben. Der ehemalige Geheimdienstmann Lobscher hatte brillante Arbeit geleistet.

Rexilius stellte sich vor. Sie nahm die Hände vom Gesicht und sah ihn an. Trotz ihrer Tränen und geröteten Augen war sie eine attraktive Frau.

»Ich wusste, dass Sie eines Tages kommen würden«, sagte sie eigenartig abwesend, so, als stünde sie unter Drogen und nähme sie nur am Rande wahr.

»Ich habe viele Fragen an Sie, aber im Moment haben wir dafür keine Zeit. Ihr Schwager ist gerade dabei, einen weiteren Menschen zu töten. Wo ist er?«, fragte Pierre drängend.

Sie schüttelte den Kopf. »Ich weiß es nicht. Ich schwöre es, ich weiß es nicht ... Seit Hannes Tod ...«, sagte sie, vergrub den Kopf in die Hände und weinte hemmungslos. Als sie sich wieder etwas beruhigt hatte, fuhr sie fort: »Er war nicht mehr der Mario, den ich so lange Jahre gekannt habe. Er blieb häufig über Nacht weg und sagte mir nicht, wo er abgeblieben war. Ich glaube, er hatte irgendwo einen Raum, vielleicht eine Wohnung, ich weiß es nicht. Wahrscheinlich hat er sich dorthin zurückgezogen, um zu trauern. Zumindest glaubte ich das bis vor einem Monat. Und dann geschahen diese Morde ... Ich bin an allem schuld.«

Rexilius sah sie ungläubig an, ging aber nicht darauf ein. Die Dämmerung hatte eingesetzt, Sandra schaltete das Licht ein. »Wir müssen ihn unbedingt finden, bevor er zum vierten Mal mordet«, sagte sie. »Wenn er weggefahren ist, welches Verkehrsmittel hat er dann benutzt?«

»Meist sein Mountainbike, seltener das Moped. Er sagt immer, dass man die meisten Wege mit dem Fahrrad zurücklegen kann. Er ist früher Rennen gefahren.«

Das hatte Pierre schon vermutet. »Wann ist er losgefahren? Die Tageszeit ...«

Polling überlegte. Das matte, gelbe Licht der Wohnzimmerlampe spiegelte sich in ihrem Gesicht. Die Tränenrinnsale ließen es auf bizarre Art und Weise glitzern. »Meist am Abend.«

»Wann genau? Eine Stunde vor Sonnenuntergang, später, oder früher?«, fragte Sandra.

Sie begriff den Sinn der Frage. »Wenn ich so recht überlege, dann waren es nie mehr als ein oder zwei Stunden. Wenn er mit dem Fahrrad fuhr, dann nahm er eine Akku-Leuchte mit, die aber nur für eine halbe Stunde ununterbrochener Leuchtdauer reicht. Allzu weit weg kann sein Unterschlupf nicht sein.«

Ja, dachte Rexilius. Wenn er ein bis zwei Stunden unterwegs ist, möglicherweise dabei durchs Gelände fährt, dann müssten sie ihn in einem Radius von etwa dreißig Kilometern suchen. »Haben Sie eine topographische Karte von der Umgebung?«, fragte er die Einsatzleiterin der Benneckensteiner Polizeitruppe.

»Im Auto«, antwortete sie und rannte sofort die Treppe hinunter. Eine Minute später kehrte sie mit einer Karte zurück, legte sie auf den Wohnzimmertisch und entfaltete sie. »Etwa acht Kilometer außerhalb von Benneckenstein gibt es eine Schrebergartensiedlung mit ungefähr sechzig Gebäuden, möglicherweise liegt dort sein Versteck«, sagte Sperling und zeigte auf die entsprechende Signatur.

Rexilius blickte auf die zurückzulegende Strecke. Einige Steigungen, aber auch Abfahrten gingen aus der Karte hervor. Wenn Lobscher so leistungsfähig ist wie ich, dachte Rexilius, wird er für die Strecke bei ruhiger Fahrt zwanzig bis fünfundzwanzig Minuten brauchen. Wenn er Umwege über einige Waldwege fährt, würde sich die Strecke auf etwa zehn Kilometer verlängern – bei gemütlicher Fahrt höchstens vierzig Minuten. Aber es ist nicht die Entfernung, die diesen Ort als Unterschlupf ausschließt, dachte er.

Sandra, die Pierres skeptischen Blick bemerkte, fragte: »Du glaubst nicht, dass er dort ist?«

»Nein. Er hat seine Morde in einem Gebäude vorbereitet, das abgeschieden ist. In einer Kleingartensiedlung, gerade jetzt im Sommer, bewegen sich viele Menschen, machen Partys, schlafen in der Siedlung. Sie würden seine Vorbereitungen mitbekommen. Aber schnapp dir trotzdem ein paar Benneckensteiner Kollegen und überprüf das.«

Sandra nickte und verließ mit Eckert und Junge das Wohnzimmer. Rexilius stopfte sich eine Pfeife und steckte sie an. Seine Blicke flogen wieder über die Karte. Dreißig Kilometer, im Extremfall ... Aber in der Karte waren, wenn man die umliegenden Gemeinden außer Acht ließ, keine ungewöhnlichen Gebäude eingezeichnet. Er löste den Blick von der Karte. Irgendetwas arbeitete in ihm, aber er konnte es nicht fassen.

»Geben Sie mir bitte die Schlüssel der Wohnung Ihres

Schwagers«, sagte Pierre und drehte sich zu Polling um, die immer noch das Gesicht in den Händen vergrub.

»Sie ist nicht verschlossen«, antwortete sie, ohne ihn anzusehen. »Die Türen im Haus sind nie verschlossen.«

Pierre begann mit dem Wohnzimmer, Stefan Henkelmann, der ihn begleitete, nahm sich die Küche vor. Pierre traf auf einen Raum, der einen gepflegten Eindruck machte und der neutral roch. In der Mitte stand eine Ledercouchgarnitur, an einer Wand ein verschnörkelter Schrank aus der Jugendstilzeit, an der gegenüberliegenden Wand ein teurer Sekretär. Nicht der Geschmack eines Hausmeisters, dachte Pierre. Aber das war es nicht, was ihn fesselte. Es war ein etwa fünfzig Mal siebzig Zentimeter großes Bild an der Wand. Es war ihr Blick. In ihm erkannte Pierre Wärme, Zuneigung, Liebe. Unendliche Liebe. All das galt dem Fotografen ... Lobscher. Je länger Pierre auf das Bild schaute, umso mehr entstand der Eindruck, als würde ihn eine lebende Frau anblicken. Henkelmann, der mit der Durchsuchung der Küche fertig war, sagte: »Man hat das Gefühl, sie könnte einen jeden Moment ansprechen.«

Pierre nickte und wandte den Blick vom Bild ab. »Irgendetwas gefunden?«

»Nein. Pedantisch ordentlich, da könnte ich mir glatt eine Scheibe abschneiden.«

Nicht nur du, dachte Rexilius.

Sie durchsuchten die restlichen Zimmer, fanden aber keinen Hinweis auf ein mögliches Versteck, fanden überhaupt nichts, was in irgendeiner Weise mit den Mordfällen zu tun haben könnte. Nicht einmal einen Computer.

»Wo hast du dein Versteck?«, murmelte Rexilius, der sich im Wohnzimmer auf einen Sessel gesetzt hatte. »Wohin würdest du dich zurückziehen, wenn du in seiner Situation wärst?« fragte er Henkelmann, der am Fenster stand und in die Dunkelheit blickte.

Der kratzte sich an der Stirn und überlegte einen Moment. Dann drehte er sich zu Pierre um. »In der Gegend gibt es doch viele Höhlen, die außerdem schwer zugänglich sind ... Vielleicht ist er in einer von ihnen und hat sich dort häuslich eingerichtet.«

Pierre schüttelte den Kopf. »Er hat Räume, wo er alles geplant hat. Dort hat er sämtliche Utensilien, Computer, das Gewehr ... Er braucht Strom, eine Telefonleitung.«

Draußen hielten mehrere Fahrzeuge. Sandra Koch war mit ihrer Abordnung von der Durchsuchung der Schrebergartenanlage zurückgekehrt. Henkelmann, der aus dem Fenster schaute, verstand, was Sandra mit ihrem Kopfschütteln zum Ausdruck brachte. Er teilte seinem Chef das negative Ergebnis mit, aber Pierre nahm ihn nicht wahr. Er starrte an einen imaginären Punkt an der Wand. Plötzlich sprang er aus seinem Sessel auf und eilte aus dem Zimmer. Henkelmann schaute ihm verwundert hinterher.

»Ja, es gibt eine Försterei, die seit zehn Jahren nicht mehr bewohnt wird, und eine Kaserne der ehemaligen Grenztruppen«, sagte Kühnert, der älteste der Benneckensteiner Kollegen. »Beide Gebäude sind ziemlich abgelegen im Wald. Für uns war das Sperrgebiet, näher als vier Kilometer kam man nie an die Försterei heran. Dort patrouillierten Tag und Nacht irgendwelche Sondereinheiten, wahrscheinlich Stasi-Leute. Ich vermute, dass von dort aus Agenten über ein Schlupfloch in die BRD eingeschleust wurden. Die Kaserne wurde kurz nach der Grenzöffnung verlassen und dürfte inzwischen ziemlich zugewachsen sein. Weder die Försterei noch die Kaserne sind in den amtlichen Karten eingezeichnet.«

»Wie weit sind sie entfernt?«, fragte Pierre.

»Die Försterei ungefähr vierzehn und die Kaserne siebzehn, vielleicht achtzehn Kilometer. Bei der Försterei müssen wir die letzten fünfhundert Meter zu Fuß gehen, bei der Kaserne sind es rund zweieinhalb Kilometer. Wir müssen uns beeilen, Herr Hauptkommissar. Inzwischen sind drei weitere Kollegen zu uns gestoßen, somit sind wir zusammen fünfzehn Leute. Das müsste reichen.«

»Ja, aber vergessen Sie nicht, dass er sehr gefährlich ist, und ich vermute, dass er das Gebäude elektronisch abgesichert hat«, sagte Rexilius. »Wir müssen sehr vorsichtig sein.«

Dann stiegen sie in die Fahrzeuge und nahmen Kurs auf die ehemalige Försterei.

Oberharz, Freitagnacht bis Morgen, 25. Juli

Manchmal geh ich meine Straße ohne Blick ...
Wieder ertönte ihr gemeinsames Lied. Ein letztes Mal saß Lobscher auf dem Stuhl in seinem Zimmer der Erinnerung und blickte versunken auf Hannes lebensgroßes Bild. Es war, als stünde sie vor ihm, lächelte ihn an und verströmte jene menschliche Wärme, die sie ihm so viele Jahre geschenkt hatte. Er fühlte ihre körperliche Nähe, ihre Küsse, ihre zärtlichen Hände in seinem Gesicht, ihren Atem.

Oh, Hanne, warum gerade du? Mein Mittelpunkt, mein Leben ...

Sie hatte ihn aus dem Sumpf der Geheimdienste gezogen, hatte mit ihm die sieben Brücken überquert, hatte ihn von seinem Fluch befreit und geheilt.

Über sieben Brücken musst du gehen verklang, an seine Stelle rückte die fünfte Symphonie von Mahler. Ob Wölfer sie kannte? Kannte Wölfer überhaupt etwas anderes, als Menschen zu demütigen, zu quälen, zu töten? Und nach unendlichem Profit zu gieren?

Wölfer war im Nachbarraum, in dem mehrere Lautsprecher installiert waren. Wölfer sollte die Musik hören, jede einzelne Note. Vielleicht begann Wölfer zu verstehen, aber eigentlich glaubte Lobscher es nicht. Jemand wie Wölfer hatte keine menschlichen Gefühle.

Heute würde Lobscher vollenden, was ihm seinen inneren Frieden zurückbringen würde.

Wölfer hatte er sich bis zuletzt aufgehoben, weil der die schwerste Schuld auf sich geladen hatte. Wölfer hatte David, ihren gemeinsamen Sohn, getötet.

Lobscher spürte, wie zum vierten Mal die Verwandlung Besitz von ihm ergriff. Wie er die sieben Brücken in seine alte Welt des Tötens zurückging. Seine Gedanken begannen sich auf ein einziges Ziel zu konzentrieren: die Bestrafung des letzten Basilisken. Er würde dem vierten Basilisken den Spiegel vorhalten. Den Spiegel seiner abscheulichen Tat. Das Einzige, was Menschen wie Wölfer verstanden. Lobscher würde es lange dauern lassen, bis zum Sonnenaufgang. So, wie Wölfer es bei Hanne getan hatte.

Mahlers Trauermarsch erfüllte den acht mal zehn Meter großen Raum, dessen Decke und Wände schwarz gestrichen waren. In der Mitte war Wölfer nackt an ein Andreaskreuz gefesselt. Der einzige angeschaltete Strahler war auf seinen Körper gerichtet, ließ ihn wie den Erdtrabanten am dunklen Nachthimmel leuchten. An den Wänden waren in Kopfhöhe dutzende Kerzen angebracht, die wie Zeugen der kommenden Hinrichtung wirkten.

»Der Trauermarsch hat für mich eine besondere Bedeutung«, sagte Lobscher.

Wölfer blinzelte, er war durch den Strahler geblendet, konnte den Ursprung der Stimme nicht ausmachen. »Machen Sie mich los«, forderte er in befehlsgewohntem Ton.

»Mahler hat ihn komponiert, nachdem er sich von einer Krankheit erholt hat, die ihn fast getötet hätte«, sagte Lobscher. »So wie es mir ergangen wäre, wenn es Hanne nicht gegeben hätte.«

Wölfer lauschte, die Stimme kam ihm bekannt vor. Und plötzlich wusste er, wen er vor sich hatte. »Lobscher, du billiger Hausmeister, binde mich los, sonst passiert was! Deinen Job bist du sowieso los, schließlich bin ich jetzt Geschäftsführer der *DHC*. Und außerdem ist es mir scheißegal, was dir widerfahren ist.«

»Hast du jemals Musik von Mahler gehört?«

»Ich hasse klassische Musik, stell sie ab«, brüllte Wölfer.

»Ich liebe sie, und nur das zählt hier. Wir werden jetzt eine Session veranstalten.«

Wölfers Kopf wendete sich wie ein Periskop hektisch nach rechts und links, aber die Position seines »Gastgebers« konnte er nicht ausmachen. »Zeig dich endlich, du feiges Schwein«, brüllte Wölfer.

»Dein Vokabular ist aber nicht eines Doktors würdig«, sagte Lobscher und griff in den Koffer mit den BDSM-Utensilien. Dann stellte er sich, völlig schwarz gekleidet und im Gesicht weiß geschminkt, in einem Abstand von einem Meter vor Wölfer auf und hielt die Brustwarzenklemme in dessen Augenhöhe hoch. »Wir werden ein Rollenspiel spielen, wie du es so liebst.«

Wölfers Augen flackerten, aber dann schien er sich wieder zu fangen. »Warum hast du mich betäubt und entführt? Ich werde dich vor Gericht bringen, schließlich habe ich die besten Beziehungen zur Justiz.«

»Das wird dir hier nicht mehr helfen.«

Wölfer hatte offenbar immer noch nicht begriffen, weshalb er sich in diesem Raum befand und weshalb er an das Andreaskreuz gefesselt worden war. »Ich weiß nicht, was du von mir willst, aber man kann ja über alles reden.«

»Dann rede«, befahl Lobscher.

»Ich zahle dir eine Prämie für meine Freilassung ... Sagen wir einmal fünftausend Euro und eine Gehaltserhöhung von monatlich zweihundert für deine Hausmeistertätigkeit ...«

Lobscher schwieg.

»Gut. Zehntausend Euro und vielleicht mache ich dich zum Leiter des Wellnesscenters in Zorge.«

»Das würdest du wirklich tun?«, fragte Lobscher, so, als würde er ihm glauben.

Wölfers Gesicht entspannte sich merklich.

Der vierte Satz der Symphonie, das Adagietto, übernahm die Vorherrschaft im Raum. Lobscher kniete auf dem Boden, vergrub das Gesicht in die Hände und blieb über die ganze Länge des Adagiettos bewegungslos in dieser Stellung. Wölfer nahm er nicht wahr.

»Hast du jemals Luchino Viscontis Film *Tod in Venedig* gesehen?«, fragte Lobscher, nachdem er die Augen wieder geöffnet hatte.

Wölfer sah ihn verständnislos an.

»Hatte ich mir gedacht. Klassische Musik hassen und von Filmkultur nichts verstehen ... das ist deine Lebensart, Wölfer. Und Frauen zu quälen, das ist dein Stil«, sagte Lobscher abfällig. »Das Adagietto von Mahler ist der Soundtrack dieses Films. Am Ende des Films bricht die Hauptperson, der Komponist Gustav Aschenbach, tot zusammen.«

Wölfers Augen weiteten sich, seine Arroganz und die Zuversicht, diesen Raum lebend zu verlassen, schwanden. »Ich erhöhe auf zwanzigtausend ... auf fünfzigtausend. Und ich garantiere dir den Posten des Leiters in Zorge«, sagte er schnell und flehend.

»Visconti hat das Adagietto Mahlers entfremdet. Tatsächlich war es eine Liebeserklärung des Komponisten an seine Frau Alma. Für mich ist es eine Liebeserklärung an Hanne.«

Wölfer schöpfte wieder Hoffnung. »Wenn du mich noch in der nächsten Stunde hier herauslässt, erhöhe ich auf hunderttausend.«

»Mal sehen«, sagte Lobscher. »Aber vorher beginnen wir mit der Session. Ich bin der Dominant und du der Sklave. Es wird dir gefallen, auch wenn du zum ersten Mal auf der anderen Seite stehst.«

Lobscher befestigte die Klemmen, die mit einer Kette verbunden waren, an Wölfers Brustwarzen. In ihrer Mitte war eine Öse angebracht, in die Gewichte gehängt werden konnten. »Gefällt dir das?«, fragte Lobscher zynisch. »Erinnert dich das an etwas?«

Wölfer brüllte seinen Peiniger an: »Meine sexuellen Neigungen gehen keinen etwas an.«

»Solange sie anderen keinen Schaden zufügen, stimme ich dir zu, aber deine sexuellen Neigungen haben Frauen verletzt.«

»Das ist eine einzige Lüge, billiger Hausmeister. Du bist unter meinem Niveau«, zischte er und spuckte Lobscher an.

Lobscher ging in den Schatten und säuberte sich mit einem Taschentuch. Dann trat er wieder an Wölfer heran, zog die Schrauben beider Klemmen an und hängte ein Gewicht an die Kette. Wölfers Schmerzensschreie übertönten das Finale von Mahlers Symphonie. Einen Moment schien es, als sinke er in Ohnmacht, nur noch das Weiße seiner Augäpfel war zu sehen. Aber nach wenigen Augenblicken kehrten die Pupillen in die Normalstellung zurück, die Schreie verebbten zu einem Wimmern.

»Du Bestie«, stöhnte Wölfer.

»Die Bestie bist du. Was ich bis jetzt mit dir gemacht habe, erreicht nicht annähernd deine Brutalität. Du hast zahllose Frauen mit einer Grausamkeit gequält, die ihresgleichen sucht, und eine von ihnen hast du getötet.«

Wölfer schaute kurz auf, schien aber nicht zu begreifen.

»Spätestens vor Sonnenaufgang wirst du verstehen«, sagte Lobscher und drehte die Schrauben der Brustwarzenklemmen ein weiteres Mal an.

Lobscher hielt Wölfer eine Riechflasche unter die Nase. Nach dem letzten Anziehen der Klemmen hatte er das Bewusstsein verloren. Seine Nasenflügel zuckten, die Augenlider begannen zu flackern und schließlich öffnete Wölfer seine Augen.

»Willst du dich aus der Verantwortung stehlen?«, fragte Lobscher.

Wölfer fing an zu wimmern, zu flehen, an Menschlichkeit zu appellieren. Zerrte an den Fesseln, wollte das Unmögliche machen und sich befreien. »Bitte lass mich frei. Ich habe nichts getan.«

»Du hast Hannes Flehen und Bitten nicht einmal wahrgenommen.«

»Ich kenne keine Hanne. Ich schwöre es. Ich kenne keine Frau mit diesem Namen.«

»Du hast sie getötet. Und David. Zusammen mit Fritz, Kappe und Gonzelmann.«

»Ich habe keine Hanne getötet und auch keinen David. Ich schwöre es. Ich habe nie von ihnen gehört«, winselte Wölfer.

Sie hatten das Haus umstellt. Die Luft hatte sich abgekühlt und über dem Erdboden eine dünne Nebelschicht entstehen lassen. Sie mussten sich der ehemaligen Försterei bis auf fünfzig Meter nähern, um die Konturen des Hauses mit den Nachtsichtgeräten auszumachen. Koch, Rexilius, Sperling und Kühnert verfügten über Funkgeräte.

Ein Funkspruch von Sandra unterbrach die Stille. »Ich höre irgendetwas, vielleicht Musik.«

»Wir gehen bis auf zwanzig Meter an das Haus heran«, sagte Rexilius.

Nach einer halben Minute meldete sich Sandra Koch wieder. »Die Musik ist lauter geworden … sie kommt aus dem Keller. Und links am Haus ist ein großer Schuppen …«

Kühnert meldete sich. »Da waren früher Fahrzeuge untergebracht.«

»Gehe zum Eingang des Schuppens, Sandra, dort werden wir uns treffen«, sagte Pierre. »Die übrigen bleiben in ihren Positionen.«

Wenig später standen sie an der drei mal zwei Meter großen Tür.

Kühnert schaute auf den Boden. »Hier sind vor kurzem mehrere Fahrzeuge bewegt worden, die Reifenspuren sind ganz frisch.« Dann fasste er an den Türgriff, zu seinem Erstaunen ließ sich die Tür öffnen. Mit Zeichen wies er die Kollegen an, ihm zu folgen. Als die Polizisten den Inhalt des Schuppens sahen, glaubten sie ihren Augen nicht trauen zu können. Zwei Geländewagen, ein Kleinbus und zehn Motorräder standen dort. Rexilius begutachtete den Kleinbus, aber er hatte keine Ähnlichkeit mit dem, den die Lehrerin Boog beschrieben hatte. Ein schwacher Geruch von Abgasen stand in der Luft. Rexilius schätzte, dass die Fahrzeuge vor etwa drei Stunden abgestellt worden waren.

»Was hat das zu bedeuten?«, fragte Kühnert.

Pierre zuckte mit den Schultern.

»Da hinten muss ein Zugang zum Haus sein«, flüsterte Sandra und zeigte auf eine Stelle in der Wand. Kühnert und Rexilius, die genau wie sie mit einer Nachtsichtbrille ausgestattet waren, schlichen dorthin. Sandra hielt den Kopf an die Tür. Die Musik war auch hier zu hören. Pierre nickte Sandra zu und zeigte auf das Garagentor. Wenige Augenblicke später standen sie wieder draußen vor dem Schuppen.

»Wir müssen da reingehen«, sagte Pierre. Er forderte über Funk Stefan Henkelmann, Jürgen Eckert und Marc Junge an. Die übrigen Kollegen sollten den Ring um das Haus beibehalten und in einem Abstand von fünfzehn Meter abwarten. Sollten Schüsse fallen, würden sie das Haus stürmen.

Sie drangen über die Garage in das Erdgeschoss ein. Die Räume dort waren dunkel und es roch muffig. Möbel gab es nicht. Es schien, als habe sich für die Försterei seit der Wiedervereinigung kein Mensch mehr interessiert. Dennoch. Die Musik war Realität. Sie huschten in das Dachgeschoss. Aber auch hier das gleiche Bild. Wo zum Teufel waren die Insassen der Fahrzeuge abgeblieben?

Sie kehrten in das Erdgeschoss zurück. Irgendetwas mit diesem Haus stimmte nicht. Henkelmann legte sich auf den Boden und presste das rechte Ohr auf den Fußboden. »Unter uns ist jemand. Ich höre die Musik. Basstöne. Es muss einen Keller geben. Aber wo ist der Zugang?«

Sie schalteten ihre Taschenlampen an, aber sie fanden ihn nicht. Sie sahen sich ratlos an. Die Basstöne wurden lauter.

»Es muss einen Eingang von draußen geben«, sagte Kühnert. »Lasst uns in der Garage nachschauen.«

In der Garage klopften sie vorsichtig die Wand ab, die in das Haus überging. Nichts. Henkelmann legte sich auf den Boden und lauschte erneut. Er fand, dass die Musik hier etwas lauter als im Haus klang. »Ich wette, dass der Zugang hier irgendwo in der Garage liegt.« Er kroch unter den Kleinbus, untersuchte mit der Taschenlampe den Boden, fand aber nichts. Als er beim zweiten Geländewagen angelangt war, stutzte er. Zwischen dem Fahrzeug und der Wand sah er mit dem Nachsichtgerät helle dünne Linien, die wie ein Rechteck angeordnet waren: Licht, das durch winzige Spalten schimmerten.

Rexilius nickte. Sie suchten nach dem Öffnungsmechanismus. Es dauerte zehn Minuten, bis sie ihn fanden: ein Griff, der an der Wand hinter einer Klappe aus Holz angebracht war. Henkelmann betätigte ihn. Mit einem leisen Zischen senkte sich die Bodenplatte und eine Treppe wurde sichtbar. Kühnert gab den Kollegen, die um das Haus postiert waren, über Funk durch, dass man den

Eingang zum Keller gefunden habe und jetzt eindringe.

Henkelmann stieg sie als Erster hinab, vorsichtig um sich blickend. Er befand sich in einem Raum, der etwa fünf mal fünf Meter maß. An jeder der vier Wände hing eine Lampe, die schwaches Licht spendete. Die Musik war lauter geworden.

Kühnert entdeckte eine Tür, durch deren Ritze bläuliches Licht schimmerte. Sie ließ sich leicht öffnen. Die Musik schwoll zu einem Donnergetöse an. Durch den Türspalt sah er einen Saal, der so groß wie eine mittelgroße Sporthalle war und sich über zwei Stockwerke erstreckte. An die Tür schloss eine drei Meter breite, durch ein Metallgeländer gesicherte Empore an. Sie umspannte den ganzen Saal. In seinem hinteren Teil führte von der Empore aus eine Treppe nach unten. Die Ermittler verließen nacheinander den Raum und robbten zum Geländer, um in die Mitte des Saales blicken zu können.

Dort stand eine Art Altar, auf dem eine bleiche, nackte Frau lag, über die sich eine schwarz gekleidete Gestalt beugte und etwas auf ihren Bauch strich. Um den Altar herum standen im Kreis etwa zwanzig ebenfalls schwarz gekleidete Gestalten, die jede der Aktionen mit einem heftigen Kopfnicken begleiteten. Die Basstöne dominierten die Musik und eilten zu einem ohrenbetäubenden Stakkato.

»Eine Teufelsanbetung. Der Priester nimmt an der Frau ein Ritual vor«, sagte Sandra zu Pierre, der neben ihr auf dem Boden lag.

Er nickte. »Scheiße, wir sind im falschen Gebäude.« Dann robbte er zu Kühnert. »Beordern Sie Ihre Leute hier herein und beenden Sie die Schwarze Messe. Überprüfen Sie die da unten und nehmen Sie sie notfalls fest. Lobscher kann nur noch in der alten Kaserne sein. Geben Sie uns zwei ortskundige Kollegen mit.«

»Du bist ein feiger Lügner ... du kennst Hanne. Sie hat euch auf einem Parkplatz bei Sankt Andreasberg um Hilfe gebeten, weil sie eine Panne an ihrem Auto hatte. Ihr habt sie mit Drogen vollgepumpt und ins *Rote Haus* verschleppt. Sie hatte euch nichts getan ... Dort habt ihr sie bis zum Beginn des neuen Tages nacheinander vergewaltigt.«

Wölfers Augen weiteten sich, plötzlich erinnerte er sich. »Das war doch nur eine Nutte ... Deshalb wirst du mich doch nicht töten wollen!«

»Das war meine Frau. Ich werde dir jetzt das antun, was du ihr angetan hast in jener Nacht«, sagte Lobscher. Dann verschwand er aus Wölfers Blickfeld. Er holte sich aus seiner Tasche ein weiteres BDSM-Utensil und stellte sich damit vor Wölfer auf. Er zeigte ihm den Penisring und stülpte ihn Wölfer über. Sofort zog er ihn an. Wölfer schrie wie am Spieß, übertönte die letzten Klänge von Mahlers fünfter Symphonie.

»Das ist noch nichts dagegen, was meine geliebte Hanne ertragen musste. Du hast das Unfassbare mit ihr gemacht ... du hast ihre Vagina genadelt.« Lobscher starrte Wölfer eiskalt an. »Ich werde dich jetzt auch nadeln.«

Er begann sein Werk. Wölfers Schreie hatten nichts Menschliches mehr an sich.

Innerhalb von zwei Minuten war alles vorüber. Rexilius zollte Kühnert und seinen Leuten großen Respekt. Er war auf ein eingespieltes Team getroffen. Sie waren in den Keller geschlichen, ohne dass die Teilnehmer der Schwarzen Messe sie bemerkt hatten. Als die Kommissarin Sperling die Musik abschaltete, standen die anderen schon hinter den Satansanbetern.

»Polizei. Nehmt alle die Hände hoch«, brüllte Kühnert. Völlig überrascht folgten sie wie Marionetten seinem Befehl. »Ihr seid alle festgenommen!«

Fünf Minuten später knatterten Rexilius und seine vier Mordermittler mit den Motorrädern, die sie von den Satanisten beschlagnahmt hatten, in Richtung ehemalige Grenztruppenkaserne. Kühnert hatte es sich nicht nehmen lassen, die Osteroder zu begleiten, außerdem kannte er sich in der Kaserne aus. Sie hofften, mit den Motorrädern bis direkt an die Kaserne heranfahren zu können. Nur so würden sie Wölfer noch retten können, und selbst dann würde es sehr knapp werden. Pierre schaute auf die Leuchtziffern seiner Armbanduhr. In fünfzehn Minuten würde die Sonne aufgehen.

Über sieben Brücken musst du gehen
Sieben dunkle Jahre überstehen
Sieben Mal musst Du die Asche sein
Aber einmal auch der helle Schein ...

Das Lied ihres gemeinsamen Lebens. Er würde es bis Sonnenaufgang immer wieder spielen lassen. So hatte er es im Computer eingestellt. Pierre Rexilius würde es hören und den Rest begreifen. Er würde ihn verstehen.

Die Kerzen begannen schon zu flackern. In wenigen Minuten, mit dem Sonnenaufgang, würden sie abgebrannt sein. Wie das Leben von Wölfer, dachte Lobscher. Wölfer öffnete die Augen, nachdem Lobscher zum zweiten Mal Riechsalz eingesetzt hatte. Dann legte er die Schlinge um Wölfers Hals.

»Du wirst so sterben, wie Hanne gestorben ist«, sagte er und löste die Fesseln, die Wölfer ans Andreaskreuz gebunden hatten. Das Seil, an dem er die Schlinge geknotet hatte, lief über Rollen eines Flaschenzugs, der an der Decke befestigt war. Das andere Ende hielt Lobscher in der Hand. Wölfers Augen weiteten sich. Er versuchte, mit den Händen in die Schlinge zu fassen, aber sein Mörder zog das Seil an, hievte sein Opfer in die Höhe und wickelte das Seil an einen Haken, den er für diesen Zweck in die Wand gedübelt hatte. Dann stellte sich Lobscher vor Wölfer und sah ihm in die Augen. Die ersten Sonnenstrahlen des neuen Tages strichen über den Horizont, drangen durch eine kleine Luke in den Raum und erfassten Wölfers Kopf. So, wie Lobscher es geplant hatte. Der Todeskampf des letzten Basilisken begann.

Manchmal geh ich meine Straße ohne Blick
Manchmal wünsch ich mir mein Schaukelpferd zurück
...

Als Pierre zehn Meter von der Kaserne entfernt war, hörte er das Lied. Er bemerkte ein kleines Kellerfenster, das geöffnet war. Er rannte darauf zu und sah hindurch. Wölfer hing am Galgen und davor stand Lobscher.

»Lassen Sie ihn frei«, schrie Pierre dem Mörder zu, der überrascht zum Fenster blickte und aus dem Raum stürzte.

Inzwischen stand Kühnert hinter Rexilius. »Ich kenne den Weg«, brüllte er und rannte los.

Die anderen Polizisten liefen hinterher. Das Haupttor der alten Kaserne war verschlossen. Sandra zückte ihre Dienstwaffe und schoss dreimal, ehe das Schloss zerbarst. Sie stürmten durch das Tor und eilten eine Treppe hinab, die von der Eingangshalle in das Kellergeschoss führte. Daran schloss sich ein zehn Meter langer Gang an, der sich gabelte. Kühnert wählte den linken Ast und nach fünf Metern stand er vor einer Tür, die ebenfalls verschlossen war. Kühnert musste viermal schießen, ehe er sie öffnen konnte. Dann sahen sie Wölfer in der Schlinge hängen, er zappelte noch, aber seine Bewegungen wurden schwächer. Die letzte Strophe von *Über sieben Brücken musst du gehen* lief, die Lautstärke schwoll zu einem Finale an. Eckert rannte zu der Stelle, an der das Seil befestigt war, in dessen Schlinge Wölfers Kopf hing, löste es und ließ das Opfer langsam auf den Boden hinab. Junge und Henkelmann nahmen ihn in Empfang. Er atmete nicht mehr. Junge begann mit Wiederbelebungsmaßnahmen.

Als der Karat-Song verklungen war, nahm Pierre ein dumpfes Türschlagen wahr.

»Er flieht über den Osteingang«, rief Kühnert und rannte durch die zweite Tür des Raumes, die der Eingangstür gegenüber lag. Pierre folgte ihm. Dahinter befand sich ein etwa fünfzehn Meter langer Raum. Kühnert hatte das Ende schon erreicht und Rexilius schloss zu ihm auf. Der Gang machte eine Neunzig-Grad-Kurve, nach zwanzig Metern endete er in der Tür, die Lobscher zugeschlagen hatte, aber nicht mehr hatte verschließen können. Sie führte in einen großen Raum, an dessen anderem Ende Lobscher mit einem Fahrrad durch eine Tür ins Freie verschwand. Pierre erkannte das Rad, das Marek so genau beschrieben hatte. Er bemerkte zwei weitere Fahrräder, ein Mountainbike und ein Rennrad. Er verließ die Kaserne mit dem Mountainbike und sah in hundert Meter Entfernung den in Schwarz gekleideten Hausmeister des Zorger Wellnesscenters. Er hatte angehalten. Der rechte Fuß stand auf den Boden. Er drehte sich zu Rexilius um, so, als fordere er ihn zum Duell.

Pierre folgte ihm.

Sie fuhren über eine etwa sechshundert Meter breite Lichtung. Pierre hatte den Abstand schon auf fünfzig Meter reduziert. In freiem Gelände war er dem Mann überlegen, aber er sah, dass die Lichtung durch dichten Fichtenwald abgelöst wurde. Lobscher verschwand darin. Als Pierre den Wald erreichte, sah er Lobscher mit hoher Geschwindigkeit und schlafwandlerischer Sicherheit einen Steilhang hinabrasen, der in einem tief eingeschnittenen Tal endete. Er verfügte über ausgezeichnete Ortskenntnisse. In diesem Moment wurde dem Hauptkommissar klar, dass das Lobschers Fluchtplan war. Mit dem Motorrad und dem Auto konnte ihm keiner folgen. Nur mit dem Fahrrad hatte man eine theoretische Chance.

Würde Lobscher ihn am Ende in eine Falle locken? Ihn irgendwo erwarten und erschießen?

Pierre stürzte sich in den Steilhang. Er versuchte Lobschers Kurs zu nehmen, musste aber einer dicken Fichte ausweichen und befand sich urplötzlich auf einem anderen Pfad, der mit Steinen und herabgefallenen Ästen übersät war. Mehrmals konnte er den Hindernissen ausweichen. Lobscher war inzwischen auf einem Weg im Talgrund angekommen. Dann erwischte Pierre einen Stein, schoss mit dem Fahrrad darüber wie über eine Sprungschanze, konnte den Lenker nicht mehr festhalten, flog vier Meter über das Fahrrad und landete auf dem Waldboden. Einige Augenblicke war er benommen, bekam aber mit, dass Lobscher inzwischen fast das Ende des Talwegs erreicht hatte – noch fünfzig Meter, und der Mann würde den Wald hinter sich lassen.

Zum Glück konnte Pierre wieder aufstehen und das Fahrrad war unbeschädigt geblieben. Er schaffte es ohne weiteren Sturz ins Tal, an das sich eine einen Kilometer breite Hochebene anschloss, deren Vegetation aus locker verteilten kleinen Fichten bestand.

Lobscher hatte seinen Vorsprung auf fast zweihundert Meter ausgebaut. Aber Rexilius wusste, dass sich ihm hier eine Chance bot, Boden gutzumachen. Er beschleunigte und hatte am Ende der Ebene den Abstand auf dreißig Meter vermindert. Eine weitere Steilabfahrt schloss sich an, deren Gefälle über fünfzig Prozent betrug und die quer durch die Bäume verlief. Pierre verminderte die Geschwindigkeit etwas, hatte am Ende des Abhanges nur zehn Meter verloren. Würde eine weitere Ebene kommen, dann würde er den Mörder einholen können. Und sie kam! Lobscher hatte bei der Auswahl des Fluchtweges nicht damit gerechnet, von einem gut trainierten Radfahrer verfolgt zu werden, der in seiner Jugend einmal Landesmeister im Straßenrennen gewesen war.

Die Ebene endete an einer schroffen Geländekante, einem Steinbruch. Auf der rechten Seite führte eine Piste, wahrscheinlich für Lastwagen zum Abtransport der Gesteine, in den Steinbruch hinab. Am Ende der Piste, unten im Steinbruch, würde er Lobscher angreifen.

Aber Lobscher macht einen Bogen und fuhr direkt auf die Geländekante zu. War das ein Trick oder wollte er tatsächlich den Weg durch den Steinbruch wählen, fragte sich Rexilius. In diesem Moment verschwand Lobscher hinter der Geländekante. Pierre fuhr die Piste entlang und sah, wie der Mörder durch eine Rinne im Steinbruch schoss. Er hatte eine gefährliche Abfahrt gewählt, die an einigen Stellen siebzig Grad Gefälle hatte. Rexilius hätte sich nie an ihr versucht. Am Ende der Rinne stand ein Geländemotorrad. Lobscher musste noch etwa hundert Meter, Pierre etwa achthundert Meter zurücklegen. Wenn Lobscher nicht stürzte, würde er das Motorrad erreichen und davonkommen.

Aber in diesem Moment geschah etwas, das Rexilius erst später verstehen sollte. Der Mörder machte einen Bogen in eine andere Rinne und fuhr auf eine schanzenähnliche Steinformation zu. Von dort ging es zehn Meter in die Tiefe. Pierre hielt an.

Der Hausmeister, der Mörder, der Spitzenagent der ehemaligen DDR und der Ehemann, der nie über den Selbstmord seiner geliebten Hanne hinweggekommen war, stürzte sich in den Tod.

Lobscher lag gekrümmt am Boden, neben ihm das Scott Mountainbike. Das Vorderrad drehte sich immer noch. Aus Lobschers Mund und Nase floss in kleinen Rinnsalen Blut, aber er lebte noch. Pierre kniete sich nieder, weil Lobscher etwas sagte, das er nicht verstand.

»Ich bin keine Bestie ... bitte glauben Sie mir ... aber diese Freiburger haben mir das Liebste genommen ... das ich je besessen habe ... sie war der reinste Mensch ...« Seine Stimme wurde schwächer, er fing an zu röcheln, dann schaffte er es, noch etwas zu sagen, das Rexilius verstehen konnte. »In der Kaserne ... im Computer ... Kennwort ... Über sieben Brücken ... Sie werden alles verstehen ...«

Er erbrach Blut. Die Augen verdrehten sich, kamen in die Normallage zurück und wurden blicklos. Lobscher war tot.

Wie lange Pierre vor dem Mörder niedergekniet hatte ... Waren es fünf, zehn oder zwanzig Minuten? Er wusste es hinterher nicht mehr. Die Bilder anderer, die er in seiner Laufbahn überführt hatte, liefen vor seinem inneren Auge vorüber. Hämische, grausame und arrogante Gesichter waren es. Er hatte sie gehasst, manchmal auch Rachegelüste gehabt ...

Er blickte wieder auf Lobscher. Zum ersten Mal in seinem Leben empfand er Mitleid und Verständnis für einen Mörder.

Freiburg, 25./26. Juli, Abend bis früher Morgen

Um neunzehn Uhr traf das Sondereinsatzkommando mit acht Kleinbussen vor der Villa ein. Der Innenminister hatte noch weitere sechsundzwanzig Polizisten abgeordnet. Der Einsatzleiter, ein fünfzigjähriger Oberrat in schwarzer Tarnkleidung, betrat das Wohnzimmer, in dem sich Doktor Ehmer, Wetzel, seine Kollegen und die beiden Brüder Röster und Unger aufhielten. Einen Meter neunzig war er groß und muskelbepackt. Fett schien seinem Körper fremd zu sein. Er hatte ein schmales Gesicht, einen dichten schwarzen Haarschopf und trug einen dünnen Schnurrbart. Die wachsamen Augen und eine Hakennase verliehen ihm die Aura eines Geiers.

Mit ruhiger Stimme, die verriet, dass solche Einsätze für ihn Routine waren, stellte er sich vor. »Mein Name ist Hilmer.« Dann begann er zu erläutern, wie sie vorgehen würden. Zuerst würden alle Mitglieder des Inneren Zirkels zeitgleich verhaftet und deren Kommunikationsmittel unterbrochen. Dann würden sie sich die Verdächtigen des Äußeren Zirkels vornehmen. Für den Sicherheitsdienst der *DHC* war eine Spezialtruppe von dreißig Beamten vorgesehen. Wetzel mochte nicht in ihrer Haut stecken, denn für sie würde es am gefährlichsten werden. Aber er wusste natürlich, dass sie hervorragend ausgerüstet und ausgebildet waren, waren sie doch die besten Kräfte, die die Polizei für solche Einsätze in ihren Reihen hatte.

David Schmelz spielte Hilmer das Gespräch zwischen Adler, alias Doktor Strömer, und Falke vor. Unger wiederholte seinen am Nachmittag geäußerten Verdacht, was den Ort betraf.

Der Einsatzleiter sprach Namen in das Mikrophon und zwei Minuten später tauchten acht ebenfalls schwarz gekleidete Polizisten im Wohnzimmer auf. Unger zeigte ihnen auf der Karte die Lage der Villa. Einer aus der Gruppe nickte, er kannte die Umgebung, war im zwei Kilometer entfernten Brühl aufgewachsen. »Wir haben als Kinder oft in der Nähe der Anlage gespielt. Soweit ich weiß, ist es heute ein Sanatorium.«

Hilmer nahm ein weiteres Mal Kontakt mit den Leuten auf, die in den Fahrzeugen warteten. Wenig später brachte ein Polizist einen Laptop und rief eine Satellitenkarte auf, auf der die nähere Umgebung abgebildet war. Die acht Männer und Hilmer stellten sich um den Laptop herum und diskutierten ihre Vorgehensweise.

»Sie übernehmen die Leitung der Gruppe, Herr Ernst«,

sagte Hilmer an den Kollegen gewandt, der aus Brühl stammte. »Brauchen Sie noch Kräfte?«

Ernst nickte. »Vier.«

Der Einsatzleiter stimmte zu und Ernst verließ mit seinem Team die Villa.

»Ich möchte dabei sein, wenn Schweitzer verhaftet wird«, sagte Unger.

Der Einsatzleiter schaute Wetzel an, den er kannte und von dem er eine hohe fachliche Meinung hatte. Der Hauptkommissar nickte ihm zu. »Ohne Herrn Unger und seinen Bruder wären wir jetzt nicht hier. Ich wüsste nicht, wer etwas dagegen haben könnte. Sie können sicher sein, dass auch ich seiner Verhaftung beiwohnen werde.«

»Gut, dann übernimmt Ihre Truppe die Verhaftung von Schweitzer«, sagte der Einsatzleiter und prüfte die Funkverbindung zu seinen Leuten, die in den Bussen saßen. Es war alles in Ordnung. »Dann werden wir jetzt aufbrechen. Herr Doktor Ehmer, Sie begleiten mich?« Ehmer nickte.

Fünf Minuten später war die Villa leer, denn auch Röster wollte dem korrupten Schweitzer, der seinen Bruder auf solch kriminelle Art und Weise ins Gefängnis gebracht hatte, in die Augen sehen.

Es sollte die größte Polizeiaktion werden, die Freiburg jemals erlebt hatte. Wie geplant stürmten die Gruppen des Innenministeriums um 0.30 Uhr die Häuser der Mitglieder des Inneren Zirkels, nachdem sie sämtliche Telefonleitungen gekappt hatten.

Becker, den stellvertretenden Direktor des Freiburger Polizeipräsidiums, erwischten die Beamten mit einem zehnjährigen Jungen im Bett, der wahrscheinlich aus Indien stammte. Bevor Becker seine Pistole ergreifen konnte, die immer geladen auf seinem Nachtschränkchen lag, hatten die Polizisten vom Sondereinsatzkommando ihm Handschellen angelegt. Er riss daran und drohte seinen Kollegen mit gewaltigen Konsequenzen, was angesichts des nackten Jungen im Bett zynisch wirkte. Den verwirrten Jungen, der sie nicht einmal verstand, brachten sie später in ein Kinderheim.

Bruns vom LKA war von einer Theatervorführung gekommen und wollte gerade die Haustür öffnen, als die SEK-Leute zuschlugen. Er war so überrascht, dass er erst während des Stunden später stattfindenden Verhörs seine Sprache kurzzeitig wiederfand und dann beschloss, vorsichtshalber bis zur Gerichtsverhandlung zu schweigen.

Mit Oberrat Grohmann, der Wetzel im Polizeipräsidium wegen seines unbegründeten Verdachts ausgelacht hatte, wurde der dritte Polizist in Handschellen gelegt. Auch die beiden Frauen, die gekommen waren, um den Oberrat zu unterhalten, mussten den Weg in das Untersuchungsgefängnis antreten. Ihre erweiterten Pupillen gaben Anlass, von einem Verstoß gegen das Rauschmittelgesetz auszugehen, ein Blick in ihre Handtaschen brachte zehn Gramm Kokain zutage. Weitere zwanzig Gramm fanden die Ermittler in Grohmanns Schreibtisch.

Strömer, der trotz der späten Stunde am Computer arbeitete, versuchte beim Eindringen der schwarz gekleideten Gestalten in sein Arbeitszimmer noch, Daten zu löschen, was ihm aber nicht mehr gelang. Natürlich begehrte er auf, protestierte aufs Schärfste gegen seine Verhaftung und drohte mit schwerwiegenden Konsequenzen für die seiner Meinung nach »außer Rand und Band geratenen« Polizeikräfte. Die so Gescholtenen verlasen ihm seine Rechte und schwiegen danach. Doktor Strömers Drohungen endeten erst, als er in seiner Zelle saß.

Hartmann, der seit zwei Monaten dem Inneren Zirkel der Organisation angehörte, wehrte sich heftig gegen die Übermacht. Nach nur zwanzig Sekunden lag er gefesselt mit dem Bauch nach unten auf dem Boden. Weil er sich weigerte zu laufen, wurde er in den Transporter getragen.

Die übrigen waren bekannte Freiburger Geschäftsleute und ein Richter des Landgerichts. Um 1.30 Uhr dreißig waren alle Mitglieder des Inneren Zirkels verhaftet. Alle Häuser und Wohnungen wurden durchsucht, die Computer sichergestellt. Es würde Wochen dauern, bis alle Beweise ausgewertet sein würden.

Die Einsatzkräfte des Innenministeriums gönnten sich keine Ruhe. Eine Viertelstunde nach der Verhaftung der Führungsclique machten sie sich auf den Weg, um die Mitglieder des Äußeren Zirkels festzusetzen.

Als Wetzel mit seinen Kollegen, Unger und Röster vor Schweitzers Wohnung eintraf, stellte sich heraus, dass dieser noch unterwegs war. Was dem Hauptkommissar recht war, denn es machte die Sache unkomplizierter. Wetzel, Schmelz und Breiner würden ihn überwältigen, sobald er den Wohnungsflur betrat. Sollte es zu Schwierigkeiten kommen, konnten Obermann und Füllgrabe Unterstützung leisten.

Schweitzers Wohnung erstreckte sich über zwei Stockwerke, von einer Empore aus konnte man in das Wohnzimmer blicken. Sie schalteten kein Licht an, konnten aber im Schein einer Straßenlaterne erkennen, dass Schweitzer über eine teure Einrichtung verfügte. Der Verrat und seine Mitarbeit in der Organisation hatten sich für ihn finanziell gelohnt.

Wetzel schaute auf die Leuchtziffern seiner Uhr. Seit zwei Stunden hielten sie sich nun schon in der Wohnung auf. War Schweitzer am Ende misstrauisch geworden und geflohen? Oder begleitete er den Transport der ›Ware‹ zum Sanatorium in der Nähe des Ortes Brühl? Die Antwort darauf sollte Wetzel zwanzig Minuten später erhalten. Röster und Unger, die im Wohnzimmer hinter einem Fenstervorhang standen, sahen um fünf nach zwei ein Taxi vor dem Mehrfamilienhaus halten. Ein Mann stieg aus und ging auf den Hauseingang zu. Der Bewegungsmelder schaltete das Licht ein und erhellte sein Gesicht.

Kein Zweifel, es war Schweitzer, der Mann, der Unger zu Unrecht ins Gefängnis gebracht hatte. Obwohl das Licht schwach war, hatte Unger den überheblichen Gesichtsausdruck erkannt, und als er in den Flur schlich und Wetzel informierte, sah man ihm an, dass er am liebsten vor Ekel auf den Boden gespuckt hätte.

Die Haustür klappte zu, Schweitzers Schritte hallten durch das Treppenhaus. Vor seiner Wohnungstür schien er nach seinem Schlüssel zu suchen, den er schließlich gefunden hatte, aber auf den Boden fallen ließ. Nicht zu verstehende Laute folgten. Wetzel wusste, dass Schweitzer entweder betrunken war oder Rauschgift genommen hatte. Das konnte die Verhaftung einfacher, aber auch gefährlicher machen.

Schweitzer schaltete das Flurlicht ein und schien den Boden abzusuchen. Nach einer weiteren Minute hatte er den Schlüssel gefunden und steckte ihn ins Schloss.

War es ein Instinkt gewesen? Oder der Kokainrausch? Jedenfalls stieß Schweitzer die Tür auf, hechtete auf den Boden und schoss mit einer gezückten Pistole wahllos durch den dunklen Wohnungsflur. Benjamin Breiner und David Schmelz wurden getroffen. Wetzel schaltete das Licht an und stürzte sich auf Schweitzer. Er erfasste die Hand, in der Schweitzer die Pistole hielt. Als Schweitzer seinen Erzfeind erkannte, verstärkte sich seine durch das Kokain ausgelöste Aggressivität, ein erbarmungsloser Kampf begann. Die beiden wälzten sich über den Teppichboden. Mal war Wetzel oben, mal Schweitzer. Ein weiterer Schuss löste sich, er verfehlte knapp die Lampe und schlug in die Decke ein. Wetzel schlug Schweitzers Hand, in der die Pistole war, mehrmals auf den Boden. Endlich entglitt ihm die Waffe, drehte sich einige Male und kam an einem Schränkchen zum Stillstand.

Wetzel saß auf Schweitzer und verpasste ihm Fausthiebe am Kopf. Erst nach dem sechsten Schlag verlor sein Kontrahent das Bewusstsein. Obermann, Füllgrabe, Röster und Unger waren inzwischen in den Flur geeilt, um dem Hauptkommissar zu helfen, aber es war nicht mehr notwendig. Wetzel legte Schweitzer Handschellen und Fußfesseln an.

»Gut, dass das SEK uns mit kugelsicheren Westen ausgestattet hat«, sagte Breiner. Schmelz zeigte zur Bestätigung mit dem Daumen nach oben. Sein Gesicht bekam langsam wieder Farbe. Sie trugen Schweitzer ins Wohnzimmer und legten ihn dort auf ein Sofa. Unger und Röster bewachten ihn.

Dann durchsuchten die Polizisten seine Wohnung. Was sie fanden, das überraschte selbst den erfahrenen Füllgrabe. Nahezu zweihundert Gramm Kokain, einhundertfünfzig Gramm Heroin und fünfzig Gramm Haschisch waren in mehreren Zimmern verteilt. Rauschgift im Schwarzmarktwert von fast zwanzigtausend Euro. Er hatte sich nicht einmal die Mühe gemacht, es großartig zu verstecken, so sicher war er gewesen, dass er niemals in Verdacht geraten würde. Er hatte ja auch allen Grund dazu, schließlich war er zum Leiter der Drogenfahndung aufgestiegen. Schweitzer war nicht nur ein Verräter, er war ein Teil der Organisation geworden. Und Wetzel schämte sich für die Polizei, dass sie solche Beamte in ihren Reihen hatte.

Im Wohnzimmerschrank fanden sie einen großen Tresor eingelassen. Der Schlüssel steckte, die Tür war nur angelehnt. Obermann öffnete sie und fand ein wahres Waffenarsenal. Fünf Gewehre, darunter zwei Schnellfeuergewehre, ein Scharfschützengewehr mit aufgesetztem Zielfernrohr, ein alter Karabiner und eine Schrotflinte in Haltevorrichtungen, zwölf Handfeuerwaffen verschiedenster Kategorien. Obermann pfiff und holte seine Kollegen, die staunten.

»Was wir hier gefunden haben, reicht allein, um ihn Jahre hinter Gitter zu bringen«, sagte Wetzel, entnahm dem Schrank das Scharfschützengewehr und prüfte es mit seinen Latexhandschuhen. Eine Patrone steckte im Magazin. Der Hauptkommissar nahm sie heraus und betrachtete sie.

»Du glaubst, dass er damit Muller beseitigt hat?«, fragte Füllgrabe.

»Es ist das gleiche Kaliber, mit dem Muller erschossen wurde«, antwortete Wetzel. »Unsere Kriminaltechniker werden das schnell herausfinden.«

Er ging mit dem Gewehr ins Wohnzimmer und setzte sich neben die beiden Brüder, die darauf warteten, dass Schweitzer aufwachte. Die Waffe legte er auf seine Oberschenkel. Schweitzers Augen begannen zu flackern, öffneten sich zu einem Schlitz, dann schlug er sie ganz auf. Als er Unger sah, weiteten sie sich seine Augen vor Entsetzen. Er fing an zu brüllen, zerrte an seinen Fesseln, aber ihm wurde langsam bewusst, dass seine Lage aussichtslos war. Er fluchte, stieß Beleidigungen gegen Wetzel, Unger, eigentlich gegen alle, die sich im Raum befanden, aus. Unger fixierte ihn die ganze Zeit.

»Dich hätte ich damals umbringen sollen!«, brüllte Schweitzer ihn an.

»Ja, das zu lassen, war ein Fehler«, sagte Unger. »Aber den ersten Fehler hast du begangen, als du mir das Heroin untergeschoben hast. Zwei Jahre im Gefängnis … Damit hast du mir die Motivation gegeben, eure ganze Clique hochgehen zu lassen. Alle Mitglieder des Inneren Zirkels sind …«, er schaute auf die Uhr, »… seit einer Stunde in Haft.«

Schweitzers Augen weiteten sich.

»Ob nun dein sauberer Doktor Strömer, Becker, Bruns oder Grohmann«, sagte Unger, »keiner kann dich hier mehr rausholen. Du bist am Ende, Schweitzer. Du bist bald dort, wo du hingehörst.«

Das brachte Schweitzer zur Raserei. Obwohl er an Händen und Füßen gefesselt war, schaffte er es, sich blitzschnell aufzurichten, um sich auf Unger zu stürzen. Aber der hatte damit gerechnet. Er wich aus und streckte Schweitzer mit zwei schnellen Schlägen zu Boden. Schmelz und Breiner packten den korrupten Kollegen und trugen ihn zum Sofa zurück.

Wetzel nahm das Gewehr von den Oberschenkeln, stellt es mit dem Schaft auf den Boden, der Lauf zeigte zur Zimmerdecke. »Mit diesem Gewehr hast du Muller erschossen, dafür gehst du lebenslänglich ins *Café Fünfeck*. Deine Freunde warten dort schon auf dich.«

Die Wut wich der Angst. »Ich habe Muller nicht umgelegt. Das waren Lasses Leute.«

»Wer ist denn Lasse?«, fragte Wetzel gespielt ungläubig.

Schweitzer antwortete nicht gleich. Ein zweideutiges Grinsen durchzog sein Gesicht. »Wenn ich als Kronzeuge auftrete und Haftverschonung erhalte, dann werde ich euch alles erzählen.«

»Wir brauchen dich nicht«, sagte Wetzel. »Unger und Röster haben seit vier Jahren so viele exzellente Materialien über dich und deine Konsorten zusammengetragen, dass es ausreicht, um euch hunderte von Jahren ins Gefängnis zu bringen. Für das, was du angerichtet hast«, sagte Wetzel und blickte auf Unger, »wird dich kein Staatsanwalt der Welt zum Kronzeugen machen.«

Die Luft hatte sich kaum abgekühlt, obwohl der Himmel sternenklar war. Regelmäßig drangen Rufe von Nachtvögeln zu den Polizisten, die Stellung um das Gelände des Sanatoriums bezogen hatten. Das Bellen der Hunde, die mit den Sicherheitskräften der Anlage Streife liefen, übertönten gelegentlich die Vogellaute.

Ernst hatte insgesamt fünfzehn Männer ausgemacht, die sich in ihren Patrouillengängen ablösten. Warum benötigt ein einfaches Sanatorium eine derartige Anzahl an Sicherheitsleuten?, fragte er sich. Das musste die Zentrale der Organisation sein.

Sie selbst waren nur dreizehn Leute … Dieser Einsatz konnte ein Desaster werden. Wenn er davon ausging, dass die ›Lieferung‹ aus Drogen oder Frauen oder beidem bestand, dann würden weitere Gegner hinzukommen. Er robbte in den Wald zurück, um mit seinem Chef Funkkontakt aufzunehmen.

Hilmer stellte ihm weitere zwanzig Kräfte zur Verfügung. Kurze Zeit später traf er zusammen mit ihnen am Einsatzort ein. Erleichtert gab Ernst das Kommando an seinen Chef ab.

Fünfzehn Minuten später hielten zwei Busse und drei Limousinen vor der Schranke des Sanatoriums. Sie wurden nicht kontrolliert, die Schranke hob sich sofort. Die Fahrzeuge fuhren weiter zum Haupteingang. Aus den Bussen stiegen fünfundzwanzig junge Frauen. Die PKW waren jeweils mit drei Männern besetzt, die ausstiegen und aus den Kofferräumen Gepäckstücke und Schnellfeuergewehre holten. Dann verschwanden sie im Gebäude.

Die Einsätzkräfte durchschnitten die Zäune und warteten auf die Hunde, die inzwischen frei auf dem Gelände herumliefen. Alle Wachen hatten sich in das Wachhaus zurückgezogen. Die Hunde nahmen die Witterung der Eindringlinge auf und liefen kläffend auf die Polizisten zu. Kurz darauf lagen die Tiere betäubt im Gras. Die Narkose würde Stunden anhalten.

Noch ehe die Wachleute auf das Hundegebell reagieren konnten, hatten die Polizisten das Wachhaus umstellt, den Strom gekappt, drangen in die beiden Zimmer ein und zündeten die Blendgranaten. Die Wachleute hatten keine Chance. Sie wurden in Sekunden überwältigt, ohne dass ein Schuss fiel. Handschellen und Fußfesseln wurden ihnen angelegt. Vier Beamte blieben bei ihnen zurück.

Der erste Teil der Aktion war erfolgreich abgeschlossen. Der zweite, weitaus gefährlichere Teil stand den Polizisten noch bevor.

Lasse betrachtete die Frauen. Diese Lieferung war die beste, die die Partner der Organisation bislang zustande gebracht hatten. Junge Frauen mit hervorragenden Körpern und stolzen Bewegungen. Sie würden viel Geld bringen. Bevor sie auf die verschiedenen Bordells verteilt würden, wollte er sich die Beste zur Brust nehmen. Vorher musste er aber noch etwas überprüfen. Er verließ die große Empfangshalle des Sanatoriums und suchte einen Nebenraum auf, der nur für ihn und seine Kumpane bestimmt war. Seine engsten Mitarbeiter folgten ihm. Er versuchte zum dritten Mal, Adler zu erreichen. Es war abgemacht, dass Lasse ihm Meldung machte, sobald das Rauschgift und die Frauen angekommen waren. Wieder gab es keine Reaktion. Zwei seiner Sicherheitsleute klingelten das Wachhaus mit den Leuten an, die die Umgebung um das ›Sanatorium‹ überwachten. Sie meldeten sich nicht, Licht brannte in dem Haus auch nicht.

Ein eigenartiges Gefühl überkam ihn. Es war zu viel schief gegangen in den letzten Tagen. Die Bullen, die sie versucht hatten zu beseitigen, waren spurlos verschwunden. Röster und Unger hatten sie auch nicht liquidieren können. Schlagartig machte sich eine Erkenntnis in ihm breit: Sie waren am Ende, es wurde Zeit sich abzusetzen. Sie würden wieder einen anderen Arbeitgeber finden.

Er hörte im Stockwerk über sich schnelle und zahlreiche Schritte. Das waren sie ... wahrscheinlich Kräfte eines Sondereinsatzkommandos.

»Wir gehen über zu Plan B«, sagte er knapp zu seinen Leuten. Sie wussten, was das bedeutete. Sie streiften sich die kugelsicheren Westen über und ergriffen ihre Waffen.

Er verließ nur ungern seinen Stützpunkt, der ihm und

seinen Leuten so lange Jahre Sicherheit und Anonymität gewährt hatte. Aber er, Viktor Sukulow, ehemaliger russischer Geheimdienstoberst, hatte für den jetzt eingetretenen Fall Sicherheitsvorkehrungen getroffen. Er hatte vor Jahren einen geheimen Gang entdeckt, ein ausgedientes, zwei Meter hohes Abwasserrohr, das ihn und seine Leute in die Freiheit bringen würde. Am Ende des zwei Kilometer langen unterirdischen Ganges standen versteckt vollgetankte Geländemotorräder bereit.

Die Schritte der Eindringlinge wurden lauter. Er schaute seine Leute an. Sie nickten ihm zu, waren bereit. Augenblicke später verschwanden sie in einem Kellerschacht.

Das Hauptgebäude des ehemaligen Sanatoriums war groß und weitläufig, einen Gebäudeplan hatten sie nicht. Hilmer beschloss, es über alle möglichen Eingänge zu betreten und dann Stockwerk für Stockwerk zu durchsuchen. Neben dem Haupteingang gab es zwei Nebeneingänge und zwei offene Fenster.

Als sie das Erdgeschoss betraten, hörten sie aus einem größeren Raum laute Stimmen. Die Befürchtungen der Polizisten sollten sich nicht erfüllen – sie fanden die Frauen, und deren Aufpasser, es waren nur noch zwei, ließen sich ohne Widerstand festnehmen.

Die Gepäckstücke fanden sie im Keller, sie waren mit Rauschgift gefüllt. Wie sich herausstellte, fehlten mehrere Beutel. Offensichtlich hatte hier jemand, bevor er floh, noch etwas Startkapital mitgenommen. Der Schwarzmarktwert des Rauschgifts belief sich auf über zehn Millionen Euro. Damit war der größte Schlag gegen die Rauschgiftkriminalität in der Geschichte Freiburgs gelungen.

Hilmers Leute fanden keine weitere Personen mehr im Gebäude. Den alten Abwasserkanal entdeckten sie eine Stunde, nachdem sie das Haus erstürmt hatten. An seinem anderen Ende sahen sie frische Reifenspuren von zehn Motorrädern.

Die Fahndung nach den flüchtigen zehn Sicherheitsleuten der Organisation lief auf Hochtouren, brachte aber keinen Erfolg.

Als Wetzel am nächsten Morgen wieder am Schreibtisch saß und über die nächtlichen Aktionen nachdachte, hätte er eigentlich mit dem Erfolg zufrieden sein können. Alle Mitglieder des Inneren Zirkels waren gefasst, ein Großteil des Äußeren Zirkels und insgesamt dreißig Verbrecher dieses Sicherheitsdienstes. Die Observierer, die Obermanns Haus im Visier gehabt hatten, waren ebenso verhaftet worden wie die Leute, die Valerie in Frankreich überwacht hatten. Ausnahmslos alle schwiegen. Die Ausstattung ihrer Fahrzeuge offenbarte, dass sie mit ausgerichteten Waffen darauf gelauert hatten, ihre Mordanschläge durchzuführen. Sie hatten nur auf den Befehl zur Ausführung gewartet. Über Interpol wurden sie später als ehemalige Geheimdienstleute aus Russland identifiziert, die in Deutschland gut verdient hatten.

Aber Wetzel hatte den brutalen Viktor Sukulow, den ehemaligen Geheimdienstoberst, und seinen harten Kern von Mitarbeitern nicht fassen können. Wer sich hinter dem Basilisken verbarg, das hatte er auch nicht herausgefunden. Wahrscheinlich würde der unerkannt bleiben und nie zur Rechenschaft gezogen werden. Rainer Wetzel warf seinen nicht angezündeten Zigarillo vor Ärger in den Papierkorb.

Südharz, 26. Juli, vier Uhr morgens

Nach dem Eintreffen der Kollegen der Spurensicherung am Steinbruch kehrte Pierre in die ehemalige Kaserne der Grenztruppen zurück. Marc Junge hatte Wölfer wiederbeleben können. Der Geschäftsführer der *DHC* war fünfzehn Minuten später mit dem Rettungshelikopter in die Universitätsklinik nach Göttingen transportiert worden. Inzwischen sicherten Marc und seine Kollegen von der Mordkommission Spuren. Sie hatten alles gefunden. Lobschers Handys, seine Scharfschützengewehr, extrahierte Gifte …

Lobschers Computerraum lag direkt neben dem Raum, in dem er Wölfer gefoltert hatte. Mit dem Kennwort *Über sieben Brücken* fand Rexilius Zugang zu allen Dateien und vertiefte sich in die Aufzeichnungen. Es war eine Lebensbeichte, die er lesen sollte. Er hatte das Gefühl, dass Lobscher Wert darauf gelegt hatte, dass sein Jäger die ganze Wahrheit erfuhr.

Lobscher, der 1963 geboren worden war und eigentlich Mario Steinecke hieß, war den Talentsuchern der Staatssicherheit früh aufgefallen. Mit vierzehn war er bei den DDR-Jugendmeisterschaften im Geländeradrennen Zweiter in seiner Altersklasse geworden. Im Dreistellungskampf für Kleinkalibergewehre schoss er sich zwei Jahre später an die Spitze der DDR-Junioren. Dabei stellte er einen neuen Landesrekord auf und erreichte die gleiche Punktzahl wie der DDR-Meister der Senioren, der drei Jahre zuvor bei den Olympischen Spielen Silber gewonnen hatte …

In der Schule fiel er durch außerordentlich gute Leistungen auf. Mit siebzehn schaffte er das Abitur mit der Note eins und trat einen Monat später in den Militärdienst ein. Nach der Grundausbildung wurde er zur Staatssicherheit abgeordnet und erhielt eine Agentenausbildung. Auch hier brach er alle Rekorde: Noch nie hatte ein Geheimdienstbewerber die Prüfungen so exzellent abgeschlossen.

Zur Perfektionierung seiner Fähigkeiten wurde er ein halbes Jahr nach Moskau zum KGB geschickt. Seinen russischen Kollegen war er bei weitem überlegen. Und so kam es, dass er zur Erledigung einiger ›Probleme‹ sogar an Moskau ausgeliehen wurde. Er war ein überzeugter Sozialist und die Führungsriege der Stasi war stolz, einen Mann in ihren Reihen zu haben, der politisch sattelfest war und tötete, ohne Spuren zu hinterlassen. Wenn welche zurückblieben, dann war es beabsichtigt, um politisch unliebsame Gegner zu diskreditieren.

Steinecke wurde zum Liebling der Stasi-Oberen. Seine Bezahlung war für sozialistische Verhältnisse ungewöhnlich gut und er genoss alle Privilegien, die man sich nur denken konnte. Was den alljährlichen Urlaub betraf, so war er allerdings bescheiden. Während die Stasi-Führung regelmäßig kostspieligen Urlaub am Schwarzen Meer oder auf Kuba verbrachte, zog er die Einsamkeit der Hohen Tatra vor. Er liebte ihre schroffen Bergkämme, ihre herausfordernden Steilhänge, er liebte es, drei Wochen durch das Hochgebirge zu streifen, ohne je von einer Menschenseele bemerkt zu werden. Seine Ausrüstung bestand aus dem Lebensnotwendigen: ein Zelt, ein Schlafsack, eine Feldflasche und angepasste Kleidung. Für ihn waren diese Aufenthalte Hobby und Training zugleich. Er war ein erfahrener Kletterer, als er aber am 28. Juli auf polnischer Seite der Hohen Tatra einen Steilhang bestieg, wie immer ohne Sicherungsausrüstung, lösten sich die Steine, auf denen er stand, und er stürzte zehn Meter in die Tiefe.

Seine Verletzungen waren nicht lebensgefährlich. Er hatte zwar zahlreiche Prellungen und sein Körper war übersät von blauen Flecken, aber auf wunderbare Art hatte er keine Knochenbrüche davongetragen. Eine schwere Gehirnerschütterung und die starken Schmerzen ließen ihn jedoch bewusstlos werden. Zwei hungrige Braunbären nahmen seine Witterung auf. Als sie nur noch wenige Meter von ihm entfernt waren, schien es, als habe der Superkiller, der alle Aufträge hundertprozentig erfüllt hatte, ohne jemals einen Hinweis auf sich zu hinterlassen, nur noch wenige Sekunden zu leben. Er erlangte zwar das Bewusstsein wieder, konnte sich aber nicht bewegen. Sah die Bären auf sich zukommen und rechnete mit seinem Tod.

Er hörte zwei Schüsse und die Bären stürzten tödlich getroffen vor ihm nieder. Dann sah er den sicheren Schützen: eine wunderschöne Frau. Befand er sich auf dem Weg ins Jenseits? War diese Frau ein Engel, der ihn auf seinem letzten Weg begleitete?

Sie beugte sich zu ihm nieder und betastete vorsichtig seinen Körper. Er spürte ihre Berührungen, war noch im Diesseits. Sie entfernte sich von ihm und schoss dreimal mit ihrem Gewehr in die Luft. Steinecke verlor erneut das Bewusstsein und wachte erst wieder in einem Bett auf. Das Zimmer, in dem er lag, war abgedunkelt, aber durch Spalten im Vorhang fielen Sonnenstrahlen auf eine Frau, die neben ihm saß und zu schlafen schien. Als er sich bewegte, öffnete sie ihre Augen. Er erkannte die Frau, die ihn gerettet hatte. Offensichtlich hatte sie die ganze Zeit neben ihm Wache gehalten. Steinecke sah sie nur einen Augenblick an und spürte etwas, das ihm bis zu diesem Zeitpunkt seines Lebens fremd gewesen war. Liebe ...

Und Hanne Zielinsky gestand ihm wenig später, dass sie in diesem Moment genauso gefühlt hatte wie er.

Steinecke erfuhr, wie er in das Haus gekommen war. Hanne hatte mit den drei Schüssen ihre Schwester Paulina alarmiert. Sie hatten ihn in ein Auto getragen und in eine Hütte acht Kilometer südwestlich von Koscielisko gebracht. Hanne pflegte ihn gesund. Sie war Krankenschwester, hatte sogar angefangen, Medizin zu studieren, war aber eine Gegnerin des sozialistischen Systems und Mitglied einer oppositionellen Studentengruppe gewesen. Sie war von Kommilitonen an die Universitätsleitung verraten und der Universität verwiesen worden. Ein Medizinstudium in Polen war für sie damit unmöglich. Sie hatte beschlossen, Krankenschwester zu werden und eine Zeit lang politische Zurückhaltung zu üben.

Für Steinecke war eine paradoxe Situation eingetreten. Er, der Held der DDR, der für den Sozialismus tötete, war auf eine Gegnerin dieses Systems getroffen, und sie hatte, ohne zu zögern, sein Leben gerettet ...

Die Wochen mit Hanne hatten ihn damals in eine andere Welt geführt. Ihre Liebe, ihre Unvorgenommenheit, ihre Offenheit hatten ihn sehr nachdenklich werden lassen. Hanne wurde zur Mutter, die ihr Kind von einem Fluch befreit, die es geheilt hatte, wie in der polnischen Legende.

Hanne erzählte ihm alles aus ihrem Leben. Dann war er an der Reihe. Ohne Umschweife breitete er sein Leben vor ihr aus. Nach seiner Beichte verschwand Hanne. Als sie nach drei Tagen zu ihm zurückkehrte, machte sie ihm klar, dass er alles aufgeben musste, wenn sie eine gemeinsame Zukunft haben wollten. Steinecke überlegte nicht mehr, er versprach es ihr. Als er in die DDR zurückkehrte, war er ein anderer Mensch, aber seine Vorgesetzten merkten es nicht. Er transferierte sein Geld ins Ausland, beseitigte alle Spuren seiner Existenz, reiste heimlich nach Polen, verließ mit Hanne und ihrer Schwester die Berge und ließ sich in Stettin nieder, mit einem polnischen Pass. Aus ihm war Mateusz Wójcik geworden, sein Beruf Bauarbeiter. Er fand schnell eine Arbeit.

Als die Stasi sein Verschwinden bemerkte, blies sie zu einer Jagd, die die DDR noch nie erlebt hatte. Über fünfhundert Stasiagenten und zahlreiche Agenten aus Polen und der Tschechoslowakei waren beteiligt, weil man wusste, dass er im Urlaub in der Hohen Tatra gewesen war. Aber weder auf der tschechischen noch auf der polnischen Seite des Hochgebirges fand man eine Spur von ihm. Erst ein Jahr später erkannte ein polnischer Spitzel ihn aufgrund seines Phantombildes in Stettin. Die Delegation der Stasi in Stettin, es waren acht Agenten, wollte sich die Lorbeeren seiner Ergreifung verdienen und unterschätzte ihn. Die Agenten verfolgten ihn durch die Altstadt. Als er sie bemerkte, kam es zu einer Schlägerei. Steinecke war ausgebildeter Einzelkämpfer, und während er sich der Übermacht zu erwehren suchte, wurde ihm zweimal die Nase gebrochen. Wahrscheinlich hätte er es nicht geschafft zu entkommen, hätte nicht Hanne, die ihn in einem Café treffen wollte, seine Verfolger bemerkt und ihre Bekannten um Hilfe gebeten. Die mischten sich unter die Kämpfenden und sorgten dafür, dass er fliehen konnte.

Einen Tag später hatte er mit Hanne und ihrer Schwester Polen verlassen – auf welchem Weg, das stand nicht in den Dateien, und auch nicht, wo er sich danach bis kurz nach der Wende 1990 aufgehalten hatte. Wahrscheinlich waren sie dauernd auf der Flucht vor den Stasi-Schergen gewesen. Erst ihre Anwesenheit im Leipziger Zentralstadion kurz nach der Wende wurde von Steinecke wieder erwähnt. Als Peter Maffay *Über sieben Brücken musst du gehen* anstimmte, lagen sich die drei in den Armen und ließen ihren Tränen freien Lauf. All die Jahre der Angst, des Verbergens waren vorüber. Endlich würden sie ein normales Leben führen können. Für Steinecke war es, symbolisiert durch den Karat-Song, die zweite Befreiung in seinem Leben.

Im November 1991 zogen sie in den Harz. Hanne fand eine Anstellung in einem Krankenhaus in

Clausthal-Zellerfeld, Steinecke, der über ausgezeichnete Computerkenntnisse verfügte, wurde in einem Software-Unternehmen eingestellt. Paulina, Hannes Schwester, die Sprachen studiert hatte, war überglücklich, als sie 1992 in Goslar bei einem Verlag als Übersetzerin engagiert wurde. 1997 heiratete sie Walter Kürten und zog zu ihm nach Goslar. Aber die innere Verbundenheit war so groß, dass sie einmal in der Woche ihre Schwester und Steinecke besuchte und über Nacht blieb.

Pierre erinnerte sich in diesem Moment an seinen Besuch bei Walter Kürten in Goslar. Kürten hatte ihm erzählt, dass seine Frau einmal in der Woche über Nacht wegblieb. Sie hatte ihrem Mann nie gesagt, wo sie sich dann aufhielt. Elena Stropinski, alias Paulina, hatte ihre Schwester Hanne und ihren Schwager Mario Steinecke besucht! Wahrscheinlich hatte Steinecke zu diesem Zeitpunkt immer noch geglaubt, von ehemaligen Stasi-Seilschaften entdeckt werden zu können. Deshalb sollte Paulina die Besuche vor Kürten verheimlichen. Kürten hatte ihr Wegbleiben akzeptiert. Vielleicht würden Paulina und ihr Mann wieder zueinanderfinden ...

Hanne und Mario verlebten glückliche Jahre. Nur eins fehlte: ein Kind. Erst 2000 sollte sich ihr sehnlichster Wunsch endlich erfüllen, Hanne wurde schwanger.

Am Abend des 24. Mai 2000 hatte sie Nachtschicht im Krankenhaus von Clausthal-Zellerfeld. Da die übliche Strecke aufgrund von Aufräumungsarbeiten nach einem Sturm gesperrt war, musste sie einen Umweg über Sankt Andreasberg machen. In der Nähe der Bergstadt fiel der Motor aus, sie konnte aber noch auf einen Parkplatz rollen. Dann nahm das Schicksal seinen Lauf. Hanne Zielinsky hatte nichts falsch gemacht, außer zum falschen Zeitpunkt am falschen Ort zu sein ...

Am Morgen nach der Vergewaltigung kehrte Hanne, immer noch durch die Drogen gezeichnet, nach Benneckenstein zurück. Die Mitarbeiterin des *Roten Hauses* hatte ihr ein Taxi gerufen und aus Mitleid das Geld dafür bezahlt. Mario Steinecke war zu diesem Zeitpunkt bei seiner Arbeitsstelle. Als er am Abend nach Hause kam, traf er eine Hanne vor, die sich vollständig in sich zurückgezogen hatte und ihre Umwelt nicht mehr wahrnahm. Er informierte Paulina, die wenig später zur Hilfe eilte und feststellte, dass Hannes Rock und die Unterwäsche blutig waren. Paulina wusste in diesem Moment, dass Hanne ihr Kind verloren hatte. Die durch Vergewaltigung erlittenen Verletzungen zeigt Hanne weder ihrer Schwester noch ihrem Mann. Sie versorgte ihre Wunden selbst und irgendwann waren sie verheilt. Die seelischen Wunden aber, die ihr die Freiburger Clique zugefügt hatte, konnten nicht mehr geheilt werden, obwohl Steinecke und Paulina alles Erdenkliche unternahmen. Hanne verweigerte jegliche therapeutische Hilfe durch Psychologen. In den folgenden Monaten änderte sich ihr Zustand nicht mehr.

Am Abend des 20. November – genau ein Jahr nach dem berechneten Geburtstermin ihres Sohnes – brach sie ihr Schweigen und offenbarte sich Paulina. Am Morgen des folgenden Tages erhängte sie sich im Bad.

Später hatte Paulina ihrem Schwager alles erzählt. Danach gab es für ihn nur noch ein Lebensziel: die Vernichtung der Männer, die seine Frau und den ungeborenen Sohn getötet hatten. Den Rest der Geschichte kannte Rexilius. Zum ersten Mal in seinem Berufsleben wusste er nicht mehr, wer grausamer gewesen war, der Mörder oder seine Opfer.

Erst jetzt bemerkt er, dass Sandra hinter ihm stand. Er drehte sich zu ihr um. Ihr standen Tränen in den Augen, sie hatte alles mitgelesen.

Wenig später fanden sie etwas Entscheidendes in Steineckes Dateien. Nach Hannes Tod hatte er seine Stellung in der Computerfirma aufgegeben und in Freiburg die

Männer aus der Geschäftsleitung monatelang beschattet. Als im Zorger Wellnesscenter der Hausmeister entlassen worden war, hatte er sich als Nachfolger beworben. Wölfer hatte ihn eingestellt, weil Steinecke, der nun den Namen Lobscher führte, der billigste von allen Bewerbern gewesen war. Damit hatte er praktisch an der Quelle gesessen, um seine Morde bestens planen zu können.

Steinecke hatte eine Beobachtung gemacht, die er im Computer festgehalten hatte, sozusagen als letzten Gruß an den Hauptkommissar. *»Sie sind Zwillinge. Ich habe es auch erst vor zwei Monaten bemerkt. Ich glaube, dass es noch nicht einmal die anderen Mitglieder der Geschäftsleitung wussten.«*

Darunter stand der Name der Zwillingsbrüder.

»Was hältst du davon?«, fragte Pierre Sandra.

»Wir müssen sofort Rainer informieren«, antwortete sie.

Er griff zum Handy und wählte Wetzels Nummer, konnte ihn aber nicht erreichen – Wetzel hatte wegen der Überwachung durch den Sicherheitsdienst den Akku aus dem Handy entfernt und es seitdem nicht mehr benutzt. Pierre sah Sandra an. »Was hältst du davon, wenn du mir dein Auto und dich als Chauffeurin zur Verfügung stellst, damit wir jetzt nach Freiburg fahren können?«

»Nur, wenn mein Auto nicht so endet wie das letzte Dienstauto.«

Freiburg, 26. Juli, am Nachmittag

Sieben Stunden später, es war gerade fünfzehn Uhr, saß Wetzel an seinem Schreibtisch und ging immer noch der Frage nach, wer der Kopf dieser Organisation sein könnte, war aber zu keinem Ergebnis gelangt. Frustriert zündete er sich einen weiteren Zigarillo an, ging zum

Kaffeeautomaten, holte sich einen Kaffee und setzte sich wieder an seinen Schreibtisch. Es war zum Haareraufen, aber trotz aller Bemühungen hatte er keine Idee, wer sich hinter dem Basilisken versteckte. Irgendetwas musste er übersehen haben. Er schloss die Augen, ließ die letzten Wochen vor seinem inneren Auge ablaufen.

Nachdem er das zweimalige Klopfen überhört hatte, betraten Koch und Rexilius sein Dienstzimmer. Wetzel bemerkte seine beiden Osteroder Kollegen erst, als sie vor seinem Schreibtisch standen. Überrascht blickte er sie an und konnte sich ihr plötzliches Erscheinen nicht erklären.

»Wir haben vielleicht eine gute Nachricht für dich«, sagte Rexilius.

Plötzlich war Wetzel wie elektrisiert. Wenn Pierre so völlig überraschend bei ihm auftauchte und sechshundert Kilometer weit dafür gefahren war, dann hatte sich etwas Außergewöhnliches ereignet. Er stand hinter seinem Schreibtisch auf und bat die beiden in seine Sitzecke. »Du kennst den Basilisken …?!«, fragte er ungläubig.

»Vielleicht.«

»Wer ist es?«, fragte sein Freund voller Ungeduld.

Pierre berichtete ihm zuerst von der erfolgreichen Jagd auf den Mörder der Freiburger Geschäftsführer. Dann fügte er hinzu: »Der Mörder hat, bevor er die vier aufs Korn nahm, einige Monate hier in Freiburg recherchiert und die letzten zwei Jahre im Zorger Wellnesscenter als Hausmeister gearbeitet. Er hatte die besten Insiderinformationen über die Reisen der Mitglieder der Freiburger Geschäftsleitung. Ich glaube, er hat auch deren verborgenen Computerterminal gefunden und gehackt. Vor zwei Monaten hat er eine Entdeckung gemacht: Wilfried Wölfer hat einen Zwillingsbruder. Ich glaube, dass er der gesuchte Basilisk ist.«

Wetzel sagte zwanzig Sekunden kein Wort. Dann sah er seinen Freund dankbar an. »Breiner hatte vor einigen

Tagen einen Telefonanruf geortet, der aus einem Haus kam, das Wölfer gehört! Wir haben es bis heute nicht durchsucht, haben es in dem Trubel glatt übersehen...« Er griff zum Telefon und trommelte seine Leute zusammen.

Eine halbe Stunde später saßen Breiner, Obermann, Schmelz und selbst Füllgrabe, der das Ende der Geschichte aktiv mitbekommen wollte, in Wetzels Sitzecke. Breiner und Schmelz hatten auf dem Boden Platz genommen, weil es zu wenig Sitzmöglichkeiten gab.

»Ich glaube, dass sich die beiden wie ein Ei dem anderen ähnlich sehen«, sagte Pierre. »Für die beiden war das ein Geschenk ... Der eine war in der Geschäftsleitung und bekam alle Entwicklungen mit, somit war der zweite immer bestens informiert. Vielleicht haben sie sich auch abgewechselt. Nur einer aber war jemals in der Öffentlichkeit, der andere blieb unsichtbar. Irgendwo in Freiburg oder der näheren Umgebung gibt es eine Wohnung oder ein Haus, in dem die beiden leben.«

»Werner, hole die Liste mit den Immobilien, die Wölfer gehören«, sagte Wetzel.

Obermann verließ das Dienstzimmer und kehrte bald darauf mit der Liste zurück. »Wölfer besitzt insgesamt vierzehn verschiedene Immobilien, acht Wohnhäuser sind darunter. Die sollten wir durchsuchen.«

»Ist die Villa auf deiner Liste, die ich beim Abhören der Telefonnummern lokalisiert habe?«, fragte Breiner.

»Nein«, sagte Obermann.

»Hm ... »sagte Wetzel, »ich werde jetzt Durchsuchungsbeschlüsse beantragen und dann werden wir loslegen.« Scheinbar beiläufig fuhr er fort: »Pierre, ich habe auch eine Neuigkeit für dich. Ich weiß, wer im Schwarzwald den Anschlag auf euch verübt hat ... und warum.«

Sandra und Pierre blickten Wetzel erstaunt an. Der erzählte seinen beiden Osteroder Kollegen, wie überrascht er gewesen war, als er Röster zum ersten Mal gesehen hatte. »Im ersten Moment dachte ich, du ständest vor mir, Pierre, die Ähnlichkeit zwischen dir und Röster ist groß. Der Sicherheitsdienst der Organisation suchte Röster seit Jahren fieberhaft. Der vermeintliche Stadtstreicher, der nachts in Freiburg hinter dir her war, gehörte zu ihren Kundschaftern und hat geglaubt, Röster vor sich zu haben. Er hat das wahrscheinlich sofort in der Zentrale des Sicherheitsdienstes gemeldet. Euer Fahrzeug wurde mit einem Peilsender versehen, deshalb wussten sie zu jedem Zeitpunkt, wo ihr euch befunden habt. Den Rest habt ihr ja schmerzlich erfahren müssen.«

Pierre nickte. »Wie ist es euch gelungen, Röster aufzuspüren?«

»Du hast es ermöglicht ... und natürlich mein Überwachungsass David Schmelz«, sagte Wetzel.

Pierre sah seinen Freund verwirrt an. »Kannst du mir das erklären?«

»Du hattest mich doch gebeten, die Witwe von Fritz überwachen zu lassen, weil du ein Gefühl hattest, dass irgendetwas mit ihr nicht stimmte. In einem Café in der Altstadt setzte sich Röster an ihren Tisch. Als er ging, heftete Schmelz sich an seine Fersen und fand dadurch Rösters Wohnung. Schmelz war klar, dass Frau Fritz und Röster ein Paar waren.«

Pierre schwieg einen Moment, dann sagte er: »Jetzt verstehe ich die Reaktion von Frau Fritz, als sie mich an der Haustür empfing. Sie hat einen Moment lang geglaubt, Röster stände vor ihr.«

Sie warteten bis zum Einbruch der Dunkelheit. Die Straßenlaternen hatte Wetzel vom Stromnetz nehmen lassen, die Straße, in der Wölfers Hauptquartier vermutet wurde, hatten sie abgeschirmt. Sie schlichen auf die Villa zu, öffneten das Stahltor des schmiedeeisernen Grundstückszauns und standen in wenigen Sekunden vor der

Haustür. Das Haus war unbeleuchtet, Geräusche waren nicht zu hören, es schien verlassen.

Breiner brach das Schloss auf. Vorsichtig drangen sie in das Haus ein. Schwacher Zigarrenrauch hing in der Luft, lange konnte es noch nicht verlassen sein. Koch drückte auf den Lichtschalter, aber nichts tat sich. Die Bewohner hatten offensichtlich bei der Flucht alle Sicherungen ausgeschaltet.

»Wir müssen den Sicherungskasten finden«, sagte Sandra und entdeckte ihn am unteren Ende der Kellertreppe. Sie öffnete den Kasten und legte die Schalter um. Im Wohnzimmer ging das Licht an. Dann durchsuchten sie das Erdgeschoss und die oberen Etagen. Alle Räume waren luxuriös eingerichtet. Drei Bäder befanden sich darunter, die genauso ausgestattet waren wie die in Mullers Bordell. Der Hauseigentümer musste Millionen in die Einrichtung investiert haben. Es schien, als habe jemand wie an jedem Morgen die täglichen Reinigungsarbeiten durchgeführt, ohne allerdings zu lüften. Trotz intensiver Suche fanden sie nichts, was mit dem Fall in Verbindung stehen könnte.

»Lasst uns den Keller durchsuchen«, sagte Rainer Wetzel.

Der Keller war bis auf zwei Räume zu einer Wohneinheit umgebaut worden. Sie fanden ein etwa dreißig Quadratmeter großes Büro, in dem vier große Aktenschränke standen. Alle waren leer.

»Er hat alles mitgenommen, was ihn verraten könnte«, sagte Füllgrabe.

Dann entdeckten sie einen Raum, der die Kommunikationszentrale des Basilisken gewesen sein musste. Fünf Computertische und drei Telefonanschlüsse fanden sie vor. Leichte Staubränder machten deutlich, dass alle Computer, Bildschirme, Drucker und Telefone entfernt worden waren.

»Um das alles wegzuschaffen, braucht man einen Transporter«, sagte Wetzel. »David, Werner und Benjamin, sucht die Bewohner in der Nachbarschaft auf und befragt sie – wer schläft, muss geweckt werden.«

Wetzel, Koch, Rexilius und Füllgrabe, die im Haus blieben, fanden ein weiteres luxuriöses Bad in einem der Kellerräume, außerdem zwei Räume, in denen Spirituosen, Sekt und Wein gelagert wurden. Füllgrabe begutachtete die Weine. »Das beste, was ich jemals gesehen habe«, sagte er, »den 2000er Chateau Mouton-Rothschild, den ich hier in der Hand halte, für den muss ich einen ganzen Monat im Kaufhaus arbeiten.«

»Wozu brauchen die ein Bad im Keller?«, fragte Sandra und suchte eine Wand ab, die ihr merkwürdig vorkam, so, als gehörte sie nicht dorthin. Sie schaute auf den Boden, leuchtete ihn mit der Taschenlampe ab und stutzte. »Die Wand ist zehn Meter lang, überall liegt Staub davor, nur hier nicht: eine Breite von zwei Metern ist staubfrei«, sagte sie und wies auf die Stelle. Die Ermittler sahen sich an. »Die Wand wird regelmäßig bewegt«, fügte sie hinzu.

Sie klopften die Wand ab. Der staubfreie Bereich klang anders als der Rest. »Du hast recht«, sagte Rexilius, »hier befindet sich ein Zugang zu einem dahinter liegenden Raum. Wir müssen den Öffnungsmechanismus finden.«

Sandra legte das rechte Ohr direkt an die Wand, klopfte dagegen und glaubte als Reaktion ein Wimmern zu hören. »Da ist jemand.«

Die Kollegen horchten ebenfalls und nickten. Hektisch suchten sie nach einer Möglichkeit, die Tür zu öffnen. Erst nach einer halben Stunde fanden sie den Mechanismus: Ein Knopf war hinter einer beweglichen Unebenheit in der Wand versteckt, die sich verschieben ließ. Wetzel drückte den Knopf und hörte das gleiche Zischen wie bei Mullers verstecktem Durchgang zum Bordell.

Zwei kleine Zimmer lagen hintereinander. Im vorderen

stand ein einfacher Holztisch, an dem acht Stühle standen. Pierre stellte die Stühle auf den Tisch, um in den hinteren Raum zu gelangen. In dem zwei mal drei Meter großen Zimmer saßen acht Kinder, sechs Jungen und zwei Mädchen im Alter von etwa sechs bis zehn Jahren, zusammengekauert auf Matratzen, die auf dem Boden ausgelegt waren, und blickten die unbekannten Eindringlinge ängstlich an. Sandra beruhigte sie und führte eins nach dem anderen in den Büroraum des Kellergeschosses. Sie waren geschwächt, hatten wahrscheinlich seit Tagen nichts zu essen und trinken bekommen. Hätte Sandra den versteckten Durchgang nicht gefunden, die Kinder wären jämmerlich verdurstet oder verhungert.

Wie sich bei der Befragung der Kinder später herausstellte, waren sie vor vier Wochen per Schiff nach Deutschland gekommen. Sie stammten aus einem Waisenhaus in der Nähe von Bangalore in Indien. Wenn es Wölfer überkam, holte er sich ein paar Kinder aus dem Verlies, badete sie im Bad des Kellers und missbrauchte sie dann. Wenn Wölfer genug hatte, mussten sie wieder in das Verlies zurückkehren. Manchmal kamen auch andere Männer. Der älteste Junge erzählte den Psychologen, dass er einmal zwei »Grauköpfe« gesehen habe, die sich so ähnlich gesehen hätten, dass man sie nicht habe unterscheiden können, wenn man sie nicht nackt gesehen hätte. Einer der beiden Zwillingsbrüder hatte nämlich nur noch einen Hoden … und das war Wilfried Wölfer, wie sich später herausstellte.

Inzwischen waren Schmelz, Obermann und Breiner von der Befragung der Nachbarschaft zurückgekommen. Ein drei Häuser weiter wohnender Rentner war in der vergangenen Nacht um ein Uhr mit seinem Hund spazieren gegangen, weil er nicht hatte schlafen können. Um viertel nach eins hatten ein dunkler Kleinbus und zwei Limousinen das Grundstück verlassen. Auf die Nummernschilder habe er nicht geachtet, aber die Fahrzeugtypen kannte er.

Gegen ein Uhr versiegelten die Polizisten die Villa und kehrten frustriert ins Präsidium zurück. Ihr Ziel, den Basilisken zu finden und hinter Gitter zu bringen, war fehlgeschlagen. Auch von Viktor Sukulow, alias Lasse, und seiner Bande gab es keine Spur. Dennoch waren sie froh, wenigstens die Kinder gerettet zu haben.

Um zwei Uhr saßen nur noch Rainer, Pierre und Sandra im Präsidium. »Wo könnte er abgeblieben sein und wer hat ihn gewarnt?«, fragte Wetzel. »Aus dem Polizeipräsidium kann es niemand gewesen sein, keiner wusste über die Aktion Bescheid.«

Rainer ging zum Kaffeeautomaten und kam mit drei Tassen zurück, setzte sich hin, schwieg, wie auch seine beiden Kollegen, und steckte sich einen weiteren Zigarillo an. Nach einigen Minuten brach Pierre, der gedankenversunken an seiner Pfeife zog, das Schweigen. »Könnten die russischen Söldner Wölfer aufgesucht haben, nachdem sie aus dem falschen Sanatorium geflohen waren?«

»Das wäre möglich«, antwortete Wetzel, »dann waren sie die ganze Zeit bei ihm ... und sind am Ende mit ihm in der letzten Nacht geflohen. Dafür sprechen auch die vielen Fahrzeuge. Aber wohin haben sie sich abgesetzt? Die haben doch bestimmt viele Unterschlupfmöglichkeiten.«

Wieder waren sie in eine Sackgasse gelangt, und wieder folgte ein minutenlanges Schweigen, das Pierre beendete. »Ich glaube, ich weiß, wo er ist. Er ist nach Göttingen abgehauen, in die Wohnung seines Zwillingsbruders, und diese Söldnerbande beschützt ihn.«

Zwanzig Stunden später wurde der letzte Akt des Falles eingeläutet. Das Haus der Wölfer-Zwillinge in Göttingen war seit Stunden von einem dreißigköpfigen Team des SEK umstellt. Die Polizisten belauschten die Gespräche der Hausbewohner und stellten fest, dass sich alle Sicherheitsleute der Organisation und Wölfer im Wohnzimmer befanden. Sukulow und Wölfer berieten über den Neuaufbau der Organisation. Den Anfang wollten sie von Indien aus machen, weil die Infrastruktur der Organisation dort noch intakt war. Die Flüge für den morgigen Tag hatte sie schon gebucht. Sie fühlten sich sicher und waren der festen Überzeugung, dass die Polizei keine Kenntnis von ihrem Unterschlupf hatte. Noch nicht einmal Wachen hatten die Sicherheitsleute abgestellt. Einige der ehemaligen KGB-Agenten machten sich über die Unfähigkeit der deutschen Polizei lustig.

Kurz nach Mitternacht begann die Polizeiaktion. Die Sondereinsatzkräfte schlichen unbehelligt in das Haus, traten die Wohnzimmertür ein und warfen Blendgranaten in das Zimmer. Dann stürzten sich die Polizisten auf die erstarrten Männer und legten ihnen innerhalb weniger Sekunden Handschellen und Fußfesseln an.

Vor der Haustür warteten Sandra, Pierre und Rainer Wetzel. Sie wollten Wölfer, der so viele Morde befohlen hatte und selbst die indischen Kinder qualvoll hätte sterben lassen, in die Augen sehen.

Nacheinander führten jeweils zwei SEK-Kräfte einen Verhafteten an den wartenden Polizisten vorbei. Pierre erkannte den vermeintlichen Obdachlosen, der ihn in der Freiburger Altstadt verfolgt hatte. Der spuckte, als er Pierre sah, auf den Boden und murmelte etwas auf Russisch, das der Hauptkommissar aber nicht verstand. Als vorletzter kam Viktor Sukulow aus dem Haus. Sein Blick war hasserfüllt. Mit dem Zeigefinger fuhr er sich quer über den Hals und zeigte auf Wetzel.

»In diesem Leben wirst du dazu aber nicht mehr kommen«, sagte Wetzel höhnisch. Danach würdigte er den ehemaligen KGB-Oberst keines Blickes mehr. Als Wölfer durch die offene Haustür schritt, gab Pierre den beiden Kollegen, die ihn an den Armen führten, ein Zeichen, anzuhalten.

Wölfers Gesicht nahm einen arroganten Ausdruck an. »Morgen schon«, sagte er, »werde ich wieder auf freiem Fuß sein. Dafür werden meine Freunde sorgen.«

»Und ich werde dafür sorgen, dass Sie keinen einzigen Tag mehr in Freiheit verbringen werden«, antwortete Pierre.

Sandra konnte nicht mehr an sich halten. Sie stürzte auf Wölfer zu und packte ihm an den Kragen. »Sie Bestie hätten die Kinder, die Sie und Ihre perversen Freunde monatelang missbraucht haben, erbärmlich sterben lassen. Ohne den Hauch eines Gewissens!«

Wölfer schaute sie an, als stamme Sandra aus einer anderen, unbegreiflichen Welt. »Das sind doch nur minderwertige Kreaturen. Die können sich glücklich schätzen, dass ich sie nach Deutschland geholt und kultiviert habe.«

Sandra holte weit aus und schlug Wölfer mit voller Kraft ins Gesicht. Während der ganzen Aktion hatten die SEK-Kräfte, die Wölfer an den Armen festhielten, keine Anstalten gemacht, ihn vor Sandras Attacke zu schützen. Aus Wölfers Nase schoss Blut, er wimmerte.

»Ohne Ihre muskelbepackten Verbrecher sind Sie doch nur ein armseliger Winzling«, sagte Sandra. »Und jetzt können Sie und Ihre Freunde einen Strafantrag wegen Körperverletzung gegen mich stellen. Das war der Schlag mir wert.«

Dann drehten sich Sandra, Pierre und Rainer Wetzel um und gingen zu ihrem Fahrzeug. Sie konnten stolz sein. Ihnen waren nicht nur die gefährlichen Sicherheitsleute ins Netz gegangen, die seit Jahren von Interpol wegen vielfachen Mordes gesucht wurden. Sie hatten auch den allmächtigen Chef der weltweit operierenden Verbrecherorganisation fassen können: den Basilisken, den König der Schlangen.

Südharz, Mittwochabend, 30. Juli

»Es war ein Satz von Ihnen, Frau Glenner, der mich auf den Hausmeister gebracht hat«, sagte Pierre. Sie saßen in Barbaras Café/Restaurant und alle, die Pierre eingeladen hatte, waren gekommen: Boden, Böhme, die Glenners, Marc und seine Verlobte, Sandra, Stefan, Jürgen, Adelheid Boog, Oliwia Dzierwa und Marek. Barbara hatte für ihren Polizeiminister und seine Leute das Königsmenü zubereitet. Das genaue Rezept war natürlich ihr Geheimnis und sie würde es nicht einmal ihrem geschätzten Polizeiminister verraten.

Renée Glenner blickte den Hauptkommissar verwirrt an.

»Sie hatten mir einen Vortrag über Orchideen gehalten«, erinnerte er sie. »Orchideen, hatten Sie gesagt, sind die *femmes fatales* des Pflanzenreiches, die Künstler der Täuschung und des Betruges. Wenig später berichteten Sie, dass Lobscher seine Frau vor zwei Jahren durch Krebs verloren habe, kurz bevor er im Zorger Wellnesscenter eingestellt wurde. Zunächst habe ich keine Verbindung herstellen können. Lobscher, der eigentlich Mario Steinecke hieß, hab ich nur kurz mal in Zorge gesehen, das war an dem Tag, als ich Sie im Zorger Wellnesscenter aufgesucht habe. Später ist mir eingefallen, dass er eine schiefe Nase hat, er musste sie sich mehrmals gebrochen haben. Schließlich kam Mareks Beobachtung an der Rappbodetalsperre hinzu, die ihm keiner abgenommen hatte.« Pierre blickte Marek an, der zuerst seine Mutter ansah und dann verlegen auf den Boden schaute. »Auf der Nase des Nummernschilddiebes hatte er ein Pflaster gesehen, das sich als ein Nasenpflaster herausstellte, das die Nasenflügel nach oben zieht und somit die Sauerstoffversorgung erhöht. Das alles hat irgendwann ein Bild ergeben…«

Rexilius nahm einen Schluck aus seinem Weinglas. Seine Gäste warteten gespannt auf die Fortsetzung. Barbara hatte inzwischen eine CD von Louis Armstrong aufgelegt. *You 're A lucky Guy*, einer von Pierres Lieblingssongs, dominierte für einen Augenblick die Geräuschkulisse des Bistros.

»Mir war klar, dass wir es mit einem Berufskiller zu tun hatten, der entweder von einer kriminellen Organisation engagiert worden war oder aus Rache handelte. Nach der Auswertung der zweiten Symbolzeichnung und der genauen Untersuchung der Mordabläufe war ich überzeugt, dass Rache sein Motiv war und dass es sich um einen ehemaligen Geheimdienstmann handeln musste. Deshalb habe ich einen Kollegen in Leipzig aufgesucht, den ich bei einer Fortbildung kennengelernt hatte. Über einen Mittelsmann habe ich erfahren, dass es einen Spitzenagenten bei der Stasi gegeben hat, der verschwunden war und gejagt wurde, weil er über Informationen verfügte, die auf höchster politischer Ebene zu erheblichen Verstimmungen geführt hätten, weil er politisch brisante Morde begangen hatte. In Polen wurde er zwei Jahre später entdeckt. Die Stasihäscher stellten ihm eine Falle. Bei einem Handgemenge mit ihnen wurde ihm die Nase mehrmals gebrochen, aber er konnte fliehen, weil er Freunde in Polen hatte. Aus Angst, dass man ihn noch einmal aufspüren könnte, ließ er seine Nase nicht operieren, was eben zu den Problemen beim Radfahren führte, die er mit dem Nasenpflaster behob. Trotz massiver Bemühungen der Stasi und nach der Grenzöffnung durch ihre ehemaligen Seilschaften blieb er verschwunden. Und den Rest der Geschichte kennt ihr ja.«

Einen Moment lang waren nur die Trompetenklänge von Louis Armstrong zu hören.

»Nein, Pierre«, sagte Marc, und so dachten auch die anderen, mit Ausnahme von Sandra, die die Geschichte schon kannte, »ich weiß immer noch nicht, welche Geschichte sich hinter dem Lied oder dem Film *Über sieben Brücken musst du gehen* verbirgt.«

Das hatte Pierre auch erst verstehen können, nachdem er Lobschers Computerdateien durchforstet hatte. »Der Film spielte eigentlich keine Rolle. Lobscher wollte mich zu der polnischen Fabel bringen, damit ich seine Handlungen verstehe. Die Mutter in der polnischen Fabel war für ihn seine Hanne Zielinsky, weil sie ihn von seiner Vergangenheit des Tötens in eine für ihn bis dahin unbekannte menschliche Welt geführt hatte. Das Lied *Über sieben Brücken musst du gehen* hatte für die beiden eine große symbolische und emotionale Bedeutung.«

»Was ist eigentlich mit Wölfer, dem neuen Geschäftsführer der *DHC*?«, fragte Stefan.

»Die Hirnschäden sind so stark, dass er bis an sein Lebensende in einem Pflegeheim dahinvegetieren wird«, sagte Eckert, der sich in der Klinik in Göttingen erkundigt hatte. »Nachdem auch Hartmann im Gefängnis sitzt, muss sich der Vorstand der *DHC* um eine neue Geschäftsleitung kümmern«, fügte er hinzu.

»Und das LKA, wie hat es darauf reagiert, dass sie auf der falschen Spur waren?«, fragte Pierre seine Kollegen.

Marc antwortete. »Dunker, der Arsch, hat ein blödes Gesicht gemacht, war sprachlos, setzte sich ins Auto und ist mit seinen Leuten nach Hannover zurückgefahren. Bis heute habe ich nichts mehr von ihnen gehört.«

Alle lachten.

»Aber die Überraschung für uns war, dass Fischer sich gegenüber dem LKA lobend über dich geäußert hat, Pierre«, sagte Marc, »und in der letzten Pressekonferenz hat er dich eindeutig als denjenigen herausgestellt, der den Serienmörder überführt hat, und seine Person in den Hintergrund gestellt. ›Manchmal sind die Polizisten in der Provinz eben klüger als Beamte aus einer Großstadt‹, hat er zum Schluss der Pressekonferenz gesagt. Das war das erste Mal in seiner Amtszeit, dass er so gehandelt hat.«

»Kann mir einer mal erklären, was unseren Polizeidirektor so aus der Bahn geworfen hat?«, fragte Pierre.

»Sein Sohn ist einen Tag nach der Pressekonferenz, in der Fischer Niculeau als geständigen Mörder hingestellt hatte, bei einem Verkehrsunfall lebensgefährlich verletzt worden«, sagte Marc Junge. »Zwei Tage später teilten die Ärzte mit, dass er überleben werde. Die Erleichterung darüber hat wohl diesen Umschwung bewirkt.«

Ein weiteres Mal stießen sie auf ihren Erfolg an. Bis in die frühen Morgenstunden blieb die Gesellschaft zusammen, selbst der zwölfjährige Marek wurde nicht müde. Mitten in der Nacht erfuhr Pierre von Mareks Mutter, dass dessen kriminalistisches Vorbild abgelöst sei: An die Stelle von Inspektor Gadget sei ein Hauptkommissar getreten, der in Bad Sachsa lebe und Leiter der Mordkommission in Osterode sei. Pierre konnte nicht leugnen, dass ihn diese Entscheidung von Marek auch ein wenig stolz machte.

Zufrieden stellte der Hauptkommissar fest, dass Jürgen den ganzen Abend über nicht einen einzigen Tropfen Alkohol getrunken hatte. Er hoffte, dass der Kollege auf einem guten Weg war, und dass vielleicht eines Tages auch Natascha und seine Kinder zu ihm zurückkommen würden.

Als Barbaras Thekenuhr sechs Uhr anzeigte, waren alle bis auf Pierre und Sandra gegangen. Barbara hatte ihrem Polizeikönig den Schlüssel zum Abschließen des Lokals anvertraut. Sandra und Pierre tranken, wie auf den gemeinsamen Dienstreisen, Wein. Irgendwann, die Sonne war längst wieder aufgegangen, fragte Sandra ihn, ob er ihr bei der Entscheidung helfen könne, was aus ihrem Vater werden solle.

Er schüttelte den Kopf und legte seine Hände auf

ihre. »Das kannst nur du. Schau in dein Innerstes und entscheide, was deinem Vater wirklich hilft. Aber warte nicht zu lange.«

Sie schauten sich lange an, eine halbe Ewigkeit, so schien es, und zum ersten Mal fühlte sie, dass in seinem Blick etwas anderes lag als nur kollegiale Gefühle.

RÜDIGER A. GLÄSSER

wurde 1953 in Zorge im Südharz geboren. Nach dem Geographie- und Sportstudium an der Georg-August-Universität Göttingen zog es ihn wieder in den Harz zurück. Dieses Mal nach Bad Sachsa, wo er seit 1980 am dortigen Internatsgymnasium *Pädagogium* unterrichtet. 1991 promovierte er in Klimatologie und veröffentlichte drei Jahre später das Fachbuch *Klima des Harzes*.
Er ist verheiratet und hat zwei erwachsene Söhne. Seine Leidenschaft ist das Radfahren und die langen Fahrten durch die dunklen Harzwälder ließen ihn eine weitere Liebhaberei entdecken: das Krimischreiben.
König der Schlangen ist sein erster Roman.

  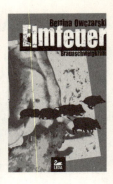

Corina C. Klengel
Die Hexenquelle
Harzkrimi
978-3-939689-12-6
ca 480 S.; 9,90 Euro

Corina C. Klengel
Todesrune
Harzkrimi
978-3-939689-32-4
ca 480 S.; 11,90 Euro

Bettina Owczarski
Elmfeuer
Braunschweig-Krimi
978-3-939689-53-9
9,90 Euro

Isa Schikorsky
Abt Jerusaleum und die Hohe Schule des Todes
Braunschweig-Krimi
978-3-939689-29-4
9,90 Euro

Klaus Nührig
Penny Lane
Braunschweig-Krimi
978-3-939689-08-9
9,90 Euro

Klaus Nührig
Auge
Kriminalroman
Braunschweig/Peine
978-3-934927-20-9
10 Euro

Lars Winter
Blonder Mond
Ostfrieslandkrimi
978-3-939689-59-1
10,90 Euro

Martin Kleen
Intensivstation
Kriminalroman Ostfriesland
978-3-939689-57-7
9,90 Euro

Gundula Thors
Köhlbrand sehen und sterben Hamburgkrimi
978-3-934927-61-4
9,90 Euro

  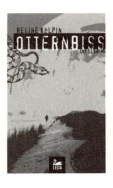

Kerstin Körte
Dass ich dich besser fressen kann
978-3-939689-37-9
9,90 Euro

Peter Gerdes
Wut und Wellen
Inselkrimi
978-3-939689-34-8
320 S.; 9,90 Euro

Regine Kölpin
Otternbiss Inselkrimi
978-3-939689-35-5
9,90 Euro

Venske/ Gerdes (Hrsg):
Gepfefferte Weihnachten
Krimis & Rezepte
978-3-939689-38-6
9,90 Euro

H. & P. Gerdes (Hrsg):
Friesisches Mordkompott
Süßer Nachschlag
978-3-939689-21-8
9,90 Euro

H. & P. Gerdes (Hrsg):
Friesisches Mordkompott
Herber Nachschlag
978-3-939689-20-1
9,90 Euro

Lothar Englert
Friesische Freiheit
Historischer Roman
978-3-934927-55-3
12,90 Euro

Hanna Dunkel
Mordsache Ulsnis
Schleswig-Holstein
978-3-939689-30-0
9,90 Euro

Manfred C. Schmidt
Gut Schuss
Ostfrieslandkrimi
978-3-939689-39-3
9,90 Euro